Sicherheitspolitik und Völkerrecht

Gunther Hauser

Sicherheitspolitik und Völkerrecht

PETER LANG
Frankfurt am Main · Berlin · Bern · Bruxelles · New York · Oxford · Wien

Bibliografische Information Der Deutschen Bibliothek
Die Deutsche Bibliothek verzeichnet diese Publikation in der Deutschen Nationalbibliografie; detaillierte bibliografische Daten sind im Internet über <http://dnb.ddb.de> abrufbar.

Gedruckt mit Unterstützung des Bundesministeriums für Bildung, Wissenschaft und Kultur in Wien.

ISBN 3-631-52480-3

www.peterlang.de

Inhaltsverzeichnis

Vorwort

Vierzig Jahre lang, bis zu der Zeitenwende von 1989, waren Sicherheitspolitik und Völkerrecht gleichermaßen von der Ost-West-Konfrontation des Kalten Krieges geprägt. Das überkommene, westliche Völkerrechtsverständnis konkurrierte mit dem neu erfundenen sozialistischen Modell, und auch die Außenpolitik der westlichen Staaten blieb auf die Bewältigung, Moderation und schließlich Überwindung der Spannungslage zwischen den Blöcken fokussiert. Diese Situation und das über lange Zeit hinweg ausgeglichen scheinende Kräfteverhältnis führten sowohl auf sicherheitspolitischem als auch auf völkerrechtlichem Gebiet zu einer gewissen Stagnation: da die gesicherte Androhung der wechselseitigen Vernichtung als Damoklesschwert über allem schwebte, war der Spielraum für grundsätzlich neue Initiativen von vornherein begrenzt.

Mit dem Zusammenbruch des Kommunismus änderte sich dieses Bild, zunächst scheinbar zum Positiven. Eine „Neue Weltordnung", im besten Sinne geprägt von westlichen Wertvorstellungen, ausgerichtet an den Imperativen von Demokratie, Rechtsstaatlichkeit und Freiheit, schien über Jahre hinweg in greifbarer Reichweite. Die traditionelle Sicherheitspolitik erhielt neue Inhalte: an die Stelle der Abschreckung trat das Konfliktmanagement, und statt der Verteidigung eines abgezäunten eigenen Machtbereichs rückte die weltweite Vernetzung im Zeichen der Globalisierung in den Vordergrund.

Spätestens der 11. September 2001 hat uns jedoch schlagartig gelehrt, dass die herkömmliche Sicherheitspolitik keineswegs ausgedient hat. Zwar haben sich die Bedrohungen fundamental gewandelt: anstelle einer hochgerüsteten Supermacht sehen wir uns plötzlich einem Netzwerk von Terrorzellen und „Schurkenstaaten" gegenüber, das sich zusätzlich noch die in sogenannten „*failed states*" aufgetretenen Machtvakuen zunutze macht. Die allgemeine politische Herausforderung ist damit jedoch gleich geblieben: es geht zum einen darum, die eigenen Bürger im Inneren zu schützen, ohne ihre Freiheitsrechte über Gebühr zu beschneiden, und zum anderen darum, den von außen kommenden Gefahren nach Möglichkeit schon vorbeugend dort zu begegnen, wo sie ursprünglich entstehen.

Aus ihrer Situation als einzige verbliebene Supermacht und gleichzeitiges Hauptziel terroristischer Angriffe heraus haben die USA am schnellsten und heftigsten auf diese Herausforderung reagiert. Die neue Nationale Sicherheitsstrategie der Bush-Administration und die darin enthaltene „präemptive" Verteidigungsdoktrin, die sich zum ersten Mal im Krieg gegen den irakischen Diktator Saddam Hussein manifestiert hat, legen davon ein beredtes Zeugnis ab. Damit hat das Problem jedoch eine neue, diesmal normative Dimension gewonnen, wie sich an den bis dahin undenkbaren Zwistigkeiten innerhalb des westlichen Staatensystems ablesen läßt: denn mit dem seit 1945 geltenden, in seinem Kern ebenfalls westlichen Völkerrecht sind diese Aktionen der Vereinigten Staaten nur schwer in Einklang zu bringen. Andererseits erscheint fraglich, ob diese für die Regelung rein zwischenstaatlicher Beziehungen und Konflikte entwickelte Völkerrechtsordnung überhaupt noch in der Lage ist, den angesprochenen neuen Bedrohungen durch international operierende Terrorgruppen, „*Schurkenstaaten*“ und „*failed states*“ gerecht zu werden. Da das Völkerrecht seiner Natur nach wesentlich langsamer auf Veränderungen reagiert, als die politische Strategie das tun muß, könnte es nämlich auch sein, dass die Völkerrechtsordnung der neuen Sicherheitspolitik insofern nur mit einer gewissen zeitlichen Verzögerung nachläuft.

In jedem Fall sind Sicherheitspolitik und Völkerrecht – was in den eingefahrenen Mustern des Kalten Krieges teilweise in Vergessenheit geraten ist – eng und untrennbar miteinander verbunden. Vor diesem Hintergrund ist es als äußerst wünschenswert anzusehen, Studierenden, die sich für das Wesen und die Gestaltung der internationalen Beziehungen interessieren, beide Perspektiven gleichermaßen nahezubringen. Dieses Vorhaben scheitert im deutschen Sprachraum jedoch nur zu oft an der Trennung der entsprechenden akademischen Disziplinen. So gehen die klassischen Lehrbücher des Völkerrechts in der Regel allenfalls am Rande auf die in der tatsächlichen Staatenwelt bestehenden Interessenlagen und –gegensätze ein, und umgekehrt findet in Publikationen zur internationalen Politik die normative Ebene nur selten und meist nur oberflächlich Erwähnung. Ein Lernkompendium, das die Grundzüge beider Sphären gleichgewichtig vermittelt, hat dagegen bisher Seltenheitswert.

Das vorliegende Buch will diese Lücke schließen. Es ist ein Studienbuch, das eine Einführung in die grundlegenden Parameter der Sicherheitspolitik mit der Vermittlung eines umfassenden Basiswissens im Völkerrecht verbindet und dabei aus aktuellem Anlass auch noch das traditionell vernachlässigte Gebiet des Kriegsvölkerrechts abdeckt. Freilich merkt man nicht nur an der Einbeziehung dieses Bereichs die Herkunft des Verfassers aus der sicherheitspolitischen und militärischen Praxis. Vielmehr vermittelt er auch sonst in zahlreichen Einzelheiten das ihm in dieser Funktion zugewachsene Fachwissen. Das führt dazu, dass sich das Buch über seine eigentliche Zielgruppe der Studierenden hinaus für die Praktiker ebenfalls als nützliches Nachschlagewerk erweisen wird. Es gibt Auskunft über alle wichtigen Begriffe, Institutionen und Probleme, ohne dabei die Darstellung zu sehr mit Details und Streitständen zu überfrachten. Historische

Erläuterungen, die deswegen unverzichtbar sind, weil sich ohne ein Verständnis ihres geschichtlichen Werdens weder die sicherheitspolitischen noch die völkerrechtlichen Fragestellungen der heutigen Zeit erfassen lassen, finden darin ebenso ihren Platz wie die neuesten Entwicklungen etwa im Bereich der Terrorismusbekämpfung auf internationaler und europäischer Ebene. Schließlich baut der Verfasser naturgemäß an vielen Stellen besondere Bezugnahmen auf die österreichische Situation ein und äußert dazu gleichermaßen originelle wie couragierte Gedanken.

Ich wünsche dem Buch und seiner Grundkonzeption einer permanenten gedanklichen Verbindung von Völkerrecht und Sicherheitspolitik eine möglichst umfassende Verbreitung.

Düsseldorf, den 30. Januar 2004 Prof. Dr. R. Alexander Lorz, LL.M.
Lehrstuhl für Deutsches und Ausländisches
Öffentliches Recht, Völkerrecht und Europarecht
Heinrich-Heine-Universität Düsseldorf

Teil I: Umfassende Sicherheit und Völkerrecht

Definition und Ziele der Sicherheitspolitik

Umfassende Sicherheit und Sicherheitspolitik sind die Grundlagen der innen- und außenpolitischen Konzeptionen eines Staates – wie jene der nationalen Sicherheit, die Sicherheits- und Verteidigungsstrategie und die außenpolitische Strategie. **Sicherheitspolitik** - als ein elementarer Politikbereich eines jeden Staates - definiert sich aus der Gesamtheit der politischen Ziele, Strategien und Instrumente, die der äußeren **Sicherheit**, der staatlichen **Souveränität** und der Handlungsfreiheit der Regierung sowie der Unabhängigkeit und politischen **Selbstbestimmung** eines Staates dienen.[1] In ihrer Ausformung wird deutlich, welche Rolle ein Staat regional und global Willens ist, einzunehmen. Sicherheitspolitik ist ein wesentlicher Bestandteil der Außenpolitik, deren Aufgabe in der Durchsetzung von Sicherheitsinteressen nach außen, die Verfolgung der Entwicklung der internationalen Lage, einschließlich die Erkennung der aus ihr folgenden Risiken und die Formulierung entsprechender Empfehlungen für die Sicherheits- und Verteidigungspolitik besteht.[2]

Aufgabe der **Verteidigungspolitik** als Teil der Sicherheitspolitik ist die Sicherstellung der Souveränität und territorialen Integrität, der Prinzipien der Demokratie und des Rechtsstaates, des Schutzes des Lebens der Bevölkerung und ihres Eigentums vor einem Angriff von außen. Die Verteidigungspolitik realisiert mit der Wehrgesetzgebung den Aufbau eines effizienten Systems der Verteidigung des Staates, die Vorbereitung und Nutzung entsprechender Kräfte und Mittel, die Teilnahme im **kollektiven Verteidigung**ssystem und die Vorbereitung der Bevölkerung auf außerordentliche Situationen.[3] Eine in diesem Rahmen auf das Gesamtwohl ausgerichtete **Wirtschaftspolitik** produziert Frieden und Stabilität. Demnach zielt Wirtschaftspolitik auf die Maximierung des Lebensstandards der Bürger und auf ein langfristiges und ausgewogenes wirtschaftli-

1 Buchbender/Bühl/Kujat, Wörterbuch zur Sicherheitspolitik, 3. Auflage, Edition Herford, Bonn 1992, 134.

2 Landesverteidigungsakademie (Hg.), Sicherheitspolitik der Tschechischen Republik nach Kosovo, Kapitel 2, Grundausgangspunkte der Sicherheitspolitik der Tschechischen Republik, Studie 2002, Landesverteidigungsakademie Wien, 42.

3 Ebd., 44.

ches Wachstum als Voraussetzung der Stärkung der Sicherheitsfunktionen und somit der Sicherheitspolitik des Staates ab.[4]

Sicherheitspolitik ist bestrebt, den Staat vor äußeren Bedrohungen zu schützen sowie strukturelle Ursachen von potenziellen gewaltsamen Konflikten zu beseitigen: Durch Gewaltvermeidung in der Einräumung von **Menschen- und Minderheitenrechten**, durch die Herstellung und Erhaltung stabiler wirtschaftlicher und sozialer Verhältnisse und durch die Verhinderung ökologischer Katastrophen.

Ursächlich für viele Krisenherde dieser Welt ist vor allem die Vernachlässigung der Zusammenhänge von Frieden, nachhaltiger Wirtschaft und zukunftsfähiger Entwicklung. Die **Nachhaltigkeit** in der Wirtschaftspolitik zielt auf effizienten Einsatz von Energie und Rohstoffen, nachhaltige Umweltpolitik bedeutet Ressourcenschonung und aktive Verbesserung des Umweltbewusstseins. Im Sinne einer umfassenden Nachhaltigkeit müssen ökonomisches Wachstum und sozialer Wohlstand mit dem gleichzeitigen Erhalt der natürlichen Lebensgrundlagen einhergehen. Nachhaltige Entwicklung beinhaltet die Bewahrung natürlicher Lebensgrundlagen und die Wahrung der Lebensschancen heutiger und künftiger Generationen weltweit durch das sinnvolle Zusammenwirken von Ökologie, Ökonomie und sozialer Bedürfnisse – im Hinblick auf Frieden und Stabilität. In der Europäischen Sicherheitsstrategie vom 12.12.2003 heißt es aber dazu: *„Der Wettstreit um Naturressourcen – insbesondere um Wasser -, der sich durch die globale Erwärmung in den nächsten Jahrzehnten noch steigern wird, dürfte in verschiedenen Regionen der Welt für weitere Turbulenzen und Migrationsbewegungen sorgen.“*

Zu den stabilen wirtschaftlichen Verhältnissen gehört auch die Versorgung mit landwirtschaftlichen Gütern. Die **Landwirtschaft** ist ein strategisch wichtiger Bereich, d.h. bei optimalen Versorgungsbedingungen wäre eine Autarkie des Staates hergestellt. Die Gemeinsame Agrarpolitik (GAP) der Europäischen Union bedeutet das Überwinden der landwirtschaftlichen Autarkie hin zu einer gesamteuropäischen Landwirtschaftspolitik – und somit auch hin zu einer europäischen Konsumpolitik. Diese wirtschaftliche Einigung zur Verhinderung von nationalen Alleingängen und zur Förderung der gesamteuropäischen Stabilität ist auch von Bedeutung im Hinblick auf die Verwirklichung einer gemeinsamen Außen- und Sicherheitspolitik, die sich – im Sinne des umfassenden sicherheitspolitischen Ansatzes - auf folgende Fundamente stützt: Festigung von Demokratien, Einhaltung der Menschenrechte sowie Schaffung und Ausbau stabiler marktwirtschaftlicher Systeme.

4 Ebd., 48.

Während seiner Neujahrsansprache am 25.12.2003 betonte UNO-Generalsekretär Kofi Annan, dass es gerade heute eine vorrangige Aufgabe sei, die extreme Armut, den Hunger und die Verbreitung von Krankheiten zu bekämpfen - diese drei Faktoren bedrohen ebenfalls den globalen Frieden.[5] *„In weiten Teilen der Dritten Welt rufen Armut und Krankheiten unsägliches Leid wie auch dringende Sicherheitsprobleme hervor. Fast drei Milliarden Menschen und damit die Hälfte der Weltbevölkerung müssen mit weniger als zwei Euro pro Tag auskommen. Jedes Jahr sterben 45 Millionen Menschen an Hunger und Unterernährung. Aids hat sich zur verheerendsten Epidemie der Menschheitsgeschichte entwickelt und ist Ursache für den Zusammenbruch ganzer Gesellschaften. Neue Krankheiten können sich rasch ausbreiten und zu einer globalen Bedrohung werden. Die Armut im südlich der Sahara gelegenen Teil Afrikas ist heute größer als vor zehn Jahren. In vielen Fällen ist wirtschaftliches Versagen mit politischen Problemen und Gewaltkonflikten verknüpft.“*[6]

Die Realisierung des umfassenden sicherheitspolitischen Ansatzes

Die Gründung der **Europäischen Gemeinschaften** mit dem EGKS-Vertrag und den Römer Verträgen von 1957 (EWG, Euratom) hatte in weiterer Folge die Einführung einer **Zollunion** und eines **Binnenmarkt**es zum Ziel, die wirtschaftliche Stabilisierung Europas sollte dadurch eingeleitet werden. Diesen Zweck verfolgt auch der ***Elysée*-Vertrag**[7] von 1963, in dem Deutschland und Frankreich zunächst gemeinsame zweimal jährliche Treffen vereinbarten. Mit der Besiegelung dieser *„deutsch-französischen Freundschaft“* ist die deutsch-französische Brigade entstanden, darauf basierend folgte die Bildung des ***Eurocorps*** in Straßburg. Auf eine sicherheitspolitische Harmonisierung zielte ferner der deutsch-französische Vorschlag vom 22.11.2002 ab, die **Europäische Sicherheits- und Verteidigungspolitik** (ESVP) zu einer Europäischen Sicherheits- und Verteidigungsunion auszubauen.

---

5 Der Planet Erde zählte Anfang 2004 ca. 6,3 Mrd. Einwohner.

6 Aus: Europäische Sicherheitsstrategie vom 12.12.2003, Kapitel „Globale Herausforderungen“.

7 Mit dem Freundschaftsvertrag vom 22.1.1963 besiegelten der deutsche Bundeskanzler Konrad Adenauer und der französische Staatspräsident General Charles de Gaulle die Versöhnung der ehemaligen beiden Erbfeinde. Dieser *Elysée*-Vertrag ist die Grundlage, auf der aus Deutschland und Frankreich die bedeutendsten Partner in Europa wurden, und schuf im Rahmen der europäischen Integration eine Zone des Friedens und des wirtschaftlichen Wohlstandes. Das europäische Aufbau- und Einigungswerk würde ohne einen deutsch-französischen Motor stagnieren bzw. es könnten wieder Rückschritte eingeleitet werden.

Auf eine umfassende Stabilität zielen auch die Konsultationen der Fach- und Ressortminister Deutschland-Frankreich-Polen, die Zusammenarbeit der EU-REGIOs, INTERREG, TWINNING-Städte-Programme, die Kooperation in Initiativen der guten Nachbarschaft wie die **Zentraleuropäische Initiative** (CEI). EU und NATO bilden die beiden zentralen Stabilitätsfaktoren in Mitteleuropa. Sowohl die EU als auch die NATO basieren heute auf einen umfassenden Sicherheitsansatz - einschließlich der verstärkten Zusammenarbeit mit Russland, der Ukraine, den Mittelmeeranrainern Nordafrikas, des Nahen Ostens und den Staaten Zentralasiens. EU und NATO bilden den „*transatlantic link*" und sind bestrebt, gemeinsam Sicherheitsrisiken einzudämmen – politisch, wirtschaftlich und militärisch.

Dieser Ansatz ist auch Bestandteil des zwischen der EU und den Staaten des Afrikanischen, Karibischen und Pazifischen Raumes (**AKP**) am 23.6.2000 beschlossenen **Cotonou-Abkommens**, das den Entwicklungsländern, die sich darin verpflichten, Menschenrechte zu respektieren, Steuer- und Handelserleichterungen für den Export von Produkten in die Europäische Union einräumen soll. Im Rahmen dieser politisch-ökonomischen Partnerschaften werden die AKP-Staaten in Art. 11 des Cotonou-Abkommens aufgerufen, aktiv **Konfliktprävention** und ***peace-building*** – also durch Konflikte betroffene Länder zu unterstützen, stabile politische und wirtschaftliche Verhältnisse aufzubauen - auszuüben.[8] Zudem hat die EU den am wenigsten entwickelten Ländern mit ihrer ***Everything But Arms***-Initiative (EBA) weitestgehend Zollfreiheit für ihre Importe in die EU gewährt – wie vor allem landwirtschaftliche Produkte und Fleisch. Waffen und Munition sind ausgenommen.[9] Eine sichere und stabile Umgebung ist die Grundvoraussetzung für eine ungehinderte wirtschaftliche, soziale und kulturelle Entwicklung, sie verringert die Risikorate und ermutigt zu ausländischen Wirtschaftsinvestitionen. Somit wird die Grundlage der zwischenstaatlichen Zusammenarbeit und damit deren gute Beziehungen im ständigen Austausch von Informationen, Meinungen und Ansichten über alle Themen ausgebaut, das wiederum erhöht den Grad des gegenseitigen Kennens und Ver-

---

8 Partnership Agreement Between the Members of the African, Caribbean and Pacific Group of States of the One Part, and the European Community and Its Member States, of the Other Part, Signed in Cotonou, Benin on 23 June 2000, Art. 11.

9 Ende Februar 2001 wurde diese Initiative vom Rat der Europäischen Union angenommen. Zur Liberalisierung vorgesehen sind noch die Produkte frische Bananen (ab Januar 2006), Reis (ab September 2009) und Zucker (ab Juli 2009). Aus: Regulation (EC) 416/2001.

trauens, stärkt die Möglichkeiten der Zusammenarbeit und vergrößert die Stabilität und Sicherheit im regionalen und globalen Umfeld.[10]

Der ehemalige deutsche Außenminister Egon Bahr - Begründer der deutschen ***Ostpolitik*** der siebziger Jahre – stellte fest, dass Sicherheit heute nur mehr mit und nicht vor dem Gegner zu erreichen ist.[11] Unruheherd der europäischen Ordnung ist heute nicht mehr unbedingt der militärisch starke, sondern der innenpolitisch schwache Staat.[12]

Umfassende Sicherheit erfordert umfassendes Krisenmanagement, komplexe Notsituationen verlangen integrierte Lösungskonzepte – bezogen auf Akteure und Mittel. Die Zusammenhänge des gesamten militärischen und nichtmilitärischen Krisen- und Konfliktmanagements werden vor allem in der umfassenden Sicherheitspolitik mit Belangen der Menschenrechte, der Entwicklungs-, Umwelt- und auch Wirtschaftspolitik deutlich.[13] Auf der Ebene der **Vereinten Nationen** reflektiert dieses Zusammenwirken – ausgehend von der UNO-Charta mit den Möglichkeiten für politische, wirtschaftliche und militärischen Maßnahmen bis zum Flüchtlingswerk, der Weltgesundheitsorganisation und verschiedenen Umweltprogrammen.

So existiert eine Hierarchie der Grundstrategien staatlicher Sicherheitspolitik, und die lautet: Förderung von Frieden und Stabilität, dann die Sicherung von Frieden und Stabilität, dann die Wiederherstellung und als letztes Mittel Selbstverteidigung.[14] Zeitgemäße Sicherheitspolitik muss letztendlich nicht nur das gesamte, nicht bloß militärische Spektrum der Bedrohungen und Gefahren abdecken, sie hat auch bei den eigentlichen Ursachen der Konflikte anzusetzen. Es gilt, im Rahmen der **Risikoanalyse** sowohl auf Bedrohungen als auch auf Gefahren einzugehen. Bedrohung ist mit einer Absicht verbunden, Gefahr bedeutet die

---

10 Vortrag von Milan Jazbec, Staatssekretär im Verteidigungsministerium der Republik Slowenien am 9.12.2002 an der Landesverteidigungsakademie Wien zum Thema „*Slowenien und Österreich nach NATO*“.

11 So der Politikwissenschafter Heinrich Schneider während seines Vortrages „Umfassende Sicherheit: Europäische Erfahrungen mit einem gutgemeinten Konzept“ an der 17. Internationalen Sommerakademie auf der Burg Schlaining, 10.7.2000.

12 Curt Gasteyger, Die Entwicklung einer neuen europäischen Sicherheitsordnung. Überlegungen zu Konzepten und Institutionen europäischer Sicherheit, in: Erich Reiter (Hg.), Österreich und die NATO, Die sicherheitspolitische Situation Österreichs nach der NATO-Erweiterung, Schriftenreihe Forschungen zur Sicherheitspolitik, Band 2, Edition Styria, Graz-Wien-Köln 1998, 55-85, 56.

13 Joachim Giller, Nicht-militärisches Krisenmanagement in Europa als sicherheitspolitisches Profilierungsfeld bündnisfreier und neutraler Kleinstaaten, ÖZP 2001/4.

14 So Erich Reiter, Direktor für Sicherheitspolitik, „Neutralität abschaffen, wenn Bündnisfreiheit im Verfassungsrang“. Die Sicherheitspolitik Österreichs steht an einem Scheideweg. Gerald Mader und Erich Reiter im Gespräch, in: Die Presse, 1.2.2001.

Möglichkeit eines Schadenseintritts. Sicherheit und Stabilität können deshalb also nicht nur militärisch und diplomatisch betrachtet werden:

Das Wesen der Sicherheitspolitik und die gegenwärtigen Herausforderungen

In der Sicherheitspolitik geht es um die Gewährleistung des Überlebens, und zwar des menschenwürdigen Überlebens in einem Miteinander, zu dem sich Gesellschaften auch deswegen entschließen, weil das Miteinander, die Verflechtung, ihren Volkswirtschaften Nutzen bringt. Das ganze Projekt der europäischen Wirtschaftsintegration war insbesondere dazu bestimmt, die „ökonomische Basis" für ein nationenübergreifendes System der Solidarität aufzubauen und so das freie Europa (damals nur ein Teil des Kontinents) von einem Kern aus zu stabilisieren.[15]

Politik hat mit Interessen zu tun; aber Interessen werden stets im Kontext von Weltbildern wahrgenommen und definiert, und schon deshalb hat Sicherheitspolitik auch eine kulturelle Dimension und beruht auf kulturellen Voraussetzungen.[16]

Typische Aufgaben der militärischen Sicherheitspolitik in Europa sind heute **Konfliktverhütung**, **Konfliktvermeidung** und insgesamt **Friedenssicherung**. Dazu bedürfen die Streitkräfte neuartiger Operationsmethoden, Organisationsformen und Ausbildungsprogramme. Einen Bedarf an Soldaten gibt es heute selbstverständlich, deshalb gibt es Interventionstruppen. Ohne Streitkräfte existiert keine wirksame Krisenpräventionspolitik: *„Nur der wird von nichtdemokratischen abenteuerlustigen Staatsführern ernstgenommen, der Gewalt androhen kann und man weiß, dass sie auch eingesetzt wird. Die Militärs im zivilisierten Teil Europas sind Friedenswahrer.*"[17]

Das **Gewaltverbot** nach Artikel 2 Absatz 4 der Charta der Vereinten Nationen war und ist nicht durchsetzbar, hat es nach dem Ende des Kalten Krieges doch eine dramatische Zunahme von bewaffneten Konflikten gegeben. Die UNO ist auch gegenwärtig noch nicht in der Lage, Weltfriedensmanagement zu leisten. Die Aktionsmöglichkeit der UNO ist abhängig vom Willen ihrer Mitglied-

---

15 Heinrich Schneider, Zusammenfassung der Tagungsergebnisse, In: Österreichisches Institut für Europäische Sicherheitspolitik (Hg.), ÖIES-Workshop – „Die NATO-Erweiterung und die Sicherheit Mitteleuropas", Occasional Paper Nr. 1, Wien 1998, 34-45, 36.

16 Ebd.

17 So Erich Reiter, „Neutralität abschaffen, wenn Bündnisfreiheit im Verfassungsrang". Die Sicherheitspolitik Österreichs steht an einem Scheideweg. Gerald Mader und Erich Reiter im Gespräch, in: Die Presse, 1.2.2001.

staaten, vor allem der ständigen Mitglieder im Weltsicherheitsrat. Der UNO-Sicherheitsrat hatte nie eine Operation durch Luft-, See- oder Landstreitkräfte unter der strategischen Führung eines Generalstabsausschusses gemäß Art. 42 und 47 der UNO-Satzung durchgeführt. Dazu hat der Sicherheitsrat mit keinem einzigen Mitgliedstaat Sonderabkommen nach Art. 43 der UNO-Satzung über Streitkräfte, Hilfe und Begünstigungen geschlossen.[18] Diese Beiträge sollten dem Sicherheitsrat zur Verfügung gestellt werden, damit dieser **militärische Zwangsmaßnahmen** nach Kapitel VII der UNO-Satzung setzen kann. Vor allem die USA zeigen keine Bereitschaft, ihre Truppen dem Kommando der Vereinten Nationen zu unterstellen.

Nach dem Zusammenbruch des Sowjetsystems ergriff der Sicherheitsrat häufiger als zuvor zu wirtschaftlichen und politischen Zwangsmaßnahmen gegen sogenannte „***Schurkenstaaten***" (*rogue states*) wie Haiti, Irak unter Saddam Hussein, Iran, Jugoslawien, Nordkorea, Ruanda, Sierra Leone, Somalia und das Taliban-Regime in Afghanistan. Die Regierungen solcher Staaten lassen bzw. ließen sich auch durch Sanktionen der Vereinten Nationen nicht von rechtswidriger Gewaltanwendung und schweren Menschenrechtsverletzungen abhalten. Gegen Ende der zweiten Präsidentschaft von US-Präsident Bill Clinton verwendete das *State Department* für diese Staaten den Ausdruck „*states of concern*", damit sollte die Besserungsfähigkeit dieser Regime zum Ausdruck kommen, die den USA auch mehr Flexibilität im Umgang mit ihnen gestatteten. Der politische Hintergrund lag vor allem in der Kooperationsbereitschaft – vor allem mit dem Iran und mit Nordkorea.[19] Seit dem Beginn der neunziger Jahre nützt die USA ihre Vormachtstellung zu Alleingängen an oder jenseits der Grenze der Völkerrechtswidrigkeit[20], was vor allem die Krise im Irak um die Abrüstung des Regi-

---

18 Hanspeter Neuhold, Strukturelle Veränderungen im internationalen System und das Völker- und Europarecht: der rechtliche Niederschlag des Ost-West-Konflikts, in: Waldemar Hummer (Hg), Paradigmenwechsel im Völkerrecht zur Jahrtausendwende, 2002, 5-41, 15.

19 Ebd., 15.

20 Nach den Bombenattentaten auf US-Botschaften in Nairobi und Dar es Salaam im August 1998 griffen die USA ohne Einschaltung des UNO-Sicherheitsrats und ohne Information an die Verbündeten Ziele in Afghanistan und im Sudan aus der Luft an. In Afghanistan sollte das Versteck des Topterroristen Osama Bin Laden zerstört werden, der Sudan wurde der Unterstützung von Bin Laden bezichtigt. So kamen Zweifel auf, ob in der bombardierten Fabrik in Khartum tatsächlich chemische Kampfmittel produziert wurden Die USA beriefen sich zur Rechtfertigung der Luftangriffe in einem im UNO-Sicherheitsrat zirkulierten Dokument auf Artikel 51 der UNO-Charta und warfen damit einmal mehr die Frage der Zulässigkeit präventiver Selbstverteidigung nach gegenwärtigem Völkerrecht auf. Vgl. dazu und für weitere Beispiele: Hanspeter Neuhold, 2002, 23.

mes von Saddam Hussein verdeutlichte: Mit den Worten „*Welchen Nutzen haben die Vereinten Nationen noch, wenn sie ihren Zweck nicht erfüllen?*“ versuchte US-Präsident George W. Bush Ende Februar 2003 sein in Aussicht gestelltes militärisches Vorgehen gegen Saddam Hussein zu rechtfertigen. Der Unilateralismus der USA stützt sich auf die feste Überzeugung, jeweils das moralisch Richtige zu tun. Diese Mischung aus missionarisch gefärbter Wertepolitik (wo es um Demokratie, um freie Marktwirtschaft, Pluralismus und Menschenrechte geht) und machtbewusster Realpolitik (bei der ebendiese Werte auch schon einmal ausgesetzt werden können) erscheint aus der Perspektive der anderen Staaten als simples Hegemoniestreben.[21] So beschloss der amerikanische Kongress im Jahr 2000 erhebliche Erleichterungen für den Import von Produkten aus afrikanischen Staaten: Nach diesem Gesetz erhält aber nur jener Staat Marktzugang, wer „*keine Aktivitäten betreibt, die die außen- und sicherheitspolitischen Interessen der USA unterminieren.*“[22] In einem im August 2002 verabschiedeten Zusatz über die Gewährung von Handelspräferenzen für die 49 am wenigsten entwickelten Länder verfügte der Kongress die Streichung dieser Präferenzen, wenn ein Land „*keine Schritte unternimmt, die Bemühungen der USA bei der Terrorismusbekämpfung zu unterstützen.*“[23]

Die zu Beginn der sechziger Jahre in Kraft getretene strategische Doktrin der „***flexible response***“ löste die bis dahin gültige „***massive retaliation***“ nicht ab, sondern sollte sie durch Optionen abgestufter Reaktion ergänzen. „*Flexible response*“ beinhaltete die Fähigkeit zum massiven Gegenschlag und Optionen, um einen begrenzten Krieg mit angemessenen militärischen Mitteln führen zu können und auch hier abschrecken zu können. Diese Konzeption setzte die Fähigkeit voraus, auf jeder Eskalationsstufe erfolgreich Krieg führen zu können, ohne dabei einen allgemeinen Nuklearkrieg auszulösen. Durch die während des Krieges mittels gesicherten Zweitschlagspotenzials aufrechterhaltene Abschreckung sollte die Eskalation zum allgemeinen Krieg verhindert und der Gegner zur Beendigung des Krieges gezwungen werden. Grundkriterien der Doktrin waren

- Primat der Kriegverhinderung durch gegenseitig gesicherte Zerstörung (***Mutual Assured Destruction*** – MAD) anstelle von Kriegführungstätigkeit,

---

21 Wilfried von Bredow, Zivilisierungsagentur Strafgerichtshof. Wenn die Staatenwelt schwächer wird, wer schützt dann die Menschen?, Frankfurter Allgemeine Zeitung, 12.3.2003, 6.

22 Andreas Zumach, Unaufhaltsame Logik des Krieges: Letzte Stunde der Diplomatie, Die Presse, 10.3.2003, 2-3, 3.

23 Ebd.

- Schadensbegrenzung nicht durch Entwaffnung des Gegners, sondern durch Androhung unakzeptablen Schadens.[24]

Für die UdSSR kam MAD nicht in Frage, zahlreiche westliche Analysen beurteilten das Erreichen einer Fähigkeit zur offensiven Verteidigung durch die präventive Entwaffnung des Gegners als Ziel sowjetischer Abschreckungspolitik. Der zentrale Punkt der sowjetischen Militärdoktrin war Schadensbegrenzung.[25]

Das Konzept der „***präventiven Strategie der Verteidigung***“ bestimmt seit Anfang der neunziger Jahre das außen- und sicherheitspolitische Handeln der USA: Demnach sollen Gefahren und Bedrohungen, welche primär die Sicherheit der USA gefährden bzw. eine Existenzbedrohung für die USA darstellen, in ihren Anfangsstadien bekämpft und eingedämmt werden.[26] Die Zielvorstellung ist eine Welt ohne Bedrohungen, „*united in peace, freedom, and prosperity.*“[27] Die „*präventive Verteidigung*“ unterscheidet sich wesentlich von der Strategie der Abschreckung – erstere definiert sich ausschließlich als eine umfassende politisch-militärische Strategie mit politischen, wirtschaftlichen und militärischen Aspekten.[28] Daraus soll auch verstärkte internationale militärische Zusammenarbeit zwischen den einzelnen Staaten mit dem Ziel Vertrauensbildung und demokratische Kontrolle der Streitkräfte entstehen. Als Beispiele dazu sind das gemeinsame Bataillon der drei baltischen Länder Estland, Lettland und Litauen (BALTBAT), das Zentralasiatische Bataillon (CENTRASBAT) zwischen Kasachstan, Kirgisien und Usbekistan oder das Polnisch-Ukrainische Bataillon (POLUKRBAT) zu nennen. Diese Kooperationszusammenschlüsse werden entweder direkt von NATO-Ländern wie USA oder Großbritannien mit militärischem *Know-how* unterstützt. Sie entstanden im Rahmen der NATO-Partner-

---

24 Rudolf Hecht, Von SALT zu START, Österreichische Militärische Zeitschrift, Heft 6/1991, 471-476, 472.

25 Ebd.

26 Die amerikanische politische Führung unterteilt die Bedrohungen in drei Kategorien: Kategorie „A“ beinhaltet jene Gefahren, die sich auf die USA existenzbedrohend auswirken, wie Weltkriege und der Kalte Krieg. Kategorie „B“ umfasst jene Bedrohungen, die sich gegen amerikanische Interessen richten, wie der Überfall irakischer Truppen auf Kuwait 1990 oder die Gefahr einer nordkoreanischen Invasion nach Südkorea. In diesen Fällen bedarf es einer umfassenden Streitkräfteplanung. Die Kategorie „C“ beinhaltet Gefahren, die sich nicht direkt gegen amerikanische Interessen richtet, wie die „ethnischen Säuberungen“ in Bosnien-Herzegowina und im Kosovo sowie Konflikte rivalisierender Kriegsherren in Somalia. Vgl. Ashton B. Carter, William J. Perry, Preventive Defense. A New Security Strategy for America, Brookings Institutions Press, Washington D.C., 1999, 13.

27 Ebd.

28 Ebd., 18.

schaft für den Frieden (PfP), die 1994 zwischen NATO-Ländern und ehemaligen Warschauer Pakt-Staaten gegründet wurde.

Die Nationale Sicherheitsstrategie der USA und die „präemptive Verteidigung"

Aufgrund der am 20.9.2002 seitens US-Präsident George W. Bush dem Kongress vorgelegten neuen **Nationalen Sicherheitsstrategie** (*National Security Strategy* – NSS)[29] hat die *„präventive Strategie"* eine neue Dimension bekommen: Die USA hätte, so der amerikanische Präsident am 18.3.2003 während der Vorbereitungen einer Invasion gegen den Irak, das Recht, einen Staat *„in Selbstverteidigung"* anzugreifen, wenn sich die USA durch die Existenz möglicher Bedrohungen in diesem Land gefährdet fühlt (***„pre-emptive military force"***). Demnach richtet sich Selbstverteidigung *„nicht nur gegen berechenbare und überschaubare Gefahren, sondern bereits gegen unkalkulierbare Sicherheitsrisiken, die in einem Frühstadium auszuschalten sind, ehe sie sich zu unüberwindbaren Bedrohungen entwickeln. Je größer das Risikopotenzial, aus dem sich eine echte Bedrohung entwickeln könnte, desto wichtiger wird die antizipatorische Selbstverteidigung."*[30] Die herkömmliche Politik der Eindämmung, Abschreckung und Rüstungskontrolle gilt also für den Kampf gegen den Terrorismus als überholt.[31] Diese präemptiven Maßnahmen werden aus amerikanischer Sicht nicht als Angriff, sondern als Verteidigung verstanden. Die gegenwärtigen Formen des internationalen Terrorismus, der sich auch Massenvernichtungswaffen bedient, ist ein Phänomen, das bei der Verabschiedung der UNO-Charta nicht existent war. Die amerikanische Regierung nimmt es deshalb nicht hin, dass sie aufgrund eingrenzender völkerrechtlicher Bestimmungen gehindert werden soll, gegen mögliche Bedrohungen präemptiv vorzugehen.[32] Aufgrund der durch derartige Bestrebungen gekennzeichneten machtpolitischen Verhältnisse in der Weltpolitik spricht der deutsche Völkerrechtler Oskar Matthias Freiherr von Lepel von einer amerikanischen Epoche des Völkerrechts: *„Diese Formulierung ist nicht Ausdruck des Bedauerns über den verlorenen gegangenen Eurozentrismus*

---

29 Die amerikanische Sicherheitsdoktrin vom 20.9.2002 enthält acht Kapitel, die sich im Sinne eines umfassenden Sicherheitsverständnisses u.a. mit den Bereichen Entwicklungshilfe und Demokratisierung, Welthandel und Wirtschaftswachstum, Umweltschutz, regionale Konflikte, Terrorismusbekämpfung, sicherheitspolitische Lage, Kooperation mit Europa und den Stellenwert der NATO beschäftigt.

30 Oskar Matthias Frhr. von Lepel, Die präventive Selbstverteidigung im Lichte des Völkerrechts, in: Forum-Verbreitung, Heft 2/2003, 77-81, 78.

31 Ebd.

32 Ebd., 81.

des klassischen Völkerrechts. Vielmehr beschreibt er die Richtung des gegenwärtigen machtkonformen Realitätsdrucks in der völkerrechtspolitischen Debatte."[33] Es sind die USA, „*die ihre Sicherheitsinteressen in die völkerrechtlichen Debatten einbringen.*"[34]

Die Sicherheitsstrategie von US-Präsident George W. Bush soll es der USA erlauben, zum Schutze von Frieden und Stabilität gemeinsam mit „*Alliierten, Freunden und Partnern*" vorzugehen. Die Strategie versteht sich als „*preemptive strategy against hostile states and terrorist groups, while also expanding development assistance and free trade, promoting democracy, fighting disease, and transforming U.S. military.*"[35] Demnach soll terroristische Bedrohung eingedämmt werden, bevor diese die USA erreicht: „*We cannot let our enemies strike first*".[36] In diesem Zusammenhang wird nicht zwischen Terroristen und jenen unterschieden, die Terroristen Unterschlupf gewähren.[37] So ist nach amerikanischen Vorstellungen ein Krieg – er gilt als letztes Mittel - dann gerechtfertigt, wenn die Sicherheit der USA bedroht wird. „***Preventive defense***" – als „***preemptive defense***" – bezieht sich hier insbesondere in der Vernichtung von **Massenvernichtungswaffen**. Diese seien nicht mehr „*Waffen für den schlimmsten Fall*", sondern „*Waffen der Wahl*"[38]. Falls ein Staat trotz mehrmaliger diplomatischer Interventionen nicht bereit ist, seine möglicherweise gegen die USA gerichteten Massenvernichtungswaffen zu zerstören, kann dieser Staat mit als letztes Mittel mit militärischen Maßnahmen der USA rechnen. Demnach wäre, abgeleitet von Carl von Clausewitz, aus US-Sicht ein Krieg gerechtfertigt, „*um den Gegner zur Erfüllung unseres Willens zu zwingen.*"[39] Die Maßnahmen gegen die Priloferation von Massenvernichtungswaffen liegen in der Stärkung der Rüstungskontrolle und in der „***Gegenproliferation***" – ein derartiges Konzept ist bereits 1993 während der Administration von US-Präsident Bill Clinton entwickelt

---

33 Ebd.

34 Ebd.

35 U.S. Department of State, Bush Sends New National Security Strategy to Congress, 20 Sept. 2002, http://www.usinfo.state.gov/topical/pol/02092040.htm .

36 The National Security Strategy of the United States of America, September 2002, Chapter V "Prevent Our Enemies from Threatening Us, Our Allies, and Our Friends with Weapons of Mass Destruction", 15.

37 Ebd., Chapter III "Stregthening Alliances to Defeat Global Terrorism and Work to Prevent Attacks Against Us and Our Friends", 5.

38 Ebd., Chapter V "Prevent Our Enemies from Threatening Us, Our Allies, ad Our Friends with Weapons of Mass Destruction", 15: "*In the Cold War, weapons of mass destruction were considered weapons of last resort whose use risked the destruction of those who used them. Today, our enemies see weapons of mass destruction as weapons of choice. ...*"

39 Carl von Clausewitz, Vom Kriege, Rowohlt Taschenbuchverlag, 1963.

worden. Gegenprolifertaion ist ein Bündel von aktiven und passiven Schutzvorkehrungen gegen die Verbreitung von Massenvernichtungswaffen, welche vom Bau einer Raketenabwehr bis zur Zerstörung militärisch relevanter Ziele im Ausland reichen.[40]

Im Januar 2002 wurde vom amerikanischen Verteidigungsministerium der ***Nuclear Posture Review*** (NPR) an den Kongress übermittelt. Diese 56 Seiten starke Analyse befasst sich mit Anforderungen der Abschreckung im 21. Jahrhundert sowie deren Auswirkungen auf Entwicklung und die Aufstellung von Atomwaffen. Der NPR gliedert sich in einen öffentlichen und in einen geheimen Teil. Während der öffentlich zugängliche Teil relativ „*harmlose*" Fragen der nuklearen Abrüstung enthält, wird im geheimen Teil – Teile daraus wurden in der *Los Angeles Times* vom 9.3.2002 veröffentlicht – gefordert, dass sich die USA auf Nukleareinsätze zur Vergeltung von Angriffen mit biologischen, chemischen und anderen Massenvernichtungswaffen vorbereiten soll, welche durch andere Offensivmaßnahmen nicht zu bewältigen sind.[41] Als mögliche Ziele wurden die Staaten der „***Achse des Bösen***" genannt – Iran, Irak unter Saddam Hussein und Nordkorea -, die „***Schurkenstaaten***" Libyen und Syrien, aber auch China und Russland. Die Szenarien für einen atomaren Angriff wären laut dieser Analyse ein irakischer Angriff auf Israel, ein Angriff Nordkoreas auf Südkorea und ein Angriff Chinas auf Taiwan.[42] Alle als atomare Angriffsziele angeführten Staaten hatten bereits das **Abkommen zur Nichtverbreitung von Nuklearwaffen (*Nuclear Nonproliferation Treaty* – NPT)** unterzeichnet, ferner verfügen fünf aufgelistete Staaten offiziell über keine Atomwaffen. Präsident George W. Bush erklärte, dass er sich gegen Staaten, die Massenvernichtungswaffen besitzen oder einsetzen, die Option eines Atomschlages offenhalte.[43] In diesem Geheimpapier wird der Bedarf nach Entwicklung von neuen Atomwaffen mit geringer Sprengkraft formuliert, welche präzise und mit möglichst geringen Kollateralschäden gegen tief unter der Erde liegende Bunker und dort lagernde Massenvernichtungswaffen eingesetzt werden können. Die Wiederaufnahme amerikanischer Atomtests wird nicht ausgeschlossen.[44] Beratungen über die Einführung sogenannter „*mini-nukes*" bzw. „*high-yield nuclear bombs*"– also über neue Bomben mit kleinen nuklearen Sprengköpfen, die in der Lage sind, Bunkeranlagen bzw.

---

40 Erich Reiter, Präventivkriegführung nach der neuen US-Sicherheitsstrategie, Österreichische Militärische Zeitschrift, Heft 2/2003, 183-188, 184.

41 Brigitte Sob, Nuklearstrategie der USA. Atomarer Agriff auf den Irak möglich, Zur Zeit, Nr. 6/03, 11.

42 Ebd.

43 Ebd.

44 Ebd.

tiefer unter der Erde liegende Ziele zu zerstören[45] – wurden in Nebraska am 6.8.2003 eingeleitet – am 58. Jahrestag des Abwurfs der Atombombe über Hiroshima.

Die am 11.12.2002 vorgestellte *„Nationale Strategie zur Bekämpfung von Massenvernichtungswaffen“*[46] verdeutlicht, dass Feinde der USA und ihrer Verbündeten, welche atomare, biologische oder chemische Waffen gegen amerikanische Truppen oder ihre Alliierten einsetzen, ihrerseits mit dem Einsatz amerikanischer Massenvernichtungswaffen – einschließlich Nuklearwaffen – rechnen müssen.[47] Bereits während des Golfkrieges 1990/91 war dem Irak der Einsatz von Massenvernichtungswaffen angedroht worden, sollte dieser selbst derartige Waffen gegen US-Truppen einsetzen.[48]

Was den Krieg der USA und Großbritannien gegen den Irak betrifft (Frühjahr 2003), ging es nicht um vorbeugende Maßnahmen gegen eine unmittelbare Bedrohung der USA und deren Verbündeten, ebenso nicht der Nachbarländer, sondern es ging primär um eine Vorbeugung gegen eine mögliche künftige Kriegsgefahr, die Saddam Hussein eines Tages hätte auslösen können.[49]

Gemäß der **Nationalen Sicherheitsstrategie** der USA sollen die amerikanischen Streitkräft stark genug sein, um jeden möglichen Gegner davon abzuhalten, eine militärische Aufrüstung in der Hoffnung zu verfolgen, die Macht der USA zu erreichen oder zu überbieten. Die USA werden jedoch – verweisend auf ihren Führungsanspruch, um Demokratie und Marktwirtschaft zur Erreichung einer *„florierenden Welt“* zum Durchbruch zu verhelfen - ihre militärische und wirtschaftliche Macht nicht dazu benützen, um sich einseitig Vorteile zu verschaffen. Die amerikanische Administration habe jedoch den Willen, künftig keinen auch nur annähernd gleich starken Konkurrenten zuzulassen. Militärische Überlegenheit ist die Basis für eine wirksame Verteidigung und: „*... our best defense is a good offense...*“.[50]

Ausgehend von der Verkündung der *„4 Freiheiten“* durch US-Präsident Franklin D. Roosevelt Anfang der vierziger Jahre, von der Durchsetzung der

---

45 Walter Pincus, Future of U.S. Nuclear Arsenal Debated, Washington Post, May 4, 2003, Page A06.

46 National Strategy to Combat Weapons of Mass Destruction, December 2002.

47 Ebd., 3: *„The United States will continue to make clear that it reserves the right to respond with overwhelming force – including through resort to all of our options – to the use of WMD against the United States, our forces abroad, and friends and allies.“*

48 Erich Reiter, Präventivkriegführung nach der neuen US-Sicherheitsstrategie, Österreichische Militärische Zeitschrift, Heft 2/2003, 183-188, 185.

49 Ebd., 188.

50 The National Security Strategy of the United States of America, September 2002, Chapter III “Strenghten Alliances to Defeat Global Terrorism and Work to Prevent Attacks Against Us and Our Friends”, 6.

Truman-Doktrin ab 1947 und der Aufnahme des wirtschaftlich-ideologischen Kampfes durch US-Präsident Ronald Reagan gegen ein *„Land des Bösen“* (in diesem Fall die Sowjetunion) – stellt aus amerikanischer Sicht die Strategie der ***„präemptiven Verteidigung“*** einen wesentlichen Schritt dar, gegen ***„Schurkenstaaten“*** und **Terroristen** gezielt vorzugehen mit dem Ziel, Frieden, Stabilität und Freiheit in der Welt zum Durchbruch zu verhelfen.

Im Gegensatz zu den USA befürworten **China und Russland multipolare Ansätze** der Konfliktlösung: Während des Staatsbesuches von Russlands Präsident Vladimir Putin bei Chinas damaligen Staatschef Jiang Zemin am 3.12.2002 wurde von beiden Politikern auf die gemeinsamen globalen Interessen verwiesen, die künftig die Grundlage für eine strategische Partnerschaft bilden sollen. Zur Diskussion standen der umfassende Ausbau der bilateralen Zusammenarbeit – von der Wirtschaftskooperation über den gemeinsamen Kampf gegen den islamischen Fundamentalismus und die Bekämpfung der illegalen Einwanderung von Chinesen nach Russland bis hin zu umfangreichen Rüstungskooperationen. Bereits im Sommer 2001 unterzeichneten die beiden Staatschefs in Moskau einen sogenannten *„Freundschaftsvertrag“*.

Russland behalte sich künftig ähnlich wie die USA das **Recht** vor, **Präventivschläge durchzuführen**, auch außerhalb des eigenen Hoheitsgebietes; so z.B. gegenüber Georgien, dem Vladimir Putin im Spätsommer 2002 wegen der Duldung tschetschenischer Rebellen in der Pankisi-Schlucht mit *„einseitigen militärischen Maßnahmen“* drohte.[51]

Der Beauftragte für die **EU-Außen- und Sicherheitspolitik**, Javier Solana, hatte anlässlich des Europäischen Rats von Thessaloniki am 19.6.2003 eine Sicherheitsstrategie für die Europäische Union vorgelegt, gemäß der in Anlehnung an die Nationale Sicherheitsstrategie der USA militärische Interventionen zur Bekämpfung gegenwärtiger Bedrohungen – auch **präventiv** - ermöglicht werden sollen: *„Wir müssen handeln, bevor eine Krise auftaucht“*, betonte Solana.[52] Im Unterschied zu den USA unterstreicht die EU jedoch die Mandatierung präventiver Aktionen durch den Sicherheitsrat der Vereinten Nationen.

---

51 Elke Windisch, Geiseldrama als Begründung für neue Sicherheitsdoktrin und Zensur, Die Presse, 2.11.2002, 7.

52 Andreas Schnauder, Zum Präventivschlag bereit, Die Presse, 20.6.2003, 1.

Der sicherheitspolitische Ansatz bei den Vereinten Nationen, bei der OSZE und bei der NATO

Bei den Vereinten Nationen ist der sicherheitspolitische Ansatz prinzipiell ebenfalls umfassend zu verstehen. Schon sehr früh hat jedoch die UNO Institutionen und Instrumente zur humanitären und Katastrophenhilfe ins Leben gerufen: Das Flüchtlingshochkommissariat UNHCR[53] und die OCHA – die *Office for the Coordination of Humanitarian Affairs*. Über die OCHA in Genf werden zentral die Hilfsansuchen der betroffenen Staaten eingebracht. Für die Einschätzung der Lage vor Ort arbeiten geschulte und *ad hoc* einsetzbare Erkundungsteams (UNDAC[54]) mit, diese Teams sind auch bemüht, die in den UNO-Mitgliedstaaten vorhandenen menschlichen und materiellen Kapazitäten für Hilfsaktionen zu koordinieren. Seit 1996 ist innerhalb der OCHA eine *„Military and Civil Defence Unit"* (MCDU) vorhanden, die für **zivil-militärischen Zusammenarbeit** (UNCIMIC) und die erforderlichen Ausbildungsprogrammen verantwortlich ist.

Innerhalb der OSZE und der NATO sind während der neunziger Jahre neue Elemente der Sicherheitspolitik entwickelt worden, wie dies im Krisenmanagement im ehemaligen Jugoslawien sichtbar wurde. Die NATO steht sowohl für traditionelle militärische Fähigkeiten, aber auch für neue Formen militärischer und sicherheitspolitischer Kooperation sowie für zivile Notstandsplanung und Katastrophenhilfe durch Zusammenarbeit mit fast allen Staaten Europas. Bereits 1951 hatte die NATO das Komitee für Zivilverteidigung gegründet, es wurde 1995 in *Civil Protection Committee* umbenannt. Das *Komitee für Zivilverteidigung* beschäftigte sich vorrangig – angepasst an die Bipolarität Anfang der fünfziger Jahre - mit den Folgen einer möglichen Bedrohung durch Nuklearwaffen. Einsätze des **Katastrophenschutz**es und der humanitären Hilfe waren bei der NATO zunächst nicht geplant, erst 1994 erfolgte mit der Gründung der **NATO-Partnerschaft für den Frieden** (*Partnership for Peace* - PfP) eine Kooperation von Staaten Nordamerikas, Europas und Asiens – von Vancouver bis Wladiwostok – im Bereich der zivilen Notstandsplanung.[55] Die Kooperationsaktivitäten der PfP im Rahmen der zivilen Notstandsplanung konzentriert sich vor allem schwerpunktmäßig auf die Katastrophenhilfe und auf den Zivilschutz. Die NATO kann auf Ersuchen des betroffenen Staates unterstützende Maßnahmen ergreifen.

53 *United Nations High Commissoner for Refugees.*

54 *United Nations Disaster Assessment and Coordination Team.*

55 Gunther Hauser, Die NATO – Die Grundlage des euro-atlantischen Sicherheitsverbundes, in: Erich Hochleitner (Hg.), Das europäische Sicherheitssystem zu Beginn des 21. Jahrhunderts, Böhlau Verlag Wien, 2000, 267-335, 299.

Die **OSZE** ist bestrebt, außer den traditionellen Mitteln kooperativer Sicherheitspolitik – wie Vertrauensbildung und Abrüstungsgesprächen – auch die neue Kategorie der Präventivdiplomatie im Bereich ethnischer und kultureller Problembereiche wahrzunehmen. Eine wesentliche Rolle erfüllt die OSZE bei der **Frühwarnung, Konfliktverhütung** und **Krisenbewältigung** mit nicht-militärischen Mitteln. Von Anfang an war die KSZE/OSZE von einem umfassenden Sicherheitsverständnis geprägt: Von der Konfliktverhütung über ziviles *peace building* und *peace implementation* bis zu Bereichen der Demokratisierung (Bsp. Wahlbeobachtung), der Einhaltung und Achtung der Menschen- und Minderheitenrechte, der *„menschlichen Dimension"* (Bsp. Eindämmung des Menschenhandels, Ziel der Verhinderung der Rekrutierung von Kindern in bewaffneten Konflikten), der sozialen und wirtschaftlichen Entwicklung sowie des Umweltschutzes. Wesentlich ist in diesem Zusammenhang die beim OSZE-Gipfeltreffen von Istanbul (18.-19.11.1999) beschlossene Schaffung eines Programms für schnelle Einsatzgruppen (REACT) zur Entsendung von ausgebildeten und über eine Datenbank erfassten zivilen Experten in Krisenfällen. Die KSZE stand Pate für den zwischen der NATO und dem Warschauer Pakt zustande gekommenen **Vertrag über konventionelle Streitkräfte in Europa (VKSE)**. Der Grundpfeiler für Europas Sicherheitsordnung ist jedoch weiterhin die NATO. Die Europäische Union hat sich zwar mit dem Gipfel des Europäischen Rates von Helsinki im Dezember 1999 selbst militärische Kapazitäten und Mechanismen verordnet, verfügte jedoch weder über eine militärische Beistandspflicht im EU-Vertrag noch über geeignete militärische Mittel und Kommandostrukturen für Krisenbewältigungseinsätze zur Erfüllung aller „Petersberg-Aufgaben". Sie ist bei schweren Krisenbewältigungseinsätzen deshalb auf die NATO angewiesen.[56]

---

56 Aus diesem Grund fand am 29.4.2003 in Brüssel ein Gipfel zwischen den Irak-Kriegsgegnern Deutschland, Frankreich, Belgien und Luxemburg statt mit dem Ziel, den Ausbau europäischer Kapazitäten im Bereich Verteidigung zu forcieren. Diese Arbeiten beinhalteten den Aufbau von EU-Kommandostrukturen, darunter die Schaffung eines EU-Generalstabs in Tervuren bei Brüssel, der der EU ohne Rückgriff auf Mittel der NATO zur Verfügung stehen sollte. Geplant war auch die Schaffung eines strategischen Lufttransportkommandos für EU- und NATO-Einsätze bis Juni 2004, einer gemeinsamen ABC-Abwehrtruppe sowie eines Systems humanitärer Sofortmaßnahmen auf Basis ziviler und militärischer Mittel, das innerhalb von 24 Stunden Hilfe vor Ort leisten soll. Die 60.000 Soldaten der EU-Eingreiftruppe sollten demnach einen reinen EU-Kern erhalten, der Nukleus dieser Truppe würde auf dem in Straßburg eingerichteten *Eurocorps* basieren. Diesen Plänen standen die Regierungen Großbritanniens, Italiens, der Niederlande und Spaniens sehr skeptisch gegenüber, sie befürchteten eine *„Entmachtung der NATO"*. Aus: Andreas Schnauder, Sieben Schritte zur Verteidigungsunion, Die Presse, 30.4.2003, 9.

International basieren auf dem Konzept umfassender Sicherheit u.a. das Schlussdokument der von der Generalversammlung der Vereinten Nationen 1987 einberufenen „*Internationalen Konferenz über die Beziehung zwischen Abrüstung und Entwicklung*", das 1995 angenommene „*Gemeinsame Konzept der 27 WEU-Nationen über europäische Sicherheit*", die von den OSZE-Staaten 1996 verabschiedete „*Lissabon-Erklärung über ein gemeinsames und umfassendes Sicherheitsmodell für das 21. Jahrhundert*" sowie das Basisdokument des 1997 im Rahmen der NATO ins Leben gerufene Euro-Atlantischen Partnerschaftsrats (*Euro-Atlantic Partnership Council*/EAPC). Der erweiterte Sicherheitsbegriff umfasst seither Außen- und Sicherheitspolitik, die innere, ökologische, ökonomische oder soziale Sicherheit. Wesentliches Ziel einer umfassenden europäischen Sicherheitspolitik muss es sein, die europäische Stabilitätszone auszuweiten, wobei die Prozesse zur Erweiterung der EU und der NATO eine zentrale Rolle spielen.

Der Sicherheitsbegriff der „human security"

Gegenwärtig und künftig finden gewaltsame Konflikte statt – jedoch immer seltener zwischen Staaten. Vielmehr gibt es Konflikte innerhalb von Staaten, beim Zerfall von Staaten oder in staatsfreien Zonen. Gewaltarten und Kriegsformen kommen zur Anwendung, bei denen die traditionellen Instrumente staatlicher Sicherheitspolitik wenig Aussicht auf Erfolg haben. Einige Regierungen, insbesondere jene Kanadas, entwickelten deshalb einen neuen Sicherheitsbegriff, die sogenannte „***human security/sécurité humaine***". Dieses Konzept stellt nicht die Staaten und ihre Ordnungen, sondern **den Einzelnen** oder **Gruppen von Menschen** in seinen Mittelpunkt.[57] Umfassend sollen sich zur Durchsetzung dieses Konzeptes Staaten, Internationale Organisationen und nichtstaatliche Gruppierungen beteiligen. Als ein Musterbeispiel für ein internationales Abkommen zur Erhöhung der menschlichen Sicherheit gilt das „*Übereinkommen über das Verbot, des Einsatzes, der Lagerung, der Herstellung und der Weitergabe von **Antipersonenminen** und über deren Vernichtung*", das im Dezember 1997 in Ottawa unterzeichnet und seither von über 120 Staaten ratifiziert wurde.

Für Kanada ist die „*menschliche Sicherheit*" zu einem außenpolitischen Leitkonzept geworden. Dieses Konzept enthält fünf Schwerpunkte: Der Schutz von Zivilisten - vor allem von Frauen und Kindern -, Friedensmissionen zur Ein-

57 Wilfried von Bredow, Zivilisierungsagentur Strafgerichtshof. Wenn die Staatenwelt schwächer wird, wer schützt dann die Menschen?, Frankfurter Allgemeine Zeitung, 12.3.2003, 6.

dämmung von Gewalt, Maßnahmen zur Konfliktprävention, verantwortliches Politikmanagement und öffentliche Sicherheit. Dieser Katalog stellt einen Kompromiss dar zwischen herkömmlichen (staatsbezogenen) und neuartigen (personenbezogenen) Sicherheitsvorstellungen.[58]

Bei der Verwirklichung der *„menschlichen Sicherheit“* spielen, wie die Entstehungsgeschichte des **Antipersonenminen**-Abkommens zeigt, nicht nur staatliche Organe, sondern auch nichtstaatliche Gruppierungen eine bedeutende Rolle. Es kommt dabei auch zu neuen Formen der Zusammenarbeit zwischen staatlichen und nichtstaatlichen Akteuren. Kanada hat mit einigen Staaten ein *„Netzwerk Menschliche Sicherheit“* begründet, daran sind auch einige Staaten der Europäischen Union beteiligt: Griechenland, Irland, die Niederlande und Österreich, weiters Chile, Jordanien, Mali, Norwegen, die Schweiz, Slowenien und Thailand sowie als Beobachter Südafrika. Es handelt sich dabei um kleinere und mittlere Staaten, denen ein hohes Maß an Multilateralismus in den internationalen Beziehungen wichtig ist. Die Errichtung des **Internationalen Strafgerichtshofes** (IStGH) zählte zu einem Hauptprojekt des *„Netzwerkes Menschliche Sicherheit“*. Die USA haben das **Antipersonenminen**-Abkommen nicht akzeptiert, obwohl die amerikanische Regierung darüber konstruktiv verhandelt hatte.[59]

Das Völkerrecht

Sicherheitspolitik und Völkerrecht

Die „humanitäre Dimension“ der Sicherheit – wie der Menschenrechtsschutz – sind im Völkerrecht ebenso geregelt wie folgende Bereiche des internationalen Zusammenlebens: Wirtschaftsrecht, das diplomatische Schutzrecht, das formelle Vertragsrecht, das Staatenrecht, das internationale Seerecht, das Luft- und Weltraumrecht, das Verkehrsrecht /Eisenbahnverkehr, Straßenverkehr) und das Recht der Internationalen Organisationen. Völkerrecht ist wie Sicherheitspolitik umfassend zu verstehen, der Sinn des Völkerrechts liegt darin, primär Konflikte zu vermeiden und die internationalen Beziehungen zu regeln - mit Streitschlichtungsmechanismen, den Menschenrechtschutz bis zum Wirtschaftsrecht.

So ist das Völkerrecht ein koordinierendes Recht mit dem Grundsatz der relativen Gleichwertigkeit der primären Akteure – die Staaten. Es handelt sich nicht primär um ein Recht der Völker, sondern vor allem der Staaten. Deshalb wird auch vom Internationalen Recht (*international law, droit international*) ge-

58 Ebd.
59 Ebd.

sprochen. Völkerrecht und dessen Einhaltung ist wie Sicherheitspolitik von den jeweiligen Interessen der jeweiligen staatlichen Akteure abhängig, Völkerrecht unterliegt wie Sicherheitspolitik dem Primat der Politik. So war und ist das Völkerrecht – also die Regelung der internationalen Beziehungen – stets an die Akzeptanz der realen Kräfteverhältnisse in der Weltpolitik gebunden. Auf Initiative der USA ist 1945 – noch kurz vor dem Ende des Zweiten Weltkrieges – in San Francisco die Gründung der UNO (*United Nations Organization*) eingeleitet worden, um weltweit nicht nur Konflikte zu vermeiden, sondern auch Friedensbrecher zu sanktionieren. Die Organisation der Vereinten Nationen ging vor allem in ihrer Charta davon aus, dass nach dem Zweiten Weltkrieg – der neben verheerenden Zerstörungen von Städten und Kulturgütern auch über 60 Millionen Tote forderte – kein Krieg mehr stattfinden solle. Gemäß dem Motto *„Nie wieder Krieg“* sollte ein System universeller kollektiver Sicherheit errichtet werden, mit der Möglichkeit, politische, wirtschaftliche und militärische Sanktionen gegen jene Staaten einzuleiten, deren politische Führung das in der UNO-Charta festgeschriebene Gewaltverbot verletzen. Die UNO stellt heute ein globales System kollektiver Sicherheit dar, dem fast alle Staaten dieser Welt beigetreten sind. UNO-Charta ist somit Völkerrecht. Sicherheitspolitische Vorgehensweisen – auch wenn diese dem Völkerrecht widersprechen -, beeinflussen völkerrechtliche Entscheidungen. So entschieden gemäß der Resolution des UNO-Sicherheitsrates Nr. 1483 vom 22.5.2003 nicht die Vereinten Nationen über die politische Ordnung nach der Beendigung der größeren Kampfhandlungen im Irak, sondern die kriegführenden Nationen und Besatzungsmächte USA und Großbritannien (*„Authority“*).[60] Völkerrecht soll einen rechtlichen Rahmen bilden, in dem die Grenzen zur Durchführung von Sicherheitspolitik abgesteckt sind – deren Einhaltung ist wiederum von den Interessen der jeweiligen sicherheitspolitischen Akteure abhängig. Die Völkerrechtslehre, so der deutsche Völkerrechtler Oskar Matthias Freiherr von Lepel, *„vermag es nicht, sich vom Sog der Fakten internationaler Politik völlig zu lösen. Entweder lässt sie sich in ihren inhaltlichen Aussagen von der Macht der tatsächlichen Verhältnisse beeinflussen oder*

60 Dies setzte sich fort in der vom UNO-Sicherheitsrat – bei Stimmenthaltung des nichtständigen Mitgliedes Syrien – am 14.8.2003 auf Initiative der USA angenommenen Resolution 1500, in der sich die US-Regierung weigerte, den Mitgliedern der Vereinten Nationen eine Rolle bei der militärischen Sicherung im Irak zuzugestehen. Der UNO-Unterstützungsmission für den Irak wurde zwar für zwölf Monate ein formelles Mandat erteilt – jedoch ausschließlich für die Durchführung humanitärer und organisatorisch-technischer Hilfe. Mit Resolution 1500 erfolgte auch die Anerkennung des provisorischen Regierungsrates in Bagdad. Syrien betonte, seine Enthaltung basiere auf der Position der Arabischen Liga, die zehn Tage zuvor ein Ende der okkupation des Irak und die Schaffung einer *„legitimen Regierung“* forderte. Aus: L'ONU adopte une résolution sur l'Irak en decà des souhaits américains, Le Monde, 15.8.2003.

sie beklagt ihre Machtlosigkeit."[61] Was die **präemptive Strategie** der USA betrifft, wird auch in der deutschen Völkerrechtsliteratur von einem „*werdenden Völkergewohnheitsrecht*" gesprochen: Demnach „*zeichne sich ein Völkergewohnheitsrecht der präventiven Selbstverteidigung ab, das Verteidigungsmaßnahmen auch dann legitimiere, wenn noch kein bewaffneter Angriff vorliege.*"[62] Dieser Argumentationsschritt hat jedoch mit der rechtlichen Eingrenzung des im Rahmen der Auslegung des Artikels 51 der UNO-Charta erörtertem Tatbestandsmerkmal „*unmittelbar bevorstehender Angriff*" nichts zu tun.[63] Gegen den Widerstand wichtiger Staaten und Statengruppen können die USA auf Dauer ein solches neues Völkerrecht – soll das Völkerrecht weiterhin als Konsensualrecht verstanden werden – nicht durchsetzen. Es gilt nach wie vor „*das Prinzip der Maßgeblichkeit des Willens*"[64] der primären Völkerrechtssubjekte - der Staaten."

Begriff und Wesen des Völkerrechts

In der Staatenwelt ist der Rechtscharakter des Völkerrechts - trotz häufiger politischer Umgehungsversuche – weitestgehend anerkannt. In vielen Spezialbereichen besitzt das Völkerrecht eine Normendichte, die durchaus mit dem innerstaatlichen Recht vergleichbar ist.[65] Im Sprachgebrauch werden die Begriffe Völkerrecht bzw. Internationales Recht synonym gebraucht. Das Völkerrecht regelt die Beziehungen der Mitglieder der internationalen Gemeinschaft zueinander. Völkerrecht als Summe der rechtlichen Normen regelt das Verhalten der Völkerrechtssubjekte – Staaten, Internationale Organisationen, der Heilige Stuhl, Aufständische und das Internationale Komitee vom Roten Kreuz. Es gehört nicht dem innerstaatlichen Recht eines dieser Subjekte an. Völkerrecht ist also „*internationales öffentliches Recht*".[66]

Das Völkerrecht entwickelt sich heute in einem Rechtskreis von weniger als 200 Staaten. Darunter ist der vielgliedrige Komplex von Verträgen und Abkommen zur Regelung von Beziehungen zwischen (souveränen) Staaten untereinander und zwischen Staaten und anderen Mitgliedern der internationalen Gemeinschaft zu verstehen. An Rechtsvorschriften sind Staaten nur mit ihrem Ein-

---

61 Oskar Matthias Frhr. von Lepel, Die präventive Selbstverteidigung im Lichte des Völkerrechts, in: Forum-Verbreitung, Heft 2/2003, 77-81, 81.
62 Ebd.
63 Ebd.
64 Ebd.
65 Dieter Blumenwitz, Fälle und Lösungen zum Völkerrecht, Stuttgart 2001, 5.
66 Otto Kimminich/Stephan Hobe, Einführung in das Völkerrecht, 7. Auflage, 2000, 12.

verständnis gebunden (***Konsensgrundsatz***).[67] Als Rechtsunterworfene sind demnach Staaten vor dem geltenden Völkerrecht gleich: *„Bei normativer Betrachtungsweise haben sie* (Anmerkung: die Staaten) *in der auf Gleichheit beruhenden Staatengemeinschaft auch den gleichen Anteil an der Entstehung neuen Völkerrechts.*"[68]

Im Völkerrecht fehlt es – im Gegensatz zum innerstaatlichen Recht – prinzipiell an zentralen Organen der Rechtssetzung, Rechtssprechung und Rechtsdurchsetzung. Im Bereich der Friedenssicherung stellt jedoch der UNO-Sicherheitsrat eine Instanz zur Rechtsvollstreckung dar – wenn sich die Mitglieder des Sicherheitsrates gemäß der UNO-Charta über eine gemeinsame Vorgehensweise einigen.[69] Ansonsten resultiert das **Prinzip der Effektivität** im Völkerrecht aus dessen enger Verknüpfung mit der tatsächlichen Lage im internationalen System – wie folgt:[70]

- Tatbestandsmerkmal: Das Erfordernis der Effektivität soll Willkür vermeiden und ein Mindestmaß an Einheitlichkeit und Rechtssicherheit gewährleisten. So ist es Angelegenheit jedes Staates, für sich Anknüpfungspunkte für die Verleihung seiner Staatsangehörigkeit zu definieren.
- Streitentscheidungskriterium: Ein Staatsbürger soll in dem Staat seinen Wehrdienst leisten, zudem er die effektivere Beziehung – insbesondere bedingt durch seinen Wohnsitz – hat.[71]

Das Völkerrecht enthält verschiedene *„dezentrale"* Durchsetzungsmechanismen im Rahmen der Selbstdurchsetzung durch die Staaten:

- mit **Repressalien**, **Sanktionen** oder **Retorsionen**, sowie **Selbstverteidigung**,
- durch **gerichtliche** und **schiedsgerichtliche Verfahren**, **Berichtssysteme**,
- **individuelle Sicherungsverfahren (Individualbeschwerde** und **Staatenbeschwerde)**,
- **Inspektion** und **Verifikation**[72].

Das Völkerrecht hat koordinierenden Charakter, es überlässt dem Staat eine weitgehende Entscheidung über die Bindung an eine neue völkerrechtliche Norm.[73] Darüber hinaus muss aufgrund des **Reziprozitätsprinzips** jeder Rechts-

67 Hanspeter Neuhold, Abgrenzungen, Strukturmerkmale und Besonderheiten der Völkerrechtsordnung, in: Neuhold/Hummer/Schreuer (Hg.), Österreichisches Handbuch des Völkerrechts, 3. Auflage, 1997, 3- 13, 10.

68 Oskar Matthias Frhr. von Lepel, Die präventive Selbstverteidigung im Lichte des Völkerrechts, in: Forum-Verbreitung, Heft 2/2003, 77-81, 81.

69 Otto Kimminich/Stephan Hobe, Einführung in das Völkerrecht, 7. Auflage, 2000, 18.

70 Peter Fischer/Heribert Franz Köck, Allgemeines Völkerrecht, 5. Auflage, 2000, 159.

71 Hanspeter Neuhold, Abgrenzungen, Strukturmerkmale und Besonderheiten der Völkerrechtsordnung, 1997, 3- 13, 13.

72 Otto Kimminich/Stephan Hobe, Einführung in das Völkerrecht, 7. Auflage, 2000, 18.

73 Fischer/Köck, 2000, 28.

brecher einkalkulieren, dass auch ihm gegenüber die betreffende Norm nicht mehr eingehalten wird.[74] Auch innerstaatlich kann sich bei Verstößen gegen das Völkerrecht verstärkte Kritik und Aktion der Opposition gegen die Regierung entwickeln, genauso wie Kritik durch Massenmedien oder durch die Disziplinlosigkeit und Desertion von Soldaten nach rechtswidrigen Befehlen.[75]

Normenbereiche

Normen des Völkerrechts sind aufgrund ihres Rechtscharakters rechtlich verbindlich. Im Fall ihrer Verletzung können Sanktionen des Völkerrechts (politische, wirtschaftliche und militärische Maßnahmen) eingeleitet werden. Dagegen erlangt bei Verletzung der **Völkermoral** - z.B. bei Nichtbeteiligung an der Leistung von Entwicklungshilfe an Staaten der Dritten Welt - eine Erzwingung durch solche mittels völkerrechtlicher Sanktionen keine Zulässigkeit.[76]

Die Grenze zwischen Völkermoral und Völkerrecht ist aber nicht immer eindeutig, da Normen des Ersteren Rechtscharakter annehmen können. In der transitorischen Phase, die heute sehr häufig durch entsprechende Resolutionen der Generalversammlung der Vereinten Nationen eingeleitet wird, wird hinsichtlich dieser Normen auch vom weichen Völkerrecht (***soft international law,*** Beispiel: **Weltraumrecht** bis 1967) gesprochen.[77] Im Gegensatz zu den Resolutionen des UNO-Sicherheitsrates sind jene der Generalversammlung nicht bindend.

Der **Völkersitte** kommt keine rechtliche Verbindlichkeit zu, sie kann deshalb nicht mit Sanktionen des Völkerrechts erzwungen werden. Unter Völkersitte fällt z.B. die Verwendung weißen Papiers entsprechender Größe für diplomatische Schriftstücke oder die Einhaltung von Vorschriften des Zeremoniells des Empfangsstaates.[78] Die Beachtung der Völkersitte resultiert aus dem Umgang der Staaten bzw. ihrer Vertreter der internationalen Höflichkeit (***Courtoisie***), ihre Verletzung wird deshalb als unfreundlicher Akt angesehen und kann mit einer ebensolchen beantwortet werden (***Retorsion***). So ist ein Großteil des **Diplomatenrechts** aus *der Courtoisie* entstanden.

---

74 Hanspeter Neuhold, Abgrenzungen, Strukturmerkmale und Besonderheiten der Völkerrechtsordnung, in: Neuhold/Hummer/Schreuer (Hg.), 1997, 3-13, 12.

75 Ebd.

76 Fischer/Köck, Allgemeines Völkerrecht, 2000, 23f.

77 Ebd., 24.

78 Ebd.

Die Rechtsentwicklung im Völkerrecht ist im Fluss und nicht *uno actu*[79], d.h. Völkerrecht entwickelt und adaptiert sich an neue Gegebenheiten im internationalen politischen System. Die Liste der Völkerrechtssubjekte ist nicht endgültig abgeschlossen. Was die Rechtsnatur von Völkerrechtsakten betrifft, handelt es sich bei der **KSZE[80]-Schlussakte von Helsinki 1975** um politische Absichtserklärungen, aus denen keine Rechtspflichten folgen. Das **Moskauer Memorandum** vom 15.4.1955 zwischen Österreich und der Sowjetunion war ein ***„gentlemen's agreement“***, also eine persönliche Absprache zwischen maßgebenden Politikern von Staaten in außenpolitischen Fragen. Der Operationskalender zum **„Südtirolpaket“** von 1969 kann als faktisch koordiniertes Verhaltensprogramm ebenso als *„gentlemen's agreement“* bezeichnet werden.[81]

Die Völkerrechtsnormen werden stets von den politischen, wirtschaftlichen und technischen Gegebenheiten der internationalen Beziehungen bestimmt. So spiegelt das Völkerrecht die Machtverhältnisse zwischen seinen Subjekten wider. Die Völkerrechtsordnung ist zwar auf dem Fundament des **Prinzips der souveränen Gleichheit der Staaten** aufgebaut, in seinen Normen schlagen *„die faktischen Unterschiede zugunsten der Mächtigeren sowohl im Vertragsrecht als auch im Völkergewohnheitsrecht nieder.“*[82] Dadurch ist das Völkerrecht nicht nur eine *„normative Festigung der internationalen Politik“*, *„es beeinflusst das Verhalten der internationalen Akteure in der Praxis in nicht unerheblichem Maße.“*[83] Die Völkerrechtsabteilungen der Außenministerien nehmen im außenpolitischen Entscheidungsprozess ebenfalls *„eine beachtliche Rolle“* ein.[84]

Im Hinblick auf die Normenhierarchie im Völkerrecht sind die Primärquellen untereinander grundsätzlich gleichrangig, bei Widersprüchen gilt der ***Lex-posterior-*** bzw. ***Lex-specialis*-Grundsatz.**[85] Geschriebenes Völkerrecht wie Vertragsrecht, Beschlüsse von Internationalen Organisationen ist demnach meist später oder spezieller geschaffen worden als ungeschriebene völkerrechtliche

79 *Uno actu*: In einem (einzigen) Vorgang, in ein und derselben Handlung. Aus: Benke/Meissel/Luggauer, Juristenlatein, Juridica Verlag, 1997, 392.

80 KSZE: Konferenz für Sicherheit und Zusammenarbeit für Europa.

81 Wolfram Karl, Sonstige Quellen des Völkerrechts, in: Neuhold/Hummer/Schreuer (Hg.), 1997, 104-110, 109 und Waldemar Hummer, Der internationale Status und die völkerrechtliche Stellung Österreichs seit dem Ersten Weltkrieg, in: Neuhold/Hummer/Schreuer (Hg.), 1997, 492-539, 527.

82 Hanspeter Neuhold, Strukturelle Veränderungen im internationalen System und das Völker- und Europarecht: der rechtliche Niederschlag des Ost-West-Konflikts, in: Waldemar Hummer (Hg), Paradigmenwechsel im Völkerrecht zur Jahrtausendwende, 2002, 5-41, 5f.

83 Ebd.

84 Ebd.

85 Ebd., 65.

Normen wie Völkergewohnheitsrecht oder Allgemeine Rechtsgrundsätze. Eine klare Normenhierarchie existiert ausschließlich zugunsten des ***ius cogens***, dem zwingenden Völkerrecht.[86] Normen, die dem *ius cogens* – also z.B. dem Gewaltverbot in der Charta der Vereinten Nationen oder den wichtigsten Menschenrechten - widersprechen, sind somit nichtig.

Die Quellen des Völkerrechts

Unterschieden wird zwischen

a) Rechtserzeugungsquellen, also jenen Verfahren, durch die Völkerrecht geschaffen wird, und
b) Rechtsfundquellen, d.h. jene Behelfe, mit denen das Recht zugänglich gemacht wird.

Rechtserzeugungsquellen

Die Staaten, die Parteien des IGH-Statuts sind, sehen die in Artikel 38 Zif. I angeführten Quellen als die **Quellen des Völkerrechts** (VR) an. Da die Mitgliedschaft am IGH-Statut heute praktisch universal ist, kann man in diesem Sinne von einer authentischen Interpretation des vr Quellenkataloges durch die internationale Gemeinschaft sprechen. Artikel 38 Zif. I des IG-Statuts normiert:

"*Der Gerichtshof, dessen Aufgabe es ist, die ihm unterbreiteten Streitfälle nach Völkerrecht zu entscheiden, wendet an:*

(a) die internationalen Abkommen allgemeiner und besonderer Natur, in denen von den in Streit befindlichen Staaten ausdrücklich anerkannten Normen aufgestellt sind;

(b) das internationale Gewohnheitsrecht als Ausdruck einer allgemeinen als Recht anerkannten Übung;

(c) die von den zivilisierten Staaten anerkannten allgemeinen Rechtsgrundsätze;

86 Artikel 53 Satz 2 der Wiener Konvention über das Recht der Verträge vom 23.5.1969 (WVK I) und vom 20.3.1986 (WVK II) definiert *ius cogens „als eine Norm, von der nicht abgewichen werden darf und die nur durch eine spätere Norm des allgemeinen Völkerrechts derselben Rechtsnatur geändert werden kann.*“ Die Annahme eines derartigen zwingenden Charakters würde gemäß Art. 53 Satz 1 und Art. 64 WVK eine eindeutige Rechtsfolge dahingehend ergeben, dass jeder völkerrechtliche Vertrag absolut nichtig ist oder erlischt, der im „*Widerspruch zu einer zwingenden Norm des allgemeinen Völkerrechts steht*“ (so Art. 53 Satz 1 WVK).

(d) *unter Vorbehalt der Bestimmung des Art. 59 die gerichtlichen Entscheidungen und die Lehren der anerkanntesten Autoren der verschiedenen Völker als Hilfsmittel zur Feststellung der Rechtsnormen.*"

In Artikel 38 IGH-Statut sind nicht enthalten:

- einseitige Rechtsgeschäfte und
- Beschlüsse Internationaler Organisationen.

Der Gerichtshof erhält dadurch einen Katalog über die in einem bestimmten Streitfall heranzuziehenden Rechtsnormen. Es gilt dabei das **Subsidiaritätsprinzip**: Primär sind Verträge, sekundär **Völkerrechtliches Gewohnheitsrecht** (VGR) und zuletzt die **Allgemeinen Rechtsgrundsätze** (ARG) als Entscheidungsgrundlagen heranzuziehen.[87]

Dieser Katalog legt keine Rangordnung der Rechtserzeugungsquellen fest. Verträge sind keineswegs dem Gewohnheitsrecht übergeordnet, von der Ausnahme des ***ius cogens*** abgesehen - diesem gleichgeordnet. Späteres Gewohnheitsrecht kann daher früheres vertragliches Völkerrecht derogieren und *vice versa.*[88]

Das Völkergewohnheitsrecht (VGR)

Im VR spielt das ungeschriebene Recht eine bedeutende Rolle, wenngleich es heute im Verhältnis zum geschriebenen Recht in Rückgang begriffen ist (wie Kodifikationen).[89] VGR ist das durch die Staatenpraxis geschaffene Recht. Nach herrschender Auffassung hat VGR zwei Elemente: Ein objektives - die Übung, und ein subjektives - die Rechtsüberzeugung von dessen Geltung. VGR ist laut Artikel 38 IGH-Statut eine „*allgemeine, als Recht anerkannte Übung*".

Der IGH hat als ausreichende Voraussetzung für die Entstehung von VGR angesehen, dass die zu einem entsprechenden Verhalten in die Lage kommenden Staaten dieses Verhalten in der Überzeugung setzen (***opinio iuris***)[90], dass dieses Verhalten rechtlich vorgeschrieben oder doch notwendig sei (***opinio iuris sive necessitatis*** = Anerkenung als Recht bzw. die Überzeugung, rechtlich zu diesem Verhalten verpflichtet zu sein[91]). Eine so begründete Norm des VGR bindet auch die übrigen Staaten, soweit sie derselben nicht ausdrücklich widersprochen ha-

87 Fischer/Köck, 2000, 64.

88 Ebd., 65.

89 Fischer/Köck, 2000, 68f.

90 Eine *opinio iuris* (Rechtsüberzeugung) ist ein subjektives Element, sie äußert sich in Erklärungen und Handlungen (Duldungen oder Unterlassungen) der maßgeblichen Organe.

91 Otto Kimminich/Stephan Hobe, Einführung in das Völkerrecht, 7. Auflage, 2000, 179.

ben. Die Bildung von VGR setzt eine umfassende, andauernde und einheitliche Übung bzw. Gewohnheit (***consuetudo***) voraus. Unter Gewohnheit bzw. Gewohnheitsrecht wird das Recht verstanden, das durch länger andauernden Gebrauch mit Rechtsüberzeugung (***opinio iuris***) entsteht.[92]

Gegenüber einem ***persistent objector*** kann sich laut IGH eine Norm des VGR nicht herausbilden. Ein Staat, der sich im Zuge der Herausbildung einer Norm des Völkergewohnheitsrechts von Beginn an deren Anwendung beharrlich widersetzt hat, kann nicht deren Entstehung verhindern, aber verhindern, dass dieser durch diese Norm nicht gebunden wird.[93]

Unter ***acquiescence*** ist die widerspruchslose Hinnahme eines proklamierten oder praktizierten Anspruches durch Staaten zu verstehen.[94]

Im Falle einer ***desuetudo*** (wörtlich: Abgewöhnung) wird die gewohnheitsrechtliche Ausserkraftsetzung einer Rechtsregel verstanden. Demnach wird die Regel durch langandauernde Nichtbeachtung durch die Rechtsgemeinschaft mit der Überzeugung aufgehoben, dass die Regel nicht mehr gilt.[95]

Aufgrund des Fehlens eines internationalen Gesetzgebers kann die Kodifikation des geltenden Völkerrechts ausschließlich durch multilaterale Verträge (Konventionen) erfolgen.[96] Unter **Kodifikation** wird die Umgießung in Schriftform verstanden. Das ungeschriebene Völkerrecht soll dadurch systematisch formuliert, präzisiert und auf eine sichere Grundlage gestellt werden. Im Rahmen der Kodifikation von VGR entstehen folgende Vorteile und Nachteile:[97]

- Außerstreitstellung des ungeschriebenen VR durch Kodifikation,
- Legitimationswirkung von Kodifikationen,
- Kodifikation hemmt die Dynamik der weiteren Rechtsentwicklung,
- Kodifikationen folgen dem kleinsten gemeinsamen Nenner der dabei vertretenen Rechtsauffassungen,
- Bei Interessensgegensätzen kommt es zu dilatorischen Formelkompromissen oder später zu Vorbehalten.

Die bedeutendste Rolle bei der Kodifikation von Völkergewohnheitsrecht spielt die ***International Law Commission*** (ILC), die 1947 innerhalb der Vereinten Nationen geschaffen wurde.

---

92 Benke/Meissel/Luggauer, Juristenlatein, 1997, 89.
93 Bruno Simma, Das Völkergewohnheitsrecht, in: Neuhold/Hummer/Schreuer (Hg.), 1997, 39-50, 40.
94 Ebd., 45.
95 Benke/Meissel/Luggauer, Juristenlatein, 1997, 112.
96 Otto Kimminich/Stephan Hobe, Einführung in das Völkerrecht, 7. Auflage, 2000, 187.
97 Bruno Simma, Das Völkergewohnheitsrecht, in: Neuhold/Hummer/Schreuer (Hg.), 1997, 39-50, 46f.

Die Allgemeinen Rechtsgrundsätze (ARG)[98]

Wird ein Fall weder auf der Grundlage des vertraglichen VR noch des VGR gelöst, liegt eine Lücke im positiven VR vor. Diese kann eigentlich oder uneigentlich sein. Uneigentlich ist die Lücke dann, wenn die betreffende Angelegenheit vr zwar nicht ausdrücklich geregelt ist, der Fall jedoch durch den Rückgriff auf die Regelung eines ähnlich gelagerten Falles oder auf die dem VR zugrunde liegenden Prinzipien (die vr Rechtsgrundsätze) gelöst werden kann, also durch (Gesetzes- bzw. Rechts-)**Analogie**[99]. Ist der Fall auch durch Analogie nicht zu lösen, so liegt eine eigentliche Lücke vor. Tatbestände, für deren Beurteilung es weder vr Verträge noch VGR gibt, sind durch Rückgriff auf Rechtsprinzipien zu beurteilen.

Die Allgemeinen Rechtsgrundsätze - sie werden durch Art. 38 Zif. 1 lit. c IGH-Statut als subsidiäre Entscheidungsgrundlage vorgegeben - sind jene Rechtsgrundsätze, „*die von den zivilisierten Staaten anerkannten allgemeinen Rechtsgrundsätze*" im innerstaatlichen Bereich bereits positiviert worden sind. Allgemeine Rechtsgrundsätze werden in der internationalen Judikatur wie folgt angewendet:

- Verjährung von Forderungen,
- *Estoppel* (Verbot des *venire contra factum proprium*),
- Verpflichtung zu Schadenersatz[100],
- Verbot der ungerechtfertigten Bereicherung,
- Verbot des Rechtsmissbrauches,
- Grundsatz der Menschlichkeit (Rechtssatzform *sui generis*, weil nicht aus den einzelnen Rechtsordnungen abgeleitet).[101]

Die Aufstellung eines Katalogs der Allgemeinen Rechtsgrundsätze ist aufgrund ihrer nicht einfachen Abgrenzung gegenüber dem Völkergewohnheitrecht schwierig. Auch sind viele Allgemeine Rechtsgrundsätze mittlerweile Gegenstand völkerrechtlicher Verträge geworden, wie z.B. der Grundsatz ***bona fides*** in Art. 2 Abs. 2 der Charta der Vereinten Nationen oder die Art. 26 und 31 der Wiener Vertragsrechtskonvention.

---

98 Aus: Fischer/Köck, 2000, 71ff.

99 Unter „Analogie" wird der Ähnlichkeitsschluss verstanden. Die Rechtsfolge eines geregelten Falles wird auf einen ähnlichen, aber nicht geregelten Fall angewendet. Lücken der Rechtsordnung (*lacunae iuris*) können auf diese Art *per analogiam* geschlossen werden. Aus: Benke/Meissel/Luggauer, Juristenlatein, 1997, 47.

100 Die völkerrechtliche Schadenersatzpflicht ist an sich nicht neu, sondern in vertraglichen Regelungen wie Art. 41 EMRK oder Art. 75 IStGH-Statut enthalten.

101 Aus: Manfred Rotter, Die allgemeinen Rechtsgrundsätze, in: Neuhold/Hummer/Schreuer (Hg.), 1997, 85-89, 88f.

Die zur Entstehung von Völkergewohnheitsrecht führende Anerkennung einer Organpraxis als Recht ist von einem ***Estoppel*** zu unterscheiden. Estoppel[102] (Verbot des *venire contra factum proprium* – des Auftretens gegen eigenes Tun) bedeutet ein Verbot, im treuwidrigen Gegensatz zum eigenen früheren Verhalten zu handeln[103]:

- So ist ein Staat durch Estoppel z.B. an Zusagen der Steuerbefreiung gebunden, die der Staat in Investitionsförderungsgesetzen gemacht hat;[104]
- Der Sicherheitsrat der Vereinten Nationen (UNO – *United Nations Organization*) kann gemäß Art. 48 UNO-Charta einzelne Mitglieder nicht zu Zwangsmaßnahmen heranziehen, jedenfalls wenn ihre Mitwirkung zur Erreichung des Ziels der Sanktionen nicht erforderlich ist. Hinsichtlich der Nichtbeteiligung an **militärischen Zwangsmaßnahmen** mit der Abstellung von Streitkräften genügt es – nach langjähriger österreichischer Auffassung -, dass der Sicherheitsrat ein dauernd neutrales Mitglied nicht zum Abschluss eines Sonderabkommens gemäß Art. 43 UNO-Charta auffordert. Überdies sind nach dieser Interpretation die vier Signatarmächte des österreichischen Staatsvertrags von 1955 - Frankreich, Großbritannien, Russland (bei der Staatsvertragsunterzeichnung die Sowjetunion, deren Rechtsnachfolger Russland ist) und die USA, alle vier sind auch Ständige Mitglieder des Sicherheitsrates – *estopped*, Österreich zu einem neutralitätswidrigen Verhalten aufzufordern. Außerdem nahmen demnach auch die anderen Mitgliedstaaten der Vereinten Nationen Österreich als dauernd neutralen Staat ohne Einspruch in die UNO auf - mit der Verpflichtung, Österreich niemals zu neutralitätswidrigen Zwangsmaßnahmen heranzuziehen.[105]

Einseitige Rechtsgeschäfte im VR:

Ein Rechtsgeschäft ist eine selbständige Rechtshandlung, die ein Völkerrechtssubjekt (VRS) in der Absicht vornimmt, vr Rechte und Pflichten zu begründen, zu ändern oder zu beenden. Beispiele dazu sind

- Anerkennung, Protest, Versprechen, Verzicht.

---

102 Der Estoppel entstammt dem anglo-amerikanischen Recht. Demzufolge ist ein „*zweites Argument ausgeschlossen, wenn es sich im Widerspruch mit dem ersten Argument befindet*“. Aus: smith & hopen, p.a., Intellectual Property Law, http://www.baypatents.com/glossary/default.asp?ID_Glossary=64. Ein Estoppel “*arises when someone has done some act which the policy of the law will not permit her to deny.*” Aus: The “Lectric Law Library's Lexicon On Estoppel”, http://www.lectlaw.com/def/e040.htm .

103 Benke/Meissel/Luggauer, Juristenlatein, Juridica Verlag, Wien 1997, 398.

104 Aus: Ignaz Seidl-Hohenveldern, Einzelmenschen, in: Neuhold/Hummer/Schreuer (Hg.), 1997, 231-243, 238.

105 Vgl. Waldemar Hummer, Der internationale Status und die völkerrechtliche Stellung Österreichs seit dem Ersten Weltkrieg, 492-539, 531.

- Kriegserklärung, Neutralitätserklärung, Erklärung einer Blockade, Kapitulation etc.
- Diplomatische Note – schriftliche oder persönliche Mitteilung zwischen dem Chef einer diplomatischen Mission und dem Außenminister des Empfangsstaates.
- Memorandum (*mémoire*): Unterschied zur Note: Abfassung in der dritten Person. Fehlen von Höflichkeitsfloskeln und Unterschrift. Meist persönlich überreicht.
- Verbalnote (*note verbale*): schriftliche Mitteilung zwischen der diplomatischen Mission und dem Außenminister des Empfangsstaates. In der dritten Person abgefasst. Sie hält Wesentliches einer mündlichen Mitteilung oder eines Gespräches fest.
- *Aide-mémoire*: Unterschied zur Verbalnote: Fehlen von Höflichkeitsfloskeln und Unterschrift.[106]

Beschlüsse internationaler Organisationen sind relativ neue Rechtsquellen, Art. 38 IGH-Statut enthält keinerlei Hinweise auf die Existenz derartiger Beschlüsse. Diese Beschlüsse sind als eigenständige Form der Fortbildung des Völkerrechts zu akzeptieren. Bestimmungen über innerstaatliche Anwendungen der Beschlüsse von Internationalen Organisationen fehlen. Organen von Internationalen Organisationen ist meist die Befugnis eingeräumt, Empfehlungen (*recommandations*) zu erlassen, sie werden z.B. von der Generalversammlung der Vereinten Nationen, der Parlamentarischen Versammlung des Europarats oder der Allgemeinen Konferenz der *International Labour Organization* (ILO) beschlossen. Juristisch liegt aber keine Gesetzgebung im herkömmlichen Sinn vor. In den Vereinten Nationen werden grundsätzlich Resolutionen allgemeinen Inhalts oft als Deklarationen bezeichnet. Empfehlungen können jedoch juristische Folgen haben, wie Art. 19 der Satzungen der ILO und Art. IV der UNESCO. Eine Weigerung eines Mitglieds, einer Empfehlung des EFTA[107]-Rates nachzukommen, führt zur **Suspension** von Rechten aus der Mitgliedschaft.

Auffassungen von Völkerrecht

Das Völkerrecht dient vor allem
- der Vermeidung von Konflikten zwischen den Primärsubjekten durch Absteckung der territorialen, personellen, sachlichen und zeitlichen Kompetenzen;

---

106 Herbert Miehsler/Henn-Jüri Uibopuu, Die einseitigen Rechtsgeschäfte, in: Neuhold/Hummer/Schreuer (Hg.), 1997, 97-103, 97f.
107 EFTA: *European Free Trade Association.*

- der Friedenserhaltung und Vermeidung von unerwünschten Verhalten dient das Kriegs- und Humanitätsrecht sowie die Verankerung des Kriegs- und Gewaltverbotes;
- der Bewahrung des Ökosystemes der Erde;
- dem Abbau des ökonomischen Wohlstands- und Machtgefälles;
- der Gewährleistung eines menschenwürdigen Daseins für jeden Einzelnen.

Gerade im 20. Jahrhundert haben sich aus ideologischen Gründen und realpolitischen Verhältnissen verschiedene Auffassungen im Umgang mit dem Völkerrecht gebildet.

1. Die klassische Auffassung[108]

Die klassische Auffassung des Völkerrechts basiert auf Rechtsvorstellungen des christlich-abendländischen Kulturkreises, die ihre völkerrechtliche (vr) Positivierung zwischen 1648 und 1815 erhalten haben. Sie erfuhren eine gewisse Modifikation bereits im lateinamerikanischen Rechtskreis bis 1918. Die klassische Haltung ist grundsätzlich geprägt durch die positive Einstellung zu obligatorischen Streitbelegungsinstanzen, durch den Schutz des Privateigentums im Ausland und die Verteidigung der Menschenrechte gegenüber dem Staat. Ein wesentlicher Unterschied zwischen der kontinental-europäisch/anglo-amerikanischen und der lateinamerikanischen Auffassung besteht darin, dass erstere im Fremdenrecht von einem objektiven internationalen Mindeststandard ausgeht, während letztere lediglich die Inländergleichbehandlung (***Calvo-Klausel***)[109] zu gewähren bereit ist. Daher gibt und gab es zum Beispiel Meinungsverschiedenheiten über die Frage des Rechtsschutzes von Auslandsinvestitionen: Während die kontinental-europäisch/anglo-amerikanische Auffassung zur Entscheidung solcher Streitigkeiten letztlich internationale Verfahren für zuständig erachtet, wird von lateinamerikanischen Auffassungen im Sinne der *Calvo-Doktrin* der innerstaatliche Rechtsweg des Anlagestaates als allein zuständig betrachtet. Die

108 Quelle: Fischer/Köck, 2000, 28f.

109 US-Präsident James Monroe bestreitete am 2.12.1823 den europäischen Staaten das Recht zur Einmischung in amerikanische Angelegenheiten und auf jede weitere Kolonisierung auf dem amerikanischen Kontinent. Gleichzeitig verkündete Monroe, sich in europäische Kriege nicht einzumischen. Später versuchten die USA, ihre eigenen Einmischungen vor allem im karibischen Raum mit dieser Doktrin zu legitimieren. Als Reaktion auf diese Entwicklung forderte 1896 der argentinische Diplomat Carlos Calvo die umfassende Verwirklichung des Prinzips der Nichteinmischung bzw. Nicht-Intervention. Dieser „*Calvo-Doktrin*" inhaltlich gleichgerichtet war die Note des argentinischen Außenministers Luis Drago von 1902, die sich gegen die amerikanische und z.T. europäische „*Kanonenbootdiplomatie*" richtete.

klassische Völkerrechtsauffassung ist heute mit der euro-atlantischen westlichen Auffassung identisch. Es spiegelt sich darin das westliche Wertesystem.

2. Die „real-sozialistische" Auffassung

Dieser in den Staaten des **„realen Sozialismus"** entwickelten Auffassung vom Völkerrecht lag die marxistische Sicht des Rechts als eines Teils des Überbaus, der sich auf der ökonomischen Basis erhebt, die von den Produktionsverhältnissen gebildet wird, zugrunde.[110] Das vor der revolutionären Entstehung des sowjetischen Systems geschaffene Völkerrecht galt demnach als *„kapitalistisch"* und *„imperialistisch"*. Mit der Oktoberrevolution 1917 stellten die Kommunisten das traditionelle Staatensystem in Frage. Während der Periode des Kriegskommunismus zwischen 1917 und 1924 entwickelte sich in der Sowjetunion die Auffassung, dass die Weltrevolution sich bald international ausbreiten werde. Die Notwendigkeit, mit *„kapitalistischen"* Staaten in Beziehung zu treten, zwang die Sowjetunion, diese Haltung zu revidieren. Dementsprechend wurde zwischen 1924 und 1930 die Theorie vom ***„Völkerrecht der Übergangszeit"*** entwickelt (Korovin)[111], nach welchem ein sozialistischer Staat mit kapitalistischen Ländern nach Prinzipien koexistieren könne, die sowohl im kapitalistischen wie im sozialistischen Völkerrecht enthalten seien (z.B. der Grundsatz ***pacta sunt servanda***). Dieses Kompromissrecht soll die UdSSR bis zur Errichtung eines kommunistischen Weltstaates nur zeitweilig unterwerfen. Die staatliche Souveränität und der daraus abgeleitete Voluntarismus waren charakteristisch für das ***„Völkerrecht der friedlichen Koexistenz"*** ab ca. 1955, das die Beziehungen zwischen den *„sozialistischen"* und den *„kapitalistischen"* Staaten regeln sollte. Zwischen 1930 und 1938 verstand sich nach sowjetischer Diktion das **Völkerrecht als Instrument des Kampfes**: Ruhe nach außen, Sozialisierung im Inneren.[112] Während dieser Periode schloss die UdSSR Nichtangriffspakte ab, die Aufname der Sowjetunion in den Völkerbund erfolgte 1934. Während des Zeitraums zwischen 1938 und 1956 war in der Sowjetunion das **Völkerrecht ein Instrument des Kampfes und der Zusammenarbeit**, das totalitäre Herrschaftssystem wurde unter Josef Stalin ausgebaut. Nikita Chruschtschow strebte dagegen ab Mitte der fünfziger Jahre die Erweiterung der politischen Kooperation an.[113]

---

110 Fischer/Köck, 2000, 30.

111 Henn-Jüri Uibopuu, Die Völkerrechtsauffassung der „sozialistischen Staaten", in: Neuhold/Hummer/Schreuer (Hg.), Österreichisches Handbuch des Völkerrechts, 2. Auflage, 1991, 21-28, 22ff.

112 Ebd.

113 Ebd.

Zwischen 1956[114] bis 1987 verstand sich das „sozialistische Völkerrecht" als langfristiges Koexistenzrecht („***friedliche Koexistenz***") - als eine Art Waffenstillstand und als Gleichgewicht der Kräfte zwischen Ost und West zur Absicherung der Grenzen der kommunistischen Staaten mit gleichzeitig verstärktem ideologischen Kampf - ohne militärische Mittel. In der Praxis war die sozialistische Auffassung von einer starken Betonung der staatlichen Souveränität geprägt, die eine Bindung des Staates an das Völkerrecht nun kraft vertraglicher Verpflichtung oder ausdrücklicher Zustimmung zu einer Norm des **Völkergewohnheitsrecht**es anerkennt. Das Völkergewohnheitsrecht wurde auch als Vertrag, als ***pactum tacitum***, verstanden, es sollte demnach „*nur jene Staaten binden, die durch ihre* ***opinio iuris*** *eingewilligt hatten.*"[115] Die **Allgemeinen Rechtsgrundsätze** wurden von der sowjetischen Völkerrechtsdoktrin abgelehnt, aus ideologischen Gründen konnte keine Gemeinsamkeit von Prinzipien zwischen Ost und West erfolgen.[116] Die relevantesten Rechtsquellen des „sozialistischen" Völkerrechts lagen in der politisch-militärischen **Warschauer Vertragsorganisation**, im Vertrag über die Wirtschaftsgemeinschaft des **Rates der gegenseitigen Wirtschaftshilfe** (RGW) und in den Parteivereinbarungen. Die Prinzipien des „sozialistischen" Völkerrechts lagen im

-„**sozialistischen Internationalismus**" als Basis der Rechtsbeziehungen zwischen den „sozialistischen" Staaten,

-in der „**brüderlichen Hilfe und Freundschaft**" verbunden mit dem militärischen Interventionsrecht bei Gefährdung des kommunistischen Herrschaftsbereiches und in der

-„**Einheit und Geschlossenheit**", gegen die Spaltung des kommunistischen Herrschaftsbereiches.[117]

Aufgrund ihres überspannten Souveränitätsdenkens war die sozialistische Auffassung vom Völkerrecht nicht nur durch eine negative Haltung zu einer internationalen Streitbeilegung durch Gerichte und Schiedsgerichte geprägt, sondern auch durch eine weitgehende Ablehung der rechtlichen Eigenständigkeit internationaler und supranationaler Organisationen gekennzeichnet.

---

114 Während des XX. Parteitages der Kommunistischen Partei der Sowjetion (KPdSU) 1956 begann unter Staatschef Nikita Chruschtschow die Entstalinisierung, d.h. die Distanzierung der KPdSU von der Politik Josef Stalins. Josef Stalin starb bereits im März 1953.

115 Hanspeter Neuhold, Strukturelle Veränderungen im internationalen System und das Völker- und Europarecht: der rechtliche Niederschlag des Ost-West-Konflikts, 2002, 5-41, 9f.

116 Ebd., 10.

117 Henn-Jüri Uibopuu, Die Völkerrechtsauffassung der „sozialistischen Staaten", in: Neuhold/Hummer/Schreuer (Hg.), Österreichisches Handbuch des Völkerrechts, 2. Auflage, 1991, 21-28, 22ff.

Der Interventionismus zugunsten des Selbstbestimmungsrechts der Völker sollte den sowjetischen Einfluss legitimieren: Mit der Taktik des begrenzten Konflikts und der Fiktion von der selbstlosen Hilfeleistung zur „**Befreiung und Selbstbestimmung**“ der Völker Afrikas hat Moskau vor allem den jungen und vehementen Nationalismus der schwarzafrikanischen Bevölkerung zum Instrument einer globalen Strategie gemacht. Die UdSSR sollte dadurch über Rohstoffquellen, wie über jene von Shaba bis zum Kap der Guten Hoffnung, verfügen. Nach den blutigen Unruhen im Kongo Anfang der sechziger Jahre waren bis Ende der siebziger Jahre mit **Angola** und **Mozambik** 16 Länder nach dieser Konzeption „befreit“ worden. **Kuba** verlegte zur Sicherung des sowjetischen Einflusses ein von Moskau hochbezahltes „*Afrika-Korps*“: 50.000 kubanische Soldaten waren 1979 in mindestens 14 afrikanischen Ländern stationiert. Der kubanische Staatschef **Fidel Castro** verkündete, er werde auch in Zukunft allen revolutionären Regimen seine „*brüderliche Hilfe*“ zuteil werden lassen, falls diese aufbegehren sollten. Die **Deutsche Demokratische Republik** (DDR) lieferte Volksarmisten, Staatssicherheitsbeamte und Gewehre in die Dritte Welt, Shaba nahm als Kupfer- und Kobaltprovinz eine Schlüsselposition in der sowjetischen Expansionsstrategie ein. Shaba bildete gemeinsam mit **Sambia** die fehlende Landbrücke zwischen Angola und Mozambik. 1972/73 belief die sowjetische Militärhilfe an die „unabhängigen“ Staaten in Afrika 55 Millionen US-Dollar, 1976 stieg die Lieferung russischen Kriegsmaterials auf das zwanzigfache an und war erstmals höher als der Verkauf von sowjetischen Waffen an die arabische Welt. 1978 lieferte die UdSSR an **Äthiopien** Waffen im Wert von einer Milliarde US-Dollar.[118]

Der Einfluss der kommunistischen Berater und die Aufrüstung mit sowjetischem Material vergrößerten den politischen und wirtschaftlichen Einfluss und die Abhängigkeit dieser Staaten von der UdSSR. Moskau unterstützte Untergrundbewegungen, so in **Namibia** die marxistische ***SWAPO*** oder in **Rhodesien** die ***Patriotische Front***. Im Frühjahr 1975 landeten sowjetische Transportflugzeuge mit Kriegsmaterial in der Demokratischen Republik **Kongo-Brazzaville** für die marxistischen Streitkräfte Angolas, 1978 besiegten diese Streitkräfte die rechtsgerichtete Rebellenbewegung ***UNITA*** in Angola. Während der Westen 1975 über das bevorstehende Ende der Materialschlachten in **Vietnam** aufatmete, verstärkte die UdSSR ihre Strategie der „*friedlichen Koexistenz*“ und bereitete die politische und wirtschaftliche Eroberung des afrikanischen Kontinents vor mit dem Ziel, die Vormachtstellung des „*imperialistischen Kapitalismus*“ zu brechen und Westeuropa von den Rohstoffen abzuschneiden.[119]

---

118 Aus: Karl Breyer, Moskaus Faust in Afrika, Seewald Verlag, Stuttgart 1979, 13.
119 Ebd.

Mit dem absehbaren Ende des „realsozialistischen" Machtsystems distanzierte sich die UdSSR von vergangenen Militärinterventionismen: Im Dezember 1989 verurteilte der sowjetische Kongress der Volksdeputierten explizit das militärische Eingreifen der Sowjetunion in **Ungarn** 1956, in der **Tschechoslowakei** 1968 und in **Afghanistan** 1979. Die sowjetische Führung näherte sich nach 1985 dem Westen an, diese Annäherung bewirkte auch am 25.6.1988 die gegenseitige Anerkennung zwischen der **Europäischen Gemeinschaft** und dem sowjetischen **Rat der gegenseitigen Wirtschaftshilfe** (COMECON – *Council for Mutual Economic Assistance*) durch die Gemeinsame Erklärung von **Luxemburg**. Eineinhalb Jahre zuvor, in seinem Beschluss vom 21.1.1987, bildete das Europäische Parlament eine neue Delegation für die Beziehungen zu damals noch kommunistischen Ländern Mittel- und Osteuropas. Die Existenz der Delegation stand aber unter dem in den Beschluss enthaltenen Vorbehalt, dass es erst dann offizielle Aktivitäten zur Bildung dieser Delegation geben würde, wenn die Europäische Gemeinschaft von den betroffenen Ländern offiziell anerkannt worden sei.[120]

Die UdSSR war Partei der meisten völkerrechtlichen Verträge auf Menschenrechtsebene, insbesondere der beiden UN-Pakte 1966. Am 6.12.1988 forderte **Michail Gorbatschow** in seiner Rede vor der UNO-Generalversammlung die Staaten auf, das Primat des Völkerrechts im Hinblick auf die Regelung der internationalen Beziehungen zu achten und somit auch Menschenrechte unter die Kontrolle des **Internationalen Gerichtshofes** (IGH) zu stellen.

Kurz vor ihrer Auflösung 1991 passte sich die Sowjetunion - gerade im KSZE-Prozess - der klassischen Auffassung des Völkerrechts an – insbesondere in der Akzeptanz aller Formen der friedlichen Streitbeilegung. Mit dem Zusammenbruch des Sowjetblocks kam das Ende des *„real-sozialistischen Völkerrechts*".

3. Die Auffassung der Dritten Welt

Insbesondere die Staaten in Asien und Afrika stehen auf dem Standpunkt, dass sie an der Entstehung des klassischen Völkerrecht, das sie als *„kolonialistisch*" und *„imperialistisch*" qualifizieren, nicht beteiligt waren und durch dieses daher auch grundsätzlich nicht gebunden seien. Sie überprüften daher ursprünglich jede einzelne traditionelle Völkerrechtsnorm auf ihre Anwendbarkeit für Staaten

120 Europäisches Parlament, Delegation im Gemischten Parlamentarischen Ausschuss EU-Polen, Aufzeichnung über die Tätigkeit des Gemischten Parlamentarischen Ausschusses EU-Polen, 23.1.2002, NT/459901DE.doc, PE 231.097/rev.

der **Dritten Welt.**[121] Entsprechendes gilt für die Übernahme von Verpflichtungen des Gebietsvorgängers (also des ehemaligen Kolonialherrn). Während der kolonialen Abhängigkeit wurde seitens der Völker der Dritten Welt das Recht auf **Selbstbestimmung** gefordert. In den Entwicklungsländern war der staatliche Sektor meist stark, der privatwirtschaftliche Sektor schwach entwickelt. In den neunziger Jahren konnte der privatwirtschaftliche Sektor aufholen, die sozialen Probleme wurden jedoch nicht gelöst. Die Dritte Welt unterteilt sich in industrialisierte **„Schwellenländer"** wie **Brasilien**, in wohlhabende Ölexportländer wie **Kuwait** oder **Oman** und den **am wenigsten entwickelten Länder** – zumeist von Bürgerkriegen schwer beeinträchtigten - Ländern wie **Burundi, Kongo, Ruanda, Sierra Leone oder Somalia.** Zum „Selbstschutz" der Entwicklungsländer wurden einige Kooperationsgremien gebildet, u.a.

- die **Blockfreienbewegung** - auf afroasiatische und jugoslawische Initiative gergündet; sie zählt heute an die 140 Mitgliedstaaten und entzog sich den Bündnissen der 1. und 2. Welt. Ziel dieser Bewegung war die Befreiung von neokolonialer Abhängigkeit sowie die selbstbestimmte wirtschaftliche Entwicklung - mittels der Schaffung einer **Neuen Internationalen Wirtschaftsordnung (NIWO)** mit verstärkter **Süd-Süd-Kooperation.**
- Die **„Gruppe der 77"** zählt 133 Mitglieder. Sie trat seit 1964 in den Nord-Süd-Verhandlungen im Rahmen der Vereinten Nationen auf, in der **UNCTAD**[122], in der **UNIDO**[123], im **Internationalen Währungsfonds IWF** und in der **Weltbank.** Im August 1986 erfolgte die Gründung der Kammer für Handel und Industrie der Gruppe der 77 in Kairo zur Verstärkung der Süd-Süd-Kooperation in den Bereichen Wirtschaft, Wissenschaft und Technologie. Die Gruppe der 77 beinhaltet auch die **am wenigsten entwickelten Länder.**[124]

In der verstärkten **Süd-Süd-Kooperation** geht es vor allem um die Verbesserung der Lebensbedingungen von ca. 650 Millionen Menschen, die in den 49 am wenigsten entwickelten Ländern – wie Afghanistan, Angola, Bhutan, Guinea, Jemen, Kambodscha, Laos, Liberia, Madagaskar, Mauretanien, Myanmar, Nepal, Niger, Kiribati, Malediven, Samoa, Senegal, Sierra Leone, Somalia, Sudan,

---

121 Fischer/Köck, 2000, 31.

122 *United Nations Conference on Trade and Development* – Welhandelskonferenz.

123 *United Nations Industrial Development Organization* – Organisation der Vereinten Nationen für industrielle Entwicklung.

124 Die Kriterien für die am wenigsten entwickelten Ländner sind: Pro-Kopf-Einkommen von weniger als 900 US-Dollar jährlich, niedrige Gesundheitsrate und schwierige Ernährungslage, geringe Bildungsrate, verstärkte Abhängigkeit vom Import von Nahrungsmitteln. Quelle: UNCTAD, Press Release, TAD/INF/PR/ LDC02, 18.6.2002.

Tansania, Tschad, Tuvalu, Vanuatu und in der Zentralafrikanischen Republik – leben, durch ein „*transparent, non-discriminatory and rules-based multilateral trading system*".[125] Dieses Handelssystem soll den betroffen Ländern helfen, die Herausforderungen der wirtschaftlichen Globalisierung gemeinsam bewältigen zu können. Als Ergebnisse dieser Kooperationen folgten die Erklärung und das Aktionsprogramm über die **NIWO** an der VI. Sondersession der Generalversammlung der Vereinten Nationen 1974 und die **Charta über wirtschaftliche Rechte und Pflichten** auf der 29. regulären Session der Generalversammlung. Die betroffenen Länder sollen heute auf einen Beitritt zur **Welthandelsorganisation** (WTO – *World Trade Organization*) vorbereitet werden.

Der Staat

Im Sinne des VR ist ein Staat nur dann existent, wenn gemäß der Staatslehre Georg Jellineks die Elemente Volk, Gebiet und Staatsgewalt (souveräne Regierung) vorhanden sind („*Dreielementelehre*")[126] und diese Einheit (*entity*) mit Aussicht auf relative Dauerhaftigkeit errichtet ist.[127] Diese *Dreielementelehre* ist international erstmals in der Montevideo-Konvention vom 26.12.1933 über die Rechte und Pflichten der Staaten wie folgt verankert worden: „*The State as a person of international law should possess the following qualifications: a) a permanent population; b) a defined territory; c) government, and d) capacity to enter into relations with the other States.*"[128] Staaten sind souverän. Die **Souveränität** „*wird als* ***Autonomie*** *und höchste Befehlsgewalt im Inneren und nach außen als* ***Unabhängigkeit*** *und* ***Gleichheit*** *der Staaten untereinander definiert.*"[129] Nach der Theorie der „relativen Souveränität" „*ist kein Staat dem Willen eines anderen, wohl aber dem Völkerrecht untergeordnet.*"[130] Hinsichtlich der Souveränität ist zwischen Souveränität im rechtlichen, im politischen und im

---

125 Programme of Action for the Least Developed Countries (LDC), A/CONF. 191/11, LDC III, adopted by the Third United Nations Conference on the Least Developed Countries in Brussels on 14-20 May 2001. Insgesamt nahmen 193 Regierungen an diesem Treffen teil.

126 Aus: Georg Jellinek, Allgemeine Staatslehre, 3. Auflage, Berlin 1914, 396ff., zitiert in: Otto Kimminich/Stephan Hobe, Einführung in das Völkerrecht, 7. Auflage, 2000, 74.

127 Fischer/Köck, 2000, 105.

128 Zitiert aus: Otto Kimminich/Stephan Hobe, Einführung in das Völkerrecht, 7. Auflage, 2000, 74.

129 Aus: Hanspeter Neuhold, Abgrenzungen, Strukturmerkmale und Besonderheiten der Völkerrechtsordnung, in: Neuhold/Hummer/Schreuer (Hg.), 1997, 3-13, 8.

130 Ebd.

wirtschaftlichen Sinn zu unterscheiden. Die gegenwärtige Staatengemeinschaft anerkennt das Völkerrecht grundsätzlich (UNO-Charta, Art. 27 Wiener Vertragsrechtskonvention (WVK) etc), so hat die früher oft gemachte Unterscheidung zwischen absoluter und relativer Souveränität nur mehr historische Bedeutung.

a) Die Anerkennung von Staaten

Die **Anerkennung von Staaten** ist als einseitige *völkerrechtliche Willenserklärung* vom Vorhandensein eines Volkes, eines Gebietes und einer Staatsgewalt abhängig.[131] Mit der Anerkennnung verbindet ein Staat die Aufnahme intensiver diplomatischer und vor allem auch für beide Seiten vorteilhafter wirtschaftlicher Beziehungen.[132] Weder die Mitgliedschaft bei einer Internationalen Organisation noch der Parteistatus bei einem vr Vertrag schließt die Anerkennung durch alle anderen an der Organisation oder dem betreffenden Vertrag beteiligten Staaten mit ein. Die arabischen Staaten haben demnach anlässlich der Ratifikation der Wiener Diplomatenrechtskonvention ausdrücklich darauf hingewiesen, dass die Mitgliedschaft in dieser Vertragsgemeinschaft keine Anerkennung des Staates Israel bedeutet.

In den Richtlinien für die Anerkennung neuer Staaten in Osteuropa und auf dem Gebiet der ehemaligen Sowjetunion vom 16.12.1991 machten die Mitgliedstaaten der Europäischen Gemeinschaft die Anerkennung von Neustaaten von der Zustimmung zu gemeinsamen Werten – wie Rechtsstaatlichkeit, Demokratie, Menschenrechte, Garantie für ethnische, nationale Volksgruppen gemäß den Grundsätzen der KSZE – abhängig. Im Falle Kroatiens und Bosnien-Herzegowinas wurden diesbezüglich jedoch weniger strenge Kriterien angelegt. Die Anerkennung dieser Länder sollte eine innere Umgestaltung des Staates in Richtung pluralistischer Demokratie ermöglichen. Gegenwärtig wird die Einbindung südosteuropäischer Staaten in den euro-atlantischen vorbereitet – im Rahmen der NATO-Partnerschaft für den Frieden, des „*Westbalkan*"-Prozesses der EU und des Stabilitätspaktes, der 1999 seitens der deutschen EU-Präsidentschaft initiiert wurde. All diese Kooperationen haben das Ziel, Frieden und Stabilität zu fördern und eine stabile Wirtschaftsordnung in dieser Region zu errichten.

131 Otto Kimminich/Stephan Hobe, Einführung in das Völkerrecht, 7. Auflage, 2000, 77.

132 Hanspeter Neuhold, 2002, 35.

b) Die Entstehung von Staaten[133]

Die Staatsentstehung ist ein soziologischer Vorgang, an den die VR-Ordnung Rechtsfolgen knüpft. Der vr Tatbestand Staat kann in verschiedener Weise verwirklicht werden, nämlich durch

- Losreißung vom Mutterland (z.B. 1776 die USA von Großbritannien, ab 1810/11 die lateinamerikanischer Staaten von Spanien und Portugal, 1830 Griechenlands vom Osmanischen Reich und Belgiens von den Niederlanden, 1971 Bangladeschs von Pakistan, ab 1991/92 Sloweniens, Kroatiens, Bosnien-Herzegowinas und Mazedoniens von Jugoslawien, 1993 Eritreas von Äthiopien). Der frühere Staat blieb bestehen. Hier spricht man von einer **Sezession.**[134]
- Zusammenschluss mehrerer Staaten zu einem Neustaat (z.B. das Deutsche Reich 1871 aus den „deutschen" Staaten, die Vereinigte Arabische Republik 1958 aus Ägypten und Syrien, Tansania 1964 aus Tanganijka und Sansibar, Malaysia 1963 aus der Föderation Malaya, Vereinigte Arabische Emirate 1967 aus Abu Dhabi, Dubai Sharja, Ras al Khaismas, Ajman, Fujairah und Umm al-Quaiwan).
- Bildung eines Neustaates auf staatenlosem Gebiet (z.B. Liberia 1810, Oranje-Freistaat 1842 und Transvaal 1848).

c) Der Untergang von Staaten[135]

Der Wegfall der drei Staatselemente zieht den Untergang des Staates nach sich. Die Staatsendigungsgründe Untergang des Staatsgebietes und Aussterben des Staatsvolkes haben heute kaum mehr als theoretische Bedeutung, so kommen als Untergangsgründe praktisch nur mehr in Betracht:

- Die Auflösung des Staates durch Wegfall der Staatsgewalt, (gänzlicher Untergang des Staates) in Form der **Dismembration**: Groß-Kolumbien 1830, Österreich-Ungarn 1918, Tschechoslowakei 1992) – das Gebiet eines untergegangenen Staates kann in einem anderen aufgehen oder zwischen mehreren Staaten aufgeteilt werden. Der frühere Staat ging gänzlich unter.

---

133 Aus: Fischer/Köck, 2000, 109.

134 In den Dokumenten der UNO findet sich keine ausdrückliche Norm, die ein Sezessionsrecht beinhaltet. Es existiert auch keine Norm, die das Sezessionsrecht verbietet. Die Staatenpraxis steht jedoch einem Sezessionsrecht allgemein negativ gegenüber. Dem Schutz der territorialen Integrität eines Staates wird primär friedenssichernde Funktion beigemessen.

135 Fischer/Köck, 2000, 110, und Ignaz Seidl-Hohenveldern, Die Staaten, in: Neuhold/Hummer/Schreuer (Hg.), 1997, 134-164, 153.

- Das Aufgehen eines Staates durch Zusammenschluss mehrerer Staaten in einem Neustaat (z.B. die Gründung des Norddeutschen Bundes 1867) und
- Die Einverleibung durch einen anderen Staat (**Annexion**). Diese kann entweder friedlich erfolgen (Kongostaat durch Belgien 1907, Montenegro durch den SHS-Staat ab 1918/19, Sikkim durch Indien 1974/75) oder durch Gewalt herbeigeführt werden (Kirchenstaat durch Italien 1870, baltische Staaten 1940 durch die Sowjetunion, Tibet durch die Volksrepublik China 1950/51).

d) Die Staatennachfolge

Staatennachfolge (Staatensukzession) ist die *„Ersetzung eines Staates durch einen anderen in Hinblick auf die Verantwortlichkeit für die internationalen Beziehungen seines Gebietes"*.[136] Daraus folgt, *„dass die bisher ausschließlich der früheren Hoheitsgewalt zugerechneten Rechte und Pflichten nunmehr der neuen Hoheitsgewalt zugerechnet werden.“*[137]

Anwendungsfälle der Staatennachfolge sind neben der Entstehung eines Staates und des Staatsuntergangs noch die **Zession**. Darunter wird die Abtretung bzw. Verschiebung eines Teiles des Staatsgebietes an bzw. in einen anderen Staat verstanden (z.B. Übergang von Alaska 1867 vom zaristischen Russland an die USA gegen einen Kaufpreis von 7,2 Millionen US-Dollar; der Übergang Bosniens und der Herzegowina 1908 vom Osmanischen Reich an Österreich-Ungarn).

Bei der Staatennachfolge wird unterschieden zwischen
- Gesamtnachfolge – sie umfasst das gesamte Staatsgebiet des Vorgängers (z.B. die Annexion Hannovers, Kurhessens und weiterer deutscher Staaten durch Preußen 1866).
- Teilnachfolge – sie bezieht sich auf einen Teil des Gebietes des Vorgängers. Dieser Teil wird nun entweder zu einem neuen Staat, wie z.B. in den Fällen der Entkolonialisierung (Emanzipation), oder geht auf einen bereits bestehenden Staat über (z.B. Zession von Alaska 1867).

Im Fall Österreich ist nach dem Ersten Weltkrieg nach österreichischer Rechtsansicht Österreich-Ungarn zur Gänze untergegangen (***dismembratio***), also

---

136 Art. 2 Zif. 1 lit. b des Wiener Übereinkommens über Staatennachfolge im Hinblick auf Verträge.

137 Vgl. Karl Zemanek, Die Wiener Konvention über die Staatennachfolge in Verträge, Festschrift für Alfred Verdross zum 90. Geburtstag, hrsg. von Herbert Miehsler, Erhard Mock, Bruno Simma und Ilmar Tammelo, Berlin 1980, 719ff., zitiert aus: Fischer/Köck, 2000, 112.

zur Gänze zerfallen unter Beendigung der Existenz des Vorgängerstaates.[138] Die Siegermächte sowie Ungarn waren diesbezüglich anderer Rechtsansicht und sahen Österreich ebenso wie Ungarn als Rechtsnachfolger der Habsburgermonarchie. Was die völkerrechtliche Situation Österreichs zwischen 1938 und 1945 betrifft, gab es dazu zwei Theorien: Nach der **Okkupationstheorie** wurde Österreich 1938 durch das nationalsozialistische Deutsche Reich okkupiert, ging somit nicht als Völkerrechtssubjekt unter und bekam 1945 wieder seine Handlungsfähigkeit zurück. Gemäß der **Annexionstheorie** ging Österreich als Staat 1938 unter, *„wurde ein Teil des Deutschen Reiches und entstand – in Diskontinuität – 1945 neu"*.[139] *De iure* war jedoch die Annexionstheorie durch die **Moskauer Deklaration** 1943 gescheitert: Demnach wurde der *„Anschluss"* für null und nichtig erklärt und Österreich – als Völkerrechtssubjekt - als erstes Opfer nationalsozialistischer Expansionspolitik anerkannt.[140]

Grundsätze des Rechts der Staatennachfolge[141]

Die Staatennachfolge wird vor allem begründet durch die Wiener Konvention über Staatennachfolge im Hinblick auf Verträge vom 23.8.1978 und die Wiener Konvention über Staatennachfolge betreffend Staatseigentum, Archive und Schulden vom 6.4.1983. Bei der Staatennachfolge galt ursprünglich der Grundsatz der **Universalsukzession**, d.h. der Gebietsnachfolger trat in die Rechtsposition des Gebietsvorgängers ein und übernahm daher alle mit der Souveränität über das betreffende Gebiet verbundenen Rechte und Pflichten. Für dieses Gebiet galt daher auch der römisch-rechtliche Grundsatz *res transit cum suo onere* (*„Die Sache wird mit ihrer Last übertragen"*).

Mit der Zurückdrängung der privatrechtlichen Systematik im VR und der Betonung der Souveränität des Staates, der nicht gegen seinen Willen verpflichtet werden könne, entwickelte sich der Grundsatz der **Spezialsukzession**. Hier tritt der Gebietsnachfolger nur in einzelne Rechte und Pflichten des Gebietsvorgängers ein.

Ausfluss dieses Grundsatzes ist das Prinzip der **Ermessensfreiheit**. Darunter versteht man, dass dem Gebietsnachfolger weitgehend freigestellt ist, welche

---

138 Otto Kimminich/Stephan Hobe, Einführung in das Völkerrecht, 7. Auflage, 2000, 104.

139 Waldemar Hummer, Der internationale Status und die völkerrechtliche Stellung Österreichs seit dem Ersten Weltkrieg, in: Neuhold/Hummer/Schreuer (Hg.), Österreichisches Handbuch des Völkerrechts, 3. Auflage, 1997, 492-539, 500.

140 Vgl. dazu auch: Rainer Nowak, „Nazi-Jäger, *Mahner* und Österreicher: Simon Wiesenthal ist 95 Jahre alt", Die Presse, 31.12.2003, 36.

141 Aus: Fischer/Köck, 2000, 112f.

Rechte und Pflichten des Gebietsvorgängers er übernehmen will. Dieser Grundsatz gilt nicht uneingeschränkt für alle Staaten, sondern in erster Linie für die im Zuge der Entkolonialisierung entstandenden Neustaaten. Ein weiterer Grundsatz ist jener des öffentlich-rechtlichen Charakters der Staatennachfolge: Demnach werden Privatrechte durch die Staatensukzession grundsätzlich nicht berührt.

Bereiche der Staatennachfolge[142]

Die moderne Lehre behandelt mit Bezug auf Staatennachfolge vor allem folgende Bereiche: Verträge, Vermögenswerte einschließlich Archive, Staatsschulden, Staatsangehörigkeit und Wiedergutmachungsabsprüche bzw. -pflichten.

Die Nachfolge in vr Verträgen: Die Wiener Konvention 1978 unterscheidet hinsichtlich der Staatennachfolge in Verträge zwischen entkolonisalisierten (*newly independent states*) und anderen Staaten. Für erstgenannte gilt grundsätzlich das Prinzip der **Ermessensfreiheit**, d.h. der Neustaat ist grundsätzlich nur an jene Verträge des ehemaligen Kolonialherrn gebunden, an die er gebunden sein will. Ideologischer Hintergrund ist hiefür die sogenannte ***clean-slate*-Theorie** (*tabula rasa*), gemäß welcher der Neustaat grundsätzlich keine Pflichten des ehemaligen Kolonialherrn übernehmen muss.

Dieses Prinzip ist durchbrochen von den Bestimmungen über die Verträge mit territorialer Bindung, d.h. Verträge, die ein Grenzregime oder ein Territorialregime festlegen. Eine Ausnahme von dieser Regelung sind Militärstützpunktverträge, die nicht übernommen werden müssen.

Die freiwillige Übernahme von Verträgen der Kolonialmacht bei bilateralen Verträgen geschieht dergestalt, dass beide nunmehrigen Vertragsparteien ausdrücklich oder stillschweigend ihr Einverständnis zum Ausdruck bringen; bei multilateralen Verträgen geschieht dies durch einfache Notifikation der Nachfolge durch den Neustaat.

In allen Fällen, in denen es sich nicht um Staatennachfolge im Entkolonialisierungsprozess handelt - also in den sogenannten normalen Fällen -, gilt das „*Konzept der automatischen Nachfolge*". Dabei sieht Artikel 34 der Konvention 1978 vor, dass grundsätzlich alle Nachfolgestaaten in das Vertragsverhältnis des Gebietsvorgängers eintreten.

Die **Nachfolge in Vermögenswerte**. Wenngleich die Nachfolge in Vermögenswerten des Gebietsvorgängers durch Verträge von Fall zu Fall geregelt werden muss, weil sich aus der Staatenpraxis allein dafür nichts Ausreichendes gewinnen lässt, so hat diese doch einige leitende Grundsätze entwickelt. Zu diesen zählt der Grundsatz des entschädigungslosen Übergangs des ganzen (öffentli-

142 Aus: Fischer/Köck, 2000, 114ff.

chen und privaten) auf dem Gebiet des Nachfolgers gelegenen Staatsvermögens des Vorgängers (z.B. öffentliche Gebäude, aber auch verstaatlichte Unterehmen). Die am 6.4.1983 abgeschlossene Wiener Konvention über Staatennachfolge betreffend Staatseigentum, Archive und Schulden kodifiziert erstmals auch diesen Bereich des Nachfolgerechts und enthält u.a. auch folgende Regelungen: Staatseigentum des Gebietsvorgängers geht grundsätzlich, d.h. etwa bei Fehlen abweichender Vereinbarungen, entschädigungslos auf den Gebietsnachfolger über (Artikel 11); unberührt bleibt davon das auf dem Territorium des Gebietsnachfolgers befindliche Eigentum dritter Staaten (Artikel 12). Bei Teilnachfolge ist das Prinzip der „Archiveinheit" relevant, d.h. der Nachfolgestaat ist zur Herstellung von Reproduktionen für den Gebietsvorgänger verpflichtet (Art. 25 Zif. 5).

Staatschulden sind „*jedwede finanzielle Verpflichtungen eines Staates gegenüber einem anderen Staat, einer internationalen Organisation oder irgendeinem anderen Völkerrechtssubjekt*" (Artikel 31). Durch die Staatennachfolge bleiben die Rechte und Pflichten der Gläubiger unberührt (Artikel 34). Daher gehen bei Gesamtnachfolge die Schulden über (Art. 32), während bei Teilnachfolge, falls keine anderweitige Vereinbarung getroffen wurde, Staatsschulden nach „*gerechtem Anteil*" (*equitable proportion*) vom Nachfolger zu übernehmen sind. Dieser Anteil wird u.a. nach dem Eigentum, den Rechten und Interessen an dieser zu übernehmenden Teilschuld bestimmt (Art. 35). Von dieser Regelung werden entkolonisierte Staaten (*newly independent states*) ausgenommen, die bei Fehlen abweichender Vereinbarungen überhaupt keine Schulden des Kolonialherrn übernehmen müssen, auch wenn diese zugunsten des betreffenden Territoriums eingegangen wurden (Art. 36). Die Praxis geht jedoch davon aus, dass von Staatsschulden jene übernommen werden müssen, die für Zwecke des betreffenden Gebietsteils aufgenommen worden sind (z.B. Weltbankanleihe zur Errichtung eines Staudammes). Für das ausländische Privatvermögen gilt, dass es durch den Tatbestand der Nachfolge aufgrund des Prinzips der Achtung der Privatrechte nicht berührt wird.

Die **Nachfolge in Staatsangehörigkeit**. Es bleibt dem Nachfolgestaat überlassen, eine entsprechende Regelung darüber zu treffen, welchen Personen er seine Staatsangehörigkeit verleiht. In manchen Fällen wird den Bewohnern des betroffenen Gebiets ein Optionsrecht eingeräumt.

Die **Nachfolge in Wiedergutmachungsansprüchen** bzw. -pflichten. Die Verpflichtungen werden als höchstpersönliche des Gebietsvorgängers betrachtet, welche nach dem römisch-rechtlichen Grundsatz *actio personalis moritur cum* *persona*[143] nicht auf den Gebietsnachfolger übergehen. Hinsichtlich der Rechte ist deren Geltendmachung durch den Gebietsnachfolger nach der Ratio der ***nationality of claims-rule*** ebenfalls ausgeschlossen.

Der Gliedstaat[144]

Soweit in einem Bundesstaat die Kompetenz zur Führung der auswärtigen Beziehungen nicht zur Gänze dem Oberstaat vorbehalten ist, können die Gliedstaaten im Rahmen ihrer Kompetenzen mit anderen VRS in Beziehung treten. Sie sind daher insoweit selbst partielle VRS. Im Rahmen ihrer föderalistischen Strukturen besitzen die Staaten der USA, Kanadas, Australiens oder Indiens keinerlei derartige Kompetenzen, was in manchen Fällen zu innenpolitischen Spannungen zwischen dem Oberstaat und den Gliedstaaten führt. Hingegen verfügten die Teilrepubliken der Sowjetunion und verfügen die Länder der Bundesrepublik Deutschland sowie die Kantone der Schweiz über gewisse vr Kompetenzen.

Die Praxis zeigt allerdings, dass gelegentlich Gliedstaaten auch dann vr erhebliche Akte setzen, wenn ihnen nach dem Buchstaben der Verfassung zunächst keine solche Kompetenz zusteht.

Die Staatsgewalt

Die **Regierung** ist Träger der Staatsgewalt. Sie muss im vr Sinn jedoch nicht mit jenen Organen ident sein, die nach der staatlichen Verfassung als solche bezeichnet werden.

Grundsätzlich wird die Anerkennung oder Nichtanerkennung einer Regierung durch einen anderen Staat als ein politischer Akt angesehen, an den relevante rechtliche Folgen verknüpft sind. Eine nicht anerkannte Regierung kann demnach im Ausland nicht offiziell für ihren Staat auftreten; ihre im eigenen Staat gesetzten Rechtsakte werden im Ausland als rechtliches Nichts angesehen[145]. Positiv knüpfen sich an die Anerkennung die Möglichkeit der Aufnahme diplomatischer Beziehungen und des Abschlusses von Verträgen sowie gewisse Immunitäten[146] in persönlicher und sachlicher Hinsicht.

---

143 Eine (höchst-)persönliche Klage stirbt mit der Person (des Berechtigten). Aus: Benke/Meissel/Luggauer, Juristenlatein, 1997, 25.

144 Fischer/Köck, 2000, 128ff.

145 Fischer/Köck, 2000, 134.

146 Immunität bedeutet die Exemption, also die Befreiung, vom rechtlichen Zugriff des Empfangsstaates. So beinhaltet die Immunität des Diplomaten die Unverletzlichkeit seiner Person sowie die Verpflichtung des Empfangsstaates zu erhöhtem Schutz, die Unverletzlichkeit von Mission, Residenz und Eigentum sowie die Hemmung der

Das **Territorialprinzip** erlaubt staatliche Hoheitsakte auf fremdem Staatsgebiet prinzipiell nur mit ausdrücklicher Zustimmung oder Duldung des betroffenen Staates. Das Verbot hoheitsrechtlicher Tätigkeiten im Ausland gilt nicht für gewohnheitsrechtliche Ausnahmen wie die Diplomatenrechtskonvention und Konsularrechtskonvention. Ein Beispiel für die vertragliche Zustimmung des Territorialstaates zur Tätigkeit ausländischer Hoheitsträger ist die **Stationierung friedenserhaltender Truppen** der Vereinten Nationen.

Von Wichtigkeit ist in diesem Zusammenhang die ***Act of State-Doctrine***. Diese Doktrin wurde von amerikanischen Gerichten entwickelt und besagt, dass Regierungsakte, die eine Regierung hinsichtlich von Personen, Sachen oder Rechten, die sich auf ihrem Staatsgebiet befinden, setzt, von den Organen der inneren Vollziehung eines anderen Staates (Gerichte und Verwaltungsbehörden) als rechtmäßig angesehen werden müssen, und damit auch jene Rechtswirkungen, welche die genannten Regierungsakte im Ausland nach sich ziehen. Gerichte dürfen also die Rechtmäßigkeit des hoheitlichen Handelns ausländischer Staaten auf deren eigenen Territorium nicht überprüfen.[147]

Unter **Zuständigkeitsbereiche von Staaten** werden jene Bereiche verstanden, auf die sich die Staatsgewalt erstreckt und für die der Staat vr zulässige Rechtsakte setzen kann. So hat die Staatsgewalt hat einen persönlichen, räumlichen und sachlichen Geltungsbereich. Der Persönliche umfasst die Staatsangehörigen und bestimmte andere Personen, der Räumliche bestimmte Gebiete und der Sachliche bestimmte Sachen.[148]

Das Individuum im Völkerrecht

Nach dem Grundsatz der **Mediatisierung des Individuums** im klassischen Völkerrecht ist der Einzelne bei der Durchsetzung seiner ihm nach Fremdenrecht im Ausland zustehenden Rechte auf das **diplomatische Schutzrecht** seines Heimatstaates angewiesen. Die Durchbrechung der „Mediatisierung" des Einzelmenschen im VR erfolgt:

- bei Menschenrechtsverletzungen;
- bei individueller Verantwortlichkeit für Kriegsverbrechen.

Fremde sind Menschen, die nicht Staatsbürger sind und Ausländer, Flüchtlinge oder Staatenlose sein können.[149]

Durchsetzung der Rechtsordnung des Empfangsstaates gegen einen Diplomaten. Diplomatischen Schutz genießen Missionschefs, Botschaftsräte, Sekretäre, Attachés und Kanzleileiter (gemäß Art. 1. lit. E der Wiener Diplomatenrechtskonvention).

147 Fischer/Köck, 135.

148 Ebd., 136.

149 Fischer/Köck, 2000, 144.

Ausländer sind Fremde, die Staatsbürger eines fremden Staates sind und dessen diplomatischen Schutz anzunehmen bereit sind.

Flüchtlinge sind Ausländer, die durch die Flucht einen gesinnungsmäßigen Bruch mit ihrer Heimat vollzogen oder dort ihre materielle Lebensgrundlage verloren haben.[150]

Staatenlose sind Fremde ohne Staatsbürgerschaft; sie sind meist Ausländern gleichgestellt.[151]

Völkerrechtliche Grundsätze für die Behandlung von Fremden sind:

- Inländergleichbehandlung,
- Diskriminierungsverbot,
- Rechtsfähigkeit,
- Unverletzlichkeit der Person,
- Gerichtsschutz und faires Verfahren,
- Beteiligung am Wirtschaftsleben,
- keine Enteigung von Fremden.[152]

Ein **Fremder** bleibt seinem Heimatstaat durch das **Treueband** verpflichtet. Zum Aufenthaltsstat besteht kein Treueband. Der Fremde hat jedoch die Gesetze des Aufenthaltsstaates zu beachten. Voraussetzung für die rechtmäßige Einreise eines Ausländers ist in der Regel ein gültiges Reisedokument, das Vorliegen eines Sichtvermerkes und die Benützung einer vereinbarten Grenzübertrittsstelle. Die nationalen Rechtsordnungen nehmen Ausländer in eine erhöhte Wohlverhaltenspflicht und sehen als Sanktion für die Verletzung dieser Pflicht Ausweisung und Abschiebung vor.

Fremde sind Staatsangehörige eines Staates, die sich auf dem Staatsgebiet eines anderen Staates aufhalten. Staatenlose sind zwar keine Fremden im Sinne des VR, doch gelten für die die meisten Bestimmungen des vr Fremdenrechts nach der Flüchtlingskonvention vom 28.7.1951 und dem Übereinkommen über die Rechtsstellung der Staatenlosen vom 28.9.1954. Die Existenz eines „internationalen Mindeststandards" für die Behandlung fremder Staatsbürger ist völkerrechtlich anerkannt, dieser Mindeststandard kann jedoch über und auch unter dem Standard für die Behandlung von Inländern liegen. Es besteht kein Anspruch auf Inländergleichbehandlung. Der genaue Inhalt des fremdenrechtlichen Mindeststandards entspricht in etwa dem der Allgemeinen Menschenrechte, d.h. Zugestehen der Rechtsfähigkeit, Schutz wohlerworbener Privatrechte, Zugang zum Rechtsweg, Schutz gegen Angriffe, Schutz vor willkürlicher Inhaftierung,

---

150 Ignaz Seidl-Hohenveldern, Einzelmenschen, in: Neuhold/Hummer/Schreuer (Hg.), 1997, 231-243, 232.

151 Fischer/Köck, 2000, 139.

152 Ignaz Seidl-Hohenveldern, Einzelmenschen, in: Neuhold/Hummer/Schreuer (Hg.), 1997, 231-243, 234.

im Falle einer Verhaftung Benachrichtigung des Konsuls, Recht zur Teilnahme am Wirtschaftsleben.

Das vr Fremdenrecht umfasst also jene Normen, die die Rechtsstellung der Fremden regeln. Es ist teilweise im VGR, teilweise im vertraglichen VR begründet. Kein Staat ist verpflichtet, Fremde auf sein Territorium zuzulassen. Lässt er sie jedoch zu, so ist er ihnen gegenüber zur Einhaltung des vr Fremdenrechts verpflichtet. Dazu gehört auch, dass er sie nicht willkürlich ausweisen kann. Als Ausweisungsgründe gelten Umtriebe, die den Aufenthaltsstaat gefährden oder seine Ordnung stören, Verstöße gegen seine strafrechtlichen Normen, aber etwa auch ansteckende Krankheiten.

Über den Inhalt des vr Fremdenrechts gibt es zwei grundsätzliche Positionen. Die eine Auffassung geht davon aus, dass dem VR dadurch Genüge getan ist, dass der Fremde wie der Inländer behandelt wird (Inländergleichbehandlung). Sie wurde ursprünglich vor allem von den lateinamerikanischen Staaten vertreten (***Calvo*-Doktrin**), später auch von den sozialistischen Staaten und heute von der Dritten Welt. Der politisch-ideologische Hintergrund dieser Auffassung liegt in der Furcht vor der Dominanz des Auslandskapitals und vor dem Neokolonialismus mit einer privilegierten Stellung des weißen Mannes, in Ablehung des westlichen „*Kapitalismus und Imperialismus*" sowie schließlich in der tatsächlichen administrativen Unfähigkeit vieler Staaten zur Vollziehung des vr Fremdenrechts. Diese Theorie gibt aber dem fremden zuviele Rechte, andererseits auch zuwenige. Verwirklicht würde sie nämlich bedeuten, dass dem Fremden auch alle politischen Rechte zustünden, was in keinem Staat der Fall ist. Die andere Auffassung betrachtet den Fremden als Menschen, dem als solchem kraft VR ein Mindestmaß an Rechten zusteht. Diese Theorie des vr Mindeststandards gesteht daher für den Fall, dass der Inländerstandard niedriger ist, dem Ausländer mehr Rechte als dem Inländer zu.

Materiell umfasst der vr Mindeststandard die Anerkennung des Fremden als Rechtsperson, die berechtigt ist, Geschäfte des täglichen Lebens abzuschließen. Seine im Aufenthaltsstaat wohlerworbenen Rechte sind grundsätzlich zu achten. Zur Verfolgung seiner Ansprüche ist ihm ein angemessener Rechtsweg offen zu halten, widrigenfalls sich der Aufenthaltsstaat des vr Delikts der **Rechtsverweigerung** (*denial of justice*) schuldig macht. Weiters sind ihm auch jene Grund- und Freiheitsrechte, die nach verschiedenen internationalen Verträgen als Kernbestand personaler Rechte anzusehen sind, einzuräumen. Schließlich ist ihm angemessener Schutz seiner Person, seiner Freiheit und seines Eigentums gegen Übergriffe seitens privater zu gewähren.

Diese im VGR begründeten Rechte werden nicht selten durch bilaterale Verträge bestätigt und erweitert. So enthalten Niederlassungsverträge Bestimmungen über die Inländergleichbehandlung auch im Grundverkehr, Steuerprivilegien, Zollerleichterungen und die Einräumung weiterer wirtschaftlicher Vorteile, durch die die gegenseitige Niederlassung von Unternehmen gefördert werden soll.

Recht auf Asyl: Jedem steht das Recht zu, in anderen Ländern Asyl vor Verfolgung zu suchen und zu genießen (Art. 14 Ziff 1 Allgemeine Erklärung der Menschenrechte vom 10.12.1948): „*Dieses Recht kann jedoch im Falle einer Verfolgung wegen nichtpolitischer Verbrechen oder wegen Handlungen, die gegen die Ziele und Grundsätze der Vereinten Nationen verstoßen, nicht in Anspruch genommen werden*", so Art. 14 Ziff 2. Dieses Recht wurde von der UNO-Generalversammlung in der Deklaration über territoriales Asyl 1967 bekräftigt.[153]

Der Begriff „***Flüchtling***" im Sinne der Genfer Flüchtlingskonvention von 1951 beruht auf einen einzelfallbezogenen Flüchtlingsbegriff: Motivation der Flucht muss eine wohlbegründete Furcht vor Verfolgung aus Gründen der Rasse, Religion, Nationalität, der Zugehörigkeit zu einer sozialen Gruppe oder der politischen Gesinnung sein. In jedem einzelnen Fall wird von den Parteien der Konvention in einem Gerichtsverfahren (z.B. in der Bundesrepublik Deutschland) oder einem Verwaltungsverfahren (z.B. in Österreich) unter Beteiligung der UNHCR die Flüchtlingseigenschaft festgestellt. Bei größeren Flüchtlingsbewegungen kommt es in Österreich zur formlosen Aufnahme größerer Gruppen ohne Einzelprüfungen (Bsp. Ungarn 1956, Tschechoslowakei 1968 oder Polen 1981/82). Die Zurückweisung an oder vor der Staatsgrenze bedeutet einen Verstoß gegen Art. 3 EMRK und gegen das ***Refoulement*-Prinzip**, in Art. 33 Ziff. 1 Genfer Flüchtlingskonvention, d.h. das Prinzip besagt, dass kein Flüchtling in ein Gebiet aus- oder zurückgewiesen werden darf, wo sein Leben oder seine Freiheit aus Gründen seiner Rasse, Religion, Nationalität etc. bedroht wäre. Die Flüchtlingskonvention der *Organization of African Unity* (OAU)[154] aus dem Jahr

153 Ebd., 232.

154 Die OAU wurde inzwischen durch die Afrikanische Union abgelöst. Die OAU verstand sich als Organisation, welche die afrikanischen Staaten unterstützen sollte, sich vom „Joch des Kolonalismus" zu befreien. Tatsächlich war die OAU eine Staatengemeinschaft der Diktaturen, die OAU konnte kein prosperierendes Afrika schaffen. Die Afrikanische Union (AU), deren Satzung am 11.7.2002 in Lomé verabschiedet wurde, versteht sich dagegen als „Union der Bürger Afrikas". Sie soll sich zunächst nach dem Vorbild der Europäischen Union als Wirtschaftsunion verwirklichen und hat zum Ziel, sich auch zu einer Sicherheits- und Verteidigungsgemeinschaft zu entwickeln. Gemäß der Satzung soll sich die AU auf Beschluss der Versammlung in einen Mitgliedstaat einmischen dürfen, wenn dort schwere Verstöße gegen die Menschenrechte oder auch Kriegsverbrechen und Genozid stattfinden.

1969 erfasst auch Flüchtlinge als all jene Personen, die aufgrund äußerer Aggression, Okkupation und Fremdherrschaft Zuflucht suchen.

Flüchtlinge werden unterschieden in

- Konventionsflüchtlinge, d.h. die Genfer Flüchtlingskonvention garantiert rechtliche Mindeststandards (aufenthalts-, arbeits- und sozialrechtlich, Ausstattung von Personal- und Reisedokumenten).
- *De facto*-Flüchtlinge: Bloß Aufnahme, aber keine Anerkennung als Konventionsflüchtlinge, gewähren einige staatliche Rechtsordnung wie die Niederlande. Dies bedeutet: B-Status, d.h. ein Rechtsstatus minderer Güte.
- *Refugees in orbit*: Flüchtlinge werden von Flughafen bzw. Schiffshafen zu Flughafen bzw. Schiffshafen weitergereicht.[155]

Wirtschaftsflüchtlingen – Ausländer, die in ihrer Heimat die materielle Lebensgrundlage verloren haben, die sich auf der Flucht vor Bürgerkriegen, Hungersnöten, schwerwiegenden Wirtschaftskrisen und anderen Katastrophen befinden – werden durch die Rechtssprechung und administrative Praxis vieler Parteien der Genfer Flüchtlingskonvention die Anerkennung nach der Konvention und damit auch die Rechtsgarantien versagt.[156]

Staatsangehörige

können sowohl physische als auch juristische Personen sein.

a) Das Staatsvolk[157]

Das Staatsvolk wird von den physischen **Staatsangehörigen** (Menschen) gebildet. Darunter fallen alle der Personalhoheit eines bestimmten Staates unterstehenden Personen, unabhängig davon, ob sie sich innerhalb oder außerhalb des Staatsgebietes aufhalten.

Das Verhältnis der Staatsangehörigen zu ihrem Staat (Heimatstaat) ist grundsätzlich durch ein besonderes **Treueverhältnis** (*allegiance*) gekennzeichnet. Im Gegensatz dazu besteht angeblich für juristische Personen ein solches Treueverhältnis nicht. Staatsangehörigkeit ist die Mitgliedschaft in einer einen Staat bildenden Gemeinschaft. Welche Rechte und Pflichten sich an diese Mitgliedschaft knüpfen, bestimmt grundsätzlich das innerstaatliche Recht. International wird daher die Staatsangehörigkeit zumeist im Internationalen Privatrecht (IPR) be-

155 Ignaz Seidl-Hohenveldern, Einzelmenschen, in: Neuhold/Hummer/Schreuer (Hg.), 1997, 231-243, 233.

156 Ebd.

157 Aus: Fischer/Köck, 2000, 137f.

handelt, so z.B. die Adoption eines rumänischen Kindes durch einen Niederländer. Das IPR ist jedoch nationales Recht: *„Es bestimmt innerhalb einer nationalen Rechtsordnung, welches Recht anzuwenden ist, wenn der zu beurteilende Sachverhalt – sei er privatrechtlicher, strafrechtlicher oder verwaltungsrechtlicher Art – irgendwelche Elemente enthält, die nicht auf dem Territorium desjenigen Staates liegen, der die betreffende innerstaatliche Rechtsordnung gesetzt hat.“*[158] Durch die Normen des IPR wird nicht der Sachverhalt selbst, sondern bestimmen die Anwendung/den Anwendungsvorrang der jeweiligen Rechtsordnung.[159]

Bestimmte Grundsätze des Staatsangehörigkeitsrechtes sind vr Art. So ist es z.B. keinem Staat gestattet, Angehörige anderer Staaten ohne ausreichende Nahebeziehung zu seinen eigenen Staatsangehörigen zu machen, auch braucht kein Staat die Verleihung der Staatsangehörigkeit durch einen Staat an eine Person als wirksam anzuerkennen, wenn zwischen diesem Staat und der betreffenden Person kein ausreichendes Naheverhältnis gegeben ist. Vr ist auch die Verpflichtung des Heimatstaates, allen seinen Staatsangehörigen auf seinen Staatsgebiet Aufenthalt und Rückkehr zu gewähren (Verbot der Ausweisung von Staatsangehörigen), die Beteiligung am politischen Willensbildungsprozess zu ermöglichen sowie in manchen Staaten die Wehr- und Dienstpflicht.

Nach dem ***espousal of claim*** steht dem Einzelnen kein Anspruch auf Entschädigung durch seinen Heimatstaat zu, wenn im Interesse des Staatsganzen seine Ansprüche aufgegeben oder unter dem wahren Wert verglichen werden.[160]

Die Staatsangehörigkeit kann durch Geburt, Eheschließung, Annahme eines öffentlichen Amtes oder durch Verleihung auf Antrag (Einbürgerung, Naturalisation) erworben werden, wenn die vr Voraussetzungen für eine entsprechende Regelung durch den Staat vorliegen. So ist etwa bei der Geburt sowohl das System des ***ius soli*** wie auch jenes des ***ius sanguinis*** vr als zulässig anerkannt. Nach ersterem bestimmt sich die Staatsangehörigkeit nach dem Ort der Geburt, nach letzterem nach der Staatsangehörigkeit der Eltern bzw. des Vaters.

Die Staatsangehörigkeit kann durch ausdrücklichen Verzicht, durch Erwerb einer anderen Staatsangehörigkeit, womit der Verlust der ursprünglichen verbunden ist, sowie durch bestimmte Akte verloren werden, die mit dem Treueband zu seinem Staat unvereinbar sind. Eine Ausnahme stellen in diesem Zusammenhang auch die Doppel- oder Mehrstaater dar, die nach dem Staatsangehörigkeitsrecht zweier oder mehrerer deren Staatsangehörige sind. Staatenlose

---

158 Otto Kimminich/Stephan Hobe, Einführung in das Völkerrecht, 7. Auflage, 2000, 12.

159 Ebd.

160 Ignaz Seidl-Hohenveldern, Die Staaten, in: Neuhold/Hummer/Schreuer (Hg.), 1997, 134-164, 140.

sind solche, die nach dem Staatsangehörigkeitsrecht keines Staates die Voraussetzungen für seine Staatsangehörigkeit erfüllen. Mit „Nation" wird die Zugehörigkeit zu einem Sprach- und Kulturkreis verbunden. Einen reinen Nationalstaat gibt es kaum. Ethnisch homogene Staaten in Europa sind lediglich Island und Portugal. Meist umfassen Nationalstaaten auch Volksgruppen (Minderheiten).

b) Staatsangehörigkeit juristischer Personen[161]

Juristische Personen des innerstaatlichen Rechts bedürfen zu ihrer Existenz der Rechtsordnung irgendeines Staates. Die Frage nach ihrer Staatsangehörigkeit wurde daher traditionell mit dem Gründungsstaat beantwortet. Durch die weltweite Tätigkeit der modernen transnationalen Unternehmen ist diese Frage weitaus komplizierter geworden.

Angeknüpft wird entweder an jenen Staat, nach dessen Recht die juristische Person erreichtet wurde (Gründungsstaat), oder an jenen Staat, auf dessen Territorium der Sitz der juristischen Person gelegen ist (Sitzstaat), oder an jenen Staat, in dem die juristische Person das Zentrum ihrer Tätigkeit hat (Betätigungsstaat), oder schließlich an jenen Staat, dessen Staatsangehörige die Kontrolle über die Geschäftsführung ausüben, d.h. z.B. die Mehrheit der Aktien besitzen (Kontrollstaat). Liegen mehrere Anknüpfungspunkte vor, so neigt die Praxis dazu, der Kontrolltheorie den Vorzug zu geben.

c) Das diplomatische Schutzrecht[162]

Wichtigste vr Rechtsfolge der Staatsangehörigkeit ist das **diplomatische Schutzrecht** des Heimatstaates. Darunter versteht man das Recht dieses Staates, seine Staatsangehörigen (physische und juristische Personen) gegenüber anderen VRS mit den Mitteln des vr Verkehrs (sog. „diplomatische" Mittel, daher „diplomatisches" Schutzrecht) zu schützen. Der Staatsangehörige kann nicht gültig auf dieses Recht verzichten. Das diplomatische Schutzrecht ist dadurch charakterisiert, dass ein Staat nur für seinen eigenen Staatsangehörigen Ansprüche auf internationaler Ebene geltend machen kann. Ein Staat kann für fremde Staatsangehörige international nicht auftreten (***Nationality of Claims**-Rule*).

Ein Staat kann grundsätzlich für alle seine Staatsangehörigen das diplomatische Schutzrecht ausüben. Einschränkungen:

161 Fischer/Köck, 2000, 140f.
162 Quelle: Fischer/Köck, 2000, 141.

- Die Ausübung ist dann nicht zulässig, wenn zwischen dem Staat und seinem naturalisierten Staatsangehörigen kein tatsächliches Naheverhältnis (*genuine link*) hergestellt wird.
- In Hinblick auf einen Doppelstaater kann das Schutzrecht nicht von einem Heimatstaat gegen den anderen Heimatstaat ausgeübt werden. Gegenüber Drittstaaten gilt die Regel, dass das Schutzrecht nur durch jenen Staat ausgeübt werden kann, zu dem die nähere Beziehung besteht.

Staatenlose – sie werden im Völkerrecht Ausländern gleichgestellt - haben keinen Heimatstaat; daher kann für sie kein Staat das diplomatische Schutzrecht ausüben. Für Staatenlose können folgende Kriterien gelten:
- der freiwillige Verzicht auf die Staatsbürgerschaft,
- Konflikt nationaler Staatsbürgerschaftsgesetze – im Fall von Aus- und Einwanderungen,
- Regelungsdefizite bei Territoriumsverschiebungen im Fall der Staatensukzession,
- Ausbürgerung.

Was juristische Personen betreffen, so stellt sich die Frage nach der Ausübung des diplomatischen Schutzrechtes für jene komplizierter dar. Sind die Staaten in den heutigen internationalen Beziehungen schon bei der Ausübung des diplomatischen Schutzrechts für physische Personen sowie solche juristische Personen, die unzweifelhaft ihre eigene Staatsangehörigkeit besitzen, zurückhaltend, so trifft dies in Anbetracht der häufigen Polemiken gegen transnationale Unternehmen in verstärktem Ausmaß zu. Es ist in Anbetracht der komplexen Strukturen dieser Gesellschaften und des Umstandes, dass bei den oftmals undurchsichtigen Verhältnissen eine Anknüpfung gerade an den einen oder anderen Staat nach einem der genannten Anknüpfungsmomente schwierig erscheint, die Frage aufzuwerfen, ob ein solches transnationales Unternehmen überhaupt eine Staatsangehörigkeit besitzt oder nicht eher als staatenlos anzusehen ist. Manche betrachten sie auch als Meerstaater.

Damit wird aber ein etwaiges Schutzrecht des Heimatstaates an sich nicht obsolet und gelegentlich doch ausgeübt, hauptsächlich nach der Kontrolltheorie.

Menschenrechtsschutz, Minderheitenschutz und Selbstbestimmungsrecht

1. Menschenrechtsschutz

Der Terminus „*Menschenrecht*" hat seinen Ursprung in der aufgeklärten Naturrechtslehre des 18. Jahrhunderts: „*Erst die Aufklärung mit der Lehre vom Gesellschaftsvertrag (Rousseau) begründete – im Verbund mit dem* ***humanistischen***

***Naturrecht** – die Menschenrechte im modernen Sinn.*“[163] Die Menschenrechte – sie entstanden also im „*Kampf gegen die Kirchen*“[164] und gegen den absolutistischen Anspruch der damaligen Herrscher - wurden „*in die neuenstandenen Revolutionsverfassungen sowie einfachgesetzlichen Kodifikationen (z.B. Preussisches Allgemeines Landrecht 1794, ABGB 1811) aufgenommen und begründeten damit erstmals eine bindende Verpflichtung für den Staat zur Gewährleistung der Menschenrechte.*“[165]

Mit der Verankerung der Menschenrechte in den nationalen Rechtsordnungen als Grundrechte wurden Menschenrechte staatliches Recht. Grundrechte unterteilen sich in

- **zivile Rechte,**
- **bürgerliche und politische Rechte** – sie umfassen die klassischen Gewährleistungen für persönliche Freiheit und Lebensgüter sowie die elementaren Gleichheitsgarantien (Menschenrechte erster Generation),
- **wirtschaftliche, soziale und kulturelle Rechte** (Menschenrechte zweiter Generation),
- **Recht auf Entwicklung, auf Frieden, auf gesunde Umwelt, auf „internationale Solidarität“** (Menschenrechte dritter Generation).[166]

Zivile Rechte sind die Grundfreiheiten wie das Recht auf Leben, persönliche Freiheit, die Gleichheit vor dem Gesetz oder die Meinungsfreiheit. Die **politischen und bürgerlichen Rechte** beziehen sich auf das Recht auf Staatsangehörigkeit oder die Staatswillensbildung. **Wirtschaftliche Rechte** wie das Recht auf Arbeit, **soziale Rechte** wie das Recht aud Sozialversicherung und **kulturelle Rechte** wie das Recht auf Erziehung sind Menschenrechte zweiter Generation. Das **Recht auf Entwicklung** ist ein Menschenrecht „dritter Generation“ ebenso wie das **Recht auf „internationale Solidarität“**, das zum Teil bereits völkerrechtlich verankert ist: als „*gemeinsames Erbe der Menschheit*“, in der Rettung von Schiffbrüchigen, Astronauten und in der Aufnahme von Flüchtlingen.

Menschenrechte werden im Völkerrecht durch multilaterale Verträge (Beschwerde- und Klagsrecht) sowie durch universelle oder regionale internationale Organisationen (Beschlüsse der Organe) gewährt.

Die Menschenrechtsverfahren lassen sich wie folgt typisieren:

---

163 Waldemar Hummer, Der internationale Menschenrechtsschutz, in: Neuhold/Hummer/Schreuer (Hg.), 1997, 243-294., 244.

164 Andreas Khol, Schranken für den Konvent, in: Die Presse, 8.5.2003, 29.

165 Waldemar Hummer, Der internationale Menschenrechtsschutz, in: Neuhold/Hummer/Schreuer (Hg.), 1997, 243-294, 245.

166 Ralph Alexander Lorz, Menschenrechte – die drei Generationen der Menschenrechte, aus: www.jura.uni-duesseldorf.de/Lehre/bepa/Lorz/vr2/FolienSS2002ppt .

- **politische Schutzsysteme**: das Organ ist nicht unabhängig und hat keine Kompetenz zur definitiven Entscheidung. Die Verfahren sind nicht genau festgelegt (UN-Pakt I);
- **quasi-gerichtliche Schutzsysteme**: Organ ist relativ unabhängig, Verfahren sind generell geregelt (UN-Pakt II);
- **gerichtliche Schutzsysteme**: Organ ist völlig unabhängig. Verfahren sind präzise geregelt und juristisch bindend (EMRK).

Die Erfahrungen mit den Diktaturen der Zwischenkriegszeit und den Greueln des Zweiten Weltkriegs führten zu der Auffassung, dass der Schutz der Menschen in der Verantwortung der gesamten Staatengemeinschaft liegt. Bereits in der Haager Landkriegsordnung von 1907 ist erstmals in einem internationalen Dokument multilateral indirekt ein gewisser Mindeststandard des Menschenrechtsschutzes im Kriege verankert worden. Das *ius in bello* enthält normative Schranken dessen, was technisch an Gewaltanwendung im Zeichen humanitärer Mindeststandards zulässig ist und was nicht.[167] Die Anfänge des eigentlichen Menschenrechtsschutzes liegen in den „*4 Freiheiten*", der von US-Präsident Franklin Delano Roosevelt am 6.1.1941 getätigten Botschaft an den US-Kongress. Diese „*4 Freiheiten*" beinhalten die Rede- und Meinungsfreiheit, die Glaubensfreiheit, die Freiheit von Mangel und Not sowie die Freiheit vor Furcht. Die Atlantik-Charta vom 14.8.1941 ergänzte diesen Katalog noch durch weitere Prinzipien, v.a. das Selbstbestimmungsrecht der Völker.

Die „*4 Freiheiten*" sind in das Völkervertragsrecht der Charta der Vereinten Nationen aufgenommen worden – in folgenden sieben Stellen: In der Präambel, in Art. 1 Abs. 3, Art. 13 Abs. 1 lit b, Art. 55 lit c, Art. 62 Abs 2, Art. 68, Art. 76 lit c) – jedoch nur mit empfehlendem Charakter. Die vom Wirtschafts- und Sozialrat eingesetzte Menschenrechtskommission (*Commission on Human Rights*) der UNO richtete 1947 eine Unterkommission zur Verhütung von Diskriminierung und für den Schutz von Minderheiten ein und erstellte im Dezember 1947 den Entwurf einer Erklärung zum Schutz der Menschenrechte. Die Allgemeine Erklärung der Menschenrechte vom 10.12.1948 stellte als Resolution der UNO-Generalversammlung nur eine programmatische Absichtserklärung ohne völkerrechtliche Bindungswirkung dar. In ihr wurden jedoch Menschenrechte international definiert.

Der UN-Pakt II über bürgerliche und politische Rechte (einschließlich dem Fakultativprotokoll) beinhaltet ein Rechtsschutzsystem aus drei Verfahrensarten

---

167 Christian M. Stadler, Über Wesen und Wert der Humanitären militärischen Intervention – eine Einleitung, in: Gustav E. Gustenau (Hg.), „Humanitäre militärische Intervention zwischen Legalität und Legitimität", Tagungsband des Instituts für Internationale Friedenssicherung, Wien, Nomos Verlagsgesellschaft, Baden-Baden 2000, 7-23, 17.

- periodisches, obligatorisches Berichtssystem,
- fakultative Staatenbeschwerde,
- fakultative Individualbeschwerde.

Der Pakt II richtete ein eigenes Organ zur Überwachung der Einhaltung der Vertragspflichten - einen **Ausschuss für Menschenrechte** (*Human Rights Committee*) – ein. Dieser Aussschuss ist ein Konventionsorgan, jedoch kein UNO-Organ. 1976 wurde der Menschenrechtsausschuss - bestehend aus 18 weisungsfreien Mitgliedern - gegründet. Das **Berichtssystem** ist das einzige obligatorische Verfahren. Die Vertragsparteien haben ihre Berichte für die Umsetzung dieses Paktes in ihren Rechtsordnungen dem UNO-Generalsekretär zu erstatten, der sie dem Menschenrechtsausschuss zuleitet. Dieser Ausschuss kann allgemeine Bemerkungen erstellen, die an den Sicherheitsrat weitergeleitet werden können, und kann die Vertragsstaaten auffordern, spezielle Berichte zu erstatten.[168]

Die **Staatenbeschwerde** ist fakultativ, sie bedarf der Gegenseitigkeit. Vor ihrer Ergreifung muss der innerstaatliche Rechtsweg erschöpft und der direkte Einigungsversuch zwischen den beteiligten Staaten vergeblich gewesen sein. Der anzeigende Staat wendet sich an den angeblichen Pflichtverletzer. Erfolgt binnen sechs Monaten keine zufriedenstellende Regelung, kann er anschließend den Menschenrechtssausschuss durch eine Mitteilung nach Art. 41 UN-Pakt II anrufen. Der Menschenrechtssausschuss berät darüber nicht öffentlich und erstellt binnen 12 Monaten einen Bericht, der den Streitparteien zugeht und nicht veröffentlicht wird.[169] Dieser Bericht darf keine Verletzung des UN-Paktes II feststellen. Mit zusätzlicher Zustimmung beider Parteien kann der Menschenrechtsausschuss auch eine unabhängige *Ad-hoc*-Vergleichskommission nach Art. 42 UN-Pakt II einsetzen. Diese Kommission erstattet innerhalb von 12 Monaten einen Bericht, der lediglich ihre Ansichten über die Möglichkeiten einer gütlichen Regelung enthalten darf und auch nicht angenommen zu werden braucht. Ferner kann die Unterwerfungserklärung nach Art. 41 UN-Pakt II wieder zurückgenommen werden.[170]

Die **Individualbeschwerde** wurde durch das Fakultativprotokoll zu Pakt II eingeräumt. Einzelpersonen können nach Erschöpfung des innerstaatlichen Rechtsweges den Menschenrechtsausschuss wegen einer Vertragsverletzung durch eine schriftliche „Mitteilung" anrufen. Der Menschenrechtsausschuss entscheidet in einem ersten Verfahrensabschnitt über die Zulässigkeit und danach

---

168 Waldemar Hummer, Der internationale Menschenrechtsschutz, in: Neuhold/Hummer/Schreuer (Hg.), 1997, 243-294, 252.

169 Ebd., 252f.

170 Ebd., 253.

über die inhaltliche Begründetheit der Beschwerde. Diese wird im Falle der Zulassung dem belangten Staat zugeleitet, der sich innerhalb von sechs Monaten zu äußern hat.[171]

Die **Euroatlantisierung** des europäischen Kontinents – d.h. der Wandel ehemaliger kommunistischer Länder in Mittel- und Osteuropa zu Staaten mit marktwirtschaftlichen und demokratischen Strukturen und deren Aufnahme in die euroatlantischen Strukturen – als assoziierte Partner der WEU, NATO-Partnerschaft für den Frieden, - bewirkten eine Euroatlantisierung des Wertesystems. Für die Aufnahme von Staaten in die NATO und in die EU - 1999 erfolgte die Aufnahme Polens, der Tschechischen Republik und Ungarns in die NATO, im Mai 2004 die Aufnahme von 10 Staaten in die EU und von 7 Staaten in die NATO – gilt die Einhaltung westlicher Menschenrechtsstandards. Insgesamt sehen die Bedingungen für die Aufnahme in die EU (Kopenhagener Kriterien von 21./22.6.1993), WEU (Präambel und Art 1-3 des Brüsseler Vertrags 1948 idF des Pariser Protokolls 1954) und NATO (Präambel und Art. 1 und 2 des NATO-Gründungsvertrags von 1949) sowie in der Satzung des Europarates von 1949 (Art. 1 und 3) als Kriterien politisch-demokratische, marktwirtschaftliche Strukturen, rechtsstaatliche Ordnung sowie die Achtung und den Respekt von Menschenrechten und Minderheitenrechten vor. Die NATO und WEU sind somit nicht nur als Militärbündnisse, sondern primär als Allianzen der an westliche Werte orientierten Staaten zu verstehen. In wirtschaftlichen Verträgen findet sich der Menschenrechtsschutz in der OEEC/OECD-Satzung von 1948 bzw. 1960 und in den Präambeln des EGKS-Vertrags 1951 und des EWG-Vertrags 1957 sowie in der Erklärung der Grundrechte und Grundfreiheiten der EG aus dem Jahr 1989.

Vor den Kopenhagener Kriterien hatten die sogenannten „***Europa-Abkommen***“, die zwischen den Europäischen Gemeinschaften und den beitrittswilligen Ländern in den Jahren 1991 bis 1993 unterzeichnet wurden, in ihren Präambeln entsprechende Bestimmungen zum Schutz der Menschenrechte, Demokratie und Rechtsstaatlichkeit verankert. Auch in dem zwischen der EG und den Staaten des Afrikanischen, Karibischen und Pazifischen Raumes (**AKP**) 1989 erneuerten IV. Lomé-Abkommens erfolgte die Aufnahme sogenannter Menschenrechts- und Demokratieklauseln, diese wurden fester Bestandteil der Außenwirtschaftsbeziehungen der EG. Das Cotonou-Abkommen vom 23.6.2000 zwischen der EU und den AKP-Staaten, das dem Lomé IV-Abkommen nachfolgte, bezieht sich, was den Menschenrechtsschutz betrifft, ebenfalls auf die Prinzipien der Charta der Vereinten Nationen, der Allgemeinen Erklärung der Menschenrechte 1948, die Genfer Konventionen über humanitäres Völkerrecht

171 Ebd.

von 1949, die Genfer Flüchtlingskonvention von 1951, die die Wiener Konferenz über Menschenrechte 1993 sowie u.a. auf die Konventionen über die Rechte der Kinder sowie über die Eliminierung aller Diskriminierungsformen gegen Frauen. Die Verletzung der Menschenrechts- und Demokratieklauseln bedeutet somit einen *„material breach“* des jeweiligen Vertrags durch den Drittstaat im Sinne von Art. 60 WVK 1969, der der Gemeinschaft Anlass zur sofortigen Suspendierung des Vertrags gibt.[172]

Waldemar Hummer – Professor für Völkerrecht und Europarecht an der Universität Innsbruck – unterteilte die Verankerung des Menschenrechtsschutzes in der EG/EU in vier Generationen: Im Art. 5 des IV. Lomé-Abkommens 1989 wurde die Achtung der Menschenrechte nur als Ziel definiert und die Bedeutung demokratischer Prinzipien – allerdings nur andeutungsweise – erwähnt (1. Generation: Lomé-Abkommen, 1963-1989). Die 2. Generation hat zwischen 1989 und 1992 in den Verträgen mit lateinamerikanischen Staaten Eingang gefunden: Erstmals mit der Wahrung der Menschenrechte und der Beobachtung demokratischer Grundsätze als Grundlage der vertraglichen Zusammenarbeit (*„Grundlagenklausel“*). Die 3. Generation (1992-1995) basiert auf der Grundlage des Europäischen Rats vom 11.5.1992: Die Achtung der Menschenrechte und demokratischen Grundsätze werden als wesentlicher Bestandteil des jeweiligen Abkommens bezeichnet (***„Wesentlichkeitsklausel“***). IdF wurde diese Klausel durch die ***„Nichterfüllungsklausel“*** ergänzt, welche die sofortige Suspendierung eines solchen Vertrags erlaubte, ohne dass die Gemeinschaft verpflichtet wäre, zuvor mit dem betroffenen Partnerstaat Konsultationen aufzunehmen. Die 4. Generation (ab 1995) entwickelte sich aus einer Erweiterung des Schutzbereiches der *„Wesentlichkeitsklausel“* in Art. 5 der „Halbzeitrevision“ des IV. Lomé-Abkommens vom 4.11.1995 um die Forderung nach „Rechtsstaatlichkeit“, wodurch die Konditionalität in den Vertragsbeziehungen der Gemeinschaft mit gewissen Drittstaaten erweitert wurde.[173] Das IV. Lomé-Abkommen ist am 29.2.2000 ausgelaufen. In Cotonou ist am 23.6.2000 ein neues EG-AKP-Partnerschaftsabkommen mit einer Laufzeit von 20 Jahren abgeschlossen worden, Art. 9 dieses Abkommens enthält ein umfangreiches und detailreiches Bekenntnis zu den Menschenrechten. Künftig sollen **„Terrorismusklauseln“** anlässlich der Terrorattacken auf das *World Trade Center* und das *Pentagon* am 11.9.2001 für den Abschluss völkerrechtlicher Verträge zwischen der EG und Drittstaaten vereinbart werden.

---

172 Waldemar Hummer, Paradigmenwechsel im Internationalen Organisationsrecht – Von der „Supranationalität“ zur „strukturellen Kongruenz und Homogenität“ der Verbandsgewalt, in: Waldemar Hummer (Hg.), Paradigmenwechsel im Völkerrecht zur Jahrtausedwende, 2002, 145-203, 178.

173 Ebd., 178f.

Eine weitere Organisation steht ganz im Zeichen des Menschenrechtsschutzes: der **Europarat**. Ziele des Europarates (Sitz: Strassburg), sind

- der Schutz der Menschenrechte, der pluralistischen Demokratie und des Rechtsstaates,
- die Förderung des Bewusstseins um die gemeinsame kulturelle Identität in ihrer Vielfalt,
- die Suche nach Lösungen in den Bereichen Diskriminierung von Minderheiten, Fremdenhass, Intoleranz, Umweltverschmutzung, Klonen von Menschen, AIDS, Drogen, Terrorismus, organisiertes Verbrechen etc.,
- Konsolidierung der demokratischen Stabilität in Europa durch die Förderung politischer, legislativer und verfassungsrechtlicher Reformen.[174]

Der Europarat wurde am 5.5.1949 von 10 Ländern[175] gegründet, ihm gehören heute 45 Staaten mit insgesamt 800 Millionen Einwohnern an. Der Heilige Stuhl, Japan, Kanada, Mexiko und die USA haben Beobachterstatus. Die Anzahl der Staaten, die dem Europarat angehören, verdoppelte sich fast durch die Aufnahme zahlreicher ehemaliger kommunistischer Staaten - von 23 im Jahr 1989 auf 45 Mitglieder. Das Ministerkomitee ist das Entscheidungsgremium des Europarates, es setzt sich aus den Außenministern der Mitgliedstaaten bzw. ihren Ständigen Vertretern zusammen. Die Parlamentarische Versammlung ist das beratende Organ, dessen Mitglieder werden von den nationalen Parlamenten benannt. Der Kongress der Gemeinden und Regionen Europas ist ein beratendes Organ, der die Regional- und Kommunalbehörden vertritt. Der Europarat verleiht über 400 Nicht-Regierungsorganisationen einen beratenden Status. An die 1.300 internationale Beamte aus den Mitgliedstaaten bilden unter der Leitung des Generalsekretärs den permanenten internationalen Stab der Organisation.

Die Prinzipien der pluralistischen Demokratie, der Menschenrechte, der Rechtssaatlichkeit und der Marktwirtschaft wurden auch für das **KSZE/OSZE**-Europa von Vancouver bis Wladiwostok 1990 in den Schlussdokumenten der Bonner Konferenz über wirtschaftliche Zusammenarbeit in Europa, des Kopenhagener Treffens der Konferenz über die Menschliche Dimension der KSZE so-

---

174 Der Europarat, 800 Millionen Europäer, www.coe.int .

175 Belgien, Dänemark, Frankreich, Großbritannien, Irland, Italien, Luxemburg, Niederlande, Norwegen und Schweden. Im August 1949 erfolgte die Aufnahme Griechenlands und der Türkei. Weitere Mitglieder folgten: 1950 die Bundesrepublik Deutschland und Island, 1956 Österreich, 1961 Zypern, 1963 die Schweiz, 1965 Malta, 1976 Portugal, 1977 Spanien, 1978 Liechtenstein, 1988 San Marino, 1989 Finnland, 1990 Ungarn, 1991 Polen, 1992 Bulgarien, 1993 Estland, Litauen, Slowenien, die Slowakei, Tschechische Republik, Rumänien, 1994 Andorra, 1995 Albanien, Lettland, die ehemalige jugoslawische Republik Mazedonien, Moldawien, die Ukraine, 1996 Kroatien, Russland, 1999 Georgien, 2001 Armenien, Aserbaidschan, 2002 Bosnien-Herzegowina, 2003 Serbien-Montenegro.

wie in der *Charta von Paris für ein neues Europa* festgeschrieben.[176] Bei den Dokumenten handelt es es sich um sogenanntes ***„soft law"***, d.h. um Normen, *„die nicht vor internationalen Gerichten angeführt werden können und deren Verletztung nicht die Staatenhaftung auslöst."*[177] Die Sanktionsmechanismen innerhalb der OSZE sind in ihrer Effizienz eingeschränkt – sie betreffen Verletzungen gegen Menschenrechte, Demokratie und Rechtsstaatlichkeit. Für die Verhängung derartiger Mechanismen kann innerhalb der OSZE vom Konsensusgrundsatz abgewichen werden, weil die Zustimmung des betroffenen Teilnehmerstaates dazu nicht erforderlich ist. In der Praxis wurden solche Sanktionsmechanismen bereits Realität, - mit der **Suspendierung** Jugoslawiens unter Slobodan Milosevic von der KSZE/OSZE. Nach der Wahl von Vojislav Kostunica zum Präsidenten und nach ersten Demokratisierungsschritten erfolgte die Wiederaufnahme der Bundesrepublik Jugoslawien in die OSZE am 10.11.2000 als 55. Staat.

Seit die Europäische Union großangelegte Förderprogramme für den Menschen- und Minderheitenschutz bereitstellt und die genannten Staaten auch verstärkt in den Europarat und dessen Menschenrechtsschutz integriert werden, hat die Bedeutung der OSZE im Bereich Menschenrechtsschutz abgenommen. Die OSZE macht von ihren spezifischen Menschenrechtsverfahren (politisch-diplomatischer Natur) kaum mehr Gebrauch, sie hat *„sich auch bereit erklärt, auf die Ausarbeitung weiterer Grundrechtsstandards zu verzichten und sich stattdessen auf die Erfahrungen des Europarats zu stützen."*[178]

Im gegenwärtigen Völkerrecht werden Verpflichtungen auch ohne Mitwirkung – also irgendeinen aktiven oder positiven Konsens – der betroffenen Staaten statuiert und auch derartige Gemeinschaftspflichten notfalls gegen den Willen einzelner Staaten durchgesetzt. So hat die Europäische Gemeinschaft auf der Basis von Gutachten der ***Badinter*-Kommission** Ende 1991 einen Katalog von Bedingungen für die Anerkennung von Neustaaten für das ehemalige Jugoslawi-

176 Art. 3 der Satzung des Europarats forderte Demokratie, Rechtsstaatlichkeit und den Schutz der Menschenrechte als *ordre public européen* von den Mitgliedstaaten des Europarats ein, eine Forderung, die in der Charta von Paris für ein neues Europa vom 21.11.1990 seitens der KSZE/OSZE wortgleich übernommen wurde. Aus: Waldemar Hummer, Paradigmenwechsel im Internationalen Organisationsrecht – Von der „Supranationalität" zur „strukturellen Kongruenz und Homogenität" der Verbandsgewalt, in: Waldemar Hummer (Hg.), Paradigmenwechsel im Völkerrecht zur Jahrtausedwende, 2002, 145-203, 168.

177 Otto Kimminich/Stephan Hobe, Einführung in das Völkerrecht, 7. Auflage, 2000, 192.

178 Aus: Wolfram Karl, Aktuelle Entwicklungen im Internationalen Menschenrechtsschutz, in: Waldemar Hummer (Hg.), Paradigmenwechsel im Völkerrecht zur Jahrtausendwende, 2002, 275-321, 279.

en und für die ehemalige UdSSR aufgestellt, unter diesen Bedingungen finden sich die Annahme einer demokratischen Regierungsform, der Respekt der Menschenrechte, der Schutz von Minderheiten sowie die Respektierung bestehender Grenzen.[179]

Die Grundsätze der Freiheit, Demokratie, die Achtung und den Respekt der Menschenrechte und Grundfreiheiten sowie der Rechtsstaatlichkeit wurden in der EU in Art. 6 Abs. 1 des Europäischen Unionsvertrags in der Fassung des Vertrags von Amsterdam 1997 verankert. Diese Grundsätze besitzen ***ius cogens***-Charakter.[180] Art. 7 des Europäischen Unionsvertrags sieht als Sanktion für eine schwerwiegende und anhaltende Verletzung dieser Prinzipien die Aussetzung von Mitgliedschaftsrechten des betroffenen Staates vor. Die Festlegung der Verletzung durch den Rat in der Zusammensetzung der Staats- und Regierungschefs erfolgt ohne Berücksichtigung der Stimme des Verletzerstaates. Die Verhängung der konkreten Beschlüsse durch den Rat bedarf demnach lediglich einer qualifizierten Mehrheit. Die Problematik dieser Bestimmung erreichte durch die **Maßnahmen von 14 EU-Staaten** gegen die Beteiligung der Freiheitlichen Partei Österreichs (FPÖ) an der österreichischen Bundesregierung am 4.2.2000 Aktualität. Diese Maßnahmen wurden jedoch außerhalb von Art. 6 und 7 des Europäischen Unionsvertrages gesetzt - deren Aufhebung erfolgte am 12.9.2000.

Im **Europäischen Unionsvertrag** in der Fassung des Ende Dezember 2000/Anfang Januar 2001 ausverhandelten Vertrags von Nizza – er ist seit 1.2.2003 in Kraft – wurde im neuen Art. 7 Abs. 1 die Lehre aus dem umstrittenen Vorgehen der EU-14 gezogen: Bei einer eindeutigen Gefahr einer schwerwiegenden Verletzung der in Art. 6 genannten Prinzipien können an den betreffenden Mitgliedstaat geeignete Empfehlungen gerichtet werden. So kann auf begründeten Vorschlag entweder eines Drittels der EU-Mitgliedstaaten, des Europäischen Parlaments oder der Europäischen Kommission der Rat mit einer Vierfünftelmehrheit seiner Mitglieder und nach Zustimmung des Europäischen Parlaments feststellen, dass eine eindeutige Gefahr einer schwerwiegenden Verletzung der in Art. 6 genannten Grundsätze durch einen EU-Staat besteht. Der Rat hat zuvor den betroffenen Mitgliedstaat anzuhören und kann auch nach demselben Verfahren unabhängige Persönlichkeiten (z.B. sogenannte *„Drei Weise“*) ersuchen, innerhalb einer angemessenen Frist einen Bericht über die Lage im betroffenen Mitgliedstaat vorzulegen. Damit verfügt die Union – allerdings seit

179 Bruno Simma, Gestaltwandel im Völkerrecht und in der Organisation der Vereinten Nationen, in: Waldemar Hummer (Hg.), Paradigmenwechsel im Völkerrecht zur Jahrtausendwende, 2002, 45-63, 48f.

180 Waldemar Hummer, Paradigmenwechsel im Internationalen Organisationsrecht – Von der „Supranationalität“ zur „strukturellen Kongruenz und Homogenität“ der Verbandsgewalt, 2002, 145-203, 167.

dem Inkrafttreten des Vertrags von Nizza – über ein präventives Frühwarnsystem, dass die Wiederholung der „*Causa Austria*" ausschließen sollte.[181]

In die Geschäftsordnung des Europäischen Parlaments wurde ein Art. 108 eingefügt, aufgrund dessen – da es gemäß Art. 7 Abs. 1 des Vertrags von Amsterdam zur Einleitung des Sanktionsverfahrens nicht antragsberechtigt war – es auf Antrag eines Zehntels seiner Mitglieder (bei 626 Abgeordneten im Jahr 2003 lag ein Zehntel bei 63 Abgeordneten) über einen Entschließungsantrag beraten und abstimmen kann, mit dem die Kommission aufgefordert wird, das Verfahren nach Art. 7 Abs. 1 einzuleiten. Die Konferenz des Präsidenten kann zunächst die Stellungnahme des zuständigen Ausschusses des Europäischen Parlaments einholen.[182] Erstmals hatten 64 Abgeordnete des EU-Parlaments am 22.4.2002 gemäß Art. 108 der Geschäftsordnung einen Entschließungsantrag eingereicht, aufgrund dessen die Kommission aufgefordert werden sollte, die Maßnahmen gemäß Art. 7 Abs. 1 des EU-Vertrags gegen die italienische Regierung Silvio Berlusconi II wegen des Fehlens der verfassungsmäßig vorgesehenen Anzahl der Mitglieder des Verfassungsgerichtshofes und der Abgeordnetenkammer einzuleiten. Weil der Verfassungsgerichtshof damals seit mehr als 17 Monaten und die Abgeordnetenkammer seit mehr als elf Monaten ohne das von der Verfassung vorgeschriebene Plenum tagten, sollte die Europäische Kommission den Rat ersuchen, „*festzustellen, dass die Italienische Republik schwer und dauerhaft gegen die allen Mitgliedstaaten der Europäischen Union gemeinsamen Grundsätze der Freiheit, Demokratie, Achtung der Menschenrechte und Grundfreiheiten und der Rechtsstaatlichkeit verstoßen hat und weiterhin verstößt.*" Italien hatte jedoch die baldige Besetzung der fehlenden Sitze in der *Corte Constituzionale* und der Abgeordnetenkammer angekündigt.[183]

Am Rande der Tagung des Europäischen Rats in Nizza erfolgte am 7.12.2000 die feierlichen Proklamation der **Europäischen Grundrechtscharta** - durch das Europäische Parlament, den Rat und die Kommission. Gemäß dem Europäischen Rat von Köln (4.6.1999) sollte überprüft werden, „*ob und gegebenenfalls auf welche Weise sie in die Verträge aufgenommen werden könnte*" – im Rahmen der Vorarbeiten für die 2004 vorgesehene Regierungskonferenz. Im Verfassungsentwurf des Europäischen Konvents von 2003 ist die Grundrechtscharta fester Bestandteil. In der vom Europäischen Rat am 15.12.2001 verab-

181 Aus: ebd., 176.

182 Aus: ebd.

183 Waldemar Hummer, Paradigmenwechsel im Internationalen Organisationsrecht – Von der „Supranationalität" zur „strukturellen Kongruenz und Homogenität" der Verbandsgewalt, 2002, 145-203, 177.

schiedeten Erklärung von Laeken zur Zukunft der Europäischen Union[184], welche die Leitlinien für den „***Post-Nizza-Prozess***" festzulegen hatte, waren vier folgende Fragenkomplexe angesprochen:

- eine bessere Verteilung und Abgrenzung der Zuständigkeiten,
- eine Vereinfachung der Instrumente der Europäischen Union,
- mehr Demokratie, Transparenz und Effizienz in der Europäischen Union,
- der Weg zu einer Verfassung für die europäischen Bürger. Resultat war jedoch ein Entwurf zu einer Europäischen Verfassung, der am 11.7.2003 seitens des Europäischen Konvents fertiggestellt und dem Europäischen Rat von Porto Carras/Thessaloniki tags darauf präsentiert wurde.

Der **universelle Menschenrechtsschutz** basiert u.a. auf folgenden Menschenrechtsabkommen:

- Konvention zur Abschaffung der Sklaverei 1926, 1930 durch das Übereinkommen Nr. 29 über Zwangs- und Pflichtarbeit ergänzt,[185]
- „*Zusatzübereinkommen über die Abschaffung der Sklaverei, des Sklavenhandels und sklavereiähnlicher Institutionen und Praktiken*" vom 7.9.1956,
- ILO-Abkommen Nr. 105 über die Abschaffung der Zwangsarbeit 1957,
- ILO-Abkommen über das Verbot des Menschenhandels und der Ausbeutung von Prostituierten 1950,
- Charta der Vereinten Nationen (Art. 1, 55),
- die Allgemeine Erklärung der Menschenrechte – angenommen von der UNO-Generalversammlung am 10.12.1948. Sie besitzt zwar keine unmittelbare Verbindlichkeit, jedoch gewohnheitsrechtliche Geltung einiger dort festgelegter Rechte, wie nach Art. 2 das Diskriminierungsverbot aufgrund von „*Rasse, Farbe, Geschlecht, Sprache, Religion, politischer oder sonstiger Überzeugung, nationaler oder sozialer Herkunft, nach Eigentum, Geburt oder sonstigen Umständen*". Gemäß Art. 3 hat jeder Mensch „*das Recht auf Leben, Freiheit und Sicherheit der Person*", auch darf keine Person laut Art. 4 „*in Sklaverei oder Leibeigenschaft gehalten werden; Sklaverei und Sklavenhandel sind in allen ihren Formen verboten.*" Nach dem Wortlaut des Art. 5 darf kein Mensch „*der Folter oder grausamer, unmenschlicher oder er-*

184 Anlage I zu den Schlussfolgerungen des Vorsitzes des Europäischen Rates von Laeken, 14.-15.12.2001, SN 300/01, 2ff.

185 Das Verbot des Sklavenhandels und später auch der Sklaverei geht auf Gedanken der Aufklärung zurück, die vr ihren ersten Niederschlag in der „Erklärung des Wiener Kongresses von 1815 gegen den Negerhandel" gefunden haben; es ist heute im Genfer Antisklavereiabkommen von 1926 und dem Zusatzübereinkommen über die Abschaffung der Sklaverei, des Sklavenhandels und sklavereiähnlicher Einrichtungen und Praktiken von 1956 verankert.

niedrigender Behandlung oder Strafe unterworfen werden.“ Auch hat jedes Individuum „*überall Anspruch auf Anerkennung als Rechtsperson*“ (Art. 6).

- Internationale Konvention über die Verhütung und Bestrafung des Völkermordes von 1948 (Genozid-Konvention): 1948 von der UNO-Generalversammlung angenommen, 1951 in Kraft getreten. Die Zerstörung von nationalen, ethnischen, rassischen und religiösen Gruppen bildet ein Verbrechen wider das Völkerrecht (*delictum iuris gentium*). Obwohl diese Konvention erst 1948 beschlossen wurde und nach dem Grundsatz *nullum crimen sine lege* nicht z.B. auf die Vertreibungs- und Tötungspolitik der damaligen jugoslawischen Führung unter Josip Bros Tito[186] zwischen 1944 und 1948 – insgesamt fanden dabei an die 70.000 Jugoslawiendeutsche den Tod - angewendet werden kann, besteht die Einigkeit darüber, dass der in der Konvention enthaltene Völkermordtatbestand dem völkerrechtlichen Gewohnheitsrecht entnommen wurde und daher auch schon vor Schaffung der Völkermordkonvention Geltung hatte. Diese Ansicht bestätigte der Internationale Gerichtshof (IGH) in seinem die Völkermordkonvention betreffenden Rechtsgutachten aus dem Jahr 1951.[187]
- Die UNO-Menschenrechtspakte der Generalversammlung von 1966, sie sind erst 1976 in Kraft getreten: Die beiden Menschenrechtspakte gliedern sich in den Pakt über bürgerliche und politische Rechte („Zivilpakt“) und in den Pakt über wirtschaftliche, soziale und kulturelle Rechte („Sozialpakt“). Im Sozialpakt beinhaltet das Berichtssystem die Pflicht der Staaten, periodisch Berichte vorzulegen über jene Maßnahmen, die sie zur Verwirklichung der in dem Pakt anerkannten Rechte getroffen haben, und die dabei erzielten Fortschritte. Der Zivilpakt umfasst ebenfalls ein Berichtssystem. Die Staatenbeschwerde erfolgt nach Art. 41 Zivilpakt (wenn Unterwerfung), die Individualbeschwerde nach dem Fakultativprotokoll.[188] Mit Menschenrechtsverletzungen befasst sich die Unterkommission vor allem im sogenannten „*1503-Verfahren*“[189].

---

186 Jugoslawien ratifizierte 1948 die Völkermordkonvention.

187 Dieter Blumenwitz, Rechtsgutachten über die Verbrechen an den Deutschen in Jugoslawien 1944-1948, Sonderausgabe juristische Studien, 2002, 26.

188 Aus: Ralph Alexander Lorz, Universeller Menschenrechtsschutz – Durchsetzungsinstrumente der Pakte, aus: www.jura.uni-duesseldorf.de/Lehre/bepa/Lorz/vr2/FolienSS2002ppt .

189 Dieses Verfahren wurde mit den Resolutionen 1235 (XLII) vom 6.6.1967 und 1503 (XLVIII) des Wirtschafts- und Sozialrates installiert und hat den Zweck, Situationen systematischer und schwerwiegender Menschenrechtsverletzungen festzustellen. Das Verfahren reicht jedoch nur bis zur Annahme von Empfehlungen. Kommission und Unterkommission sind nicht berechtigt, verbindliche Entscheidungen zu treffen und Maßnahmen gegenüber den betroffenen Staaten zu ergreifen. In der

- Ergänzt werden die beiden UNO-Menschenrechtspakte vor allem durch die Abkommen, die dem Einzelnen Schutz vor Diskriminierungen sichern sollen. Dazu zählt das „*Internationale Übereinkommen zur Beseitigung jeder Form von Rassendiskriminierung*"[190] (Resolution 2106 (XX), in Kraft getreten am 4.1.1969). Bedeutend dabei ist, dass es seinen Schutz auch in den privaten Bereich ausdehnt. Die Staaten sind nicht nur verpflichtet, selbst jegliche rassische Diskriminierung zu unterlassen, sondern auch rassische Diskriminierung im Verkehr der Privaten untereinander zu unterbinden und gewisse diskriminierende Handlungen zu bestrafen (Art. 4). Das „*Internationalen Übereinkommen über die Bekämpfung und Ahndung des Verbrechens der Apartheid*"[191] der UNO-Generalversammlung vom 30.11.1973 (Resolution 3068 (XXVII), in Kraft getreten am 18.7.1976) enthält auch Bestimmungen im Hinblick auf die Qualifizierung der Apartheid als Verbrechen gegen die Menschlichkeit. Weiter sind zu nennen: Das „*Übereinkommen zur Beseitigung jeder Form von Diskriminierung der Frau*"[192] der UN-Generalversammlung vom 18.12.1979 (Resolution 34/180, in Kraft getreten am 3.9.1981) sowie das „*Übereinkommen über die Rechte des Kindes*"[193] vom 5.12.1989 (Resolution 44/25, in Kraft getreten am 2.9.1990).
- Die Anti-Folter-Konvention von 1984 („*Übereinkommen gegen Folter und andere grausame, unmenschliche oder erniedrigende Behandlung oder Strafe*"[194], Resoultion 39/46 vom 10.12.1984, in Kraft getreten am 26.6.

Lehre werden als Beispiele für schwere Menschenrechtsverletzungen, die eine solche Situation indizieren, überwiegend angeführt: Verbot der Religionsausübung; Verbot, die eigene Sprache zu sprechen und die eigene Geschichte zu überliefern, sowie die Durchsetzung dieser Verbote mit brutalen Mitteln; extralegale Hinrichtungen, willkürliche Inhaftierung oder unbegrenztes Einsperren ohne Gerichtsverfahren von Mitgliedern der betroffenen Volksgruppe; Auseinanderreißen von Familien; Enteignung ohne Rücksicht auf das Existenzminimum; Vertreibung von Teilen der Bevölkerung; gezieltes Ansiedeln von Angehörigen des Mehrheitsvolkes, um das betroffene Volk im eigenen Territorium in die Minderheit zu drängen; Verbot der politischen Mitwirkung; Ausschluss von Staatsämtern etc., aus: Violeta Demaj, Die Entwicklungen in Kosova nach der Aufhebung der Autonomie im Jahre 1989 unter Berücksichtigung staatsrechtlicher, menschenrechtlicher und völkerrechtlicher Aspekte, Dissertation an der Rechtswissenschaftlichen Fakultät der Universität Wien, Dezember 1999, 242f.

190 *International Convention on the Elimination of All Forms of Racial Discrimination.*

191 *International Convention on the Suppression and Punishment of the Crime of Apartheid.*

192 *Convention on the Elimination of All Forms of Discrimination against Women.*

193 *Convention on the Rights of the Child.*

194 *Convention against Torture and other Cruel, Inhuman or Degrading Treatment or Punishment.*

1987) schafft ein System der zwischenstaatlichen Zusammenarbeit bei der Verfolgung von Folterverbrechen und errichtet ein Verfahren der internationalen Überwachung. Durchsetzungsinstrumente: Berichtspflicht gegenüber dem Ausschuss gegen Folter, fakultative Staaten- und Individualbeschwerde, fakultatives Untersuchungsverfahren. Diese Konvention ergänzt die entsprechende Norm im Internationalen Pakt über bürgerliche und private Rechte von 1966 um eine ausführlichere Definition von Folter und unterstreicht damit den fundamentalen Charakter des Folterverbotes. Weder außergewöhnliche Umstände wie Krieg oder Kriegsgefahr noch innenpolitische Instabilität oder Ausnahmezustand können die Folter rechtfertigen.

Aus der Verletzung von ***erga omnes***-Pflichten resultiert die **Verantwortlichkeit** des Staates gegenüber der gesamten Staatenwelt. Jeder Staat kann die Einhaltung dieser Rechte einmahnen – und im Fall der massiven Verletzung von Menschenrechten gegen den betroffenen Staat vorgehen.

Zu den wichtigsten Konventionen und Verfahren im **regionalen Menschenrechtsschutz** zählen:[195]

- Die Europäische Menschenrechtskonvention (EMRK) von 1950 plus 11 Zusatzprotokolle mit effizientem Durchsetzungsverfahren (Organ: Europäischer Gerichtshof für Menschenrechte - EuGHfMR; Staaten- und Individualbeschwerde sind beim EuGHfMR obligatorisch zulässig). Das 11. Zusatzprotokoll von 1992 hat weitreichende Veränderungen im Kontrollsystem der EMRK vorgenommen. So wurde das ursprüngliche zweistufige Verfahren, an dem neben dem Europäischen Gerichtshof für Menschenrechte auch die Europäische Menschenrechtskommission beteiligt war, dahingehend vereinfacht, dass seit November 1998 nur noch der EuGHfMR als ständiger Gerichtshof – mit hauptamtlichen Richtern - mit Beschwerden befasst wird. Es erfolgte dadurch die Bündelung der Beschwerden in einer einzigen Instanz.
- Verfahren zur Überprüfung, ob die Mitgliedstaaten des Europarates ihren statuarischen Verpflichtungen (einschließlich Menschenrechten) nachkommen, sogenanntes *Monitoring* beim Ministerkomitee und bei der Parlamentarischen Versammlung.
- Die Europäische Sozialcharta vom 18.10.1961 (in Kraft seit 26.2.1965). Diese Charta hält Rechte zum Schutz vor Armut und sozialer Ausgrenzung, auf Wohnraum, auf Schutz vor sexueller Belästigung etc. fest. 1995 wurde das neue Verfahren der Kollektivbeschwerde eingeführt. Die Europäische Sozialcharta sieht weder eine Staaten- noch eine Individualbeschwerde vor,

195 Aus: Waldemar Hummer, Der internationale Menschenrechtsschutz, in: Neuhold/Hummer/Schreuer (Hg.), 1997, 243-290, 261f.

sondern lediglich das schwache Kontrollinstrument einer – nicht sanktionierten – Empfehlung.

- Das Europäische Übereinkommen zur Verhütung von Folter und unmenschlicher oder erniedrigender Behandlung oder Strafe vom 26.11.1987. Das Europäische Komitee zur Verhütung von Folter[196] nahm 1990 seine Tätigkeit auf, das Internationale Komitee von Roten Kreuz stand bei diesem Komitee Pate. Dieses Übereinkommen versteht sich als präventiver, also nicht judizieller Menschenrechtsschutz (Möglichkeit von *Ad hoc*-Visiten in Gefängnissen, Polizeistationen, psychiatrischen Klinken etc.)
- Rahmenübereinkommen zum Schutz nationaler Minderheiten vom 1.2.1995, in Kraft seit 1.2.1998.
- Gentechnikkonvention 1997 – Übereinkommen zum Schutz der Menschenrechte und der Menschenwürde im Hinblick auf die Anwendung von Biologie und Medizin: Übereinkommen über Menschenrechte und Biomedizin vom 4.4.1997, in Kraft seit 1.12.1999.
- **Grundrechtscharta** der Europäischen Union - angenommen beim Europäischen Rat von Nizza (7.-11.12.2000), mit 11.7.2003 Teil des Verfassungsentwurfs des Europäischen Konvents. Die Grundrechtscharta erlangt Rechtsverbindlichkeit mit dem Inkrafttreten der Europäischen Verfassung. Von seinem Inhalt ist diese Charta ein umfassendes Grundrechtsdokument. Sie vereinigt erstmals seit der Allgemeinen Erklärung der Menschenrechte 1948 wieder bürgerliche und politische Rechte sowie wirtschaftliche, soziale und kulturelle Rechte – also Menschenrechte der 1. und 2. Generation. Im Bereich des Umweltschutzes kommen sogar ein Recht der 3. Generation dazu sowie moderne Problemfelder traditioneller Rechte. In Art. 3 ist das Verbot des reproduktiven Klonens von Menschen und andere Grundsätze der Bioethik verankert; in Art. 8 der Datenschutz.
- Die Amerikanische Menschenrechtskonvention von 1969 (in Kraft seit 1978), unterzeichnet in San José (Costa Rica). Organe: Inter-Amerikanische Kommission – seit 1960[197] und Inter-Amerikanischer Gerichtshof für Menschenrechte – seit 1979 mit Sitz in San José; Im Gegensatz zur EMRK ist das Individualbeschwerdeverfahren obligatorisch, die Staatenbeschwerde fakultativ). Individualbeschwerden können also auch von Personen bzw. Personengruppen erhoben werden, die nicht persönlich Opfer einer Konventionsverletzung sind.

---

196 *Committee for the Prevention of Torture* – CPT.

197 Bei der Novellierung der OAS-Charta durch das Protokoll von Buenos Aires 1967 (in Kraft seit 1970) wurde diese zu einem Hauptorgan der OAS.

- Die Afrikanische Charta der Menschenrechte und Rechte der Völker von 1981, seit 1986 in Kraft. Diese Charta wurde während der XVIII. Konferenz der OAU in Nairobi angenommen (Organ: Afrikanische Kommission für Menschenrechte mit Sitz in Banjul; an diese können Staaten- und Individualmitteilungen gerichtet werden). Auf der Grundlage von Art. 55 können an die Kommission auch Mitteilungen von Individuen oder öffentlichen und privaten Institutionen herangetragen werden. Sie müssen jedoch nur dann entgegengenommen werden, wenn dies die Mehrheit der Kommissionsmitglieder beschliesst. Ferner bedarf die Veröffentlichung von Untersuchungsergebnissen der Zustimmung der Versammlung der Staats- und Regierungschefs der OAU, sie unterliegt somit der politischen Einflussnahme. Am 8.7.1998 wurde ein seit 1993 ausgearbeitetes Zusatzprotokoll zur Charta der Menschenrechte und Völker durch 30 Staaten unterzeichnet, dadurch erfolgte der erste Schritt zur Errichtung eines unabhängigen *Afrikanischen Menschenrechtsgerichtshofes* mit Sitz in Addis Abeba.
- Die Arabische Charta der Menschenrechte, 1994 von der Arabischen Liga verabschiedet, jedoch nicht in Kraft getreten.

Der **Schutz der Menschenrechte in Österreich**: Der Grundrechtskatalog in Österreich setzt sich zusammen aus den verfassungsgesetzlich gewährleisteten Rechten innerstaatlicher Provenienz und dem völkerrechtlichen Menschenrechtskatalog. Die B-VG-Novelle von 1964 erkannte der EMRK Verfassungsrang zu, die EMRK kann daher Grundlage für Beschwerden an den VerfGH gemäß Art. 144 B-VG sein.

In den **USA** veröffentlicht das *State Department* jährlich einen Bericht über die Einhaltung und Nichteinhaltung der Menschenrechte weltweit - mit Ausnahme der USA selbst.[198] Präsident Harry S. Truman unterzeichnete die Völkermordkonvention zwar 1949, in Kraft trat sie für die USA erst vierzig Jahre später. Die amerikanische Regierung brachte gegen Artikel 6 Absatz 5 des UN-Paktes über bürgerliche und politische Rechte einen Vorbehalt ein, der für die Vollstreckung der Todesstrafe ein Mindestalter von 18 Jahren bei der Begehung des Delikts vorsieht. Seit 1989 ratifizierten die USA einige grundlegende Verträge im Menschenrechtsschutz – jedoch unter Vorbehalten, „*understandings*" und Erklärungen.[199]

198 Aus: Hanspeter Neuhold, 2002, 28.
199 Ebd.

2. Minderheitenschutz

Minderheitenrechte gewähren den Angehörigen der Minderheit Sonderrechte (besonderer Minderheitenschutz), die den anderen Staatsangehörigen nicht zustehen. Diese Besserstellung der Minderheit verletzt aber nicht den Gleichheitsgrundsatz; denn zur Erreichung einer materiellen Gleichheit muss den Besonderheiten der Minderheit Rechnung getragen werden, damit diese ihre echten Eigenarten – ohne Zwang zur Assimilierung mit der Mehrheitsbevölkerung – pflegen kann (förderndes Minderheitenrecht). Was die Minderheit betrifft, arbeitete der italienische Völkerrechtler und Sonderberichterstatter **Francesco Capotorti** 1977 im Auftrag der UNO eine Definiton des Begriffes „Minderheit" aus, die auf breite Zustimmung stieß. Eine Minderheit ist demnach durch folgende Merkmale gekennzeichnet:

- zahlenmäßige Unterlegenheit (*numerische Inferiorität*),
- nicht herrschende Stellung,
- ethnische, religiöse oder sonstige Besonderheiten, die sich vom Rest der Bevölkerung unterscheiden,
- gemeinsame Solidarität nach Bewahrung ihrer Kultur, Gebräuche, Religion und Sprache.

Eine ausdrückliche Anerkennung der Minderheit durch den Staat, um in den Genuss des Minderheitenschutzes gemäß Art. 27 des Internationalen Paktes über bürgerliche und politische Rechte zu kommen, ist hingegen nicht erforderlich. Die rechtliche Anerkennung kann höchstens als zusätzliches Indiz für das faktische Bestehen einer Minderheit gewertet werden. 1992 nahm die UNO-Generalversammlung die Erklärung über Rechte und Personen, die nationalen oder ethnischen, religiösen und sprachlichen Minderheiten angehören, mit Konsensus an. Diese Deklaration enthält jedoch keine Definition des Begriffes „Minderheit" und versteht den Minderheitenschutz als Bestandteil des Menschenrechtsschutzes. Für die Belange ethnischer Minderheiten (Volksgruppen) bleiben von Bedeutung: Selbstbestimmung, Menschenrechte, Minderheiten- bzw. Volksgruppenschutz sowie das Recht auf Heimat, das die Beibehaltung der angestammten Siedlungsraumes ohne Rücksicht auf Grenzverschiebungen, Staatengründungen oder Staatenuntergänge beinhaltet.[200] Die Begriffe „*Minderheit*" und „***Volksgruppe***" werden jedoch in der Rechtssprache ohne allgemeingültige Definition verwendet. Minderheiten- und Volksgruppenrechte sollen dazu beitragen, die Probleme zu lösen, die aus dem Nationalstaatsprinzip in Europa entstanden sind. Die Frage, ob und unter welchen Voraussetzungen

---

200 Peter Wassertheurer, Katalog europäischer Werte, in: Zur Zeit, 22.-28.9.2000, Nr. 39/00, 7.

zugewanderte Minderheiten/Volksgruppen in den Genuss eines innerstaatlichen und völkerrechtlichen Gruppenrechtsschutzes gelangen können, bedarf noch einer Erklärung.

In Europa sind über 100 Volksgruppen mit insgesamt mehr als 100 Millionen Angehörigen ansässig, deren Vielfalt und der in den meisten Fällen enge Raum des Zusammenlebens oft auch größeres Konfliktpotential schaffen, wie auch die Kriege in Jugoslawien und am Kaukasus in den neunziger Jahren verdeutlicht haben.[201]

Bereits das VII. Prinzip des „**Dekalogs**" der Schlussakte von Helsinki 1975 enthielt Bestimmungen über Angehörige nationaler Minderheiten. Auf dem 2. Treffen der Konferenz über die Menschliche Dimension 1990 in Kopenhagen wurde im Schlussdokument ein umfangreicher Katalog von Rechten der Angehörigen nationaler Minderheiten verankert. Auch finden sich in der Charta von Paris für ein neues Europa 1990 Minderheitenschutzbestimmungen. Im Jahre 1992 beschlossen die KSZE-Staats- und Regierungschefs auf ihrem Gipfeltreffen in Helsinki die Einsetzung eines **Hohen Kommissars für (Belange) nationale(r) Minderheiten**, zu dem der ehemalige niederländische Außenminister Max van der Stoel[202] ernannt wurde. Sein Mandat wurde allerdings auf ein Frühwarnverfahren bei Minderheitenproblemen eingeschränkt. Der Verhinderung der Verschärfung von Minderheitenfragen dienen auch Langzeitmissionen der OSZE.[203] Die KSZE bzw. OSZE war bzw. ist nur in der Lage, politische Standards zu setzen, jedoch keine Rechtsstandards.

In Art. 1 der im Jahr 1995 vom Europarat erarbeitete **Rahmenkonvention über den Schutz nationaler Minderheiten** heißt es: „*Der Schutz von nationalen Minderheiten sowie die Rechte und die Freiheiten jener Personen, die diesen Minderheiten angehören, ist Teil des internationalen Schutzes der Menschenrechte und fällt in den Bereich der internationalen Zusammenarbeit*". Dieses Übereinkommen begründet keine Kollektivrechte und legt nur Grundsätze fest, welche die Vertragsparteien mit Mitteln ihrer Wahl umzusetzen haben. Es sieht auch kein gerichtliches Kontrollverfahren vor, das Ministerkomitee überwacht die Durchführung aufgrund von Staatenberichten.

Einzelne Staaten wie die Bundesrepublik Deutschland haben mit dem Ziel, ihre Grenzen und ihre eigene Volksgruppe in den Nachbarstaaten zu schützen,

---

201 Felix Ermacora/Christoph Pan, Grundrechte der europäischen Volksgruppen, in: Ethnos Band 42, Edition Braumüller, Wien 1993, 3.

202 Der Niederländer Max van der Stoel übergab am 1.7.2001 nach acht Jahren das Amt für nationale Minderheiten an den schwedischen Diplomaten Rolf Ekeús.

203 Waldemar Hummer, Der internationale Minderheitenschutz, in: Neuhold/Hummer/Schreuer (Hg.), Österreichisches Handbuch des Völkerrechts, Textteil, 1997, 290-294, 293.

mit mittel- und osteuropäischen Staaten bilaterale Abkommen abgeschlossen. **Übereinkommen über freundschaftliche Zusammenarbeit und Partnerschaft** existieren zwischen Deutschland und Bulgarien, Polen, Rumänien und Ungarn.[204] Die Europäische Union sah diese bilateralen Verträge als Garantiefaktor an, Frieden und Stabilität in Mittel- und Osteuropa zu gewährleisten. Ab 1991 wurden zwischen der Europäischen Union und jedem beitrittswilligen Land in Mittel- und Osteuropa sogenannte „**Europa-Abkommen**" abgeschlossen. Diese Abkommen bilden den rechtlichen Rahmen für eine Assoziierung zwischen der EU und den Beitrittsländern im Hinblick auf ihre schrittweise Eingliederung in die EU. In Art. 6 der Abkommen geht es um die Achtung der demokratischen Grundsätze und der Menschenrechte, wie sie in der KSZE-Schlussakte von Helsinki 1975 und der **Charta von Paris für ein neues Europa** 1990 festgeschrieben sind.

Das Minderheitenproblem bereitet der Europäischen Union größte Sorge, vor allem außerhalb der EU-Grenzen. Zur Eindämmung dieses Problems machte die EU auf Initiative des damaligen französischen Premierminister Edouard Balladur im Mai 1994 einen ehrgeizigen diplomatischen Vorstoß, der im März 1995 zur Unterzeichnung eines Stabilitätspaktes führte. Die Vorschläge Frankreichs über einen „*Pakt der Stabilität in Europa*" erfolgten parallel zum Beschluss des Europäischen Rates (21./22. Juni 1993) in Kopenhagen mit der Festlegung der Kriterien für die EU-Erweiterung. Der Stabilitätspakt wurde zu einer der ersten „Gemeinsamen Aktionen". Mit der Umsetzung dieses Paktes ist die OSZE beauftragt worden. Der Pakt, der eine politische Erklärung und eine Liste von rund 100 bilateralen Abkommen enthält, soll durch Präventivmaßnahmen die Stabilität in Europa sichern und gutnachbarschaftliche Beziehungen im Rahmen verstärkter regionaler Zusammenarbeit fördern, und zwar auch bei Grenzstreitigkeiten und Minderheiten- bzw. Volksgruppenproblemen.[205] Der Stabilitätspakt wurde von 52 Staaten unterzeichnet und ist 1995 von Bulgarien, Estland, Lettland, Litauen, Polen, Rumänien, Slowakei, Tschechische Republik und Ungarn angenommen worden. Über 100 neue und bereits existierende regionale Kooperationsübereinkommen über Minderheitenschutz sind darin einbezogen worden. Die Staaten des Stabilitätspaktes verpflichten sich, die Prinzipien der OSZE gemäß der

---

204 *Treaty on Good Neighbourly Relations and Friendly Co-operation*: mit Polen am 17.6.1991. *Treaty Concerning Friendly Co-operation and Partnership in Europe*: mit Bulgarien am 9.10.1991, mit Rumänien am 21.4.1992, mit Ungarn am 6.2.1992.

205 Concluding document of the inaugural conference for a Pact on Stability in Europe, in: 94/367/CFSP: Council Decision of 14 June 1994 on the continuation of the joint action adopted by the Council on the basis of Article J.3 of the Treaty on European Union on the inaugural conference on the Stability Pact.

KSZE-Schlussakte von Helsinki 1975 zu respektieren. Im Rahmen der OSZE werden die betroffenen Staaten bei zwischenstaatlichen Problemen den OSZE-Mechanismus zur friedlichen Beilegung von Streitigkeiten in Anspruch nehmen. Dies schließt auch die Möglichkeit ein, den Hochkommissar für Nationale Minderheiten gemäß Art. 15 der KSZE-Schlussakte zu konsultieren. Im Rahmen des **Stabilitätspakts** sind zwei regionale Diskussionsforen einberufen worden, eines für die baltischen Staaten und eines für die mittel- und osteuropäischen Länder (im Punkt 6), weiters wurden grundlegende Abkommen geschlossen, die in Minderheitenfragen zwischen den Staaten Rechtssicherheit garantieren. Die für diese Initiative erforderlichen Begleitmaßnahmen wurden aus dem Programm **PHARE** und dem PHARE-Teilprogramm zur Förderung der Demokratie finanziell stark unterstützt. Die EU fördert über die PHARE-Programme seit 1989 die mittel- und osteuropäischen Staaten nicht nur bei der Bewältigung der massiven wirtschaftlichen Umstrukturierungen und des politischen Wandels, sondern auch bei der Schaffung der Kriterien für den Minderheitenschutz. Ziel sind gutnachbarschaftliche Beziehungen in Europa, die durch die Regelung strittiger Minderheitenfragen erreicht werden sollen.[206] Über PHARE-Mitteln unterstützt die EU auch die Roma-Gemeinschaften in den Beitrittsländern, insgesamt wurden dafür 31,35 Millionen Euro im Jahr 2001 aufgewendet.[207]

Das **Europäische Parlament** ergriff zum Minderheitenschutz folgende Initiativen: 1981 nahm es eine Entschließung zu einer Gemeinschaftscharta der Regionalsprachen und -kulturen, 1983 zu Maßnahmen zugunsten sprachlicher und kultureller Minderheiten und zum Schutz der Sprachen und Kulturen von Minderheiten in der EG an. Seit dem Inkrafttreten des Vertrags von Amsterdam am 1.5.1999 gilt Art. 13 des **EG-Vertrags**, demnach kann der Rat *„auf Vorschlag der Kommission und nach Anhörung des Europäischen Parlaments einstimmig geeignete Vorkehrungen treffen, um Diskriminierungen aus Gründen des Geschlechts, der Rasse, der ethnischen Herkunft, der Religion oder der Weltanschauung, einer Behinderung, des Alters oder der sexuellen Ausrichtung zu bekämpfen.*" Auf dieser Grundlage beschloss der Rat am 29.6.2000 eine Richtlinie zur Anwendung des Gleichbehandlungsgrundsatzes ohne Unterschied der Rasse oder der ethnischen Herkunft. Am 1.10.2003 hatte der österreichische Nationalratspräsident Andreas Khol bei seinem Treffen mit dem EU-Ratsvorsitz, Italiens Außenminister Franco Frattini, dessen Unterstützung erhalten, ein Zu-

206 Ebd., 294.

207 Europäische Union, Die Unterstützung der Roma-Gemeinschaften in Mittel- und Osteuropa durch die EU, Mai 2002, EU DG Enlargement Information Unit.

satzprotokoll zu einer EU-Verfassung einzuführen, in dem der Minderheitenschutz festgeschrieben werden soll.[208]

Minderheitenschutz in Österreich*: Artikel 7 Staatsvertrag von Wien, 15.5.1955*

Österreichische Staatsangehörige der slowenischen und kroatischen Minderheiten genießen nach Abs. 1 dieselben Rechte wie alle anderen Staatsangehörigen. Gemäß Abs. 2 haben Angehörige der Minderheiten Anspruch auf Elementarunterricht in slowenischer und kroatischer Sprache und auf eine verhältnismäßige Zahl eigener Mittelschulen. In den Verwaltungs- und Gerichtsbezirken Kärntens, des Burgenlands und der Steiermark mit slowenischer, kroatischer und gemischter Bevölkerung wird nach Abs. 3 die slowenische und kroatische Sprache zusätzlich zum Deutschen als Amtssprache zugelassen. In solchen Bezirken werden auch topografische Bezeichnungen und Aufschriften zweisprachig verfasst. Laut Abs. 4 nehmen Angehörige der Minderheiten an den kulturellen, Verwaltungs- und Gerichtseinrichtungen aufgrund gleicher Bedingungen wie andere österreichische Staatsangehörige teil. Gemäß Abs. 5 ist die Tätigkeit von Organisationen, die darauf abzielen, Minderheitenrechte zu beseitigen, zu verbieten.

3. Selbstbestimmungsrecht

Völkerrechtlich ist es umstritten, ob Minderheiten bzw. Volksgruppen Völker im Sinne des Art. 1 UN-Pakt I und II sind, ob sie sich also auf das in diesen Bestimmungen verankerte Selbstbestimmungsrecht[209] berufen und damit die territoriale Integrität bestehender Staaten gefährden dürfen.

---

208 Gleichzeitig sicherte Khol der italienischen EU-Präsidentschaft die Unterstützung Österreichs für die Aufnahme der „christlichen Wurzeln" in die Europäische Verfassung zu. Vgl. Minderheiten: Khol warb um Unterstützung, Die Presse, 2.10.2003, 6.

209 Das Selbstbestimmungsrecht entwickelte sich erst nach dem Zweiten Weltkrieg allmählich zu einer Form des Völkerrechts. Seinen positv-rechtlichen Ursprung nahm das Selbstbestimmungsrecht der Völker mit der Aufnahme in Art. 1 Ziff. 2 und Art. 55 der UNO-Charta. Damit fand das Prinzip der Selbstbestimmung erstmalig Ausdruck in einem weltweiten Vertrag. Die UdSSR, auf deren Betreiben der Grundsatz der Selbstbestimmung in die UNO-Charta aufgenommen worden ist, stellte in ihrem Vorschlag klar, dass sich der Selbstbestimmungsgrundsatz keineswegs nur auf solche „Völker“ beziehe, die bereits im Besitz eines Staates seien, sondern auch auf solche, die „um ihre staatliche Unabhängigkeit im Kampfe stehen“. Schon im Art. 1 Ziff. 2 der UNO-Satzung werden die „Gleichberechtigung und Selbstbestimmung der Völker“ als Grundsätze bezeichnet – als Ziel, und nicht als Norm: *„To develop friendly relations among nations based on respect for the principle of equal rights and self-determination of peoples, and to take other ap-*

Die Juristenkommission des Völkerbundes hat bereits „Volksgruppen" als Träger des Selbstbestimmungsrechtes anerkannt: Als sich Finnland 1917 unabhängig erklärte, begehrte die zu 92 Prozent schwedische Bevölkerung der Aaland-Inseln ausdrücklich den Anschluss an Schweden. Die Aaland-Schweden sprachen sich in insgesamt drei Volksabstimmungen – am 31.12.1917, 16.6.1919 und am 13.9.1945 für einen Anschluss an Schweden aus. Der von Großbritannien angerufene Völkerbundrat hat die schwedische Volksgruppe als Träger des Selbstbestimmungsrechtes zwar anerkannt, unter Rücksichtnahme auf die Souveränität Finnlands wurde den Aaland-Schweden eine **Sezession** allerdings abgesprochen. Die Aaländer wurden darauf verwiesen, ihr Selbstbestimmungsrecht unterhalb der Schwelle des Sezessionsrechts in Form einer weitreichenden ihren Bedürfnissen entsprechenden Autonomieregelung zu verwirklichen.

Die arabische Volksgruppe der **Palästinenser** wurde erstmals 1971 von den Vereinten Nationen gemäß Resolution der Generalversammlung 2787 (XXVI) vom 6.12.1971) als Träger des Selbstbestimmungsrechts anerkannt. Die Frage, ob auch eine Volksgruppe Träger des Selbstbestimmungsrechts sein kann, wird von der Völkerrechtslehre mehrheitlich bejaht. Das Selbstbestimmungsrecht ist eine politische und machtpolitische Frage: *„Das Recht auf Selbstbestimmung zu haben, ist ein Rechtsproblem, die internationale Anerkennung der Selbstbestimmung eine politische Frage, die Durchsetzung des Rechts auf Selbstbestimmung aber eine Machtfrage*", meinte der österreichische Völkerrechtler Felix Ermacora.[210]

Das Selbstbestimmungsrecht der Völker findet sich in allgemeiner Form in Art. 1 Abs. 2 und Art. 55 der Charta der Vereinten Nationen. Bereits in der Resolution 545 (VI) vom 5.2.1952 beschloss die Generalversammlung, dass zwei getrennte Menschenrechtspakte verfasst werden sollen und fügte hinzu, dass beide Pakte ein Selbstbestimmungsrecht enthalten müssten, das vor allem den Kolonialmächten Verpflichtungen auferlegen sollte. Als Grundlage für die Entkolonialisierungsbewegung der Nachkriegszeit diente allerdings die *„Deklara-*

---

propriate measures to strengthen universal peace." In Artikel 2 werden die Handlungsgrundsätze aufgezählt. Die UNO-Charta bringt das Selbstbestimmungsprinzip mit den Freiheits- und Menschenrechten in eine kausal-funktionale Gegenseitigkeitsbeziehung. Die Verwirklichung der Grundfreiheiten und Menschenrechte wird als Grundlage für die Ausübung der Selbstbestimmung durch das Volk betrachtet. Aus: Violeta Demaj, Die Entwicklungen in Kosova nach der Aufhebung der Autonomie im Jahre 1989 unter Berücksichtigung staatsrechtlicher, menschenrechtlicher und völkerrechtlicher Aspekte, 1999, 161.

210 Felix Ermacora, Südtirol und das Vaterland Österreich, 356, Wien 1984, zitiert in: ebd., 176.

tion über die Gewährung der Unabhängigkeit an koloniale Länder und Völker", die am 14.12.1960 von der Generalversammlung mit ihrer Entschließung 1514 (XV) mit 89 Pro-Stimmen, 9 Enthaltungen und keiner Gegenstimme angenommen wurde.[211] Unter Berufung auf das Selbstbestimmungsrecht der Völker wird darin die Rechtswidrigkeit des Kolonialismus festgestellt. In der Deklaration wird ausdrücklich das Recht aller Völker auf Selbstbestimmung, d.h. auf freie Entscheidung über ihren politischen Status und auf freie Gestaltung ihrer wirtschaftlichen, sozialen und kulturellen Entwicklung proklamiert. Außerdem wird zu unverzüglichen Schritten aufgerufen, nicht-selbständigen Gebieten die volle Unabhängigkeit und Freiheit zu geben. Die darauf folgende Entkolonialisierungspraxis der UNO hat die Idee der Selbstbestimmung als Leitmotiv zur Befreiung von fremder Herrschaft realisiert und die Selbstbestimmungsklausel der UNO-Charta, insbesondere die Artikel 73 und 76, die sich auf die abhängigen Gebiete beziehen, durch die Anwendung unterschiedlicher Verfahren ausgeformt und verwirklicht.

Die während der XX. Generalversammlung am 20.11.1965 angenommene Resolution 2105 erklärte den Kampf der Völker unter Kolonialherrschaft erstmals für legitim: „*The General Assembly ... recognizes the legitimacy of the struggle by the peoples under colonial rule to exercise their right to self-determination and independence ...*". Diese Formulierung ließ aber noch offen, ob unter „*struggle*" auch der bewaffnete Kampf im Sinne vom „*armed struggle*" zu verstehen ist oder ob die Befreiungsbewegungen in ihrem Kampf um Selbstbestimmung auf die Anwendung von Waffengewalt verzichten müsen. Der Westen lehnte eine Interpretation der UNO-Charta in letzterem Sinne ab. Für die radikalen Verfechter der Dekolonisation, die sich in der Praxis weitgehend durchsetzten, bestand äußere Selbstbestimmung nur in der Errichtung eines eigenen Staates. Die westlichen Staaten erreichten gemäß einem Antrag der USA in der ***Friendly Relations*-Deklaration** immerhin die Anerkennung auch anderer Formen äußerer Selbstbestimmung, wie die freie Assoziation oder Integration mit einem bestehenden Staat oder einem sonstigen frei bestimmten politischen Status. Die innere Selbstbestimmung besteht in der freien Wahl der politischen, wirtschaftlichen, gesellschaftlichen und kulturellen Ordnung durch ein Volk ohne äußere Einmischung.[212]

---

211 David Rezac, Militärische Intervention als Problem des Völkerrechts. Eine Untersuchung bewaffneten Eingreifens in innerstaatliche Konflikte anhand des Kosovo-Krieges, Studien und Berichte zur Sicherheitspolitik 1/2002, Schriftenreihe der Landesverteidigungsakademie Wien, 45.

212 Ebd.

Das Selbstbestimmungsrecht als subjektives Recht aller Völker[213] wurde erstmals in den beiden Menschenrechtspakten der Vereinten Nationen über bürgerliche und politische Rechte, sowie über wirtschaftliche, soziale und kulturelle Rechte vom 16.12.1966 proklamiert. Mit Inkrafttreten der UN-Menschenrechtspakte 1976 hat das Selbstbestimmungsrecht der Völker als völkerrechtliches Vertragsrecht, über den kolonialen Kontext hinausgehend, universelle Anerkennung erhalten. Im Gegensatz zur UNO-Charta erfolgte in den Menschenrechtspakten eine inhaltliche Präzisierung des Selbstbestimmungsrechts.[214] Kraft des Rechts der Selbstbestimmung entscheiden die Völker frei über ihren politischen Status und gestalten in Freiheit ihre wirtschaftliche, soziale und kulturelle Entwicklung. Das Selbstbestimmungsrecht in den UNO-Menschenrechtspakten wird als subjektives Recht verstanden: Es ist zwar nach der Praxis des UNO-Menschenrechtsausschusses aufgrund des Fakultativprotokolls zum UN-Pakt über bürgerliche und politische Rechte nicht durchsetzbar, kann jedoch gemäß dessen Art. 41 im Wege der Staatenbeschwerde geltend gemacht werden und kann Gegenstand des Bereichtsprüfungsverfahrens nach Artikel 40 sein. Die in Art. 1 Z 3 statuierte Verpflichtung aller Vertragsstaaten, die Verwirklichung des Rechts auf Selbstbestimmung zu fördern und dieses Recht zu achten, bezieht sich nach den ***travaux préparatoires*** nicht nur auf Kolonialmächte, sondern auf alle Vertragsstaaten und zwar sowohl gegenüber ihren eigenen Völkern als auch gegenüber anderen Völkern, die ihr Recht auf Selbstbestimmung geltend machen. Ebenso gilt nach der Rechtssprechung das in Art. 2 des Paktes verpflichtend vorgesehene innerstaatliche Effektivitätsgebot für das Recht auf Selbstbestimmung.

Der universelle Charakter des Selbstbestimmungsrechts ist durch die Resolution 2625 (XXV) der UNO-Generalversammlung vom 24.10.1970, die sogenannte „***Friendly Relations Declaration***" bekräftigt worden. *„Aufgrund des in der Charta der Vereinten Nationen verankerten Grundsatzes der Gleichberechtigung und der Selbstbestimmung der Völker haben alle Völker das Recht, ohne Eingriff von außen über ihren politischen Status zu entscheiden und ihre wirtschaftliche, soziale und kulturelle Entwicklung frei zu gestalten, und jeder Staat ist verpflichtet, dieses Recht im Einklang mit den Bestimmmungen der Charta zu*

213 Das Volk ist Träger des völkerrechtlichen Selbstbestimmungsrechts. Eine Definiton von „Volk" existiert jedoch bis heute nicht. Das „Staatsvolk" – d.h. die Gesamtheit, der auf einem staatlichen Territorium lebenden Staatsangehörigen – steht dem ethnisch-gemeinschaftlichen Begriff gegenüber, letzterer ist gekennzeichnet von Gemeinsamkeiten wie Sprache, Kultur, Religion, Mentalität und geschichtliche Schicksalserlebnisse.

214 Violeta Demaj, 163f.

achten.“[215] Als Verwirklichungsformen des Selbstbestimmungsrechts werden angeführt: „*Die Gründung eines souveränen und unabhängigen Staates, die freie Vereinigung mit einem unabhängigen Staat oder die freie Eingliederung in einen solchen Staat oder das Entstehen eines anderen durch einen vom Volk frei bestimmten Status stellen Möglichkeiten der Verwirklichung des Selbstbestimmungsrechts durch das Volk dar.*“

Am 30.11.1973 gelang es den Befürwortern des nationalen Befreiungskrieges, in der Generalversammlung die Resolution 3070 durchzusetzen, die den **bewaffneten Kampf** als legitimes Mittel zur Durchsetzung des Selbstbestimmungsrechts anerkannte: „*The General Assembly ... also reaffirms the legitimacy of the peoples' struggle for liberation from colonial annd foreign domination and alien subjugation by all available means, including armed struggle*“. Diese Resolution wurde mit 97 Stimmen gegen 5 Stimmen bei 28 Enthaltungen angenommen.[216] Art. 7 der 1974 von der Generalversammlung verabschiedeten **Aggressionsdefinition** legt Folgendes fest: „*Nothing in this Definition (...) could in any way prejudice the right of self-determinationn, freedom and independence, as derived to the Declaration on principles of International Law concerning Friendly Relations and Co-operation among States in accordance with the Charter of the United nations, particularily peoples under colonial and racist régimes or other forms of alien domination; nor the right of these peoples to struggle to that end to seek and receive support, in accordance with the principles of the Charter and in conformity with the above-mentioned declaration.*” Diese Definiton betrifft weder Art. 2 Abs. 4 noch Art. 51 der UNO-Charta. Der Text in Art. 7 der Resolution proklamiert ein Recht der Völker, für ihre Befreiung zu kämpfen („*struggle*“), im Entwurf dieses Artikels war noch die Rede von einem Recht, Gewalt anzuwenden („*use force*“). Dieser Formulierung haben sich die westlichen Länder erfolgreich widersetzt und folgerichtig das Wort „*struggle*“ im Sinne von „*mit friedlichen Mitteln kämpfen*“ interpretiert.[217]

Die Resolutionspraxis der UNO-Generalversammlung verdeutlicht, dass das Selbstbestimmungsprinzip nicht nur auf die Dekolonisierung eingeschränkt werden solle: So wertete die Generalversammlung 1980 die Intervention Vietnams in Kambodscha und der Sowjetunion in Afghanistan nicht nur als Aggression,

---

215 „*No State or group of States has the right to intervene, directly or indirectly, for any reason whatever, in the internal or external affairs of any other State. Consequently, armed intervention and all other forms of interference or attempted threats against the personality of the State or against its political, economic and cultural elements, are in violation of international law.*” Res. Nr. 2625 (XXV) der Generalversammlung vom 24.10.1970.

216 Ebd., 50.

217 David Rezac, 2002, 51.

sondern auch als eine Verletzung des Selbstbestimmungsrechts. Die gewohnheitsrechtliche Geltung des Selbstbestimmungsrechts der Völker wurde weiters in den Entscheidungen und Stellungnahmen des Internationalen Gerichtshofes (IGH), obwohl regelmäßig nur „*inter partes*" bindend, konstatiert. Bereits im **Namibia-Gutachten** von 1971 und im **Westsahara-Fall** von 1975 sprach der IGH vom Recht auf Selbstbestimmung der Völker, der auf alle Völker und Gebiete anwendbar sei, welche die Unabhängigkeit noch nicht erlangt haben, d.h. auf Kolonien, Treuhand- und ehemalige Mandatsgebiete. Besonders aus dem Namibia-Gutachten des IGH lässt sich ablesen, dass ein bewaffnetes Eingreifen zugunsten einer kolonialen Verwaltungsmacht im Kampf gegen das abhängige Volk durch dritte Staaten als Verletzung des Rechts auf Selbstbestimmung ebenso unzulässig wäre. Zur Gewaltanwendung im Rahmen der Entkolonialisierung sprach sich der IGH nicht aus. In der Entscheidung zum **Nicaragua-Fall** von 1986 verwies er ausdrücklich auf die gewohnheitsrechtliche Geltung dieses Rechts. Der Fall der versuchten Annexion der **Falklandinseln (Malvinen)** durch Argentinien 1982 zeigte jedoch, dass das Recht auf Selbstbestimmung und das von Argentinien in Anspruch genommene Argument der Dekolonisation auseinanderklaffen können. Argentinien berief sich auf historische territoriale Rechte, Großbritannien hielt dem das Recht auf Selbstbestimmung der britischen Einwohner des Archipels entgegen. Der Falklandkrieg war ein typischer zwischenstaatlicher Konflikt. Der UNO-Sicherheitsrat forderte den sofortigen Rückzug aller argentinischen Streitkräfte von den Falkland-Inseln und ersuchte die Konfliktparteien um eine diplomatische Lösung des Konflikts.

Zu den eigentlichen Fällen bewaffneten militärischen Eingreifens im Namen des Selbstbestimmungsrechts, um einer von „*kolonialer Aggression*" betroffenen Bevölkerung zu „*helfen*", zählte laut indischer Betrachtung die militärische Besetzung und Annexion der portugiesischen Kolonien am indischen Subkontinent – so 1962 die Besetzung und **Annexion** Goas. Zu diesem Zeitpunkt gab es in den portugiesischen Besitzungen keinen offenen bewaffneten Konflikt. Diese gewaltsame Einverleibung **Goas** durch Indien wurde von der internationalen Staatengemeinschaft hingenommen, weil auch die westlichen Staaten festgestellt hatten, dass Portugals Festhalten an seinen indischen Enklaven politisch nicht haltbar geworden ist.[218] Eindeutig negativ war die Reaktion der internationalen Staatengemeinschaft auf die Besetzung und **Annexion** der portugiesischen Besitzung **Osttimor** durch Indonesien im Jahr 1975. Sowohl der Sicherheitsrat als auch die Generalversammlung beschlossen Resolutionen, in denen die Behauptung Indonesiens, der militärische Einmarsch in der portugiesischen Kolonie diene der Durchsetzung des Selbstbestimmungsrechts der Bevölkerung, vehe-

---

218 Ebd., 2002, 53.

ment zurückgewiesen wurde. Vielmehr sei der Rückzug der indonesischen Truppen die Voraussetzung für die wahrhafte Ausübung des Selbstbestimmungsrechts, wurde argumentiert.[219]

In der Völkerrechtsliteratur wird zum bewaffneten Eingreifen im Namen des Selbstbestimmungsrechts auch der Einmarsch der indischen Armee in Ost-Pakistan (**Bangladesch**) im Dezember 1971 gezählt. Der Versuch der pakistanischen Zentralregierung im Frühjahr 1971, einen autonomistischen Aufstand in Ost-Pakistan mit Waffengewalt niederzuschlagen, hatte eine humanitäre Katatstrophe ausgelöst: Hunderttausende Menschen flüchteten nach Indien, im Dezember 1971 entschloss sich Indien schließlich zum bewaffneten Eingreifen und machte dafür u.a. die Hilfeleistung an die Bevölkerung des späteren Bangladesch zur Durchsetzung des Rechts auf Selbstbestimmung geltend. Bald nach dem indischen Einmarsch am 3.12.1971 kapitulierte die pakistanische Regierung und anerkannnte die staatliche Unabhängigkeit von Bangladesch an. Die indische Intervention stieß in der internationalen Staatengemeinschaft auf wenig Ablehnung.[220]

In der KSZE-Schlussakte vom 1.8.1975 ist erstmals ein Status des Selbstbestimmungsrechts vorgelegen, der ohne jede Bezugnahme auf Kolonialisierung oder Entkolonialisierung als grundlegend angesehen wurde. Damit bekräftigten die Teilnehmerstaaten, dass das Selbstbestimmungsrecht auch außerhalb der weitgehend als abgeschlossen bezeichneten Entkolonialsierung Bedeutung habe und das darüber hinaus das Selbstbestimmungsrecht keineswegs ein einmaliger Statusentscheid, sondern ein wiederholbarer Akt ist, der permanenten Charakter besitzt. Das Prinzip der Gleichberechtigung und des Selbstbestimmungsrechts aller Völker wurde im Prinzip 4 des Abschlussdokuments des Wiener KSZE-Folgetreffens 1989 nochmals bekräftigt. Die Teilnehmerstaaten erklärten, dass die Achtung des Selbstbestimmungsrechts der Völker Grundlage für die Entwicklung freundschaftlicher Beziehungen zwischen ihnen sowie zwischen allen

---

219 Einige Tage vor der indonesischen Intervention am 7.12.1975 hatte die osttimoresische Befreiungsbewegung FRETILIN die staatliche Unabhängigkeit der bis dahin zu Portugal verwalteten Kolonie proklamiert. In den Monaten vor der Unabhängigkeitserklärung war die Kolonie von bewaffneten inneren Auseinandersetzungen zwischen verschiedenen politischen Bewegungen erschüttert worden. Der Einmarsch der indonesischen Armee führte zu mehr als zwei Jahrzehnte dauernden Unruhen und Guerillaaktivitäten in Osttimor. Die Unterdrückung der timoresischen Bevölkerung, die in dieser Zeit tausende Opfer zu beklagen hatte, fand erst mit der Zustimmung des UNO-Sicherheitsrats zu einer multinationalen Schutz- und Eingreiftruppe im September 1999 ein Ende; aus: Neue Zürcher Zeitung, 16.9.1999, 1. Osttimor wurde schließlich unabhängig und als 191. Mitglied in die Vereinten Nationen Ende 2002 aufgenommen.

220 David Rezac, 2002, 53ff.

Staaten sei. Nach dem Zerfall des Ostblocks kam das universelle Selbstbestimmungsrecht zur Anwendung – mit der Anerkennung der Staaten, die aus der UdSSR, Jugoslawien und der Tschechoslowakei hervorgegangen waren. Die OSZE konzentrierte sich in den folgenden Jahren darauf, den Demokratisierungsprozess in den ehemaligen sozialistischen Staaten zu konsolidieren, um damit eine wesentliche Grundlage der Verwirklichung innerer Selbstbestimmung zu schaffen.[221]

Die Frage, ob das Selbstbestimmungsrecht mit Hilfe **militärischer Gewalt** durchgesetzt werden darf, ist äußerst umstritten. Grundsätzlich steht die Anwendung von Gewalt zur Durchsetzung eines völkerrechtlichen Anspruchs im Widerspruch zum Gewaltverbot nach Artikel 2 Abs. 4. In der Aggressionsdefinition der UNO-Generalversammlung (Resolution 3314 (XXIX) vom 14.12.1974) – sie ist rechtlich nicht bindend - wurde dagegen die gewaltsame Durchsetzung des Selbstbestimmungsrechts nicht als verbotener Angriff bezeichnet. In der ***Friendly Relations*** *Declaration* wird von Aktionen und vom Widerstand der Völker gegen gewaltsames Vorgehen gegen ihre Selbstbestimmungsbestrebungen gesprochen (Prinzip V Abs. 5). Eine gewaltsame Durchsetzung des Selbstbestimmungsrechts könnte demnach als Ausnahme vom Gewaltverbot nur dann zugelassen werden, wenn die Selbstbestimmung einem Volk im Sinne von Artikel 1 des Internationalen Paktes über bürgerliche und politische Rechte gewaltsam verweigert wird. Die Aufnahme einer Bestimmung über die Zulässigkeit des militärischen Kampfes in der *Friendly Relations Declaration* scheiterte jedoch am Widerstand der westlichen Staaten.

Staatsgebiet[222]

Das Staatsgebiet ist der territorialen Souveränität unterworfen. Die **territoriale Souveränität ist** insoweit **mit dem Eigentum vergleichbar**, als sie wie dieses ein Vollrecht darstellt, das bei Wegfall von Beschränkungen im vollen Umfang wieder auflebt. Territoriale Souveränität kann heute theoretisch durch Eroberung (Annexion) erworben werden, in der Praxis ist die Annexion in Zeiten der verstärkten internationalen Konfliktregelung und des diesbezüglich wirksamen Sanktionsmechanismus nicht mehr relevant. Falls das Staatsgebiet eines völlig niedergerungenen Gegners dem eigenen Staatsgebiet einverleibt wird, bezeich-

221 Ebd.
222 Aus: Fischer/Köck, 2000, 155ff.

net man diesen Akt als *debellatio*[223] (Bsp. 1902 die unabhängigen *Burenrepubliken* Oranje-Freistaat und Transvaal von Großbritannnien).[224]

Besitzen zwei oder mehrere Staaten die **territoriale Souveränität** über bestimmtes Gebiet, so spricht man von einem **Kondominium**. Nach alter österreichischer Ansicht sei der Bodensee ein Kondominium der Uferstaaten, die Bundesrepublik Deutschland und die Schweiz vertreten die Realteilung.

Das VR kennt neben der territorialen Souveränität auch noch die Gebietshoheit. Die **Gebietshoheit ist** insoweit **mit dem Besitz zu vergleichen**, als der Staat, der die Gebietshoheit besitzt, auf diesem Gebiet die reine Herrschaft ausübt, die von ihrer Begründung her rechtmäßig oder rechtswidrig sein kann. Die Gebietshoheit erstreckt sich auf alle im Staatsgebiet befindlichen Menschen und Sachen, die Personalhoheit auf seine eigenen Staatsbürger. Im Falle einer militärischen Besetzung (*occupatio bellica*) fallen Souveränität und Gebietshoheit auseinander. Die Gebietshoheit eines Staates kann nur durch Servituten eingeschränkt werden – so z.B. in den Durchfahrtsrechten der Raab-Ödenburg-Ebenfurter Eisenbahn oder die Zollfreiheit für Warenkontingente zwischen Tirol und Vorarlberg einerseits und der Region Südtirol-Trient andererseits (*Accordino* aus dem Jahr 1949).

Haben zwei oder mehrere Staaten die **Gebietshoheit** über ein bestimmtes Gebiet, so spricht man von einem **Koimperium**.

Der „Ausgleich" des Kaiserreiches Österreich mit Ungarn im Jahr 1867 resultierte in der Schaffung einer **Realunion** zwischen den im damaligen Reichsrat vertretenen Königreichen und Ländern (*Cisleithanien*) einerseits und dem Königreich Ungarn (*Transleithanien*) andererseits. Der Fluss Leitha bildete die Grenze zwischen beiden Unionshälften. Diese Realunion war gekennzeichnet durch eine gemeinsame Außenpolitik, ein gemeinsames Heer und eine gemeinsame Finanzgebarung. Ebenso erfolgte eine gemeinsame Verwaltung von Bosnien-Herzegowina von 1878 bis zur Annexion im Jahr 1908.

Wenn ein Staat vertraglich verpflichtet ist, vor allem seine Außen- und Verteidigungspolitik von einem anderen führen zu lassen, spricht man von einem

---

223 Ignaz Seidl-Hohenveldern, Die Staaten, in: Neuhold/Hummer/Schreuer (Hg.), 1997, 134-164, 152.

224 Im Burenkrieg (1899-1902) versuchten die im südlichen Afrika gelegenen Burenrepubliken, sich gegen Hegemonialbestrebungen von Großbritannien zu wehren. Die Buren – Nachfahren niederländischer Siedler – standen im Konflikt mit britischen Siedlern, die um 1895 unter Führung von Cecil Rhodes ein großes Gebiet nördlich der Burenrepubliken (Rhodesien) für die britische Krone annektiert hatten. Viele Buren wurden in Konzentrationslager interniert, aufgrund schlechter Lebensbedingungen kamen zahlreiche Buren ums Leben.

Protektorat. Das Protektorat war im 19. und 20. Jahrhundert ein beliebtes Mittel nur notdürftigen Tarnung von oft kolonialer Abhängigkeit.

Im Fall des **Treuhandgebiets** sollten die Vereinten Nationen Gebietshoheit über ein solches Gebiet mit dem Ziel ausüben, die Interessen der Bevölkerung wahrzunehmen und diese zur Selbstregierung zu führen. Derzeit existieren keine Treuhandgebiete.

Bei einer **Personalunion** sind zwei völlig souveräne Staaten durch die Person desselben Herrschers bzw derselben Herrscherin verbunden, so Großbritannien und Hannover zwischen der Thronbesteigung Georgs I. und jener von Königin Viktoria.

Bei einem **Staatenbund** (Bsp. der Deutsche Bund zwischen 1815 und 1866) verfügt jeder beteiligte Staat in einigen Teilbereichen über die volle Souveränität, während der Rest der gemeinsamen Beziehungen sowohl vom Staatsrecht als auch vom Völkerrecht bestimmt wird. So verlieren die Staaten, die einem Staatenbund angehören, nicht den Status als Völkerrechtssubjekt, der Bund selbst besitzt jedoch keinen Status als Völkerrechtssubjekt.[225]

Das deutsche Bundesverfassungsgerichtshof in Karlsruhe bezeichnete in seinem Urteil vom 12.10.1993 die durch den EU-Vertrag (EUV) in der Fassung des Vertrags von Maastricht geschaffene Europäische Union als **Staatenverbund**: *„Der Unionsvertrag begründet einen Staatenverbund zur Verwirklichung einer immer engeren Union der – staatlich organisierten – Völker Europas (Art. A EUV), keinen sich auf ein europäisches Staatsvolk stützenden Staat.*“[226] Dieser Staatenverbund wird *„von den Mitgliedstaaten getragen*“ und achtet *„deren nationale Identität*“.[227]

Mit der Herrschaft über ein Gebiet können Rechte und Pflichten dahingehend umschrieben werden, dass die Nutzung des Gebiets an sich uneingeschränkt ist, aber so erfolgen muss, dass keine Beeinträchtigung anderer (wie Nachbar-)Staaten entsteht. Das Territorialitätsprinzip erlaubt staatliche Hoheitsakte auf fremden Staatsgebiet grundsätzlich nur mit ausdrücklicher Zustimmung oder Duldung des betroffenen Staates (gewohnheitsrechtliche Ausnahmen: die in der WDK und WKK geregelte Tätigkeit der Diplomaten und Konsuln und Setzung gewisser Akte durch Staatsoberhäupter). In Österreich kann gemäß Art. 9 Abs. 2 B-VG durch Gesetz oder durch Staatsvertrag die Tätigkeit von Organen fremder Staaten im Inland im Rahmen des Völkerrechts geregelt werden: Österreich hat

225 Otto Kimminich/Stephan Hobe, Einführung in das Völkerrecht, 7. Auflage, 2000, 121.

226 Punkt 8, aus: Juristen-Zeitung (JZ) Nr. 22, hrsg. von J.C.B. Mohr (Paul Siebeck), Tübingen, 19.11.1993, S. 1100.

227 Juristen-Zeitung (JZ) Nr. 22, hrsg. von J.C.B. Mohr (Paul Siebeck), Tübingen, 19.11.1993, S. 1102.

vertraglich einem deutschen Bahnsteig beim Hauptbahnhof der Stadt Salzburg zugestimmt.

Bei Änderung in der territorialen Souveränität und Gebietshoheit sind die Folgen umstritten. Der Grundsatz der beweglichen Vertragsgrenzen besagt, dass Servituten der Gebietsnachfolger übernehmen muss. Im Falle einer ***dismembratio*** – der Entstehung eines Neustaates auf dem Teilgebiet eines Staates – bleiben die Nachfolger an Verträge gebunden. Eine Ausnahme dazu bildet „***clean slate***“ bei *den newly independent states*. Im Falle eines Zusammenschlusses von Staaten bleiben Grenzverträge und territoriale Regime (radizierte Verträge) unberührt (Ausnahme: Verträge über militärische Stützpunkte).[228]

Aufgrund der unübersichtlichen Rechtslage und der Bedeutung der Materie wurde der Übergang von Schulden im Zuge der Staatensukzession vermehrt durch Verträge geregelt. Im Falle der *dismembratio* übernehmen grundsätzlich die Nachfolgestaaten die Staatsschulden gegenüber Drittstaaten anteilsmäßig. Demnach hatten die Nachfolgestaaten Österreich-Ungarns bis 1952 durch Zahlungen in eine gemeinsame Kasse die Schulden der Habsburger Monarchie getilgt und die Obligationäre der Donau-, Save-, Adria-Eisenbahn-Aktiengesellschaft befriedigt.

Für Schulden, die auf einem bestimmten Teil eines Staatsgebiets lasten bzw. diesem zugute kommen (radizierte Schulden), hat jeweils der Staat aufzukommen, der die Gebietshoheit darüber ausübt (*res transit cum suo onere*[229]). Der oder die Gebietsnachfolger sind jedoch nicht zur Tilgung von Schulden verpflichtet, die der Gebietsvorgänger zur Bekämpfung ihrer Unabhängigkeitsbestrebungen eingegangenist (*dettes odieuses* – wie Kriegsanleihen).

a) Erwerb und Verlust von Staatsgebiet[230]

Da die gesamte Erdoberfläche heute entweder in Staatsgebiete oder Staatengemeinschaftsbereiche aufgeteilt ist, ist die Frage nach dem Gebietserwerb durch originäre Okkupation (Entdeckung bzw. Inbesitznahme) herrenlosen Gebietes (***terra nullius***) heute lediglich eine akademische. Auch die aus dem Römischen Recht übernommenen Gebietstitel des natürlichen Zuwachses (z.B. Entstehung einer neuen Insel durch Hebung des Meeresbodens) oder der Ersitzung haben heute in der Praxis wenig Bedeutung. Als praktischer und vr anerkannter Ge-

---

228 Ignaz Seidl-Hohenveldern, Die Staaten, in: Neuhold/Hummer/Schreuer (Hg.), 1997, 134-164, 154.

229 Wörtlich: Die Sache geht mit ihrer Last über. Bedeutung: Eine Sache wird vom Veräußerer auf den Erwerber mit samt ihren Belastungen übereignet (z.B. Pfandrechte, Servituten). Aus: Benke/Meissel/Luggauer, Juristenlatein, 1997, 348.

230 Aus: Fischer/Köck, 2000, 158f.

bietserwerbstitel kommt daher nur noch die Zession eines Gebietes, u.U. aufgrund einer Adjudikation (Zuerkennung durch [schieds-]richterlichen Spruch) in Frage.

Die Eroberung fremden Staatsgebietes stellt für sich allein dagegen heute keinen vr anerkannten Gebietserwerbstitel mehr dar. Wird nämlich eine solche rechtswidrige Annexion von den übrigen Mitgliedern der internationalen Gemeinschaft geduldet und ist - nach einem kürzeren oder längeren Zeitraum rechtlicher Unsicherheit (sog. Schwebezustand) - eine Revision des faktischen Zustandes nicht zu erwarten, so tritt eine Sanierung des fehlerhaften Gebietserwerbes ein und die bisher rechtswidrige Herrschaft über das betreffende Gebiet wird zu einer rechtmäßigen.

Was den Verlust von Staatsgebiet anlangt, so sind Untergang des Staatsgebietes bzw. eines Teiles desselben (z.B. durch Versinken im Meer) oder Dereliktion wenig praktisch. Von Bedeutung sind daher nur die Abtretung (Zession), u.U. aufgrund einer Adjudikation, und die gewaltsame Abtrennung, z.B. durch Eroberung.

b) Staatsservituten

sind einzelne Einschränkungen der Gebietshoheit. Ihre Rechtsgrundlage ist heute prinzipiell vertraglicher Natur. Beispiele für Staatsservituten sind die Einräumung von Militärstützpunkten – wie Guantánamo durch den Vertrag zwischen Kuba und den USA von 1903 -, Flottenbasen – wie die ab 1940 von Großbritannien und den USA eingeräumten Stützpunkten in Neufundland, auf den Bermudas und den Westindischen Inseln -, und die Benützungs- und Durchfahrtsrechte betreffend den Panama-Kanal – geregelt zwischen Panama und den USA 1903, ersetzt durch den Vertrag vom 7.9.1977. Ähnliche Regelungen haben auch gemeinsame Grenzabfertigungen in internationalen Zügen.[231] Staatsservituten sind also Völkerrechtsverhältnisse, „*die einem Staat das Recht geben, hoheitliche Handlungen auf dem Gebiet eines anderen Staates vorzunehmen oder die Unterlassung von hoheitlichem Handeln des Gebietsstaates zu verlangen.*“[232]

231 Aus: Fischer/Köck, Allgemeines Völkerrecht, 2000, 160.

232 Otto Kimminich/Stephan Hobe, Einführung in das Völkerrecht, 7. Auflage, 2000, 98.

c) Umfang des Staatsgebietes[233]

Zum Staatsgebiet zählen das Landgebiet, Flüsse, Seen, maritime Eigengewässer (Häfen und Reeden, Buchten und Mündungsgebiete), sowie (bestritten) das Küstenmeer und der Luftraum darüber. Der Küstenstaat besitzt noch souveräne Nutzungsrechte über den Festlandsockel und die ausschließliche Wirtschaftszone sowie bestimmte Hoheitsrechte über die Anschlusszone.

Bei einem **Küstenstaat** bildet die äußere Linie des **Küstenmeer**es die Angrenzung zur **Hohen See**. Landgrenzen müssen, soweit sie nicht gewohnheitsrechtlich feststehen, durch Verträge festgelegt werden. Diese können entweder bloße Grenzverträge sein oder die Grenzen nur als Teilproblem im Rahmen einer allgemeinen Neuordnung regeln.

Bei einem **Fluss** verläuft die Grenze entlang des Talweges (d.h. der **Schifffahrtsrinne**), bei nicht-schiffbaren Flüssen entlang der Mittellinie. Diese ist auch maßgebend für die Grenze bei Brücken über einen Grenzfluss. Bei Grenzgebirgen wird auf die Wasserscheide zurückgegriffen.

Zur Lösung von Grenzkonflikten hat sich im lateinamerikanischen Bereich der Grundsatz ***uti possidetis*** entwickelt, d.h. der Grenzverlauf der heutigen Staaten dieser Region richtet sich nach den Grenzen der alten spanischen Generalkapitanate vor der Unabhängigkeitswerdung im 19. Jahrhundert, nicht an ethnische oder kulturelle Gemeinsamkeiten von Großgruppen wie Sprache, Religion, sonstige kulturelle Kriterien und eine als verbindender Faktor empfundene gemeinsame Geschichte. Gemäß dem *uti possidetis*-Prinzip sind zur Vermeidung von Grenzstreitigkeiten die Grenzen so beizubehalten, wie sie die Kolonialherren seinerzeit festgelegt hatten. *Uti possidetis* fand Anwendung bei der Dekolonisierung in der Dritten Welt, v.a. in Afrika, nach 1945, ebenso wie bei der Auflösung Jugoslawiens, der Sowjetunion und der Tschechoslowakei. Bei *uti possidetis* ist nicht die ethnische oder kulturelle Gemeinsamkeit einer größeren Gruppe von Menschen, sondern die innerstaatliche, ursprünglich koloniale Grenze entscheidend. Alle Menschen, die innerhalb solcher Grenzen leben, bilden ein Volk, mögen sie sich auch voneinander in ihrer ethnischen Herkunft, in ihrer Sprache oder Religion noch so unterscheiden.

Das internationale Seerecht

wurde 1958 in den vier Genfer Übereinkommen über das **Küstenmeer** und die **Anschlusszone**, die **Hohe See**, die Fischerei und den **Festlandsockel** kodifiziert.

233 Aus: Fischer/Köck, Allgemeines Völkerrecht, 2000, 160ff.

Es wurde insbesondere in seinen nutzungsrelevanten Aspekten durch die III. Seerechtskonferenz der Vereinten Nationen (UNCLOS III) einer weitgehenden Neuregelung unterworfen, die im Seerechtsübereinkommen der Vereinten Nationen 1982 (SRÜ) wiedergegeben ist.

Am 16.11.1994 ist das SRÜ vom 10.12.1982 nach der erforderlichen Ratifikation durch 60 Staaten in Kraft getreten, ergänzt um ein Übereinkommen vom 28.7.1994 zur Durchführung der Regelungen zum **Meeresbergbau**. Mit 1.6.2002 sind 138 Staaten dem SRÜ und 103 Staten dem Durchführungsübereinkommen beigetreten. Das Übereinkommen über die Erhaltung und Bewirtschaftung grenzüberschreitender und weit wandernder Fischarten vom 4.12.1995 ist am 22.12.2001 in Kraft getreten.

Die Verhandlungen zur Schaffung des Seerechtsübereinkommens dauerten über 25 Jahre. Erster Anstoß war 1967 die Forderung, den Meeresboden zum „***gemeinsamen Erbe der Menschheit***" zu erklären. Der daraufhin von der UNO-Generalversammlung eingesetzte **Meeresbodenausschuss** führte zur III. UNO-Seerechtskonferenz, die 1973 begann und 1982 mit der Verabschiedung des SRÜ abgeschlossen wurde. Die in Teil XI des SRÜ getroffenen Regelungen zum Meeresbergbau – insbesondere zu Abgabenlasten, Bergbaubeschränkungen sowie Technologietransfer und Entscheidungsverfahren in der Internationalen Meeresbehörde – führten zunächst zur Ablehung des SRÜ durch die meisten westlichen Industriestaaten. Ein informeller Konsultationsprozess unter der Leitung des UNO-Generalsekretärs führte schließlich zu einer Modifikation des Teils XI des SRÜ in Form des Durchführungsübereinkommens vom 18.7.1994. Es machte den Weg frei für eine weltweite Akzeptanz des Seerechtsübereinkommens.

Das SRÜ ist mit insgesamt 17 Teilen und 9 Anlagen mit insgesamt 436 Artikeln der umfangreichste und bedeutsamste multilaterale Vertrag, der im Rahmen der UNO entwickelt wurde. Er ersetzt die vier Genfer Seerechtskonventionen von 1958 und trifft Regelungen über nahezu alle Bereiche des Seevölkerrechts – Abgrenzung der verschiedenen Meereszonen wie Küstenmeer, Anschlusszone, Meerengen, Archipelgewässer, ausschließliche Wirtschaftszone, Festlandsockel, Hohe See; Nutzung dieser Gebiete durch Schifffahrt, Überflug, Kabelverlegung, Fischerei und wissenschaftliche Meeresforschung; Schutz der Meeresumwelt; Entwicklung und Weitergabe von Meerestechnologie; Regelung des Meeresbodenbergbaus; Streitbeilegung, insbesondere Errichtung des **Internationalen Seegerichtshofes**. Durch das SRÜ wurden sowohl geltendes Seevölkerrecht kodifiziert als auch neue seevölkerrechtliche Normen geschaffen wie z.B. im Bereich des Meeresumweltschutzes.[234]

Das SRÜ hat drei neue Institutionen geschaffen: Den Internationalen Seegerichtshof (ISGH) in Hamburg, die Internationale Meeresbodenbehörde in Kingston/Jamaica (bestehend aus Versammlung, Rat, Sekretariat) und die Kommission zur Begrenzung des Festlandsockels. Am 1.8.1996 fand in New York erstmals die Wahl der 21 Richter statt. Sie werden auf 9 Jahre gewählt. Ihr Mandat ist erneuerbar. Alle drei Jahre wird ein Drittel des Richtergremiums neu gewählt. Bei der Zusammensetzung des Gerichtshofes sind eine Vertretung der hauptsächlichen Rechtssysteme der Welt und eine gerechte geografische Verteilung zu gewährleisten. Die Übergabe des neuen Gerichtsgebäudes an den ISGH ereignete sich im Juli 2000, der endgültige Bezug erfolgte im Dezember 2000.

Der ISGH ist zentraler Bestandteil eines umfassenden Streitbeilegungssystems, dem sich die Vertragsstaaten für alle zwischen ihnen entstehenden Streitigkeiten über Auslegung oder Anwendung des SRÜ unterworfen haben. Er besitzt in einigen Fällen ausschließliche Zuständigkeiten, etwa bei bestimmten Streitigkeiten im Meeresbodenbergbau, für welche eine eigene *„Kammer für Meeresbodenstreitigkeiten"* vorgesehen ist. Parteien am Verfahren könen hier nicht nur Staaten oder Internationale Organisationen, sondern auch natürliche und juristische Personen sein. Auch bei Dringlichkeitsverfahren zur sofortigen Freigabe eines von einem anderen Staat zurückgehaltenen Schiffes besteht, falls die beteiligten Staaten sich nicht binnen zehn Tagen einigen können, eine ausschließliche und bindende Gerichtsbarkeit. Das ISGH-Statut ist als Anlage VI Teil des SRÜ.[235]

Maritime Eigengewässer (innere Gewässer): Unter Eigengewässer sind alle von eigenem Land umschlossenen Binnengewässer eines Staates sowie die „inneren Gewässer" diesseits der Niedrigwasserlinie (Basislinie), einschließlich „historischer" Buchten und Buchten mit Öffnungen bis zu 24 sm zu verstehen. Maritime Eigengewässer umfassen Häfen, Reeden, von nur einem Staat umschlossene Buchten und Flussmündungen, auch falls diese für Hochseeschiffe befahrbar sind. Diese Gewässer unterliegen der ausschließlichen Souveränität bzw. vollen Hoheitsgewalt des Küstenstaates. Die seewärtige Grenze der inneren Gewässer bildet die Basis-(Grund-)Linie, darunter versteht man die Linie des mittleren Niedrigwasserstandes.

---

234 Aus: Internationaler Seegerichtshof Hamburg, http://auswaertiges-amt.de/www/de/aussenpolitik/vn/seerecht/isgh_html .

235 Ebd.

Küstenmeer: Jeder Küstenstaat besitzt das Recht, die Breite seines Küstenmeeres (Art. 2 ff. SRÜ) von 3 bis zu 12 Seemeilen (ca. 22,2 km[236]) jenseits der Basislinie festzulegen. Bei gegenüberliegenden oder einander angrenzenden Staaten wird das Küstenmeer, wo notwendig, geteilt. Mangels anderer vertraglicher Regelung bildet die Mittel- bzw. Äquidistanzlinie die Grenze. Das Küstenmeer betrifft auch Insel- und Archipelgewässer. Grundsätzlich sind alle Schiffe aller Staaten berechtigt, das Recht zur friedlichen Durchfahrt durch das Küstenmeer zu benützen (Art. 17ff SRÜ). Dasselbe gilt für Transitpassage in Meerengen (Art. 34ff. und 37ff. SRÜ), Archipelstaaten und Archipelgewässer (Art. 46ff. SRÜ bzw. Art. 52 SRÜ). Aus Sicherheitsgründen – also in Ausnahmefällen - kann der Küstenstaat gemäß Art. 27f SRÜ bestimmte Schifffahrtswege und Verkehrstrenngebiete vorschreiben. Der Küstenstaat kann aus Gründen seiner eigenen Sicherheit die friedliche Durchfahrt durch Teile seines Küstenmeeres auf nichtdiskriminatorischer Grundlage vorübergehend untersagen.

Auf der Grundlage des SRÜ hat die Bundesrepublik Deutschland mit Wirkung vom 1.1.1995 das deutsche Küstenmeer auf bis zu 12 sm ausgeweitet und eine ausschließliche Wirtschaftszone in der Nordsee und in der Ostsee eingerichtet. Damit wurden die seit der Vereinigung der DDR mit der BRD bestehenden deutschen Küstenmeergrenzen (alte BRD 3 sm mit 15 sm-Sonderregelung bei der „*Helgoländer Box*", frühere DDR 12 sm) vereinheitlicht und vor allem die Voraussetzungen für einen wirksameren Umweltschutz und eine Verbesserung der Sicherheit des Seeverkehrs geschaffen.[237]

Anschlusszone: Unter der Anschlusszone versteht man den an das Küstenmeer anschließenden Meeresstreifen, der sich von 12 Seemeilen bis zu einer Entfernung von 24 Seemeilen von der Basislinie aus erstrecken kann. Die Anschlusszone reicht in den Bereich der ausschließlichen Wirtschaftszone hinein. In der Anschlusszone kann der Küstenstaat gemäß Art. 33 SRÜ die erforderliche Kontrolle zur Hintanhaltung oder Ahndung von Verstößen gegen seine Zoll-, Finanz-, Gesundheits- und Einwanderungsvorschriften, die auf seinem Gebiet und in seinem Küstenmeer begangen wurden oder werden könnten, ausüben. Einzelen Staaten nehmen jenseits ihres Luftraumes über Küstenmeer und Anschlusszone Luftsicherungs- oder Luftverteidigungszonen in Anspruch; der internationale Flugverkehr ist dort besonderen Regeln und Beschränkungen unterworfen.[238]

---

236 1 sm = 1,85 km.

237 aus: Seerechtübereinkommen der Vereinten Nationen, Stand: Juni 2002, aus: http: //www.auswaertigesamt.de/www/de/aussenpolitik/vn/seerecht/seerechtsueb_html .

238 Fischer/Köck, 2000, 169f.

Ausschließliche Wirtschaftszone: Darunter versteht man nach Art. 55ff SRÜ einen 200 Seemeilen von der Basislinie des Küstenmeeres aus gerechnet nicht überschreitenden Meeresstreifen, der an das Küstenmeer anschließt und dem Küstenstaat zur ausschließlichen Nutzung seiner Ressourcen des Meeresgebietes – vor allem Fisch - mit Einschränkungen zugunsten der Binnen- und geografisch benachteiligten Staaten hinsichtlich der Ausbeutung lebender Ressourcen offensteht (geregelt in der Neuen Internationalen Ozeanordnung). Daher besitzt auch Österreich einen Anspruch auf Nutzung von lebenden Ressourcen der ausschließlichen Wirtschaftszone benachbarter Küstenstaaten, wie etwa im Mittelmeer. Dieses Recht ist aber von Durchführungsabkommen abhängig und steht dem Nutzungsrecht des Küstenstaates hintan.[239]

Die anderen Staaten haben in der Wirtschaftszone grundsätzlich auch weiterhin Schifffahrts- und Überflugsfreiheiten und das Recht, die See auf anderweitige vr erlaubte Weise zu nutzen, wie z.B. durch das Legen von Unterseekabeln und Rohrleitungen (Pipelines). Sie haben dabei auf die Gesetze und anderen Rechtsvorschriften des Küstenstaates, die die Wirtschaftszone betreffen, zu achten.

Die Hohe See (Art. 86ff. SRÜ): Jene Teile des Meeres, die nicht maritimes Eigengewässer, Küstenmeer und ausschließliche Wirtschaftszone eines Staates bilden. Die Hohe See hat den Status einer *res communis omnium*, d.h. dass kein Staat Teile derselben seiner Souveränität unterwerfen darf. Die Hohe See ist durch den Grundsatz der Freiheit der Meere gekennzeichnet. Er umfasst gemäß Art. 87 SRÜ für alle Staaten insbesondere folgende Freiheiten: Freiheit der Schifffahrt, des Überfluges, zur Legung von Unterseekabeln und Fernrohrleitungen, zur Errichtung von künstlichen Inseln und anderer vr erlaubter Einrichtungen - Freiheit der Fischerei sowie Freiheit der wissenschaftlichen Forschung.[240]

Werden Rechtsvorschriften des Küstenstaates durch ein fremdes Schiff im Bereich der maritimen Eigengewässer, des Küstenmeeres, der Anschlusszone, der Wirtschaftszone oder der Sicherheitszonen um die Einrichtungen auf dem Festlandsockel verletzt und besteht Verdacht auf eine solche Verletzung, so besitzt der Küstenstaat das Recht der Nachteile (*hot pursuit*), d.h. die Verfolgung kann, wenn sie nicht unterbrochen wird, auch auf die Hohe See hinaus fortgesetzt werden. Jeder betroffene Küstenstaat ist bei Gefahr größerer Schäden auch berechtigt, zur Abwendung dieser Gefahren Maßnahmen gegen fremde Schiffe auf Hoher See zu treffen. Die Hohe See steht nicht nur Küstenstaaten offen. Vielmehr haben auch die Binnenstaaten das Recht auf freien Zugang zum Meer.

239 Ebd.
240 Ebd.

Was die „**Polizeigewalt**“ auf Hoher See betrifft, sind Kriegsschiffe und Militärflugzeuge eines jeden Staates berechtigt, fremde Schiffe bei Verdacht der **Seeräuberei** und des **Sklavenhandels** sowie des Führens einer falschen Flagge zu inspizieren. Das SRÜ lässt in Art. 109 auch Maßnahmen gegen „Piratensender“ und zur Bekämpfung von ungesetzlichem Handel mit narkotischen Drogen und psychologischen Substanzen zu. Verschiedene außerhalb des Küstenmeeres auf Schiffen eingerichtete, nicht autorisierte private Sender (***„Piratensender“***) führten zum im Rahmen des Europarats 1965 abgeschlossenen Europäischen Abkommen über die Unterbindung von Radiosendungen, die von Stationen außerhalb nationaler Territorien durchgeführt werden: Es verpflichtet die Vertragsstaaten, derartige Tätigkeiten zu bestrafen.

Ein Staat darf ein fremdes Schiff bei Verdacht eines Verstoßes gegen seine Gesetze (gem SRÜ auch auf dem Festlandsockel oder in der ausschließlichen Wirtschaftszone) über die Grenzen des Küstenmeeres und der Anschlusszone hinaus durch ein Staatsschiff oder durch ein Militärflugzeug verfolgen. Die Verfolgung ist bis zum Eintritt des verfolgten Schiffes in das Küstenmeer eines anderen Staates zulässig. Mit dem Recht des **Notstand**es werden auch Gewaltmaßnahmen (z.B. Bombardierung) gegen fremde Schiffe gerechtfertigt, um infolge von Unfällen drohende größere Schäden für die Küste zu vermeiden. Für Ölverschmutzungen auf Hoher See existiert das internationale Übereinkommen über das Eingreifen auf Hoher See bei Ölverschmutzungen (Brüssel 1969).

Die für **A- und H-Bombentests** notwendigen Sperrzonen für den Luft- und Schiffverkehr als auch die *Air Defense Identification Zone* (ADIZ) der USA und Kanada über der Hohen See schränken die Meeresfreiheit unzulässig ein. Der Rechtfertigungsgrund dafür liegt in den „*conditions of grave necessity*“.

Die Schifffahrt wird geregelt durch das

- Internationale Freibordübereinkommen, London 1966;
- Übereinkommen zum Schutz des menschlichen Lebens auf See, London 1974, samt Protokoll 1978;
- Internationale Regeln zur Vermeidung von Zusammenstößen auf See, London 1972;
- Internationale Regeln über die Erleichterung des internationalen Seeverkehrs, London 1965.

Als Folge der *Achille-Lauro*-Entführung wurde die IMO (*International Maritime Organization*) zur Bekämpfung widerrechtlicher Handlungen gegen die Seeschifffahrt unterzeichnet (Rom 1988, ergänzt durch ein Protokoll über feste Plattformen auf dem Festlandsockel), das die Staaten zur Strafverfolgung derartiger Handlungen verpflichtet.

Zwecks Klärung der Haftungsfragen wurde in Hamburg 1978 das Übereinkommen der Vereinten Nationen über den Gütertransport zur See unterzeichnet sowie das Übereinkommen über die Betreiber eines Reaktorschiffes sowie beim Transport von Nuklearmaterial (Brüssel 1962 und 1971) unterzeichnet.

Bei Schiffzusammenstößen auf Hoher See gilt das Übereinkommen von Brüssel aus dem Jahr 1952, nach dessen Regelung in einem derartigen Fall die strafrechtliche Kompetenz des Flaggenstaates des zu verantwortlichen Schiffes gilt. Die zivilrechtliche Zuständigkeit liegt beim Gericht am Wohnsitz des Beklagten oder am Ort der Registrierung des Schiffes.

Im Londoner Übereinkommen über die **Abfalllagerung** zur See 1972 ist die Abfalllagerung an der Bewilligung des Flaggen- oder Küstenstaates gebunden. Es verbiete die Ablagerung gewisser Stoffe (Quecksilber, hochaktives Nuklearmaterial etc.)

Gemäß Art. 88 SRÜ beschränkt sich die Nutzung der Hohen See ausschließlich auf friedliche Zwecke. Des Weiteren existiert ein **Verbot von Kernwaffentests** unter/über Wasser durch den Kernwaffenteststoppvertrag aus dem Jahr 1963. Das Abkommen zur Verhütung der Verschmutzung der See durch Öl (London 1974) wurde mehrfach geändert

Festlandsockel: Dies ist der Meeresboden, der über das Küstenmeer hinausreicht und als natürliche Fortsetzung des Landgebietes gilt. Ist der natürliche Festsockel schmäler als 200 Seemeilen, gemessen von den Basislinien aus, so stehen gemäß Art. 76 SRÜ dem Küstenstaat unabhängig davon die souveränen Nutzungsrechte über den Meeresgrund und -untergrund bis zu einer Entfernung von 200 Seemeilen zu. Ist der Festlandsockel breiter als 200 Seemeilen, so reichen die souveränen Rechte des Küstenstaates bis zum Abfall in die Tiefsee (*continental margin*), höchstens aber bis zu einer Entfernung von 350 Seemeilen von der Basislinie oder 100 Seemeilen von der 2.500-m-Isobathe aus. Der Küstenstaat besitzt das ausschließliche Recht zur Erteilung von Bohrkonzessionen, er hat auch gemäß Art. 77 SRÜ das alleinige Verfügungsrecht über die Ausbeutung von Ressourcen des Meeresbodens. Alle Staaten sind zum Legen von Unterseekabeln und Rohrleitungen auf dem Festlandsockel berechtigt, soferne sie geeignete Maßnahmen zur Verhinderung der Meeresverschmutzung ergreifen.[241]

Tiefseeboden: Meeresgrund und Meeresuntergund jenseits der Grenzen der nationalen Zuständigkeit. Wie schon ähnlich im Weltraumrecht ist Grundlage die allgemein akzeptierte Auffassung, dass die Area und ihre Bodenschätze „*gemeinsames Erbe der Menschheit*" (*common heritage of mankind*) sind. Im Sinne dieses Prinzips dürfen die Bodenschätze der Tiefsee nicht im ausschließlichen Eigeninteresse der abbauenden Unternehmen und Staaten ausgebeutet werden, sondern es sind auch die Interessen jener Entwicklungsländer zu berücksichtigen, die gleiche Mineralien zu Land fördern und wegen der gesteigerten Kon-

241 Fischer/Köck, 2000, 174f.

kurrenz einen Preiseinbruch und - damit verbunden - einen Einkommensverlust befürchten müssten. Zur praktischen Verwirklichung der *common heritage*-Theorie wurden zwei Organisationen geschaffen, die den Tiefseebiden quasi treuhänderisch verwalten: die Internationale Meeresbodenbehörde (*International Sea Bed Authority*) und als operativer Arm der Meeresbehörde das Unternehmen. Die Vertragsstaaten der SRÜ verwalten über die Meeresbodenbehörde den Meeresboden, verfügen über dessen Bodenschätze und kontrollieren die bergbaulichen Tätigkeiten in der *area*. Die Behörde verfügt über drei Hauptorgane: Sekretariat, Rat und Versammlung. Letztere stellt das oberste politische, d.h. willensbildende Organ der Behörde dar. Das Unternehmen nimmt in der *area* bergbauliche Tätigkeiten selbst vor und besorgt den Transport, die Weiterverarbeitung und Vermarktung der abgebauten Mineralien.[242]

Zur Kontrolle der Ausbeutung des Seebodens ist als Rechtsform ein zwischen der Behörde und dem Kontraktor abgeschlossener *Joint Venture*-, Dienstleistungs-, Produktionsstellungs- oder ein anderer Vertrag vorgesehen, auf dessen Grundlage eine partners7chaftliche Ausbeutung der Bodenschätze der Area vorgenommen werden soll.

Das SRÜ sieht ein umfangreiches Streiterledigungssystem vor, dem die seerechtlichen Streitigkeiten unterworfen sind, mit Ausnahme jedoch jener Kategorien von Streitigkeiten, die insbesondere souveräne Rechte berühren. Dieses System beruht auf einer Wahlmöglichkeit zwischen der Zuständigkeit des IGH, des neugeschaffenen Internationalen Seegerichtshofes oder von Schiedsgerichten.

Arktis, Antarktis und Spitzbergen

Die Arktis **ist Hohe See, ihr Untergrund ist Teil des Tiefseebodens.**

Im Gegensatz dazu besteht die **Antarktis** aus eigenem Festland. Der Antarktis-Vertrag von Washington vom 1.12.1959[243] verbietet auf dem Gebiet der Antarktis – südlich des 60. Breitengrades einschließlich aller Eisbänke – jegliche militärische Maßnahme und gestattet die Freiheit der wissenschaftlichen Forschung. In der Antarktis gelten keine Gebietsansprüche.[244] Die Antarktis wird

242 Ebd., 177f.

243 Unterzeichnet von Argentinien, Australien, Belgien, Chile, Frankreich, Großbritannien, Japan, Neuseeland, Norwegen, der Sowjetunion, der Südafrikanischen Union und den USA. Nach der letzten Ratifikation trat der Vertrag am 23.6.1961 in Kraft.

244 Seit Beginn des 20. Jahrhunderts erhoben insgesamt sieben Staaten - Argentinien, Australien, Chile, Frankreich, Großbritannien, Neuseeland, Norwegen – Gebietsansprüche auf Teile der Antarktis. Aus: Otto Kimminich/Stephan Hobe, Einführung in das Völkerrecht, 7. Auflage, 2000, 391.

ausschließlich friedlich genutzt. Kernexplosionen und die Beseitigung radioaktiven Abfalls sind gemäß Art. V (1) des Antarktis-Vertrags prinzipiell verboten. Im Falle von Streitigkeiten über die Auslegung oder Anwendung dieses Vertrags „*konsultieren die betreffenden Vertragsparteien einander, um die Streitigkeit durch Verhandlung, Untersuchung, Vermittlung, Vergleich, Schiedsverfahren, gerichtliche Beilegung oder sonstige friedliche Mittel ihrer Wahl beilegen zu lassen.*“[245] Falls eine Streitigkeit nicht auf oben genannte Wege gelöst werden kann, wird diese Streitigkeit mit Zustimmung aller betroffenen Streitparteien dem Internationalen Gerichtshof zur Beilegung unterbreitet.[246]

Im Oktober 1991 wurde während des *IX. Special Advisory Meeting on the Antarctica Treaty* das Protokoll von Madrid angenommen. Der weltweite Schutz der Antarktis und deren Ökosysteme wurde darin festgehalten und die Antarktis als „*a natural reserve devoted to peace and science*" designiert. Ziel des Madrider Protokolls ist es, den Status der Antarktis als speziell zu schützendes Gebiet zu verdeutlichen. Dieses Protokoll trat am 15.1.1998 in Kraft. Die Antarktis, die Hohe See, der Weltraum und der Tiefseeboden sind Staatengemeinschaftsgebiete, d.h. Territorien, die der Verwaltung durch die organisierte Staatengemeinschaft unterstellt sind.

Im Vertrag über **Spitzbergen** (Sèvres bei Paris, 9.2.1920) wird Norwegen[247] die volle Souveränität über den 320 bis 645 Kilometer nördlich von Norwegen und 1.000 Kilometer südlich vom Nordpol gelegenen Archipel eingeräumt. Die Inselgruppe Spitzbergen (62.400 Quadratkilometer) bildet mit der Bäreninsel den norwegischen Verwaltungsbezirk Svalbard. Russland trat dem Vertrag erst 1935 bei. Spitzbergen wird seit 14.8.1925 von Norwegen verwaltet. Die 41 Signatarstaaten haben nach vorheriger Rücksprache mit Norwegen wirtschaftlichen Zugang, insbesondere zu den Kohlelagern. Von diesem Privileg machte nur die Sowjetunion Gebrauch. Zwei Drittel der Bewohner Spitzbergens sind Russen. Die Angehörigen der übrigen Vertragsstaaten erhalten u.a. gleiche Zugangs-, Aufenthalts-, Gewerbe-, Fischerei-, Jagd- und Bergerechte wie Norwegen. Der Vertrag verbietet die Errichtung von militärischen Anlagen. Die Bedeutung

245 Art. XI (1) des Antarktis-Vertrages.

246 Art. XI (2) des Antarktis-Vertrages.

247 Da Norwegen seine Sympathien für die Alliierten nicht verhehlt hatte, wurde ihm im Vertrag von Sèvres die Inselgruppe Spitzbergen zuerkannt. Ebenso wie andere neutrale Länder nahm auch Norwegen 1919/1920 nicht an den Friedensverhandlungen in den Pariser Vororten teil. Norwegen schlug jedoch vor, dass ihm als Belohnung für die Dienste, die die norwegische Handelsflotte den Alliierten geleistet hatte, die Souveränität über Svalbord eingeräumt und die Zugehörigkeit der Inselgruppe zum norwegischen Hoheitsgebiet erklärt werden sollte. Zuvor wurde seitens des Völkerrechts die Inselgruppe als *terra nullius* betrachtet.

Spitzbergens liegt im Kohlereichtum und – durch seine Lage in der Mitte zwischen Europa, Asien und Nordamerika - in der strategischen Lage. Militärisch ist Spitzbergen neutralisiert.

Seeräuberei und Luftpiraterie

Das Seerechtsübereinkommen der Vereinten Nationen aus dem Jahr 1982 verpflichtet nach Art. 100 alle Staaten zur Bekämpfung der Piraterie: *„Alle Staaten arbeiten in größtmöglichem Maße zusammen, um Seeräuberei auf Hoher See oder an jedem anderen Ort zu bekämpfen, der keiner staatlichen Hoheitsgewalt untersteht.*" Art. 101 dieses Übereinkommens definiert Seeräuberei als *„illegale Akte der Gewalt und Festnahme*" ausschließlich auf **Hoher See** und auf private Beschaffungskriminalität. Politisch motivierte Terrorakte gegen Schiffe werden dabei ignoriert. Gemäß Art. 107 des Seerechtsübereinkommens darf ein Aufbringen wegen Piraterie *„nur von Kriegsschiffen oder Militärluftfahrzeugen vorgenommen werden, die deutlich als im Staatsdienst stehend gekennzeichnet und als solche erkennbar und die hierzu befugt sind.*" Demnach ist jedes Kriegsschiff berechtigt, jedoch nicht verpflichtet, Seeräuberei auf Hoher See – auf internationalen Gewässern und ausschließlich dort – zu bekämpfen und einem überfallenen Schiff auch mit Waffengewalt zu helfen. Dieses Recht gilt nicht in fremden Hoheitsgewässern, wo über achtzig Prozent aller Überfälle stattfinden. Stellen Kriegsschiffe in fremden Hoheitsgewässern Seeräuberei fest oder wird von dort ein SOS-Ruf eines überfallenen Schiffes wahrgenommen, sind diese nicht berechtigt, einzugreifen. Dazu ist allein der Küstenstaat befugt.[248]

Für die Bekämpfung und Bestrafung der **Luftpiraterie** sind drei Abkommen wirksam: Die Tokio-Konvention vom 14.9.1963 über strafbare und bestimmte andere an Bord von Luftfahrzeugen begangene Handlungen, das Haager Abkommen vom 16.12.1970 zur Bekämpfung der widerrechtlichen Inbesitznahme von Luftfahrzeugen und die (in ihrem Inkrafttreten verzögerte) Montrealer Konvention vom 23.9.1971 zur Bekämpfung rechtswidriger Handlungen gegen die Sicherheit der Zivilluftfahrt.

Seeräuberei und Luftpiraterie sind *delicta iuris gentium*. Die Strafverfolgung, insbesondere auch die Art und Höhe der Strafe, überlässt das Völkerrecht dem innerstaatlichen Recht.[249]

---

248 Dieter Stockfisch, Bedrohung auf See: Terrorismus und Piraterie, in: Truppendienst 2/2003, 136-140, 139.

249 Fischer/Köck, 2000, 190f.

Die **Kaperei** wurde durch die Pariser Seerechtsdeklarartion von 1856 offiziell abgeschafft.[250] In beiden Weltkriegen kam es dennoch zu Akten staatlich verordneter Piraterie. Sogenannte Hilfskreuzer – von der Marine übernommene und ausgerüstete Handelsschiffe – sollten Handel und Nachschubzufuhr des Gegners durch Versenken oder Kapern seiner Handelsschiffe stören.

Das Luft- und Weltraumrecht

Luftraum[251]

Die Rechtsquellen des Luft- und Weltraumrechts setzen sich aus bilateralen Verträgen, dem **Chicagoer Abkommen** und den dazu gehörigen Protokollen zusammen. Sie regeln die internationale Zivilluftfahrt. Die UNO-Sonderorganisation **ICAO** (*International Civil Aviation Organization*) bildet das rechtliche Überwachungsorgan dieser Abkommen und Verträge[252].

Die Lufthoheit ist Teil der Gebietshoheit, d.h. es gilt der Grundsatz der absoluten Souveränität. Von der Zustimmung des Bodenstaates ist die Benutzung des Luftraumes abhängig. Die **Überflugsfreiheit** beginnt dort, wo die Gebietshoheit endet – im Weltraum und theoretisch auch auf Hoher See.

Das **Eindringen in den fremden Luftraum** ist unzulässig im Falle von **Spionageflügen**, zulässig jedoch in der Abwehr eindringender Flüge. Ausnahmen existieren für in Not befindliche Luftfahrzeuge.

Die Bekämpfung der **Luftpiraterie** („*Hijacking*") und der Schutz vor terroristischen Anschlägen ist in multinationalen Abkommen geregelt, so im Tokioter Abkommen von 1963, im Haager Abkommen von 1970, im Montrealer Abkommen von 1971 sowie im Europäischen Übereinkommen zur Bekämpfung des Terrorismus von 1977.

---

250 Kaperschiffe gehörten Privatleuten und waren von einer kriegführenden Macht durch den Kaperbrief ermächtigt, Schiffe einer feindlichen Nation anzugreifen. Bewaffnete Schiffe, die ohne Kaperbrief fremde Schiffe überfielen, hießen Freibeuter.

251 Quellen: Gerhard Hafner, Räumliche Regime und Nutzungen über die und jenseits der Staatsgrenzen, Luftverkehr, in: Neuhold/Hummer/Schreuer (Hg.), 1997, 370-374, und Fischer/Köck, 2000, 161ff.

252 Die Gründung der Internationalen Zivilluftfahrt-Organisation ICAO erfolgte gemeinsam mit dem Chicagoer Abkommen. Die ICAO ist seit 5.5.1947 eine Sonderorganisation der Vereinten Nationen mit Sitz in Montreal. Die primären Ziele der ICAO liegen in der Entwicklung der Grundsätze und der Technik der internationalen Luftfahrt und in der Förderung der Planung und Entwicklung des internationalen Luftverkehrs. Die praktische Bedeutung liegt in der Vereinheitlichung nationaler Regelungen für den Flugverkehr.

Was das **Haftungsrecht von Flugzeugen** betrifft – es resultiert aus dem Gegensatz zwischen dem Wunsch des Geschädigten nach möglichst umfassender Schadensdeckung und dem des Luftfrachtführers nach Beschränkung der Haftungssummen – ist das Warschauer Abkommen zur Vereinheitlichung von Regeln über die Beförderung im Internationalen Luftverkehr aus dem Jahr 1929 grundlegend. Dieses Haftungsrecht legt die Verschuldenshaftung mit umgekehrter Beweislast verbunden mit den Haftungshöchstgrenzen fest und regelt die Beförderungsbedingungen.

Eine mulitlaterale Vereinbarung über die Linienluftfahrt besteht zwischen den Airlines in der *International Air Transport Association* (**IATA**). Sie ist als Kartell des Luftverkehrs für die Preisgestaltung und die Vereinheitlichung der Beförderungsbedingungen von Bedeutung.

Im Jahr 1910 wurde bei der Pariser Konferenz über die Luftschifffahrt aus militärischen Gründen gefordert, den Luftraum der **Souveränität** und **Gebietshoheit** des darunter liegenden Staates zu unterstellen. Eine derartige Forderung bekam nach dem Ersten Weltkrieg von der aufkommenden zivilen Luftfahrt keine Unterstützung. Die „*ausschließliche Souveränität*" des Unterliegerstaates über seinen Luftraum ging schließlich in die Pariser Luftfahrtkonvention 1919 ein. Eingeschränkt wurde diese Souveränität nur durch ein dem Seerecht angeglichenes **Recht der friedlichen Durchfahrt bzw. des friedlichen Durchflugs**. Dieser Grundsatz ist an sich beibehalten und näher ausgeführt durch das Abkommen über die internationale Zivilluftfahrt (Art. 1 der **Chicagoer Zivilluftfahrtkonvention**, sowie Erfassung des Luftraumes über dem zum Hoheitsgebiet zählenden Küstenmeer – Art. 2) vom 7.12.1944. Im Chicagoer Abkommen wird die Gestaltung des territorialen Geltungsbereiches und des Umfanges der staatlichen Lufthoheit festgelegt, d.h. die Lufthoheit des Staates auf seinem Staatsgebiet bekräftigt. Das Chicagoer Abkommen besteht aus dem Abkommen über die Internationale Zivilluftfahrt mit der Satzung der ICAO und der Vereinbarung über den Durchflug im internationalen Fluglinienverkehr.

Es erfolgen darin Unterscheidungen zwischen Privatluftfahrzeugen und Staatsluftfahrzeugen sowie zwischen planmäßigem Linienflugverkehr und nichtplanmäßigem Flugverkehr. Im Abkommen von Chicago ist auch der Rechtsstatus von Flugzeugen festgelegt. Nach Art. 17 gehört ein Luftfahrzeug zu jenem Staat, in dem es eingetragen ist. Weiters wird der unerlaubte Einflug von Militärflugzeugen und die Luftraumverletzung von Zivilflugzeugen festgehalten – sowie das **Verbot der Anwendung von Waffengewalt** (Art. 3 *bis*), 1984 in das Chicagoer Abkommen eingefügt.[253]

---

253 Dieser Einfügung ging am 1.9.1983 der Abschuss einer *Boeing 747* der *Korean Air Lines* (*KAL*) voraus: sie wurde über Sachalin gemeinsam mit ca. 270 Passagieren

Auf der Chicagoer Konferenz wurden zwei Abkommen über den internationalen **Linienflugverkehr** ausgearbeitet: Das *„Internationale Transitabkommen"* (sog. *„Two-freedoms-agreement"*) und das *„Internationale Transportabkommen"* (sog. *„Five-freedoms-agreement"*). Die allgemeinen Regeln für die Staatszugehörigkeit von Schiffen – der Staat übt Herrschaftsgewalt über die Schiffe aus, die unter seiner Flagge fahren, demnach hat ein Schiff die Staatszugehörigkeit des Staates, in dem es registriert ist – sind nach dem Chicagoer Abkommen über die zivile Luftfahrt auch auf Verkehrsflugzeuge anwendbar. **Raumschiffe** unterstehen der Jurisdiktion des Registerstaates (Art. 8, Vertrag über die Erforschung und Benutzung des Weltraums). Angesichts der Notwendigkeit einer grenzüberschreitenden Kontrolle der höheren Lufträume und zur Erhöhung der Sicherheit wurde 1960 in Brüssel *die European Organization for the Safety of Air Navigation* (***Eurocontrol***) gegründet.

Der Gebietsstaat darf zur Abwehr einer Rechtsverletzung für in seinem Hoheitsgebiet in Not geratene Luftfahrzeuge (Art. 25 Zivilluftfahrtsabkommen) gegen unerlaubt einfliegende Flugzeuge nicht ohne weiters Gewalt anwenden. So handelte Bulgarien rechtswidirig, als eine *Lockheed Constellation* der israelischen Fluggesellschaft *El-Al* am 27.7.1955 auf dem Flug von London über Wien nach Tel Aviv über bulgarischem Territorium abgeschossen wurde. Die Maschine wich aufgrund eines wetterbedingten Navigationsfehlers vom Kurs ab. Durch den **Abschuss** kamen 58 Passagiere ums Leben. Anders ist die Situation bei vorsätzlich rechtswidirigen Flügen von Militärflugzeugen zu Spionagezwecken wie 1960 beim Abschuss einer U-2 über der Sowjetunion. Die USA protestierten weder nachhaltig noch bestritten sie die Rechtmäßigkeit der Anwendung sowjetischen Strafrechts.

Weltweit existieren circa 1.200 **bilaterale Luftverkehrsabkommen**, allein z.B. 71 zwischen der Bundesrepublik Deutschland und anderen Staaten. Im November 2002 kippte der Europäische Gerichtshof (EuGH) sogenannte *„**Open Sky**"*-Abkommen, die sieben Mitgliedsländer der Europäischen Union – darunter auch Österreich – mit den USA geschlossen haben. Der EuGH entschied, dass ebenso die nationalen Mehrheiten bei Fluglinien als Voraussetzung für die in internationalen Abkommen fixierten Verkehrsrechte in Drittstaaten eine *„unvereinbare Diskriminierung"* und mit den Vorschriften der EU über die Niederlassungsfreiheit nicht vereinbar seien. Im Fall *„Open Sky"* gab der EuGH einer Klage der Europäischen Kommission statt, wonach für den Abschluss von Abkommen zwischen europäischen Fluglinien und den USA über den gegenseitigen Marktzugang die EU und nicht die einzelnen Mitgliedstaaten zuständig sei-

---

von einem sowjetischen Kampfflugzeug aufgrund einer Luftraumverletzung abgeschossen.

en. Diese Außenkompetenz zum Abschluss völkerrechtlicher Verträge ergebe sich „*stillschweigend*" aus dem EG-Vertrag, so das Urteil.[254] Durch die bilateralen Abkommen waren bisher lediglich Direktflüge aus dem Registrierungsland einer EU-Fluglinie in die USA möglich, jedoch nicht etwa ein Flug z.B. von der *Air France, Alitalia, British Airways, Iberia, KLM, Lufthansa* oder *SAS* von Wien nach New York. Durch den Fall der Staatsdominanz werden auch mehrheitlich Übernahmen und Fusionen von Fluggesellschaften möglich, wie sie in den USA bereits zu einem massiven Wettbewerb und einer „*Marktbereinigung*" geführt haben.

Zum Schutz des internationalen Flugverkehrs gibt es folgende Abkommen bzw. Übereinkommen:

- Das Abkommen von Tokio über strafbare und bestimmte andere an Bord von Luftfahrzeugen begangene Handlungen vom 14.9.1963;
- das Übereinkommen zur Bekämpfung der widerrechtlichen Inbesitznahme von Luftfahrzeugen vom 16.12.1970 (Haager Übereinkommen);
- das Übereinkommen zur Bekämpfung widerrechtlicher Handlungen gegen die Sicherheit der Zivilluftfahrt vom 23.9.1971 (Montrealer Abkommen);
- *Protocol for the Suppression of Unlawful Acts of Violence at Airport Serving International Civil Aviation* vom 24.2.1988;
- das Europäische Übereinkommen zur Bekämpfung des Terrorismus, Straßburg 1977.

Für den Luftraum gilt im **Internationalen Fernmelde- und Funkdienstrecht**: Die Abschirmung des Luftraumes ist technisch nicht möglich, die Sendefreiheit ist für Fernmeldedienste, Rundfunk- und Fernsehdienste vorhanden („***Ätherfreiheit***"), weiters existiert das Recht auf Störung („*jamming*"). Mit der sogenannten „*Autronic*"-Entscheidung vom 22.5.1990 betonte auch der Europäische Gerichtshof für Menschenrechte, dass der Empfang an die Allgemeinheit gerichteter Informationen sowie die freie Nutzung von Empfangsmitteln zu diesem Zweck von Art. 10 der Europäischen Menschenrechtskonvention (EMRK)[255] geschützt ist und dieses Recht ausschließlich dann eingeschränkt werden kann, wenn eine Einschränkung zum Schutz bestimmter Rechtsgüter unentbehrlich ist – Art. 10 Abs. 2 EMRK nennt in diesem Zusammenhang u.a. die nationale Sicherheit, die territoriale Unversehrtheit, die Aufrechterhaltung der Ordnung und die Verbrechensverhütung sowie den Schutz der Rechte anderer, um die Verbreitung von vertraulichen Nachrichten zu verhindern.

254 Hedi Schneid, EuGH wirbelt Europas Luftraum auf, Die Presse, 6.11.2002, 21.
255 Art. 10 EMRK – Freiheit der Meinungsäußerung.

Als Weltraum definiert sich jener Bereich, der jenseits des Luftraumes liegt. Der Weltraum und die Himmelskörper wurden bis in die jüngste Zeit als *res extra commercium* betrachtet. Mit der Entwicklung des Weltraumrechts reagierte die Staatengemeinschaft in sehr kurzem zeitlichen Zusammenhang auf den Beginn der Nutzung des Weltraums, die mit den ersten Satellitenstarts der Sowjetunion und der USA 1957/58 begann.[256] Für eine koordinierte und konfliktfreie Nutzung waren grundlegende Fragen zu klären, die vom Rechtsstatus über die Nutzungsformen – kein **nuklearer Rüstungswettlauf** im Weltraum – bis hin zum Zugang reichten. Aus diesem Grund schuf die UNO-Generalversammlung im Jahre 1959 einen ständigen Ausschuss (**COPUOS**[257]), der sich auch mit der Ausarbeitung einer internationalen Rechtsordnung für den Weltraum befassen sollte.

Als erste und grundlegende völkerrechtliche Vereinbarung des Weltraumrechts gelang es, den *Vertrag über die Grundsätze zur Regelung der Tätigkeiten von Staaten bei der Erforschung und Nutzung des Weltraums einschließlich des Mondes und anderer Himmelskörper* vom 27.1.1967 zu kodifizieren.[258] Dieser Vertrag legt die Grundsätze fest, die die Weltraumaktivitäten von Staaten regeln. Demnach sind der **Weltraum, der Mond und andere Himmelskörper** von jeglicher nationaler und persönlicher Aneignung – also dem Erwerb von Hoheitsrechten und Privatrechten – ausgeschlossen (Art. II des Weltraumvertrags 1967). Die Weltraumnutzung hat ausschließlich friedlich zu erfolgen, Art. 51 der UNO-Charta bleibt über Art. III des Weltraumvertrags anwendbar.

Für den Weltraum wird eine weitgehende **Freiheit der Forschung und der wirtschaftlichen Nutzung** gewährt, die allerdings nicht schrankenlos gilt, sondern zum Vorteil und im Interesse aller Länder ungeachtet ihres wirtschaftlichen und wissenschaftlichen Entwicklungsstandes wahrzunehmen ist. Denn die Erforschung und Nutzung des Weltalls soll **Sache der gesamten Menschheit** („*province of all mankind*“, *res communis omnium*) sein (Art. I des Weltraumvertrags 1967). Eine weitere Einschränkung ist die **friedliche Nutzung des Weltraums** (Art. IV), die für den Mond und die anderen Himmelkörper umfassend gilt – keine Stützpunkte, keine Waffen, keine militärischen Übungen. Demnach ist auch die **Stationierung von Kern- und Massenvernichtungswaffen** im Weltraum **untersagt**. Waffensysteme, die jedoch einen Teilorbit zurücklegen, um zu

256 Fischer/Köck, 2000, 180f.

257 Weltraumausschuss, *Committee on the Peaceful Uses of Outer Space*.

258 Die Depostärregierungen des Vertrages sind heute jene Großbritanniens, Russlands (damals: Sowjetunion) und der USA.

ihrem Ziel zu gelangen – ballistische Raketen mit Nuklearsprengkörpern oder militärische Aufklärungssatelliten – sind erlaubt.

Die Weltraumfreiheiten stützen sich völkerrechtlich auf die Forschungsfreiheit und die Nutzungsfreiheit – Flug, Energiegewinnung, Erdbeobachtung und Nachrichtenübermittlung. Die Schranken der Weltraumfreiheiten liegen in der Gemeinwohlklausel des Art. I des Weltraumvertrags von 1967, vor allem in den Informations- und Kooperationsverpflichtungen, im Prinzip der gebührenden Rücksichtnahme (Art. IX Weltraumvertrag) und in der Beachtung des geltenden Völkerrechts.

Nicht geregelt ist der freie Zugang zum Weltraum. Auch wird der Weltraum im Weltraumvertrag von 1967 nicht definiert. Der Weltraumvertrag legt weiters die **Haftung für Schäden durch Weltraumaktivitäten** fest (Art. VII). Demnach haften Staaten, die einen Weltraumgegenstand in den Weltraum starten, starten lassen oder ihr Territorium oder ihre Anlagen für Starts zur Verfügung stellen, grundsätzlich unbedingt für Körper- und Sachschäden, die ein derartiger Gegenstand auf der Erde, im Luftraum oder im Weltraum verursacht (vgl. dazu auch die Weltraumhaftungsübereinkommen). Der Weltraumvertrag enthält auch Bestimmungen zur Vermeidung von schädlichen Verunreinigungen des Weltraums. Allerdings haben sie in ihrer gegenwärtigen Fassung wenig praktische Bedeutung erlangt.

Die technische Entwicklung der Weltraumfahrt und die damit verbundenen Gefahren hat die Ausarbeitung von Verträgen zur Ergänzung und Konkretisierung des Weltraumvertrages veranlasst. Das Internationale öffentliche Weltraumrecht wird somit von folgenden fünf Abkommen der Vereinten Nationen gebildet:[259]

- Weltraumvertrag 1967;
- Weltraumrettungsübereinkommen vom 22.4.1968 zur Gewährung von Hilfe an in Not geratene Raumfahrer und zur Rückgabe von in den Weltraum gestarteten Gegenständen (Vertragsstaaten: 93);
- Weltraumhaftungsübereinkommen vom 29.3.1972 zur Sicherstellung angemessenen Schadensersatzes für durch Weltraumgegenstände verursachte Schäden (Vertragsstaaten: 76);
- Weltraumregistrierungsübereinkommen vom 14.1.1975 zur Erleichterung der Identifizierung von in den Weltraum gestarteten Gegenständen (Vertragsstaaten: 39);
- Mondvertrag vom 18.12.1979 mit speziellen Regelungen über die Nutzung des Mondes und der eventuellen Ausbeutung seiner Naturschätze. Diesen

259 Vgl. Entwicklung und Bestand des Weltraumrechts, http://www.auswaertiges-amt.de/www/de/aussenpolitik/vn/weltraumrecht_html .

Vertrag haben wegen umstrittener Regelungen nur 10 Staaten ratifiziert. Er ist daher *de facto* bedeutungslos.

Für einige Probleme der Nutzung des Weltraums gibt es bisher unter den UNO-Mitgliedern keinen Konsens, ob und inwieweit eine rechtliche Regelung erfolgen soll. Aus diesem Grund wurden zunächst nur rechtlich nicht verbindliche Prinzipienkataloge ausgearbeitet, die als UNO-Resolution angenommen wurden. Sie können als Grundlage für eine zukünftige völkerrechtliche Regelung dienen:

- Nach dem Start des ersten zivilen Fernerkundungssatelliten (FES) 1972 erhoben einige Entwicklungsländer 1978 die Forderung nach einer speziellen Regelung. Durch FES lassen sich Informationen über Bodenschätze, Wetter- und Klimaveränderungen und Ressourcenbewirtschaftung gewinnen. Die Fernerkundungsprinzipien, die 1986 durch eine UNO-Resolution angenommen wurden, bestätigen das unbeschränkte **Recht zur Fernerkundung** ohne vorherige Zustimmung oder Mitteilung. Im Gegenzug hat der erkundete Staat Zugriff auf die Daten auf der Basis der Nichtdiskriminierung und zu vernünftigen Kostenbedingungen. Diese Prinzipien gelten nicht für die militärische Aufklärung.
- Ein weiterer Prinzipienkatalog zum Schutz der Umwelt wurde 1993 durch eine UNO-Resoultion angenommen. Er betrifft die **Nutzung nuklearer Energiequellen** („*Nuclear Power Sources*" – NPS) im Weltraum und stellt vor allem Regeln über Sicherheitsanforderungen, Vermeidungs- und Mitteilungspflichten auf. Die Prinzipien wurden maßgeblich durch den Absturz des sowjetischen *Satelliten COSMOS 954* im Jahre 1978 in Kanada veranlasst.[260]

Das Instrument für die Entwicklung des Weltraumrechts ist der 1959 eingerichtete ständige Ausschuss der Vereinten Nationen für die friedliche Nutzung des Weltraums **(COPUOS)**. Er besteht aus einem Hauptausschuss und zwei Unterausschüssen, dem wissenschaftlich-technischen Unterausschuss (WTUA) und dem Rechtsunterausschuss (RUA). Alle drei Ausschüsse tagen einmal jährlich. Im RUA sind alle bisherigen Verträge und Prinzipienkataloge ausgearbeitet und ausgehandelt worden. Der RUA ist das Hauptforum für die Entwicklung des Weltraumrechts.

Der Weltraumausschuss trifft seine Entscheidungen nach dem Konsensprinzip. Es garantiert, dass die Mehrheit der Entwicklungsländer unter den gegenwärtig 61 Mitgliedstaaten des Ausschusses die Minderheit der Staaten, die im Weltraum aktiv sind, nicht überstimmen kann, führt aber auch zu langwierigen Verhandlungen, wenn der politische Druck zur Einigung gering ist. Zu den Themen, die auf der Tagesordnung des RUA stehen, gehört u.a. die Nutzung der

---

260 Fischer/Köck, 2000, 181f.

geostationären Erdumlaufbahn, die Abgrenzung des Weltraums vom Luftraum, der Stand der Ratifizierungen der Weltraumverträge und die von UNIDROIT *(International Institute for the Unification of Private Law)* entworfenen Regelungen zu internationalen Sicherungsrechten an Weltraumobjekten.

Ein Thema mit vermehrt praktischer Bedeutung sind die **Weltraumtrümmer** („*space debris*"). Hier geht es um die Beseitigung oder Verringerung der Gefahr von Zusammenstößen im Weltraum oder Abstürzen auf der/die Erde (z.B. der sowjetischen *COSMOS 954* und *1402* und der US-Raumfähre *Columbia* Anfang Februar 2003). Weltraumtrümmer können die Raumfahrt und die astronomische Forschung erheblich beeinträchtigen. Besondere Gefahren entstehen beim Absturz eines Satelliten mit nuklearen Energiequellen an Bord.

Internationaler Umweltschutz

Erstmals erlangte im *Trail Smelter Fall* 1938 das Verbot der erheblichen Schädigung von Nachbargebieten – auch in Bezug auf staatsfreie Räume – sowie das Gebot zur Vermeidung grenzüberschreitender Umweltbelastung Wirksamkeit. Zu diesem Grundprinzip kamen das Prinzip der fairen Aufteilung der Nutzung gemeinsamer Umweltmedien (z.B. Binnengewässer), das Prinzip der Zusammenarbeit, d.h. der Informations- und Konsultationspflicht, besonders zur Warnung bei Notstandsfällen (z.B. Reaktorunfall von Tschernobyl/UdSSR 1986), das Vorsorgeprinzip und das Prinzip der Haftung des Verursachers hinzu.

Die ersten Folgen des **Treibhauseffekts** wurden im Wiener Übereinkommen zum Schutz der Ozonschicht 1985 mit dem Protokoll von Montreal vom 16.9.1987 berücksichtigt. Dieses Protokoll wurde später angepasst und geändert. Das Protokoll von Montreal listet Stoffe auf, deren Verringerung zu einem Abbau der Ozonschicht führen soll.

Die wichtigsten Rechtsquellen im Internationalen Umweltrecht bilden multilaterale völkerrechtliche Verträge sowie rechtsverbindliche Beschlüsse und Empfehlungen von internationalen Organisationen wie FAO, IAEA, ICAO, ILO, WHO, Europarat und OECD.[261] Jeder Staat, in dem eine potenziell grenzüberschreitende Umweltaktivität gesetzt werden soll, ist zur Verfahrensinitiative durch Information verpflichtet.

Auf der **Konferenz von Rio de Janeiro** wurden 1992 für den Internationalen Umweltschutz folgende Dokumente verabschiedet[262]:

---

261 Franz Zehetner, Das Internationale Umweltschutzrecht, in: Neuhold/Hummer/Schreuer (Hg.), 1997, 406-415, 409.

262 Aus: www.jura.uni-duesseldorf.de/Lehre/bepa/Lorz/vr2/FolienSS2002.ppt .

- Rio-Deklaration über die Agenda 21 (Aktionsprogramm, 600 Seiten);
- Rio-Deklaration über Umwelt und Entwicklung;
- UNO-Konvention über die Erhaltung der Artenvielfalt;
- UNO-Klimakonvention;
- UNO-Prinzipienerklärung zum *„globalen Konsens über das Management, die Erhaltung und nachhaltige Entwicklung aller Waldarten*".

Die Konferenz von Rio bzw. die Agenda 21 beinhaltet als Maßnahmen für das 21. Jahrhundert zur Umsetzung der Deklaration von Rio

- nachhaltiges („*sustainable*") Wachstum durch Integration von Umweltschutz und Entwicklung[263];
- Armutsbekämpfung und Gesundheitsschutz;
- Sicherung städtischer Wasserversorgung, Müllbeseitigung und Bekämpfung städtischer Umweltverschmutzung;
- Wirksamere Ressourcennutzung;
- Schutz der globalen und regionalen Ressourcen einschließlich der Atmosphäre, Ozeane, Weltmeere und der marinen Ressourcen;
- Management chemischer und gefährlicher nuklearer Abfälle.

Die erste UNO-Klimakonferenz nach Rio – die UNO-Klimakonvention von 1992 ist völkerrechtlich verbindlich - fand 1995 in Berlin statt. Im *„Berliner Mandat*" verpflichteten sich mehr als 160 Staaten, im Jahr 1997 ein verbindliches Protokoll für den Klimaschutz zu verabschieden. Die zweite UNO-Klimakonferenz in Genf 1996 brachte dazu keine wirklichen Ergebnisse. Während der dritten UNO-Klimakonferenz in Kyoto 1997 wurde das „**Protokoll von Kyoto**" verabschiedet, es enthält Festlegungen für eine fortschreitende Verringerung der Emission von Treibhausgasen. Ziel des Kyoto-Protokolls ist der Kampf gegen die Klimaveränderungen.

Die vierte UNO-Klimakonferenz in Buenos Aires 1998 brachte den *„Aktionsplan von Buenos Aires*" hervor, die fünfte UNO-Klimakonferenz in Bonn 1999 die Vereinbarung eines Fahrplanes zur Umsetzung des Kyoto-Protokolls. Die sechste UNO-Klimakonferenz fand in Den Haag 2000 statt, sie wurde in Bonn 2001 fortgesetzt. Die siebte UNO-Klimakonferenz wurde 2001 in Marrakesch abgehalten.

263 1984 wurde von den Vereinten Nationen die „Weltkommission für Umwelt und Entwicklung" ins Leben gerufen. Unter der Leitung der norwegischen Ministerpräsidentin – Gro Harlem Brundtland – haben 22 Fachleute aus Nord und Süd sowie den damaligen Staaten der Warschauer Vertragsorganisation (Warschauer Pakt) einen umfangreichen, unter dem Titel *„Unsere gemeinsame Zukunft*" 1987 einen Bericht erarbeitet, der vor allem für die künftige Ausrichtung der Entwicklungspolitik am Konzept der „nachhaltigen Entwicklung" plädiert.

Ausgehend von dem am 9.5.1992 in New York angenommenen Rahmenübereinkommen der Vereinten Nationen über Klimaveränderungen war das **Kyoto-Protokoll** zu diesem Rahmenübereinkommen vom 10.12.1997 der erste Schritt zur konkreten Umsetzung der Klimakonvention. Es verpflichtet die Industriestaaten, den Ausstoss von Treibhausgasen – Kohlendioxid (CO_2), Methan (CH_3), Stickstoffoxid (N_2O), teilhalogene Fluorkohlenwasserstoffe (H-FCKW), perfluorierte Kohlenwasserstoffe (FKW/PFC) und Schwefelhexafluorid (SF_6) – zwischen 2008 und 2012 um mindestens fünf Prozent unter das Niveau von 1990 zu verringern. Für den Zeitraum vor 2008 verpflichten sich die Vertragsparteien, bis spätestens 2005 nachweisbare Fortschritte bei der Erfüllung ihrer Verpflichtungen zu erzielen. Die Vertragsparteien, die dies wünschen, können das Jahr 1995 als Bezugsjahr für die Emissionen von H-FCKW, FKW und SF_6 verwenden. Das Protokoll selbst ist nicht so ehrgeizig wie die Verhandlungsziele der Europäischen Union, die vorgeschlagen hatte, die Emissionen von Kohlendioxid, Methan und Stickoxiden bis zum Jahr 2010 um 15% zu senken – mit einem Zwischenziel von 7,5% für das Jahr 2005. Die Europäische Union hatte dazu ein EU-internes *„burden sharing“* fixiert. Im Rahmen dessen will Österreich ein Minus von 13% erreichen, Deutschland eines von 12%.[264] Innerhalb der EU sind lediglich Deutschland und Großbritannien im Fahrplan. In Österreich ist der Ausstoss aller Treibhausgase zusammen um zwei Prozent höher als 1990; CO_2 hat um 6-7% zugenommen: Minus 13% scheinen in weiter Ferne. Die Europäische Gemeinschaft hatte das Kyoto-Protokoll am 29.4.1998 unterzeichnet und am 31.5.2002 ratifiziert.

Kyoto hatte zwar einen Durchbruch gebracht, bei der eigentlichen nationalen Umsetzung des Protokolls sind noch einige politische und technische Schwierigkeiten zu bewältigen. Harte Zwangsmaßnahmen zur Durchsetzung der Beschlüsse von Kyoto – wie z.B. Wirtschaftssanktionen – wurden zwar von manchen Staaten gefordert, jedoch im Hinblick auf das mögliche Entstehen neuer Spannungen zwischen Staaten von der Mehrheit – darunter auch der Europäischen Union – abgelehnt.

Das Kyoto-Protokoll ist zwar noch nicht international gültig, doch wurde auf der achten Klimakonferenz im Oktober/November 2002 in Neu Delhi seitens der Minister die ersten Vorschläge diskutiert, wie sich die Klimapolitik nach Auslaufen der Kyoto-Vereinbarung entwickeln wird. Klimasünder sollen künftig verstärkt zur Verantwortung gezogen werden. 2012 endet die Kyoto-Phase. Die Vereinbarung wird erst völkerrechtlich verbindlich, wenn sie von 55 Ländern in staatliches Recht übernommen wird, die 55 Prozent des weltweiten Treibhaus-

264 Michael Lohmeyer, Klimapolitik nach Kyoto: Wird CO_2 um 30 Prozent reduziert?, in: Die Presse, 30.10.2002, 12.

gas-Ausstoßes verursachen. Mojib Latif, Wissenschafter des deutschen Klimarechenzentrums im Max Planck-Institut für Meteorologie in Hamburg dazu: *„In 100 Jahren müssen die zusätzlichen Treibhausgase beinahe bei Null sein*". Latif meint, dass es bei der Umstellung des Energiesektors auf erneuerbare Quellen (Wind, Wasser, Solar, Photovoltaik) innerhalb der kommenden Jahrzehnte einen Durchbruch geben wird.[265] Seit 1900 ist es im globalen Mittel um 0,7 Grad Celsius wärmer geworden, über den Landgebieten um 1,4 Grad. Im Jahr 2100 wird die Temperatur voraussichtlich um durchschnittlich ein Grad höher sein als heute. In manchen Ländern ist das Weidevieh ein wesentlicher Klimafaktor, es erzeugt allein in Neuseeland 40% der dortigen Treibhausgase. Die Regierung in Wellington wird jedoch – nach heftigen Protesten von Bauernverbänden - die Methanemissionen seiner zehn Millionen Rinder und 45 Milionen Schafe nicht mit einer *„Flatulence Tax*" als eine der Maßnahmen zur Erfüllung des Kyoto-Klimaschutzprotokolls besteuern. So wird die Industrie die Reduktionspflichten der Tiere übernehmen.[266]

Zum Inkrafttreten des Kyoto-Abkommens ist eine Ratifizierung des größten Umweltsünders der Welt, der USA, und auch Russlands notwendig. Der Wirtschaftsberater des russischen Präsidenten Vladimir Putin betonte jedoch Anfang Dezember 2003: *„Wir können Kyoto in der derzeitigen Form nicht ratifizieren, weil es unser Wirtschaftswachstum signifikant begrenzen würde.*"[267] Auch die USA haben dieselben Bedenken und lehnen eine Ratifizierung dieses Abkommens gegenwärtig ab.

Der Schutz einzelner Umweltmedien erfolgt vor allem durch Konventionen. Im Fall des **Meeresschutzes** sind folgende Konventionen wirksam:

- Internationales Übereinkommen zur Verhütung der Verschmutzung der See durch Öl von 1954;
- Übereinkommen über die Fischerei und die Erhaltung der biologischen Reichtümer der **Hohen See** von 1958;
- Übereinkommen zur Zusammenarbeit bei der Bekämpfung von Ölverschmutzungen der Nordsee von 1969;
- Internationales Übereinkommen über Maßnahmen auf Hoher See bei Ölverschmutzungs-Unfällen von 1969;

Den Ausgangspunkt für die **Haftung für Umweltschäden** im Völkerrecht bildet das Prinzip 21 der Stockholm-Deklaration von 1972, wonach Staaten sicherstellen müssen, dass Handlungen, die ihrer Regelungs- und Kontrollbefugnis unterliegen, keine grenzüberschreitenden Umweltschäden verursachen. Die völ-

265 Ebd.

266 Aus: Keine „Flat Tax", Energie Report Nr. 11/2003, 9.

267 Aus: Russland ratifiziert Kyoto-Protokoll nicht, Die Presse, 3.12.2003, 19.

kerrechtliche Haftung ist immer die direkte Haftung für eigenes bzw. Organverhalten. In diesem Zusammenhang stellt sich die Frage, ob von Verschuldens- oder Gefährdungshaftung ausgegangen werden soll. Spezielle Haftungsbestimmungen existieren ausschließlich im Bereich des Seerechts und des Atomrechts sowie im Weltraumhaftungsvertrag.

Internationales Wirtschaftsrecht

Der bilaterale Handelsvertrag setzt seit dem Mittelalter das Instrument der **Meistbegünstigung** von Diskriminierungen im Handelsverkehr ein. Der Träger des internationalen Wirtschaftslebens ist nicht primär der Staat, sondern die Privatperson, also das **transnationale Unternehmen** (*transnational corporation* – TNC) als über die Staatsgrenzen hinweg operierende Wirtschaftskörper.[268] Das Internationale Wirtschaftsrecht (IWR) umfasst „*nicht nur das internationale Recht der Wirtschaft, ... sondern auch das Recht der internationalen Wirtschaft.*"[269] Prinzipiell inkludiert dies auch das nationale Außenwirtschaftsrecht und zivilrechtliche Regelungen im Wirtschaftsbereich.[270] Das Wirtschaftsrecht hat zum Ziel, international Wirtschaftskooperationen zu regeln und so auch international die politische und wirtschaftliche Stabilität zu stärken. Dies stärkt wiederum den sozialen Frieden, der für die innere Sicherheit von großer Wichtigkeit ist. Regionale Wirtschaftskooperationen sind für das IWR charakteristisch, sie erfolgen u.a. im Rahmen

- der Europäischen Gemeinschaften und der Europäischen Freihandelsassoziation;
- des *North American Free Trade Agreement* (NAFTA)[271];
- des MERCOSUR[272];

---

268 Peter Fischer, Gestaltwandel im Internationalen Wirtschaftsrecht, in: Waldemar Hummer (Hg.), Paradigmenwechsel im Völkerrecht zur Jahrtausendwende, 2002, 209-233, 211f.

269 Otto Kimminich/Stephan Hobe, Einführung in das Völkerrecht, 7. Auflage, 2000, 323.

270 Ebd.

271 Die NAFTA wurde am 1.1.1994 ins Leben gerufen und wird von Kanada, Mexiko und den USA gebildet. Ziel der NAFTA ist die Beseitigung der meisten Handelsbarrieren unter den drei Staaten.

272 Mit dem Vertrag von Asunción vom 26.3.1991 wurde zwischen Argentinien, Brasilien, Paraguay und Uruguay vereinbart, bis 31.12.1994 einen *Gemeinsamen Markt des Südens* (MERCOSUR) unter den Kriterien des freien Austausches von Waren, Dienstleistungen und Produktionsfaktoren zu bilden.

- der Wirtschaftsgemeinschaft Westafrikanischer Staaten (ECOWAS)[273];
- der Asiatisch-Pazifischen Wirschaftlichen Kooperation (APEC)[274];
- ASEAN[275]
- und vielen bilateralen Abkommen, insbesondere Freundschafts-, Handels- und Schifffahrtsverträgen.[276]

In Südasien einigten sich Anfang Januar 2004 die Außenminister von Bangladesch, Bhutan, Indien, den Malediven, Nepal, Pakistan und Sri Lanka auf ein Freihandelsabkommen, das den Abbau der Zollschranken bis 2006 vorsieht.[277] In Afrika wurde für die wirtschaftliche Zusammenarbeit u.a. auch die Arabische Liga sowie 1963 die OAU etabliert, aus der 2002 die Afrikanische Union geschaffen wurde mit dem Ziel, u.a. eine Wirtschaftsgemeinschaft der afrikanischen Staaten nach dem Vorbild der Europäischen Union zu bilden. In Miami einigten sich 34 Länder am 21.11.2003 auf den Rahmen für die Schaffung einer Freihandelszone im Hinblick auf die Gründung der *Free Trade Area of the Americas* (FTAA) Anfang 2005. Von der Bereitschaft zur Öffnung der eigenen Märkte soll es jedoch abhängen, welchen Zugang ein Land zu den Märkten der anderen FTAA-Partnern erhält. Der FTAA sollen alle Länder des amerikanischen Kontinents angehören bis auf das kommunistische Kuba, die FTAA wäre

---

273 Die ECOWAS – *Economic Community of West African States* – wurde 1975 gegründet mit dem Ziel umfassender Wirtschaftskooperationen zur Stabilisierung Westafrikas. Folgende 15 Staaten bildeten 2003 die ECOWAS: Benin, Burkina Faso (ehemaliges Obervolta), die Elfenbeinküste, Gambia, Ghana, Guinea, Guinea Bissau, Kap Verde, Liberia, Mali, Niger, Nigeria, Senegal, Sierra Leone und Togo.

274 Die APEC – *Asia Pacific Economic Cooperation* – bestand 2003 aus folgenden 20 Staaten: Australien, Brunei Darussalam, Chile, Volksrepublik China (inkl. Hong Kong), Indonesien, Japan, Kanada, Republik Korea (Südkorea), Malaysia, Mexiko, Neuseeland, Papua Neuguinea, Peru, Philippinen, Russland, Singapur, Taiwan, Thailand, USA und Vietnam. Das erste Treffen der APEC fand 1989 in Canberra statt.

275 Die ASEAN - *Association of South East Asian Nations* – wurde am 8.8.1967 in Bangkok gegründet mit dem Ziel, durch verstärkte wirtschaftliche Kooperationen Friede und Stabilität in Südostasien zu erzielen. ASEAN umfasste 2003 zehn Mitgliedstaaten. Die Gründungsstaaten waren Indonesien, Malaysia, die Philippinen, Singapur und Thailand. Folgende Staaten wurden danach in die ASEAN aufgenommen: 1984 Brunei Darussalam, 1995 Vietnam, 1997 Lao und Burma/Myanmar und 1999 Kambodscha. Ziel von ASEAN gemäß dem „Bali-Vertrag II", der am 7.10.2003 beschlossen wurde, ist es, bis zum Jahr 2020 einen gemeinsamen Markt für 500 Millionen Menschen zu schaffen. Die Standardisierung der Zollabläufe ist nach „Bali II" bis Ende 2004 geplant, der Beginn des Abbaus nicht-tarifärer Handelshemmnisse sollte demnach ab 2005 erfolgen. ASEAN-Einwohner sollen ab 2005 auch ohne Visa in die Mitgliedstaaten einreisen dürfen.

276 Aus: www.jura.uni-duesseldorf.de/Lehre/bepa/Lorz/vr2/FolienSS2002.ppt

277 Aus: Südasien: Kein Zoll ab 2006, Die Presse, 5.1.2004, 18.

somit die größte zusammenhängende Freihandelszone der Welt – mit einer Reichweite von Alaska bis Feuerland und einer Einwohnerzahl von fast 800 Mio. Menschen. Das gemeinsame Bruttoinlandsprodukt der 34 Staaten betrug 2002 knapp 13 Billionen US-Dollar. Die Idee zur Gründung der FTAA wurde von US-Präsident Ronald Reagan vorgetragen, die Verhandlungen dazu leitete erst Präsident Bill Clinton 1994 ein.[278]

Die Normenerzeugung im Internationalen Wirtschaftsrecht erfolgt durch völkerrechtlichen Vertrag. Handels-, Schifffahrts-, Niederlassungs- und Konsularverträge sind klassische Beispiele vertraglicher internationaler wirtschaftlicher Zusammenarbeit. Ebenso zählen Verträge zur Gründung internationaler Wirtschaftsorganisationen wie das GATT (*General Agreement on Tariffs and Trade*), die Weltbank oder der Internationale Währungsfonds (IWF) sowie aufgrund dieser Verträge ergangene bindende Beschlüsse der dadurch geschaffenen Organe zum Internationalen Wirtschaftsrecht.

Das **Internationale Finanz- und Währungsrecht** wurde durch die Verschuldungskrise nicht nur im Bereich der Länder der Dritten Welt, sondern auch der Nachfolgestaaten der Sowjetunion von Bedeutung. Durch das 1945 in Kraft getretene Abkommen über den IWF wurde eine Weltwährungsordnung geschaffen, welche die Mitglieder verpflichtete, ihre nationalen Währungspolitiken gemeinsamen Grundsätzen unterzuordnen. Diese waren

- feste Wechselkurse mit engen Bandbreiten,
- Konvertibilität der Währungen und der
- Gold-Dollar-Standard.

Die IWF-Mitglieder hatten sich verpflichtet, die Parität ihrer Währungen in Gold oder US-Dollars festzulegen. Bei Änderung vom mehr als +/- 5% der ursprünglichen Parität besaß der IWF ein Einspruchsrecht. Erst nach der 1971 vom US-Präsidenten Richard Nixon abgegebenen Erklärung, zur Begleichung internationaler Zahlungsverpflichtungen kein Gold mehr anzunehmen oder abzugeben, brach das internationale Währungssystem zusammen. Darauf ließen unter klarer Verletzung der IWF-Satzung die wichtigsten Industrieländer den Wechselkurs ihrer Währungen frei schwanken (*floaten*). So wurde in währungsrechtlicher Hinsicht eine Anpassung der Satzung an die geänderten Umstände notwendig.[279] Diese Adaptierung erfolgte durch zwei Satzungsänderungen 1969 und 1976. Erstere führten die **Sonderziehungsrechte** ein, diese sollte die internationale Liquiditätsversorgung von den Zufälligkeiten der Goldproduktion bzw. der

278 Aus: Amerika setzt Rahmen für Freihandel, Frankfurter Allgemeine Zeitung, 22.11.2003, 9.

279 Aus: Peter Fischer, Internationales Wirtschaftsrecht, in: Neuhold/Hummer/Schreuer (Hg.), 1997, 418-444, 434.

Zahlungsbilanzpolitik einzelner Staaten befreien. Die Bewertung des Sonderziehungsrechts erfolgte seit 1981 nach einem Währungskorb aus fünf Währungen mit folgenden Anteilen: US-Dollar 42%, Deutsche Mark 19%, französischer Franc, japanischer Yen und Pfund Sterling je 13%. Auf deren Basis wurden Transaktionen sowohl zwischen den IWF-Mitgliedern untereinander (z.B. Beschaffung von Fremdwährungen) als auch zwischen ihnen und den IWF durchgeführt. Die Satzungsänderung von 1976 brachte die Legalisierung der bestehenden Wechselkurspolitiken (*floaten*), die Demonitarisierung des Goldes, also den Verlust der Geldfunktionen des Goldes und den Entfall der Gold-Dollar-Konvertibilität. Mittlerweile ist aber eine neue Weltwährungsordnung geschaffen worden, die zum Teil den Interessen der Entwicklungsländer Rechnung trägt. Durch die Einführung des Euro auf regionaler Ebene und die Weiterentwicklung des *Bretton Woods*-Systems[280] auf universeller Ebene besitzt das europäische und internationale Währungsrecht einen relevanten Stellenwert im Internationalen Wirtschaftsrecht.[281]

Das **Internationale Investitionsrecht** nimmt ebenfalls einen bedeutenden Stellenwert ein. Allein zwischen 1973 und 1995 hatte das Welthandelsvolumen um das achtfache, das Investitionsvolumen um das zwölfeinhalbfache zugenommen.[282] Ein wichtiger Teil des Internationalen Investitionsrecht ist das **Internationale Konzessionsrecht**, hier wird auf der Basis von bilateralen Verträgen zwischen ausländischen Industriegesellschaften als Investoren und nationalen Regierungen eine in der Regel langfristige kapital- und technologieintensive Beziehung vornehmlich zur Erschließung und Gewinnung von Naturreichtümern, vor allem Erdöl, eingegangen. In diesem Bereich dominieren Verbotsnormen und Geheimhaltung durch die Parteien Staat und Konzessionär, z.B. im *Joint Venture* mit nationalen Erdölgesellschaften. Die ergiebigen Gebiete Zentralasiens können ohne westliches Kapital und *Know-how* der Ölmultis offensichtlich nicht erschlossen werden, die wiederum als Absicherung Verfahren, wie sie nur das Völkerrecht bieten kann, verlangen und auch vertraglich einge-

---

280 Die Währungs- und Finanzkonferenz der späteren Vereinten Nationen fand 1944 in Bretton Woods statt. Daraus entwickelten sich das GATT 1947 sowie die Abkommen über den IWF mit dem Ziel Währungsstabilität und über die Weltbank – zunächst vor allem zur Kreditgewährung zum Wiederaufbau der durch den Zweiten Weltkrieg zerstörten Volkswirtschaften.

281 Neuhold/Hummer/Schreuer (Hg.), 1997, 434.

282 Peter Fischer, Gestaltwandel im Internationalen Wirtschaftsrecht, in: Waldemar Hummer (Hg.), Paradigmenwechsel im Völkerrecht zur Jahrtausendwende, 2002, 209-233, 213.

räumt erhalten – hier gibt es eine zunehmende Bereitschaft zu Schiedsgerichts- und Stabilisierungsklauseln.[283]

In den sechziger und siebziger Jahren lag die Hoffnung der Staaten der Dritten Welt in der Bildung einer **Neuen Internationalen Wirtschaftsordnung (NIWO)**. Heute ist NIWO eine historische Bezeichnung, ein beliebtes Schlagwort war damals die *„permanente Souveränität über die Naturschätze"* als unveräußerliches Recht der Entwicklungsländer. Diese Länder sind auf den Weltmärkten auf Rohstoffpreise angewiesen. In der Resolution 1803 der Generalversammlung der Vereinten Naionen vom 14.12.1962 über die *„Permanente Souveränität über die Naturschätze"* ist die Rede von angemessener Entschädigung bei Enteignung in Übereinstimmung mit dem Völkerrecht und der Unantastbarkeit von Verträgen. 1974 wurde die Deklaration über die Errichtung einer Neuen Internationalen Wirtschaftsordnung (NIWO) verabschiedet (Res. der UNO-Generalversammlung 3201 vom 1.5.1974). Entschädigungen bei Enteignungen sind darin nicht erwähnt. Diese Resolution wurde knapp mit Konsens – wenn auch gegen Proteste seitens der USA – angenommen. Die **Charta der wirtschaftlichen Rechte und Pflichten von Staaten** (Res. der UNO-Generalversammlung 3281 (XXIX) vom 12.12.1974) wurde in einer Kampfabstimmung von der Mehrheit der sogenannten *Gruppe der 77*, die damals über 120 Stimmen verfügte, durchgesetzt. Ziel war die „Deinternationalisierung" des Investitionsrechts. Das Investitionsrecht sollte nicht vom Völkerrecht, sondern vom staatlichen Recht der betroffenen Länder bestimmt werden.[284] Die wirtschaftlichen Entwicklungsländer waren bestrebt, anstatt privater Auslandsinvestitionen Darlehen aufzunehmen, die aus den erhofften Gewinnen zurückgezahlt werden sollten. Diese Rechnung ging nicht auf. Das Ergebnis waren hochsubventionierte Staatsunternehmen und weitverbreitete Korruption. Die Dritte Welt-Länder gingen im Laufe der achtziger und neunziger Jahre von der staatlichen Wirtschaftsplanung zum Wirtschaftsliberalismus, d.h. zur Annahme von Privatinvestitionen ausländischen Kapitals über.[285]

Ein Vertrag zwischen einem Investor und einem Gaststaat zielt auf die Schaffung eines sicheren rechtlichen Rahmens für Investitionen. Stabilisierungsklauseln sollen dafür garantieren, dass allfällige Änderungen der Rechtsordnung des Gaststaates, die sich ungünstig auf die Investition Auswirken können, keine Anwendung auf Investoren haben. Für den Investor existieren

283 Ebd., 214.

284 Christoph Schreuer, Paradigmenwechsel im Internationalen Investitionsrecht, in: Waldemar Hummer (Hg.), Paradigmenwechsel im Völkerrecht zur Jahrtausendwende, 2002, 237-250, 239.

285 Ebd.

- Rechtswahlklausel: Der Investor stützt sich nicht nur auf örtliches Recht und führt deshalb Völkerrecht und Allgemeine Rechtsgrundsätze in den Vertrag ein – so z.B. kombinierte Rechtswahlklauseln.
- Schiedsklauseln: Befreiung vom innerstaatlichen Instanzenweg, direkter Zugang zum internationalen Schiedsgericht.[286]

Bei Investitionen existiert heute meist keine vertragliche Einigung zwischen dem Investor und Gaststaat. Der Investor meldet somit seine Investition nur an bzw. erhält eine Lizenz. Dadurch sind Verhandlungen ausgeschlossen, *„die oft eine Quelle der Korruption darstellen.*“[287]

Die Entziehung ausländischen Privateigentums[288]

Die Entziehung ausländischen Vermögens kann erfolgen
- durch **Enteignung**: Entziehung des Eigentumsrechtes an ausländischem Vermögen durch den Anlage- bzw. Aufenthaltsstaat als Einzelmaßnahme.
- durch **Nationalisierung** - derselbe Tatbestand als Globalmaßnahme.

Enteignungen ausländischen Vermögens waren immer erlaubt, sofern u.a. folgende Bedingungen erfüllt waren:
- die Enteignung darf nicht diskriminierend sein,
- muss einem öffentlichen Zweck dienen und
- gegebenenfalls eine Entschädigung erfolgen.

Wird eine Enteignung oder Nationalisierung ohne Entschädigung durchgeführt, so spricht man von einer **Konfiskation**. Ziel einer solchen Maßnahme ist der Transfer ausländischen Privatvermögens in das Eigentum des betreffenden Staates. Dass jedem Staat als Ausfluss seiner Souveränität das Recht zur Enteignung bzw. Nationalisierung ausländischen Vermögens zusteht, ist fester Bestandteil des geltenden Rechts und wird von keiner Seite bestritten. Kontroversiell sind hingegen die Voraussetzungen für die Zulässigkeit solcher Maßnahmen und die Entschädigungsfrage. Die Anforderungen an die Entschädigung müssen angemessen, prompt und effektiv sein, es fehlt jedoch an der Definiton dieser drei Termini. Auch ist die Zulässigkeit von Globalentschädigungsabkommen zu prüfen.

Die Rechtslage im internationalen **Enteignungs- und Entschädigungsrecht** ist verworren. Multilaterale Verträge zu seiner Lösung fehlen, denn das Eigentumsproblem wurde von den UN-Menschenrechtspakten ausgeklammert. Den einzigen multilateral-universellen Ansatz zur Klärung der Rechtslage bilden die

286 Ebd., 246f.
287 Ebd., 247.
288 Quelle: Fischer/Köck, 2000, 147ff.

Resolutionen der UN-Generalversammlung über die dauernde Souveränität über Naturreichtümer, wie sie seit 1952 periodisch angenommen wurden, sowie die ebenfalls als Resolution der UNO-Generalversammlung am 12.12.1974 angenommene Charta der wirtschaftlichen Rechte und Pflichten der Staaten.

In der Praxis vollzogen sich Enteignungen weniger radikal. In den Nationalisierungsfällen der **OPEC**-Länder[289] Ende der 1980er/Anfang der 1990er wurde die Höhe der Entschädigungssumme fast nirgends einseitig durch den eigentumsentziehenden Staat festgesetzt, sondern es wurde aufgrund oft langwieriger Verhandlungen mit dem ausländischen Unternehmen eine vertragliche Regelung gefunden, die beide Seiten zufriedenstellte.

Internationaler Investitionsschutz[290]

Nationaler Investitionsschutz besteht in der Erlassung von Investitionskodizes, in denen der Anlagestaat u.a. Garantien gegen einseitige Maßnahmen (z.B. Enteignungen) abgibt.

Internationaler Investitionsschutz existiert heute entweder bilateral oder multilateral. Bilaterale Investitionsschutz- und -förderungsabkommen, abgeschlossen zwischen dem Heimatstaat des Investors und dem Anlagestaat, legen die gegenseitigen Investitionsbedingungen fest und erklären Enteignungen als grundsätzlich unzulässig. Sollten sie unumgänglich sein, muss eine Entschädigung unverzüglich geleistet werden und dem Wert nach angemessen sein (sog. ***Hull-***

---

289 Die OPEC (*Organization of the Petroleum Exporting Countries*) wurde mittels dreier Resolutionen auf der Konferenz von Bagdad (10.-14.9.1960) gegründet – von den ölproduzierenden Staaten Irak, Iran, Kuwait, Saudi-Arabien und Venezuela. Mitglieder wurden noch Algerien (1969), Ecuador (1973-1992), Gabon (1975-1994), Indonesien (1962), Katar (1961), Libyen (1962), Nigeria (1971) und die Vereinigten Arabischen Emirate (1967). Die erste Sitzstadt der OPEC war Genf, seit 1.9.1965 befindet sich ihr Sitz in Wien. In den siebziger Jahren kontrollierte die OPEC ca. die Hälfte der Weltrohölproduktion, im Jahr 2000 waren es 40%. Im Jahr 2000 verfügten die OPEC-Staaten zwar über 75% der bekannten Welterdölreserven, deckten aber nur zu etwa 30% den Welterdölbedarf. Von der OPEC ist die OAPEC (*Organization of Arab Petroleum Exporting Countries*) zu unterscheiden, die am 9.1.1968 in Beirut gegründet wurde – von Kuwait, Libyen und Saudi-Arabien – und auch Nicht-OPEC-Staaten wie Ägypten, Syrien und Tunesien umfasst. OPEC-Beschlüsse sind für die OAPEC verbindlich. 1973 löste die OAPEC mit Sitz in Kuwait die Erdölkrise durch die Verhängung eines Erdölembargos gegen westliche Industriestaaten aus. Bis 1982 stieg die Anzahl der OAPEC-Mitglieder auf folgende 11 Länder an: Algerien (1970), Ägypten (1973), Bahrain (1970), Irak (1972), Katar (1970), Kuwait (1968), Libyen (1968), Saudi-Arabien (1968), Syrien (1972), Tunesien (1982) und die Vereinigten Arabischen Emirate (1970).

290 Quelle: Fischer/Köck, 2000, 150ff.

Formel, benannt nach dem amerikanischen Außenminister Cordell Hull (1933-44))[291]. Die ***Calvo*-Doktrin** besagt dagegen, dass der Schutz des Eigentums des Ausländers nicht weiter reicht als der des Inländers.[292] Streitigkeiten aus dem Vertrag sind durch internationale Instanzen (Schiedsgerichte, etc.) zu lösen. Diese Prinzipien wurden durch die sozialistischen Revolutionen und später durch die „postkoloniale Befreiung" in Frage gestellt. Bei der NIWO stand der Grundsatz *pacta sunt servanda* der Souveränität des Gaststaates gegenüber. Die Resolution 1803 aus 1962 betont die angemessene Entschädigung übereinstimmend mit dem Völkerrecht, die Resolutionen aus 1974 beriefen sich dagegen auf Enteignungen entsprechend dem staatlichen Recht des Enteignerstaates. Heute gilt wieder die *Hull*-Formel, d.h. das Prinzip der Nichtdiskriminierung, der öffentliche Zweck und die volle Entschädigung. In der Gegenwart hat sich die Durchführung der Enteignung aufgrund eines rechtsstaatlichen Verfahrens durchgesetzt.[293]

Schiedsverfahren werden z.B. über die Internationale Handelskammer (*International Chamber of Commerce*) oder die ICSID, das Internationale Zentrum zur Beilegung von Investitionsstreitigkeiten, durchgeführt, oder die Schiedsgerichtsbarkeit erfolgt ohne ein direktes Abkommen zwischen dem Gaststaat und dem Investor.[294] Bilateraler Investitionsschutz ist auch direkt zwischen Investor und Anlagestaat durch sog. Internationalisierte Verträge, insbesondere Konzessionsabkommen, möglich. Der Anlagestaat garantiert hier durch sog. **Stabilisierungsklauseln** die Beibehaltung der Bedingungen, wie sie bei Vertragsabschluss bestanden haben, und verzichtet indirekt auf die Erlassung von Enteignungsgesetzen. Er vereinbart die Anwendung von VR und die Zuständigkeit internationaler Schiedsinstanzen für künftige Streitigkeiten. Der Vertrag ist damit internationalisiert.[295]

Im Rahmen der Weltbank wurde am 18.3.1965 das *Übereinkommen zur Beilegung von Investitionsstreitigkeiten zwischen Staaten und Angehörigen anderer Staaten* eingeführt. Dadurch schuf die Weltbank die neue Internationale Organisation ICSID, das Internationale Zentrum zur Beilegung von Investitionsstreitigkeiten[296], das wiederum erstmals auf multilateraler Ebene die Errichtung von Schiedsgerichten oder einer Vergleichskommission ermöglicht, vor denen private internationale Investoren ihre Ansprüche gegenüber kapitalimportieren-

291 Otto Kimminich/Stephan Hobe, Einführung in das Völkerrecht, 7. Auflage, 2000, 335.
292 Ebd.
293 Christoph Schreuer, 2002, 248.
294 Ebd., 249.
295 Fischer/Köck, 2000, 152.
296 *International Center for the Settlement of Investment Disputes.*

den Staaten auf gleicher Ebene geltend machen können und damit insoweit mit einer eingeschränkten Völkerrechtssubjektivität ausgestattet sind. Der Investor hat direkten Zugang zu der dort vorgesehenen Schiedsinstanz. Kapitalexportierende Länder gewähren ihren Investoren einen staatlich abgesicherten **Versicherungsschutz** gegen politische Risiken ihrer Exporte und Anliegen im Ausland (Österreichische Kontrollbank). Ebenfalls im Rahmen der Weltbank wurde 1985 die ***Multilateral Investment Guarantee Agency*** **(MIGA)** geschaffen, durch die Investoren im Wege eines internationalen Versicherungssystems Schäden aus nichtkommerziellen Risiken ersetzt werden.[297]

Die United Nations Conference on Trade and Development - UNCTAD

Im Internationalen Wirtschaftrecht wurden die klassischen Ordnungsprinzipien wie Freihandel, Abbau der Handelshemmnisse im Wege der Meistbegünstigung und deren Ausnahmen, Nichtdiskriminierung, Reziprozität, Inländerbehandlung etc. weiter verfeinert und verbessert. Neu ist die verfassungsmäßige Verankerung der Prinzips der Rücksichtnahme auf handelspolitische Belange der Entwicklungsländer gemäß der Charta der *World Trade Organization* – **WTO** (Präambel) und des jüngst im Europarecht[298] eingeführten Prinzips der Transparenz, das alle Wirtschaftsvorgänge erkennbar machen soll und insbesondere eine Fülle neuerer Kommunikations- und Notifikationspflichten für die EU-Mitgliedstaaten begründet.[299]

Die Welthandelskonferenz, d.h. die Konferenz der Vereinten Nationen für Handel und Entwicklung (*United Nations Conference on Trade and Development* – **UNCTAD**) ist seit dem einstimmigen Beschluss der UNO-Generalversammlung am 30.12.1964 ein Ständiges Organ der Vereinten Nationen. Die Institutionalisierung der UNCTAD kam auf Druck der wirtschaftlichen Entwicklungsländer zustande. Die Ziele der UNCTAD liegen u.a. in der Förderung des internationalen Handels sowie in der Festlegung von Grundsätzen und Maßnahmen für den internationalen Handel mit dem Zweck der beschleunigten wirtschaftlichen Entwicklung – zur Entschärfung des ökonomischen Nord-Süd-Konflikts mit verstärkter Süd-Süd-Kooperation. Der größte Erfolg der UNCTAD war die Annahme des Vertrags über ein *Global System of Trade Preferences*,

---

297 Fischer/Köck, 2000, 152.

298 Das Europarecht hat sich als ein sehr relevanter Teil des modernen Internationalen Wirtschaftsrechts bereits zu einer eigenständigen Rechtsordnung mit einer gewaltigen Normenmasse entwickelt.

299 Peter Hilpold, Das Transparenzprinzip im internationalen Wirtschaftsrecht – unter besonderer Berücksichtigung des Beziehungsgeflechts zwischen EU und WTO, EuR 1999, 597ff, zitiert in: Peter Fischer, 2002, 215.

dem GATT der Dritten Welt. Die Handels- und Wirtschaftspräferenzen gelten ausschließlich für diese Staaten. Mit der Einführung von Teil IV „Handel und Entwicklung" in das GATT im Jahr 1965 wurde eine entwicklungsgerechte Erneuerung der Grundlagen der Welthandelsordnung begonnen. Diese Bemühungen mündeten in die Verankerung des Allgemeinen Präferenzsystems (*General System of Preferences*) im GATT im Zuge der „Tokio-Runde" 1979 im Sinne einer bevorzugten Marktöffnung für die Staaten der Dritten Welt. Zu ihrer vor allem technischen Unterstützung wurden im Rahmen der Vereinten Nationen 1963 das *United Nations Development Programme* (UNDP) und 1965/66 die *United Nations Industrial Development Organization* (UNIDO) gegründet.

Das Tätigkeitsfeld der UNCTAD konzentriert sich auf die wechselseitigen Beziehungen zwischen Handel, wirtschaftlicher Entwicklung und internationaler Wirtschaftshilfe. Schwerpunkte der UNCTAD waren v.a. die Einführung eines Zollpräferenzsystems für Fertig- und Halbfertigwaren zugunsten der wirtschaftlichen Entwicklungsländer, der Abschluss internationaler Rohstoffabkommen sowie die Ausarbeitung und am 27.6.1980 die Unterzeichnung des **Integrierten Rohstoffprogramms** (*Integrated Programme for Commodities* – IPC) zur Preis und Erlösstabilisierung bei (zunächst 18) ausgewählten Rohstoffen. Diese Zielsetzung sollte u.a durch multilaterale **Rohstoffabkommen** sowie durch die Einrichtung von Ausgleichslagern für Rohstoffe zur Preisstabilisierung bzw. zum Ausgleich von Produktionsschwankungen (***buffer stocks***) für etwa sechs bis acht Rohstoffe erreicht werden.[300] Kernstück des Programms ist der 1980 geschaffene Gemeinsame Fonds für Rohstoffe (*Common Fund for Commodities* – CFC) mit Sitz in Amsterdam u.a. zur Finanzierung der Ausgleichslager. Der Vertrag über die Gründung des Gemeinsamen Fonds trat am 19.6.1989 in Kraft, nachdem 103 Staaten das Abkommen ratifiziert hatten.

Ziel der Vereinten Nationen ist es, durch **Rohstoffabkommen** die auf Rohstoffe angewiesenen Entwicklungsländer mit stabilen und angemessenen Preisen am Weltmarkt zu positionieren. Dazu werden drei Systeme eingesetzt - auch in kombinierter Verwendung:

- das **Kontingentsystem**, die Zuteilung von Grundexportquoten an die Erzeugerländer;
- das **System der Preisregulierung**, d.h. der Festlegung eines Preisbandes: Bei Annäherung an den Höchstpreis hat der Erzeuger seine Rohstoffproduktion zu erhöhen;

---

300 Bei niedrigen Preisen (Überangebot) werden Rohstoffe aufgekauft, also vom Markt genommen, wodurch die Preise steigen (Angebotsverringerung). Bei hohen Preisen (Nachfrageüberhang) werden Lagerbestände verkauft, um Angebotsknappheiten auszugleichen und die drücken.

- das **System der Ausgleichsvorräte**, d.h. des *Buffer-stock*-Systems: Die Preisstabilisierung wird durch Ver- oder Ankauf von Rohstoffen aus diesem bzw. in diesen Ausgleichsvorrat erzielt.

Rohstoffabkommen „*sind internationale Marktregelungen, die von den interessierten Ländern abgeschlossen werden. Der Zweck der Regelungen ist neben der Stabilisierung der Preise gewöhnlich zugleich auch eine Revalorisierung, eine Preisanhebung zugunsten der Erzeugerländer.*"[301] Im Rahmen der Vereinten Nationen wurden nach 1945 mehrere internationale Rohstoffabkommen abgeschlossen, vor allem für Weizen (1949), Zinn (1953), Zucker (1953), Olivenöl (1959) und Kaffee (1962). Nachdem die UNO-Konferenz für Handel und Entwicklung in Genf 1964 eine Kommission für Rohstoffabkommen und Rohstoffpolitik (*Commission on Commodity Agreements and Policies* – CCP) eingesetzt hat, sind weiter Abkommen entstanden: u.a. für Baumwolle, Kautschuk, Opium, Reis, Wolle, Tee und Kakao. Zur Durchführung des Rohstoffabkommens wurde ein Rohstoffrat errichtet: Darin sind alle Mitglieder vertreten, ihre Stimmen aber je nach Marktanteil gewichtet. Mitte der neunziger Jahre betrafen die wichtigsten Rohstoffabkommen Kautschuk (1979), Zinn (1981), Jute (1982), Tropenholz (1983), Kaffee (1983), Kakao (1986), Weizen (1986) und Zucker (1986). Charakteristisch für diese Abkommen ist die relativ kurze Laufzeit.

Die Konferenz des UNCTAD tritt in der Regel alle drei bis vier Jahre zusammen und formuliert Grundsätze, Empfehlungen und Beschlüsse, die für die Mitglieder nicht bindend sind. 1964 fand die erste Welthandelskonferenz (UNCTAD I) in Genf statt, 1968 folgte UNCTAD II in Neu Delhi, 1972 UNCTAD III in Santiago de Chile, 1976 UNCTAD IV in Nairobi, 1979 UNCTAD V in Manila, 1983 UNCTAD VI in Belgrad, 1987 UNCTAD VII in Genf, 1992 UNCTAD VIII in Cartagena de Indias (Kolumbien), 1996 UNCTAD IX in Midrand (Südafrika) und 2000 UNCTAD X in Bangkok. UNCTAD XI ist für 2004 geplant. Bereits auf der UNCTAD I haben sich die Entwicklungsländer der Gruppe A (afroasiatische) und C (lateinamerikanische) zur „***Gruppe der 77***" als eine Interessensgemeinschaft zusammengeschlossen. Weiters existieren in der UNCTAD die Gruppe B (westliche Industriestaaten) und die Gruppe D (ehemalige kommunistische Länder in Mittel- und Osteuropa). Zwischen den Konferenzen ist als permanente Einrichtung der **Rat für Handel und Entwicklung** (*Trade and Development Board* – TDB) – auch Welthandelsrat genannt – geschaffen worden, er tritt seit 1980 in einer jährlichen Sitzung, aufgeteilt in zwei Abschnitte, in Genf zusammen. Seit Anfang 1968 verwalten UNCTAD und das GATT - danach die WTO - das Internationale Handelszentrum in Genf, dass die Exportmöglichkeiten der Entwicklungsländer fördert. Als ein Sonderorgan

---

301 Alfred Schüller, Rohstoffabkommen, Universität Marburg, 3.

der UNO-Generalversammlung hat der Kapitalentwicklungsfonds der Vereinten Nationen (*United Nations Capital Development Fund* – UNCDF) am 1.1.1968 seine Tätigkeit aufgenommen, mit den Finanzmitteln des Fonds soll das Wachstum der Volkswirtschaften der Entwicklungsländer – seit Mitte der siebziger Jahre v.a. der am wenigsten entwickelten – gefördert und auf ein stabiles Niveau gebracht werden.[302]

Mit dem ***Lagos Plan of Action*** 1980 ist der Grundsatz der ***collective self reliance*** (*„kollektive Eigenständigkeit“*) für Afrika verankert worden. Entwicklungsprozesse sollen demnach aus eigener Kraft erreicht werden – durch den Ausbau von Gegenmachtpositionen der Entwicklungsländer gegenüber den Industrieländern in der internationalen Politik.

Der Lomé-Prozess

Es bildeten sich Wirtschaftsorganisationen wie ASEAN, der Anden-Pakt, die OAU oder die Lomé-Abkommen[303] - letztere zwischen den im Jahr 1975 ursprünglich 46 Staaten des Afrikanischen, Karibischen und Pazifischen Raumes (AKP) mit den damals neun Ländern der Europäischen Wirtschaftsgemeinschaft.[304] Separate Handelsprotokolle u.a. über Bananen, Rindfleisch und Zucker wurden Teil des Lomé-Prozesses. Das Lomé IV-Abkommen enthielt neben einem Handelsregime einen detailliert geregelten Mechanismus der Entwicklungshilfe, bestehend aus Leistungen aus dem **Europäischen Entwicklungsfonds** (EEF). In diesem Zusammenhang wurde das **System der Stabilisierung der Exporterlöse** (STABEX), das den Entwicklungsländern Ausgleichszahlungen für die Verringerung der Nettoexporterlöse aufgrund von Preis- und Mengenreduktionen bietet, eingeführt. STABEX betraf vor allem Agrarprodukte wie Kakao, Kaffee, Erdnüsse und Tee. Erstmals fand in Lomé IV auch die Forderung

---

302 Ebd.

303 Bereits vor dem Lomé-Prozess erfolgten Assoziationsabkommen zwischen den Staaten des AKP und der Europäischen Gemeinschaft mit dem Ziel, den Aufbau der Infrastruktur der nach der Kolonisierung unabhängig gewordenen Staaten zu beschleunigen. Dazu wurden die Abkommen Yaounde I (1969-1975) und Yaounde II (1969-1975) beschlossen. Den Großteil der finanziellen Unterstützung erhielten die französischsprachigen Länder Afrikas.

304 1975 wurde das Lomé I-Abkommen – benannt nach der Hauptstadt von Togo - beschlossen. Es enthielt folgende Ziele: Einführung von Präferenzen für die meisten Exporte aus den AKP-Staaten in die Europäische Gemeinschaft, Gleichheit der Partner sowie Respekt der Souveränität, der gegenseitigen Interessen und Interdependenzen, Sicherung der Beziehungen durch ein effektives System der politischen und wirtschaftlichen Zusammenarbeit. Lomé II kam 1979 zum Abschluss, Lomé III 1984, Lomé IV 1989. Lomé IV galt für zehn Jahre (1990-2000).

gegenüber den AKP-Staaten Eingang, die Menschenrechte und die demokratischen Prinzipien zu respektieren. Länder, die diese Kriterien nicht erfüllen (wollen), riskieren dadurch, nicht diese Handelserleichterungen seitens der Europäischen Gemeinschaft zu genießen. Das Lomé IV-Abkommen lief im Jahr 2000 aus, das neue EU-AKP-Abkommen wurde am 23.6.2000 in Cotonou (Benin) unterzeichnet.

GATT und WTO

Die *Atlantic Charta* von US-Präsident Franklin D. Roosevelt und von Großbritanniens Premierminister Winston Churchill - beschlossen am 14.8.1941 – sah für den Welthandel ein allgemeines Diskriminierungsverbot (Punkt IV) und das Gebot einer internationalen wirtschaftlichen Zusammenarbeit (Punkt V) vor.[305] Im Jahre 1948 ist mit der *Havanna Charta* die Gründungsurkunde der Internationalen Handelsorganisation (*International Trade Organization* – ITO) initiiert worden, die jedoch aufgrund des Widerstands des republikanisch dominierten amerikanischen Senats – trotz der Bemühungen des demokratischen Präsidenten Harry S. Truman – keine Chance auf Zustimmung hatte. Die **Havanna Charta** ist nie in Kraft getreten, sie hätte sonst organisatorisch als auch materiell den Welthandel geregelt – u.a. mit Vorschriften über Investitionen, deren Schutz, den Abbau von Einfuhrzöllen, die Liberalisierung des Dienstleistungshandels, die Schaffung günstiger Voraussetzungen für ausländische Direktinvestitionen und Streitbeilegungsverfahren.

Der ursprüngliche Entwurf des Allgemeinen Zoll- und Handelsabkommens (*General Agreement on Tariffs and Trade* – **GATT**) war als reines Abkommen über den internationalen Warenverkehr vorgesehen, das u.a. die bisher ausgehandelten Zollkonzessionen festschreibt, aber keinerlei organisatorische Regelungen beinhaltete. Der GATT – in Kraft getreten am 1.1.1948 - wäre ursprünglich als Anhang zur *Havanna Charta* vorgesehen gewesen.[306] Dieses System ist nun im WTO-Vertragswerk erkennbar. Zur Ausmerzung von Schwachstellen des GATT wurde zwischen 1986 und 1993 die **Uruguay-Runde** beauftragt. Das GATT besaß nicht den Status einer UNO-Sonderorganisation, sondern war lediglich eine zwischenstaatliche Einrichtung *„mit lockerer Organisationsform“*.[307] Der Mangel des alten GATT lag im schwach ausgebildeten Streitbeilegungsverfahren. Die Ausweitung der nicht-tarifären Handelshemmnisse, der Anstieg des

---

305 Otto Kimminich/Stephan Hobe, Einführung in das Völkerrecht, 7. Auflage, 2000, 324.

306 Peter Fischer, 2002., 218f.

307 Günther Unser, Die UNO, 1992, 150.

intra-korporativen Handels zwischen den transnationalen Unternehmen, der Rückgang des durch den GATT geregelten Warenverkehrs von 80% auf 50% des Welthandels und der überaus oft benützte einseitige Schutzmaßnahmen machten eine grundlegende Reform des GATT notwendig.[308]

Am 15.4.1994 wurde in Marrakesch das „Abkommen zur Errichtung der Welthandelsorganisation (**WTO**)“ beschlossen, eine neue völkerrechtliche Rechts- und Handlungseinheit mit Wirkung vom 1.1.1995. Für die Weiterentwicklung des Internationalen Wirtschaftsrechts ist das Marrakesch-Abkommen auf universeller Ebene vergleichbar mit dem Europäischen Unionsvertrag idF des Vertrags von Maastricht (7.2.1992) auf regionaler Ebene. „Maastricht“ brachte z.B. die Unionsbürgerschaft, das Subsidiaritätsprinzip, die Aufwertung des Europäischen Parlaments und die Europäische Wirtschafts- und Währungsunion (EWWU). „Marrakesch“ brachte eine neue Welthandelsorganisation mit praktischem *open end*, es umfasst die Sektoren Landwirtschaft und Textilien und auch den Bereich der Direktinvestitionen. Das WTO-Vertragswerk ist mit 26.000 Druckseiten das umfangreichste, das auf völkerrechtlicher Ebene jemals abgeschlossen wurde, zum Vergleich umfassen NAFTA[309] und EWR[310] je ca. 12.000 Druckseiten. Der Stellenwert des WTO-Abkommens wird zudem mit jenem der Charta der Vereinten Nationen gemessen.[311] Das Internationale Wirtschaftsrecht besitzt folgende vertragliche Grundlagen der WTO:

-Allgemeine Zoll- und Handelsabkommen (GATT)[312] ergänzt durch die Verträge über den Agrarhandel, über sanitärische und phytosanitärische Maßnahmen, den Textilverkehr, technische Handelshemmnisse, handelsrelevante Investitionsmaßnahmen, Dumping, Zollwerte, Versandkontrolle, Ursprungsregeln, Importlizenzen, Subventionswesen und die Schutzklausel;

- Abkommen über den internationalen Dienstleistungshandel (GATS[313]);

---

308 Peter Fischer, 2002, 219.

309 Nordamerikanische Freihandelsassoziation (seit 1.1.1994) zwischen Kanada, Mexiko und den USA.

310 Der Europäische Wirtschaftsraum (EWR) wurde 1992 ins Leben gerufen, trat am 1.1.1994 in Kraft und umfasste 2003 die EU-Mitgliedstaaten sowie die EFTA-Länder Island, Liechtenstein und Norwegen. Der EWR ist mit ca. 40% des Welthandels der größte gemeinsame Markt der Welt. Ziel des EWR ist die Realisierung des freien Waren-, Personen-, Dienstleistungs- und Kapitalverkehrs sowie die verstärkte Kooperation u.a. in den Bereichen Umwelt, Bildung, Forschung und Entwicklung.

311 Peter Fischer, 2002, 217.

312 Das alte GATT von 1947 und das neue GATT von 1994 über den Warenhandel.

313 *General Agreement on Trade in Services.*

- Vertrag über handelsbezogene Aspekte geistiger Eigentumsrechte (TRIPS[314]);
- dem handelspolitischen Prüfungsmechanismus (TPRM[315]) zum Zwecke größerer Kohärenz und Transparenz der jeweiligen nationalen Außenwirtschaftspolitik[316].

Die **Zielsetzungen der WTO** liegen[317]

- im Prinzip der Meistbegünstigung;
- in der Gleichstellung von in- und ausländischen Anbietern und Gütern, Dienstleistungen und Eigentumsrechten;
- in der reziproken Verhandlungsweise;
- im Abbau von Handelshemmnissen;
- in der Begünstigung von wirtschaftlich schwachen Ländern und
- im Umweltschutz.

Die **Organe der WTO**:

a) **Ministerkonferenz**: Vertreter der Mitgliedstaaten auf Ministerebene, letztverantwortlich für das Funktionieren der WTO.

b) **Allgemeiner Rat**: Delegierte aus allen Mitgliedstaaten, Erledigung der zwischen den Sessionen anfallenden Arbeiten, verantwortlich für eine effektive Kooperation der WTO mit anderen internationalen Organisationen. Der Allgemeine Rat nimmt als Hauptexekutivorgan für die alle zwei Jahre tagende Ministerkonferenz als oberstes WTO-Organ in der Zwischenzeit die ihr übertragenden Aufgaben wahr. Drei weitere Räte sind dem Generalrat untergeordnet und spiegeln so die Kompetenzerweiterung der WTO gegenüber dem GATT wieder: Der Rat für den Warenhandel, den Dienstleistungshandel und der Rat für die handelsbezogenen Aspekte des geistigen Eigentums.

c) **Sekretariat**: Vorsitzender ist der Generaldirektor. Das Sekretariat bereitet vor und führt durch Verhandlungen zwischen den WTO-Mitgliedstaaten die Beratung der Handelspartner sowie die Analyse und Veröffentlichung der Welthandelsentwicklung.

d) **Schiedsgericht als Streitbeilegungsinstanz** (DSB – *Dispute Settlement Body*): Im DSB sind alle Teilnehmerstaaten vertreten, es trifft seine Entscheidungen im Konsensusverfahren auf Basis des im Zuge der **Uruguay-Runde** gefundenen *Dispute Settlement Understanding* (DSU). Die Teilnehmerstaaten verpflichten sich, gemäß Art. 3 DSU die getroffenen Entscheidungen zu respektieren und umzusetzen. Das DSB kann sogenannte Panels einrichten.

---

314 *Trade Related Intellectual Property Rights.*

315 *Trade Policy Review Mechanism.*

316 Otto Kimminich/Stephan Hobe, Einführung in das Völkerrecht, 7. Auflage, 2000, 331.

317 Aus: www.jura.uni-duesseldorf.de/Lehre/bepa/Lorz/vr2/FolienSS2002.ppt .

Als Rekursinstanz existiert der *Standing Appellate Body*, dessen Mitglieder das DSB beruft.

Streitbeilegung im Rahmen der WTO

Im IWR existiert ein Spannungsverhältnis zwischen den Regeln der WTO über die Liberalisierung des Welthandels und den Geboten des Umweltschutzes, des Internationalen Sozialrechts und der Einhaltung bzw. Gewährung des menschenrechtlichen Mindeststandards. In der WTO-Streitbeilegung kann jeder betroffene Teilnehmerstaat wegen Handelsstreitigkeiten Konsultationen mit einem anderen Teilnehmerstaat verlangen (Art. 4 DSU[318]). Es besteht Konsultationspflicht. Führen die Konsultationen nach 60 Tagen nicht zum Erfolg, kann das Panel-Verfahren beantragt werden (Art. 6 DSU). Panels bestehen aus 3, auf Parteiverlangen auch aus 5 Experten, die den Streitfall nach den Regeln der WTO objektiv evaluieren. Beratungen des Panels enden nach spätestens 6-9 Monaten mit einem Bericht, der wie folgt behandelt werden kann:

- Zurückweisung durch das DSB im Konsensusverfahren;
- Beantragung des Berufungsverfahrens: Das Verfahren wird durch einen *Standing Appellate Body* (Ständiges Berufungsorgan) aus 7 vom DSB berufenen Experten durchgeführt und endet nach 60-90 Tagen mit einem Bericht. Bei Feststellung von Rechtsverletzungen enthält dieser Empfehlungen/Entschließungen zur Wiederherstellung einer rechtmäßigen Situation. Die Zurückweisung des Verfahrens erfolgt nur durch das DSB im Konsensusverfahren.
- Annahme des Berichts.

Der DSB überwacht die Beachtung der im Streitbeilegungsverfahren getroffenen Entscheidungen. Kommt jedoch ein Teilnehmerstaat seinen entsprechenden Verpflichtungen nicht nach, erfolgt der Versuch, dies auf dem Verhandlungsweg zu lösen. Scheitert dieser, können die Parteien des Disputs Sanktionen gegen ihn beantragen und verhängen. Die Ausnahme: DSB entscheidet im Konsensusverfahren dagegen. Als Sanktionen gegen die nicht fristgemäße Erfüllung der Rechtsakte sieht Art. 22 DSU „Ausgleich“, d.h. Kompensationen, sowie die „Aussetzung von Zusgeständnissen“ vor, letztere dürfen nicht einseitig vorgenommen werden.[319] Etwaige weitere Dispute bzgl. Sanktionen sind im Schiedsverfahren gemäß Art. 22 DSU beizulegen. Die in ihren Rechten geschädigte Partei muss wieder in Konsultationen eintreten. Erst nach deren Erfolglosigkeit muss ihr diesbezüglicher Antrag auf Setzung von Gegenmaßnahmen, z.B. auf

318 DSU: *Dispute Settlement Understanding*.
319 Peter Fischer, 2002, 223.

Einhebung von Strafzöllen, in einem komplizierten Verfahren vom Streitbeilegungsorgan genehmigt werden. Werden diese Gegenmaßnahmen von der anderen Seite wiederum als übertrieben angesehen, so entscheidet über diese Frage ein eigenes Schiedsgericht. Diese Neuregelung soll Unilateralismus verhindern, sie ist z.B. im Fall „Bananen“ zur Anwendung gelangt.

Einzelpersonen – z.B. Handelsgesellschaften – ist im Gegensatz zum internen EU-Recht der Zugang zum WTO-Rechtsschutzsystem versagt. Gemäß der EG-Ratsverordnung 3286/94 *„können sowohl natürliche bzw. juristische Personen im Namen eines Wirtschaftszweiges als auch Gemeinschaftsunternehmen, die sich aufgrund von Handelshemmnissen, die sich sowohl auf den Gemeinschaftsmarkt als auf einen Drittlandsmarkt auswirken, geschädigt erachten, durch Antrag ein Beschwerdeverfahren bei der* ***Europäischen Kommission*** *einleiten. Die Kommission kann wiederum nach Durchführung eines Konsultations- und – bei dessen Erfolglosigkeit – eines Untersuchungsverfahrens handelspolitische Maßnahmen, also etwa in der Einleitung des WTO-Streitbeilegungsverfahrens ergreifen.“*[320] Dadurch besteht Rechtsanspruch auf diplomatischen Schutz.[321] Falls jedoch die Europäische Kommission nicht tätig wird, d.h. leitet sie kein Konsultations- bzw. Untersuchungsverfahren ein, so könnte sie demnach mit einer Untätigkeitsklage belangt werden.

Weltbank und IWF

Die Weltbank oder **Internationale Bank für Wiederaufbau und Entwicklung** (IBRD) und der Internationale Währungsfonds (IWF) verdanken ihre Entstehung der *Bretton Woods*-Konferenz, in der die wesentlichen Grundlagen für die Schaffung der heutigen Weltwirtschaftsordnung mit folgenden drei Pfeilern gelegt wurden: IWF, Weltbank, Internationale Handelsorganisation.[322] Die Satzung der **Weltbank** trat am 27.12.1945 in Kraft, ihre Tätigkeit nahm sie am 25.6.1946 auf. Die Weltbank besitzt seit dem 15.11.1947 den Status einer Sonderorganisation der Vereinten Nationen. Die Aufgabe der Weltbank besteht darin, die Entwicklung wirtschaftsschwacher Länder zu fördern, vor allem durch die Vergabe von Projektdarlehen und der Förderung der Darlehensgewährung durch andere Institutionen, z.B. durch die Übernahme von Bürgschaften. Die Bedingung für die Mitgliedschaft bei der Weltbank ist die Mitgliedschaft beim IWF.Der IWF überwacht die Wechselkurse der Mitgliedstaaten und hilft bei Zahlungsdefiziten

320 Ebd., 224.
321 Ebd.
322 Otto Kimminich/Stephan Hobe, Einführung in das Völkerrecht, 7. Auflage, 2000, 324.

und damit bei der Sicherung der internationalen Liquidität. Finanzhilfe wird unter gewissen Auflagen geleistet. Weltbank und IWF gemeinsam ist die Durchbrechung des Prinzips „*ein Staat, eine Stimme*“, die Stimmengewichtung erfolgt hier nach Finanzquoten.Keine Sonderorganisation der Vereinten Nationen ist die 1985 unter den Auspizein der Weltbank gegründete **Multilaterale Investitions-Garantie-Agentur** (*Multilateral Investment Guarantee Agency* – **MIGA**), deren Satzung am 12.4.1988 in Kraft trat. Als selbständige arbeitet die MIGA unter dem Dach der Weltbank, d.h. sie Internationale Organisation ist Teil der Weltbankgruppe und ergänzt deren Tätigkeit insofern, als sie die Aufgabe hat, Kapitalbeteiligungen und andere Direktinvestitionen in Entwicklungsländern durch Garantien gegen nichtkommerzielle Risiken zu fördern. Diese Versicherungsagentur mit Sitz in Washington verpflichtet sich in ihrer Satzung zur Kooperation mit den Vereinten Nationen.[323]

Im Jahr 1960 wurde mit der *International Development Association* (**IDA**) eine Tochterorganisation der Weltbank gegründet, die Kredite zu Vorzugsbedingungen an ärmere Entwicklungsländer mit einem Bruttosozialprodukt pro Kopf von weniger als 865 US-Dollar vergibt.

Die völkerrechtliche Haftung[324]

Die **vr Verantwortlichkeit** (*responsibility*) ist das **Einstehenmüssen** eines VRS **für** das Setzen eines **völkerrechtswidrigen Akt**es und wird durch Völkerrechtsverletzung ausgelöst. Die Folgen der vr Verantwortlichkeit umfassen reparative und pönale Elemente wie die Wiederherstellung des rechtmäßigen Zustandes (Freigabe von Personen/Sachen, Aufhebung von Staatsakten), Pflicht zum Schadenersatz (für direkte und indirekte materielle sowie immaterielle Schäden) oder Genugtuung (förmliches Eingeständnis). Davon ist die **vr Haftung** (*liability*) eines VRS zu unterscheiden. Sie ist die **Verpflichtung zu Wiedergutmachung von Schäden**, die durch vr erlaubte Handlungen verursacht werden. Ein solches Haftungsregime ist das Übereinkommen über die völkerrechtliche Haftung für Schäden durch Weltraumgegenstände vom 29.3.1972.

Die Haftung unterscheidet sich von der Verantwortlichkeit dadurch, dass sie allein durch die Zufügung materiellen Schadens im Zuge erlaubter Tätigkeiten, nicht aber durch eine Völkerrechtsverletzung ausgelöst wird. Haftungsgrund ist das Risiko oder die Gefährdung, die eine Tätigkeit für einen anderen Staat darstellt.

---

323 Günther Unser, Die UNO, 1992, 151.
324 Quelle: Fischer/Köck, 2000, 277-298.

Durch die Verletzung des **Kriegs- und Humanitätsrechts** entsteht Staatenverantwortlichkeit. Zusätzlich wurde aber, vor allem durch die Rechtssprechung durch die alliierten Militärgerichte nach dem Zweiten Weltkrieg gewohnheitsrechtlich eine individuelle (völker)strafrechtliche Verantwortlichkeit der Täter für die Verletzung des Kriegsrechts (**Kriegsverbrechen**, *war crimes*) entwickelt. Dieses VGR wurde in den vier Genfer Abkommen 1949 kodifiziert und durch die Zusatzprotolle 1977 weiterentwickelt.

Das Recht der vr Verantwortlichkeit ist im überwiegenden Maße Gewohnheitsrecht. Würde dieses Recht fehlen, dann könnte jedes VRS ungestraft das Recht verletzen. Die Verantwortlichkeit oder Haftung als Regelfolge für das Begehen eines international rechtswidrigen Aktes ist daher eine wesentliche Voraussetzung für die **friedliche Streitbeilegung** zwischen Staaten untereinander und mit anderen VRS auf der Basis des Rechts. Voraussetzung der Verantwortlichkeit ist wiederum das Setzen eines international rechtswidrigen Aktes.

Es gilt im VR grundsätzlich Kollektivhaftung. Der Staat kann als juristische Person (Gebietskörperschaft) nur durch seine Organe vr erlaubte bzw. verbotene Akte setzen. Der Staat haftet nach VR nicht nur für seine unmittelbaren Organe, sondern auch für andere Einheiten (*other entities*), soferne sie staatliche, d.h. hoheitliche Funktionen ausüben. Vor allem in föderalistisch organisierten Staaten ist dies von Bedeutung, denn hier haftet der Oberstaat (Bund) auch für das vrwidrige Verhalten seiner Gliedstaaten (Länder). Der Staat haftet hingegen nicht für Personen oder Personengruppen, die nicht für ihn handeln.

Da auch **Aufständische** Träger von vr Rechten und Pflichten sind, können auch sie vr Delikte und Verbrechen begehen. Erreichen sie ihr Ziel, so haften sie rückwirkend für ihre während des „*Befreiungskampfes*" begangenen Rechtsverletzungen.

Physische und juristische Personen des Privatrechts sind grundsätzlich nicht völkerrechtsfähig, weshalb sie auch weder Subjekt noch Objekt des Haftungsrechts sein können. Ausnahme: Das **Individuum** ist unmittelbar dem VR, sei es als Berechtigungs- oder als Haftungssubjekt, unterworfen. Die gegenwärtige Rechtsentwicklung tendiert dazu, dem Individuum im Bereich des Internationalen Menschenrechtsschutzes und im Bereich des Internationalen Wirtschaftsrechts vr Status zu gewähren.

Wiedergutmachung: Jedes VRS, das einen international rechtswidrigen Akt setzt, hat die Pflicht zur **Wiedergutmachung**, d.h. es muss - soweit als möglich - alle Folgen seines Unrechts tilgen. Bei materiellen Schäden hat der sich rechtswidrig Verhaltende die Pflicht zur *restitutio in integrum*, d.h. zur Wiederherstellung des ursprünglichen Zustandes. Ist die Wiederherstellung des ursprünglichen Zustandes nicht möglich, so muss Schadenersatz in Form einer Geldsumme geleistet werden. Für immaterielle oder ideelle Schäden muss Genugtuung geleistet werden. Bei **Grenzverletzungen** muss etwa der Verletzerstaat in einer offiziellen Note sein Bedauern ausdrücken oder rechtswidrig handelnde Organe bestrafen.

Die friedliche Beilegung von internationalen Streitigkeiten[325]

Mit der Verankerung des absoluten **Gewaltverbotes** in Artikel 2 Abs. 4 der Charta der Vereinten Nationen (*United Nations Organization* – UNO) sind internationale Konflikte nur mehr auf friedlichem Wege zu lösen. Diese Verpflichtung ergibt sich im Allgemeinen aus der UNO-Satzung und anderen multilateralen Abkommen, wie dem I. Haager Abkommen 1907, aus der Prinzipiendeklaration 1970 (*Friendly Relations Declaration*) sowie aus bilateralen Freundschaftsverträgen, sodass nach gegenwärtiger Ansicht diese Verpflichtung zur friedlichen Beilegung internationaler Konflikte bereits zu einer Norm allgemeinen Völkergewohnheitsrechts geworden ist. Diese in Artikel 33 Zif. 1 UNO-Satzung demonstrativ aufgezählten Methoden zur friedlichen Streitbeilegung folgen einer Skala, die sich nach der Intensität der Mitwirkung Dritter an der Beilegung des Streitfalles bestimmt. Die Ausnahme vom Gewaltverbot bildet Art. 51 der UNO-Satzung, nach der im Fall der kollektiven Selbstverteidigung der UNO-Sicherheitsrat Gewaltmaßnahmen anordnen kann. Hauptverantwortung für die Friedenswahrung trägt gemäß Art. 24 UNO-Satzung der **Sicherheitsrat**, der die fünf ständigen Mitglieder China, Frankreich, Großbritannien, Russland und die Vereinigten Staaten von Amerika sowie 10 nichtständige Mitglieder, die jede zweieinhalb Jahre neu gewählt werden, umfasst. Die ständigen Mitglieder besitzen nach Art. 27 UNO-Charta ein Vetorecht. In Art. 2 Abs. 3 und Art. 33 UNO-Charta unterscheidet man innerhalb der Grundpflicht zur friedlichen Streitbeilegung

- Verhandlungen,
- Gute Dienste,
- Untersuchung (Art. 34 UNO-Charta – Irak 1992, 2002/03)
- Vermittlung, Schlichtung,
- Vergleich, Schiedsspruch (Haager Abkommen),
- Gerichtliche Streiterledigung (IGH), jedoch nur für Staaten mit deren Einwillligung,
- Inanspruchnahme regionaler Internationaler Organisationen (OSZE).

325 Quelle: Fischer/Köck, 2000, 299-323.

Ferner werden folgende Streitfälle unterschieden:

a) **Streitfall im internationalen Sinn**: Der StIG hat dies 1924 im *Mavrommatis*-Konzessionen-Fall als eine *„Meinungsverschiedenheit über eine Rechts- oder Tatfrage, einen Konflikt von Rechtsansichten oder Interessen"* definiert.[326] Damit hat er die bereits als klassisch anzusehende Zweiteilung der internationalen Streitfälle in Rechtsstreitigkeiten und politische bzw. Interessensstreitigkeiten ausdrücklich anerkannt.
b) **Rechtsstreitigkeiten**: Eine Streitpartei stützt ihren Anspruch auf eine Norm des VR.
c) **Politische oder Interessensstreitigkeiten**: Streitparteien stützen ihre Ansprüche nicht auf eine Norm des strikten VR, sondern auf andere Gründe, wie **Billigkeit** (Gerechtigkeit) oder politische Notwendigkeit. Dabei ist umstritten, inwieweit Ansprüche, die sich auf Billigkeit (*equity*) stützen, nicht doch zu den Rechtsansprüchen gezählt werden müssen.

Während Rechtsstreitigkeiten als justiziabel angesehen werden und zu ihrer Beilegung **Schiedsgerichte** oder Gerichte vorgesehen sind, gelten Interessensstreitigkeiten als nicht justiziabel. Zu ihrer Beilegung bedarf es Verfahren, die vor allem politische Überlegungen in Betracht ziehen, also etwa Gute Dienste, Vermittlung und Vergleich. Sehr viele internationale Streitfälle lassen sich aber *a priori* nicht eindeutig unter den Begriff Rechtsstreitigkeit oder Interessensstreitigkeit subsumieren:

a) **Verhandlungen** (Diplomatischer Weg) zwischen politisch gleichgeordneten Einheiten. Die Mehrzahl der internationalen Streitigkeiten wird auf diesem Wege beigelegt.
b) **Untersuchung**, also jenes Verfahren zur friedlichen Streitbeilegung, das den Zweck verfolgt, strittige Tatsachen festzustellen, ohne aber in irgandeiner

326 *Mavrommatis*-Fall zwischen Griechenland und Großbritannien, Urteil des StIG, 30.8.1924: Der griechische Staatsangehörige Mavrommatis hatte Anfang 1914 mit der Stadt Jerusalem einen Vertrag über die Erteilung von Konzessionen geschlossen, deren Ausführung dann aber wegen des drohenden Kriegsausbruches aufgeschoben wurde. Nach Errichtung des britischen Mandats über Palästina 1920 weigerte sich die britische Regierung, die früher erworbenen Rechte von Mavrommatis zu achten. Die griechische Regierung gewährte Mavrommatis diplomatischen Schutz und erhob nach erfolglosen Verhandlungen schließlich beim StIG Klage gegen Großbritannien. Nach dem Urteil des StIG hatte die britische Regierung entgegen ihren Pflichten aus dem Mandatsvertrag einem anderen Konzessionär das Recht eingeräumt, die Ablösung der Mavrommatis-Konzessionen zu verlangen. Mangels eines daraus erwachsenen materiellen Schadens für Mavrommatis konnte demnach jedoch kein Schadenersatz geltend gemacht werden. Zum Urteil vgl. Neuhold/Hummer/Schreuer (Hg.), Österreichisches Handbuch des Völkerrechts, 1997, Materialienteil, 480f.

Weise politische oder rechtliche Fragen zu beurteilen. Im Gegensatz zur Methode Diplomatischer Weg wird hier bereits eine Drittinstanz (z.B. Gemischte Untersuchungskommissionen) tätig.

c) **Gute Dienste** werden im Katalog des Art. 33 Zif. 1 nicht eigens angeführt, da sie vor allem die anglo-amerikanische Völkerrechtstheorie unter dem Begriff der Vermittlung subsumiert. Dennoch muss hier eine klare Trennungslinie gezogen werden: Unter Guten Diensten (*bons offices, good offices*) versteht man das Tätigwerden eines am Streit unbeteiligten Dritten, der die Aufgabe übernimmt, die Streitparteien zu Verhandlungen zu bewegen, sie also an den Verhandlungstisch zu bringen. Im Gegensatz zur Vermittlung schaltet sich hier der Dritte nicht in den Streit ein und unterlässt es, selbst Lösungsvorschläge zu machen. Gute Dienste haben in der Praxis dann Bedeutung, wenn keine diplomatischen oder anderen Kanäle zwischen den Streitparteien bestehen. Besitzt jedoch der die Guten Dienste anbietende Dritte das Vertrauen der Konfliktparteien, so kann seine Funktion erweitert werden. Er darf Lösungsvorschläge unterbreiten sowie an den Diskussionen zur Streitbeilegung aktiv teilnehmen und wird damit zum Vermittler. Deshalb stehen Gute Dienste und Vermittlung in einem engen praktischen Zusammenhang, müssen aber in der Theorie voneinander getrennt werden.

d) **Vermittlung** (*mediation*): Tätigwerden eines Dritten in den Verhandlungen zwischen den Streitparteien. Charakteristisch für diese Methode der friedlichen Beilegung internationaler Streitfälle ist ihre Flexibilität und Formlosigkeit. Erfolgreich ist sie aber nur dann, wenn die Parteien im Grunde eine Lösung des Konflikts wünschen und der Vermittler über hinreichendes politisches Gewicht verfügt.

e) **Vergleich** (*conciliation*): Tätigkeit eines unparteiischen Dritten. Er unterscheidet sich jedoch von der Vermittlung einerseits durch die Förmlichkeit des Verfahrens, andererseits durch die weitergehenden Befugnisse der Drittinstanz. Vergleichskommissionen sind vor allem zur Behandlung von politischen Streitigkeiten geeignet, werden aber seit der WVK 1969 als Kompromisslösung auch für Rechtsstreitigkeiten dann errichtet, wenn Rechtssprechungsinstanzen von einem Teil der Staatengemeinschaft, wie vor allem von den früheren sozialistischen Staaten, als nicht mit ihrer Souveränität vereinbar angesehen werden.

f) **Internationale Schiedsgerichtsbarkeit**: Die Schiedssprüche (*arbitral awards*) sind bindend. Wie bei der internationalen Gerichtsbarkeit sind hier die Streitparteien nicht mehr „*Herren ihres Konflikts*"; vielmehr entscheiden unparteiische Instanzen ihren Rechtsstreit, der damit endgültig aus der Welt geschaffen werden soll. Der Gegenstand der internationalen Schiedsgerichtsbarkeit ist in Artikel 37 des I. Haager Abkommens 1907 definiert. Mit dem I.

Haager Abkommen 1899 wurde der Ständige Haager Schiedshof (StIGH) errichtet, der bis zum Zweiten Weltkrieg eine international vielbeachtete Judikatur entwickelte und heute noch fortbesteht.
Das VR kennt keine obligatorische Schiedsgerichtsbarkeit oder Gerichtsbarkeit. Im Gegensatz zu innerstaatlichen Systemen muss die Zuständigkeit einer solchen Rechtssprechungsinstanz erst **freiwillig** begründet werden. Charakteristisch für die internatioinale Schiedsgerichtsbarkeit - im Gegensatz zur internationalen Gerichtsbarkeit - ist die Möglichkeit der Einflussnahme der Streitparteien auf die Besetzung der Richterbank. Im Weitern können die Parteien den Schiedsrichtern auch jene Normen vorschreiben, aufgrund welcher sie den Streit zu entscheiden haben. Schließlich ist für die Schiedsgerichtsbarkeit der nichtständige Charakter dieser Institution wesentlich. Was die Arten der internationalen Schiedsgerichtsbarkeit betrifft, so kann man heute zwischenstaatliche Schiedsgerichte und solche unterscheiden, die zwischen Staaten und ausländischen Privatpersonen auf gleicher Ebene errichtet werden.

g) **Internationale Gerichtsbarkeit** unterscheidet sich von internationalen Schiedsgerichten dadurch, dass sie **ständige Institutionen** sind und die Streitparteien keinen Einfluss auf die Besetzung der Richterbank haben. Für beide Arten internationaler Rechtssprechungsinstanzen ist aber charakteristisch, dass ihre **Zuständigkeit** eine **freiwillige** ist und ihre Entscheidungen bindend sind. Weiteres Charakteristikum von internationalen Gerichten ist die Vorgegebenheit der verfahrensrechtlichen Normen, die im schiedsgerichtlichen Verfahren in der Regel die Parteien selbst bestimmen. Schließlich ist den internationalen Richtern jene Rechtsbasis, aufgrund derer die Entscheidung zu ergehen hat (Entscheidungsgrundlage), ebenfalls ohne Möglichkeit der Einflussnahme durch die Parteien vorgegeben.
Internationale Gerichte sind eine relativ junge Erscheinung in der Staatengemeinschaft. Die erste Institution dieser Art war der Zentralamerikanische Gerichtshof (1907-1917). Mit der Gründung des Völkerbundes durch die Pariser Vororteverträge wurde der Grundstein für einen universellen Gerichtshof gelegt, der in Artikel 14 Völkerbundsatzung vorgesehen war und dessen Statut von der Völkerbundversammlung am 13.12.1920 einstimmig als Rechtsgrundlage für den damit geschaffenen **Ständigen Internationalen Gerichtshof** (StIG) angenommen wurde. 1945 wurde als Nachfolger des StIG der **Internationale Gerichtshof** (IGH) als Hauptrechtssprechungsorgan der UNO errichtet und sein vom StIG fast unverändert übernommenes Statut als integrierender Bestandteil der UNO-Satzung beigeschlossen. Gemäß seinen Statuten kann der IGH in Streitigkeiten zwischen Staaten Entscheidun-

gen fällen. Den Anordnungen des IGH können in letzter Instanz durch den UN-Sicherheitsrat Geltung verschafft werden.

Organisation und Zuständigkeit des **IGH**: Der IGH besteht aus 15 Richtern, die vom Sicherheitsrat und der Genralversammlung der UNO gewählt werden. Die Kandidaten müssen hohes sittliches Ansehen genießen und in ihrem Staat die für die höchsten richterlichen Ämter erforderlichen Voraussetzungen erfüllen oder Völkerrechtsgelehrte von anerkanntem Ruf sein. Der IGH ist zuständig zur Entscheidung von Rechtsstreitigkeiten zwischen Staaten, sie bedarf einer gesonderten Anerkennung durch die Streitparteien. Die Zuständigkeit des IGH kann auf dreierlei Weise begründet werden:

- **Vertraglich**: Entweder generell durch eine kompromissarische Klausel bzw. bei einem größeren Vertragswerk durch ein eigenes Fakultativprotokoll, wie es bei der WDK und WKK der Fall war, oder speziell durch eine Unterwerfungsvereinbarung (Kompromiss) für den konkreten Streitfall.
- Durch **Streiteinlassung** (*forum prorogatum*) oder
- durch **einseitige Abgabe einer Unterwerfungserklärung** nach Art. 36 Zif. 2 IGH-Statut. Der Staat überträgt damit dem IGH die Kompetenz zur Entscheidung aller seiner künftigen Rechtsstreitigkeiten mit jedem anderen Staat, der die gleiche Verpflichtung übernimmt.

Es ist also nicht jedes UNO-Mitglied der Gerichtsbarkeit des IGH automatisch unterworfen, sondern nur dann, wenn es einen der drei obgenannten Wege zur Zuständigmachung beschritten hat, wobei im Zusammenhang mit einer etwaigen **Unterwerfungserklärung** die andere Streitpartei sich ebenfalls unterworfen haben muss. Die Entscheidungsgrundlagen sind in Artikel 38 des IGH-Status aufgezählt. Neben den in Artikel 38 Abs. 1 aufgelisteten Völkerrechtsquellen nennt Art. 38 Abs. 2 auch die Möglichkeit, dass die Parteien den IGH dazu beauftragen, er solle *ex aequo et bono* entscheiden. Die Verfahren sind schriftlich oder mündlich, die Verhandlungen öffentlich. Das Verfahren kann auch in Abwesenheit einer Partei durchgeführt werden. Die Entscheidungen werden mit Stimmenmehrheit der anwesenden Richter getroffen. Jeder Richter kann seine persönliche Meinung darlegen, derartige Sondervoten heißen. Das IGH-Urteil ist nur für die Parteien und für den entscheidenden Fall verbindlich, also kein ***stare decisis***. Bei Nichterfüllung eines Urteils des IGH durch eine Partei kann sich die andere nach Art. 94 Abs. 2 UNO-Charta an den Sicherheitsrat wenden. Dieser kann mit Empfehlungen oder (Zwangs)Maßnahmen für die Vollstreckung sorgen.

Sanktionen des allgemeinen Völkerrechts[327]

Die schärfste Form von Sanktionen bilden **kollektive Zwangsmaßnahmen** nach Kapitel VII der UNO-Charta unter der Voraussetzung, dass der UNO-Sicherheitsrat deren Notwendigkeit gemäß Art. 39 UNO-Satzung feststellt. Art. 41 UNO-Satzung legt die nichtmilitärischen Zwangsmaßnahmen wie z.B. Waffenembargo oder Sanktionen fest. Militärische Zwangsmaßnahmen sind nach Art. 42 UNO-Satzung legitimiert, in eigener Regie der UNO (Art. 43, 47 UNO-Satzung) oder stellvertretend durch Staaten (Art. 48 UNO-Satzung) wie im Zweiten Golfkrieg 1990/1991. Das Problem bei Zweiterem liegt in der Ermächtigungsreichweite. Folgende Instrumente werden für die Einhaltung des Völkerrechts in Erwägung gezogen:

a) **Retorsion**: **Vergeltung eines** zwar **rechtmäßigen, aber unfreundlichen Verhaltens** durch ein anderes unfreundliches, aber ebenfalls rechtmäßiges Verhalten. Retorsionen stellen die mildeste Form vr Sanktionen dar. Für sie ist charakteristisch, dass sich die beteiligten Streitparteien noch im Bereich des vr Erlaubten befinden. Sie können sich auch gegen einen rechtswidrigen Akt richten. Retorsionen sind unfreundliche, jedoch nicht verbotene Akte.
b) **Repressalien** sind an sich von den sonst geltenden VR-Regeln untersagte Zwangsmaßnahmen, die ein **Staat in Erwiderung rechtswidriger Akte**, die ein anderer Staat gegen ihn begangen hat, verhängt, um den Verletzer durch Schadenszufügung **zur Achtung des Rechts zu zwingen**. Sie ist damit ein rechtswidriger Akt, der nur durch den Umstand, dass er zur Wiedergutmachung vorhergehenden Unrechts bzw. zur Hintanhaltung künftiger Rechtsverletzungen eingesetzt wird, gerechtfertigt ist. Die Grenzen der Repressalie liegen in dem in Art. 2 Abs. 4 der UNO-Satzung verankerten **Gewaltverbot**, im verbotenen Eingriff in das ***ius cogens***, keine Beeinträchtigung von Drittstaaten sowie im Grundsatz der Humanität bzw. Schutz der Menschenrechte. Nachteil von Retorsion und Repressalie ist der Umstand, dass der sie gebrauchende verletzte Staat durch sie häufig ebenfalls einen Schaden erleidet, wie es vor allem im Bereich des internationalen Handels- und Wirtschaftsverkehrs gegeben ist.

   Es bleibt vr die Frage offen, wie Repressalien durchzusetzen sind, ebenso generell auch die Frage der **Gegenmaßnahmen** (*countermeasures*). Wann sollen Gegenmaßnahmen verboten oder getätigt werden – bei Verhandlungen ebenso wie bei Verweigerung von Staaten zur Einhaltung von Völkerrecht (Artikel 40-42 UN-Satzung)? Gilt das Selbstbestimmungsrecht der Völker als Gegenmaßnahme? Ist der Sicherheitsrat gemäß Artikel 43 UN-Satzung zu-

327 Quelle: Fischer/Köck, 2000, 325-343.

ständig für Gegenmaßnahmen? „*International communnity as a whole*" versus „*international community of States*" ? In diesem Zusammenhang ist auch die Frage der Staatenverantwortung zu stellen bei Streitigkeiten bzw. „*injuries*" und „*damages*" bzw. bei „*breach of international law*" oder „*grave breaches*".

c) **Selbstverteidigung** (Notwehr) - in Artikel 51 UNO-Satzung verankert. Es gilt nach der durch Resolution 3314 (XXIX) vom 14.12.1974 von der UNO-Generalversammlung angenommenen Definition *prima facie* jener Staat als **Angreifer**, der als **erster eine militärische Aktion unternommen** hat, doch kann der **Sicherheitsrat** aus den konkreten Umständen **zum Ergebnis** kommen, **dass** der andere, den **militärischen Angriff provozierende Staat als Aggressor** anzusehen ist. Nur in einem solchen Fall, in welchem der Sicherheitsrat wegen der unmittelbaren drohenden Gefahr nicht mehr befasst werden kann (oder vergeblich angerufen wurde), soll dem bedrohten Staat ein **präventives Selbsthilferecht** eingeräumt werden. Kein Recht auf Selbstverteidigung nach Artikel 51 besteht im Falle von Zwischenfällen zwischen Grenzorganen, feindlicher Rundfunk- bzw. Fernsehpropaganda oder subversiver Tätigkeiten durch Staatsorgane des politischen Gegners einschließlich seiner Diplomaten, da sich diese Sachverhalte nicht unter dem Begriff des „Angriffs mit Waffengewalt" subsumieren lassen. Wie im Repressalienrecht besteht auch im vr **Notwehrrecht** der Grundsatz der Proportionalität zwischen Selbstverteidigungs- und Angriffshandlung. Die westliche Völkerrechtslehre vertrat lange Zeit hindurch im Gegensatz zur Auffassung vor allem der Staaten der Dritten Welt den Standpunkt, dass nationale Befreiungskriege gegen eine Kolonialherrschaft keine zulässigen Maßnahmen der Ausübung des Selbstverteidigungsrechts nach **Artikel 51** sind. Dieser Artikel gewährt nicht nur das Recht auf individuelle Selbstverteidigung, sondern auch auf kollektive Verteidigung. Diese Bestimmung der UNO-Satzung bildet die **Rechtsgrundlage für die Errichtung von Verteidigungsbündnissen**. Eine Sonderform der Notwehr bildet der Selbstschutz; dieses Recht darf nur im Rahmen des vr Notwehrrechts ausgeübt werden.

d) Der **Krieg**: Zustand zwischenstaatlicher Gewalt, deren Anwendung solchen Umfang angenommen hat, dass nicht mehr von beschränkten Einzelmaßnahmen gesprochen werden kann. Die Rechtsfolge des Kriegszustandes ist die Anwendung von Kriegsrecht im objektiven Sinn (***ius in bello***). Leitender Grundsatz des *ius in bello* ist, dass ein Kriegführender in Ausübung seines kriegerischen Schädigungsrechtes alle zur Niederwerfung des Gegners zweckdienlichen Mittel anwenden darf, soweit diese nicht durch das VR ausgeschlossen sind. Verboten sind alle militärischen Kampfhandlungen gegen andere als militärische Ziele, Kampfmittel, die überflüssige Schäden oder

Leiden verursachen, und Kampfmittel, die mit der militärischen Ehre unvereinbar (perfide) sind.

Krieg setzt vr voraus

- den Abbruch aller friedlichen Beziehungen;
- das Zum-Ausdruck-Bringen der Kriegsintentionen aller betroffenen Parteien;
- Die militärischen Auseinandersetzungen müssen den Umfang lokaler oder limitierter Gewaltanwendung überschritten haben.

Internationale Organisationen

Eine **Internationale Organisation** definiert sich als ein auf einem vr Vertrag basierender Zusammenschluss von zwei oder mehreren Staaten bzw. anderen VRS (sog. Staatengemeinschaften) zur Koordinierung von Angelegenheiten von gemeisamem Interesse durch gemeinsame Organe (sog. Staatengemeinschaftsorgane). Ihnen kommt Völkerrechtspersönlichkeit zu, soweit sie Träger vr Rechte und Pflichten sind.[328] Internationale Organisationen sind zwischenstaatliche oder öffentliche Organisationen und

- beruhen in der Regel auf vr Vertrag,
- besitzen ein Minimum an institutionalisierten Einrichtungen (Organen) und
- eine gewisse Dauerhaftigkeit (nicht bloß *Ad-hoc*-Konferenzen).
- Internationale Organistaionen, deren Satzung keine Bestimmungen über deren Auflösung enthalten, können durch ***contrarius actus***, also durch Vertrag aller Mitgliedstaaten, aufgelöst werden.[329]

Neben Internationalen Organisationen existieren internationale **Nicht-Regierungs-Organisationen** (*Non-Governmental Organisations* – NGOs) – also grenzüberschreitende Vereinigungen des Privatrechts – und **multinationale** bzw. **transnationale Unternehmen**, die auf staatlichem Gesellschaftsrecht beruhen.

Arten von Internationalen Organisationen:[330]

a) Nach dem **Mitgliederkreis**: Universelle Organisationen wie z.B. die UNO, Regionalorganisationen wie der Europarat, die OAS, die NATO oder die OECD.
b) Nach **Zielsetzungen und Aufgaben**: Allgemein-politische Zielsetzung wie die UNO und der Europarat, technisch-funktioneller Aufgabenbereich.

---

328 Fischer/Köck, 2000, 201f.

329 Christoph Schreuer, Die Internationalen Organisationen, in: Neuhold/Hummer/Schreuer (Hg.), 1997, 165-212, 166.

330 Aus: Ebd., 167-169.

c) Nach dem **Grad der Integration**: Suprationale Organisationen wie die Europäische Gemeinschaft oder Euratom - bindende Beschlussfassung, Fassung der Beschlüsse auch gegen den Willen einzelner Mitglieder möglich.
d) Nach dem **Grad der Organisation**: Formlose Gruppierungen, also keine internationalen Orgaisationen: N+N-Gruppe im KSZE-Prozess, „*Gruppe der 77*“, Blockfreie.

Staaten können bei Internationalen Organisationen folgenden Status innehaben:

- **Mitgliedschaft**: Als Gründungsmitglied oder aufgenommenes Mitglied – Rechte gemäß der Satzung der jeweiligen Internationalen Organisation;
- **Assoziierung**: Teilnahme ohne die vollen Rechte eines Mitglieds;
- **Teilmitgliedschaft**: Die Schweiz war bis 10.9.2002 Mitglied verschiedener Teilorganisationen der UNO, ohne aber Mitglied der Vereinten Nationen zu sein.
- **Beobachterstatus**: Noch informellere Form der Teilnahme; meist nur Zutritt zu den Beratungen ohne Stimmrecht.

Vertreten werden Mitgliedstaaten bei Internationalen Organisationen durch Delegierte, die meist Diplomaten sind, oder durch Spezialisten, die sich in den Organen mit technischen Fragen beschäftigen. Der Rang der Delegierten hängt von der Bedeutung der Entscheidung ab. Die Delegierten der Mitgliedstaaten haben Beglaubigungsschreiben vorzuweisen. Vielfach unterhalten Mitgliedstaaten bei Internationalen Organisationen auch ständige Vertretungen.

Organtypen bei Internationalen Organisationen:[331]

- **Plenarorgane**: darin sind alle Mitgliedstaaten vertreten (Generalversammlung der Vereinten Nationen, EU-Ministerrat, Europäischer Rat);
- **Organe, in denen nicht alle Mitglieder vertreten sind** (effizientere Arbeitsweise), wie der UNO-Sicherheitsrat, der Wirtschafts- und Sozialrat und Treuhandschaftsrat der UNO;
- **Sekretariate** erfüllen Verwaltungs- und Exekutivaufgaben der Internationalen Organisationen. Der Leiter der Internationalen Organisation vertritt diese nach außen;
- **Quasi-parlamentarische Organe**: überwiegend beratende, keine gesetzgebende Funktion;
- **Expertenorgane und Interessensvertretungen**: Europäische Kommission; ILO;
- **Internationale Gerichte**: IGH, IStGH, EuGH.

Die Methode des **Konsensus** zur Willensbildung wird in internationalen Organisationen in neuerer Zeit immer häufiger gebraucht, da Beschlussfassung durch Mehrheitsvotum oft nicht zielführend ist, besonders wenn eine für den

331 Christoph Schreuer, in: Neuhold/Hummer/Schreuer (Hg.), 1997, 187.

Gegenstand des Beschlusses wichtige Staatengruppe überstimmt wird. Die Willensbildung durch Konsensus besteht in der Fortsetzung der Diskussion bis zu einer Lösung, welcher – die Zustimmung oder wenigstens die Duldung aller Gruppen findet. Dieses Verfahren ist langwierig und führt nicht selten zur Einigung auf ein Minimum an Substanz und zu wagen Kompromissformeln.

Die Bedeutung von internationalen Organisationen als bedeutende Akteure in den internationalen Beziehungen liegt

- in der Sammlung und Bereitstellung von Informationen (wie z.B. UNTS – *United Nations Treaty Series*);
- in der Vorbereitung internationaler Dokumente;
- im Beschluss von Empfehlungen, diese haben einen weitreichenden indirekten Einfluss auf das Völkerrecht (Vorstufe zu späteren Verträgen);
- als Ständiges Forum für die Auseinandersetzung zwischen Staaten auch über völkerrechtliche Fragen;
- in der Entscheidungspraxis von Internationalen Organisationen, die Einfluss auf das Völkerrecht haben;
- in der Überwachung von völkerrechtlichen Verpflichtungen, sie beeinflusst die Effektivität völkerrechtlicher Normen. Trotz des Fehlens zentraler Rechtssetzungsorgane werden völkerrechtliche Normen meistens eingehalten. Für die Einhaltung völkerrechtlicher Normen sorgt u.a. der Mechanismus der **Reziprozität**.

Die Rechtspersönlichkeit von Internationalen Organisationen:

Rechtspersönlichkeit ist die Fähigkeit, Rechte und Pflichten zu haben. Das Hauptelement von Internationalen Organisationen sind die Gründer- und Mitgliedstaaten, welche Internationalen Organisationen jene Rechtspersönlichkeit einräumen, die zur Erfüllung bestimmter Aufgaben der Internationalen Organisationen erforderlich ist. Internationale Organisationen sind keine „Superstaaten". Die Mitglieder von Internationalen Organisationen sind Staaten, die durch Delegierte vertreten sind. Die Funktionen der Internationalen Organisationen resultieren aus ihren Satzungen. Die Aspekte der Rechtspersönlichkeit von internationalen Organisationen:

- **Vertragsfähigkeit (*treaty making power*)**, Bsp.: EG-Vertrag: Vorschriften über Zoll-, Handels- und Assoziierungsabkommen mit Nichtmitglieder-(gruppen). Die umfangreiche Vertragspraxis hat zu eigenem Vertragsrecht der Internationalen Organisationen geführt (Wiener Übereinkommen über das Recht der Verträge zwischen Staaten und Internationalen Organisationen oder zwischen Internationalen Organisationen 1986 – Wiener Vertragsrechtskonvention (WVK) II). Die WVK I 1969 bezog sich ausschließlich auf Verträgen zwischen Staaten.

- ***Implied powers***: Jene Kompetenzen, die zur Erreichung des mit der Errichtung bzw. Einsetzung der Institution, Organisation oder des Organs angestrebten Ziels unbedingt notwendig sind, ohne dass ihrer in der Satzung aber ausdrücklich Erwähnung getan ist und ohne dass sie sich bereits aus der bisherigen Praxis ergeben. Das Konzept der *implied powers* wurde vom Internationalen Gerichtshof in seinem Gutachten *Ersatz für im Dienste der Vereinten Nationen erlittene Schäden* ausdrücklich anerkannt. Als Ersatz für *implied powers* tritt im System der Europäischen Gemeinschaft die besondere Kompetenz des Rates zur Kompetenzlückenfüllung nach Art. 308 EG-Vertrag (EGV) auf: „*Erscheint ein Tätigwerden der Gemeinschaft erforderlich, um im Rahmen des Gemeinsamen Marktes eines ihrer Ziele zu verwirklichen, und sind in diesem Vertrag die hiefür erforderlichen Befugnisse nicht vorgesehen, so erlässt der Rat einstimmig auf Vorschlag der Kommission und nach Anhörung des Europäischen Parlaments die geeigneten Vorschriften.*" Damit ist im Gemeinschaftsrecht nur der Rückgriff auf nebengeordnete, nicht der auf untergeordnete *implied powers* ausgeschlossen.
- ***Ultra vires-Aktes***: Eine behauptete Kompetenz ist *ultra vires*, d.h. die Kompetenz, die zu Recht für ein Organ reklamiert werden kann, geht über ihren eigenen Bereich hinaus. Wo sind die Grenzen der *implied powers*? ***Implied powers*** deckt jenen Bereich ab, der zwar über die ausdrücklich verliehenen Kompetenzen hinausgeht, aber **noch im Rahmen von Ziel und Zweck der Organisation** bleibt. Dieser Rahmen bildet die Grenze der *implied powers.* Wird dieser **Rahmen überschritten**, so hat das Organ (und damit die Organisation) ***ultra vires*** gehandelt. Und damit ist ihr Handeln für die Mitglieder nicht verbindlich. Ob die im Rahmen einer Internationalen Organisation (bzw. eines ihrer Organe) gefällte Kompetenzentscheidung *ultra vires* ist, muss mangels eines anderen verbindlichen Verfahrens letztlich jedes Mitglied für sich entscheiden.
- **Deliktsfähigkeit**: Bsp.: EG-Vertrag: Haftung der Organisationen für rechtswidiriges Handeln, Entscheidungskompetenz des Europäischen Gerichtshofes (EuGH) in diesen Fragen. Die UNO hat im Zusammenhang mit Übergriffen der friedenserhaltenden Truppen im Kongo Anfang der sechziger Jahre Verantwortlichkeit anerkannt und Globalentschädigungsabkommen abgeschlossen.
- Von zivilrechtlichen Klagen sind Internationale Organisationen genauso immun wie ihr Vermögen. Die Befreiung von der staatlichen Gerichtsbarkeit besteht ausschließlich für dienstliche Handlungen, jedoch nicht für Privatakte. Gemäß der Charta der Vereinten Nationen vom 26.6.1945 (Art. 105 (1))

genießt die UNO „*im Hoheitsgebiet jedes Mitglieds die Vorrechte und Immunitäten, die zur Verwirklichung ihrer Ziele erforderlich sind.*“ Die „*Vertreter der Mitglieder der Vereinten Nationen und Bedienstete der Organisation genießen ebenfalls die Vorrechte und Immunitäten, deren sie bedürfen, um ihre mit der Organisation zusammenhängenden Aufgaben in voller Unabhängigkeit wahrnehmen zu können.*“[332] **Immunität** darf nur im Interesse der Internationalen Organisationen beansprucht werden und unterliegt dem Verzicht durch den Generalsekretär. Der Verzicht auf Immunität bei Verkehrsdelikten ist üblich. Gemäß dem Abkommen über Vorrechte und Immunitäten der Vereinten Nationen genießen die „(...) *Vertreter der Mitglieder bei den Haupt- und Nebenorganen der Vereinten Nationen und auf den von den Vereinten Nationen anberaumten Konferenzen* (...) *während der Wahrnehmung ihrer Aufgaben und während ihrer Reisen nach oder von dem Tagungsort ... a) Immunität von Festnahmen oder Haft und von der Beschlagnahme ihres persönlichen Gepäcks sowie Immunität von jeder Gerichtsbarkeit hinsichtlich ihrer in amtlicher Eigenschaft vorgenommenen Handlungen (einschließlich ihrer mündlichen und schriftlichen Äußerungen)*“.[333] 1994 wurde die Konvention über Sicherheit des UNO-Personals beschlossen. Zur Vermeidung einseitiger Begünstigungen des Sitzstaates gibt es Fiskalbefreiung von Abgaben und Gebühren. Der Zweck der Vorrechte und Befreiungen der Beamten von Internationalen Organisationen liegt in der Unabhängigkeit der Bediensteten – sachlich eingeschränkter als bei Diplomaten. Ferner ist den Beamten von Internationalen Organisationen die Befreiung von staatlicher Gerichtsbarkeit garantiert – jedoch ausschließlich in „*der von ihnen in ihrer amtlichen Eigenschaft vorgenommenen Handlungen (einschließlich ihrer mündlichen und schriftlichen Äußerungen)*“[334]. Dazu genießen – wie bei der UNO – „*... der Generalsekretär und alle Beigeordneten Generalsekretäre für sich selbst, ihre Ehegatten und minderjährigen Kinder die nach dem Völkerrecht diplomatischen Vertretern zustehenden Vorrechte, Immunitäten, Befreiungen und Erleichterungen.*“[335] Bei der UNO kann die Immunität des Generalsekretärs durch den Sicherheitsrat aufgehoben werden.[336] Steuerfreiheit ist auch den Beamten von Internationalen Organisationen für ihre Bezüge gewährleistet, dazu die freie Ein- und Ausreise, Ein- und Ausfuhrbefrei-

332 Artikel 105 (2) der Charta der Vereinten Nationen.

333 Artikel IV, Abschnitt 11 des Abkommens über Vorrechte und Immunitäten der Vereinten Nationen vom 13.2.1946.

334 Artikel V Abschnitt 18 Punkt a) des Abkommens über Vorrechte und Immunitäten der Vereinten Nationen vom 13.2.1946.

335 Artikel V Abschnitt 19, ebd.

336 Artikel V Abschnitt 20, ebd.

ungen, Zollfreiheit und die Befreiung von Devisenbeschränkungen. Internationale Organisationen sind gegenüber anderen juristischen Personen privilegiert - gemäß den Satzungen der betreffenden Internationalen Organisationen, den multilateralen Abkommen über Vorrechte und Befreiungen der Internationalen Organisationen, dem Amtssitzabkommen (bilaterale Verträge) und den staatlichen Rechtsvorschriften.

Aufgabe und Rolle der Vereinten Nationen

Der Völkerbund als „Vorgängerorganisation" der Vereinten Nationen

Nach dem Ende des Ersten Weltkriegs erfolgte die Gründung der ersten internationalen Organisation, d.h. einer durch einen völkerrechtlichen Vertrag geschaffenen Staatenverbindung mit eigenen Organen, deren Ziel es war, in Zukunft Kriege zwischen Staaten zu verhindern. Der Ausbruch des Zweiten Weltkrieges machte jedoch alle Hoffnungen zunichte, dieses Ziel verwirklichen zu können. Bereits vor Abschluss der Kampfhandlungen während des Zweiten Weltkriegs wurde erneut der Versuch unternommen, eine zwischenstaatliche Friedensinstitution ins Leben zu rufen: Die **Vereinten Nationen** traten schließlich anstelle des **Völkerbundes**. Sowohl der Völkerbund als auch die Vereinten Nationen (*United Nations Organization* - UNO) gingen aus den Wirren zweier Weltkriege hervor, beide Organisation sollten die Wiederholung derartiger Katastrophen unmöglich machen.

Im **Völkerbund** galt die Bedrohung des Friedens als eine Angelegenheit der Staaten, d.h. alle Länder waren aufgerufen, Konflikte mit friedlichen Mitteln zu lösen. Im Falle eines Scheiterns der friedlichen Konfliktlösung gab es kraft Völkerbundsatzung eine kollektive Verpflichtung, Friedensverletzungen gemeinsam entgegenzutreten. Das Prinzip der **kollektiven Sicherheit** wurde somit erstmals zum Grundprinzip der internationalen Politik erhoben.[337]

Der Völkerbund gliederte sich gemäß Art. 2 der Satzung in folgende Hauptorgane:

- Der **Bundesversammlung** (Art. 3) gehörten alle Mitgliedstaaten an, die – unabhängig von ihrer Größe oder ihrem politischen und wirtschaftlichen Potenzial - über jeweils eine Stimme verfügten. Die Versammlung trat in der Regel jährlich zu einer ordentlichen Sitzungsperiode in Genf zusammen. Sie war gemäß Art. 3 Abs. 3 der Satzung ermächtigt, *„jede Frage, die in den Tä-*

337 Günther Unser, Die UNO, 1992, 9.

tigkeitsbereich des Bundes fällt oder die den Weltfrieden berührt", zu behandeln. Beschlüsse bedurften prinzipiell der Einstimmigkeit (Art. 5).

- Im **Rat** (Art. 4) waren nur ein Teil der Mitgliedstaaten vertreten. Der Rat war mit der gleichen allgemeinen Vollmacht wie die Versammlung ausgestattet und konnte „*jede Frage, die in den Tätigkeitsbereich des Bundes fällt oder die den Weltfrieden berührt*", behandeln (Art. 4 und 5). Die Zuständigkeiten der Bundesversammlung und des Rates waren einander konkurrierend und in der Satzung nicht abgegrenzt. In der Praxis des Völkerbundes entwickelte sich jedoch eine Arbeitsteilung heraus. Bei **Streitschlichtungsverfahren** nach Art. 15 hatte der Rat das Recht, die Angelegenheit der Bundesversammlung vorzulegen.[338] Der Rat bestand aus ständigen und nichtständigen Mitgliedern. Nach Art. 4 sollten ursprünglich „*Vertreter der alliierten und assoziierten Hauptmächte*" der Friedensverträge (Frankreich, Großbritannien, Italien, Japan, USA) ständig im Rat vertreten sein, außerdem sollten die Vertreter von vier anderen – auf Zeit gewählten – Bundesmitgliedern dem Rat angehören. Die Erhöhung der Zahl sowohl der ständigen als auch der nichtständigen Mitglieder war satzungsgemäß möglich (Art. 4 Abs. 2). Der Rat konnte seine Tätigkeit im November 1920 nicht in der vorgesehenen Konstellation aufnehmen, weil die USA nicht vertreten waren. Deutschland (1926-1933) und die Sowjetunion (ab 1934) erhielten einen ständigen Sitz im Rat, die privilegierten Ratsmitglieder blieben während der ganzen Zeit seiner Existenz gegenüber den nichtständigen, deren Zahl zweimal erhöht wurde, in der Minderheit. 1938 bestand der Rat, der in der Regel zunächst fünfmal, später viermal im Jahr zusammentrat, schließlich aus vier ständigen und elf nichtständigen Mitgliedern.
- Das **Ständige Sekretariat** in Genf – zunächst untergebracht im ehemaligen Hotel „*National*", ab 1936 im neu errichteten „*Palais des Nations*" – setzte sich laut Art. 6 aus dem „*Generalsekretär sowie den erforderlichen Sekretären und dem erforderlichen Personal*" zusammen. Das Sekretariat wurde zwar mit der Verwaltung des Völkerbundes beauftragt, es übte jedoch unter den beiden Generalsekretären Sir James Eric Drummond (bis 1933) und François Joseph Avenol auch politischen Einfluss aus und wirkte bei der Formulierung der politischen Ziele des Völkerbundes mit.

Der **Ständige Internationale Gerichtshof** (StIG) in Den Haag bildete kein Organ des Völkerbundes. Die Gründung des Gerichtshofes sah zwar Art. 14 der Völkerbundsatzung vor, sie erfolgte im Jahr 1920 mit der Billigung seines Status durch den Rat und der Bundesversammlung. Die Unterzeichnung des dem Statut beigefügten Beitrittsprotokolls stand den Mitgliedstaaten des Völkerbundes so-

338 Ebd., 11f.

wie auch anderen Staaten offen. Die Verknüpfung mit dem Völkerbund lag vor allem darin, dass der Gerichthof bei internationalen Streitfällen für die Durchsetzung des gerichtlichen Verfahrens zuständig war und auf Ersuchen des Rates oder der Versammlung Rechtsgutachten erstattete.[339]

Zahlreiche Hilfs- und Unterorgane bzw. Kommissionen und Ausschüsse – dauernder oder vorübergehender Art - standen für die Bewältigung der unterschiedlichen Einzelaufgaben zur Verfügung. Die Völkerbundsatzung selbst sah zwei Ausschüsse vor, den sogenannten **Rüstungsausschuss** (Art. 9), dessen Hauptaufgabe die Ausarbeitung eines allgemeinen Abrüstungsplanes war, und der **Mandatsausschuss** (Art. 22 letzter Absatz 7) im Zusammenhang mit dem Mandatssystem.

Die Mitglieder des Völkerbundes waren verpflichtet, sich einem der kraft Völkerbundsatzung verankerten friedlichen **Streitschlichtung**smechanismen oder **Schiedgericht**sverfahren dem StIGH oder dem Völkerbundrat zu unterwerfen. Blieb dieses ordnungsgemäß durchgeführte Verfahren erfolglos, hatte nach einer dreimonatigen Frist jeder Staat das Recht, Krieg zu führen, ohne dass der betroffenen Staat gegen die Völkerbundsatzung verstieß.[340] Der Völkerbund konnte den Zweiten Weltkrieg nicht verhindern.

Zur Zeit der Gründung zählte der Völkerbund nicht wie vorgesehen 45, sondern 42 Mitglieder, weil drei Staaten die **Versailler Friedensverträge** und damit die Satzung nicht ratifizierten: Ecuador, Hedschas (seit 1932 Saudi-Arabien) und die USA, die alle den Friedensvertrag von Versailles ablehnten.[341] Die USA traten dem Völkerbund nie bei, dies scheiterte am zweimaligen Votum des amerikanischen Senats, der sich schließlich am 19.3.1920 mit 49 zu 35 Stimmen für die Ratifizierung des Vertragswerks aussprach, aber die notwendige Zweidrittelmehrheit verfehlte. Österreich und die Schweiz wurden 1920, Deutschland 1926 und die Sowjetunion 1934 in den Völkerbund aufgenommen. Insgesamt traten 21 Staaten dieser Organisation später bei, 19 Länder hatten den Völkerbund in nahezu 27 Jahren zwischen Gründung und Auflösung wieder verlassen, so 1933 das nationalsozialistische Deutsche Reich und Japan sowie 1937 das faschistische Italien. Die Sowjetunion wurde aufgrund der Invasion Finnlands durch die Rote Armee am 14.12.1939 ausgeschlossen, zwei Mitgliedschaften – Österreich 1938 und Albanien 1939 – erloschen durch die **Annexion** beider Länder. In Zeiten des Bestehens des Völkerbundes haben nie mehr als 57 Staaten gleichzeitig dieser Organisation angehört.[342]

---

339 Ebd., 12f.

340 Art. 12-17 Völkerbundsatzung, in: Günther Unser, Die UNO, 1992, 9f.

341 Günter Unser, Die UNO, 1992, 14.

342 Ebd., 15.

Durch die enge Verknüpfung mit den **Pariser Friedensverträgen** von 1919/1920 war der Völkerbund – nicht nur aus deutscher Sicht – von Beginn an mit der Hypothek belastet, eine Einrichtung der Siegermächte zur Durchsetzung ihrer Beschlüsse zu sein. Es gelang dem Völkerbund nicht, wirksame Maßnahmen gegen Aggressoren zu ergreifen, so 1931 im Falle Japans gegen die Mandschurei, 1935 im Fall Italiens gegen Abessinien oder 1939 beim Einmarsch sowjetischer Truppen in finnisches Hoheitsgebiet. Im Vergleich zu den Vereinten Nationen blieb der Völkerbund mehr eine „euro-zentrische" Organisation.

War die Realisierung des Völkerbundes vor allem das Werk von US-Präsident Woodrow Wilson, so ging die Initiative zur Gründung der **Vereinten Nationen** wiederum von einem amerikanischen Präsidenten aus – von Franklin Delano Roosevelt (1933-1945) -, basierend in der Tradition amerikanischen Völkerrechts- und Politikverständnisses. Roosevelt beauftragte in den ersten Jahren des Zweiten Weltkriegs seine Administration mit der Planung für eine neue und wirksame Weltorganisation. Die von ihm stammende Bezeichnung *United Nations Organization* – UNO fand am 1.1.1942 mit der „*Erklärung der Vereinten Nationen*" offiziellen Eingang in die internationale Politik. Unter der Führung der USA, der UdSSR, Großbritanniens und Chinas verpflichteten sich in diesem Kriegsbündnis – auch ***Washington-Pakt*** genannt – insgesamt 26 alliierte Staaten, gegen die Achsenmächte Deutsches Reich, Italien und Bulgarien zu kämpfen. 21 weitere Staaten traten diesem Pakt bei.[343] Gleichzeitig bekannten sich die „*Vereinten Nationen*" zu der von Franklin D. Roosevelt und dem britischen Premierminister Winston Churchill ausgearbeiteten, am 14.8.1941 verkündeten *Atlantic Charta*, in der die Grundzüge und Ziele einer weltweiten Nachkriegsfriedensordnung umrissen und die Errichtung eines „*umfassenden und dauerhaften Systems allgemeiner Sicherheit*" proklamiert wurde.[344]

Während der am 30.10.1943 in Moskau stattgefundenen Außenministerkonferenz sprachen sich die USA, die Sowjetunion, Großbritannien und China für die baldigstmögliche Bildung einer internationalen Organisation aus, die mit der Aufrechterhaltung des internationalen Friedens und der internationalen Sicherheit beauftragt werden sollte. Diese Absicht wurde von den Großen Drei – USA, Großbritannien und Sowjetunion – auf der Teheraner Konferenz (28.11.-1.12.1943) bekräftigt. Beim Gipfeltreffen von Jalta (4.-11.2.1945) einigten sich die Großen Drei über den Abstimmungsmodus im UNO-Sicherheitsrat – in der sogenannten **Jalta-Formel**.

Am 25.4.1945 reichten amerikanische und sowjetische Truppen bei Torgau an der Elbe symbolträchtig die Hände, an diesem Tag begann im Opernhaus in

343 Günther Unser, Die UNO, 1992, 19f.
344 Ebd., 20.

San Francisco die *United Nations Conference on International Organization* (UNCIO), an der sich 46 Länder[345] beteiligten. Gegenstand der Diskussion war der Satzungsentwurf der Großmächte, der aufgrund von mehr als 1.000 eingebrachten Vorschlägen ergänzt und modifiziert wurde. Die endgültige Satzung (Charta) der Organisation, die in Würdigung des im April 1945 verstorbenen US-Präsidenten Franklin D. Roosevelt den Namen der siegreichen Kriegskoalition „***Vereinte Nationen***" erhielt, wurde vom Plenum der Konferenz am 25.6.1945 einstimmig angenommen. Die UNO-Charta trat am 24.10.1945 in Kraft. Die erste Sitzung der UNO folgte am 10.1.1946 in der *Centre Hall* von Westminster, am 17.1.1946 begann der UNO-Sicherheitsrat in London seine Tätigkeit. Durch den Beschluss der Generalversammlung vom 14.12.1946 erfolgte die Verlegung des UNO-Sitzes nach New York. Die UNO-Charta gliedert sich in eine Präambel und 111 Artikeln, die Völkerbundsatzung beinhaltete dagegen 26 Artikel.

Am 18.4.1946 löste die Bundesversammlung auf der 21. Tagung den **Völkerbund** sowie den **StIGH**, der während seines Bestehens 32 Urteile gefällt und 27 Rechtsgutachten erstattet, mit Wirkung vom 19.4.1946 auf.

Wesen und Wirken der Vereinten Nationen

Die Vereinten Nationen (VN) wurden auf Universalität eingerichtet, ihr gehören nahezu die gesamte Staatengemeinschaft an. 1945 wurden die Vereinten Nationen mit dem Anspruch gegründet, *„künftige Geschlechter vor der Geissel des Krieges zu bewahren"*, sie berufen sich, *„den Weltfrieden und die internationale Sicherheit zu wahren"*.[346] In diesem Sinne bemühen sich die Vereinten Nationen insbesondere auch, einen Beitrag zur Bewältigung der tiefer liegenden Ursachen internationaler Konflikte, wie soziale Ungerechtigkeit und wirtschaftliche Ungleichheiten zu leisten und den **Schutz der Menschenrechte** zu unterstützen.

Ein **neues Mitglied** kann nach einem Rechtsgutachten des **Internationalen Gerichtshofs** (IGH) vom 3.3.1950 die **Generalversammlung** nur dann aufnehmen, wenn der **Sicherheitsrat** eine solche Empfehlung ausgesprochen hat. Ein Mitglied der Vereinten Nationen kann aus der Weltorganisation austreten, suspendiert werden, sein Stimmrecht verlieren oder ausgeschlossen werden. Im Gegensatz zur Völkerbundsatzung (Art. 1 Abs. 3)[347] enthält die UNO-Charta keine

345 Ende 1961 hatten sich die Vereinten Nationen gegenüber dem Gründungsjahr bereits mehr als verdoppelt.

346 Präambel der Charta der Vereinten Nationen.

347 Demnach konnte ein Mitglied nach *„zweijähriger Kündigung aus dem Bunde austreten"* oder bei einer nicht zu akzeptierenden Satzungsänderung ausschieden (Art. 26 Abs. 2 der Völkerbundsatzung).

Bestimmung über den freiwilligen Austritt aus den Vereinten Nationen. Aus den Protokollen der Gründungskonferenz von San Francisco geht hervor, dass ein Ausscheiden aufgrund des Prinzips der Staatensouveränität generell möglich ist. Im Hinblick auf die Völkerbundspraxis wurde allerdings auf eine ausdrückliche Verankerung des Rechts in der Charta verzichtet. Als erstes und bisher einziges Mitglied verließ Indonesien am 1.3.1965 wegen der Wahl Malaysias in den Sicherheitsrat die Vereinten Nationen, Indonesien trat jedoch am 28.9.1966 wieder ein, wobei es sich um eine Wiederaufnahme handelte, die von der Generalversammlung ohne förmliche Abstimmung per Akklamation erfolgte.[348]

Im Falle der **Suspension** hat der Sicherheitsrat gegen ein Mitglied „Vorbeugungs- oder Zwangsmaßnahmen" nach Kapitel VII der Charta ergriffen, so kann eine Zweidrittelmehrheit der Generalversammlung auf Empfehlung des Sicherheitsrats, die der Zustimmung von mindestens neun Ratsmitgliedern einschließlich der fünf Ständigen Mitglieder – China, Frankreich, Großbritannien, Russland und die USA - bedarf, einem Mitglied die *„Rechte und Vorrechte aus seiner Mitgliedschaft zweitweilig entziehen"* (Artikel 5). Eine Suspension betrifft somit lediglich die Ausübung der Mitgliedschaftsrechte und –privilegien, jedoch nicht die Mitgliedschaft als solche, d.h. der betreffende Staat bleibt weiterhin Mitglied der Organisation mit allen sich hieraus ergebenden Pflichten.

Kein Stimmrecht hat nach Art. 19 UNO-Charta ein Mitglied in der Generalversammlung, wenn es mit **zwei Jahresraten** oder mehr seiner Beitragszahlungen **im Rückstand** ist. Dies wird jedoch dadurch abgeschwächt, dass die Generalversammlung einem solchen Mitglied die Stimmausübung gestatten kann, wenn nach deren Überzeugung der Zahlungsverzug auf Umständen beruht, die dieses Mitglied nicht zu vertreten hat.

Voraussetzung für einen **Ausschluss** eines Mitglieds aus den Vereinten Nationen ist nach Art. 6 die *„beharrliche"*, d.h. fortdauernde **Verletzung der Grundsätze der UNO-Charta**. Nach der Völkerbundsatzung konnte nach Art. 16 Abs. 4 eine einmalige Verletzung zum Ausschluss führen. Der Ausschluss hat ein völliges Erlöschen der Mitgliedschaft zur Folge. Wie die Suspension beruht auch der Ausschluss auf einem Zweidrittelmehrheitsvotum der Generalversammlung, wobei ebenfalls eine mit mindestens neun Stimmen – einschließlich der Ständigen Mitglieder – beschlossenen Sicherheitsratsempfehlung vorliegen muss (Art. 6). Ein Ständiges Sicherheitsratsmitglied kann aufgrund seines Vetorechts *de facto* niemals ausgeschlossen werden.[349]

---

348 Günther Unser, Die UNO, 1992, 121.
349 Ebd., 122f.

Die UNO verfügt gemäß Art. 7 Abs. 1 der UNO-Charta über folgende sechs **Hauptorgane**:

- Die **Generalversammlung** (*General Assembly*) ist das Plenum der Vereinten Nationen, darin sind sämtliche Mitgliedstaaten ohne jegliche Rangunterschiede vertreten. Jeder Mitgliedsdelegation, die sich aus weisungsgebundenen Regierungsvertretern zusammensetzt, dürfen maximal fünf Delegierte angehören.
- Der **Sicherheitsrat** (*Security Council*) besteht nach Art. 23 UNO-Charta aus 15 Mitgliedern mit jeweils nur einem Vertreter: Den fünf Ständigen und den zehn Nichtständigen Mitgliedern. Nach Art. 24 Abs. 1 UNO-Charta trägt der Sicherheitsrat ausdrücklich die *„Hauptverantwortung für die Wahrung des Weltfriedens und der internationalen Sicherheit"*. Im Fall einer Friedensgefährdung stellt der Sicherheitsrat gemäß Art. 39 UNO-Charta fest, ob eine Bedrohung, ein Bruch des Friedens oder eine Angriffshandlung vorliegt. Bis zum 25.10.1971 nahm Taiwan den Sicherheitsratssitz ein, an diesem Tag beschloss die Generalversammlung, die Volksrepublik China als einzig rechtmäßigen Vertreter Chinas anzuerkennen und Taiwan von den Vereinten Nationen auszuschließen. Am 23.11.1971 nahm der Vertreter Pekings erstmals an einer Sitzung des Sicherheitsrats teil.
- Der **Wirtschafts- und Sozialrat** (*Economic and Social Council* – ECOSOC) umfasst 54 Mitgliedstaaten und ist gemäß Art. 55 UNO-Charta für die internationale Zusammenarbeit, v.a. in der Schaffung besserer Lebensbedingungen, für die Förderung des Fortschritts auf wirtschaftlichem und sozialem Gebiet sowie u.a. für den Schutz und Verwirklichung der Menschenrechte und Grundfreiheiten verantwortlich. Der ECOSOC ist jedoch lediglich ein unverbindliches Diskussionsforum. Es gilt folgende, die Staaten der Dritten Welt begünstigende, Quote: 14 afrikanische, elf asiatische, zehn lateinamerikanische, 13 westeuropäische und andere sowie sechs osteuropäische Staaten.[350] Jedes Jahr wird von der Generalversammlung ein Drittel der Mitglieder für eine Amtszeit von drei Jahren gewählt. Ausschiedende Mitglieder können wiedergewählt werden. Dem ECOSOC unterstehen regionale Wirtschaftskommissionen für Europa (ECE), Asien und Pazifik (ESCAP), Lateinamerika und Karibik (CEPAL), Afrika (EAC) und Westasien (ECWA). Im ECOSOC sind u.a. folgende Sonderorganisationen registriert: Für Arbeit (ILO), Ernährung (FAO), Erziehung und Kultur (UNESCO), Gesundheit (WHO), Währung (IMF), Weltbank (IBRD), Entwicklung (IDA), Industrielle Entwicklung (UNIDO) sowie für Atomenergie (IAEA) und Welthandel (WTO).

---

350 Günther Unser, Die UNO, 1992, 88.

- Der **Treuhandrat** (*Trusteeship Council*) wird nicht in eigener Verantwortung tätig. Er übt vielmehr nach Art. 87 UNO-Charta gemeinsam und unter der „*Autorität*“ der Generalversammlung die Aufsicht über die Treuhandgebiete aus. Dies sind Gebiete, die eine besondere Bedeutung für die Sicherheit der unmittelbar betroffenen Staaten haben, und in diesen Fällen trägt letztlich der Sicherheitsrat die Verantwortung. Derzeit existieren keine Treuhandgebiete. Der Treuhandrat würde ansonsten nach Art. 86 Abs. 1 UNO-Charta aus drei Gruppen von UNO-Mitgliedern bestehen: Aus Mitgliedern, welche die Treuhandgebiete verwalten, aus den Ständigen Mitgliedern des Sicherheitsrats, sofern sie keine Treuhandgebiete verwalten und so vielen anderen von der Generalversammlung für einen Zeitraum von drei Jahren gewählten Mitgliedern, als erforderlich sind, um das zahlenmäßige Gleichgewicht zwischen Mitgliedern mit und ohne Verwaltungsfunktionen herzustellen. Diese Konstellation kann variieren. Der Treuhandschaftsrat kann sich auch nur aus den fünf Ständigen Mitgliedern im Sicherheitsrat zusammensetzen.[351] Mit der Erlangung der Unabhängig des letzten UNO-Treuhandgebietes Palau am 1.10.1994 wurden die Tätigkeiten des Treuhandschaftsrates am 1.11.1994 suspendiert.
- Der **Internationale Gerichtshof** (*International Court of Justice*, Sitz in Den Haag) ist laut Art. 92 UNO-Charta das „*Hauptrechtsprechungsorgan*" der Vereinten Nationen. Die Aufgaben und Befugnisse sowie die Verfahrensweise des Internationalen Gerichtshofes (IGH) sind in Art. 92-96 der UNO-Charta und in einem eigenen Statut niedergelegt. Gemäß Art. 93 Abs. 2 UNO-Satzung kann auch ein Nicht-Mitgliedstaat das IGH-Statut unter Bedingungen aufnehmen, welche die Generalversammlung in jedem Einzelfall auf Empfehlung des Sicherheitsrats festsetzt. Davon machten die Schweiz 1948, Liechtenstein 1950, San Marino 1954 und Nauru 1987 Gebrauch. Die weiteste Befugnis wird dem Gericht durch eine Erklärung gemäß der „*Fakultativklausel*“ in Art. 36 Abs. 2 des IGH-Statuts eingeräumt: Damit überträgt ein Staat dem IGH die Kompetenz zur Entscheidung aller seiner künftigen Rechtsstreitigkeiten mit jedem anderen Staat, der die gleiche Verpflichtung übernimmt. Entscheidungsgrundlage wäre gemäß Art. 38 des IGH-Statut der „*klassische*“, jedoch unvollständige Quellenkatalog des Völkerrechts. Das Verfahren kann auch in Abwesenheit einer Partei durchgeführt werden (Art. 53 IGH-Statut). So boykottierte der Iran im **Teheraner Geiselfall**[352] und die USA im **Nicaragua-Fall**[353] den IGH. Die Entscheidungen

351 Günther Unser, Die UNO, 1992, 103.

352 Am 4.11.1979 besetzten Iraner die US-Botschaft in Teheran und nahmen 63 amerikanische Geiseln. Damit sollte die Auslieferung des krebskrank in einem New Yor-

werden bei Stimmenmehrheit der anwsenden Richter wirksam. Insgesamt gehören 15 unabhängige Richter dem IGH an. Bei Stimmengleichheit entscheidet das Votum des Präsidenten oder das ihn zu vertretenden Richters. Das IGH-Urteil ist nur für die betroffenen Parteien verbindlich. Bei Nichterfüllung eines Urteils des IGH durch eine Partei kann sich die andere nach Art. 94 Abs. 2 UNO-Charta an den Sicherheitsrat wenden. Dieser kann wiederum mit Empfehlung oder (Zwangs)Maßnahmen für die Vollstreckung sorgen.

- Das **Sekretariat** (*Secretariat*) besteht gemäß Art. 97 UNO-Charta aus einem Generalsekretär und den sonstigen Bediensteten. Der **Generalsekretär** – derzeit Kofi Annan – wird auf Empfehlung des Sicherheitsrats, welche die Zustimmung aller Ständigen Ratsmitglieder erfordert, von der Generalversammlung mit einfacher Mehrheit für fünf Jahre gewählt. Der Generalsekre-

---

ker Krankenhaus liegenden ehemaligen Schahs erzwungen werden. Eine spektakuläre Aktion einer US-Spezialeinheit zur Befreiung der Geiseln scheiterte. Acht US-Soldaten fanden beim Rückzug – als ein Flugzeug und ein Helikopter zusammenstießen – den Tod. Daraufhin verfügte der iranische Revolutionsrat eine Verlegung der Geiseln auf mehrere iranische Städte. US-Außenminister Cyrus Vance trat darauf zurück. Der von den USA angerufene IGH forderte am 24.5.1980 die unverzügliche Freilassung der Geiseln in der Teheraner US-Botschaft. Revolutionsführer Ayatollah Khomeini forderte die Rückerstattung des Schah-Vermögens und der eingefrorenen iranischen Gelder aus den USA. Die seit 444 Tagen im Iran festgehaltenen amerikanischen Geiseln wurden am 20.1.1981 freigelassen, nachdem durch algerische Vermittlung ein Abkommen zwischen dem Iran und den USA ausgehandelt worden war. Darin wurde u.a. die Überweisung iranischer Guthaben auf Treuhandkonten vereinbart. Der IGH entschied, dass der Iran in diesem Fall zahlreiche Bestimmungen der Wiener Konsularrechtskonvention und der Wiener Diplomatenrechtskonvention verletzt hatte. Vgl. zum Urteil: Neuhold/Hummer/Schreuer (Hg.), Österreichisches Handbuch des Völkerrechts, 3. Auflage, 1997, Materialienteil, 481-483.

353 1984 erhob Nicaragua vor dem IGH Klage gegen die USA wegen Völkerrechtsverletzungen u.a. durch die Unterstützung der die sandinistische Regierung Nicaraguas bekämpfenden *Contras*, die Verminung von Häfen und wirtschaftliche Zwangsmaßnahmen. Der IGH erklärte die Klage für zulässig. Daraufhin boykottierten die USA das weitere Verfahren und zogen in der Folge ihre Unterwerfung unter die obligatorische Kompetenz des IGH zurück. Gemäß Art. 53 IGH-Statut führte der IGH das Verfahren in Abwesenheit der beklagten Partei durch. Der IGH konnte sich dabei nur auf Völkergewohnheitsrecht stützen. Die USA hatten bei der seinerzeitigen Anerkennung der Zuständigkeit des IGH u.a. Streitigkeiten aus multilateralen Verträgen ausgeklammert, wenn nicht alle durch die Entscheidung betroffenen Vertragsparteien am Verfahren vor dem IGH teilnehmen. Der IGH entschied, dass die meisten der von Nicaragua angeführten Akte der USA völkerrechtswidrig gewesen waren. Zum Urteil vgl. Neuhold/Hummer/Schreuer (Hg.), Österreichisches Handbuch des Völkerrechts, 1997, Materialienteil, 371-375.

tär kann wiedergewählt werden. Das Sekretariat zählte 2001 an die 8.900 Mitarbeiter aus 170 Ländern – die Bediensteten des Sekretariats sind in einer Vielzahl von Aktivitäten tätig: Von der Verwaltung von **friedenserhaltenden Einsätzen**, der Beobachtung von internationalen wirtschaftlichen und sozialen Entwicklungen, der Vorbereitung von Studien über Menschenrechte und nachhaltige Entwicklung bis zur Vorbereitung internationaler Konferenzen und der Übersetzung von Dokumenten der Vereinten Nationen in die offiziellen Sprachen der UNO – arabisch, chinesisch, englisch, französisch, russisch und spanisch. Die Vereinten Nationen haben ihren Hauptsitz in New York, weitere wesentliche Sitze befinden sich in Addis Abeba, Bangkok, Beirut, Genf, Nairobi, Santiago de Chile und Wien. Büros der Vereinten Nationen gibt es auf der ganzen Welt.

Die **Nebenorgane** gliedern sich in Hauptausschüsse (*main committees*), Verfahresausschüsse (*procedural committees*) wie den Präsidialausschuss und den Mandatsprüfungsausschuss, Ständige Ausschüsse (*standing committees*) wie der Beratende Ausschuss für Verwaltungs- und Haushaltsfragen[354] und der Beitragsausschuss[355], und sonstige Nebenorgane (*subsidiary, ad hoc and related bodies*). Insgesamt existieren **sechs Hauptausschüsse** und ein Sonderausschuss: Der Ausschuss für Abrüstung und Belange der internationalen Sicherheit (*Disarmament and International Security*), auch Erster Ausschuss genannt; der Sonderausschuss für politische Fragen und Entkolonisierung (*Special Political and Decolonization Committee*) zur Entlastung des Ersten Ausschusses 1956 geschaffen, der Wirtschafts- und Finanzauschuss (*Economic and Financial Committee*) als Zweiter Ausschuss; der Ausschuss für soziale, humanitäre und kulturelle Fragen (*Social, Humanitarian and Cultural Committee*) als Dritter Ausschuss; der derzeit inaktive Ausschuss für Treuhandfragen einschließlich der Hoheitsgebiete ohne Selbstregierung (*Trusteeship Committee – including non-self-governing territories*) als Vierter Ausschuss; der Verwaltung- und Haushaltsausschuss (*Administrative and Budgetary Committee*) als Fünfter Ausschuss; und der Rechtsausschuss (*Legal Committee*) als Sechster Auschuss. Unter die **sonstigen Nebenausschüsse** fallen u.a. der Sonderausschuss für friedenssichernde Maßnahmen, die Abrüstungskommission, der Weltraumausschuss (COPUOS), der Menschenrechtsausschuss, der Ausschuss für die Rechte des Kindes, das

354 Dieser Ausschuss ist für die Vorprüfung des Budgetentwurfs der Vereinten Nationen sowie für die Finanz- und Haushaltsvereinbarungen mit den Sonderorganisationen zuständig.

355 Der Beitragsausschuss arbeitet einen Verteilungsschlüssel über die Höhe der Mitgliedsbeiträge aus.

Verwaltungsgericht der Vereinten Nationen[356], die Völkerrechtskommission (*International Law Commission* – ILC), die Kommission der Vereinten Nationen für Internationales Handelsrecht – UNCITRAL - und der Welternährungsrat.

Die Vereinten Nationen haben zahlreiche **Ständige Hilfsorganisationen** eingerichtet, wie u.a. das Kinderhilfswerk UNICEF, der Hohe Kommissar für Flüchtlinge UNHCR, das Entwicklungsprogramm UNDP, der Kapitalfonds UNCD oder das Ernährungsprogramm WFP.

Im Mittelpunkt des sicherheitspolitischen Konzepts der Vereinten Nationen steht das zwischenstaatliche **Gewaltverbot** (Art. 2 Abs. 4 SVN). Ergänzt wird das Gewaltverbot durch die **Verpflichtung zur friedlichen Streitbeilegung** (Art. 2 Abs. 3).

Der **Sicherheitsrat** hat die Hauptverantwortung für die Wahrung des Weltfriedens. Ihm kommen im Rahmen der **friedlichen Streitbeilegung**[357] nach Kapitel VI der UNO-Charta Untersuchungs- und Empfehlungsbefugnisse zu. So braucht der Sicherheitsrat nicht zu warten, bis sich die streitenden Parteien einschalten. Stellt der Sicherheitsrat eine Bedrohung oder einen Bruch des Friedens oder eine Angriffshandlung fest, steht ihm nach Kapitel VII SVN ein Spektrum von **Maßnahmen zur Wahrung oder Wiederherstellung des Weltfriedens und der internationalen Sicherheit** zur Verfügung, die von der Abgabe von **Empfehlungen** (Art. 39 SVN) bis zur **Anordnung militärischer Zwangsmaßnahmen** (Art. 42) reichen. Der Sicherheitsrat kann die Parteien auffordern – nach entsprechender Feststellung unter Bezugnahme auf Art. 39 UNO-Charta -, die von ihm für notwendig erachteten „*Maßnahmen*“ nach Art. 40 UNO-Charta zu befolgen, um eine Zuspitzung der Lage zu verhindern. Solche Sofortmaßnahmen – gefordert etwa in den Golfkriegen 1987 und 1990/91 – sind z.B. Feuereinstellung, Truppenabzug oder Abschluss eines Waffenstillstandes.[358] Im Gegensatz zu den Resolutionen des UNO-Sicherheitsrats stellt die **Nicht-Befolgung von Resolutionen der Generalversammlung keine Verletzung des Völkerrechts** dar, derartige Resolutionen haben lediglich empfehlende Wirkung. Der Generalversammlung ist gemäß der Sperrklausel untersagt, Empfehlungen auszusprechen, solange sich der UNO-Sicherheitsrat mit der betreffenden Angelegenheit befasst. Nach Ausbruch des Korea-Krieges im Juni 1950 konnte der Si-

356 Dieses seit 1950 aus sieben Juristen bestehende Gericht befasst sich mit dienstrechtlichen Streitigkeiten im Bereich der Organisation und einiger Sonderorganisationen.

357 Im universellen Völkerrecht besteht kein Einlassungszwang auf Streitschlichtungsverfahren vor unparteiischen Entscheidungsorganen.

358 Aufforderungen dieses Inhalts können auch ohne rechtliche Bindungswirkung für die Streitparteien auch bereits vor einer Feststellung nach Art. 39 der UNO-Charta ergehen. Günther Unser, Die UNO, 1992, 73.

cherheitsrat deshalb zunächst weitreichende Beschlüsse treffen, weil die UdSSR den Rat zu jener Zeit boykottierte. Als die Sowjetunion im August 1950 in den Sicherheitsrat zurückkehrte, blockierte sie durch ihr Veto weitere Entscheidungen.[359]

In den mehr als 190 bewaffneten Konflikten seit 1945 sind die genannten Mechanismen **militärischer Zwangsmaßnahmen** bis 1989 kein einziges Mal zur vollen Anwendung gekommen. In diesem Zusammenhang hatte 1992 der damalige Generalsekretär Boutros Boutros-Ghali in *„An Agenda for Peace"* auch bemerkt, dass die UNO den meisten der in der Zeit des Kalten Krieges ausgebrochenen Konflikte, die insgesamt etwa 20 Millionen Todesopfer gefordert hatten, machtlos gegenüber gestanden seien. Ein Umstand, für den er nicht das Verfahren der friedlichen Streitbeilegung, sondern v.a. den Gebrauch des Vetorechtes durch Mitglieder des Sicherheitsrates verantwortlich machte.

Das **Prinzip der souveränen Gleichheit der Staaten** wurde nicht nur in der UNO-Charta in Art. 2 Abs. 1[360], sondern wurde von der Generalversammlung der Vereinten Nationen in der *„Declaration on Principles of International Law concerning Friendly Relations and Co-operation among States in accordnace with the Charter of the United Nations*" (Res 2625 (XXV), 24.10.1970) bekräftigt. In der Präambel heißt es: Die Ziele der Vereinten Nationen können nur bei Beachtung der souveränen Gleichheit der Staaten verwirklicht werden. Dieser Grundsatz müsse in den internationalen Beziehungen voll zur Geltung kommen, er bedeute einen wesentlichen Beitrag zum gegenwärtigen Völkerrecht.

Der idealistischen Vision der UNO-Charta in Bezug auf **gleicher Rechte kleinerer und größerer Nationen** ist die politische Realität entgegenzuhalten, vor allem in der Zusammensetzung des UNO-Sicherheitsrates. In Art. 108 und 110 der UNO-Satzung soll das Abstimmungsverhalten der Großmächte auf alle Zeit in abgesichert sein. Gemäß Art. 108 müssen die Änderungen von der Generalversammlung mit mit Zweidrittelmehrheit der Mitgliedstaaten gebilligt sein. Der ehemalige Generalsekretär der Vereinten Nationen, Kurt Waldheim, bemerkte in seinem Jahresbericht 1972, dass ein System der kollektiven Sicherheit, welches auf der Übereinstimmung von Großmächten aufgebaut ist, in vielfacher Hinsicht eher in das 19. Jahrhundert gehört.[361] Die Ausübung des **Vetorechts** als

---

359 Günther Unser, Die UNO, 1992, 35.

360 Art. 2 Abs. 1 UN-Charta: *„The organization is based on the principle of the sovereign equality of all its members.*"

361 Hans Köchler, Das Abstimmungsverfahren im Sicherheitsrat der Vereinten Nationen. Rechtsphilosophische Überlegungen zu einem normenlogischen Widerspruch und seine Folgen für die internationalen Beziehungen, Veröffentlichungen der Arbeitsgemeinschaft für Wissenschaft und Politik an der Universität Innsbruck VI, 1991, 10.

machtpolitisches Instrument ist erst dann verlockend, wenn eigene Interessen betroffen sind, d.h. wenn das Ständige Mitglied im UNO-Sicherheitsrat Konfliktpartei ist. Das Veto selbst ist nur auf inhaltliche, jedoch nicht auf Verfahrensfragen (*procedural matters*) anwendbar. Das „***doppelte Veto***" beanspruchen Ständige Mitglieder für sich: Die Entscheidung, ob eine inhaltliche – also dem Veto unterworfene – Frage vorliegt oder nicht, unterliegt selbst dem Veto. Während also die UNO-Charta durch ihre Bestimmungen den Anwendungsbereich des Vetos einzuschränken sucht, wird er durch die Ständigen Mitglieder – je nach machtpolitischen Erfordernissen – erweitert. Auch soll bei den Formulierungen von Kriterien für die Mitgliedschaft der übrigen Staaten im Sicherheitsrat nach Art. 23 Abs. 1 der UNO-Charta vorrangig der Beitrag des jeweilige Landes zur Erhaltung des Weltfriedens und der internationalen Sicherheit in Betracht gezogen werden. Die Ständigen Mitglieder brauchen sich einen solchen Test gar nicht zu unterziehen. Die UNO-Charta verkörpert dadurch die Hegemonialpolitik der Siegermächte des Zweiten Weltkrieges (***Jalta-Formel***[362]). Der mexikanische Delegierte erklärte bei der Gründerkonferenz von San Francisco, dass man mit der Übernahme der Abstimmungsformel von Jalta – sie bildet den Vetogrundsatz – in die UNO-Charta ein internationales System etabliert habe, „*in welchem eine Maus verurteilt, aber Löwen nicht eingeschränkt werden können.*"[363]

Dies bekräftigt auch die **Stimmenthaltungsverpflichtung** wegen Befangenheit, die für Kapitel VI und Kapitel VII der UNO-Charta gilt: Demnach gilt die Stimmenthaltung bei Involvierung und der Erklärung der Ständigen Mitglieder, wonach eine Entscheidung darüber, wer Konfliktpartei ist, dem Veto unterliege. Falls ein kleines Land mit einem größeren einen Disput ausübt und diesen Disput in den UNO-Sichereitsrat bringt, könnte das große Land behaupten, dass dies kein Disput ist und wird sein Recht ausüben, dem Disput zu votieren. Der häufige Gebrauch des Vetos betraf die USA, wenn es darum ging, Israel vor einer Verurteilung zu schützen: 19mal zwischen 1981 und 1991, siebenmal sogar innerhalb eines Jahres (1989/1990). Darunter fiel auch eine Obstruktion bei der konkreten Umsetzung der Resolution 242 (1967). Auch hatte die Sowjetunion ihre Machtinteressen gegenüber dem Westen durch exzessiven Gebrauch der Vetos zur Geltung gebracht.[364] Ein Beispiel für den „*beschützenden*" Gebrauch des Vetos war die israelische Invasion in den Libanon 1982. Israel sprach damals

362 Die Abstimmungsformel von Jalta wurde auf der Konferenz von Dumbarton Oaks von den *sponsoring governments* erarbeitet und auf der Konferenz von Jalta (4.-11.2.1945) beschlossen und nunmehr Art. 27 der UNO-Charta zugrunde gelegt.

363 *UN Conference on International Organization*, 25 April – 25 June 1945, zitiert in: Köchler, 1991, 15.

364 Hans Köchler, 1991, 19.

von **individueller Selbstverteidigung** gegen Raketenangriffe der vom Libanon aus operierenden *Palästinensischen Befreiungsorganisation* PLO (*Palestinian Liberation Organization*). Der Einmarsch führte die israelischen Truppen bis Beirut, also in die Wirren des innerlibanesischen Bürgerkriegs. Die internationale Reaktion auf die israelische Invasion war fast durchwegs negativ. Ein Veto der USA rettete Israel vor einer Verurteilung durch den UNO-Sicherheitsrat. Die UNO-Generalversammlung beschloss eine Resolution, in der Israel mit 127 zu 2 Stimmen dazu verurteilt wurde, seine Truppen zurückzuziehen. Weil es dazu nicht kam, verurteilte die Generalversammlung Israel in einer neuerlichen Resolution mit 120 zu 2 Stimmen bei 20 Enthaltungen.[365]

Als die westlichen Staaten in der Generalversammlung der Vereinten Nationen noch die *„automatische"* Zweidrittelmehrheit besaßen, blockierte die Sowjetunion den UNO-Sicherheitsrat immer wieder durch ihr Veto. Die USA versuchten 1950 mit der ***„Uniting for Peace"*-Resolution** 377 A (V) statt des Sicherheitsrats die Generalversammlung als Organ der **kollektiven Sicherheit** zu aktivieren. In dieser Resolution vom 3.11.1950 hatte die Generalversammlung während der Korea-Krise festgestellt, dass sie das Recht habe, im Falle der Uneinigkeit der Ständigen Mitglieder des UNO-Sicherheitsrates und somit bei dessen Handlungsunfähigkeit die Agenden des Sicherheitsrates zu übernehmen.[366] Die Resolution 377 A (V) drückt den später noch vermehrt (Suez-Krise 1956, Ungarn-Aufstand 1956, Afghanistan 1980) unternommenen Versuch der Generalsversammlung aus, politischen Druck auf den Sicherheitsrat auszuüben, falls dieser aufgrund der Ausübung des Vetorechts blockiert ist.[367]

Das **Veto** wird vor allem **negativ genutzt**, seine Wirkung besteht nicht, um Zusammenarbeit zu erlangen, sondern, **um Aktionen vorzubeugen**. Das Gleichgewicht während des Kalten Krieges beruhte auf der nuklearen Abschreckung zwischen Ost und West, dies unterminierte die Glaubwürdigkeit im Hinblick auf die Durchsetzung kollektiver Aktionen – dieses System der kollektiven Sicherheit wurde bis 1991 kaum jemals wirksam (*lex imperfecta*) -, nicht nur durch die mangelnde Übereinstimmung zwischen den Großmächten, sondern in der Privilegierung einzelner Mitglieder des UNO-Sicherheitsrates. Würden diese nicht bestehen, könnten Maßnahmen der **kollektiven Sicherheit** einer qualifizierten Mehrheit überlassen werden. Der UNO-Sicherheitsrat gilt somit nicht als

---

365 David Rezac, 2002, 44.

366 Otto Kimminich/Stephan Hobe, Einführung in das Völkerrecht, 7. Auflage, 2000, 130.

367 Ebd.

das allgemein, objektiv und unparteiisch funktionierende Organ für die Durchsetzung von Völkerrecht.[368]

Mit dem Wegfall des Ost-West-Konfliktes haben sich die Voraussetzungen für ein Tätigwerden des Sicherheitsrates gemäß Kapitel VI und VII UNO-Charta etwas verbessert. Anlässlich des Golfkonfliktes 1990/1991 ist es im Rahmen einer solidarischen Aktion der Staatengemeinschaft gegen einen Aggressor erstmals seit Jahrzehnten gelungen, gestützt auf Kapitel VII die Mechanismen des Systems der kollektiven Sicherheit wirksam zur Anwendung zu bringen. Die Übereinstimmung unter den Ständigen Mitgliedern, den Irak für den Überfall auf Kuwait am 2.8.1990 als Bruch des Weltfriedens zu verurteilen (Resolution des Sicherheitsrates, Res 665(1990))[369], und einen Fall nach **kollektiver Verteidigung** (Art. 51 UNO-Charta) auszurufen, ist das Resultat einer veränderten globalen Machtkonstellation, welche in ständigem Fluss ist und in Ansätzen mit der Polarisierung zwischen Nord und Süd zu einer neuen Blockbildung geführt hat. Auch in weiterer Folge haben die Vereinten Nationen in mehreren Fällen gemäß Kapitel VII ein militärisches Vorgehen beschlossen. Von den in Artikel 42 UNO-Charta vorgesehenen Möglichkeit, diese Maßnahmen selber durchzuführen, hat die UNO mangels eigener militärischer Strukturen aber nicht Gebrauch gemacht.

Vor diesem Hintergrund haben sich Staaten und Staatengruppen seit 1945 daher des öfteren auch auf **Artikel 51 UNO-Charta** berufen, welcher den Mitgliedern der Vereinten Nationen bis zu jenem Zeitpunkt, zu dem der Sicherheitsrat die „*erforderlichen Maßnahmen*" getroffen hat, das „*naturgegebene Recht*" auf „***individuelle oder kollektive Selbstverteidigung***" einräumt. Unter Berufung auf diese Bestimmung sind nach 1945 u.a. auch die kollektiven Verteidigungsbündnisse Westeuropäischen Union (WEU) und NATO sowie auch die Warschauer Vertragsorganisation (*Warschauer Pakt*) geschaffen worden.

Unter diesen Rahmenbedingungen wurden **friedenserhaltende Einsätze** zum eigentlichen Schwerpunkt des sicherheitspolitischen Engagements der Vereinten Nationen.[370] In diesem Zusammenhang haben die Vereinten Nationen das

---

368 Bruno Simma, Gestaltwandel im Völkerrecht und in der Organisation der Vereinten Nationen, 2002, 45-63, 52.

369 In seinen Beschlüssen über das Eindringen nordkoreanischer Truppen in Südkorea (25.6.1950) und zum Falklandkonflikt (3.4.1982), als argentinische Truppen die zu Großbritannien gehörende Inselgruppe der Malvinen (Falkland) besetzte, stellte der Sicherheitsrat einen Bruch des Weltfriedens fest.

370 Die eigentliche Geburtsstunde friedenserhaltender bzw. friedenssichernder Operationen stellt die Schaffung von UNEF – *United Nations Emergency Force* – während der Suez-Krise 1956 dar. Diese beiden Begriffe selbst fanden erst sehr viel später Eingang in die UNO-Terminologie.

Konzept des ***peacekeeping*** entwickelt, das auf Konsens und Kooperation der Streitparteien beruht und entsprechend einem Mandat des Sicherheitsrates in der Präsenz der Vereinten Nationen vor Ort – unter Zustimmung der Konfliktparteien - besteht. Mit den friedenserhaltenden Operationen hatte die UNO vor 1989 ein nicht in der Satzung vorgesehenes sicherheitspolitsches Instrument geschaffen – d.h. die ursprüngliche Idee der friedenserhaltenden Operationen lag u.a. in der Bildung von Pufferfunktionen, in der Überwachung von Waffenstillständen und Truppenabzügen. Diese Maßnahmen der **kooperativen Sicherheit** bedürfen nicht nur eines Mandats des UNO-Sicherheitsrats, sondern auch dem Einverständnis aller Streitparteien und der Einwilligung jener Staaten, die Einheiten zur Verfügung stellen. Soldaten auf Friedenserhaltungsmissionen waren ursprünglich nur zum Gebrauch ihrer Waffen in Notwehr befugt. Als Rechtsgrundlagen für derartige Einsätze lassen sich die „***implied powers***“ der Vereinten Nationen und eine funktionelle Interpretation der Charta, das ***argumentum a maiore ad minus*** ableiten, d.h. wenn die UNO zu militärischen Zwangsmaßnahmen befugt sei, dann auch zu Operationen, bei denen – mit Zustimmung aller betroffenen Parteien – nur defensive Gewaltanwendung gestattet ist.[371]

Nach 1989/1990 beschloss der UNO-Sicherheitsrat auch **friedenserhaltende Operationen „*der zweiten Generation*“**. Für die Durchführung derartiger Missionen ist eine große Zahl militärischen und zivilen Personals von Notwendigkeit, umfassende militärische, politische und humanitäre Aufgaben sollen erfüllt werden. Die Anwendung von Waffengewalt ist somit nicht auf Notwehr eingeschränkt.[372] UNPROFOR sollte v.a. den Schutz der „*safe areas*“ in Bosnien-Herzegowina gewährleisten.[373] Nicht immer lag das Einverständnis aller Konfliktparteien vor. An diesen neuen Einsätzen beteiligten sich überdies im Gegensatz zu einem Grundsatz des traditionellen ***peacekeeping*** auch ständige Mitglieder des UNO-Sicherheitsrats, allen voran die USA. Der Erfolg war jedoch bescheiden. Die anfangs zur Verfügung gestellten Mittel zur Erfüllung der Mandate des UNO-Sicherheitsrats reichten nicht aus – diese Tatsache wurde deutlich bei UNPROFOR[374], UNOSOM[375] oder UNTAC[376]. Dazu erfolgte im Mai 2000

371 Hanspeter Neuhold, Strukturelle Veränderungen im internationalen System und das Völker- und Europarecht: der rechtliche Niederschlag des Ost-West-Konflikts, in: Waldemar Hummer (Hg), Paradigmenwechsel im Völkerrecht zur Jahrtausendwende, 2002, 5-41, 15f.

372 Ebd., 16.

373 Resolutionen des UNO-Sicherheitsrats 824 (1993) und 836 (1993).

374 *United Nations Protection Force* (Bosnien-Herzeogowina). Der ehemalige jugoslawische Staatschef Slobodan Milosevic bezeichnete deshalb die UNPROFOR als „*Unprotected Foreigners*“.

375 *United Nations Operation in Somalia.*

376 *United Nations Transitional Authority in Cambodia.*

die Gefangennahme von ca. 500 Soldaten der Friedenserhaltungsoperation in Sierra Leone durch Rebellen unter der Führung von Foday Sankoh.[377]

Mit der Ermächtigung zu „***enforcement by consent***“[378] behob der UNO-Sicherheitsrat die zentrale Schwäche friedenserhaltender Operationen. Derartige Militäreinsätze sollen die Einhaltung von Vereinbarungen von Konfliktparteien – über einen Waffenstillstand oder einen Truppenabzug – durch ausreichende zahlenstarke und bewaffnete Präsenz gewährleisten. Der Unterschied zu militärischen Zwangsmaßnahmen im herkömmlichen Sinn besteht dadurch, dass die betreffenden Parteien ihre gesonderte Zustimmung zur Gewaltanwendung bei einem Verstoss gegen ihre Verpflichtungen erteilt haben. Beispiele dazu sind die IFOR (*Implementation Force*) und SFOR (*Stabilization Force*) in Bosnien-Herzegowina oder die KFOR (*Kosovo Force*) im Kosovo.

Vom im Art. 2 Abs. 7 UNO-Satzung auferlegten Verbot, in Angelegenheiten einzugreifen, die ihrem Wesen nach in die innerstaatliche Zuständigkeit jedes Staates gehören, sind Maßnahmen **kollektiver Sicherheit** nach Kapitel VII ausgenommen. „***Ethnische Säuberungen***“ innerhalb eines Staates wurden vom UNO-Sicherheitsrat als Bedrohung des Friedens qualifiziert (Destabilisierung der Region durch Flüchtlingsbewegungen), es erfolgte die Verhängung von Zwangsmaßnahmen.[379]

Die **humanitäre Intervention** ist aufgrund begrenzter UN-Mandate bei großem menschlichen Leiden ausschließlich zu humanitären Zwecken möglich – theoretisch nur unter Kontrolle durch den Sicherheitsrat, praktisch jedoch häuften sich Ermächtigungen des Sicherheitsrats an einzelne Staaten wie Ruanda oder Haiti. Das Problem stellte sich 1999 bei der Intervention der NATO in die Bundesrepublik Jugoslawien aufgrund der „***ethnischen Säuberungen***“ im Kosovo. Diese Intervention erfolgte ohne UNO-Sicherheitsratsmandat. Nach klassischem Völkerrecht ist die humanitäre Intervention zum Schutze eigener Staatsangehöriger möglich, nach herrschender Meinung wäre eine derartige Aktion ohne Mandat des UNO-Sicherheitsrats gemäß Art. 39 UNO-Satzung illegal. Es stellt sich die Frage, welche Mittel völkerrechtlich bei einer Paralysierung des UNO-Sicherheitsrates im Falle einer Menschenrechtsverletzung bzw. eines Genozids durchzusetzen wären. In diesem Zusammenhang ist das Merkmal einer Konstitutionalisierung beobachtbar, Gemeinschaftsgewalt soll zur Durchsetzung gemeinsamer Werte angewendet werden. In den Vereinten Nationen wurde be-

377 Der wegen Kriegsverbrechen angeklagte Foday Sankoh war Ende Juli 2003 in einem Gefängnis in Sierra Leone verstorben. Er hatte 1991 den fast zehn Jahre dauernden Bürgerkrieg ausgelöst. Aus: Rebellenführer verstorben, Die Presse, 31.7.2003, 4.

378 Hanspeter Neuhold, 2002, 17.

379 Ebd., 17.

reits diskutiert, europäische Regionalorganisationen zu beauftragen, in Zypern zu intervenieren – notfalls auch mit Waffengewalt -, falls eine ethnische Gruppe Gewalt gegen eine andere ethnische Gruppe ergreift. Diese Intervention sollte auch ohne den Willen der Bundesregierung eines künftig wiederhergestellten Staates Zypern erfolgen. Eine derartige Einsatzmöglichkeit ist für die bis 2003 im Entstehen begriffene EU-Krisenbewältigungstruppe genannt worden.[380]

Die Vereinten Nationen sind bemüht, die Einsatzelemente und Ressourcen, die für **friedenserhaltende Operationen** in Frage kommen, im Wege des „*Stand-by-Arrangement-System*" zu identifizieren und durch verschiedene Maßnahmen die Vorlaufzeit für friedenserhaltende Einsätze zu verkürzen.

Im Mai 1996 hatte der damalige UNO-Generalsekretär Boutros Boutros Ghali festgestellt, dass die Erfahrungen in Somalia und mit UNPROFOR in Bosnien gezeigt hätten, dass es in solchen Fällen nicht zielführend sei, „*leicht bewaffneten Friedenstruppen ein Mandat zur Durchsetzung zu geben*". Hiefür bedürfe es „*eines fundamental anderen Typus von Operationen*". Auf der Grundlage dieser Analyse trat Boutros Ghali aus der Sicht der UNO für den Fall solcher Friedenseinsätze für das Konzept des „***subcontracting***" ein, das sich in der internationalen Sicherheitspolitik beginnend mit dem Golfkonflikt immer deutlicher herausgebildet hat. Dabei geht es darum, dass der Sicherheitsrat der Vereinten Nationen eine „***coalition of the willing***", die unter Führung einer „***lead nation***" oder einer Sicherheitsorganisation tätig wird, zur Durchführung der Friedensoperation (einschließlich der allenfalls erforderlichen militärischen Zwangsmaßnahmen) autorisiert. Das „*lead nation*"-Modell kam insbesondere im Golfkrieg 1990/1991 sowie in Bosnien-Herzegowina zum Tragen, während bei der Großoperation des IFOR/SFOR-Einsatzes die NATO als „*subcontractor*" auftrat.

In der jüngeren Vergangenheit legen die Vereinten Nationen darüber hinaus das Konzept der regionalen Friedenssicherung (Kapitel VIII UNO-Charta über „**regionale Abmachungen** oder Einrichtungen") ganz allgemein weiter aus und fordern ein verstärktes Engagement regionaler Staatengruppen ein, um eine flexible und raschere Reaktion auf Friedensbedrohungen zu ermöglichen. In diesem Zusammenhang ist außerdem die Tendenz zu beobachten, vom bislang herrschenden Verständnis des Kapitels VIII abzurücken, d.h. eine strenge Trennung zwischen Bündnissen kollektiver Selbstverteidigung und regionalen Organisationen aufzuweichen.

Nach 1990 häuften sich jedoch eigenmächtige Vorgänge ohne Mandat des UNO-Sicherheitsrats – vor allem seitens der USA und Großbritanniens. Bei Uneinigkeit der Ständigen Mitglieder im UNO-Sicherheitsrat nützten die USA

380 Bruno Simma, Gestaltwandel im Völkerrecht und in der Organisation der Vereinten Nationen, 2002, 45-63, 49.

und Großbritannien ihre Überlegenheit zu eigenmächtigem Vorgehen ohne ausreichende Ermächtigung durch den Sicherheitsrat:

- Gemeinsam mit Frankreich bei der Erzwingung der Achtung der **Flugverbotszonen** durch den Irak. Diese 1991 verhängten Verbote sollten die Kurden im Norden und die Schiiten im Süden vor Angriffen durch die irakische Luftwaffe schützen. China und Russland betonen immer wieder, dass die Zonen durch keinen Beschluss des UNO-Sicherheitsrats gedeckt sind. Die amerikanische Regierung argumetierte, dass die Flugverbotszonen auf der Resolution des UNO-Sicherheitsrats Res. 688 vom April 1991 basieren: Die irakische Regierung war darin aufgefordert worden, ihre Übergriffe gegen die kurdische und schiitische Bevölkerung im Norden und Süden des Landes einzustellen. Die USA verfolgten vor allem das Ziel, durch Patrouillenflüge und die faktische Dreiteilung des Landes den Einfluss Saddam Husseins in seinem eigenen Land einzudämmen. Außerdem lieferte die Zone den USA immer wieder einen Vorwand, nach Bedarf gegen den Irak militärisch vorzugehen, ohne die Schwelle einer offiziellen Kriegserklärung zu überschreiten. Saddam Hussein sah in den Flugverbotszonen eine Verletzung der irakischen Souveränität.[381]
- *Operation Desert Fox*: Die USA und Großbritannien versuchten, Saddam Hussein zur Einhaltung der Abrüstungsverpflichtungen und zur Zulassung von Inspektoren zu veranlassen.[382]
- *Operation Allied Force*: Für den Schutz der albanischen Bevölkerung im Kosovo – d.h. für die sogenannte **humanitäre Intervention** der NATO – lässt sich im geltenden Völkerrecht keine ausreichende rechtliche Grundlage finden.
- *Operation Iraqi Freedom*: Dieser amerikanisch-britische Krieg gegen das Regime Saddam Hussein (März/April 2003) – von Australien und Polen militärisch unterstützt – war vom UNO-Sicherheitsrat ebenfalls nicht mandatiert.

Ferner setzten die USA die Vereinten Nationen wirtschaftlich unter Druck, indem sie ihrer Verpflichtung zur Zahlung ihrer Beiträge zum UNO-Budget verspätet oder nur teilweise nachkamen. Der amerikanische Kongress machte seine Zustimmung zu Beitragsleistungen von Reformen der UNO und ihrer Spezialorganisationen abhängig. In den neunziger Jahren stiegen die Rückstände derart an, dass sogar ein Stimmverlust der USA in der Generalversammlung durch die Überschreitung der in Art. 19 UNO-Satzung vorgesehenen Schuldenwelle, näm-

381 Karim El-Gawhary, Auf der Suche nach einem Kriegsgrund, Die Presse, 21.11.2002, 4.

382 Hanspeter Neuhold, 2002, 18.

lich des für zwei vorhergehenden Jahre fälligen Beitrags, drohte. Ende 1999 hatten Zahlungen der USA Sanktionen der UNO vermieden. Der damalige US-Präsident Clinton stimmte den Auflagen des amerikanischen Kongresses prinzipiell zu: Insbesondere wurden eine Senkung des amerikanischen Budgetanteils bei den regulären Beiträgen von 25% auf 20% und bei den Kosten für **friedenserhaltende Operationen** von 31% auf 25% sowie Verbesserungen im Personalmanagement gefordert. Das Repräsentantenhaus stellte zudem noch eine Bedingung auf, die nichts mit den Vereinten Nationen zu tun hatte: Es forderte den Ausschluss von Organisationen, welche die Abtreibung befürworteten, von finanzieller Unterstützung.[383]

Die Nordatlantische Vertragsorganisation – NATO

Die Gründung der NATO (*North Atlantic Treaty Organization*) erfolgte am 4.4.1949 in Washington. Mit der NATO wurde erstmals in Europa ein Sicherheitssystem von Beginn an als primär politisches Bündnis geschaffen. Die Entscheidungen der Mitgliedstaaten erfolgen einstimmig. Das Bündnis kann somit nicht besser sein als die Summe der Regierungen seiner Mitgliedstaaten. Die Glaubwürdigkeit der NATO basiert insbesondere auf ihren Instrumenten zur Risikovorsorge und dann, wenn Entscheidungs- und Handlungsfähigkeit gegeben ist. Für die NATO ist charakteristisch:

- politisch v.a. das eingespielte Verfahren zur **politisch-militärischen Konsensfindung** auf einer Vertrauensbasis und
- militärisch die in jahrelanger Erfahrung gehärtete praktische internationale militärische Zusammenarbeit.

Friedensdurchsetzung erfolgt in der Regel mit politisch-diplomatischen Mitteln. Neben ihrer militärischen Bedeutung für den Erhalt von Sicherheit und Stabilität im euro-atlantischen Raum bleibt die NATO politisch weiterhin das entscheidende Verbindungsglied (*transatlantic link*) zwischen Nordamerika und Europa.

Nach dem Ende des Kalten Krieges hat sich die NATO aufgrund der großen institutionellen Flexibilität sowohl politisch als auch militärisch an die geänderten Rahmenbedingungen der europäischen Friedenssicherung soweit anpassen können, dass sie sich zur Grundlage des europäischen Sicherheitsverbundes entwickelt hat. Dadurch, dass die NATO auf gegenseitiges Verständnis und Vertrauensbildung im euro-atlantischen Bereich setzt, sind keine neuen Trennungslinien entstanden. Aktiver Dialog und praktische Kooperation sind das Rezept

383 Aus: Hanspeter Neuhold, 2002, 24.

für die Verbesserung der Beziehungen, gerade mit Drittländern. Die NATO ist dabei einem **umfassenden Sicherheitsansatz** verpflichtet, der politische, wirtschaftliche, soziale und umweltbezogene Elemente umfasst. Die heutige Existenzberechtigung der NATO basiert nach wie vor auf politischen und militärischen Gegebenheiten: Die militärische Bedeutung liegt heute in der Bekämpfung der Bedrohungen für die transatlantische Sicherheit dort, wo sie ihren Ursprung haben. So reicht inzwischen der Einsatzraum für NATO-Operationen weit über die europäischen NATO-Grenzen hinaus, wie z.B. die Einsätze in Staaten des ehemaligen Jugoslawien im Auftrag der Vereinten Nationen zeigten. Die *Out-of-area*-Debatte – also die Diskussion über Kampfeinsätze außerhalb des NATO-Territoriums – ist im Zeitalter des internationalen Terrorismus und der wachsenden Bedrohung durch Raketen sowie Massenvernichtungswaffen obsolet geworden. Auf dem NATO-Gipfel der Staats- und Regierungschefs in Prag (21.-22.11.2002) wurde bis Oktober 2004 deshalb die Schaffung einer ***NATO Response Force*** in der Stärke von 21.000 Soldaten beschlossen, die ab 2006 in der Lage sein soll, innerhalb von fünf Tagen weltweit zu operieren, um Bedrohungen für den euro-atlantischen Raum eindämmen und bewältigen zu können. Die *NATO Response Force* (NRF) wurde offiziell am 15.10.2003 gegründet, deren erste Übung fand am 20.11.2003 in der Türkei unter der Teilnahme von Eliteeinheiten (alle drei Teilstreitkräfte Luft, See und Land) aus elf NATO-Ländern statt.

Der historische Hintergrund zur Entstehung und zum Wirken der NATO

Historischer Auslöser zur Gründung der NATO war der herannahende Kommunismus in den vierziger Jahren. Kommunistische Systeme wurden während dieser Periode in der Tschechoslowakei, Polen, Ungarn, Rumänien und Bulgarien etabliert. Bereits 1946 sprach der führende konservative Oppositionelle im britischen Unterhaus – Winston Churchill – während einer Rede in Fulton/ USA vom **Eisernen Vorhang**, durch den die Sowjetunion zu dieser Zeit Osteuropa vom Westeuropa abzuschotten versuchte. Unter diesem Vorzeichen betonte Churchill einige Monate später in Zürich die Notwendigkeit eines Zusammenschlusses von Europa unter der Miteinbeziehung Deutschlands. 1947 kam es zur Verhärtung bzw. Differenzen in den Beziehungen USA-Sowjetunion, die Streitfragen betrafen vor allem die europäische Nachkriegsordnung und die Zukunft Deutschlands. Die sowjetische Führung unterstützte in den vierziger Jahren im Iran und in Griechenland gewaltsam nach Macht strebende kommunistische Parteien: Kommunisten waren für einen Attentatsversuch auf den persischen Schah verantwortlich, in Griechenland kämpften griechische Regierungstruppen gegen kommunistische Verbände. Die Entscheidungsschlacht im Grammos-Gebirge 1948 konnten griechische Regierungstruppen mit Hilfe von amerikanischen und britischen Verbänden für sich entscheiden.

Die USA unter Präsident Harry S. Truman beschlossen am 12.3.1947, die vom Kommunismus bedrohten Kräfte zu unterstützen. Truman bezweckte den Sieg über den Kommunismus nicht am Schlachtfeld, sondern dessen Überwindung mittels der politischen Kraft freiheitlich-demokratischer Werte wie Demokratie, Menschenrechte und freie Marktwirtschaft. Ziel der USA war die Schaffung eines neuen vereinten Europa mit demokratischem Vorzeichen (***Truman*-Doktrin**).

1948 kündigte US-Außenminister George C. **Marshall** an, ein umfassendes Hilfsprogramm zur wirtschaftlichen und politischen Stabilisierung der von Krisen geschüttelten Volkswirtschaften West- und Mitteleuropas einzuleiten. Der ***Marshallplan*** beschleunigte den Prozess der deutschen Weststaatsgründung und führte schließlich u.a. auch zur wirtschaftlichen Erholung Westeuropas während der fünfziger Jahre. Diese Vorgehensweise gehörte zur „***präventiven Strategie***" der USA nach dem Zweiten Weltkrieg, den demokratischen Staatbildungsprozess in Europa aufbauen zu helfen und wirtschaftlich abzusichern. Ziel war es, dass von Mitteleuropa aus keine Gefahr für die USA mehr ausgehen solle. Die damalige amerikanische politische Führung sah ein, dass nach dem Ersten Weltkrieg vor allem Deutschland durch den **Versailler Friedensvertrag** derart wirtschaftlich belastet und während der Zwischenkriegszeit derart international *bevormundet* wurde, was sich schließlich auf den demokratischen Staatsbildungsprozess äußerst negativ auswirkte. Die dadurch erfolgte Machtergreifung Adolf Hitlers, der in Europa einen politisch-regionalen Anspruch stellte, wurde insbesondere für Frankreich, Großbritannien und die USA zu einem sicherheitspolitischen Risiko. Eine stärkere wirtschaftliche Zusammenarbeit zwischen einem damals noch demokratischen Deutschland und einem noch demokratischen Österreich wurde Anfang der dreißiger Jahre seitens des **Völkerbund**es verhindert, so am 19.3.1931 die Errichtung einer deutsch-österreichischen Zollunion („*Schober-Curtius-Plan*").[384] Diese Konstellation sollte sich in Europa aus amerikanischer Sicht nicht mehr wiederholen, es galt ab 1945, Deutschland politisch und wirtschaftlich umfassend zu unterstützen.[385] Die „***präventive Strategie***" sollte jene Ursachen bekämpfen, die wieder zu einem Weltkrieg führen könnten. Sie basierte auch auf Eindämmung (*containment*) und Abschreckung (*deterrence*) der sowjetischen Expansionspolitik nach Westen.[386]

384 Der damalige Ständige Internationale Gerichtshof (StIG) entschied, dass eine derartige Zollunion gegen das I. Genfer Protokoll von 1922 verstoße.

385 Ashton B. Carter, William J. Perry, Preventive Defense. A New Security Strategy for America, Brookings Institutions Press, Washington D.C., 1999, 10.

386 Ebd.

Die Dynamik des amerikanischen Kapitalismus in Westeuropa löste in Moskau jedoch große Ängste aus. Der sowjetische Diktator Josef Stalin reagierte daraufhin mit der Blockade West-Berlins. 1948 ist auch der Prager Umsturz vollzogen worden, die Kommunisten unter Klement Gottwald übernahmen die Macht. Die UdSSR versuchte – entgegen dem Abkommen von Jalta – einen Staat nach dem anderen kommunistisch zu unterwandern. Schließlich wurden sowjetische **Freundschafts- und Beistandspakte** mit Rumänien, Ungarn, Bulgarien und auch Finnland geschlossen. Finnland blieb von der demokratischen Struktur her westlich, war aufgrund seiner geopolitischen Situation gezwungen, eine „*Politik des Vertrauens*" mit der Sowjetunion zu vollziehen. Der „*Ostblock*", dem auch Polen und die Tschechoslowakei angehörten, begann sich Ende der vierziger Jahre zu formieren.

Die sowjetische Expansionspolitik hatte im Westen Europas den Ausbruch einer Kriegshysterie und danach den Aufbau eines westlichen Verteidigungssystems zur Folge: Am 17.3.1948 unterzeichneten Belgien, Frankreich, Großbritannien, Luxemburg und die Niederlande den „**Brüsseler Fünfmächtevertrags**" („Westunion") mit einer Laufzeit von fünfzig Jahren, der eine Weiterentwicklung des **Vertrages von Dünkirchen** von 1947 war: Letzterer richtete sich gegen ein wiedererstarkendes Deutschland und gegen eine sowjetische Expansion und wurde zwischen Frankreich und Großbritannien unterzeichnet. Die „Westunion" bildete die Grundlage des Pariser Vertrages über die **Westeuropäische Union** (WEU) vom 23.10.1954.

Die USA erkannten bald, dass die westeuropäischen Länder dem wachsenden kommunistischen Einfluss nicht gewachsen waren. Ziel war es nun, gemeinsam mit den USA ein transatlantisches Sicherheitssystem zu schaffen. Am 11.6.1948 verabschiedete der US-Senat die sogenannte „***Vandenberg-Resolution***", die damit die Grundvoraussetzung für künftige Zusammenschlüsse der USA mit regionalen und anderen kollektiven Sicherheitseinrichtungen schuf. Die Frage nach eigenständigen – von den USA zumindest teilweise unabhängigen – europäischen militärischen Kapazitäten stellte sich zwischen 1949 und 1989 nicht, wenn man von den 1954 am Widerstand der französischen Nationalversammlung gescheiterten Bemühungen zur Schaffung einer **Europäischen Verteidigungsgemeinschaft**/EVG absieht.

Die Berliner Blockade von 1948 (Einführung der DM-West, Sperre des gesamten Güter- und Personenverkehrs von/nach Westdeutschland sowie Einstellung der Lebensmittel-, Kohle- und Stromlieferungen aus der Sowjetischen Besatzungszone) führte zur **Gründung der NATO**.

Mit der Unterzeichnung des Washingtoner Vertrages durch 12 Staaten – Belgien, Dänemark, Frankreich, Großbritannien, Island, Italien, Kanada, Luxemburg, Niederlande, Norwegen, Portugal und die USA – am 4.4.1949 erfolgte die

Gründung der NATO. Sie war der erste und wesentlichste Schritt zu einer gemeinsamen Sicherheitspolitik der nordamerikanischen und europäischen Demokratien. Der Gründungsvertrag schuf einen euro-atlantischen Sicherheitsverbund zur Verteidigung der westlichen Demokratien gemäß Art. 51 der Charta der Vereinten Nationen – also **kollektive Verteidigung** -, mit dem primären Ziel, die Expansion der UdSSR einzudämmen (*containment*). Zum einen sollte Westeuropa durch die Vereinahmungsversuche der UdSSR geschützt werden, zum anderen sollte der wirtschaftliche Aufbau Westeuropas mit Hilfe des ***Marshallplans*** garantiert werden. 1948 erfolgte die Gründung der **OEEC**[387] als Institution der funktionierenden Marktwirtschaft, die OEEC war Vorgängerin der in Paris ansässigen und 1960 gegründeten **OECD**[388]. Der Beitritt zur OEEC war Voraussetzung zur Erlangung von Aufbauhilfen durch den ***Marshallplan***.

Die USA sicherten jeden NATO-Mitgliedstaat Rüstungs- und Waffenhilfe zu (*Mutual Defense Assistance Act*), der NATO-Gründungsvertrag selbst trat am 24.8.1949 in Kraft. Nach der ersten Sitzung des Nordatlanitschen Rates in Washington (17.9.1949) wurde die Bildung eines gemeinsamen Oberkommandos Realität.

Am 14.5.1955 ist mit dem „*Vertrag über Freundschaft, Zusammenarbeit und gegenseitigen Beistand*" (**Warschauer Vertrag**) der Warschauer Pakt durch Albanien, Bulgarien, der Deutschen Demokratischen Republik (DDR), Polen, Rumänien, Sowjetunion, Tschechoslowakei und Ungarn gegründet worden. 1961 brach Albanien die Beziehungen zur UdSSR aufgrund ideologischer Differenzen ab und trat 1968 aus diesem kommunistischen Bündnissystem aus. Die Mitgliedschaft der DDR endete am 3.10.1990, als die DDR mit der Bundesrepublik Deutschland vereinigt wurde. Der Warschauer Pakt existierte bis zum 30.6.1991.

Die Gründung der NATO war vor allem ein Wunsch der europäischen Staaten, weil die Staaten Europas nicht allein gegen die Expansion der UdSSR bestehen konnten. In die NATO wurden auch strategisch wichtige Staaten aufgenommen, die keineswegs zu diesem Zeitpunkt demokratische Normen erfüllten – wie Portugal, sowie 1952 Griechenland und die Türkei. 1955 wurde Deutschland (West) in die NATO aufgenommen, 1982 folgte Spanien. Die Aufnahme in die NATO hat die Demokratisierung in diesen Staaten gefördert und beschleunigt. Die NATO zählte mit 1.9.2003 19 Mitgliedstaaten, von denen insbesondere Frankreich – die politische Führung unter General Charles de Gaulle beschloss

387 *Organization for European Economic Cooperation.*
388 *Organization for Economic Cooperation and Development.*

1966, aus den militärischen Institutionen der NATO auszutreten - und Island (noch keine eigenen Streitkräfte[389]) eine Sonderrolle einnehmen.

Die NATO – eine Wertegemeinschaft

Die NATO definiert sich v.a. aus dem Vorhandensein demokratischer pluralistischer politischer und marktwirtschaftlicher Systeme sowie aus dem Schutz, der Verteidigung und der Einhaltung von Menschenrechten. So bekräftigen „*die Parteien dieses Vertrages (...) erneut (...) ihren Wunsch, mit allen Völkern und allen Regierungen in Frieden zu leben. Sie sind entschlossen, die Freiheit, das gemeinsame Erbe und die Zivilisation ihrer Völker, die auf den Grundsätzen der Demokratie, der Freiheit der Person und der Herrschaft des Rechts beruhen, zu gewährleisten. Sie sind bestrebt, die innere Festigkeit und das Wohlergehen im nordatlantischen Gebiet zu fördern.*

Sie sind entschlossen, ihre Bemühungen für die gemeinsame Verteidigung und für die Erhaltung des Friedens und der Sicherheit zu vereinigen“, so die Präambel des NATO-Gründungsvertrages von 1949.

In Artikel 1 verpflichten sich die Parteien, „*in Übereinstimmung mit der Satzung der Vereinten Nationen, jeden internationalen Streitfall, an dem sie beteiligt sind, auf friedlichem Wege so zu regeln, dass der internationale Friede, die Sicherheit und Gerechtigkeit nicht gefährdet werden und sich in ihren internationalen Beziehungen jeder Gewaltandrohung oder Gewaltanwendung zu enthalten, die mit den Zielen der Vereinten Nationen nicht vereinbar ist.*“ Eines der wichtigsten Ziele der Vereinten Nationen ist nach Artikel 2 Abs. 4 der UNO-Charta die Einhaltung des **Gewaltverbots**. Daraus folgt nach Artikel 2 Abs. 5 UNO-Charta das Verbot der Unparteilichkeit (Neutralität) gegenüber Rechtsbrechern. Demnach leisten alle UNO-Mitglieder „*den Vereinten Nationen jeglichen Beistand bei jeder Maßnahme, welche die Organisation im Einklang mit dieser Charta ergreift; sie leisten einem Staat, gegen den die Organisation Vorbeugungs- oder Zwangsmaßnahmen ergreift, keinen Beistand.*“

Der Warschauer Pakt – am 14.5.1955 gegründet – richtete sich im Gegensatz zur NATO gegen Freiheit und Demokratie im westlichen Sinne. Das sowjetische Bündnis beschloss „*mit brüderlicher Hilfe*“ (benannt: ***Breschnjew*-Doktrin**) Maßnahmen gegen den Aufstand der ungarischen Bevölkerung 1956 sowie gegen den „*Sozialismus mit menschlichem Antlitz*“ von Alexander Dubcek in der Tschechoslowakei 1968. Zuvor - 1954 - stellte die Sowjetunion unter Nikita

389 Die isländische Regierung unter Premierminister David Oddsson schloss im Juli 2003 die Bildung eigener Streitkräfte nicht aus, da die amerikanischen Streitkräfte ihren Rückzug aus Island ankündigten.

Chruschtschow ein Gesuch zur Aufnahme in die NATO, dies wurde seitens der NATO-Staaten abgelehnt. Während der Warschauer Pakt in politische Geschehnisse ihrer Verbündeten mit Gewalt eingriff, erfolgte seitens der NATO keine Einmischung – weder politisch noch militärisch – in politische Umwälzungen – so auch nicht 1975 während eines Putschversuches linksgerichteter Truppenteile in Portugal.

In Artikel 2 des NATO-Gründungsvertrages ist verankert, die *„Gegensätze in ihrer internationalen Wirtschaftspolitik zu beseitigen und die wirtschaftliche Zusammenarbeit zwischen einzelnen oder allen Parteien zu fördern"*. Die Bestimmungen der Artikel 1 und 2 sowie die Präambel bilden die Basis der NATO als westliche Wertegemeinschaft, die über den Begriff einer Militärallianz deutlich hinausgehen.

Die NATO – ein multifunktionales Gebilde

Die NATO ist eine Organisation, die mehrere Aufgaben erfüllt:
a) **kollektive Verteidigung** des Bündnisgebietes;
b) **transatlantische Kooperation** und
c) **interne Friedenssicherung**

a) Kollektive Verteidigung des Bündnisgebietes

Die NATO verstand sich **nie** als **Kriegspakt** oder **Militärpakt**. Derartige Terminologie stammt aus dem 19. Jahrhundert bzw. aus der Zeit vor dem Zweiten Weltkrieg, in der sich zwei oder mehrere Bündnispartner gegen jemand anderen verbündet hatten – wie die Entente, die kleine Entente oder die Achse Berlin-Rom. Die **Friedensdurchsetzung** innerhalb der NATO erfolgt grundsätzlich mit **politisch-diplomatisch**en Mitteln.

Dem im Völkerrecht verankerten Gebot der Verhältnismäßigkeit der Mittel folgend wird der Einsatz militärischer Mittel nur für den Fall vorgesehen, dass alle anderen Mittel wie wirtschaftlicher oder politischer Druck ohne Erfolg eingesetzt worden waren. Die Funktionalität der NATO besteht also primär in der Fähigkeit, sich gemeinsam effizient vor Gewaltandrohungen, Einschüchterungsversuchen oder **Aggression**en zu schützen. Die USA waren ursprünglich nicht bereit, einer automatischen Beistandsverpflichtung – wie von europäischen Ländern gewünscht – zuzustimmen. Im Vordergrund der amerikanischen Überlegungen stand v.a. die politische Absicherung des wirtschaftlichen Wideraufbaus in Europa.

Die Parteien werden laut Artikel 4 des NATO-Gründungsvertrags *„einander konsultieren, wenn nach Auffassung einer von ihnen die Unversehrtheit des Ge-*

biets, die politische Unabhängigkeit oder die Sicherheit einer der Parteien bedroht ist." Dieser Artikel wurde anlässlich der **Irak-Krise** im Februar 2003 erstmals wirksam, als die türkische Regierung die anderen 18 NATO-Mitgliedstaaten um Unterstützung - in der Verteidigung um ihr Land im Falle eines Angriffs des Irak auf ihr Territorium - bat. Dieses Ansuchen der Türkei stürzte die NATO jedoch in eine tiefe Krise, hatte die Diskussion um einen Militäreinsatz gegen das Regime Saddam Hussein sowohl die NATO als auch die Europäische Union gespalten. Während u.a. Dänemark, Großbritannien, Italien, die Niederlande und Spanien eine Militärintervention in den Irak befürworteten, lehnten dies Belgien, Deutschland, Frankreich, Luxemburg und Schweden vehement ab. Der Zeitpunkt für die Aktivierung des Art. 4 des NATO-Gründungsvertrags war, so ursprünglich die Ansicht der deutschen Bundesregeirung unter Bundeskanzler Gerhard Schröder und der französischen Administration unter Präsident Jacques Chirac, zu dieser Zeit noch nicht gegeben. Schliesslich fand sich jedoch ein minimaler Konsens: Insgesamt diskutierten die Botschafter der NATO-19 über ein Wirksamwerden des Art. 4 eine Woche. NATO-Generalsekretär Lord Robertson sprach damals von einer „*ernsten Lage.*"[390] Am 19.2.2003 genehmigten nach einer Einigung der NATO-Mitgliedstaaten drei Tage zuvor die 18 Botschafter des NATO-Verteidigungsplanungsausschusses, an dem Frankreich nicht teilnimmt[391], die Implementierung von Verteidigungsmaßnahmen, um die Türkei im Falle eines Angriffs zu unterstützen. Diese Maßnahmen beinhalteten u.a. die Bereitstellung von drei niederländischen und zwei amerikanischen *Patriot*-Luftabwehrraketen-Batterien, von vier AWACS[392]-Aufklärungsflugzeugen und von Ausrüstung und Fachpersonal für die Abwehr nicht-konventioneller Angriffe - wie biologische und chemische Waffen. Die türkische Luftverteidigung sollte – falls erforderlich – auch von zusätzlichen Flugzeugen aus anderen

390 Irak droht NATO zu spalten. Putin auf Berin-Paris-Kurs, Die Presse, 11.2.2003, 1.

391 Frankreich nimmt an den Arbeiten des Verteidigungsplanungsausschusses seit einem Beschluss von Charles de Gaulle im Jahr 1966 nicht mehr teil. Frankreich lehnte zu diesem Zeitpunkt eine Unterstützungsmaßnahme gegenüber der Türkei ab, jedoch nicht prinzipiell, sondern zu einem anderen Zeitpunkt. Die französische Regierung sprach sich gemeinsam mit den Regierungen Belgiens, Deutschlands und Russlands gegen einen Irak-Krieg aus, um das Regime von Saddam Hussein zu entwaffnen. Der Irak wurde von den Befürwortern einer Militärintervention – den USA, Großbritannien, Italien, Niederlande, Spanien und einigen Staaten Mittel- und Osteuropas wie Bulgarien, Polen, Tschechische Republik, Ungarn – des Besitzes von Massenvernichtungswaffen beschuldigt. Die Kritiker dieser Linie betonten die gute Zusammenarbeit mit der irakischen Führung im Hinblick auf die Zerstörung von Raketen und biologischen sowie chemischen Waffen. Die irakische Führung erklärte zuvor, dass der Irak keine Massenvernichtungswaffen besitze.

392 *Airborne Early Warning and Command System.*

NATO-Staaten unterstützt werden. Am 16.4.2003 entschieden der Nordatlantische Rat und der Verteidigungsplanungsausschuss der NATO, diese Operation *Display Deterrence* zu beenden. Mit dem Sturz von Saddam Hussein war demnach eine militärische Gefährdung der Türkei durch den Irak nicht mehr gegeben.

Laut **Artikel 5** des NATO-Gründungsvertrages versteht sich ein Angriff gegen einen NATO-Mitgliedstaat als Angriff gegen alle Mitgliedstaaten, wobei – und das ist wesentlich – jeder Staat gemäß seiner Verfassung selbst entscheidet, welche **Beistandsmaßnahmen** für erforderlich gehalten werden. Im US-Senat wurde dazu seinerzeit die Wendung *„as it deems necessary“* in den Artikel 5 eingefügt. Von einer klassischen Bündnisautomatik, wie sie traditionelle Militärbündnisse auszeichnete, war die NATO seit ihrer Gründung weit entfernt. Im Gegensatz zu Art. 5 des NATO-Gründungsvertrages ist in **Artikel V** des **WEU-Vertrages** eine automatische militärische Verpflichtung zu gegenseitigem Beistand verankert. Der NATO-Gründungsvertrag enthält eine abgeschwächte Beistandsautomatik, hinter der allerdings organisierte militärische Mittel auf Abruf bereitstehen. Es existiert nur im Rahmen der WEU eine volle militärische Beistandsgarantie, die Durchführung der Militäraktion überlasse die WEU freilich der NATO.

Wirksam wird diese Beistandspflicht gemäß Artikel 6 des NATO-Gründungsvertrags in geografischer Hinsicht bei einem bewaffneten Angriff auf das Gebiet einer Vertragspartei in Europa oder Nordamerika, auf das Gebiet der Türkei oder auf die der Gebietshoheit einer der Parteien unterliegenden Inseln im nordatlantischen Gebiet *„auf die Streitkräfte, Schiffe oder Flugzeuge einer der Parteien, wenn sie sich in oder über diesen Gebieten ... oder wenn sie sich im Mittelmeer oder im nordatlantischen Gebiet nördlich des Wendekreises des Krebses befinden.“*

b) Transatlantische Kooperation

Die Zusammenarbeit auf transatlantischer Ebene bildet den politischen Ausgangspunkt der NATO. Das Engagement der USA für Europa im Rahmen der NATO war in den vierziger Jahren ein historischer Bruch mit der traditionellen Zurückhaltung der USA, sich auf längerfristige Bündnisse einzulassen. Im Kalten Krieg gab die Mitgliedschaft der USA als führende westliche Macht der NATO ihr politisches Gewicht. Die USA bildet nach wie vor die treibende politische und militärische Kraft innerhalb der Allianz, Deutschland (West) wurde in diesen euro-amerikanischen Allianzprozess integriert. In die völlige NATO-Integration begriffen waren 1999 erstmals vier ehemalige **Warschauer-Pakt-Staaten** – Polen, Tschechische Republik und Ungarn. Für die zweite **NATO-**

Osterweiterung - die größte Erweiterung in der Geschichte des Nordatlantischen Bündnisses - erfolgte der Beschluss auf dem Gipfel der Staats- und Regierungschefs der NATO in Prag 2002: Fast zeitgleich zur Aufnahme von zehn beitrittswilligen Ländern in die Europäische Union – zum Teil die im folgenden genannten Staaten - sollen 2004 Bulgarien, Estland, Lettland, Litauen, Rumänien, die Slowakei und Slowenien Mitglieder der NATO werden.[393] Erstmals werden drei ehemalige Sowjetrepubliken und eine ehemalige jugoslawische Teilrepublik Mitglieder der westlichen Allianz. Mit dem NATO-Gipfel von Madrid 1997 wurde die verstärkte Kooperation mit Russland und der Ukraine institutionalisiert. **Russland** sieht heute die NATO-Erweiterung bis zu seinen Grenzen nicht mehr als Gefährdung seiner sicherheitspolitischen Interessen. Präsident Putin hatte bereits sein Interesse an der Aufnahme seines Landes in die NATO bekundet, im Gegensatz dazu habe Russland jedoch nicht die Absicht, der EU beizutreten. Mächte wie Russland, so der russische Außenminister Igor Iwanow, treten nicht fremden Bündnissen bei, sondern bilden eigene.[394]

c) Interne Friedenssicherung

Erst durch die NATO erfolgte 1955 die Einbindung Westdeutschlands bzw. westdeutscher Streitkräfte in ein internes europäisches Friedenssystem. Der Versuch, die Frage der westdeutschen Wiederbewaffnung im Rahmen der **Europäischen Verteidigungsgemeinschaft** (EVG) zu lösen, scheiterte – trotz der Unterstützung durch die USA - an der Sorge Frankreichs, die Bundesrepublik Deutschland (BRD) könnte sich aufgrund ihres Machtpotenzials bald einmal zu einem übermächtigen Partner entwickeln. Der europäische Rahmen erwies sich als zu schwach, um eine prosperierende BRD auf die Dauer einzubinden und gleichzeitig als zu leicht, um ein wirksames Gegengewicht zur UdSSR zu bilden. Eine Europaarmee hatte sich als politisch undurchführbar erwiesen. In den Pariser **WEU-Verträgen** von 1954 wurde inzwischen der bereits schon in Vergessenheit geratene Brüsseler Vertrag von 1948 reaktiviert und um die BRD und Italien erweitert. Dies hatte zum Zweck, den Aufbau der deutschen Flotte und Luftwaffe zu kontrollieren und eine deutsche Herstellung von nuklearen, biologischen und chemischen Waffen zu verhindern. Im Gegenzug wurde die BRD als gleichberechtigtes Mitglied in die NATO aufgenommen.

---

393 In einem feierlichen Akt wurden am 26.3.2003 von den 19 NATO-Mitgliedern die Beitrittsprotokolle der sieben mittel- und osteuropäischen Länder unterzeichnet.

394 Martin Malek, Aktuelle Aspekte der Außenpolitik Russlands, Strategische Analysen, Oktober 2002, Landesverteidigungsakademie Wien.

Bedeutungsvoll war auch die erfolgreiche **Konfliktvorbeugung** zwischen **Griechenland** und **Türkei**. Ein integrierter Planungs- und Führungsapparat sollte die Bündnispartner aneinander binden, und zwar im Rahmen von Kooperations- und Koordinationsvereinbarungen, einer übergreifenden Streitkräfte- und Einsatzplanung, der Standardisierung von Gerät, der Bildung multinationaler Verbände und Stäbe sowie der Stationierung von Einheiten auf dem Gebiet verbündeter Staaten. Durch diese Verflechtung sollte im Rahmen einer **kollektiven Verteidigung** eine Renationalisierung der Landesverteidigungen und somit der Rückfall in nationale Alleingänge verhindert sowie jegliche militärische Konfrontation zwischen den Partnerstaaten unmöglich gemacht werden. Militärische Transparenz sowie die demokratische Kontrolle der Streitkräfte stehen im Vordergrund.

Die NATO im Kalten Krieg

Im Vergleich zur UNO und anderen internationalen Organisationen sind die Strukturen und Verfahren der NATO vertraglich äußerst rudimentär. Der Washingtoner Vertrag von 1949 schuf lediglich den **Nordatlantische Rat** und sah in Art. 9 die Bildung von Unterausschüssen vor – namentlich im Bereich der Verteidigung. Die integrierte Kommandostruktur und die gemeinsame Streitkräfteplanung – zwei zentrale strukturelle Elemente – waren bei der Unterzeichnung des Vertrags ursprünglich noch nicht absehbar. Damit besaß die NATO seit ihrer Gründung eine hohe institutionelle Anpassungsfähigkeit.

Zwei Ereignisse waren für die Herausbildung integrierter militärischer Strukturen der NATO sehr maßgeblich:

- August 1949: Die UdSSR zündete ihre erste Atombombe;
- Juni 1950: Einmarsch kommunistischer nordkoreanischer Truppen in den Süden der Halbinsel. Daraus bildete sich die Angst, dass dieses Schicksal auch Deutschland ereilen könnte. Die westliche Strategie verlagerte sich - von der wirtschaftlichen zur militärischen Eindämmung. Der **Nordatlantische Rat** befasste sich zwischen 15. und 18.9.1950 in New York mit der Frage, wie das NATO-Gebiet gegen eine Korea-änliche Aggression zu verteidigen sei. Dies führte zur **Strategie der Vorneverteidigung** (*forward defense*) für Europa: Jedem Angriff soll so weit ostwärts wie möglich entgegengetreten werden, um die Verteidigung aller europäischen Mitgliedsländer zu gewährleisten. Die Schaffung von Streitkräften für eine derartige Abschreckung wurde daraufhin angeordnet.

Die NATO begann in den frühen fünfziger Jahren, eine zivile Organisation und eine integrierte militärische Kommandostruktur zu entwickeln. Ein Bündnis im herkömmlichen Sinn basiert im Unterschied zur NATO lediglich auf Vereinbarungen in Fragen der Zusammenarbeit im Bereich Sicherheit und Verteidigung im Interesse der Bündnispartner.

Erst mit der permanenten Stationierung von vier US-Divisionen ist in der Folge eine militärische Organisation der Allianz entstanden. Militärisch wurde der Posten des **NATO-Oberbefehlshabers Europa** geschaffen und mit General Dwight D. Eisenhower besetzt. Die Streitkräfte der NATO wurden in drei militärische Kommanden aufgeteilt, die dem ständigen **NATO-Verteidigungsausschuss** unterstellt wurden. Politisch entstand der Posten des **Generalsekretärs** mit einem eigenen **Internationalen Stab**.

1952 erfolgte in Lissabon die Formulierung gemeinsamer Leitlinien für den künftigen Ausbau der NATO-Streitkräfte, 1954 erreichten die Streitkräfte einen Umfang von 96 Divisionen (1953: 18 Divisionen). Erst Mitte der fünfziger Jahre waren die integrierten militärischen Strukturen der NATO in den Grundzügen geschaffen.

Die militärische Aufgabe der NATO lag darin, abzuschrecken und notfalls eine sowjetische Bedrohung abzuwehren. Bereits Anfang der fünfziger Jahre waren die Streitkräfte der UdSSR jenen der NATO zahlenmäßig weit überlegen.

Durch die NATO wurde die nukleare Mitsprache der Bundesrepublik Deutschland über die Schaffung neuer konsultativer Mechanismen (Nukleare Planungsgruppe) verbessert, die USA verpflichteten sich andererseits, ihre Truppen langfristig in der Bundesrepublik Deutschland zu stationieren.

Mitte der fünfziger Jahre arbeiteten die „*Drei Weisen*" auf Gesuch des Nordatlantischen Rates Vorschläge aus, wie die Einheit der NATO durch eine Stärkung der wirtschaftlichen und politischen Beziehungen verbessert werden könnte; falls nicht, würde diese Sicherheitsorganisation mit der ersten Krise in Frage gestellt werden.

1956 wurde die NATO erstmals auf eine harte Probe gestellt: Während der **Suezkrise** verurteilte die USA die britischen und französischen Luftangriffe und Landungen von Fallschirmjägern und Truppen in der Suezkanalzone. Frankreich und Großbritannien betonten die Notwendigkeit dieser Aktion, um den Kanal, der durch Schiffwracks bereits versperrt war, für den internationalen Seeverkehr zu sichern und die israelisch-ägyptischen Kämpfe zu beenden. Der Druck der USA bewirkte die Einstellung der britisch-französischen Militäroperation. Auf britisch-französischer Seite sind durch die Suezkrise und den Einmarsch von Truppen des Warschauer Paktes in Ungarn erstmals vertrauliche Gespräche über nukleare Angelegenheiten geführt worden, die schließlich auf europäischer Ebene 1957 in die Unterzeichnung des Euroatom-Vertrages führten.

1957 verzeichnete die **UdSSR** einen großen Erfolg in der Raumfahrt durch *Sputnik* sowie die erste erfolgreiche Erprobung interkontinentaler ballistischer Raketen. Mit diesem militärischen Erfolg löste 1958 der sowjetische Staatschef

Nikita Chruschtschow die zweite **Berlin**krise aus, er forderte die Bildung einer entmilitarisierten Freien Stadt West-Berlin und den Abzug aller westlichen Truppen. Diese Forderungen waren für die Westmächte unannehmbar. Die Krise gipfelte im Bau der Berliner Mauer am 13.8.1961. 1962 versuchten die Sowjets, Atomraketen auf **Kuba** zu stationieren.

In den sechziger Jahren bildete sich ein **nuklearer Patt** zwischen den beiden Blöcken. Die NATO vollzog den Wechsel zu einer **Strategie der flexiblen Erwiderung** (*flexible response*); besonders wichtig wurde die Anwesenheit von US-Streitkräften auf dem europäischen Kontinent, um die Glaubwürdigkeit der US-Nuklearstrategie für Europa aufrecht zu erhalten. Frankreichs Präsident Charles de Gaulle zweifelte zunehmend daran, dass ein US-Präsident das Nuklearwaffenpotenzial der USA für die Verteidigung Westeuropas einsetzen würde, auch im Fall einer nuklearen Bedrohung Frankreichs. **Frankreich** beschloss daher den Aufbau eigener nationaler Nuklearstreitkräfte und zog sich 1966 aus den militärischen Strukturen der NATO zurück.

Die politische Strategie der NATO wurde 1967 in dem Bericht „*Die zukünftigen Aufgaben der Allianz*", bekannt als „***Harmel-Bericht***" – benannt nach dem belgischen Außenminister Pierre Harmel, der die politischen Konzeptionen selbst vorschlug – formuliert: **Verteidigung** und **Entspannung** (Ziel: Abrüstung) wurden seither **Grundlagen der NATO-Politik**, eine Politik, die u.a. in einer Reihe wichtiger **Rüstungskontrollabkommen** (u.a. im Vertrag über die Reduktion strategischer Waffen – **START I** oder im Wiener Vertrag über konventionelle Streitkräfte in Europa – **VKSE**) ihren Ausdruck fand.

Anfang der siebziger Jahre beschloss die US-Administration als Antwort auf den Rüstungswettlauf mit der UdSSR, in Westeuropa Atomraketen des Typs *Pershing* und Marschflugkörper zu stationieren. Von 1979 bis 1983 löste der **NATO-Doppelbeschluss**[395] heftige Proteste in Deutschland und den Niederlanden aus. Insbesondere die Bundesrepublik Deutschland geriet an den Rand ihrer Regierungsfähigkeit[396]. Der Doppelbeschluss sollte das Ungleichgewicht der Nuklearstreitkräfte beider Seiten beheben, um die weitere Wirksamkeit der **Strategie der Vorneverteidigung** und der **flexiblen Erwiderung**, auf der die Abschreckungspolitik der NATO beruhte, zu gewährleisten. Die sogenannte Nachrüstung sollte erst dann einsetzen, wenn bis Ende 1983 die Verhandlungen mit

395 Beschluss des Nordatlantischen Rates vom 12.12.1979 über die Modernisierung und Erweiterung der nuklearen Mittelstreckenwaffen in Westeuropa.

396 Vor allem die SPD, die damals den Bundeskanzler stellte, war über die Frage der Nachrüstung gespalten. Während die sozialliberale Koalition unter Bundeskanzler Helmut Schmidt (1974-1982) das Zustandekommen der Beschlüsse betrieb, stellte sich die SPD-Mehrheit auf die Seite der Friedensbewegung. Aus: Microsoft Encarta Enzyklopädie 2003.

der Sowjetunion über den beiderseitigen kontrollierten Abbau der strategischen Waffen ergebnislos bleiben würden. Aufgrund dieses Doppelbeschlusses sollte seitens der NATO eine „Abschreckungslücke" geschlossen werden, die durch die vorherige Stationierung von sowjetischen SS-20-Raketen in Osteuropa entstanden war. Die SS-20 fielen nicht unter die SALT-I- und SALT-II-Abrüstungsvereinbarungen (SALT: *Strategic Arms Limitation Talks/Treaties*). Nach dem Auslaufen des Ultimatums wurde 1983 mit der Stationierung von 464 Marschflugkörpern (*Cruise Missiles*) und 108 *Pershing 2*-Raketen in Westeuropa begonnen.[397] Daraufhin brach die sowjetische Führung alle noch laufenden Abrüstungsgespräche ab. Erst 1985 war die UdSSR bereit, über ihr Mittelstrekkenpotenzial zu verhandeln. Die sowjetische Hochrüstungspolitik der siebziger und achtziger Jahre scheiterte konzeptionell und hatte auch katastrophale Folgen für die sowjetischen Staatsfinanzen. In einer geheimen *National Security Decision Directive* fällte US-Präsident Ronald Reagan 1982 den Entschluss zu einem Wirtschaftskrieg gegen die UdSSR. In der **Strategischen Verteidigungsinitiative** (SDI) fand diese Politik ihren spektakulärsten Ausdruck. Die UdSSR sah sich nun gezwungen, mit den USA in einem extrem kostspieligen Rüstungswettlauf einzutreten, dem sie selbst nicht gewachsen war. Die politische Führung der Sowjetunion kam zur Einsicht, dass die UdSSR nur überleben könne, wenn es einen Ausgleich mit dem Westen sucht und dadurch Zugang zur westlichen Forschung und Technologie bekomme. Damit der Kommunismus an der Macht bleibt, hatte Staatschef Michail Gorbatschow „*Perestroika*" (Umgestaltung des sowjetischen Imperiums) und „*Glasnost*" (Offenheit nach außen) verkündet.

1989 erzwangen sich schließlich die mittel- und osteuropäischen Völker von ihren Regierungen die politischen Reformen (Öffnung) in Bezug auf Demokratie und Menschenrechte („*Wir sind das Volk*"). Anlässlich der Demonstrationen in mehreren ostdeutschen Großstädten am Tage des 40jährigen Bestehens der DDR lehnte Gorbatschow eine Intervention entscheiden ab.

Abrüstungsprozess und Wende

Mit Michail Gorbatschow wurde ab 1985 ein freundlicher Kurs der Sowjetunion gegenüber dem Westen eingeleitet. Die UdSSR befand sich durch den Rüstungswettlauf mit den USA am Rande des wirtschaftlichen Ruins. Ziel der Sowjetführung war es, ihr Land für westliche Technologie und Knowhow zu öffnen und friedliche Beziehungen zum Westen einzuleiten und auszubauen. Ein wesentliches Thema dabei war die **Abrüstung**: Am **1.6.1988** erfolgte das Inkrafttreten des **Kurz- und Mittelstreckenraketenvertrages**, der ein Verbot aller

397 Ebd.

amerikanischen und sowjetischen landgestützten ballistischen Raketen und von Marschflugkörpern mit einer Reichweite zwischen 500 und 5.500 km vorsah.

Im Mai 1989 nahm die NATO den Beschluss eines umfassenden **Konzeptes für Rüstungskontrolle und Abrüstung** an, dem richtungsweisenden Dokument für den Rüstungskontrollprozess. Dieses Dokument ist somit das erste wichtige politische Dokument, das sich auf die von Pierre Harmel vorgeschlagene Entspannungspolitik stützte, und eines der wichtigsten Dokumente, die das Ende des Ost-West-Konfliktes einleitete.

Auf einem Kriegsschiff vor der Küste Maltas erklärten am **3.12.1989** US-Präsident George Bush und der sowjetische Staats- und Parteichef Michail Gorbatschow den **Kalten Krieg** für **beendet**. Weitere Abrüstungsschritte folgten: Allein zwischen 1990 und 1997 kam eine erhebliche Reduktion des NATO-Streitkräftepotenzials – Landkräfte um 35%, Marine um 30%, Luftwaffe um 40% - zustande, dazu noch der vollständige Abzug landgestützter taktischer Atomwaffen vom europäischen Raum. Das Militärpotenzial der US-Streitkräfte in Europa wurde um 66% reduziert, von 300.000 Soldaten 1989 auf 100.000 Soldaten Anfang 1997.

In dem im Februar 1990 angenommenen „***Wittmann-Papier***" der NATO wird der Osten nicht mehr als Block betrachtet: Nach Verringerung der Truppenstärke in Mittel- und Osteuropa wird die UdSSR nicht mehr als enorme Bedrohung angesehen, obwohl das militärische Potenzial der UdSSR *de facto* weiterhin eine Bedrohung darstellte. Die Konzentration der NATO wird seither wird auf „*nicht-traditionelle*" Bedrohungsfelder wie ethnische und nationale Konflikte, religiöser Fundamentalismus und der destabilisierende Einfluss stagnierender Volkswirtschaften gesetzt. Oberst Dr. Klaus Wittmann betonte damals auch, dass auch künftig verstärkt **mobile und flexible Kampfeinheiten** benötigt werden, die schnell in Krisengebiete entsendet werden können. Mit dem „*Wittmann-Papier*" wurde eindeutig die neue Richtung der NATO-Strategie aufgezeigt, die lautet: Sicherung der Stabilität in Europa, Schaffung kleinerer professioneller und flexiblerer Einheiten für die Entsendung in Krisengebiete. Der erste Kampfeinsatz der NATO sollte bereits eineinhalb Jahre später auf dem Gebiet des ehemaligen Jugoslawien folgen.

Die wichtigsten Aufgaben der NATO, so der damalige Generalsekretär Manfred Wörner im Mai 1990, umfassen in naher Zukunft u.a. die Unterstützung der mittel- und osteuropäischen Länder in ihrem Bemühen, funktionierende demokratische und marktwirtschaftliche Systeme zu errichten. In der Folge soll der Aufbau eines neuen Sicherheitssystems für ganz Europa – gipfelnd vorerst 1994 in der Schaffung der **Partnerschaft für den Frieden** (PfP) - beschleunigt werden.

Das „***Wittmann-Papier***“ und die Aussagen des damaligen NATO-Generalsekrtärs Wörner leiteten einen Prozess ein, der in der ***Londoner Erklärung*** der Staats- und Regierungschefs des Nordatlantischen Bündnisses von 1990 zum Ausdruck kam: Die NATO soll sich demnach als **kollektive Verteidigungs**organisation den verändernden Umständen in Europa anpassen, zur selben Zeit wurden die Regierungen der **Warschauer-Pakt**-Staaten eingeladen, diplomatische Beziehungen mit der NATO aufzunehmen. Parallel dazu war in der Europäischen Gemeinschaft (EG) die Rede von einer gemeinsamen europäischen Sicherheits- und Verteidigungspolitik, deren Schaffung als Ziel erstmals im **Europäischen Unionsvertrag** in der Fassung des **Vertrags von Maastricht** vom 7.2.1992 verankert wurde. Somit erfolgte als Ziel der NATO die Mitwirkung an der „*Gründung einer europaweiten gerechten und andauernden Friedensordnung*“; dieser Schritt wurde in die ***Londoner Erklärung*** aufgenommen.

Der organisatorische Aufbau der NATO

Politisch

Die politischen Konsultationen finden innerhalb der NATO auf folgenden unterschiedlichen Ebenen statt:

- Auf Ebene der Außenminister und Verteidigungsminister, regelmäßige Tagungen,
- auf Ebene der NATO-Botschafter im Nordatlantischen Rat 1x/Woche,
- auf Ebene der NATO-Botschafter im Rahmen informeller Beratungen, v.a. wenn es um grundsätzliche Fragen geht,
- in Krisensituationen tagt der NATO-Rat permanent,
- in Form von „*habits of cooperation*“, die auf eine Vielzahl von Kontakten auf multilateraler und bilateraler Ebene beruhen.

Die höchste Form der **Vertrauensbildung** bildet die gemeinsame Analyse von Risiken.

Der **Nordatlantische Rat** als oberstes politisches NATO-Entscheidungsgremium ermöglicht es den Mitgliedstaaten, sich am *consensus building* aktiv zu beteiligen. Der Nordatlantische Rat tagt als zivile Organisation auf drei Ebenen:

a) Ständige Vertreter b) Außenminister c) Staats- und Regierungschefs

Der Nordatlantische Rat hat alle Fragen, welche die Umsetzung des Vertrags und die Politik der Allianz betreffen, zu prüfen, zu entscheiden und umzusetzen. Die **Entscheidungen** werden in den NATO-Gremien im Einvernehmen aller Mitgliedstaaten – also **einstimmig** – getroffen. Neben dem Nordatlantischen Rat beschäftigen sich insbesondere der **Verteidigungsplanungsausschuss** und die **Nukleare Planungsgruppe** mit zentralen Fragen der Bündnisverteidigung.

Der **Generalsekretär** – immer ein Europäer - ist der Vorsitzende des Nordatlantischen Rates, des **Verteidigungsplanungsausschusses** und der **Nuklearen Planungsgruppe**. Als wichtigster Vertreter und Sprecher des Nordatlantischen Rats gegenüber den einzelnen Regierungen und der Öffentlichkeit ist der Generalsekretär für die Förderung und Lenkung des Konsultations- und Entscheidungsfindungsprozesses im Bündnis verantwortlich. Anlässlich des Kosovo-Konflikts 1999 war der Generalsekretär derjenige, der im Namen der NATO aufgrund eines Mandats des Nordatlantischen Rates den Einsatzbefehl für die Militäraktion gegeben hat.

Im Rahmen der euro-atlantischen Zusammenarbeit wurden mit Stand 1.1.2003 insgesamt 39 NATO-Hauptausschüsse geschaffen, so u.a. für politische Angelegenheiten, politisch-militärische Angelegenheiten, Wirtschaft, Nuklearplanung, zivile Notstandsplanung, Zusammenarbeit im Bereich Rüstung, Europäische Luftraumkoordination (militärisch-zivil) und wissenschaftliche Angelegenheiten. Die Ständigen Vertreter – also die NATO-Botschafter – sind vertreten im **Verteidigungsplanungsausschuss**, im **Nordatlantischen Rat** und in der **Nuklearen Planungsgruppe**.

Der **Internationale Stab** umfasst an die 1.300 Mitarbeiter, er verkörpert die stehende Struktur der NATO und hat u.a. folgende Aufgaben: Die Vorbereitung der Tagungen des Nordatlantischen Rates und der ihm unterstellten Ausschüsse sowie Koordinationsaufgaben. Der Internationale Stab unter Vorsitz des Generalsekretärs arbeitet dem Nordatlantischen Rat zu, während der **Internationale Militärstab** (ca. 350 Mitglieder) dem **Militärausschuss** zugeordnet wird - all diese Institutionen haben ihren Sitz in Brüssel.

Militärisch

Dem politischen Führungsgremium sind die **militärischen Strukturen nachgeordnet**. Die höchste militärische Autorität bildet der **Militärausschuss**, der sich aus den militärischen Vertretern der Generalstabschefs der Mitgliedstaaten zusammensetzt. Der Militärausschuss stützt sich auf den **Internationalen Militärstab** und hat die Aufgabe, den **Nordatlantischen Rat** militärisch zu beraten und politische in militärische Weisungen an die NATO-Kommandobereiche umzusetzen. Es schlägt jene Maßnahmen vor, die für die Verteidigung des NATO-Vertragsgebietes für notwendig erachtet werden und gab die Richtlinien an die strategischen Kommanden (SHAPE – *Supreme Headquarters Allied Powers Europe* in Mons, SACLANT – *Supreme Allied Command Atlantic in Norfolk*)[398]

398 Diese Kommandostruktur existierte bis Mitte 2003. Vgl. dazu das Kapitel „Neue Streitkräfte- und Kommandostrukturen".

weiter. Der Militärausschuss tagt zweimal im Jahr auf der Ebene der Generalstabschefs.

Im Gegensatz zur NATO verfügte die **WEU** über keine eigenen militärischen Strukturen, die WEU beruhte ausschließlich auf völkerrechtliche Verpflichtungsvereinbarungen. Nach der Gründung 1949 übernahm die NATO die militärischen Aufgaben der WEU. Das militärische Engagement der einzelnen NATO-Staaten hatte jedoch vor 1989 keineswegs eine völlige Uniformität: So blieben Frankreich, Griechenland und Spanien den integrierten Kommandostrukturen der NATO zeitweilig bzw. gänzlich fern, Frankreich sogar der gemeinsamen Verteidigungsplanung. Überaus unterschiedlich war auch das Ausmaß, in dem die Mitglieder nationale Verbände für Bündnisaufgaben „assignierten"; Dänemark und Norwegen erklärten darüber hinaus ausdrücklich, dass sie auf ihrem eigenen Territorium in Friedenszeiten weder Nuklearwaffen noch fremde Truppenverbände aufnehmen würden.

Die „NATO-neu"

Seit 1990 durchläuft die NATO einen tiefgreifenden Prozess der Neuorientierung. Zum Ziel der *„Schaffung einer neuen NATO"* bekennen sich die Mitgliedstaaten der Allianz seit dem NATO-Ministertreffen von Berlin im Juni 1996 ausdrücklich. Dabei ging es um

- den Wechsel von der Konfrontation zur Kooperation und den Aufbau partnerschaftlicher Beziehungen zu den ehemaligen Mitgliedern des Warschauer Paktes und anderen Staaten,
- die Übernahme neuer Aufgaben des internationalen Krisenmanagements,
- die Entwicklung einer **Europäischen Sicherheits- und Verteidigungsidentität** (ESVI) sowie
- die Öffnung der NATO für neue Mitglieder.

Während des NATO-Außenministertreffens im Juni 1990 in Turnberry hat die Allianz ihre Entschlossenheit bekundet, *„die historische Chance, die sich aus den grundlegenden Veränderungen in Europa ergibt, zu ergreifen, um eine neue – auf Freiheit, Recht und Demokratie gegründete – europäische Friedensordnung zu schaffen."* Mit den NATO-Gipfeln in Madrid 1997, Washington 1999 und Prag 2002 wurde die 1990 begonnene umfassende Erneuerung der NATO abgeschlossen und weiterentwickelt. Prag war der sechste NATO-Gipfel seit 1990. Die Gipfel von London, Rom und Brüssel entwickelten die einzelnen Elemente der Reformen der NATO, demgegenüber war es Ziel des Madrider Gipfels 1997, diese Stränge zu einem einheitlichen Ganzen zusammenzufügen. Das Bekenntnis der neuen NATO zu einem ungeteilten, kooperativen Europa äußert sich nicht mehr in spezifischen Initiativen, sondern ist Teil des inneren

Gefüges der Allianz geworden. Auf den Konzepten von Turnberry hat die NATO im November 1991 ein diesem Ziel entsprechendes neues „*Strategisches Konzept*" beschlossen.

Das Strategische Konzept

Mit dem **Nordatlantischen Kooperationsrat** (NAKR) entstand ein Kooperationsforum mit den mittel- und osteuropäischen Ländern. Seit dem NATO-Gipfel von Rom 1991 fußt die Sicherheitspolitik der NATO auf folgenden Elementen:
- Politische Mittel wie Dialog und Zusammenarbeit,
- Aufrechterhaltung der **kollektiven Verteidigungs**fähigkeit als Kernaufgabe,
- Maßnahmen der **Konfliktverhütung** und **Krisenbewältigung** mit den Zielen Krisenverhütung und friedliche Krisenbeilegung.

Weitere neue Komponenten (u.a.):
- Verbesserung in der Mobilität, Flexibilität und der Fähigkeit von NATO-Streitkräften, sich auf diverse Eventualfälle einzustellen.
- Verstärkte Aufstellung multinationaler Einheiten und Verbände (Prinzip der **Multinationalität**),
- Aufstellung eines multinationalen schnellen Reaktionskorps,
- Ziel: Schaffung militärischer Kommandostrukturen, Anpassung der Vorkehrungen und Verfahren im Rahmen der Verteidigungsplanung an die veränderten Gegebenheiten in Europa.

Rom führte die politischen und militärischen Elemente der NATO-Sicherheitspolitik zusammen und ebnete den Weg zur Zusammenarbeit mit den neuen Partnern in Mittel- und Osteuropa sowie in der ehemaligen Sowjetunion.

Die nuklearen Kapazitäten sind von entscheidender Bedeutung für die Wahrung des Friedens, doch bleiben die nukleare **Abrüstung** und **Rüstungskontrolle** sowie die **Nichtverbreitung von Massenvernichtungswaffen** wichtige politische Ziele der NATO.

Als Konsequenz dieses breit angelegten sicherheitspolitischen Ansatzes entwickelte die NATO seit 1990 immer stärker und dichter werdende gesamteuropäische Kooperationsmechanismen; dazu zählen die **Partnerschaft für den Frieden**, die spezifischen **Partnerschaften mit Russland und der Ukraine** sowie die verstärkte Zusammenarbeit der NATO mit den Vereinten Nationen, der OSZE und der WEU. Die „*NATO neu*" versteht sich nicht bloß als klassisches Militärbündnis. Den von ihr beschrittenen Weg zu einer umfassenden Sicherheits- und Stabilitätsgemeinschaft sieht sie als historische Chance. Neue Aufgaben der **kooperativen Sicherheit**, die in weiterer Folge beschrieben werden, ergänzen das Bekenntnis zu einer glaubwürdigen **kollektiven Verteidigung** – auf der Basis der Beistandsverpflichtung nach Artikel 5 des NATO-Gründungsvertrages. Das *Strategische Konzept* von Rom wurde 1999 durch jenes von Washington ersetzt, das erstmals die Möglichkeit von ***out-of-area*-Einsätzen** von NATO-Streitkräften - also von Einsätzen außerhalb des NATO-Gebiets - festhielt.

Die neuen Missionen

Die Kernfunktion der **kollektiven Verteidigung** wird bei der NATO aufrechterhalten, es kamen jedoch *„**out of area**“*-Einsätze, also Einsätze außerhalb der Bündnisgrenzen hinzu. Heute erfüllt die Nordatlantische Allianz unter der politischen Autorität der UNO und der OSZE militärische Aufgaben der **Friedenssicherung, Friedensschaffung** und des **Krisenmanagements** außerhalb des Vertragsgebietes. UNO und OSZE verfügen über keine militärischen Strukturen, die ihr damit durch die NATO bereitgestellt werden. Dies erfolgt in enger Kooperation mit Nicht-Mitgliedern. Mit **IFOR** (*Implementation Force*) und **SFOR** (*Stabilization Force*) sowie **KFOR** (*Kosovo Force*) wurden neuere und beispielhafte Akzente für heutiges Krisenmanagement gesetzt. Die IFOR bildete eine multinationale bis zu 60.000 Soldaten umfassende Truppe aus insgesamt 32 Staaten – darunter auch aus Russland. Sie beinhaltete auch friedensschaffende Aufträge (*peace enforcement*). In Mazedonien war ab 26.9.2001 ***Amber Fox*** die Folgeoperation zu *Essential Harvest*, jener Operation, die auf die Entwaffnung von bewaffneten Gruppierungen abzielte und auf wenige Wochen beschränkt war. Die Aufgabe der „*Task Force Fox*“ war der Schutz von internationalen Beobachtern, welche die Umsetzung des Friedensplans in Mazedonien überwachen sollen, wobei die Hauptaufgabe dieses Schutzes primär weiterhin den nationalen mazedonischen Streitkräften zukommt. Dieser NATO-Einsatz war vorerst auf drei Monate mit einer Verlängerungsoption ausgerichtet (bis 26.12.2001), die Operationen der NATO - zuletzt benannt *Operation Allied Harmony* - dauerten jedoch bis 31.3.2003. Seitens der **Europäischen Union** wurde an diesem Tag der **Friedenseinsatz in Mazedonien** – er dauerte bis 15.12.2003 - von der NATO übernommen. Die Einsatzstärke der EU-Truppen betrug 350 Soldaten. In Mazedonien stellt die **organisierte Kriminalität** nach wie vor ein latentes Problem dar, ebenso ist es nicht ausgeschlossen, dass albanische Rebellen, deren Aufstand 2001 zur Stationierung der NATO-Schutztruppe geführt hatte, wieder aktiv werden.

Seit 1995 beeinflussten die *Lessons learnt* von IFOR und SFOR die weitere Entwicklung und Anpassung der NATO in Richtung **CJTF-Konzept**[399] – also das Konzept alliierter teilstreitkräfteübergreifender Kommandos, permanente

399 Combined Joint Task Forces.

Stäbe für rasche Kriseneinsätze zu bilden. Gemäß diesem Modell beabsichtigen mittel- und osteuropäische Länder, multinationale Friedensverbände aufzustellen, die eng mit der NATO kooperieren. Innerhalb der NATO wurden zur Krisenbewältigung 1994 mobile und präsente Krisenreaktionskräfte (***Allied Rapid Reaction Corps*** – ARRC) in Rheindahlen/Deutschland gegründet. So sind friedensschaffende Interventionen größeren Ausmaßes derzeit ausschließlich durch die NATO möglich. Nach dem Vorbild der IFOR/SFOR in Bosnien-Herzegowina werden multinationale *CJTF Headquarters* die NATO in die Lage versetzen, so rasch wie möglich auf Krisen zu reagieren und PfP-Partner – insbesondere Nicht-NATO-Staaten, in gemeinsame Operationen miteinzubeziehen.

Anlässlich der Terrorattacken am 11.9.2001 gegen die USA rief die NATO erstmals in ihrer Geschichte den Bündnisfall – also den Beistand zu einem ihrer Mitglieder – gemäß Art. 5 des NATO-Gründungsvertrags aus. An Kampfeinsätzen gegen den **Terrorismus** erfolgte deshalb der Einsatz von NATO-Truppen im Rahmen der Koalition der internationalen Staatengemeinschaft gegen die **Taliban** 2002. Während die Koalition gegen **Saddam Hussein** nach dem Überfall des Irak auf Kuwait 1990/91 aus insgesamt 36 Ländern bestand[400], setzte sich die nach dem 11.9.2001 gebildete Staatengemeinschaft im Kampf gegen den Terrorismus aus über 90 Ländern zusammen. Soldaten aus insgesamt 14 NATO-Ländern unterstützten US-Einheiten beim Durchsuchen von Höhlen in den afghanischen Bergen nach Taliban bzw. *Al Qaida*-Kämpfern, parallel dazu entsandten 11 NATO-Staaten Truppen zur Friedens- und Stabilitätssicherung nach Kabul im Rahmen der Internationalen Schutztruppe für Afghanistan (**ISAF**). Bis Herbst 2002 waren ca. zwei Millionen afghanische Flüchtlinge in ihre Heimat zurückgekehrt. Ab 11.8.2003 übernahm die NATO den ISAF-Einsatz.

---

400 Der UNO-Sicherheitsrat gab in Resolution 660 (1990) zunächst gemäß Artikel 40 der UNO-Charta die Empfehlung an den Irak, die Truppen aus Kuwait zurückzuziehen und mit Kuwait über das Grenzregime zu verhandeln. Es wurden für den Fall der Nichtbefolgung Zwangsmaßnahmen angedroht. Resolution 660 (1990) wertet die militärische Besetzung Kuwaits durch den Irak als Friedensbedrohung. Nach der Nichtbefolgung durch den Irak legte die Resolution 661 (1990) umfassende wirtschaftliche Sanktionen fest. Die Resolution 678 (1991) legitimierte militärische Zwangsmaßnahmen - durch eine US-geführte 27-Staaten-Allianz (Operation *Desert Storm*). Aus: Albrecht Horn, Multilaterale ökonomische Sanktionsregime der Vereinten Nationen, 2003, 47.

Neue Kooperationsstrukturen

Der Euro-Atlantische Partnerschaftsrat (EAPR)

Mit dem **Nordatlantischen Kooperationsrat** (NAKR) war das erste sicherheitspolitische Forum der NATO- und Warschauer-Pakt-Staaten bzw. der OSZE im Dezember 1991 geschaffen worden. Ziel dieses 40 Staaten umfassenden Gremiums war von Beginn an Dialog, Partnerschaft und Konsultation sowie der Abbau der Grenzen zwischen West und Ost. Der NAKR setzte sich aus den Vertretern der damaligen 16 NATO-Staaten, den mittel- und osteuropäischen Ländern und den drei baltischen Republiken zusammen, zu denen die NATO 1990 und 1991 diplomatische Beziehungen aufgenommen hat. Nach Auflösung der UdSSR wurde die Mitgliedschaft auf die gesamte Gemeinschaft Unabhängiger Staaten (GUS) ausgedehnt, Georgien und Albanien schlossen sich diesem Prozess 1992 an. Seit der NAKR-Tagung im Juli 1992 nahm auch Finnland als Beobachter an den Tagungen teil. Mindestens einmal im Jahr traf der NAKR zusammen. Konsultation und Kooperation im NAKR konzentrierte sich auf folgende Punkte:

- Wirtschaftsfragen (Verteidigungshaushalte – Wechselwirkung zur Wirtschaft),
- Verteidigungsplanung und militärische Themen – Rüstungsbeschaffung, nukleare Abrüstung,
- Streitkräfte und Kommandostrukturen,
- Militärische Übungen,
- Demokratische Konzepte der Beziehungen im zivil-militärischen Bereich (Bsp. zivile Notstandsplanung und humanitäre Hilfe, Vorbereitung auf Katastrophenfälle, Katastrophenverhütung),
- Koordination des Luftverkehrs (zivil/militärisch),
- Umstellung der Verteidigungsproduktion auf zivile Zwecke (Konversion),
- Erweiterung der Teilnahme an Wirtschafts- und Umweltprogrammen der NATO.

Am 30.5.1997 wurde der NAKR aufgelöst und in seine Nachfolgeorganisation – den **Euro-Atlantischen Partnerschaftsrat** (EAPR) übergeleitet. Um jenen Staaten, die im Juli 1997 noch keinen NATO-Beitrittsantrag gestellt haben, eine Perspektive zu geben, sowie den weiteren Dialog und die Zusammenarbeit generell auf ein qualitativ höheres Niveau zu heben und schließlich die Mitgliedstaaten des NAKR und der PfP zu vereinen, wurde beim Außenministertreffen im portugiesischen Sintra im Mai 1997 der EAPR geschaffen. Der EAPR zählt derzeit 46 Mitgliedstaaten, schafft ein Forum für regelmäßige politische Konsultationen zwischen der NATO und den Partnerländern und bildet nunmehr den politischen Schirm für die Gestaltung und Umsetzung des Programms der **Partnerschaft für den Frieden** (PfP) sowie gleichsam das politische Dach, unter dem künftig gemeinsame Operationen von NATO und Nicht-NATO-Staaten koordiniert werden können. Grünes Licht gab 1997 der Madrider Gipfel für die Errichtung diplomatischer Missionen der PfP-Länder. Die 46 Mitgliedstaaten umfassten mit 1.9.2003 19 NATO-Mitgliedstaaten und 27 Partnerländern. Der EAPR-Aktionsplan umfasst folgende Bereiche:

- Enge Zusammenarbeit in Wissenschaft und Umwelt,
- gemeinsame Operationen von NATO- und Nicht-NATO-Staaten,
- vertrauensbildende Maßnahmen und Konfliktprävention im euro-atlantischen Raum,
- Maßnahmen gegen den internationalen Terrorismus,
- Maßnahmen gegen die Proliferation von Massenvernichtungswaffen,
- Bildung von Arbeitsgruppen zu Regionalthemen wie Kaukasus und Balkan.

Seit Mai 1998 hat der EAPR ein ***Euro-Atlantic Disaster Response Coordination Center*** (EADRCC) eingerichtet; dies hat zur Aufgabe, u.a. das **UNO-Flüchtlingshochkommissariat** (UNHCR) mit Hilfskräften für **humanitäre Operationen** in Krisenregionen (Bsp. Kosovo) zu unterstützen. Ziel ist die Bewältigung der **zivilen Notstandsplanung**.

Die NATO-Partnerschaft für den Frieden (PfP)

Die NATO entwickelte sich über den eigentlichen Verteidigungsauftrag hinaus mit der „***Partnerschaft für den Frieden***" (*Partnership for Peace* – PfP) immer mehr zu einer umfassenden Sicherheitsstruktur für ganz Europa, Nordamerika und auch Teile Asiens. Miteingebunden sind auch alle Staaten Mittel- und Osteuropas. Die PfP umfasste mit 1.9.2003 insgesamt 46 Staaten und reicht von Vancouver bis Wladiwostok. Mit dem am Prager NATO-Gipfel der Staats- und Regierungschefs (21.-22.11.2002) gefällten Beschluss, sieben mittel- und osteuropäische Länder im Mai 2004 aufzunehmen, ist die NATO auf 26 Mitgliedstaaten angewachsen. Die 1994 geschaffene PfP war ursprünglich beabsichtigt, einen „*Wartesaal*" für die NATO-Beitrittswerber zu schaffen. Im Sinne der Vertrauensbildung zwischen NATO-Staaten und Partnerländern ermöglicht die PfP eine verstärkte Zusammenarbeit zwischen den Streitkräften mit dem Zweck, zu Stabilität und Sicherheit in Europa beizutragen, Konfliktrisiken einzudämmen und die **Interoperabilität der Streitkräfte** bei gemeinsamen Einsätzen zu koordinieren. Schon Ende September 1994 ist die erste gemeinsame Übung für friedenserhaltende Einsätze zwischen amerikanischen und russichen Einheiten in Totskoje (Russland) abgehalten worden, die zweite gemeinsame Übung folgte 1995 in Fort Riley im US-Bundesstaat Kansas.

Zur Konsultation und multinationalen Streitkräfteplanung der Partnerländer ist der ***Planning and Review Process*** (PARP) – der Planungs- und Überprüfungsprozess - von zentraler Bedeutung für das gesamte Spektrum der PfP-Operationen, einschließlich friedensunterstützender Maßnahmen. Der PARP bildet somit die Basis für eine stärkere Einbindung von Partnerländern in Planungs- und Entscheidungsprozesse.

Das **erweiterte PfP-Programm** - an dem **Österreich** mitarbeitet - erlaubt es den Partnerstaaten, Programme der Zusammenarbeit auszuarbeiten, die auf die politischen Wünsche und faktischen Möglichkeiten des Partnerstaates zugeschnitten sind. Jeder PfP-Staat hat die Möglichkeit, sein eigenes Programm mit der NATO abzusprechen und seine eigenen Präferenzen abzustecken. Der PfP-Staat bestimmt somit selbst - in Absprache mit der NATO - über die Inhalte seines Programms und ist auf dem Areal des NATO-Hauptquartiers in Brüssel diplomatisch vertreten. Eine ähnliche Situation ergibt sich, wenn der PfP-Staat an einer NATO-Operation teilnehmen möchte. Im Prinzip bestimmt der Teilnehmerstaat selbst, mit welchen Einheiten er teilnimmt und welche Unterstützung er der Operation zukommen lassen will. Desgleichen beteiligen sich die PfP-Staaten an allen Entscheidungsprozessen des **Euro-Atlantischen Partnerschaftsrates** (EAPR). Dessen Aktionsplan umfasst folgende Bereiche: Enge Zusammenarbeit in einem weiten Spektrum von Wissenschaft und Umwelt, gemeinsame Operationen von NATO- und Nicht-NATO-Staaten zur Bewältigung sicherheits- und verteidigungspolitischer Probleme, Vertrauensbildende Maßnahmen, **Rüstungskontrolle**, **Verteidigungsplanung**, **demokratische Kontrolle von Streitkräften**, Budgetentwicklung, militärische Übungen und Notfallplanung, Abrüstung und die Verhinderung von **Proliferation** von teilweise einfach und billig herzustellenden **Massenvernichtungswaffen** sowie weitreichenden Trägersystemen, **Konfliktprävention** im euro-atlantischen Raum, Verhinderung von **Migration**[401] sowie Maßnahmen gegen sogenannte *„nicht-staatliche Akteure“*, u.a. gegen den **Terrorismus**. Kern der PfP ist es, Streitkräfte in den Partnernationen zu entwickeln, die besser mit denen des Bündnisses zusammenarbeiten können mit dem Ziel, den Standard der **Interoperabilität** anzuheben. Das Arbeitsprogramm umfasst mehr als 1.600 Aktivitäten jährlich.

PfP-Staaten besitzen jedoch bei allen Fragen kein Gewicht und keinen Einfluss auf die politische und militärische Organisationsstruktur der Allianz. Es handelt sich dabei um eine Fülle von Maßnahmen, welche die **kollektive Ver-**

---

401 An die 1,3 Mrd. Menschen, etwa ein Sechstel der Weltbevölkerung, müssen derzeit mit weniger als USD 1 für den täglichen Lebensunterhalt auskommen und leben in absoluter Armut. Aus: Günter F.C. Forsteneichner, Neue Formen der Bedrohung der internationalen Sicherheit, Terrorismus-Proliferation-Organisierte Kriminalität-Migration. IAP-Sonderheft, Osning Verlag, Bonn im Oktober 2001, 27.

teidigung der Bündnisstaaten und die Grundorientierung der Allianz zum Gegenstand haben. Ebenso bleiben diese Staaten vom inneren Zirkel des Nordatlantischen Rats ausgeschlossen, in dem letztlich - auch PfP-Staaten betreffende Entscheidungen über Mitteleuropa - besiegelt werden.

Die Strategische Partnerschaft NATO-Russland

Mit der am 27.5.1997 eingeleiteten und mit dem „*Ständigen gemeinsamen Rat*" institutionalisierte Strategischen Partnerschaft zwischen der Nordatlantischen Allianz und **Russland** wurde eine enge politische und militärische Zusammenarbeit mit breiten Spektren an Kooperationsfeldern eingeleitet. Die NATO und Russland stellen fest, dass sich beide Seiten **nicht mehr** als **Gegner** betrachten, sondern vielmehr durch die Entschlossenheit zum Bau eines stabilen, friedlichen und ungeteilten, geeinten und freien Europas, verbunden sind. So hat die NATO keine Absicht, Nuklearwaffen im Hoheitsgebiet neuer Mitgliedstaaten zu stationieren. Bei der Entsorgung von Waffen und bei der Bekämpfung der Umweltproblematik im Nordmeer (Stw. Atom-U-Boote) hat die Nordatlantische Allianz wesentliche Unterstützung eingeleitet. Durch das ***Nunn-Lugar*-Programm** erfolgten seitens der USA Maßnahmen gegen die Abwanderung von hochspezialisierten Nuklearexperten in arabische und asiatische Staaten. Ende der neunziger Jahre waren in Russland über 3.000 Nukleartechniker arbeitslos. Aufgrund des *Nunn-Lugar*-Programms wurde in Moskau das *Internationale Zentrum für Wissenschaft und Technik* gegründet, das eine Abwanderung von hochspezialisierten Wissenschaftern und Technikern verhindern soll bzw. bereits auch verhindert hat. Seit 1995 fördern EU und USA dieses Wissenschaftszentrum. Es beschäftigt ca. 30.000 Techniker und Wissenschafter aus Russland und andern Staaten der Gemeinschaft Unabhängiger Staaten. Von diesem Personenkreis werden seither ca. 1.150 zivile Projekte bearbeitet. Bis 2001 haben EU und USA dafür USD 315 Mio. zur Verfügung gestellt. Ein ähnliches Wissenschaftszentrum wurde auch in der Ukraine eingerichtet, 6.500 Wissenschafter wurden bis 2001 mit mehr als USD 40 Mio. gefördert.[402] Innerhalb der ersten zehn Jahre des *Nunn-*

402 Für die nukleare Rüstungskontrolle Russlands wurden seitens des Nunn-Lugar-Programms zwischen 1992 und 2002 USD 6 Mrd. bereitgestellt. Allein die EU hatte zwischen 1992 und 2001 insgesamt EUR 550 Mio. für derartige Programme in der Gemeinschaft Unabhängiger Staaten bereitgestellt. Dazu kommen weitere EUR 309 Mio. für die Zerstörung nuklearer Waffen, EUR 88 Mio. für die Zerstörung von C-Waffen und EUR 4 Mio. für infrastrukturelle Maßnahmen. Aus: Günter F.C. Forsteneichner, Neue Formen der Bedrohung der internationalen Sicherheit, Terrorismus-Proliferation-Organisierte Kriminalität-Migration, IAP-Sonderheft, Bonn im Oktober 2001, 17.

Lugar-Programmes wurden 6.212 ehemalige sowjetische Gefechtsköpfe von Raketen entfernt, des Weiteren wurden u.a. zerstört: 520 Interkontinentale Ballistische Raketen und 451 Silos für diese Raketen, 122 strategische Bomber, 624 nukleare *Cruise Missiles*, 445 Kurzstreckenraketen, 27 strategische Raketen-U-Boote und 194 nukleare Testtunnels. Belarus, Kasachstan und die Ukraine sind nun nuklearwaffenfrei.[403] Für 2004 wurden an die $ 451 Mio. für das *Nunn-Lugar*-Programm bereitgestellt, dieser Betrag beinhaltete auch $ 200 Mio. für die Zerstörung chemischer Waffen, vor allem von Nerven- und Giftgas.[404]

Die Bekämpfung der Proliferation bzw. der Aneignung von Material zur Herstellung von Massenvernichtungswaffen oder sogenannten *„schmutzigen Bomben"* bleibt auch in Russland weiterhin Priorität. So fanden Anfang Dezember 2003 zwei Einbrüche in entlegene Leuchttürme nahe Murmansk statt, ihre Energie bezogen die Leuchttürme von radioaktiven Batterien – von Radioisotopen-Thermal-Generatoren (RTG), in denen Strontium-90 zerfällt und Wärme freisetzt, die wiederum in Elektrizität umgewandelt wird.[405] Diese RTGs sind begehrte Bestandteile von ***„schmutzigen Bomben"***, bei denen radioaktive Quellen mit herkömmlichen Sprengstoff kombiniert werden und ganze Städte verstrehlen könnten. Insgesamt gab es in Russland Anfang 2004 noch ca. 1.000 RTGs, die alle in den siebziger Jahren in Dienst gestellt wurden. Das Militär weiß jedoch ausschließlich von jenen RTGs Bescheid, von denen noch Akten vorhanden sind. Auch in den USA wurden unbemannte Außenposten in Alaska mit RTG-Strom versorgt – insgesamt mit 134 Batterien. Von 47 RTGs ist der Aufenthalt noch bekannt, stellten Atomspezialisten vom *Los Alamos National Laboratory* fest, die im Rahmen eines „Waisen-Programms" über 30.000 „verlorene" Strahlenquellen suchen.[406]

Am 28.5.2002 haben die NATO-Staaten und Russland auf einem Luftwaffenstützpunkt bei Rom mit der Erklärung ***„NATO-Russland-Beziehungen: Eine neue Qualität"*** den **NATO-Russland-Rat** als Nachfolge des *„Ständigen gemeinsamen Rates"* ins Leben gerufen. Die wesentliche Neuerung dabei war, dass Beratungen und Entscheidungen nicht wie zuvor NATO+1 (= Russland) fallen, sondern alle 20 Nationen gleichberechtigt in folgenden Bereichen agieren: Ter-

403 Remarks by United States Senate Foreign Relations Committee Chairman Richard G. Lugar to the 10th Anniversary Symposium of the Chemical and Biological Arms Control Institute, Washington D.C., November 19, 2003.

404 Ebd.

405 Die RTGs haben ein hohes radioaktives Inventar – am Beginn ihrer „Lebenszeit" zwischen 30.000 und 180.000 Curie, bei der Reaktorkatastrophe von Tschernobyl/Ukraine 1986 wurden 40.000 Curie Strontium-90 freigesetzt. Aus: Radioaktiver Unfall besorgt Russland, in: Die Presse, 6.12.2003, 38.

406 Ebd.

rorbekämpfung, Krisenmanagement, Verhinderung der Verbreitung von Massenvernichtungswaffen, Rüstungskontrolle, Luftverteidigung am Gefechtsfeld, Militärreform und zivile Notsituationen. Moskau könnte seither ihm nicht genehme Entscheidungen mit dem Veto blockieren. Die NATO-Staaten könnten wiederum Fragen, in denen keine Einigkeit zu erzielen ist, von der Tagesordnung des Rates nehmen und wieder untereinander – also ohne Russland – entscheiden. Das allgemeine Vetorecht hätte Russland somit in sämtlichen internen Bereichen der NATO nicht erreicht. Der NATO-Russland-Rat ist als Mechanismus für Konsultation, Konsensfindung, Kooperation, gemeinsame Entscheidungen und Aktionen in einem weiten Spektrum von Sicherheitsangelegenheiten gedacht. Die russischen Staatsführungen haben bis 2001 die Aufnahme der ehemaligen sowjetischen Republiken im Baltikum - Estland, Lettland und Litauen – vehement abgelehnt. Russische Vertreter verlangten bei der Sitzung des NATO-Russland-Rates am 19.7.2002 ein Mitspracherecht bei der **NATO-Osterweiterung**. Dies wurde Russland jedoch nicht gewährt. Russlands Präsident Vladimir Putin betonte schließlich im Vorfeld des Prager NATO-Gipfels im November 2002 sowie kurz danach bei einem Treffen mit US-Präsident George W. Bush in St. Petersburg, dass die NATO-Osterweiterung bis zu den russischen Grenzen sowie die Aufnahme der drei baltischen Republiken in die Nordatlantische Allianz die russischen Sicherheitsinteressen nicht gefährden. Konsens und Vertrauensbildung sollen nun die Beziehungen zwischen der NATO und Russland stärken.

Die Charta über eine besondere Partnerschaft NATO-Ukraine

Die Charta über eine ausgeprägte Partnerschaft zwischen der NATO und der Ukraine sieht Konsultationen auf Gebieten wie Konfliktverhütung, Krisenmanagement, friedensunterstützende Maßnahmen und humanitäre Operationen sowie Zusammenarbeit bei zivilen Notfallplanungen, Unglücksfällen außergewöhnlichen Umfangs, bei der ukrainischen Verteidigungsreform sowie in wissenschaftlichen, technologischen und ökonomischen Aspekten der Sicherheit vor.

Die **Ukraine** hat als wesentlicher Stabilisator der Region eine regionale Sicherheitsinitiative (**GUUAM** – Georgien, Ukraine, Usbekistan, Aserbaidschan und Moldawien) als Kooperations- und Konsultationsforum in den Bereichen friedenserhaltende Einsätze, Sicherheit in Bezug auf Energieressourcen und deren Transport, Streitkräftekontrolle sowie Kontrolle der konventionellen Bewaffnung begründet.

Sowohl die *Grundakte über gegenseitige Beziehungen, Zusammenarbeit und Sicherheit* als auch die *Charta über eine ausgeprägte Partnerschaft zwischen der*

NATO und der Ukraine tragen der besonderen Rolle der NATO und der Ukraine Rechnung, können aber Beschlüsse der Allianz nicht durch ein Veto behindern.

Das Komitee für das Mittelmeer

Eine Struktur für den Dialog mit fünf südlichen Mittelmeeranrainern und Mauretanien zur Erhöhung von Sicherheit und Stabilität in der Region bildet das ***Komitee für das Mittelmeer***. Dieses Komitee hat sich auch zum Ziel gesetzt, positiven Einfluss auf den Friedensprozess im Nahen Osten auszuüben und damit auch die Gefahr des Terrorismus einzudämmen. Dialogländer sind derzeit Ägypten, Algerien, Israel, Jordanien, Marokko, Mauretanien und Tunesien.

Neue Streitkräfte- und Kommandostrukturen

Im Dezember 1997 folgte der Beschluss, die strategischen Kommanden von drei auf zwei zu reduzieren, das *Allied Command Channel* (ACCHAN) wurde aufgelassen. Somit existierten bis Mitte 2003 das *Allied Command Europe* (ACEUR) im belgischen Mons und das *Allied Command Atlantic* (ACLANT) in Norfolk, Virginia. Beide strategischen Kommanden wurden von amerikanischen Offizieren geführt, in Mons als SACEUR, in Norfolk als SACLANT. Diese Kommandostruktur wurde gemäß den Beschlüssen des Prager NATO-Gipfels der Staats- und Regierungschefs vom November 2002 reformiert: Die gegenwärtige Kommandostruktur beinhaltet zwei **Strategische Kommanden** (*Strategic Commands*) – eines für operationelle und eines für funktionelle Aufgaben (vgl. dazu den letzten Absatz dieses Kapitels).

Am 2.12.1997 kündigten die NATO-Verteidigungsminister die Schaffung einer neueren, moderneren und flexibleren integrierten Kommandostruktur an. Diese neue Kommandostruktur schloß Spanien mit ein, Frankreich aus und verringerte die Zahl der Kommanden von 65 auf 20. Die Anzahl der Kommandohauptquartiere ist bis Herbst 2003 weiter reduziert worden – auf elf.

Einer der Hauptgründe, warum Frankreich nicht beabsichtigt, den militärischen Bereichen der NATO beizutreten, reflektierte aus den französischen Bedingungen, das ACEUR und das AFSOUTH-Kommando in Neapel mit einem europäischen Offizier zu besetzen. Frankreich ist NATO-intern weder Mitglied in der **Nuklearplanungsgruppe** noch im **Verteidigungsplanungsausschuss**, nimmt aber an den Verteidigungsministertreffen teil. Aus strategischen Gründen kam es innerhalb der südeuropäischen Staaten zu keiner Einigung, weshalb die USA aufgrund der Uneinigkeit der Europäer das AFSOUTH als Kommando behielt.

Auf Vorschlag von US-Verteidigungsminister Donald Rumsfeld – basierend auf der am 20.9.2002 vorgestellten amerikanischen **Sicherheitsdoktrin** mit dem Ziel, weltweit Bedrohungen eindämmen zu können – wurden am 23.9.2002 neue NATO-Kommanden für schnell verlegbare Truppen geschaffen. Jedes Kommando ist in der Lage, bis zu 60.000 Soldaten zu befehligen. Die vier Zentren der Kommanden befinden sich in Münster/Deutschland, Valencia/Spanien, Mailand/Italien und Istanbul/Türkei. Das fünfte Kommando für schnell verlegbare Einheiten wird das 1994 in Rheindalen/Deutschland gegründete unter britischem Kommando stehende ***Allied Rapid Reaction Corps*** (ARRC) bilden, das sechste Kommando das in Strassburg/Frankreich stationierte ***Eurocorps***, das sich aus belgischen, deutschen, französischen, luxemburgischen, niederländischen und spanischen Soldaten zusammensetzt.[407] Bis Oktober 2004 bzw. 2006 soll zudem eine 21.000 Soldaten starke ***NATO Response Force*** entstehen, die weltweit innerhalb von fünf Tagen einsetzbar sein wird, baukastenmäßig aus den bestehenden Einheiten gebildet wird und vor allem Bedrohungen für den euro-atlantischen Raum im Vorfeld eindämmen soll.

Der Prager NATO-Gipfel vom November 2002 beschloss, schlankere, effizientere und besser dislozierbare Kommandostrukturen zur Durchführung operativer Voraussetzungen für das volle Spektrum der NATO-Aufgaben zu schaffen. Das neue **Strategische Kommando für Operationen** (***Allied Command Operations* - ACO**) mit dem Hauptquartier in Europa (Belgien) wird von zwei Gemeinsamen Streitkräftekommanden (*Joint Force Commands* - JFCs) in Brunssum/Niederlande und in Neapel/Italien unterstützt, die in der Lage sind, ein Hauptquartier für ein landgestütztes alliiertes Streitkräftekommando (**CJTF**) sowie ein robustes, jedoch kleineres ständiges gemeinsames Hauptquartier aufzustellen, aus dem ein seegestütztes *CJTF Headquarter* hergestellt werden kann; ferner auch Land-, und Luftkontingente. Der strategische Kommandeur für Operationen ist für die Vorbereitung und Führung aller Operationen, einschließlich der Verteidigung des NATO-Territoriums, zuständig. Letztere Aufgabe hatte das SACLANT wahrgenommen. Das für die Fragen der Umgestaltung verantwortliche **Strategische Kommando für Transformation** (***Allied Command Trans-***

407 Am 25.2.2003 wurde in Straßburg das Technische Abkommen Österreichs und Finnlands mit dem *Eurocorps* unterzeichnet. Diese beiden Länder haben dadurch als erste nicht-alliierte Mitgliedstaaten der Europäischen Union den Status als „*Entsendestaat*" zum *Eurocorps* erhalten. Dies beinhaltet die ständige Integration von Stabsoffizieren in den Stab des *Eurocorps*. Das Interesse Österreichs an der Mitwirkung an *Eurocorps* liegt an der erweiterten Mitwirkung an internationalen Operationen. Das Kommando des *Eurocorps* könnte im Rahmen EU-geführter Operationen zum Einsatz kommen. Aus: Wolfgang Wosolsobe, Das Eurokorps – ein Schritt nach Europa, in: Truppendienst 2/2003, 141.

formation - ACT) mit dem Hauptquartier in Norfolk/Virginia, in dem sich auch das *US Joint Force Command* befindet, und einer Präsenz in Belgien ist für die Umgestaltung der militärischen Fähigkeiten und die Förderung der Interoperabilität der NATO-Streitkräfte – im Zusammenwirken mit dem Alliierten Kommando für Operationen – zuständig. Konkret ist das ACT u.a. für die Entwicklung von Konzepten und Doktrinen, für die Identifizierung künftiger Anforderungen für die Streitkräfte und für die ständige Beobachtung von militärischer Ausbildung verantwortlich.[408]

Das CJTF-Konzept

Die NATO hat zum Ziel, von der konventionellen Armee wegzukommen und mobile Verbände einzurichten, d.h. die Streitkräfte- und Kommandostrukturen eingehend zu reformieren und den Anforderungen der neuen Sicherheitslandschaft anzupassen. Die mobilen multinationalen Teilstreitkräfte übergreifenden ***CJTF Headquarters*** werden die NATO in die Lage versetzen, so rasch wie möglich auf Krisen zu reagieren und PfP-Partner und Nicht-NATO-Staaten in gemeinsame Operationen miteinzubeziehen und der WEU Kapazitäten zur Durchführung militärischer Aufgaben zur Verfügung zu stellen. Ziel der CJTF ist die Zusammenstellung flexibler, verlegbarer, multinationaler und teilstreitkraftübergreifender Hauptquartiere. In der Praxis umgesetzt wurden zahlreiche Elemente des CJTF-Konzepts anlässlich der von der NATO geführten IFOR und SFOR in Bosnien-Herzegowina.

Die Öffnung der NATO

Beim Brüsseler NATO-Gipfel von 1994 erklärten die Staats- und Regierungschefs, dass die NATO grundsätzlich bereit sei, sich für neue Mitglieder zu öffnen. Sie betonten, dass eine Erweiterung *„niemanden bedrohe“*. Die Kriterien für die Beitrittskandidaten auf Streitkräfteebene definieren sich wie folgt:
- Westliche Standards hinsichtlich der politischen Führung und demokratischen Kontrolle, Einbindung in den Rechtsstaat;
- **Interoperabilität** mit NATO-Mitgliedern, d.h. Vorhandensein eines geeigneten Kommando- und Kontrollsystems mit entsprechenden Kommunikationseinrichtungen, internationaler Sprachausbildung und Übungen;

---

408 Prager Gipfelerklärung der Staats- und Regierungschefs auf dem Treffen des Nordatlantikrates in Prag, 21.11.2002, Press Release (2002)127 vom 22.11.2002, Punkt 4b, sowie Fact Sheet: NATO: Building New Capabilities for New Challenges, The White House, Office of the Press Secretary (Prague, Czech Republic) for Immediate Release, November 21, 2002.

- Gut nachbarschaftliche Beziehungen (Bsp. Freundschaftsvertrag zwischen Ungarn und Rumänien, Deutsch-Tschechische Aussöhnung) und die Beseitigung von Grenzstreitigkeiten.

Die **NATO-Erweiterung** ist das sicherheitspolitische Pendant zur politisch-wirtschaftlichen Integration im Rahmen der EU. Am 12.3.1999 erfolgte die Aufnahme von drei ehemaligen Warschauer-Pakt-Staaten - Polen, Tschechien und Ungarn - in die NATO, die feierliche Zeremonie fand in der *Harry S. Truman*-Bibliothek in Independence/Missouri statt.

Im April 1999 wurde auf dem NATO-Gipfel von Washington der ***Membership Action Plan*** (MAP) verabschiedet; er sieht den Beitritt von Aspirantenstaaten gemäß Artikel 10 des NATO-Gründungsvertrags vor, denen sich dadurch die „*Tür zur NATO-Mitgliedschaft*“ öffnet. Der MAP soll den Aspiranten – Albanien, Kroatien, Mazedonien – dabei helfen, „*bündnisfähig*“ zu werden. Beim MAP handelt es sich ähnlich wie beim PfP-Prpgramm um eine Liste möglicher Aktivitäten, aus denen ein Land individuell und nach eigenem Ermessen jene auswählen soll, die es für das Erreichen eines Zieles am sinnvollsten erachtet. Es wird von den Aspiranten erwartet, dass sie über finanzielle Mittel verfügen, um die von der NATO geforderten Maßnahmen im Falle einer Aufnahme umsetzen und an den gemeinsamen Ausgaben der Allianz teilhaben zu können.

Auf dem NATO-Gipfel in Prag (21.-22.11.2002) wurde die größte Aufnahme von Staaten in der Geschichte der Nordatlantischen Allianz beschlossen. Die Staats- und Regierungschefs haben sich entschieden, Bulgarien, Rumänien, die Slowakei, die ehemalige jugoslawische Republik Slowenien und erstmals auch drei ehemalige Sowjetrepubliken – Estland, Lettland und Litauen – in das Bündnis aufzunehmen. Bis 2004 soll das Bündnis insgesamt 26 Mitgliedstaaten umfassen. Die Aufnahme von sieben Staaten in die NATO soll fast zeitgleich mit dem Beitritt von zehn mittel-, ost- und südlichen Staaten in die Europäische Union erfolgen. Der Prager NATO-Gipfel ging dem **EU-Erweiterungsgipfel von Kopenhagen** (12.-13.12.2002) voran. Die mögliche Aufnahme der sieben Kandidatenländer geht auf einen Ausspruch von US-Präsident George W. Bush zurück, der in Warschau am 15.6.2001 Folgendes verkündete: „*All of Europe's new democracies, from the Baltic to the Black Sea and all that lie between, should have the same chance for security and freedom, and the same chance to join the institutions of Europe, as Europe 's old democracies.*“[409]

---

409 Paul E. Gallis, NATO Enlargement, CRS Report for Congress, Updated November 4, 2002, 2. http://www.usembassy.at/en/download/pdf/nato_enlarge.pdf .

Der Aufbau der Europäischen Sicherheits- und Verteidigungsidentität (ESVI)

Aufgrund einer Idee von NATO-Generalsekretär Wörner 1990, ein europäisches Sicherheitssystem gemeinsam mit EU, WEU, NATO und OSZE zu verwirklichen, wurde auf dem Brüsseler NATO-Gipfel von 1994 der Aufbau der ESVI beschlossen. Gemäß dem NATO-Ministertreffen von Berlin 1996 soll die ESVI innerhalb der NATO unter Nutzung des institutionellen Rahmens der WEU aufgebaut werden und der WEU im Wege des **CJTF-Konzept**es NATO-Kapazitäten für Operationen unter ihrer Führung zur Verfügung stehen. Die im EU-Vertrag vorgesehene gemeinsame Verteidigungspolitik wird sich im engen Zusammenhang mit der NATO entwickeln. Die derzeit 11 NATO-Mitglieder der EU vertreten die Ansicht, dass eine von der NATO völlig abgekoppelte europäische Verteidigungsstruktur weder sinnvoll noch realisierbar erscheint und haben dies auch im Vertrag von Amsterdam, der am 2.10.1997 unterzeichnet wurde, auch zum Ausdruck gebracht. Die ESVI verbindet die Sicherheit der europäischen Staaten mit den Interessen von Nicht-EU-Mitgliedern, voran der USA und der Türkei. Doppelspurigkeiten werden verhindert. Die WEU erwies sich als Scharniere zwischen der EU und der NATO. Die Benutzung von NATO-Mitteln durch die WEU sollte demnach „*separable, but not separate*" erfolgen.

Die Europäisierung der NATO ist bereits sehr weit fortgeschritten, allein 75% aller wichtigen militärischen Positionen sind von Europäern besetzt.

Die Sicherheit von Europa und Nordamerika ist unteilbar, so das Washingtoner Kommuniqué vom 23. und 24.4.1999. Der NATO-Gipfel von Washington hat die Unterstützung der NATO für den von der EU eingeleiteten Prozess bekräftigt, dass eine effizientere Rolle der EU bei der Konfliktverhütung und Krisenbewältigung zur Vitalität einer neuen Allianz beitragen wird. Für die künftige Krisenbewältigung bzw. deren Aufgabenteilung werden die am 14.3.2003 unterzeichneten Dauervereinbarungen zwischen der NATO und der Europäischen Union von großer Bedeutung sein.

Der Konflikt im Kosovo

Politische Aspekte

Während unter dem Kommando der NATO die UNO-mandatierte SFOR/IFOR nach Bosnien-Herzegowina entsandt wurde, um militärisch das Abkommen von Dayton aus 1995 abzusichern, wurde die nicht-UN-mandatierte militärische

Operation im Kosovo (Operation *„**Allied Force**“*)[410] 1999 seitens der NATO angeordnet, um eine massive Verletzung der Menschenrechte und die Vertreibung der albanischen Bevölkerung durch das jugoslawische Militär zu stoppen und die jugoslawische Regierung zu einer politischen Lösung zu zwingen. Kriegsgrund der Koalition aus 19 demokratischen Staaten *„war die gemeinsame Überzeugung, dass es keiner Regierung, keinem Präsidenten künftig erlaubt sein sollte, mit „seinem“ Staatsvolk zu machen, was ihm beliebt und dabei elementares Menschenrecht zu verletzen.“*[411] Der NATO-Einsatz wurde von allen Mitgliedstaaten der Nordatlantischen Allianz unterstützt – trotz der Vorbehalte aus Griechenland und Italien.

Die jugoslawische Führung unter Slobodan Milosevic hatte die Luftangriffe der NATO und den *„Rückzug der internationalen Organisationen aus dem Kosovo (...) dazu benutzt, um bereits bestehende Pläne zur Vertreibung eines Teils der albanischen Bevölkerung „vorzeitig“ und mit größerer Geschwindigkeit als geplant in die Tat umzusetzen.“*[412] Bis Ende Mai 1999 – am Höhepunkt der NATO-Luftangriffe, die am 24.3.1999 eingeleitet wurde und die insgesamt über 78 Tage dauerte – betrug die Anzahl der Vertriebenen und Geflüchteten aus dem Kosovo an die 800.000, davon flüchteten ca. 440.000 Menschen nach Albanien, ca. 252.000 Menschen nach Mazedonien und ca. 65.000 Menschen in die damalige jugoslawische Teilrepublik Montenegro.[413]

Ziel der NATO-Operation war es auch, bedingt durch die Migrationswellen eine Ausweitung des Kosovo-Konflikts auf die Nachbarstaaten Jugoslawiens zu verhindern. Die NATO hat in der Folge ein Konsultativforum zu Sicherheitsfragen mit den Anrainerstaaten der Bundesrepublik Jugoslawien geschaffen. Dies alles soll aber nicht darüber hinwegtäuschen, dass der damalige Generalsekretär Javier Solana viel Zeit damit verbrachte, die NATO zusammenzuhalten.

Militärische Lehren

Der Kosovo-Krieg war *„der erste Koalitionskrieg in Europa im Informationszeitalter und ... der erste Krieg überhaupt, der ausschließlich mit den Mitteln des*

410 Diese Operation wurde im Nachhinein vom UNO-Generalsekretär auch nicht verurteilt.

411 Aus: Klaus Naumann, Kosovo – Modell für die Zukunft?, in: Erich Reiter (Hg.), Der Krieg um das Kosovo, v. Hase & Koehler Verlag, Mainz 2000, 23-38, 23.

412 Aus: Predrag Jurekovic, Die politische Dimension des Krieges im Kosovo und in der BR Jugoslawien: Konfliktentwicklung, politische Initiativen der Staatengemeinschaft, Auswirkungen auf das Umfeld, in: Erich Reiter (Hg.), Der Krieg um das Kosovo, Mainz 2000, 39-80, 61.

413 Ebd.

Luftkrieges geführt und gewonnen wurde.“[414] Die Kosovo-Krise hat jedoch erhebliche militärische Mängel der europäischen NATO-Staaten aufgedeckt: Es fehle an Transportkapazitäten, aber auch an dem für größere Einsätze nötigen Personal. Falls Europa seine Militärausgaben nicht wesentlich erhöht, bleibt der Aufbau einer ernsthaften europäischen Verteidigungspolitik eine Sache von Kommuniqués. Bei den NATO-Einsätzen gegen die Bundesrepublik Jugoslawien hatten die USA mehr als 70% der 37.000 Angriffe geflogen. Die Behebung der militärischen Mängel wurde Ziel der NATO, obwohl sich in Zeiten sinkender Verteidigungsbudgets eine Verbesserung der gegenwärtigen Ausrüstung als sehr schwierig erweist.

NATO und US-Sicherheitsstrategie

Die NATO befindet sich in einer Transformationsphase – mit der Schaffung neuer Kommandostrukturen und neuer militärischer Fähigkeiten. Die NATO soll in die Lage versetzt werden, weltweit Krisenmanagementeinsätze durchzuführen. Keine Nation könne, so die US-Sicherheitsstrategie, eine „*sichere, bessere Welt*“ allein aufbauen[415], aus diesem Grund resultiert die Bedeutung von Allianzen und multinationalen Organisationen wie die UNO, die Welthandelsorganisation WTO, die Organisation Amerikanischer Staaten (OAS) und die NATO, die imstande sind, „*die Stärke der freiheitsliebenden Staaten zu vervielfachen*“.[416] Deshalb ist nach Ansicht der USA die Koordination mit den europäischen Verbündeten und internationalen Institutionen wesentlich für die konstruktive Konfliktbewältigung und erfolgreiche Friedensoperationen. Falls jedoch in der Bewältigung einer Bedrohung international kein Konsens entsteht, ist die USA auch bereit, allein oder mit Verbündeten – ohne Mandat durch die Vereinten Nationen – eine Bedrohung einzudämmen: „*We cannot le tour enemies strike first.*“[417]

Beim NATO-Gipfel von Prag (21.-22.11.2002), an dem nicht nur sieben neue Mitglieder aufgenommen wurden (Bulgarien, Estland, Lettland, Litauen, Rumänien, Slowakei und Slowenien), sondern auch beschlossen wurde, **neue militärische Fähigkeiten** aufzubauen, die einen **weltweiten Einsatz von**

414 Aus: Klaus Naumann, Kosovo – Modell für die Zukunft?, 2000, 23-38, 23.

415 „*We are also guided by the conviction that no nation can build a safer, better world alone*“, so US-Präsident George W. Bush in der Einleitung der amerikanischen Sicherheitsstrategie.

416 „*Alliances and multilateral institutions can multiply the strength of freedom-loving nations*“, ebd.

417 Kapitel V der amerikanischen Sicherheitsstrategie „*Prevent Our Enemies from Threatening Us, Our Allies, and Our Friends with Weapons of Mass Destruction*“.

NATO-Truppen zur Eindämmung von Bedrohungen garantieren sollen. Zu diesem Zweck ist der Ausbau des Lufttransportwesens, des Luftbetankungswesens, die Entwicklung von Präzisionswaffen, der Ausbau der Verteidigung gegen biologische und chemische Waffen und die Verstärkung von Bodenüberwachungsradars von großer Wichtigkeit. Generalsekretär Lord Robertson meinte, je mehr militärische Fähigkeiten man besitzt, umso weniger werden sie benötigt[418]. Die NATO kann – wenn sie sich bereiterklärt - für US-Unterstützung herangezogen werden, muss aber nicht. So wird die USA einmal unilateral handeln, das andere Mal multilateral.

Schlussfolgerungen

Die NATO stützt sich auf zwei Säulen: **Kollektive Verteidigung** und **transatlantische Bindung**. Unter dem Schirm der NATO konnte sich in den Ländern Westeuropas, v.a. in den sogenannten *neutralen* und *bündnisfreien* Staaten wie Österreich, Wohlstand und Frieden entwickeln. Innerhalb der NATO setzen sich im Zeichen des transatlantischen Verbundes NATO- und EU-Staaten zum Ziel, gemeinsame strategische Interessen zu verfolgen. Der Erfolg der NATO basiert auf Multinationalität: Der einzelne Staat kann seine Sicherheit für seine Bürger nicht mehr allein garantieren. Die Einzelstaaten sind im Laufe der Jahrzehnte immer stärker einander politisch, wirtschaftlich und militärisch abhängig geworden, deshalb ist es notwendig, gemeinsame militärische Strukturen und Führungsstäbe aufzubauen, die in der Lage sind, multinationale Kontingente zu führen. Multinationale Verbände sind somit Ausdruck der Selbstbindung, der Solidarität und der Bereitschaft, Risiko zu teilen. Dies verlangt Bereitschaft zum Kompromiss, ohne aber die eigene Identität aufzugeben bzw. aufgeben zu müssen. Die **Multinationalität** ist die Rückversicherung gegen die Renationalisierung der Verteidigung in Europa. Multinationalität bedeutete auch schlagkräftige, kleine mobile Einheiten mit höchster Professionalität. Im Vordergrund stehen also Krisenmanagement und die Verhinderung von Regionalkonflikten. Multinationalität bedeutet auch in den vierziger Jahren die Miteinbeziehung der Bundesrepublik Deutschland, Griechenlands, der Türkei und Portugals, in den neunziger Jahren die Miteinbeziehung Russlands, der Ukraine und der mittel- und osteuropäischen Länder in die europäische Sicherheitsarchitektur, was wiederum die Sicherung der innerwestlichen und der äußeren Stabilität bewirkt.

Die **Abschreckung** bildet nach wie vor den Kern der Philosophie der Nordatlantischen Allianz. Solange Atomwaffen auf der Welt existieren, ergibt sich für die NATO die Notwendigkeit der nuklearen Abschreckung. Das Konzept der

418 Gemäß einem amerikanischen Spruch: „*We think in capacities, not in areas*".

nuklearen Abschreckung hat sich aber insofern relativiert, weil mögliche Feinde der USA, die bereits heute oder künftig Massenvernichtungswaffen besitzen, diese nicht mehr als Waffen für den schlimmsten Fall, sondern als Waffen der Wahl ansehen. Die Maßnahmen dagegen resultieren in der verstärkten **Rüstungskontrolle** und im Kampf gegen die **Proliferation von Massenvernichtungswaffen**. Im Rahmen des Schutzes vor Massenvernichtungswaffen ist es Ziel, Soldaten der NATO-Mitgliedstaaten besser auszubilden und auszurüsten, um bei Missionen mit ABC-Angriffen standhalten zu können. Bedrohungen wie ethnische Konflikte, wirtschaftliche Not, der Zusammenbruch politischer Ordnungen oder die Verbreitung von Massenvernichtungswaffen fanden bereits 1999 Aufnahme in das Strategische Konzept der NATO.

Seit September 2001 ist zweifellos der Terrorismus als der Feind des 21. Jahrhunderts erkannt. Die Reaktionen der USA zeigt den europäischen Verbündeten einmal mehr ihre vergleichsweise geringe Bedeutung auf. Die Ziele des Prager NATO-Gipfels sind deshalb komplementär zu den Initiativen der EU zu sehen. Die EU und die NATO befinden sich somit nicht im Wettbewerb, sondern in Kooperation, um komplementäre Ziele zu erreichen – dies betrifft auch die in Gründung befindliche schnelle Eingreiftruppe der NATO (***NATO Response Force*** – 21.000 Soldaten, ab 1.10.2004 aufgestellt und ab 2006 innerhalb von fünf Tagen einsatzbereit) und die 60.000 Soldaten starke Krisenbewältigungstruppe der EU. Die **Europäische Sicherheits- und Verteidigungspolitik** soll sich – unter Anhebung der Qualität bei den militärischen Fähigkeiten in Europa – als strategische Partnerschaft mit den USA entwickeln. Das Bild des Soldaten hat sich damit ebenfalls geändert: Es wird vom Soldaten nicht nur verlangt, das eigene Land zu verteidigen – dies bleibt weiterhin Kernaufgabe -, sondern vermehrt auch bei Bedarf Frieden zu erhalten und zu erzwingen. Multilateralismus ist eine langfristige Investition in die Sicherheit. Die NATO und die EU sind am Weg zur Globalisierung.

Österreich und die NATO

Die NATO hat sich seit der Wende 1989 neuorientiert und von einer Organisation der **kollektiven Verteidigung** zu einer Organisation zur Gewährleistung der gesamteuropäischen Stabilität gewandelt. Sie nimmt neue Aufgaben des Krisenmanagements, insbesondere Friedenserhaltung und Friedensschaffung und humanitäre Einsätze, wahr. Die klassischen Bündnisstrukturen wurden bereits im Zeitraum 1991-1997 durch neue Konsultations- und Kooperationsmechanismen ergänzt. Die NATO hat sich neuen Mitgliedern, in Mittel- und Osteuropas sowie in Südosteuropa, geöffnet.

In Europa scheinen großräumige Konflikte derzeit unwahrscheinlich. Lokale Konflikte wie jene im ehemaligen Jugoslawien, der Terrorismus und die Proliferation von Massenvernichtungswaffen und ihrer Trägersysteme bilden neue sicherheitspolitische Herausforderungen, die eine umfassendere Sicherheitspolitik erfordern, auch in Miteinbeziehung bisher sogenannter *neutraler* und *bündnisfreier* Staaten.

Besonders der Krieg im ehemaligen Jugoslawien verdeutlichte, dass Nationalismus in Europa zum Krieg führen kann und dass Europa ein effizientes und wirksames Konfliktmanagement braucht sowie die transatlantische Partnerschaft und Präsenz der USA für die gesamteuropäische Stabilität und für ein funktionsfähiges europäisches Krisenmanagement wesentlich sind. Neben der Konflikteindämmung und Krisenbewältigung ist es Ziel der Nordatlantischen Allianz, die europäische Stabilitätszone nach Osten und Südosten auszuweiten. Der Erweiterung der EU und der NATO kommt dadurch eine zentrale Rolle zu.

Im Rahmen der **Partnerschaft für den Frieden** (PfP) hat die NATO die ehemaligen kommunistischen Länder Mittel- und Osteuropas, der Sowjetunion und auch die ehemaligen neutralen und bündnisfreien Staaten eingeladen, mit der NATO in Fragen der Koordination und Organisation von gemeinsamen friedenserhaltenden und friedensschaffenden Einsätzen zusammenzuarbeiten, wobei jedes Partnerland selbst nach dem **Prinzip der Selbstdifferenzierung** das Ausmaß der Kooperation bestimmt.

Mit der Unterzeichnung des PfP-Rahmendokuments am 10.2.1995 bekundete Österreich seine politische Absicht, gemeinsam mit den anderen Partnern auf die - der PfP - zugrundeliegenden Ziele hinzuarbeiten. Die konkreten Aktivitäten, an denen Österreich teilnimmt bzw. die Österreich selbst in das PfP-Programm miteinbringt, werden im ***Individuellen Partnerschaftsprogramm*** (IPP) in Form eines *political undertaking* vereinbart und jährlich fortgeschrieben. Die österreichische militärische Zusammenarbeit mit der NATO konzentriert sich bis auf Weiteres auf die Bereiche **Friedenserhaltung, humanitäre Einsätze** und **Katastrophenhilfe** sowie **Such- und Rettungseinsätze**. Dem Ziel einer erhöhten **Interoperabilität** des Bundesheeres mit NATO-Streitkräften dient auch die Teilnahme am PfP-**Planungs- und Überprüfungsprozess** (PARP), in dessen Rahmen mit der NATO konkrete „*Interoperabilitätsziele*“ vereinbart wurden.

Ein wichtiger Schwerpunkt der österreichischen PfP-Mitarbeit ist die **zivile Notstandsplanung**. Hier geht es um einen umfassenden Erfahrungsaustausch bzw. gemeinsamen Übungen - etwa auf dem Gebiet des Strahlenschutzes.

Im Rahmen der „*PfP-plus*“ bzw. der „*vertieften PfP*“ besteht auf militärischem Gebiet nunmehr für alle Partner die Möglichkeit, die **Interoperabilität** für das gesamte Spektrum friedensunterstützender Maßnahmen - also auch für den Bereich friedensdurchsetzender Operationen - herzustellen. Österreich ist diese Möglichkeit von der NATO erstmals bei der gemeinsamen Festlegung der Interoperabilitätsziele für den PARP-Zyklus 1997-1999 angeboten worden.

Zur Teilnahme an der PfP war es vor allem für Österreich erforderlich, eine Reihe von Regelungen zu treffen bzw. zu vereinbaren:

- Entsendegesetz zwecks Entsendung österreichischer Einheiten und Soldaten ins Ausland;
- „*PfP Status of Forces Agreement*" / PfP-SOFA den Status von Personen regelt, die sich im Rahmen von PfP-Aktivitäten vorübergehend in anderen Teilnehmerstaaten aufhalten;
- Regierungsübereinkommen zum Schutz von Informationen bzw. betreffend den Austausch von Dokumenten.

Als PfP-Partner nahm Österreich auch an dem von der NATO geleiteten multinationalen Friedenseinsatz in Bosnien-Herzegowina teil. Seit 1995 hat sich Österreich mit über 5.000 Teilnehmern an über 70 NATO-PfP-Übungen und anderen Aktivitäten beteiligt. Die österreichischen Schwerpunkte konzentrieren sich dabei vorwiegend auf die Bereiche Ausbildung, Standardisierung hinsichtlich Führung und Logistik sowie **zivile Notstandsplanung**. Im letzteren hat Österreich mittlerweile eine Vorreiterrolle übernommen. Als aktiver PfP-Partner ist Österreich Mitglied des Euro-Atlantischen Partnerschaftsrates (EAPR), dem im Mai 1997 geschaffenen zentralen Konsultations- und Kooperationsforum der PfP-Partner. Österreichische Vertreter nehmen an allen 21 Hauptausschüssen, an circa 80 Unterausschüssen und an allen 21 Zusammenarbeitsbereichen der PfP teil. Seit November 1997 hat Österreich bei der NATO einen Ständigen Vertreter akkreditiert.

Österreich kann sich im Rahmen der „vertieften PfP" am vollen Spektrum friedenserhaltender Operationen beteiligen, also auch an Kampfeinsätzen bei der Krisenbewältigung einschließlich friedensschaffender Maßnahmen. Dies bedeutet die Teilnahme an Operationen in einem riskanteren Umfeld als jenem der klassischen Friedenserhaltung. Österreichs Kooperationsprogramm mit der NATO basiert auf

- der Fortsetzung der militärischen Kooperation;
- der Intensivierung der nicht-militärischen Kooperationen (Katastrophenschutz und ziviles Krisenmanagement);
- der Vertiefung des politischen Dialogs Österreichs mit der NATO. In diesem Zusammenhang seien für Österreich bilaterale Gespräche mit den NATO-Staaten vor allem in der Balkan-Politik essentiell.

In den Entscheidungsgremien der NATO selbst ist Österreich jedoch weder präsent noch hat irgendeine Möglichkeit der Mitbestimmung. Österreich hat keine Mitgestaltung bei wesentlichen Weichenstellungen der europäischen Sicherheitsarchitektur, die vor allem im großen Maße in der NATO erfolgen. Die volle

Mitwirkung an der „*vertieften PfP*" bedeutet für Österreich auch keinerlei Beistandszusage durch die NATO, Österreich nimmt also als NATO-Partner am kollektiven Schutz vor militärischen Übergriffen und am Kern der NATO-Entscheidungen im NATO-Rat nicht teil.

Die Westeuropäische Union (WEU)

Der Grundstein für die WEU wurde 1948 – also noch vor der NATO – mit der Unterzeichnung des **Brüsseler Fünf-Mächte-Vertrags** zwischen Frankreich, Großbritannien, Belgien, Luxemburg und den Niederlanden gelegt. Die Modifizierung des Fünf-Mächte-Vertrags erfolgte 1954. Die WEU ging ursprünglich aus dem zwischen Frankreich und Großbritannien gegen Deutschland und die Sowjetunion gerichteten **Vertrag von Dünkirchen** (1947) hervor. Wie bei der NATO bildet auch bei der WEU die **Beistandsverpflichtung** den Kern des Bündnisses: Die in Art. V des Brüsseler Vertrags von 1948 (1954) festgehaltene Beistandsverpflichtung ist wie folgt formuliert:

„*Sollte einer der Hohen Vertragsschließenden Teile das Ziel eines bewaffneten Angriffs in Europa werden, so werden ihm die anderen Hohen Vertragsschließenden Teile im Einklang mit den Bestimmungen des Artikel 51 der Satzung der Vereinten Nationen alle in ihrer Macht stehende militärische und sonstige Hilfe und Unterstützung leisten.*"

Die konkrete Wahrnehmung der Aufgaben der **kollektiven Verteidigung** ist – durch die auf Artikel IV desselben Vertrags begründete Praxis und die seit 1949 in Europa gegebenen sicherheitspolitischen Realitäten – allerdings gänzlich an die NATO delegiert, der alle zehn WEU-Mitglieder als Vollmitglieder angehören. Vor diesem Hintergrund ist der WEU, die auch über keine integrierten militärischen Strukturen und sehr begrenzte eigene Planungskapazitäten verfügte, durch Jahrzehnte keine nennenswerte eigenständige Rolle zugekommen.

In der **Einheitlichen Europäischen Akte (EEA)** vom Februar 1986 – sie trat mit 1.7.1987 in Kraft - folgte der Entschluss der Mitgliedstaaten der Europäischen Gemeinschaft zu einer „*engeren Zusammenarbeit in Fragen der europäischen Sicherheit*". 1987 zeigte die WEU mit der „*Plattform für europäische Sicherheitsinteressen*" erstmals Kriterien für die europäische Sicherheit mit der Absicht, den Europäischen Gemeinschaften operativ zur Verfügung zu stehen. Durch die „*Operation Cleansweep*", also während des Ersten Golfkrieges (Iran-Irak), kam erstmals seitens der WEU 1987/88 eine Minenräumaktion in der Straße von Hormuz zustande – durch Frankreich, Großbritannien, Italien, Belgien und die Niederlande. Deutschland entsandte Ersatzschiffe. Im Zweiten Golfkrieg koordinierte die WEU bis zu 45 Kriegsschiffe, die 1990/91 im Persischen Golf zur Durchsetzung der UNO-Resolution 661 - des Embargos gegen den **Irak** - beitrugen. Der Zweite Golfkrieg führte auch zur ersten humanitären Operation der WEU, als ein britisch-niederländischer Amphibienverband in der Operation *„Safe Haven"* im April 1991 auf Beschluss der WEU-Außenminister und mit materieller Unterstützung anderer WEU-Staaten den bedrängten Kurden zu Hilfe kam. Diese Tätigkeit ist im Juli 1992 von der UNO übernommen worden. Im Juli 1992 wurde die Operation *„Sharp Guard"* in der Straße zu Otranto zwischen WEU und NATO zur Durchsetzung der UNO-Resolution 820 gegen die Bundesrepublik **Jugoslawien** eingeleitet. Zwischen Juni 1993 und September 1996 unterstützten Bulgarien, Rumänien und Ungarn die WEU zur Durchsetzung des UNO-Embargos gegen die Bundesrepublik Jugoslawien entlang der Donau.

Mit 1.11.1993 – also seit der Gültigkeit des EU-Vertrags in der Fassung des **Vertrags von Maastricht** – oblag die Ausarbeitung und Durchführung von Entscheidungen und Aktionen der EU, die verteidigungspolitische Bezüge haben, gemäß Artikel J4 II der WEU, die dazu von der EU ersucht werden konnte. Die WEU wurde damit *„operativer Arm"* der EU.

Seit dem Beschluss des Rates vom 27.6.1996 über die Operation zur Evakuierung von Staatsangehörigen der Mitgliedstaaten, deren Sicherheit in einem Drittland gefährdet ist, ersucht der Rat der Europäischen Union die WEU förmlich um Unterstützung – falls eine EU-Evakuierungsoperation die Anwendung militärischer Mittel erforderlich macht. Aus den Planungen von 1997/98 ging hervor, dass ein WEU-Einsatz die Größe einer Brigade (ca. 6.000 Soldaten) in aller Regel nicht übersteigen durfte, und dass die WEU auch bei einer derartigen Operation auf Planungskapazitäten und Ressourcen der Allianz im Bereich der Logistik, des Transports und der strategischen Aufklärung zurückgreifen müsste.

In Art. 17 des **Vertrags von Amsterdam** kam es zu einer Aufwertung der WEU, als diese in den EU-Vertrag verankert wurde, und zwar als *„integraler Bestandteil der Entwicklung der Union."* Die WEU öffnet der EU dadurch den Zugang zu operativen Kapazitäten im Rahmen der **„Petersberg-Aufgaben"**. Mit der im Juni 1992 verabschiedeten *„Petersberg-Erklärung"* wurde das Krisenmanagement auch formell zum eigentlichen Schwerpunkt der WEU-Aktivitäten, indem sich die WEU-Mitgliedstaaten bereit erklärten, *„militärische Einheiten des gesamten Spektrums ihrer konventionellen Streitkräfte"* auch für folgende Zwecke einzusetzen: *„humanitäre Aufgaben und Rettungseinsätze; friedenserhaltende Aufgaben; Kampfeinsätze bei der Krisenbewältigung, einschließlich Maßnahmen zur Herbeiführung des Friedens."*

Als konkreter Beitrag zur Überwindung überkommener Trennlinien zwischen Ost und West ist die – auf die ***„Kirchberg-Erklärung"*** aus 1994 zurückgehende – Einladung an die Partner der EU in Mittel- und Osteuropa zu verstehen, mit der WEU als „*assoziierte Partner*“ zusammenzuarbeiten. An jene Mitgliedstaaten der EU, die der WEU nicht angehören, richtete die WEU außerdem die generelle Einladung, WEU-Mitglieder oder Beobachter zu werden. Europäische NATO-Staaten, welche keine EU-Mitgliedstaaten sind, wurde der Status „*assoziierte WEU-Mitglieder*“ zugestanden. Daraus resultierten 28 „WEU-Nationen“ mit vier verschiedenen Status-Formen:

- **Vollmitglieder**: Belgien, Deutschland, Frankreich, Griechenland, Großbritannien, Italien, Luxemburg, Niederlande, Portugal und Spanien.
- **Assoziierte Mitglieder**: Island, Norwegen, Polen, Tschechien, Ungarn und die Türkei – also europäische NATO-Mitglieder, die zu diesem Zeitpunkt nicht EU-Mitglieder waren. Sie besitzen stärkere Mitwirkungsrechte als jene EU-Staaten mit Beobachterstatus.
- **Assoziierte Partner**: Bulgarien, Estland, Lettland, Litauen, Rumänien, Slowakei, Slowenien – also jene EU-Beitrittsländer, die seit April 1994 bzw. 1996 durch Europa-Abkommen mit der EG verbunden waren/sind.
- **Beobachter**: Dänemark, Finnland, Irland, Österreich, Schweden.

Die WEU nahm am NATO-Streitkräfteplanungsprozess teil. Seit Abschluss eines Sicherheitsabkommens zwischen der WEU und der NATO hatte die WEU auch Zugang zu vertraulichen NATO-Informationen und Unterlagen. Die operationellen Kapazitäten der WEU waren in der Theorie durch militärische Kräfte - „*Forces Answerable to WEU*/FAWEU“ - gestärkt worden. Zu diesen Kräften zählte u.a. auch das – aus deutschen, französischen, spanischen, belgischen und luxemburgischen Einheiten gebildete – ***Eurocorps***, das für Verteidigungszwecke allerdings voll der NATO unterstellt wird. In der Datenbank der WEU waren Ende der neunziger Jahre insgesamt 2.500 Einheiten aus 24 WEU-Nationen als FAWEU aufgenommen. In der Praxis stellte aber die – 1993 bis 1996 durchgeführte – Operation auf der Donau zur Unterstützung Bulgariens, Rumäniens und Ungarns bei der Überwachung des UNO-Embargos die bis *dato* einzige – von der WEU ohne logistische Zusammenarbeit mit der NATO verwirklichte – militärische Operation unter zentraler Führung dar. Zu erwähnen sind ebenso die WEU-Polizeieinsätze in Mostar (Bosnien-Herzegowina) und in Albanien.

Im Zuge der Aufwertung der **WEU-Beobachter** wurden diese aufgefordert, der WEU Kräfte zu nennen, die im Bedarfsfall für WEU-Operationen, an denen sie sich beteiligen möchten, herangezogen würden. **Österreich** hat daraufhin der WEU im Jahr 1996 die VOREIN – vorbereitete Einheiten des Bundesheeres – gemeldet. Die an die 2.000 Mann starke VOREIN beinhaltet die Mitwirkung an WEU- und UNO-Friedensmissionen, jedoch nur im Sinne von friedenserhaltenden, jedoch nicht friedensschaffenden Maßnahmen. Im Rahmen der „**Petersberg-Aufgaben**“ kamen Kampfeinsätze hinzu – dies wurde bei der Übernahme dieser Aufgaben in den EU-Vertrag 1997 in Amsterdam festgelegt. Im österreichischen Bundesverfassungsgesetz erfolgte die Aufnahme der „Petersberg-Aufgaben" in Artikel 23f.

Im Rahmen des im Juni 1996 auf dem NATO-Gipfel von Berlin beschlossenen *Combined Joint Task Force*–Konzept (**CJTF**) sollten ursprünglich NATO-Kapazitäten auch für europäische Friedensmissionen unter WEU-Kommando zur Verfügung gestellt werden. Mit der Übernahme der operativen Strukturen der WEU im Jahr 2001 und der Bildung von Krisenbewältigungskräften von 60.000 Soldaten bis 2003 (*Headline Goal)* hat sich die EU im Rahmen der **Europäischen Sicherheits- und Verteidigungspolitik (ESVP)** selbst zum Ziel gesetzt, eigene Kapazitäten zu bilden. Um NATO-Kapazitäten seitens der EU beanspruchen zu können, sind allerdings in jedem Fall entsprechende vorangehende Beschlüsse des **Nordatlantischen Rates** von den Mitgliedstaaten der NATO einvernehmlich zu treffen.

Die Übernahme der operativen Funktionen der WEU durch die EU

Die Europäische Union hat ihre Absicht bekräftigt, die Funktion zur Krisenbewältigung von der WEU zu übernehmen. Dieser Absicht geht ein Beschluss anlässlich des WEU-Verteidigungs- und Außenministertreffen in Marseille vom 13.11.2000 voraus, der bis spätestens 1.7.2001 die Übertragung der operativen Funktionen der WEU an die EU vorsah. Alle zehn WEU-Mitgliedstaaten sind nicht nur NATO-, sondern auch EU-Mitglieder. Frankreich ist nur Mitglied der zivilen Einrichtungen der NATO.

Im Hinblick auf die Einbeziehung geeigneter WEU-Funktionen im Bereich der Petersberg-Aufgaben hat der **Europäische Rat von Köln** am 3. und 4.6.1999 folgende Grundsatzbeschlüsse gefasst:
- Die Schaffung – in Form von dezentralisierten Einrichtungen – eines Satellitenzentrums und eines Instituts für Sicherheitsstudien;
- die direkte Leitung einer Mission der polizeitechnischen Zusammenarbeit in Albanien durch die EU, die an Stelle der Mission des Multinationalen Polizeiberaterstabes in Albanien treten soll, deren Durchführung der Rat gemäß Artikel 17 EU-Vertrag in der Fassung des Vertrags von Amsterdam der WEU übertragen hatte.

In den Schlussfolgerungen des Europäischen Rates von Köln vom Juni 1999 wurde festgelegt, dass die EU künftig im Bereich des Krisenmanagements und der Krisenbewältigung (**„Petersberg-Aufgaben"**) autonome Entscheidungskapzitäten einrichten und damit in die Lage versetzt werden soll, EU-geführte Krisenbewältigungs-Militäroperationen durchzuführen – aber nur in jenen Fällen, in denen die NATO keine Intervention beabsichtigt. Die EU wird demnach, wie im

Dezember 1999 auf dem Gipfel des **Europäischen Rates von Helsinki** im Dezember 1999 beschlossen, eigene Institutionen für das Krisenmanagement bzw. für die Organisation und Durchführung von Krisenbewältigungseinsätzen einzurichten – das **Politische und Sicherheitspolitische Komitee, der EU-Militärausschuss**, der **EU-Militärstab** – und auf diesem Gebiet die Funktionen der WEU zu übernehmen.

Wie auf dem WEU-Ministertreffen am 13.11.2000 in Marseille beschlossen, ließen sich durch die Übernahme der WEU-Krisenmanagementfunktionen seitens der EU folgende Konsequenzen für die WEU ableiten:

- Die operationellen Funktionen der WEU wurden mit 1.7.2001 eingestellt;
- Der WEU-Militärstab hatte seine Aktivitäten bis zu diesem Zeitpunkt bereits eingestellt;
- Das WEU-Institut für Sicherheitsstudien und das WEU-Satellitenzentrum in Torrejón hatten sich solange unter der Leitung der WEU befunden, bis die EU im Jahr 2002 ihr eigenes EU-Institut für Sicherheitsstudien und ihr EU-Satellitenzentrum eingerichtet hatte.
- Die WEU/EU- und WEU/NATO-Konszultationsmechanismen wurden aufgelöst.
- Die Polizeimission in Albanien (MAPE) wurde von der EU übernommen.
- Die WEU hatte ihre Aktivitäten im Rahmen der Dialoge, die mit Russland, der Ukraine und den Mittelmeerländern entwickelt wurden, eingestellt. Diese Aktivitäten wurden von der EU übernommen im Rahmen der bereits existierenden politischen Dialoge zwischen der EU und den betroffenen Ländern.
- Das „*Transatlantische Forum*" wurde eingestellt, das Institut für Sicherheitsstudien ist mit ähnlichen Aktivitäten betraut.
- Die WEAG (*Western European Armamants Group*) wird künftig ihre Aufgaben im Bereich Rüstungskooperation wahrnehmen.
- Die WEU wird als Organisation bestehen bleiben, ebenso wie die WEU-Versammlung als sicherheitspolitisches Konsultationsforum – sie besteht aus Abgeordneten der 28 WEU-Länder (Mitglieder, assoziierte Mitglieder, assoziierte Partner, Beobachter). Der Beistandsartikel V des WEU-Vertrages **(kollektive Verteidigung)** bleibt weiterhin in Kraft.

Obwohl die operativen Funktionen des WEU-Krisenmanagements an die EU übertragen wurden, übt die WEU noch weiterhin gewisse Funktionen aus. Die WEU wird mittels der *Western European Armaments Group* **(WEAG)**[419] –

419 Die rüstungspolitische Zusammenarbeit wird im EU-Vertrag in der Fassung des Vertrags von Amsterdam als erster wünschenswerter Schritt in Richtung einer gemeinsamen Verteidigung einbezogen. Ziele sind die Rationalisierung des europäischen Rüstungsmarktes und die Errichtung einer europäischen Rüstungsagentur (*European Armaments Agency*). 1998 hatten die Verteidigungsminister Deutsch-

Österreich wurde in die WEAG am 13.11.2000 als Mitglied aufgenommen – ein Diskussionsforum über die Zusammenarbeit im Rüstungsbereich bleiben. Die regelmäßigen WEU-NATO-Konsultationen wurden an die EU übertragen. Die militärischen Institutionen der WEU wurden aufgelöst und im Jahr 2001 innerhalb der Europäischen Union in Form des **Politischen und Sicherheitspolitischen Komitees**, des **EU-Militärausschusses** und des **EU-Militärstabes** dem Generalsekretär des Rates der Europäischen Union bzw. dem ***„Mr. GASP“*** unterstellt. Sie bilden eine militärische Komponente der Gemeinsamen Außen- und Sicherheitspolitik (GASP) bzw. der 1998 eingeleiteten Europäischen Sicherheits- und Verteidigungspolitik (ESVP). Künftig soll, so einigte sich am 16.5.2003 der Europäische Konvent, der **Außenminister der EU** – als Angehöriger der Europäischen Kommission – in Personalunion die Aufgaben des „Mr. GASP“ und des für die Außenbeziehungen zuständigen EU-Kommissars wahrnehmen. Der EU-Außenminister wäre für die Verwirklichung der von den Staats- und Regierungschefs oder den Außenministern gefassten Beschlüsse zuständig.

---

lands, Frankreichs, Großbritanniens, Italiens und Spaniens in einer gemeinsamen Erklärung eine umfassende Restrukturierung der europäischen Rüstungsindustrie gefordert. Innerhalb der WEAG kooperieren bereits die 10 WEU-Mitgliedstaaten sowie Dänemark, Norwegen, Österreich und die Türkei. Im Hinblick auf die Errichtung einer Europäischen Rüstungsagentur, die alle europäischen Rüstungsprogramme durchführen soll, ist zwischen den WEAG-Teilnehmern im November 1996 die *Western European Armaments Organisation* (WEAO) ins leben gerufen worden. Deutschland und Frankreich – danach kamen Großbritannien, Italien und die Niederlande hinzu – hatten bereits im Januar 1996 die OCCAR (*Organisation Conjointe de Coopération en matière d'Armement*) geschaffen. Im Rahmen des Europäischen Konvents wurde eine Arbeitsgruppe „Verteidigung“ eingerichtet, die vorschlug, ein ***„Europäisches Amt für Rüstung, Forschung und militärische Fähigkeiten“*** zu errichten. Dieser Vorschlag wurde in den Verfassungsentwurf des Europäischen Konvents in die Art. I-40 (3) und III-207 aufgenommen. Die Aufgabe dieser Agentur wäre, den operativen Bedarf zu decken, zu diesem Zweck müsste sie eine abgestimmte Beschaffungspolitik der Mitgliedstaaten fördern sowie die verteidigungstechnische Forschung, auch auf dem Gebiet der militärischen Weltraumsysteme unterstützen. In dieser Agentur wären die zwischen einigen Mitgliedstaaten bereits bestehenden engeren Rüstungskooperationen (wie z.B. OCCAR) einzugliedern. Sie sollte zudem die relevanten Teile der Zusammenarbeit, welche die meisten Mitgliedstaaten im Rahmen der WEAG entwickelten, übernehmen. Vgl. Schlussbericht der Gruppe VIII „Verteidigung“ an den Konvent, Europäischer Konvent, 16.12.2002, Punkt 64.

Die Gemeinsame Außen- und Sicherheitspolitik der Europäischen Union

Die Vorläufer der GASP

Der Plan einer Europäischen Verteidigungsgemeinschaft (EVG) und einer Europäischen Politischen Gemeinschaft (1950-1954)

In der vom Kalten Krieg und den feindlichen Auseinandersetzungen in **Korea** geprägten Zeit Anfang der fünfziger Jahre erwägte der Westen, allen voran die USA, die Wiederbewaffnung der Bundesrepublik Deutschland als Schutz gegen die wachsende sowjetische Bedrohung. Um die Wiederbewaffnung Westdeutschlands zu ermöglichen, ohne aber kurz nach dem Zweiten Weltkrieg das Gespenst einer deutschen Armee heraufzubeschwören, arbeiteten Frankreich, Deutschland, Italien, Belgien, Luxemburg und die Niederlande das Konzept einer **Europäischen Verteidigungsgemeinschaft** (EVG) aus: Sie planten die Schaffung einer gemeinsamen europäischen Armee, für die Truppenkontingente bereitgestellt würden. Dieses im Entstehen befindliche militärische Europa sollte auch eine politische Führung erhalten. 1953 wurde die EVG durch das Vorhaben einer **Europäischen Politischen Gemeinschaft** mit politischen Institutionen föderaler Art ergänzt. Nach vier Jahren heftiger Diskussionen scheiterten die EVG und die Europäische Politische Gemeinschaft am 30.8.1954 an der Ablehnung durch die Abgeordneten der französischen Nationalversammlung (*Assemblée Nationale*).

Die „Fouchet-Pläne" (1961-1962)

Drei Jahre nach Gründung der Europäischen Wirtschaftsgemeinschaft (EWG) und der Euratom, die in erster Linie wirtschaftlich ausgerichtet sind, kommt auf Betreiben von General de Gaulle wieder der Wille auf, die politische Integration Europas voranzutreiben. Der Franzose Christian Fouchet arbeitete daraufhin zwischen 1961 und 1962 drei Vorschläge aus, die unter dem Namen ***„Fouchet-Pläne"*** bekannt sind. Mit diesem *„Vertrag über die Staatenunion"* sollte die zwischenstaatliche Zusammenarbeit zu einer einheitlichen Außenpolitik, zur Verstärkung der Sicherheit der Mitgliedstaaten vor Angriffen und zu einer Koordinierung der Verteidigungspolitiken führen. Langfristig sollte der Vertrag über die Staatenunion auch die Europäischen Gemeinschaften einbeziehen. Die Initiativen Frankreichs wurden von dessen Partnerländern jedoch aus zwei Gründen abgelehnt: Schutz der Europäischen Gemeinschaften von einer zu sehr zwischenstaatlich ausgerichteten Zusammenarbeit und Aufrechterhaltung der Bande mit den USA und der NATO im Verteidigungsbereich.

Die Europäische Politische Zusammenarbeit (1970-1993)

Im Jahr 1969, auf der Haager Gipfelkonferenz, bekräftigten die damaligen sechs Mitgliedsländer der Europäischen Gemeinschaften – zu diesem Zeitpunkt auch NATO-Mitglieder - die Notwendigkeit einer politischen Einigung Europas. Ein Jahr später, in Luxemburg, nahmen sie den „***Davignon-Bericht***“ an, der den Beginn der **Europäischen Politischen Zusammenarbeit** (EPZ) markiert. Diese Zusammenarbeit betraf ausschließlich die Außenpolitik und sollte durch gemeinsame Sitzungen der diplomatischen Dienste das gegenseitige Verständnis fördern sowie die Solidarität der Staaten bei großen weltpolitischen Fragen stärken. 1973, nach dreijähriger Zusammenarbeit, beschlossen die EG-Staaten in Kopenhagen, häufiger Konferenzen abzuhalten, gemeinsame Positionen zu erarbeiten und eine konzertierte Diplomatie zu verfolgen. Zehn Jahre später, in **Stuttgart**, wurde ein weiterer Schritt nach vorn eingeleitet: Der Bereich Sicherheit unter seinen politischen und wirtschaftlichen (nicht aber militärischen) Aspekten ging nunmehr in die Zuständigkeit der EPZ über. Von 1970 bis 1986 fand die Harmonisierung der westeuropäischen Diplomatien am Rande der Europäischen Gemeinschaften auf der Grundlage informeller Vereinbarungen und ohne ständige Strukturen statt. In der **Einheitlichen Europäischen Akte**, mit der die Europäischen Gemeinschaften 1986 einer Reform unterzogen und das Ziel der Schaffung eines großen **Binnenmarkt**es bis zum Jahr 1992 festgelegt worden war, wurde schließlich auch die europäische Zusammenarbeit im außenpolitischen Bereich einbezogen. Ein EPZ-Sekretariat entstand. In der Einheitlichen Europäischen Akte war von einer gemeinsamen Außenpolitik noch nicht die Rede, die Abschottung zwischen der Tätigkeit der Gemeinschaften und der EPZ blieb dadurch bestehen.

Der Vertrag von Maastricht – „Gründungsvertrag“ der GASP

Das Ende des Ost-West-Konfliktes hatte neben seinen globalen auch spezielle Folgen für die europäische Einigung: Innerhalb der EG sollte die interne Integration vertieft werden, ab 1993 – ausgehend von den Erweiterungskriterien von Kopenhagen – hatte sich die Europäische Union zum Ziel gesetzt, ehemalige Staaten des **Warschauer Pakt**es aufzunehmen. Die europäische Integration verstand sich von Anfang an als Friedenswerk und damit auch als sicherheitspolitisches Konzept. Von der „Wirtschaftsgemeinschaft“ in den Jahren ab 1957[420]

420 Die Gründung der Europäischen Gemeinschaften erfolgte im Hinblick auf die Errichtung von Präferenzzonen zur wirtschaftlichen Integration gemäß Art. XXIV des GATT (*General Agreement on Tariffs and Trade*) von 1947: Von der Zollunion für

wandelten sich die **Europäischen Gemeinschaften** über eine „*Politische Union*" mit dem Europäischen Unionsvertrag in der Fassung des **Vertrags von Maastricht** ab 1993 zunächst als Europäische Union zu einer „*Wertegemeinschaft*". Seit Dezember 2000 – mit der Annahme der Grundrechtscharta anlässlich des Europäischen Rats von Nizza – präsentiert sich die Europäische Union als „*Grundrechtsgemeinschaft*", die auf dem Wege ist, sich eine „Verfassung" (Europäischer Konvent, 2002[421]) zu geben.[422]

Aufbauend auf die seit 1974 praktizierte **Europäische Politische Zusammenarbeit (EPZ)** wurde 1992 mit dem EU-Vertrag von Maastricht – in Kraft getreten am 1.11.1993 - die **Gemeinsame Außen- und Sicherheitspolitik** (GASP) eingeführt. Bedingt durch den Zweiten Golfkrieg 1990/91 sowie durch die Jugoslawienkrise wurde die Notwendigkeit der Vertiefung der EPZ in Richtung GASP erkannt. Durch den am 2.10.1997 unterzeichneten und am 1.5.1999 in Kraft getretenen **Vertrag von Amsterdam** sowie durch den am 26.2.2001 unterzeichneten **Vertrag von Nizza** (mit 1.2.2003 in Kraft getreten) sind die GASP-Bestimmungen weiterentwickelt worden. Die Effizienz der GASP und deren Fähigkeit zum zivilen und politischen Krisenmanagement sind damit ausschließlich vom politischen Willen der EU-Mitgliedstaaten abhängig.

Das Recht der Europäischen Union

Das Recht der Europäischen Union unterteilt sich

- in das **supranationale Gemeinschaftsrecht (primäres Gemeinschaftsrecht)** der EGKS[423], EG und Euratom der „**Ersten Säule**" der EU und

---

den Warenverkehr, Gemeinsamen Markt, Binnenmarkt zur Europäische Wirtschafts- und Währungsunion (EWWU).

421 Der Europäische Rat hat im Gegensatz zum „Grundrechte-Konvent", der als Resultat die EU-Grundrechtscharta verfasste, für die Bildung des Europäischen Konvents sofort den Präsidenten (Giscard d`Estaing) und die beiden Stellvertreter (Giulio Amato und Jean-Luc Dehaene) nominiert. Der Europäische Konvent bestand aus 105 Mitgliedern. Die Konventsmethode war erstmals der Weg, von der Zwischenstaatlichkeit abzuweichen: So erfolgte die Ausarbeitung „konstitutioneller" Texte nicht mehr durch Regierungsvertreter, sondern mehrheitlich durch Abgeordnete zum Europäischen Parlament und von nationalen Parlamenten, die dazu Anregungen von Nicht-Regierungsorganisationen erhielten.

422 Waldemar Hummer, Paradigmenwechsel im Internationalen Organisationsrecht – Von der „Supranationalität" zur „strukturellen Kongruenz und Homogenität" der Verbandsgewalt, in: Waldemar Hummer (Hg.), Paradigmenwechsel im Völkerrecht zur Jahrtausedwende, 2002, 145-203, 147.

423 Die EGKS wurde mit 23.7.2002 aufgelöst.

- in das (zwischenstaatliche oder intergouvernementale) **Unionsrecht** der „**Zweiten Säule**" (GASP) und der „**Dritten Säule**" (Zusammenarbeit im Bereich Justiz und Inneres – ZBJI)

Diese „**3-Säulen-Struktur**" wird **mit** der Einführung einer **EU-Verfassung** – wie vom Europäischen Konvent ausgearbeitet – **obsolet**. Die EG würde somit in die EU „aufgehen".

Unter dem **sekundären Gemeinschaftsrecht** werden die Typen der Rechtshandlungen von Rat und Kommission verstanden:

- **Verordnungen** sind als generell-abstrakte Normen, die in den Mitgliedstaaten unmittelbar gelten, **verbindlich**;
- **Richtlinien** sind für Mitgliedstaaten, an die sie gerichtet sind, **hinsichtlich des zu erreichenden Zieles verbindlich**. Form und Mittel der Durchführung obliegen den innerstaatlichen Stellen. In der Praxis des **Europäischen Gerichtshofes** hat sich jedoch der Grundsatz durchgesetzt, dass auch Richtlinien unter bestimmten Voraussetzungen unmittelbare Wirkungen in den Mitgliedstaaten haben können. In diesen Fällen kann sich der Einzelne also auch ohne entsprechende staatliche Durchführung unmittelbar auf die Richtlinie berufen. Das Erlassen von Verordnungen und Richtlinien erfolgt durch den Rat der Europäischen Union auf Vorschlag der Kommission und – je nach Verfahren – nach Anhörung des Europäischen Parlaments.
- **Entscheidungen** gelten **individuell** für ihre Adressaten;
- **Empfehlungen** und **Stellungnahmen** gelten **unverbindlich**, können aber rechtliche Wirkung haben. So kann eine Empfehlung oder Stellungnahme eines Organs die zwingende vorgeschriebene Voraussetzung für das Handeln eines anderen Organs darstellen.

Zu unterscheiden ist in diesem Zusammenhang die horizontale Homogenität, die sich auf das Verhältnis der Verfassungsstrukturen der Mitgliedstaaten untereinander beszieht, von der vertikalen Homogenität, die die Relation der Strukturen der Union und ihrer Mitgliedstaaten untereinander bezieht.[424]

Gemäß dem **Verfassungsentwurf des Europäischen Konvents** (Artikel 32), der seitens des Europäischen Konvents am 19.6.2003 dem Europäischen Rat von Thessaloniki (Porto Carras) vorgelegt wurde, verfügt die Europäische Union über folgende **Rechtsakte**:

424 Waldemar Hummer, Paradigmenwechsel im Internationalen Organisationsrecht – Von der „Supranationalität" zur „strukturellen Kongruenz und Homogenität" der Verbandsgewalt, in: Waldemar Hummer (Hg.), Paradigmenwechsel im Völkerrecht zur Jahrtausedwende, 2002, 145-203, 168.

- Das **Europäische Gesetz** „*ist ein Gesetzgebungsakt mit **allgemeiner Geltung** ... in all seinen Teilen **verbindlich** und **gilt unmittelbar** in jedem Mitgliedstaat*".
- Das **Europäische Rahmengesetz** ist **für jeden Mitgliedstaat**, an den es gerichtet ist, **hinsichtlich des zu erreichenden Ziels verbindlich**. Den innerstaatlichen Stellen obliegt dabei die Wahl der Form und der Mittel.
- Die **Europäische Verordnung** „*ist ein Rechtsakt mit **allgemeiner Geltung ohne Gesetzescharakter***" und „*dient der Durchführung der Gesetzgebungsakte und bestimmter Einzelvorschriften der Verfassung. Sie kann entweder **in allen ihren Teilen verbindlich** sein und unmittelbar in jedem Mitgliedstaat gelten oder für jeden Mitgliedstaat, an den sie gerichtet ist, **hinsichtlich des zu erreichenden Ziels verbindlich***" sein, „*jedoch den innerstaatlichen Stellen die Wahl der Form und der Mittel überlassen*".
- Der **Europäische Beschluss** „*ist ein Rechtsakt ohne Gesetzescharakter, der **in allen seinen Teilen verbindlich** ist. Ist er an bestimmte Adressaten gerichtet, so ist er nur für diese verbindlich.*"
- **Empfehlungen** und **Stellungnahmen** „*der Organe sind **rechtlich nicht bindend***".

Prinzipiell gilt für die Tätigkeit der drei Gemeinschaften – **Europäische Gemeinschaft für Kohle und Stahl** (EGKS)[425], **Europäische Gemeinschaft** (EG), **Euratom** – das **Subsidiaritätsprinzip**. Danach werden EG und Euratom in den Bereichen, für die sie nicht ausschließlich zuständig sind, nur soweit tätig, wie die Ziele auf Ebene der Mitgliedstaaten nicht ausreichend erreicht werden können (Art. 3b EGV).

Der Beitritt **Österreich**s zur EU bewirkte eine materielle Gesamtänderung der Bundesverfassung: Es bedurfte nicht nur eines eigenen Bundesverfassungsgesetzes über den Beitritt Österreichs zur EU, sondern auch einer Volksabstimmung gemäß Artikel 44 Abs. 3 des Bundesverfassungsgesetzes. Die EU ist weder ein Staatenbund noch ein Bundesstaat. Das deutsche Bundesverfassungsgericht in Karlsruhe bezeichnete die durch den EU-Vertrag in der Fassung des **Vertrag von Maastricht** 1992 geschaffene EU als **Staatenverbund**. Diese Bezeichnung ist allgemein gültig.

425 Die Auflösung der EGKS erfolgte am 23.7.2002 nach Art. 97 EGKS-Vertrag. Der Montansektor wurde somit „sektorieller Politikbereich" der EG. Das gesamte EGKS-Vermögen wird von der Europäischen Kommission im Namen der Mitgliedstaaten verwaltet.

Die **GASP** ist **völkerrechtlich geregelt** und unterscheidet sich bei der Umsetzung deshalb sehr stark von den Gemeinschaftspolitiken. Darüber hinaus existieren bei der GASP keine Rechtsakte wie Richtlinien oder Verordnungen, mit denen die Gemeinschaftspolitiken geregelt werden, sondern ganz spezielle Rechtsakte. Der GASP sind die Artikel 11 bis 28 des Vertrags über die Europäische Union (EUV) gewidmet. Zu den Zielsetzungen der GASP gehören die Stärkung der Sicherheit der Union und ihrer Mitgliedstaaten in allen ihren Formen. Die GASP *„umfasst sämtliche Fragen, welche die Sicherheit der Union betreffen, wozu auch die schrittweise Festlegung einer gemeinsamen Verteidigungspolitik ... gehört, die zu einer gemeinsamen Verteidigung führen könnte, falls der Europäische Rat dies beschließt. ...*" (so Artikel 17 des EU-Vertrags). Diese **gemeinsame Verteidigungspolitik** könnte zu einer gemeinsamen Verteidigung führen, falls der Europäische Rat der Staats- und Regierungschefs dies beschließt und sofern alle EU-Mitgliedstaaten einen entsprechenden Beschluss annehmen und ratifizieren. Die GASP berührt jedoch nicht den besonderen Charakter der Sicherheits- und Verteidigungspolitik bestimmter Mitgliedstaaten, wie sie auch mit der Politik im Rahmen des NATO-Gründungsvertrages vereinbar ist (vgl. auch Art. 40 (2) des Verfassungsentwurfs des Europäischen Konvents).

Der **Vertrag von Amsterdam** empfahl die rüstungspolitische Zusammenarbeit zwischen den Mitgliedstaaten, wie sie innerhalb der WEU bereits im Rahmen der Westeuropäischen Rüstungsagentur (**WEAG**) eingeleitet wurde

Der EU-Vertrag stellte bis zum Vertrag von Nizza mehrere Verbindungen zwischen der EU und der Westeuropäischen Union (WEU) her. Er sah insbesondere vor, dass die Union die WEU in Anspruch nimmt, um die Entscheidungen und Aktionen der Union, die verteidigungspolitische Bezüge haben, auszuarbeiten und durchzuführen. Die WEU konnte darüber hinaus in die Union integriert werden: hierfür bedurfte es eines Beschlusses des Europäischen Rates und eines von den Mitgliedstaaten angenommenen und ratifizierten Beschlusses.

1997 wurden die sogenannten **„Petersberg-Aufgaben"** – so benannt nach dem Petersberg bei Bonn, an dem sie am 19.6.1992 vom Ministerrat der WEU festgelegt wurden – in den **Vertrag von Amsterdam** (Artikel 17 des EU-Vertrags) übernommen – sie sind somit für alle Mitgliedstaaten gültig.[426] Die

426 Der Entwurf des Verfassungsgesetzes wurde am 18.6.1998 vom österreichischen Nationalrat mit den Stimmen von SPÖ, ÖVP und dem Liberalen Forum gebilligt. FPÖ und Grüne waren dagegen. Der Bundesrat billigte den Entwurf am 2.7.1998. Vgl. dazu Regierungsvorlage betreffend Vertrag von Amsterdam zur Änderung des Vertrags über die Europäische Union, der Verträge zur Gründung der Europäischen

Übernahme der „Petersberg-Aufgaben“ in den EU-Vertrag von Amsterdam ging auf eine Initiative zweier *„neutraler“* zurück: Am 21.4.1996 präsentierten die schwedische Außenministerin Lena Hjelm-Wallén und ihre finnische Kollegin Tarja Halonen die Inhalte einer schwedisch-finnischen Initiative mit den Worten *„Nun ist es an der Zeit, neue Fortschritte im Hinblick auf eine langanhaltende paneuropäische Sicherheitsordnung und ein umso mehr vereinigtes Europa zu machen.“*[427] Neben der Konfliktverhütung sei es demnach auch notwendig, *„friedenserhaltende Truppen“* in Regionen zu entsenden, in denen Konflikte ausbrechen und akute Krisen entstehen könnten. Die EU-Mitgliedstaaten sollen eine führende Kraft bilden, Konflikte und Krisen zu verhindern bzw. im Anfangsstadium der Konfliktbildung **Krisenmanagement** zu leisten. Dafür sollte die EU in der Lage sein, alle Instrumente des Krisenmanagements anzuwenden, *„from conflict prevention measures of various kinds to armed peacekeeping actions.“* – unter Bindung an ein Mandat der UNO oder der OSZE. Zu diesem Zweck sollte im Bereich der *„peace promoting activities“* auch eine stärkere Bindung an die WEU erfolgen.[428]

Die WEU hatte ursprünglich mit den „Petersberg-Aufgaben“ zum Ziel, sich als Teil einer künftigen EU-Verteidigungspolitik und auch zur Stärkung des europäischen Pfeilers der NATO auszubauen. Die WEU-Mitgliedstaaten erklärten sich darin ursprünglich bereit, der WEU Verbände ihrer konventionellen Streitkräfte für militärische Einsätze bereitzustellen. Neben dem gegenseitigen Beistand in Anwendung des Artikel 5 des NATO-Gründungsvertrages und des Artikel V des Vertrags über die Westeuropäische Union können die militärischen Verbände der WEU auch zu den folgenden „Petersberg-Aufgaben“ eingesetzt werden: Humanitäre Aufgaben und Rettungseinsätze, friedenserhaltende Aufgaben sowie Kampfeinsätze bei der Krisenbewältigung einschließlich friedensschaffender Maßnahmen. Die **humanitären Aufgaben** schließen

- die Vor-Ort-Unterstützung der Zivilbevölkerung in Katastrophengebieten,
- die Hilfeleistung bei Hungersnöten, beim Wiederaufbau zerstörter Infrastruktur, beim Minenräumen, bei der Evakuierung von Zivilisten aus Kriegs- und Krisengebieten und der Rettung von bedrohten EU-Bürgern aus ihren Gastländern mit ein.

Gemeinschaften sowie einiger damit zusammenhängender Rechtsakte und Schlussakte.

427 Swedish-Finnish Initiative to Strengthen Conflict Management Capability, Article by Minister for Foreign Affairs Lena Hjalm-Wallén and Tarja Halonen on a Swedish-Finnish initiative designed to strengthen the EU's conflict management capability. Published in Finland (Helsingin Sanomat) and Sweden (Dagens Nyheter) on April 21, 1996, http://virtual.finland.fi/finfo/english/swedish.html .

428 Ebd.

Unter **friedenserhaltende Einsätze** fallen nach Kapitel VI der UNO-Charta
- der präventive Einsatz zur Verhinderung/Eskalation/Ausweitung eines Konflikts,
- die Überwachung eines Waffenstillstands oder Friedensabkommens zwischen Kriegsparteien,
- die Überwachung über Entwaffnung oder Demilitarisierung von Grenzen, Lufträumen,
- die Überwachung von Seegebieten, Embargos,
- die Schaffung eines sicheren Umfeldes für die Wahrnehmung der Aufgaben von internationalen Organisationen und Nicht-Regierungs-Organisationen (*Non governmental orgainzations* – NGOs) sowie
- die Mitwirkung an der Wiederherstellung der öffentlichen Ordnung.

Wie der Ausdruck „Friedens-Erhaltung" (***peacekeeping***) besagt, muss bereits Waffenruhe eingetreten sein. Der Einsatz von „*peacekeeping forces*" ist also weder ein Bestandteil des Krieges noch ein Element der „Friedens-Erzwingung" (***peace enforcement***), also eines quasipolizeilichen Kampfeinsatzes, sei es durch die UNO selbst oder durch eine von der UNO hiezu ermächtigte Koalition.[429]

Die Petersberg-Aufgaben umfassen nach Kapitel VII UNO-Charta (**Friedenserzwingung**)
- die Beendigung kriegerischer Auseinandersetzungen oder von Belagerungen,
- die gewaltsame Trennung von Kriegsparteien,
- die Durchsetzung von demilitarisierten Zonen, waffenfreien Gebieten, Flugverbotszonen, maritimen Sperrgebieten, Embargos, Auffang- und Schutzzonen für die Bevölkerung, des Zugangs für den Transport humanitärer Güter sowie
- den Schutz und die Rettung von Mitarbeitern von Internationalen Organisationen.

Der Kosovo-Konflikt hat den **Europäischen Rat** auf seiner Tagung in **Köln** veranlasst – ausgehend von der britisch-französischen Initiative zur „Belebung" der Europäischen Sicherheits- und Verteidigungspolitik (ESVP) und den Initiativen der österreichischen EU-Präsidentschaft im zweiten Halbjahr 1998 („*Wiener Prozess*", Schlussfolgerungen des Europäischen Rates von Wien, Dezember 1998)[430] -, die „Petersberg-Aufgaben", wie dies bereits im Vertrag der Fall ist, in

---

429 Heinrich Schneider, Die Entwicklung des Systems internationaler Friedenssicherung: Neue Ansätze und ihre Probleme, in: Erich Hochleitner (Hg.), Das europäische Sicherheitssystem zu Beginn des 21. Jahrhunderts, Verlag Böhlau Wien, 2000, 33-91, 53f.

430 Die Schaffung einer ESVP innerhalb der GASP wurde – ausgehend von der britisch-französischen Initiative von St. Malo 1998 und dem Europäischen Rat von Wien im selben Jahr – von der österreichischen EU-Präsidentschaft eingeleitet.

den Mittelpunkt der Stärkung der ESVP zu stellen. So haben die 15 Staats- und Regierungschefs und der Präsident der Europäischen Kommission auf ihrer Tagung am 3. und 4.6.1999 erklärt: *„Im Hinblick darauf muß die Union die Fähigkeit zu autonomem Handeln, gestützt auf glaubwürdige militärische Fähigkeiten, sowie die Mittel und die Bereitschaft besitzen, dessen Einsatz zu beschließen, um – unbeschadet von Maßnahmen der NATO – auf internationale Krisensituationen zu reagieren.“* Seit Köln sind Krisenbewältigungsaufgaben zentrales Anliegen im Rahmen der Stärkung der GASP. *„Autonom“* heißt in Ansprache mit der NATO. Die Kapazitäten für autonome Aktionen sollen jedoch nur auf jene Fälle beschränkt werden, *„in denen die Allianz als ganze nicht tätig ist.“*[431]

Auf jeder der aufeinander folgenden Tagungen des Europäischen Rates (Helsinki, Feira und Nizza) wurde dem Willen, die Union mit einer Fähigkeit zu autonomem Handeln auszustatten, so dass sie in Fällen, in denen die NATO als Ganzes nicht beteiligt ist, unter Wahrung der Grundsätze der Charta der Vereinten Nationen und unter Anerkennung der Vorrechte des UNO-Sicherheitsrates internationale Krisen bewältigen kann, nach und nach konkretere Gestalt verliehen:

- Im Dezember 1999 in **Helsinki** (10.-11.12.1999) mit dem Gesamtziel im Bereich der militärischen Fähigkeiten (*„Helsinki-Planziel“*),
- im Juni 2000 in **Feira** mit dem Ausbau der zivilen Aspekte der Krisenbewältigung in vier prioritäre Bereiche (Polizei, Stärkung der Rechtsstaatlichkeit, Stärkung der Zivilverwaltung und Bevölkerungsschutz),
- im Februar 2001 in **Nizza**[432] mit neuen ständigen politischen und militärischen Strukturen für die politische Kontrolle und strategische Leitung bei Krisen.

Nach dem *Helsinki-Planziel* (*Headline Goal*) muss die Union ab 2003 – im Rahmen der freiwilligen Zusammenarbeit - in der Lage sein, innerhalb von 60 Tagen Streitkräfte bis auf Korpsebene (d.h. bis zu einer Stärke von 15 Brigaden bzw. bis zu 60.000 Personen), die sämtliche **Petersberg-Aufgaben** wahrnehmen können, für einen Einsatz von mindestens einem Jahr in vollem Umfang zu ver-

431 Washington Summit Communiqué, Issued by the Heads of State and Government participating in the meeting of the North Atlantic Council in Washington D.C. on 24th April 1999, Punkt 10, Press Release NAC-S(99)64.

432 Der Entwurf des Verfassungsgesetzes wurde am 23.10.2001 vom österreichischen Nationalrat einstimmig gebilligt, vom Bundesrat am 8.11.2001. Der Entwurf des Ratifizierungsgesetzes wurde am 21.11.2001 vom österreichischen Nationalrat einstimmig gebilligt, vom Bundesrat am 6.12.2001. Die Unterzeichnung durch den Bundespräsidenten erfolgte am 14.12.2001. Regierungsvorlage betreffend Vertrag von Nizza zur Änderung des Vertrags über die Europäische Union, der Verträge zur Gründung der Europäischen Gemeinschaften sowie einiger damit zusammenhängender Rechtsakte samt Protokollen, Schlussakte sowie Erklärungen.

legen. In diesem Rahmen sind auch Krisenreaktionskräfte in kleinerem Umfang vorzusehen, die mit einem sehr hohen Bereitschaftsgrad verfügbar und verlegbar sind – innerhalb von 30 Tagen. Die **Kriterien für** eine **wirksame Krisenbewältigung** lauten: Verlegefähigkeit, Durchhaltefähigkeit, Interoperabilität, Flexibilität, Mobilität, Überlebensfähigkeit sowie Streitkräfteführung. Diese Bedingungen legte auch die ***Defence Capabilites Initiative*** (DCI) im NATO-Kommuniqué von Washington 1999 fest. Diese Anforderungen werden zusätzlich zweimal so viele bereitzustellende verlegbare Einheiten (und Unterstützungselemente) mit einem geringen Bereitschaftsgrad erfordern, damit eine Ablösung der ursprünglichen Streitkräfte vorgesehen werden kann. Diese Streitkräfte sollten militärisch autonom sein und die erforderlichen Fähigkeiten in Bezug auf Streitkräfteführung und strategische Aufklärung, die entsprechende Logistik, andere Kampfunterstützungsdienste und gegebenenfalls zusätzliche Komponenten der See- und Luftstreitkräfte verfügen. Die Verwirklichung dieses Zieles bedeutet nicht die Schaffung einer europäischen Armee, denn die Bereitstellung und Verlegung nationaler Truppen erfolgt auf der Grundlage einer souveränen Entscheidung der Mitgliedstaaten.

Auf der sogenannten „***Beitragskonferenz***“ (*Capabilities Commitment Conference*) haben am 20.11.2000 in Brüssel die Mitgliedstaaten außer Dänemark - Dänemark besitzt bei sicherheits- und verteidigungspolitischen Fragen innerhalb der EU ein *opting out* - ihre jeweiligen nationalen Beiträge entsprechend den vom Europäischen Rat von Helsinki 1999 festgelegten militärischen Fähigkeitszielen beschlossen: Aus 60.000 Soldaten und Militärpersonal wird die EU-Krisenbewältigungstruppe bestehen, davon aus Italien voraussichtlich 13.500, aus Deutschland und Frankreich je 12.000, aus Spanien 9.000, aus Großbritannien 8.000 und aus den Niederlande knapp 5.000. Österreich liegt mit rund 1.500 Soldaten[433] im Mittelfeld, Luxemburg als kleinster Staat beteiligt sich mit 70 Soldaten. Aus Rumänien sollen 1.200, aus Tschechien 1.000, aus der Slowakei 450 und aus Ungarn 350 Soldaten zur Verfügung gestellt werden. Die **Gemeinsame Strategie zwischen EU und Russland**, welche am 4.6.1999 im Rahmen des Europäischen Rats von Köln verabschiedet wurde, enthält einen Passus, dem zufolge die EU eine russische Teilnahme an „Petersberg-Operationen“ erwägen könnte. Beim Gipfeltreffen EU-Russland im Oktober 2000 wurde vereinbart,

---

433 Ursprünglich waren 2.000 Soldaten des Österreichischen Bundesheeres vorgesehen. Im Regierungsprogramm der österreichischen Bundesregierung (Kabinett Wolfgang Schüssel II), die am 28.2.2003 angelobt wurde, ist der Beitrag Österreichs zum *Headline Goal* mit rund 1.500 Soldaten festgesetzt. Vgl. Regierungsprogramm der Österreichischen Bundesregierung für die XXII. Gesetzgebungsperiode, Punkt 3 „Äußere Sicherheit und Landesverteidigung“, 5.

eine Rolle Moskaus bei „Petersberg-Missionen“ und Entminungsoperationen innerhalb der GASP in Betracht zu ziehen.

Auf der Konferenz über die Verbesserung der Fähigkeiten (*Capabilities Improvement Conference*) im November 2001 wurde eine Zwischenbilanz gezogen und ein **Europäischer Aktionsplan zu den Fähigkeiten** (*European Capabilities Action Plan* - ECAP) beschlossen. Die gemeldeten Beiträge der EU-Mitgliedstaaten – mehr als 100.000 Personen, etwa 400 Kampfflugzeuge und 100 Schiffe – würden zwar Operationen im gesamten Spektrum der Petersberg-Aufgaben erlauben, diese unterlägen aber noch Beschränkungen hinsichtlich ihrer Größenordnung und Dilozierungsfrist. Prinzipiell soll durch Synergieeffekte eine höhere Effizienz erreicht werden.

Diese Konferenz stellte die erste Etappe eines anspruchsvollen Prozesses zur Verstärkung der militärischen Krisenbewältigungsfähigkeiten der EU dar, mit dem das für das Jahr 2003 gesetzte Planziel erreicht werden sollte, damit die kollektiven Fähigkeitsziele realisiert werden können. Auf der Tagung des Europäischen Rates in Helsinki hatten die EU-Mitgliedstaaten auch beschlossen, rasch kollektive Fähigkeitsziele in den Bereichen Führung, Aufklärung und strategischer Transport zu entwickeln, wobei sie es begrüßten, dass einige Mitgliedstaaten bereits diesbezügliche Entscheidungen angekündigt hatten, und zwar im Hinblick darauf,

- militärische Mittel für die Überwachung und die Frühwarnung zu entwickeln und zu koordinieren;
- den Offizieren aus anderen Mitgliedstaaten den Zugang zu den bestehenden teilstreitkräfteübergreifenden nationalen Hauptquartieren zu eröffnen;
- die Fähigkeiten der bestehenden europäischen multinationalen Streitkräfte zur raschen Krisenreaktion zu verstärken;
- die Schaffung eines europäischen Lufttransportkommandos vorzubereiten;
- die schnell verlegbaren Truppen zahlenmäßig zu verstärken;
- die strategische Seetransportkapazität zu verbessern.

Mit dem **Vertrag von Amsterdam** erfolgte auch die Schaffung einer **Strategieplanungs- und Frühwarneinheit** im Generalsekretariat des Rates mit folgenden Aufgaben:

- Überwachung und Bewertung der außen- und sicherheitspolitischen Entwicklung,
- Erarbeitung von Vorschlägen und Strategiepapieren,
- Erkennung und Warnung vor politischen Krisen, die Auswirkungen auf die GASP haben könnten.

Der Europäische Rat hat auf seiner Tagung in **Nizza** (7.-11.12.2000) beschlossen, im Rat neue ständige politische und militärische Strukturen für die politische Kontrolle und strategische Leitung bei Krisen, d.h. ein **Politisches**

und Sicherheitspolitisches Komitee und einen **Militärausschuss**, einzusetzen. Darüber hinaus gibt es im Sekretariat des Rates nunmehr einen **Militärstab**, der sich aus von den Mitgliedstaaten entsandten Militärexperten zusammensetzt und der militärischen Leitung durch den Militärausschuss untersteht, den er unterstützen soll. Die Union hat auch Regelungen festgelegt, die die Beteiligung von Drittländern - die europäischen NATO-Mitglieder, die nicht der Union angehören, und andere Länder, die sich um den Beitritt zur Union bewerben - sowie anderer potenzieller Partner an der militärischen Krisenbewältigung durch die EU gestatten.

Treffen zwischen der **Europäischen Union und** der **NATO** zu bestimmten spezifischen Bereichen finden regelmäßig statt und sollen es der Union ermöglichen, gegebenenfalls Operationen unter Rückgriff auf Mittel und Fähigkeiten der NATO – insbesondere Planungskapazitäten und Führungsoptionen – einzuleiten. Auch die Aufstellung eines Übungsprogramms, in dessen Rahmen die Krisenbewältigungsstrukturen und –instrumente getestet und Verfahren erarbeitet werden, wurde initiiert. Ziel aller dieser Bestrebungen ist eine rasche Einsatzbereitschaft der EU-Krisenreaktionstruppen. In Nizza (7.-11.12.2000) und **Göteborg** (15.-16.6.2001) hat sich der **Europäische Rat** verpflichtet, die Union auf dem Gebiet der Krisenbewältigungseinsätze durch die Verbesserung ihrer Fähigkeiten, Strukturen und Verfahren auch im Rahmen von UNO-Missionen[434] rasch einsatzbereit zu machen. Die sich entwickelnden militärischen und zivilen Fähigkeiten der EU sollen „*eine wirklich nützliche Ergänzung der Krisenbewältigungsmaßnahmen der Vereinten Nationen darstellen. Im Rahmen dieser verstärkten Zusammenarbeit wird dem westlichen Balkan, dem Nahen Osten und Afrika höchste Priorität eingeräumt. Der Abschluss von Rahmenvereinbarungen zwischen der Europäischen Gemeinschaft und den einschlägigen VN-Organisationen wird die Zusammenarbeit verstärken.*“[435] Aufgrund der Weiterentwicklung der ESVP, der Stärkung ihrer zivilen und militärischen Fähigkeiten, der Schaffung der entsprechenden EU-Strukturen sowie nach den Konferenzen über die militärischen und polizeilichen Fähigkeiten, die am 19.11.2001 in Brüssel stattfanden, sieht sich die EU gemäß den Schlussfolgerungen des Europäischen Rates in **Laeken** (14.-15.12.2001) „*nunmehr zu Krisenbewältigungseinsätzen in der Lage.*“ Ziel der Union ist es, „*nach und nach immer komplexere Einsätze zu übernehmen*“[436], ohne sich mit der NATO zu duplizieren. Diese erste

---

434 Die EU und die Vereinten Nationen haben im September 2003 eine Gemeinsame Erklärung zur Zusammenarbeit im Krisenmanagement verabschiedet.

435 Schlussfolgerungen des Vorsitzes, Europäischer Rat (Göteborg), 15. und 16.6.2001, Punkt 53.

436 Schlussfolgerungen des Vorsitzes, Europäischer Rat (Laeken), 14. und 15.12.2001, Punkt 6.

Einsatzbereitschaft betrifft nur einige EU-geführte Operationen: Sie umfasst das untere Spektrum der Art. 17 (2) EU-Petersberg-Aufgaben, also vorwiegend Evakuierungsoperationen und humanitäre Aufgaben.

Im **Schlussbericht an den Europäischen Konvent** vom 16.12.2002 schlug die dafür zuständie Arbeitsgruppe VIII vor, die Petersberg-Aufgaben um folgende Bereiche zu ergänzen:

- Aufgaben der Konfliktverhütung (Frühwarnsystem, vertrauensbildende und sicherheitsverstärkende Maßnahmen usw.);
- Gemeinsame Abrüstungsmaßnahmen (Programme zur Waffenzerstörung und Rüstungskontrolle);
- Aufgaben der militärische Beratung und Unterstützung (Zusammenarbeit mit den Streitkräften eines Drittlandes oder einer regionalen/subregionalen Organisation zwecks Aufbau demokratischer Streitkräfte durch den Austausch vorbildlicher Praktiken, z.B. durch Ausbildungsmaßnahmen);
- Stabilisierungsmaßnahmen nach Konflikten sowie
- auf Ersuchen eines Drittlands Unterstützung bei der Terrorismusbekämpfung.[437]

Diese Neuerungen wurden auch in den Verfassungsentwurf des Europäischen Konvents in Art. III-210 (1) übernommen.

Die EU ist derzeit auf **NATO-Mittel** für die Durchführung von Krisenbewältigungseinsätzen angewiesen. Deshalb sind **Dauervereinbarungen EU-NATO**, welche die Kooperation mit NATO-Staaten regeln, die nicht EU-Mitglieder sind (Island, Norwegen, Türkei, Polen, Tschechische Republik, Ungarn, Kanada, Türkei) sowie die Koordination von Einsätzen regeln, von großer Wichtigkeit.

Bei den Schlussfolgerungen des Europäischen Rates von **Barcelona** (15.-16.3.2002) wurde auf die zentrale Rolle der Europäischen Union im Stabilisierungs-, Aussöhnungs- und Wiederaufbauprozess in Mazedonien verwiesen. Die EU erklärt sich deshalb bereit, Verantwortung für eine Operation zu übernehmen, die an den NATO-Einsatz in Mazedonien[438] (*Operation **Amber Fox** bzw. Operation **Allied Harmony***) anschließt, wobei der Abschluss von Dauervereinbarungen zwischen der NATO und der EU (*„Berlin-Plus“*) bis dahin erzielt werden muss.[439] Am 16.12.2002 haben schließlich EU und NATO den politischen Rahmen für Dauervereinbarungen zur Durchführung von Kriseneinsätzen ge-

---

437 Schlussbericht der Gruppe VIII „Verteidigung“ an den Konvent, Europäischer Konvent, 16.12.2002, Punkt 51.

438 Anfang März 2003 waren im Rahmen dieser NATO-Mission 1.000 Soldaten in Mazedonien im Einsatz.

439 Schlussfolgerungen des Vorsitzes, Europäischer Rat (Barcelona), 15. und 16.3. 2002, Punkt 61.

schaffen, nachdem Griechenland die Blockade gegen die Türkei aufgegeben hat und der Türkei auf dem Gipfel des Europäischen Rates von Kopenhagen (12.-13.12.2002) versprochen wurde, *„ohne Verzögerung“* Beitrittsgespräche mit Ankara aufzunehmen.[440] Zuvor soll die EU im Dezember 2004 überprüfen, ob die Türkei in der Lage ist, den Voraussetzungen für Aufnahmegespräche in die EU zu entsprechen.

Der Europäische Rat von **Kopenhagen** (12.-13.12.2002) hatte sich auch für die Übernahme des SFOR-Kriseneinsatzes in Bosnien-Herzegowina von der NATO ausgesprochen. Am 4.10.2003 einigten sich die EU-Verteidigungsminister auf ihrem informellen Treffen in Rom, ab Mitte 2004 die Bosnien-Mission mit 6.000 Soldaten unter britischem Kommando zu übernehmen.[441] Erstmals erfolgte vom 31.3.-15.12.2003 die **Leitung einer Militäroperation durch** die **EU** (EUFOR *„Concordia“*) – unter deutsch-französischem Kommando -, als in **Mazedonien** die NATO die Operation *„Allied Harmony“* als Nachfolge der Operation *„Amber Fox“* beendet hatte. Dieser Einsatz wurde durch die NATO unterstützt. Im Rahmen des Justiz- und Innenministertreffens der EU in Luxemburg ist am 5.6.2003 die nächste EU-Militäroperation (*„Artemis“*)[442] – mit UNO-Mandat[443] unter französischem Kommando - beschlossen worden. An die 1.500 EU-Soldaten waren in den Nordosten der Demokratischen Republik **Kongo** (Bunia, Region Ituri) verlegt worden, um interethnische Massaker und kriegerische Auseinandersetzungen zu verhindern. Es handelte sich dabei für die EU um den ersten Militäreinsatz ohne Unterstützung durch die NATO oder einer anderen Organisation, jedoch in Abstimmung mit der Mission der Vereinten Nationen in der Demokratischen Republik Kongo (MONUC). Am 1.9.2003 wurde der Friedenseinsatz von der *Brigade Ituri* – gebildet von Soldaten aus Bangladesch, Indien, Indonesien, Pakistan und Uruguay – unter der Ägide von MONUC übernommen.

Die GASP ist zum Teil noch nicht ausgereift. Sie befand sich mehrmals in einer Krise, vor allem wenn es um den Umgang mit dem Regime von **Saddam Hussein** in Bagdad ging. So löste die Frage um eine Intervention von amerikanischen und britischen Truppen zur völligen Abrüstung und Entmachtung des Regimes von Saddam Hussein die bisher schwerste Krise in der EU und auch in der NATO aus: Staaten wie Dänemark, Italien, die Niederlande, Portugal und Spani-

---

440 Schlussfolgerungen des Vorsitzes, Europäischer Rat (Kopenhagen), 12. und 13.12. 2002, Punkt 18.

441 Am 2.12.2003 entschieden die NATO-Verteidigungsminister, bis Juni 2004 die Stärke der NATO-geführten Friedenstruppen von 11.900 auf ca. 7.000 Soldaten zu reduzieren.

442 Gemäß der Gemeinsamen Aktion des Rates vom 5.6.2003.

443 Basierend auf der UNO-Sicherheitsratsresolution 1484 vom 30.5.2003.

en unterstützten die Vorgehensweise der amerikanischen und britischen Regierung im Krieg gegen den Irak, als Kriegsgegner bekannten sich die Regierungen Belgiens, Deutschlands, Frankreichs, Luxemburgs und Schwedens. Im *Statement on Iraq* vom 20.3.2003 kam keine diesbezügliche Einigung auf, die Staats- und Regierungschefs der EU einigten sich lediglich in der gemeinsamen „*Hoffnung, dass dieser Konflikt mit einem Minimum an Verlusten von Menschenleben und des Leidens*“[444] rasch beendet wird. Die gemeinsame Position äußerte sich in der Beibehaltung der territorialen Integrität und Souveränität des Irak. Die Staats- und Regierungschefs waren ferner der Meinung, dass die Vereinten Nationen weiterhin „*eine zentrale Rolle während und nach der Krise spielen muss*“.[445]

Die Krise und Meinungsverschiedenheiten um die Abrüstung des Regimes von Saddam Hussein äußerte sich nicht nur in der Spaltung der EU-Mitgliedern in Kriegsbefürworter und Kriegsgegner: Am 29.4.2003 trafen sich in Brüssel die Irak-Kriegsgegner Deutschland, Frankreich, Belgien und Luxemburg („*die Vier*“) zu einem Gipfel mit dem Ziel, den Ausbau europäischer Kapazitäten im Bereich Verteidigung zu beschleunigen. Dieser Ausbau soll die Schaffung von EU-Kommandostrukturen beinhalten, darunter ein EU-Generalstab in Tervuren bei Brüssel, der der EU ohne Rückgriff auf Mittel der NATO zur Verfügung steht. Geplant wurde auch die Schaffung eines strategischen Lufttransportkommandos für EU- und NATO-Einsätze bis Juni 2004, einer gemeinsamen ABC-Abwehrtruppe sowie eines Systems humanitärer Sofortmaßnahmen auf Basis ziviler und militärischer Mittel, das innerhalb von 24 Stunden Hilfe vor Ort leisten soll. Die 60.000 Soldaten der EU-Eingreiftruppe sollten demnach einen reinen EU-Kern erhalten. Der Nukleus dieser Truppe würde auf dem in Straßburg eingerichteten ***Eurocorps*** basieren, das wiederum auch den Kern für die ***NATO Response Force*** bilden sollte. Frankreichs Präsident Jacques Chirac und Deutschlands Bundeskanzler Gerhard Schröder betonten, eine derartige Initiative bedeute keine Konkurrenz zur NATO. Den Plänen der Vier standen – im Gegensatz zur damaligen griechischen EU-Präsidentschaft - die Regierungen Großbritanniens, Italiens, der Niederlande und Spaniens sehr skeptisch bzw. ablehnend gegenüber, sie befürchteten dadurch eine „*Entmachtung der NATO*“.[446] Ohne „*unnötige Duplizierung*“ zur NATO soll nach Vorstellungen des britischen Verteidigungsministers Geoff Hoon eine militärisch effizientere ESVP aufgebaut werden. Die ESVP soll vor allem die EU-Staaten ermutigen, ihre Militärkapazitäten zu verbessern, so Hoon: „*But the UK does not, and will not, accept that the*

444 Statement on Iraq, Europäischer Rat, Brüssel, 20.3.2003.

445 Ebd.

446 Andreas Schnauder, Sieben Schritte zu Verteidigungsunion, Die Presse, 30.4.2003, 9. und ders., Militär-Union der Vier spaltet Europa, Die Presse, 2.5.2003, 8.

ESDP has a role in, or the capacity to provide, common defence."[447] Die Staats- und Regierungschefs der Vier würden künftig alle EU-Mitglieder zur Beteiligung an einer solchen **Europäischen Sicherheits- und Verteidigungsunion** einladen, „*notfalls werde man das Konzept aber auch alleine durchziehen*".[448] Monate später gab der italienische EU-Ratsvorsitz – Außenminister Franco Frattini – zu verstehen, dass die GASP bzw. die ESVP eng mit der NATO verknüpft sei, so existiert die europäische Sicherheit nur „*im Zusammenhang mit der atlantischen Sicherheitskoordination.*"[449] Der amerikanische Botschafter zur NATO, Nicholas Burns, sah im Fall eines Wettstreits zwischen der EU und der NATO „*ein großes Problem: Schlecht für die USA, schlecht für die EU und schlecht für Österreich.*"[450] Beim informellen EU-Verteidigungsministertreffen in Rom hat sich am 3.10.2003 vorläufig gezeigt, dass der Vorschlag, ein EU-Hauptquartier zu schaffen, kaum noch verfolgt wird. „*Mr. GASP*" Javier Solana appellierte, stattdessen die bestehenden zahlreichen Hauptquartiere innerhalb der EU-Mitgliedstaaten heranzuziehen.

Gerade eine **verstärkte Zusammenarbeit** im Bereich Sicherheit und Verteidigung wurde auf dem EU-Gipfel der Staats- und Regierungschefs in Nizza (Dezember 2000) abgelehnt. Gemäß dem Verfassungsentwurf des Europäischen Konvents soll eine „*engere Zusammenarbeit auf dem Gebiet der gegenseitigen Verteidigung*" (Art. III-214 (1)) möglich werden. Alle EU-Mitgliedstaaten sollen sich daran beteiligen können. Die Verteidigungsinitiative der Vier sollte – so haben sich zuvor die EU-Außenminister am 3.5.2003 bei ihrem informellen Treffen auf der griechischen Insel Kastelorizo geeinigt - in den EU-Reformkonvent eingebracht werden und allen Partnern offen stehen. Bei diesem EU-Außenministertreffen wurde „***Mr. GASP***" Javier Solana gebeten, bis zum EU-Ratsgipfel in Thessaloniki (19.-21.6.2003) Vorschläge für eine **EU-Sicherheitsstrategie** auszuarbeiten, die vor allem unterstreichen, dass die EU „*wieder Partner der USA werde oder bleibe*", so Deutschlands Außenminister Joschka Fischer[451]. Ausgangspunkt einer derartigen Strategie ist eine gemeinsame Analyse der Bedrohungen, die von Massenvernichtungswaffen, Terroris-

---

447 Interview mit Geoff Hoon mit der französischen Wirtschaftszeitung *La Tribune*, 3.4.2003.

448 Andreas Schnauder, Sieben Schritte zu Verteidigungsunion, Die Presse, 30.4.2003, 9.

449 Interview mit Italiens Außenminister Franco Frattini über die Prioritäten der italienischen EU-Präsidentschaft, 28.8.2003, http://www.ueitalia2003.it/EN/LaPresidenzaInforma/Documenti

450 Anneliese Rohrer, „Dann haben wir ein großes Problem", Interview mit Nicholas Burns, seit August 2001 amerikanischer Botschafter bei der NATO, während des Europäischen Forums Alpbach, in: Die Presse, 29.8.2003, 8.

451 EU der 25 ringt um gemeinsame Verteidigung, Die Presse, 5.5.2003, 4.

mus, regionalen Konflikten, sogenannten *„gescheiterten Staaten“* (*„**failed states**“*) oder Flüchtlingsströmen ausgehen. Dadurch werden die Staaten der Union in die Lage versetzt, auch im Sinne eines präventiven Engagements gegen Bedrohungen vorzugehen. Dieses präventive Handeln soll vor allem diplomatisch und im Ausbau der militärisch-polizeilichen Zusammenarbeit – auch in Kooperation mit den betroffenen Staaten - erfolgen, militärische Aktionen sind ausschließlich als äußerstes Mittel und nur seitens der UNO mandatiert geplant. Zudem sollte die EU-25, deren Mitgliedstaaten zusammen mehr als 160 Mrd. Euro für die Verteidigung aufwenden, in der Lage sein, mehrere Operationen zur selben Zeit durchzuführen: *„Die Union könnte einen besonderen Mehrwert erzielen, indem sie Operationen durchführt, bei denen sowohl militärische als auch zivile Fähigkeiten zum Einsatz gelangen.“*[452]

Ein Bericht samt **Aktionsplan zur Krisenbewältigung mit nichtmilitärischen Mitteln** wurde während des Gipfels des Europäischen Rates in Helsinki im Dezember 1999 verabschiedet. Während neben dem **Politischen** und **Sicherheitspolitischen Komitee** (PSK) auch ein **Militärausschuss** und ein **Militärstab** beschlossen wurde, blieb die vor allem auf schwedischer Initiative geforderte Einrichtung eines Ausschusses für nichtmilitärische Krisenbewältigung wegen der Ablehung einiger Mitgliedstaaten und auch der Europäischen Kommission zunächst aus – u.a. mit dem Argument mit der Alleinzuständigkeit der Kommission für humanitäre Hilfe über das entsprechende Amt „**ECHO – *European Community Humanitarian Office***“. Erst mit Beschluss des Rates vom 22.5.2000 kam es zur Einrichtung des *„**Ausschusses für nichtmilitärische Aspekte der Krisenbewältigung**“*. Dieser Ausschuss fungiert als Ratsarbeitsgruppe und berichtet dem Ausschuss der Ständigen Vertreter, informiert das PSK, unterbreitet Empfehlungen und berät es. Die Union hat ferner beschlossen, die zivilen Aspekte der Krisenbewältigung in vier prioritäre Bereiche, die der Europäische Rat auf seiner Tagung 2000 in Santa Maria da **Feira** (Portugal) festgelegt hat, auszubauen: Polizei, Stärkung der Rechtsstaatlichkeit, Stärkung der Zivilverwaltung und Bevölkerungsschutz. Es finden Arbeiten statt, um die im Polizeibereich festgesetzten Ziele (Bereitstellung von 5.000 Polizisten für internationale Missionen ab 1.1.2004; hiervon sollten 1.000 Polizisten binnen 30 Tagen verlegbar sein) und spezifische Ziele im Zusammenhang mit der Stärkung der Rechtsstaatlichkeit festzulegen. Auf dem Gipfel des Europäischen Rates von **Göteborg** (15.-16.6.2001) wurde die Bereitstellung von weiteren 200 Experten im Rechtsstaatsbereich (Richter, Staatsanwälte, Strafvollzugsbeamte), die Bildung eines Personalpools von Zivilverwaltungsexperten und die Entsendung von kurzfristig ein-

452 Aus: Europäische Sicherheitsstrategie vom 12.12.2003, Kapitel „Auswirkungen auf die europäische Politik“.

berufenen Katastrophenschutzteams von bis zu 2.000 Personen beschlossen. Österreich stellt 110 Polizisten, drei Richter bzw. Staatsanwälte sowie zwei Justizwachebeamte zur Verfügung.

Anlässlich des Treffens des „*Weimarer Dreiecks*" hatte am 28.9.2003 Frankreichs Verteidgungsministerin Michèle Alliot-Marie ihrem deutschen und polnischen Amtskollegen die Schaffung einer EU-Sondertruppe nach dem Vorbild der französischen Gendarmerie, der spanischen Guardia Civil und der italienischen Carabinieri vorgeschlagen. Diese Einheiten könnten in Gebieten eingesetzt werden, die sich im Übergang von einer militärischen zu einer zivilen Verwaltung befinden – wie in den Nachfolgestaaten des ehemaligen Jugoslawiens.[453]

Ende Juli 2002 erhielt der britische Premierminister Tony Blair vom belgischen Regierungschef Guy Verhofstadt einen Brief, in dem Verhofstadt eine substantielle, auch kollektive Dimension einschließende Weiterentwicklung der ESVP dringend gefordert hatte.[454] Die Diskussion stand auch im Rahmen des **Europäischen Konvents** zur Schaffung einer EU-Verfassung mit dem deutsch-französischen Vorschlag vom 22.11.2002, eine **Beistandspflicht** in den EU-Vertrag einzuführen. Die britische Regierung unter Tony Blair lehnte diesen Vorschlag zu diesem Zeitpunkt vehement ab mit dem Hinweis, die NATO verfüge bereits über eine Beistandspflicht in Artikel 5 des NATO-Gründungsvertrags.

Der Kompromiss zwischen den EU-Mitgliedern wurde von der Arbeitsgruppe VIII „Verteidigung" für den Europäischen Konvent im Schlussbericht vom 16.12.2002 ausgearbeitet, der in Punkt 57 die Einführung einer **Solidaritätsklausel** beinhaltet. „*... Gemäß dieser Klausel könnten für Maßnahmen im Gebiet der Union, die insbesondere dazu dienen, terroristische Anschläge zu verhindern, die Zivilbevölkerung und die demokratischen Institutionen zu schützen und einen Mitgliedstaat auf dessen Hoheitsgebiet gegebenenfalls bei der Bewältigung der Folgen eines terroristischen Anschlags zu unterstützen, sämtliche der Union zur Verfügung stehende Instrumente mobilisiert werden...* "[455] In Punkt 58 des Berichts wird festgehalten, dass diese Klausel keineswegs als „*kollektive Verteidigungsklausel, die zum militärischen Beistand verpflichtet*", verstanden werden soll: „*Sie würde bei Bedrohungen durch nichtstaatliche Einheiten zur Anwendung gelangen.*" [456] Im **Verfassungskonvent** einigte man sich Ende Mai 2003 auf folgenden Wortlaut in Art. III-231 (2): „*Wird ein Mitgliedstaat von ei-*

453 Paris schlägt EU-Gendarmerie vor, Frankfurter Allgemeine Zeitung, 29.9.2003, 6.

454 Wolfgang Wosolsobe, Zum Stand der Europäischen Sicherheits- und Verteidigungspolitik, in: Truppendienst 5/2002, 461.

455 Schlussbericht der Gruppe VIII „Verteidigung" an den Konvent, Europäischer Konvent, 16.12.2002, Punkt 57.

456 Ebd., Punkt 58.

nem ***Terroranschlag*** *oder einer* ***Katastrophe natürlichen oder menschlichen Ursprungs*** *betroffen, so leisten die anderen Mitgliedstaaten ihm auf Anforderung seiner politischen Organe Unterstützung. Zu diesem Zweck sprechen die Mitgliedstaaten sich im Ministerrat ab.*“ Dazu mobilisiert die Union „*alle ihr zur Verfügung stehenden Mittel, einschließlich der ihr von den Mitgliedstaaten bereitgestellten militärischen Mittel*“ (Art. 42 (1)). Um aber ein effizientes Tätigwerden der Union gewährleisten zu können, „*nimmt der Europäische Rat regelmäßig eine Einschätzung der Bedrohungen vor, denen die Union ausgesetzt ist*“, so Art. III-231 (4).

Die EU-Staaten konnten sich zu diesem Zeitpunkt noch nicht auf einen **Beistandsartikel** für die Europäische Verfassung einigen, viele Mitgliedstaaten lehnten die Einführung aufgrund ihres blockfreien Status oder als NATO-Mitglieder mit dem Argument ab, dass die kollektive Sicherheit in Europa sowieso durch die NATO garantiert sei. Die am 28.2.2003 angelobte österreichische Bundesregierung (Kabinett Schüssel II) strebte jedoch im Sinne der Weiterentwicklung der ESVP im Regierungsprogramm weiterhin eine aktive „*Mitwirkung und Mitarbeit Österreichs an einer zukünftigen Beistandsgarantie im Rahmen der Europäischen Union*“[457] an.

Im **Verfassungsentwurf** des Europäischen Konvents konnte man sich diesbezüglich im Juli 2003 auf folgenden Wortlaut in Art. III-214 (2) einigen – im Hinblick auf eine engere Kooperation im Bereich der gegenseitigen Verteidigung gemäß Art. 40 (7), an der sich alle EU-Mitgliedstaaten beteiligen können: „*Ein an dieser Zusammenarbeit beteiligter Mitgliedstaat, der einem bewaffneten Angriff auf sein Hoheitsgebiet ausgesetzt ist, setzt die anderen beteiligten Mitgliedstaaten von der Lage in Kenntnis und kann sie um Hilfe und Unterstützung ersuchen. Die beteiligten Mitgliedstaaten treten zu Beratungen auf Ministerebene zusammen, wobei sie von ihren jeweiligen Vertretern im Politischen und Sicherheitspolitischen Komitee sowie im Militärausschuss unterstützt werden.*“

Während des EU-Außenministergipfels von Neapel am 28.11.2003 befürwortete überraschend Großbritannien die Einführung einer militärischen Beistandspflicht in der EU, die sich *de facto* auf NATO-Mittel stützt (*Kompromiss von Neapel*). Zudem schlugen Großbritannien gemeinsam mit Deutschland und Frankreich vor, eine von der NATO unabhängige Planungs- und Kommandozelle einzurichten, auch die EU-Militärplanungsgruppe in der NATO soll zu einer ständigen Einrichtung werden. Bis zum Jahr 2007 soll nach diesen Vorschlägen der Aufbau einer schnellen Eingreiftruppe mit 1.500 Soldaten Realität werden. Die USA akzeptierten diese Vorschläge, jedoch nur wenn die neuen EU-

457 Regierungsprogramm der Österreichischen Bundesregierung für die XXII. Gesetzgebungsperiode, Punkt 3 „Äußere Sicherheit und Landesverteidigung“, 5.

Kapazitäten klein seien und sich auf Einsätze bezögen, die die NATO nicht übernehmen wolle oder könne. Der Streit innerhalb der NATO über die Einführung autonomer EU-Verteidigungsstrukturen war mit 11.12.2003 beigelegt.[458]

Der in Neapel vorgeschlagenen Einführung einer militärischen EU-Beistandspflicht standen wiederum die sogenannten neutralen und bündnisfreien Staaten der Union – Finnland, Irland, Österreich und Schweden - ablehnend gegenüber, eine militärische Beistandspflicht hätte z.B. in Österreich das Ende der verfassungsrechtlichen Neutralität bedeutet. Daraufhin legte die italienische EU-Ratspräsidentschaft – aufbauend auf den britisch-deutsch-französischen Vorschlag - folgenden Kompromisstext vor: „*Wird ein Mitgliedstaat Opfer einer bewaffneten Aggression, müssen ihm die anderen Mitgliedstaaten zu Hilfe kommen und ihn unterstützen, mit allen in ihrer Macht stehenden Mitteln in Übereinstimmung mit dem Art. 51 der UN-Charta.*" Neu hinzugefügt wurde der Satz: „*Das berührt nicht den spezifischen Charakter der Sicherheits- und Verteidigungspolitik bestimmter Mitgliedstaaten.*" Die Neutralität oder verfassungsrechtliche Vorbehalte waren nicht weiter erwähnt.[459]

Russland unterstüzt alle Maßnahmen der Europäischen Union, die auf eine größere Selbständigkeit gegenüber den USA gerichtet sind. Die russische Führung erhofft sich dadurch die Stärkung seines eigenen Einflusses in Europa. Die Moskauer „*Strategie zur Entwicklung der Beziehungen der Russländischen Föderation mit der Europäischen Union in mittelfristiger Perspektive (2000-2010)*" vom 3.6.2000 spricht sich für ein „*europaweites System der kollektiven Sicherheit*" aus und beschreibt die russische Zusammenarbeit mit der EU im Sicherheitsbereich als Mittel gegen einen „*NATO-Zentrismus*".[460] Ein Abzug der amerikanischen Streitkräfte aus Europa – so unrealistisch dieser derzeit auch sein mag – bleibt nach wie vor wichtiges Fernziel der russischen Politik. Die Skepsis gegenüber den USA wird zu einem nicht unerheblichen Teil von Frankreich geteilt, das wiederum in Russland traditionell eine „*gute Presse*" hat. Am 8.7.2002 wurde die Schaffung eines russisch-französischen Kooperationsrates für Sicherheitsfragen unter dem Vorsitz der Außen- und Verteidigungsminister der beiden Länder vereinbart.[461]

---

458 NATO akzeptiert EU-Pläne, Die Presse, 12.12.2003, 6.

459 Aus: Schüssel lobt Italiens Vorschlag. Platter: „Maximum an Beistandspflicht", Die Presse, 11.12.2003, 5.

460 Martin Malek, Aktuelle Aspekte der Außenpolitik Russlands, Strategische Analysen, Oktober 2002, Landesverteidigungsakademie Wien.

461 Ebd.

Im Hinblick auf die Terrorattacken vom 11.9.2001 wurde auf dem EU-Gipfel von **Laeken** (14.-15.12.2001) vorgeschlagen, **Terrorismus**bekämpfung und die Möglichkeit von Einsätzen – im Rahmen von Petersberg-Aufgaben – auch außerhalb der EU auszudehnen. Gemäß den Schlussfolgerungen von Laeken hat sich der Europäische Rat „*verpflichtet, sich an den Bemühungen der internationalen Gemeinschaft zu beteiligen, die darauf abzielen, die Stabilität in Afghanistan auf der Grundlage der Ergebnisse der Bonner Konferenz und der einschlägigen Resolutionen des Sicherheitsrates der Vereinten Nationen wiederherzustellen.*" Was die Stationierung der Internationalen Schutztruppe für Afghanistan (**ISAF**) betrifft, überprüfen die EU-Mitgliedstaaten, „*welchen Beitrag sie zu dieser Schutztruppe leisten werden. Mit ihrer Beteiligung an dieser Truppe werden die Mitgliedstaaten der Union ein klares Signal für ihren Willen setzen, ihrer Verantwortung bei der Krisenbewältigung besser zu entsprechen und so zur Stabilisierung in Afghanistan beizutragen*". Die Europäische Union hatte Klaus Peter Klaiber zum Sonderbeauftragten für Afghanistan ernannt, der dem **Hohen Vertreter für die GASP**, Javier Solana, unterstellt ist. Die EU ist mittlerweile der Hauptfinanzgeber Afghanistans, um u.a. das menschliche Leid zu mildern und die Rückführung der Flüchtlinge zu organisieren. Für den Wiederaufbau und die humanitäre Hilfe in Afghanistan wird die EU bis 2007 insgesamt eine Milliarde Euro zur Verfügung stellen.

Ein **Aktionsplan zur Terrorismusbekämpfung** wurde von den Staats- und Regierungschefs am 21.9.2001 auf der Grundlage der UNO-Resolution 1368 (2001) beschlossen. Die EU ruft demnach zu einer möglichst umfassenden globalen **Koalition gegen den Terrorismus** unter der Ägide der Vereinten Nationen auf. Neben der EU und den USA muss diese Koalition zumindest auch die beitrittswilligen Länder, Russland, „*unsere arabischen und moslemischen Partner sowie alle anderen Länder umfassen, die bereit sind, unsere gemeinsamen Werte zu verteidigen*". Im Sinne seiner Schlussfolgerungen von **Tampere** 1999 erklärt sich der Europäische Rat damit einverstanden, dass ein europäischer Haftbefehl eingeführt und eine gemeinsame Definition des Begriffs Terrorismus und der terroristischen Strafttatbestände angenommen wird. Der **europäische Haftbefehl** soll das derzeitige System der Auslieferung zwischen den Mitgliedstaaten ersetzen. Weitere Maßnahmen betreffen die Einführung von gemeinsamen Untersuchungsteams von Polizei und Magistrate innerhalb der EU, die Schaffung einer Antiterror-Spezialtruppe innerhalb des ***Europol*** sowie die Etablierung von *Eurojust* – der Koordinationsstelle von Magistraten und Polizisten. Ein Kooperationsabkommen zwischen *Europol* und den relevanten amerikanischen Institutionen wurde am 6.12.2001 unterzeichnet. Ein zweites Abkommen betrifft den Austausch von Personaldaten.

In diesem Zusammenhang sollen Listen terroristischer Organisationen, Personen, Gruppierungen und Einrichtungen erstellt, die Zusammenarbeit zwischen den für die Terrorismusbekämpfung zuständigen Dienststellen koordiniert sowie die Vorschriften über das Einfrieren von Vermögensgegenständen, die aufgrund der UNO-Sicherheitsratsresolution 1373 vom 28.9.2001 verabschiedet wurden, vollzogen werden. Mit dieser Resolution wird auch den Staaten die Unterbindung von Waffenlieferungen an Terroristen auferlegt. Seit 5.3.2003 gilt ein Abkommen zwischen der Europäischen Union und den USA, dass europäische Fluggesellschaften, die nach oder über die USA fliegen, verpflichtet, zuvor die Buchungsdaten der Passagiere den amerikanischen Einwanderungsbehörden zugänglich zu machen. Mittels der Daten der Einreisenden sollen leichter verdächtige Personen ausfindig gemacht werden. Die USA waren im Jahr 2002 an Airlines herangetreten, diese Daten bekanntzugeben. Die Datenschutzgesetze sind in Europa strenger, deshalb weigerten sich einige Länder, die USA in diesem Vorhaben zu unterstützen. Am 17.12. 2003 kam eine Einigung zwischen der Europäischen Kommission und den USA wie folgt zustande: Die Zahl der von Washington angefragten Daten wurde von 39 auf 34 reduziert, die USA sind nun zur Löschung der Daten nach dreieinhalb Jahren anstatt – wie zunächst vorgesehen – nach 50 Jahren bereit. Zudem hatten die USA zugestimmt, alle sensiblen Daten, wie etwa über den Gesundheitszustand von Passagieren, sofort zu vernichten. Außerdem sollen die Daten nur für den Kampf gegen den Terror und damit zusammenhängende Straftaten genutzt werden und nicht – wie ursprünglich geplant – auch gegen alle anderen Arten von Kriminalität. Auf die Daten selbst hat in den USA ausschließlich das Heimatschutzministerium Zugriff.[462]

Die **Europäische Agentur für den Katastrophenschutz** bildet den Rahmen für die Kooperation zur Verbesserung der Zusammenarbeit der EU-Mitgliedstaaten hinsichtlich der Gefahren der Verwendung von biologischen und chemischen Mitteln.

In den Schlussfolgerungen des Europäischen Rates von **Sevilla** (21.-22.6. 2002) wurde in Anlage V eine Deklaration verabschiedet, die den Beitrag der GASP – einschließlich der ESVP – im **Kampf gegen den Terrorismus** unterstreicht. Darin wird betont, dass der Kampf gegen den Terrorismus in der EU-Außenpolitik eines der wichtigsten Ziele der EU darstelle. Die EU werde dafür die engst mögliche Koordination mit den USA und auch mit anderen Partnern, Drittländern und internationalen Organisationen wie UNO, NATO und OSZE

---

462 Aus: Einigung über Weitergabe von Passagierdaten, Die Presse, 18.12.2003, 12.

fortsetzen. Als Beitrag im Kampf gegen den Terrorismus sieht die EU ihre erstmalige Entscheidung, eine Krisenmanagement-Operation – die ***EU Police Mission in Bosnia and Herzegovina*** **(EUPM)** – durchzuführen. Ziel der EUPM ist es, diese Region zu stabilisieren, die örtlichen Polizeikräfte bei der Umsetzung von Recht und Gesetz zu unterstützen und auch die Etablierung von bzw. die Bildung terroristischer Organisationen zu verhindern.

Vor dem Hintergrund der terroristischen Anschläge von Saudi-Arabien und Marokko Mitte Mai 2003[463] haben sich die Innenminister von fünf EU-Staaten – Deutschland, Frankreich, Großbritannien, Italien und Spanien - am 18.5.2003 in Jerez de la Frontera auf eine **engere Zusammenarbeit bei der Terrorismusbekämpfung** geeinigt. Diese Kooperation beinhaltet u.a. regelmäßige Konsultationen alle drei Monate. Eine fünfköpfige Expertengruppe soll die Treffen koordinieren. Die Minister vereinbarten auch eine engere Zusammenarbeit in Fragen der Einwanderung.

Braucht Europa eine Gemeinsame Außen- und Sicherheitspolitik?

Seit den fünfziger Jahren haben die Europäischen Gemeinschaften starke wirtschaftliche Bindungen zwischen ihren Mitgliedstaaten und mit den übrigen Ländern der Welt aufgebaut. Auf die Fortschritte im wirtschaftlichen Bereich – Schaffung eines großen Binnenmarktes, einheitliche Währung, Aufbau von Handelsbeziehungen zu zahlreichen Regionen in der Welt – folgte jedoch keine politische Rolle gleichen Zuschnitts.

Die Europäische Gemeinschaft und ihre Mitgliedstaaten (als EU-15 6% der Weltbevölkerung) stellten im Jahr 1999 mehr als die Hälfte der Mittel für die internationale Entwicklungshilfe und mehr als 50% der humanitären Hilfe weltweit bereit. Sie finanzieren laut *Agenda 2000* ein Drittel der weltweiten Hilfe für den Nahen Osten (50% für die palästinensischen Gebiete), nahezu 60% der Hilfe für Russland und für die Republiken der ehemaligen Sowjetunion, 40% der Wiederaufbauleistung in Bosnien-Herzegowina, 40% der UNO-Ausgaben für friedenserhaltende Maßnahmen und 36% des regulären UNO-Budgets. Diese umfangreiche Hilfe lässt sich um eine politische Komponente ergänzen: Der Beitrag zur Wahrung des Friedens auf internationaler Ebene („***Friedensdividende***"), Förderung der Zusammenarbeit, der Demokratie und Menschenrechte. In der Europäischen Sicherheitstrategie „*Ein sicheres Europa in einer besseren*

463 Am 12.5.2003 durchbrachen Attentäter mit Autos, vollbepackt mit Sprengstoff, Absperrungen vor einem von westlichen Ausländern bewohnten Viertel in Riad, bei drei Explosionen fanden 34 Menschen den Tod. Vier Tage später verursachten Selbstmordattentäter in Casablanca fünf Explosionen, über 40 Menschen starben.

Welt", die am 12.12.2003 anläßlich des Europäischen Rates von Brüssel unter italienischer Präsidentschaft verabschiedet wurde, heißt es dazu in der Einleitung: „*Als Zusammenschluss von 25 Staaten mit über 450 Millionen Einwohnern, die ein Viertel des Bruttosozialprodukts (BSP) weltweit erwirtschaften, ist die Europäische Union, der zudem ein umfangreiches Instrumentarium zur Verfügung steht, zwangsläufig ein globaler Akteur geworden. Im vergangenen Jahrzehnt sind europäische Streitkräfte in so entfernten Ländern wie Afghanistan, Osttimor und der DRK* (Anmerkung: Demokratische Republik Kongo) *eingesetzt worden. Die zunehmende Konvergenz europäischer Interessen und die Stärkung der gegenseitigen Solidarität haben die EU zu einem glaubwürdigeren und handlungsstarken Akteur werden lassen. Europa muss daher bereit sein, Verantwortung für die globale Sicherheit und für eine bessere Welt mit zu tragen.*"

Die Schaffung einer GASP hat natürlich nicht bewirkt, dass die einzelnen Mitgliedstaaten keine eigene Außenpolitik mehr führen. Dies ist auch nicht Ziel der GASP. Die GASP soll auch den Verteidigungssystemen der einzelnen Staaten nicht entgegenstehen. Bedeutend ist aber, dass die Mitgliedstaaten in internationalen Gremien die Möglichkeit haben, ihre Standpunkte aufeinander abzustimmen und in internationalen Gremien mit einer einzigen Stimme zu sprechen, wenn sie es wünschen. Ein gemeinsames Handeln wird dadurch ermöglicht. Ein regionaler Zusammenschluss, der dazu fähig ist, könnte Gewicht auf internationaler Bühne erwerben.

Ziel der GASP ist es, die Interessen der Union außen- und sicherheitspolitisch zu vertreten und ihre Interessen, Unabhängigkeit und Sicherheit zu verteidigen. Innerhalb der GASP soll die Union imstande sein, unterschiedliche Bedrohungen – wie z.B. die Verbreitung von Massenvernichtungswaffen, den illegalen Waffenhandel, den Schmuggel von Kernmaterial, religiösen Fundamentalismus und politischen Extremismus abzuwehren sowie Konflikten wirksam entgegenzutreten. Eine gemeinsame Außen- und Sicherheitspolitik verstärkt die Glaubwürdigkeit, gemeinsam Konflikte lösen zu können bzw. Konflikte in ihrem Keim einzudämmen.

Die Akteure der GASP

Der Europäische Rat

Im **Europäischen Rat** treten die Staats- und Regierungschefs der Mitgliedstaaten sowie der Präsident der Europäischen Kommission zusammen. Die Mitglieder des Europäischen Rates werden begleitet von den Außenministern und dem für Außenbeziehungen zuständigen Kommissionsmitglied. Der Europäische Rat der Staats- und Regierungschefs, dessen Gastgeber jeweils der Staat ist, der im

Rat den Vorsitz innehat, bestimmt die Akzente des politischen Lebens und die Entwicklung der EU. Mindestens zweimal jährlich (meist im Juni und Dezember) tritt der Europäische Rat zusammen.

Im Bereich der **GASP** steht der Europäische Rat an vorderster Stelle, denn er bestimmt deren Grundsätze und allgemeine Leitlinien, und zwar auch bei Fragen mit verteidigungspolitischen Bezügen. Ferner obliegt es dem Europäischen Rat unter Vorgabe von Leitlinien für die Entwicklung der Union, die Kohärenz der GASP mit den Gemeinschaftspolitiken – insbesondere den Außenwirtschaftsbeziehungen und der Politik der Entwicklungszusammenarbeit -, die unter der Verantwortung der Kommission verfolgt werden, sicherzustellen.

Im **Vertrag von Amsterdam** war festgelegt, dass der Europäische Rat gemeinsame Strategien beschließt, die von der Union in Bereichen, in denen bedeutende gemeinsame Interessen der Mitglieder bestehen, durchzuführen sind. Auf der Tagung des **Europäischen Rates** in **Köln** am 3. und 4.6.1999 wurde eine derartige **gemeinsame Strategie** für die Beziehungen zwischen der EU und Russland beschlossen. Auf der Grundlage dieser gemeinsamen Strategien kann der Rat mit qualifizierter Mehrheit Beschlüsse, **gemeinsame Aktionen** oder **gemeinsame Standpunkte** verabschieden. Will ein Mitglied des Rates einen dieser Beschlüsse aus wichtigen Gründen der nationalen Politik ablehnen, so kann der Rat die Frage an den Europäischen Rat verweisen. Letzterer entscheidet dann, wiederum in seiner Rolle als „Schlichtungsinstanz", einstimmig über die Frage.

Der Rat der Europäischen Union

Der Rat der Europäischen Union setzt sich aus Vertretern aller Mitgliedstaaten auf Ministerebene zusammen. GASP-Fragen werden von den Außenministern behandelt, die im **Rat *„Allgemeine Angelegenheiten*"** zusammentreten. Informell treten die Verteidigungsminister im Bereich der Europäischen Sicherheits- und Verteidigungspolitik (ESVP) zusammen.

Es ist Sache des Rates, die für die Festlegung und Durchführung der GASP erforderlichen Entscheidungen auf der Grundlage der vom Europäischen Rat festgelegten allgemeinen Leitlinien zu treffen. Der Rat hat für ein einheitliches, kohärentes und wirksames Vorgehen der Union Sorge zu tragen. Aufgrund des EU-Vertrags hat der Rat dem Europäischen Rat **gemeinsame Strategien** zu empfehlen und diese durchzuführen, indem er insbesondere **gemeinsame Aktionen** und **gemeinsame Standpunkte** annimmt. Mit dem **Vertrag von Amsterdam** 1997 wurde mit Artikel 24 eine neue Kompetenz des Rates geschaffen: Der **Rat** ist seither berechtigt, **Verträge mit Drittstaaten und internationalen Organisationen abzuschließen**. Diese ***treaty making power*** wird auch zur Legitimierung der EU als juristische Person herangezogen. Mit einer **Verfassung** - im

Mai/Juni 2003 wurde vom Europäischen Konvent der Entwurf ausgearbeitet – sollte die EU formell **Völkerrechtspersönlichkeit** bekommen und daher auch als solche – und nicht wie bisher die Gemeinschaften – als internationale Rechts- und Handlungseinheit auftreten mit dem Ziel, Verträge schließen zu können und auch Mitglied von internationalen Organisationen zu werden.

Gemäß dem Verfassungsentwurf des **Europäischen Konvents** (Art. 39 (2), Art. III-194 (1)) legt der Europäische Rat die **strategischen Interessen (vormals gemeinsame Strategien)** und Ziele der Union fest. Gemeinsame Vorschläge können dem Ministerrat vom **Außenminister** der Europäischen Union – im Bereich der GASP - und von der Kommission – für die anderen Bereiche des außenpolitischen Handelns - vorgelegt werden (Art. III-194 (2)). Künftig sollen gemeinsame Aktionen als „**Aktionen der Union**" und gemeinsame Standpunkte als „**Standpunkte der Union**" bezeichnet werden (Art. III-195 (3)).

Die Beratungen des **Rates** „***Allgemeine Angelegenheiten***" werden vom Ausschuss der Ständigen Vertreter (AStV) vorbereitet. Die Ständigen Vertreter (Botschafter) verfahren in diesem Bereich wie bei den übrigen Gemeinschaftspolitiken.

Mit dem **Vertrag von Nizza** wurden 2001 folgende neue ständige politische und militärische Gremien geschaffen:

- Ein ständiges **Politisches und Sicherheitspolitisches Komitee (PSK)** in Brüssel, es besteht aus nationalen Vertretern auf der Ebene der hohen Beamten/Botschafter. Das PSK befasst sich im Einklang mit den Bestimmungen des EU-Vertrags und unbeschadet der Zuständigkeit der Gemeinschaft mit allen Aspekten der GASP, einschließlich der ESVP. Das Politische Komitee und seine ständige Struktur in Brüssel, das PSK, verfolgen die internationale Lage, tragen auf Ersuchen des Rates oder von sich aus durch an den Rat gerichtete Stellungnahmen zur Festlegung der Politiken bei und überwachen auch die Durchführung der vereinbarten Politiken. Im Krisenfall kommt dem PSK eine zentrale Rolle bei der Festlegung der Reaktion der Union auf die Krise zu, es übernimmt die politische Kontrolle und strategische Leitung jeder militärischen Operation, wobei es sich auf die Stellungnahmen und Empfehlungen des Militärausschusses stützt, der vom Militärstab unterstützt wird. Der Vertrag von Nizza enthält diesbezüglich insofern ein Novum, als er es dem PSK gestattet, unter bestimmten Voraussetzungen bestimmte Durchführungsbeschlüsse im Bereich der Krisenbewältigung zu fassen. Gemäß dem Verfassungsentwurf des **Europäischen Konvents** (Art. III-208) *„verfolgt ein Politisches und Sicherheitspolitisches Komitee die internationale Lage in den Bereichen der Gemeinsamen Außen- und Sicherheitspolitik und trägt auf Ersuchen des Ministerrates, des Außenministers der Union oder von sich aus durch an den Ministerrat gerichtete Stellungnahmen zur Festlegung der Po-*

litik bei. Ferner überwacht es die Durchführung der vereinbarten Politik; (...) Im Rahmen dieses Titels nimmt das Komitee unter der Verantwortung des Ministerrates und des Außenministers der Union die politische Kontrolle und strategische Leitung von Krisenbewältigungsoperationen (...) wahr."

- Der **Militärausschuss** der Europäischen Union (**EUMC**) setzt sich aus den Generalstabschefs der Streitkräfte der Mitgliedstaaten zusammen, die durch ihre militärischen Delegierten in Brüssel vertreten werden. Der Militärausschuss tritt, soweit erforderlich, auf der Ebene der Stabschefs zusammen. Er berät das PSK militärisch, gibt diesem gegenüber Empfehlungen ab und legt militärische Leitvorgaben für den Militärstab fest. Der Militärausschuss nimmt die Leitung aller militärischen Aktivitäten im Rahmen der Union wahr. Der Vorsitzende des Militärausschusses ist ein Vier-Sterne-General, der von den fünfzehn Generalstabschefs der Streitkräfte der Mitgliedstaaten gewählt und vom Rat für eine Dauer von drei Jahren ernannt wird. Der Vorsitzende des Militärausschusses nimmt an den Tagungen des Rates teil, wenn Beschlüsse mit verteidigungspolitischen Bezügen zu fassen sind.
- Der **Militärstab** der Europäischen Union (**EUMS**) innerhalb der Ratsstrukturen ist für die ESVP militärischen Sachverstand und die militärische Unterstützung verantwortlich, vor allem in Bezug auf die Durchführung EU-geführter militärischer Krisenbewältigungsoperationen. Der Militärstab befasst sich mit der Frühwarnung, der Lagebeurteilung und der strategischen Planung im Hinblick auf die Ausführung der **Petersberg-Aufgaben**, der Bestimmung der jeweiligen europäischen nationalen und multinationalen einschließlich Streitkräfte.

Der Vorsitz

Im Halbjahresturnus nimmt ein Mitgliedstaat der Union den Vorsitz im Europäischen Rat, im Rat der EU sowie in den mit der Vorbereitung der Beratungen befassten Gremien (AStV, Arbeitsgruppen) wahr. Die **Aufgabe des Vorsitzes** ist es, Impulse zu geben und für Folgemaßnahmen Sorge zu tragen. Er vertritt die Union in Angelegenheiten der GASP und ist für die **Durchführung der im Bereich GASP gefassten Beschlüsse** verantwortlich. Künftig soll für diese Aufgabe gemäß dem Verfassungsentwurf des Europäischen Konvents der **EU-Außenminister** verantwortlich sein, der im **Rat „Auswärtige Angelegenheiten"** den Vorsitz führen soll.[464] Im Rahmen dieser Aufgabe legt der Vorsitz derzeit – ge-

464 So heißt es im Artikel III-197 des Verfassungsentwurfs weiter: „*In den Bereichen der Gemeinsamen Außen- und Sicherheitspolitik wird die Union durch den Außenminister der Union vertreten. Dieser führt im Namen der Union den politischen*

mäß Verfassungsentwurf (Art. III-197) künftig der EU-Außenminister - den Standpunkt der Union in internationalen Organisationen und auf internationalen Konferenzen dar. Bei diesen Aufgaben wird der Vorsitz vom Generalsekretär des Rates/Hohen Vertreter für die GASP unter Einbeziehung der Europäischen Kommission unterstützt. Der Vorsitz kann auch von dem Mitgliedstaat unterstützt werden, der den nachfolgenden Vorsitz wahrnimmt. Diese Akteure werden auch „*Troika*" genannt.

Der Hohe Vertreter für die Gemeinsame Außen- und Sicherheitspolitik, das Generalsekretariat des Rates und die Strategieplanungs- und Frühwarneinheit

In Artikel 26 des **Vertrags von Amsterdam** wurde erstmals festgehalten, dass der Generalsekretär des Rates auch Hoher Vertreter für die GASP ist. Der auch als „***Mister GASP***" genannte Hohe Vertreter unterstützt den Rat, indem er insbesondere zur Formulierung, Vorbereitung und Durchführung politischer Entscheidungen beiträgt und gegebenenfalls auf Ersuchen des Vorsitzes im Namen des Rates den politischen Dialog mit Dritten führt.

Der Europäische Rat hatte sich im Dezember 1998 auf seiner Tagung in Wien darauf geeinigt, dass der Hohe Vertreter „*eine Persönlichkeit mit ausgeprägtem politischen Profil*" sein solle, was der Europäische Rat sechs Monate später in Köln mit der Berufung des ehemaligen NATO-Generalsekretärs Javier Solana Madariaga in dieses Amt bestätigt hat. Solana übt dieses Amt seit 18.10.1999 aus, seine Amtszeit beträgt fünf Jahre. Der Generalsekretär und sein Stellvertreter leiten das Generalsekretariat des Rates, das für die Vorbereitung und den reibungslosen Ablauf der Arbeiten des Rates auf allen Ebenen sorgt. Javier Solana nimmt auch das Amt des Generalsekretärs der WEU wahr.

Unter Bezugnahme auf eine Erklärung zum Vertrag von Amsterdam wurde im Generalsekretariat unter der Verantwortung des „Mr. GASP" eine Strategieplanungs- und Frühwarneinheit – nunmehr Politischer Stab genannt - geschaffen. Das Personal dafür stammt aus dem Generalsekretariat des Rates, den Mitgliedstaaten und der Kommission. In der Erklärung zum Vertrag sind die Hauptaufgaben dieser Einheit wie folgt aufgeführt:

- Überwachung und Analyse der Entwicklungen im Bereich der GASP;
- Beurteilung der Interessen der Union und Ermittlung von möglichen künftigen Schwerpunktbereichen der GASP;

Dialog und vertritt den Standpunkt der Union in internationalen Organisationen und auf internationalen Konferenzen."

- Rechtzeitige Bewertung von Ereignissen oder Situationen, die bedeutende Auswirkungen haben können, einschließlich potenzieller politischer Krisen, und frühzeitige Warnung vor solchen Ereignissen oder Situationen;
- Ausarbeitung – auf Anforderung des Rates oder des Vorsitzes oder von sich aus – von ausführlich begründeten Dokumenten über politische Optionen, die unter der Verantwortung des Vorsitzes als Beitrag zur Formulierung der Politik im Rat zu unterbreiten sind.

Der **Militärstab** der Europäischen Union (EUMS), der sich aus Militärexperten der Mitgliedstaaten zusammensetzt, die in das Generalsekretariat des Rates entsandt werden, ist ein Dienst, der **unmittelbar dem Hohen Vertreter untersteht**. Der Militärstab befasst sich mit der Frühwarnung, der Lagebeurteilung und der strategischen Planung im Hinblick auf Krisenbewältigungsaufgaben, einschließlich der Bestimmung der jeweiligen nationalen und multinationalen Streitkräfte, und führt Politiken und Beschlüsse gemäß den Vorgaben des Militärausschusses, den er zu unterstützen hat, durch.

Künftig soll, so einigte sich am 16.5.2003 der Europäische Konvent, der **Außenminister der EU** – als Angehöriger der Europäischen Kommission – in Personalunion die Aufgaben des „Mr. GASP“ und des für die Außenbeziehungen zuständigen EU-Kommissars wahrnehmen. Der EU-Außenminister wäre für die Verwirklichung der von den Staats- und Regierungschefs oder den Außenministern gefassten Beschlüsse zuständig.

Die Europäische Kommission

Nach dem Vertrag über die EU wird die Europäische Kommission in vollem Umfang an den Arbeiten der GASP beteiligt. Diese Beteiligung ist notwendig, wenn die Kohärenz der GASP mit den Außenwirtschaftsbeziehungen und der Entwicklungszusammenarbeit, die Gemeinschaftspolitiken sind, bei denen der Kommission eine entscheidende Rolle zukommt, gewährleistet werden soll.

Der Präsident der Kommission tritt mit den Staats- und Regierungschefs im Europäischen Rat zusammen. Die Kommission nimmt an den Tagungen des Rates und seiner vorbereitenden Gremien teil. Wie die Mitgliedstaaten kann sie den Rat mit allen außen- und sicherheitspolitischen Fragen befassen und ihm Vorschläge unterbreiten. Allerdings besitzt sie hierbei kein ausschließliches Initiativrecht, wie dies im Allgemeinen bei den Gemeinschaftspolitiken der Fall ist. Nach dem EU-Vertrag kann der Rat außerdem die Kommission ersuchen, um geeignete Vorschläge zur Gewährleistung der Durchführung einer **gemeinsamen Aktion** zu unterbreiten.

Die Europäische Kommission wirkt ferner in vollem Umfang an der Vertretung der Union auf internationaler Ebene und an der Durchführung gemeinsamer

Maßnahmen mit. Genau wie der Vorsitz unterrichtet auch sie das Europäische Parlament über Entwicklungen im Rahmen der GASP. Gemäß Art. III-205 des Verfassungsentwurfs des Europäischen Konvents hört der Außenminister *„das Europäische Parlament zu den wichtigsten Aspekten und den grundlegenden Weichenstellungen der Gemeinsamen Außen- und Sicherheitspolitik, einschließlich der Gemeinsamen Sicherheits- und Verteidigungspolitik, und achtet darauf, dass die Auffassungen des Europäischen Parlaments gebührend berücksichtigt werden.* (...)" Der EU-Außenminister hat weiters die Aufgabe, das Europäische Parlament in diesen Bereichen zu informieren.

Die Mitgliedstaaten

Die Mitgliedstaaten haben sich verpflichtet, die Außen- und Sicherheitspolitik aktiv und vorbehaltlos im Geiste der Loyalität und der gegenseitigen Solidarität zu unterstützen. Jeder Mitgliedstaat kann den Rat mit einer Frage der GASP befassen und ihm Vorschläge unterbreiten.

Die Mitgliedstaaten tragen dafür Sorge, dass ihre einzelstaatliche Politik mit den gemeinsamen Standpunkten in Einklang steht. Sie treten für diese **gemeinsamen Standpunkte** in den internationalen Gremien ein und unterrichten die Mitgliedstaaten, die nicht in internationalen Organisationen oder auf internationalen Konferenzen vertreten sind, laufend über alle Fragen von gemeinsamem Interesse. Sie verpflichten sich, gemeinsame Aktionen mitzutragen. Ihre diplomatischen Vertretungen im Ausland stimmen sich ab, um die Einhaltung und Umsetzung der gemeinsamen Standpunkte und gemeinsamen Aktionen zu gewährleisten. Die verschiedenen Akteure der GASP stehen über ein geschütztes System, über das sie Nachrichten austauschen und einander konsultieren können, in ständiger Verbindung.

Die Sonderbeauftragten

Mit dem **Vertrag von Amsterdam** wurde eine gängige Praxis in förmliches Recht gekleidet, wonach der Rat ermächtigt wird, **Sonderbeauftragte** für besondere Fragen zu ernennen. So sind seit der Einführung der GASP mit dem Vertrag von Maastricht mehrere Sonderbeauftragte ernannt worden: z.B. Miguel Angel Moratinos (Naher Osten), Aldo Ajello (Region der großen afrikanischen Seen) oder Bodo Hombach für Südosteuropa. Nach dem **Vertrag von Nizza** ist nunmehr vorgesehen, dass Sonderbeauftragte mit qualifizierter Mehrheit ernannt werden. Gemäß dem **Verfassungsentwurf des Europäischen Konvents** (Art. III-203) ernennt der Rat, *„wenn er dies für notwendig hält, auf Initiative des Außenministers der Union einen Sonderbeauftragten, dem er ein Mandat im Zu-*

sammenhang mit besonderen politischen Fragen erteilt. Der Sonderbeauftragte übt sein Mandat unter der Leitung des Außenministers aus."

Die Instrumente der GASP

Nach dem Vertrag von Amsterdam gelten für die GASP folgende Instrumente: die **gemeinsamen Standpunkte**, die **gemeinsamen Aktionen**, **Beschlüsse** und der **Abschluss internationaler Übereinkünfte**. Darüber hinaus sind Erklärungen und Kontakte mit Drittländern weiterhin wichtige diplomatische Mittel der GASP. Im Rahmen der GASP werden bestimmte spezifische Instrumente benutzt: Hier existieren – im Gegensatz zu den Gemeinschaftspolitiken – keine Rechtsakte wie „Richtlinien" oder „Verordnungen".

Die gemeinsamen Strategien

Die **gemeinsamen Strategien** sind eine der Neuerungen des **Vertrags von Amsterdam**. Sie werden vom Europäischen Rat auf Empfehlung des Rates in Bereichen, in denen wichtige gemeinsame Interessen der Mitgliedstaaten bestehen, beschlossen. In jeder Strategie sind die **Zielsetzung**, die **Dauer** und die von der Union und den Mitgliedstaaten bereitzustellenden **Mittel** angegeben. Der **Rat führt sie durch**, indem er **gemeinsame Aktionen** und **gemeinsame Standpunkte** annimmt – dies gilt jedoch nicht für Fragen mit militärischen oder verteidigungspolitischen Bezügen, da in diesem Bereich Beschlüsse stets einstimmig gefasst werden. Falls ein Mitglied des Rates aus wichtigen Gründen der nationalen Politik einen solchen Beschluss abzulehnen beabsichtigt, kann der Rat die Frage an den Europäischen Rat verweisen. Letzterer entscheidet dann einstimmig darüber. Mit 1.10.2001 hat der Rat drei gemeinsame Strategien angenommen: für Russland, für die Ukraine und für den Mittelmeerraum.

Die gemeinsamen Standpunkte

Der Rat kann **gemeinsame Standpunkte** annehmen, in denen das Konzept der Union für eine bestimmte **Frage geografischer oder thematischer Art** – z.B. gegenüber einem Drittstaat oder auf einer internationalen Konferenz – bestimmt wird. Die Mitgliedstaaten tragen dann dafür Sorge, dass ihre einzelstaatliche Politik mit dem gemeinsamen Standpunkt in Einklang steht. Als ein Beispiel ist der gemeinsame Standpunkt vom 25.5.1998 betreffend Menschenrechte, die demokratischen Grundsätze, die Rechtsstaatlichkeit und die verantwortungsvolle Staatsführung in Afrika genannt. Falls die Außenminister der EU-Mitgliedstaaten im Rahmen der GASP einen gemeinsamen Standpunkt annehmen wollen, der z.B. die allgemeine Politik gegenüber den USA festlegt, sind sie auf Einstimmigkeit angewiesen. Wenn die EG im Rahmen der Welthandelsorganisation WTO ein Verfahren gegen die USA beabsichtigt, dann beschließt der Rat gemäß Artikel 133 (4) EG-Vertrag mit qualifizierter Mehrheit.

Die gemeinsamen Aktionen

Der Rat nimmt **gemeinsame Aktionen** an, wenn aufgrund spezifischer Situationen eine operative Aktion der Union notwendig ist. In jeder Aktion sind ihre Ziele, ihr Umfang, die der Union zur Verfügung zu stellenden Mittel sowie die Bedingungen und auch der Zeitraum für ihre Durchführung festgelegt.

Beschlüsse

Im Rahmen der GASP kann der Rat auch **Beschlüsse** annehmen, die wie die gemeinsamen Standpunkte und die gemeinsamen Aktionen für die Mitgliedstaaten bindend sind.

Der Abschluss internationaler Übereinkünfte

Ist im Bereich der GASP der **Abschluss einer Übereinkunft** mit einem oder mehreren Staaten oder mit internationalen Organisationen erforderlich, so kann der Rat den Vorsitz ermächtigen, Verhandlungen aufzunehmen. Bei diesen Verhandlungen wird der Vorsitz gegebenenfalls von der Kommission unterstützt. Die Übereinkünfte werden dann vom Rat auf der Grundlage eines einstimmigen Beschlusses auf Empfehlung des Vorsitzes geschlossen. Im Vertrag ist jedoch vorgesehen, dass ein Mitgliedstaat, dessen Vertreter im Rat erklärt, dass in seinem Land bestimmte verfassungsrechtliche Vorschriften eingehalten werden müssen, durch eine solche Übereinkunft nicht gebunden ist. Die anderen Mitglieder des Rates können übereinkommen, dass die Übereinkunft für sie nur vorläufig gilt. Zudem sieht eine Erklärung zum Vertrag vor, dass eine solche Übereinkunft keine Übertragung von Zuständigkeiten von den Mitgliedstaaten auf die EU bedeutet. Der **Vertrag von Nizza** enthält Vorschriften für die Beschlussfassung in diesem Bereich und sieht vor, dass solche Übereinkünfte die Organe der Union binden.

In der am 22.12.2000 angenommenen **gemeinsamen Aktion** betreffend die Überwachungsmission der EU in der Bundesrepublik Jugoslawien ist in diesem Sinne vorgesehen, dass die Bedingungen für die Tätigkeiten dieser Mission in internationalen Vereinbarungen festgelegt werden. Hierbei handelt es sich um die erste von der EU im Rahmen der GASP zu schließende internationale Übereinkunft. Diese Überwachungsmission – **EUMM** (***European Union Monitoring Mission***) – setzt sich aus Beobachtern zusammen, welche die politische Entwicklung und die Entwicklung der Sicherheitslage im westlichen Balkan verfolgen und sich dabei besonders mit der Überwachung der Grenzen, mit Fragen, welche die verschiedenen Volksgruppen betreffen, und mit der Rückkehr von Flüchtlingen befassen. Dem **Hohen Vertreter** kommt eine entscheidende Rolle bei der Festlegung der Aufgaben, der Überwachung des Funktionierens der Mission und der Unterrichtung des Rates über ihre Tätigkeit zu.

Die Erklärungen

In Erklärungen wird öffentlich ein Standpunkt, eine Aufforderung oder eine Erwartung der EU gegenüber einem Drittland oder im Zusammenhang mit einer internationalen Frage zum Ausdruck gebracht. Mit diesem flexiblen Instrument kann sehr schnell auf Vorfälle in allen Teilen der Welt reagiert und der Standpunkt der Union zum Ausdruck gebracht werden. Sie heißen „*Erklärung der Europäischen Union*", wenn der Rat zusammentritt und zu einer internationalen Frage Stellung nimmt, oder „*Erklärung des Vorsitzes im Namen der Europäischen Union*", wenn der Rat nicht zusammentritt.

Die Kontakte zu Drittländern

Die Kontakte zu Drittländern finden hauptsächlich bei Treffen im Rahmen des „Politischen Dialogs" und in Form von „Demarchen" statt. Die EU steht mit einer sehr großen Zahl von Ländern bzw. Ländergruppen in einem politischen Dialog über internationale politische Fragen. Diese häufigen Treffen – jährlich mehr als 200 - finden auf allen Ebenen statt: Staatschefs, Minister, Politische Direktoren, Hohe Beamte, Sachverständige. Die EU ist dabei entweder durch den **Vorsitz** oder durch die ***Troika*** (Vorsitz, unterstützt vom Hohen Vertreter für die GASP und von der Kommission sowie gegebenenfalls von künftigen Vorsitz) oder (in begrenzten Anzahl von Fällen) durch Delegierte der Mitgliedstaaten und den Vertreter der Kommission vertreten. Demarchen, die vertraulicher Natur sind, werden vom Vorsitz oder von der Troika im Namen der EU bei Drittstaaten unternommen. Auf diesem Wege sollen mit dem betreffenden Staat Fragen im Zusammenhang mit Menschenrechten, Demokratie und humanitären Maßnahmen geregelt werden.

Gemäß dem Verfassungsentwurf des Europäischen Konvents (Art. III-230 (1)) vertreten die Delegationen der EU in Drittländern und bei internationalen Organisationen die Union. Dabei üben die Delegationen „*ihre Tätigkeit unter der*

Leitung des Außenministers der Union und in enger Zusammenarbeit mit den diplomatischen Vertretungen der Mitgliedstaaten aus."

Schlussfolgerungen

Die GASP ist vom politischen Willen ihrer Mitgliedstaaten abhängig. In der täglichen Praxis ziehen es die Staaten bisweilen vor, im Alleingang zu handeln und dabei ihr eigenes außenpolitisches Instrumentarium einzusetzen. Die Bestimmung der gemeinsamen Interessen der EU-Mitgliedstaaten ist nicht immer einfach. Die GASP schließt an frühere Erfahrungen an, und zwar insbesondere an die **Europäische Politische Zusammenarbeit** (EPZ). Mit dem **Vertrag über die EU** sind ein Rahmen, Institutionen, Mittel, Methoden und ein Arbeitsrhythmus zur Durchführung der GASP geschaffen worden. Die Kohärenz der Arbeiten wurde dadurch entscheidend verbessert. Kohärent muss die GASP auch in Bezug auf die Gemeinschaftspolitiken sein, bei denen die Organe der EU auf andere Weise auf der Grundlage von anderen Rechtsakten (wie z.B. Verordnungen, Richtlinien, Abkommen mit Drittstaaten) tätig werden. Die **Außenwirtschaftsbeziehungen** und die Politik der **Entwicklungszusammenarbeit** fallen unter diese **Gemeinschaftspolitiken**. Wie kann erreicht werden, dass das wirtschaftliche Potenzial der Union und ihre Außenpolitik Hand in Hand gehen? Der **Europäische Rat** kann dies bewirken, indem er die **Leitlinien für die Entwicklung der Union** vorgibt. Die Tatsache, dass die Kommission in vollem Umfang an den Beratungen über die GASP beteiligt wird, verstärkt diese Koordinierung noch.

Die Einstimmigkeit bleibt die Regel, sie ist eine zwingende Voraussetzung für die Annahme von Beschlüssen mit militärischen oder verteidigungspolitischen Bezügen, drei Neuerungen sollten jedoch die Beschlussfassung erleichtern:

- Die „***konstruktive Enthaltung***": Ein Mitgliedstaat kann bei der Annahme eines Beschlusses zu seiner Enthaltung gemäß Art. 23 des Europäischen Unionsvertrags eine förmliche Erklärung abgeben. In diesem Fall ist er nicht verpflichtet, den Beschluss durchzuführen, akzeptiert jedoch, dass der Beschluss für die Union bindend ist. Gemäß dem Verfassungsentwurf des Europäischen Konvents bleibt die „konstruktive Enthaltung" in Art. III-201 weiterhin bestehen.
- Das Votum mit **qualifizierter Mehrheit**: Die qualifizierte Mehrheit gilt nun auch für Fälle, in denen der Rat die vom Europäischen Rat beschlossenen **gemeinsamen Strategien** durchführt, sowie bei Beschlüssen zur Durchführung der **gemeinsamen Aktionen** und **gemeinsamen Standpunkten**. Bei der Annahme eines Beschlusses mit qualifizierter Mehrheit kann ein Mitglied-

staat aus wichtigen Gründen der nationalen Politik, die er auch nennen muss, einen Beschluss ablehnen. Es erfolgt dann keine Abstimmung. Der Rat kann mit qualifizierter Mehrheit die Frage an den Europäischen Rat verweisen, damit ein einstimmiger Beschluss gefasst wird. Grundsätzlich besitzen die Mitglieder im Rat unterschiedlich viele Stimmen. Ein Ratsmitglied kann jedoch beantragen, dass bei einer Beschlussfassung des Rates mit qualifizierter Mehrheit überprüft wird, ob diese qualifizierte Mehrheit mindestens 62% der Gesamtbevölkerung der Union umfasst, ansonsten würde der betreffende Beschluss nicht zustandekommen. Die Schwelle für Mehrheitsentscheidungen wird sukzessive ansteigen, von 71% der Ratsstimmen[465] in einer EU-16 auf 73,4% in einer EU-26.

- Mit dem **Vertrag von Nizza** wird der Begriff der **verstärkten Zusammenarbeit** zwischen mehreren Mitgliedstaaten eingeführt: Können die Ziele der Union und der Gemeinschaft nicht von allen Mitgliedstaaten erreicht werden, dann können diejenigen Mitgliedstaaten, die dazu in der Lage sind (mindestens acht Mitgliedstaaten) untereinander eine *„verstärkte Zusammenarbeit“* aufnehmen. Im Bereich der GASP ist eine solche Zusammenarbeit nur zur Durchführung einer **gemeinsamen Aktion** oder eines **gemeinsamen Standpunkts**, von Initiativen im Rüstungsbereich und Initiativen im Bereich Sicherheit und Verteidigung, die zum Erwerb von Krisenbewältigungsfähigkeiten beitragen, möglich.

Die Pläne zum Ausbau der ESVP sind derzeit noch unterschiedlich. Der Krieg im Irak im März/April 2003 hatte die politischen Meinungsverschiedenheiten zwischen „Transatlantikern“ und „Europäern“ deutlich sichtbar gemacht. Aus diesem Grunde, so die Regierungen Deutschlands, Frankreichs, Belgiens und Luxemburgs, sollte eine verstärkte Zusammenarbeit im Bereich Sicherheit und Verteidigung möglich gemacht werden, um effiziente Strukturen im Hinblick auf eine eigenständigere ESVP – also ohne Zuhilfenahme von NATO-Strukturen – aufbauen zu können. Diesen Vorschlägen standen „transatlantische“ EU-Mitglieder wie Großbritannien, Italien, die Niederlande und Spanien 2003 noch sehr skeptisch gegenüber.

---

465 Seit dem Inkrafttreten des Europäischen Unionsvertrags in der Fassung des Vertrags von Nizza am 1.2.2003 besitzen die EU-Mitgliedstaaten folgende Stimmgewichtung im Rat: Deutschland, Frankreich, Großbritannien und Italien 29, Spanien 27, Niederlande 13, Belgien, Griechenland und Portugal 12, Österreich und Schweden 10, Dänemark, Finnland und Irland 7 sowie Luxemburg 4. Die Stimmgewichtung der Beitrittsländer wurden gemäß dem Vertrag von Nizza wie folgt festgelegt: Polen 27, Rumänien 14, Tschechische Republik und Ungarn 12, Bulgarien 10, Litauen und die Slowakei 7, Estland, Lettland und Slowenien 4, Malta und Zypern 3. Das Ratsgewicht beläuft sich auf insgesamt 345 Stimmen.

Die Organisation für Sicherheit und Zusammenarbeit in Europa (OSZE) - mit 55 Teilnehmerstaaten aus Europa, Nordamerika und Zentralasien die größte regionale Sicherheitsorganisation der Welt - entstand aus jenem Prozess, der durch die eigentliche **Konferenz für Sicherheit und Zusammenarbeit in Europa** (KSZE, 1973-1975) eingeleitet wurde. Der Übergang zu einer eigentlichen Organisation wurde mit der Gründung der ersten ständigen Einrichtungen der damaligen KSZE durch das Pariser Gipfeltreffen 1990 begonnen und schließlich mit der Umbenennung der bereits weitgehend institutionalisierten KSZE in OSZE auf dem Gipfeltreffen von Budapest 1994 abgeschlossen. Die KSZE war zunächst ein im Rahmen von Konferenzen agierendes diplomatisches Gesprächsforum mit dem Ziel der Wahrung von Sicherheit und Stabilität in Europa.

Die Anregung zur Schaffung des KSZE-Prozesses erfolgte durch die Sowjetunion – gemäß der **Bukarester Erklärung** vom 5.7.1966 - im Zeichen der Stabilisierung ihres mittelosteuropäischen Machtbereiches, speziell der Deutschen Demokratischen Republik (DDR).

Gemäß der **KSZE-Schlussakte von Helsinki** stützt sich die OSZE auf folgende zehn Prinzipien („***Dekalog***"):

- Souveräne Gleichheit, Achtung der der Souveränität innewohnenden Rechte,
- Enthaltung jeglicher Androhung oder Anwendung von Gewalt,
- Unverletzlichkeit der Grenzen,
- Territoriale Integrität der Staaten,
- friedliche Regelung von Streitfällen,
- Nichteinmischung in innere Angelegenheiten,
- Achtung der Menschenrechte und Grundfreiheiten, einschließlich der Gedanken-, Gewissens-, Religions- oder Überzeugungsfreiheiten,
- Gleichberechtigung und Selbstbestimmungsrecht der Völker,
- Zusammenarbeit zwischen den Staaten,
- Erfüllung völkerrechtlicher Verpflichtungen nach Treu und Glauben.

Die OSZE unterscheidet sich maßgeblich von anderen sicherheitspolitischen Organisationen in Europa wie EU, WEU oder NATO – sie wurde nicht als internationale Organisation nach Völkerrecht gegründet, sondern ist das Ergebnis einer Serie von Konferenzen und Treffen, die sich alle aus der KSZE ableiten. Das Engagement der OSZE erstreckt sich heute von der Frühwarnung, Konfliktverhütung bis zum Krisenmanagement und der Organisation des Wiederaufbaus ziviler Strukturen nach Krisen.

Durch die Nachfolgetreffen der eigentlichen KSZE (1973-1975) in Belgrad (1977-1978), Madrid (1980-1983), Wien (1986-1989) und Helsinki (1992) und die unterschiedlichen Spezialkonferenzen in den verschiedensten Bereichen (Sicherheitspolitik einschließlich militärischer Vertrauens- und Sicherheitsbildung, Menschenrechte, Wirtschaft, Kultur, Mittelmeerraum etc.) entwickelte sich ein Geflecht von Konferenzen, womit der daraus resultierende KSZE-Prozess bereits vor der Schaffung von eigentlichen Institutionen eine quasi-permanente Komponente der gesamteuropäischen Politik wurde. Die KSZE war von Anfang an breit angelegt: Ihr Aufgabenbereich reichte von der Frage grundlegender sicherheitspolitischer Prinzipien und Verhaltensregeln für den politisch-militärischen Bereich (**Vertrauensbildende Maßnahmen** – VBM) im „**Ersten Korb**" über Fragen der **Wirtschaftsbeziehungen** („**Zweiter Korb**") zur **humanitären Dimension** („**Dritter Korb**"). Sie war das einzige Forum, das sich explizit der gesamteuropäischen Sicherheit unter Teilnahme auch außereuropäischer Staaten - von Vancouver bis Wladiwostok - widmete. Der territoriale Bereich deckt sich heute mit jenem der NATO-**Partnerschaft für den Frieden** (PfP). Während des Ost-West-Konfliktes war die KSZE das einzige Forum, an dem auch Staaten teilnahmen, die keiner der beiden Allianzen – NATO und Warschauer Pakt – angehörten.

Der **KSZE fehlte** als Konferenz in formaler Hinsicht der **eigentliche Gründungsakt**. Aus der Verdichtung einer Konferenzserie erfolgte die Gründung einer durchstrukturierten Organisation. Weil die OSZE nicht ursprünglich als Organisation gegründet wurde, sondern als Konferenz begonnen hatte, spricht man auch heute noch nicht von „*Mitgliedern*", sondern von „*Teilnehmerstaaten*". Inhaltlich liegt der Schwerpunkt – trotz der zunehmenden Operationalisierung der Tätigkeiten der OSZE – in langfristigen Perspektiven, die das friedliche Zusammenleben in Europa ermöglichen sollen („*normativer Charakter*"). Solche Regelungen betreffen die Beziehungen der Staaten zueinander und die interne Struktur der Staaten, wobei Demokratie, Rechtsstaatlichkeit und Achtung der Menschenrechte die grundlegenden Prinzipien bilden. Sie betreffen den militärischen Bereich, wo durch umfassende europaweite Abkommen über militärische Vertrauens- und Sicherheitsbildende Maßnahmen (VSBM) und **Rüstungskontrolle**, aber auch durch den „*Verhaltenskodex zu politisch-militärischen Fragen der Sicherheit*" Stabilität geschaffen wurde.

Die OSZE ist weiters eine charakteristische Einrichtung der **kooperativen Sicherheit**, sie bildet auf konzeptueller Ebene eine entscheidende Erweiterung der Sicherheitspolitik, nämlich den ersten institutionalisierten Versuch, die europäische Sicherheit ausschließlich kooperativ und durch Regelungen zu gestalten. Diese Eigenschaft wurde zuerst im Namen der KSZE erkennbar, der die beiden Begriffe „*Sicherheit*" und „*Zusammenarbeit*" semantisch verknüpfte. Bei der OSZE stehen zivile Instrumentarien und die Zielerreichung durch Regelungen im Vordergrund. Die Aufgabe der OSZE ist es, mittels umfassender Kooperation Frieden und Stabilität in Europa zu erhalten und Konfliktverhütung „*bis an die*

Grenzen der Wirksamkeit kooperativer Mechanismen“ durchzuführen. An der OSZE wird deutlich, dass multilaterale Institutionen keine eigenständigen Akteure der internationalen Beziehungen sind. Internationale Institutionen machen nicht Politik, sie sind Politik. Sie lassen sich am ehesten als „*Transmissionsriemen*“ der jeweiligen nationalen Politik zu einem gemeinsamen Vorgehen mit anderen Staaten definieren, um Ziele zu erreichen, die im Alleingang kaum oder nur schwer zu erreichen sind. Andererseits treffen Staaten regelmäßig Vorkehrungen, damit sich solche Einrichtungen nicht aus der Rolle des Instruments der jeweiligen nationalen Politiken emanzipieren und doch selbständige Akteure werden könnten. Sie behalten sich daher das Recht vor, unangenehme oder unannehmbare Entscheidungen in solchen Institutionen gar nicht entstehen zu lassen. Die Willensbildung beruht daher auf dem übereinstimmenden Willen (**Konsensus**) ihrer Mitglieder oder Teilnehmer - wie in anderen europäischen internationalen Institutionen (EU, NATO).

Institutionalisierung und Entwicklung der KSZE zur OSZE

Nach dem Zusammenruch der kommunistischen Regime in Osteuropa beschlossen die KSZE-Staaten auf Einladung Frankreichs 1990 ein Gipfeltreffen, auf dem die Grundlage für ein neues Europa kodifiziert werden sollten. Dadurch wurden jene Beschlüsse erarbeitet, die auf dem Gipfel von Paris als ***Charta von Paris für ein neues Europa*** von den Teilnehmerstaaten angenommen wurden. Diese Charta von Paris war Symbol der Beendigung des Ost-West-Konflikts und formulierte folgende Leitbegriffe für ein neues Europa: Demokratie, Menschenrechte, Marktwirtschaft sowie wirtschaftliche und sicherheitspolitische Zusammenarbeit. Fast zugleich beendete die von den Mitgliedern der NATO und der Warschauer Vertragsorganisation beschlossene ***Gemeinsame Erklärung der 22 Staaten*** vierzig Jahre europäische Blockteilung. Gemeinsames Ziel war es nun, die ideologische, gesellschafts- und machtpolitisch fundierte Systemkonkurrenz zu überwinden sowie in der Folge künftige Konflikte friedlich zu lösen.

Während bis zur Charta von Paris die jeweiligen Konferenzen und Treffen im KSZE-Rahmen ihr Mandat von einem der Folgetreffen erhalten hatten, wurden nunmehr regelmäßig wiederkehrende Folgetreffen, regelmäßig zusammentreffende Gremien und ständige Institutionen des KSZE-Prozesses geschaffen, nämlich:

An regelmäßig wiederkehrenden Treffen:

- Folgetreffen der KSZE alle zwei Jahre, an denen auch die Staats- und Regierungschefs der KSZE zusammentreten;
- An regelmäßig zusammentretenden Gremien: Regelmäßige Treffen der Außenminister als Rat, mindestens einmal jährlich;

- der Ausschuss Hoher Beamter (AHB) zur Vorbereitung der Treffen des Rates (der Außenminister); der Ausschuss kann auch zusätzliche Treffen der Vertreter der Teilnehmerstaaten vereinbaren.

An ständigen Institutionen:

- Ein Sekretariat in Prag zur administrativen Unterstützung des Rates und des AHB;
- ein Konfliktverhütungszentrum in Wien, das den Rat beim Abbau der Gefahren von Konflikten unterstützen soll;
- ein Büro für freie Wahlen in Warschau, um Kontakte und den Informationsaustausch im Zusammenhang mit Wahlen in den Teilnehmerstaaten zu erleichtern.

Die Charta spricht sich auch für eine stärkere Einbeziehung der Parlamentsarbeit in die KSZE aus, insbesondere durch die Schaffung einer **Parlamentarischen Versammlung** der KSZE unter Beteiligung von Parlamentsmitgliedern aus allen Teilnehmerstaaten.

Die weiteren Entwicklungsschritte von der KSZE zur OSZE als Rahmeninstitution der europäischen Sicherheit wurden auf den Sitzungen des Rates in Berlin (19.-20.6.1991), Prag (30.-31.1.1991), Stockholm (14.-15.12.1992) und Rom (1993) sowie auf den Nachfolgetreffen in Helsinki 1992 und Budapest 1994 gesetzt, wo schließlich auch die Umbenennung zu „**OSZE**" erfolgte. Die nachfolgenden Sitzungen des Ministerrates und Gipfeltreffen haben keine weiteren derart einschneidenden Änderungen gebracht. Wollte man einen Zeitpunkt festlegen, in welchem inhaltlich der Übergang von einer eher losen Institution zu einer Organisation im eigentlichen – wenngleich nicht rechtlichen Sinn – erfolgte, so wäre der Zeitraum im Jahr 1992 zwischen dem Helsinki-Treffen im Juni und dem Stockholmer Ratstreffen im Dezember anzusetzen. Zunächst schufen die Beschlüsse von Helsinki das wöchentlich in Wien tagende **Forum für Sicherheitskooperation** (FSK) und damit den ersten wirklich ständigen Vertretungskörper der Teilnehmerstaaten der KSZE. In Helsinki wurde 1992 auch der Beschluss gefasst, ein „*Sicherheitsmodell für Europa im 21. Jahrhundert*" zu entwickeln. Die gleichzeitige Errichtung eines ständigen – und nicht mehr bloß konferenzbezogenen – Konferenzdienstes schuf dafür auch die erforderliche administrative Infrastruktur. Die Praxis der Staaten, ihre Delegationen in Wien mit den Vorarbeiten für die Sitzungen des AHB in Prag zu beauftragen, wurde mit der Bezeichnung „*Wiener Gruppe*" als inoffizielle, aber bereits formalisierte Einrichtung durch das Stockholmer Ratstreffen anerkannt. Gleichzeitig schufen die Beschlüsse des **Stockholm**er Ratstreffens auch den Posten des **Generalsekretärs** als zentrale Einrichtung für die administrativen und operativen Einrichtungen der damaligen KSZE.

Die folgenden Beschlüsse des Ratstreffen von Rom, die bereits existierende „*Wiener Gruppe*“ als Ständiger Ausschuss zu einem beschlussfähigen Organ zu machen, sowie den Generalsekretär nicht am bisherigen Sitz des Sekretariats in Prag, sondern in Wien anzusiedeln und ihm ein vereinheitlichtes Sekretariat zu unterstellen, waren die Konsequenz der 1992 getroffenen Entscheidungen. Das KSZE-Gipfeltreffen von **Budapest 1994** hatte dann nur noch die Aufgabe, diese Entwicklung durch die Namensänderung – ab 1995 **OSZE** - zu zu bestätigen. Seit **1992** hatte die **UNO-Generalversamlung** die **KSZE als regionale kooperative Einrichtung** der Charta der Vereinten Nationen nach **Kapitel VIII** anerkannt: Die „*regionale Abmachung*“ („*regional arrangement*“) zeichnet sich durch die **Absenz von Zwangsbefugnissen** wie –mitteln aus. Bei der OSZE handelt es sich deshalb um kein regionales Verteidigungsbündnis mit Beistandsartikeln nach Kapitel VII der UNO-Charta – wie z.B. die NATO oder die WEU eines darstellt.

1993 erhielt die OSZE Beobachterstatus bei der UNO-Generalversammlung.

Anlässlich des Ratstreffens von Lissabon 1996 kam es nach einem zweijährigen Diskussionsprozess zur Verabschiedung einer Zwölf-Punkte-Erklärung über ein Modell der gemeinsamen und umfassenden **Sicherheit für Europa für das 21. Jahrhundert**. Diese Erklärung sollte ausgebaut werden und in eine „*Charta über Europäische Sicherheit*“ münden - die **Europäische Sicherheitscharta** wurde schließlich im November **1999** beim OSZE-Gipfel von **Istanbul** verabschiedet. Dem ging der 1994 angenommene „*Verhaltenskodex zu politisch-militärischen Aspekten der Sicherheit*“ voraus, in dem relevante sicherheitspolitische Verhaltensregeln zwischenstaatlicher Natur bekräftigt und erstmals eine detaillierte Regelung der demokratischen Kontrolle der Streitkräfte festgeschrieben ist.

Das Ratstreffen von **Kopenhagen 1997** fasste den Grundsatzbeschluss, der in die Leitlinien dieser Charta eingehen sollte: Die **Verschränkung der OSZE mit** anderen für die europäische Sicherheit bedeutenden Organisationen **wie EU, NATO und WEU** („***interlocking institutions***“). Konkret geschaffen wurde auch eine „***Plattform für kooperative Sicherheit***“, in welcher die institutionalisierte bzw. strukturierte Zusammenarbeit mit anderen Sicherheitsorganisationen stattfinden soll, u.a. zum Zweck der Koordinierung von Aktivitäten. Des Weiteren erfolgte der Beschluss zur Schaffung einer „*Schnellen Einsatzgruppe für Expertenhilfe und Kooperation* (**REACT**)“, um die Effizienz im Bereich der zivilen Feldoperationen zu erhöhen – mit der Verstärkung von Polizeikapazitäten und mit der Errichtung einer Einsatzzentrale zur straffen Führung von OSZE-Feldoperationen.

Das „*Wiener Dokument 1999*“ trifft eine Unzahl an technischen Festlegungen im Bereich der Vertrauens- und Sicherheitsbildenden Maßnahmen (VSBM), womit ein zehnjähriger Verhandlungsprozess beendet wird. Zentrale Maßnahme im Bereich des VSBM ist etwa in der „*Vorherigen Ankündigung bestimmter militärischer Aktivitäten*" zu sehen, sowie in der Beobachtung militärischer Aktivitäten. Unter dem Aspekt „*Politisch-Militärische Dimension*" werden innerhalb der VSBM die **Abrüstung**, die **Rüstungskontrolle** bzw. der **Vertrag über konventionelle Streitkräfte in Europa (KSE-Vertrag)** betont. Seitens der OSZE sind Überprüfungen der Einhaltung der VSBM-Regelungen vorgesehen, wobei das Forum für Sicherheitskooperation und das Wiener Konfliktverhütungszentrum eingebunden sind. In der Europäischen Sicherheitscharta im November 1999 wurde während des OSZE-Gipfels von Istanbul die „***Plattform für kooperative Sicherheit***" angenommen, „*um die Zusammenarbeit zwischen der OSZE und anderen internationalen Organisationen und Institutionen zu stärken und auf diese Weise die Ressourcen der internationalen Gemeinschaft besser zu nutzen*". Die OSZE wird hiermit „*als flexibler Koordinierungsrahmen für Zusammenarbeit angeboten, in dem verschiedene Organisationen ausgehend von ihren jeweiligen Stärken einen Synergieeffekt erzielen können.*" Ferner soll auch die Rolle der OSZE bei der **Friedenserhaltung** ausgebaut werden: Es gilt, „*schnelle Einsatzgruppen für Expertenhilfe und Kooperation (REACT) zu schaffen, um die OSZE in die Lage zu versetzen, Ersuchen um Hilfe und um Entsendung umfangreicher ziviler Feldoperationen rasch nachzukommen.*" Das Aufgabengebiet der **REACT** umfasst gemäß der Europäischen Sicherheitscharta die Hilfestellung bei der **Konfliktverhütung**, **Krisenbewältigung** und die **Normalisierung der Lage nach Konflikten**. Der Aufgabenbereich der OSZE soll auch die Verstärkung der polizeilichen Aufgaben beinhalten, um Rechtsdurchsetzung auf Feldoperationen erreichen zu können – wie Polizeiüberwachung (Verhinderung von ethnischen oder religiösen Diskriminierungen seitens der zu überwachenden Polizisten), Polizeischulung (u.a. Umschulung paramilitärischer Kräfte, Vermittlung neuer bzw. moderner Polizeimethoden zur Bekämpfung des Drogenhandels, der Korruption und des **Terrorismus**, Schaffung eines Polizeidienstes, der sich aus Mitgliedern verschiedener Volksgruppen zusammensetzt, generelle Achtung und Förderung von Menscherechten). Zur Planung und Entsendung von Feldoperationen soll eine Einsatzzentrale der OSZE eingerichtet werden. Der Grundsatz der Beilegung von Streitigkeiten gehöre zum Kernbereich der OSZE-Verpflichtungen. So stellt der **Vergleichs- und Schiedsgerichtshof** ein Instrument dar, das den Teilnehmerstaaten, die das Übereinkommen von Stockholm 1992 unterzeichnet haben, zur Verfügung steht.

Beim OSZE-Außenministertreffen in **Porto** (6.-7.12.**2002**) wurde von den 55 Teilnehmerstaaten eine Deklaration zur Bekämpfung des **Menschenhandels**[466] verabschiedet. Darin wird festgehalten, dass der Menschenschmuggel nicht nur ein schwerer Verstoß gegen die Menschenrechte sei, sondern auch „*eine ernstzunehmende Bedrohung der Sicherheit*". Die OSZE-Staaten sind bestrebt, den Kampf gegen Menschenschmuggel und andere Formen des **organisierten Verbrechens** zu verstärken und untereinander besser in diesen Bereichen zu koordinieren. Dabei soll auch vermehrt mit ***Europol***, ***Interpol*** sowie mit anderen Behörden und Organisationen zusammengearbeitet werden. Die Kooperation zwischen Herkunfts-, Transit- und Zielländern der Opfer des Menschenhandels müsse auch Rückkehrprogramme für die verschleppten Personen enthalten. Die OSZE-Staaten verpflichten sich, die Opfer des Menschenhandels besser zu schützen. In den Zielländern des Menschenhandels müsse u.a. härter als bisher gegen die sexuelle Ausbeutung verschleppter Personen vorgegangen werden.

Während des OSZE-Gipfels in Porto ist auch beschlossen worden, in der Verhütung und Bekämpfung des **Terrorismus** verstärkt zusammenzuarbeiten.[467] Die Teilnehmerstaaten anerkennen darin die Resolution 1373 (2001) des UNO-Sicherheitsrates als gesetzliche Basis für die Terrorbekämpfung und stellen dessen *Anti-Terrorkomitee* uneingeschränkte Zusammenarbeit in Aussicht. Sie stimmen überein, dass der Kampf gegen den Terrorismus auf einem Konzept gemeinsamer und umfassender Sicherheit basieren muss und erklären ihre Bereitschaft, alle OSZE-Einrichtungen in diesen Kampf miteinzubinden.

Die institutionelle Gliederung der OSZE

Der Sitz der OSZE ist Wien, Büros und Institutionen der OSZE befinden sich auch in Den Haag, Genf, Kopenhagen, Prag und Warschau. Die Entscheidungsgremien der OSZE:

- **Ständige Rat** (Wien): Reguläres Hauptentscheidungsgremium der OSZE, trifft wöchentlich zusammen, um laufende Entwicklungen zu diskutieren und darüber zu entscheiden. Er soll auch **Feldoperationen** einrichten, ihre Mandate und Haushaltspläne beschließen. Der Ständige Rat und der amtierende Vorsitzende werden Leitlinien für diese Einsätze festlegen.

---

466 OSCE Declaration on Trafficking in Human Beings, MC (10).JOUR/2, Annex 2, Porto, 7.12.2002.

467 OSCE Charta on Preventing and Combating Terrorism, MC (10).JOUR/2, Annex 1, Porto, 7.12.2002.

- **Sicherheitsforum** (Wien): Wöchentliche Treffen, Entscheidungsgremium betreffend militärische Aspekte der Sicherheit - Verwirklichung von VSBM, Sicherstellung größtmöglicher Transparenz im militärischen Bereich.
- Das ***Senior Council*** / **Wirtschaftsforum** (Prag): Einmaljährliches Treffen, Beratung über Wirtschafts- und Umweltmaßnahmen, welche die Sicherheit betreffen.
- **Gipfeltreffen**: Regelmäßiges Treffen sich die Staats- und Regierungschefs.
- **Ministerrat**: Ein Treffen der OSZE-Außenminister ist nur in den Jahren geplant, wenn kein Gipfeltreffen stattfindet.

Folgende **Strukturen** und Institutionen besitzt die OSZE:

- **Vorsitzender**: Jährlich wird ein Außenminister eines Vorsitzlandes zum Vorsitzenden ernannt, um die OSZE-Aktivitäten zu koordinieren. Unterstützt wird der Vorsitz. Er vertritt die OSZE nach außen und wird assistiert von der ministeriellen Troika, die vom Generalsekretär unterstützt wird.
- **Parlamentarische Versammlung**: Über 300 Parlamentarier aus OSZE-Teilnehmerstaaten. Sie haben beratenden Status.
- **Sekretariat**: Unter der Leitung des Generalsekretariat verwaltet das Sekretariat die OSZE und leistet operationelle Hilfe: Feldaktivitäten, Kontakte zu internationalen und Nicht-Regierungsorganisationen, Koordination von Wirtschafts- und Umweltaktivitäten, von politisch-militärischen Aktivitäten und Öffentlichkeitsarbeit u.a.
- **Büro für Demokratische Institutionen und Menschenrechte** (BDIMR) überprüft die Einhaltung der Menschenrechte und die Demokratisierungsprozesse innerhalb der OSZE.
- **OSZE-Hochkommissar für nationale Minderheiten** (HKNM): „Frühwarnmechanismus“, rasches Erkennen von nationalen Spannungen, die Sicherheit und Stabilität zwischen OSZE-Staaten gefährden könnten. Mithilfe der OSZE beim Zustandekommen des Vertrags über Zusammenarbeit und gute Nachbarschaft zwischen Rumänien und Ungarn 1996, Unterstützung bei den Bemühungen, das griechisch-albanische Verhältnis zu verbessern.
- **Beauftragter für Medienfreiheit** beobachtet die Entwicklung der Medien in den OSZE-Teilnehmerstaaten, führt Frühwarnung durch, wenn die Meinungsfreiheit gefährdet wird.
- ***Court of Conciliation and Arbitration*** – Streitschlichtungsmechanismus[468] für OSZE-Länder, die der *Convention on Conciliation and Arbitration* beigetreten sind.

---

468 Im universellen Völkerrecht besteht kein Einlassungszwang auf Streitschlichtungsverfahren vor unparteiischen Entscheidungsorganen.

- **Rüstungskontroll- und VSBM-Maßnahmen**: Bsp.: Ernennung von Beauftragten für die Durchsetzung des Friedensvertrags von Dayton 1995.

Insgesamt zählte die OSZE bei ihren Feldmissionen Ende 2002 an die 4.000 Personen in 19 Einsätzen – in Albanien, Bosnien-Herzegowina, Kroatien, Kosovo, Mazedonien, Serbien-Montenegro, in Weißrussland, Moldawien und in der Ukraine, in Armenien, Aserbaidschan, Georgien, Nagorni-Karabach, Tschetschenien und in den ehemaligen sowjetischen zentralasiatischen Republiken. Die Feldmissionen haben zum Ziel, den Demokratisierungsprozess (wieder)herzustellen, Konflikte zu verhüten und die Ordnung des Gesetzes voranzutreiben.

Auf der Grundlage dieser Entwicklungen stellt sich die OSZE heute als *de facto* voll entwickelte Organisation mit beratenden/beschlussfassenden und durchführenden Organen dar, auch wenn ihr bis heute – mangels eines Gründungsvertrages – *de iure* der Rechtscharakter einer internationalen Organisation fehlt. Die Hauptaufgaben der OSZE liegen in der **friedlichen Streitbeilegung**, **Frühwarnung**, in der **Konfliktverhütung**, **Krisenbewältigung**, in der **Normalisierung der Lage nach Konflikten** sowie in der **Kontrolle der Einhaltung von Menschenrechten**. Die OSZE hat viel dazu beigetragen betreffend die **Rüstungskontrolle** und die **Unterstützung des marktwirtschaftlichen Reformprozesses** in den Reformstaaten Mittel- und Osteuropas. Seit 1999 hat sich die OSZE der Schirmherrschaft über den **Stabilitätspakt für Südosteuropa** – also am wirtschaftlichen und politischen Aufbau der Staaten des ehemaligen Jugoslawien – angenommen.

Bedeutungsvoll ist in diesem Zusammenhang die Zusammenarbeit mit afrikanischen Ländern des Mittelmeerraumes und mit Staaten im Nahen Osten. Die KSZE hatte bereits in ihrer Schlussakte von 1975 zum Ziel betont, dass die Sicherheit in Europa eng mit jener im Mittelmeerraum verbunden ist. Die Zusammenarbeit mit **Mittelmeerländern** in Nordafrika und im Nahen Osten sollte sowohl auf wirtschaftlichem, wissenschaftlichem als auch in Fragen der Umwelt und Kultur im Sinne auch von regelmäßigen Treffen ausgebaut werden. Der mediterrane Dialog im Rahmen der OSZE umfasst heute sechs Länder: Algerien, Ägypten, Israel, Jordanien, Marokko und Tunesien (*Mediterrane Partner für Kooperation* – MPCs). Dies bedeutet regelmäßige Treffen einer Kontaktgruppe sowie die Organisation und Durchführung von Seminaren in Bezug auf mediterrane Themen. Die Mittelmeerpartner sind auch eingeladen, an Treffen aller drei **Dimensionen der OSZE – politisch-militärisch, ökonomisch und menschlich** – teilzunehmen. Einige der Mittelmeerpartner nehmen auch an Wahlbeobachtungsmissionen der *OSCE Office for Democratic Institutions and Human Rights* (ODIHR) teil.

Neutralität und UNO-Mitgliedschaft

Die „immerwährende Neutralität" Österreichs

Österreich hat mit dem Neutralitätsgesetz vom 26.10.1955 seine *„immerwährende Neutralität nach der Art der Schweiz"* bekundet. Schon bei der Unterzeichnung des **Moskauer Memorandums** im April 1955 - einem sogenannten *„gentlemen's agreement"* und damit völkerrechtlich nicht verbindlichen Dokument – ist vereinbart worden, dass Österreich eine Art der Neutralität ausübe, wie sie von der Schweiz gehandhabt wird. Große Teile der österreichischen Bevölkerung zeigten sich gegenüber der Neutralität sehr skeptisch, weil die Sowjetunion den Begriff *„Neutralität"* im Sinne ihrer ***„friedlichen Koexistenz"***-Doktrin anders definierte als die klassische Neutralität nach dem V. und XIII. Haager Abkommen von 1907. Die österreichische Bevölkerung befürchtete deshalb eine Vereinnahmung der Neutralität und somit Österreichs durch die UdSSR.

Am 1.11.1943 beschlossen in der **Moskauer Deklaration** die drei Alliierten Großbritannien, USA und die Sowjetunion, Österreich als freien Staat wiederherzustellen. 1944 empfahl der ehemalige sowjetische Außenminister Maxim Litwinow Staats- und Parteichef Stalin und dem späteren Außenminister Molotow die Bildung einer *„Zone der Neutralität"* in der Mitte Europas, die als Zone einvernehmlicher Kooperation der Siegermächte gedacht war.

Österreich galt 1945 laut Moskauer Deklaration als befreites, aber nicht besiegtes Land.

Bei den ersten freien Wahlen nach 9.11.1930 - am 25.11.1945 – bekannten sich die österreichischen Wähler mehrheitlich zu einem pluralistischen Staatswesen, die Kommunistische Partei Österreichs (KPÖ) kam lediglich auf 4 Mandate (5 Prozent). 1947 musste die KPÖ aufgrund ihrer geringen Wählerschaft die Regierungsbeteiligung beenden. In der Tschechoslowakei erreichten die Kommunisten dagegen 38 Prozent. 1948 ergriffen dort die Kommunisten unter Klemens Gottwald die Macht. In Österreich wurde 1950 der Putschversuch der Kommunisten vereitelt, unter der Führung von Franz Olah schlugen Gewerkschafter den kommunistischen Aufstand nieder. Im Fall einer Machtergreifung ist seitens der Führung der Kommunistischen Partei eine Verhaftungsliste erstellt worden.

1945 hatte die amerikanische Führung vorgeschlagen, Österreich in das Wiederaufbauprogramm der UNO miteinzubeziehen. Österreich wurde somit 1948 Mitglied der OEEC, der Vorgängerorganisation der OECD. Dies war Bedingung, um Mittel aus dem Wiederaufbaufonds des ***Marshall*****planes** zu erhalten. 1948 kehrten 53.000 Kriegsgefangene aus der UdSSR nach Österreich zurück.

Österreich war bis 1955 von vier alliierten Mächten – Frankreich, Großbritannien, die Sowjetunion und die USA – besetzt. Oberstes Ziel der österreichischen Bundesregierungen war es deshalb, die **Unabhängigkeit** und **Souveränität** Österreichs wiederherzustellen. 1953 verstarb der sowjetische Diktatur Josef Stalin, eine Lösung für Österreich sollte noch zwei Jahre auf sich warten. Noch bis 1954 wurde das österreichische Schicksal an jenes von Deutschland gekoppelt. Nach Intervention des indischen Präsidenten Pandit Nehru bzw. seines Botschafters in Moskau - Krishnan Menon - beim sowjetischen Außenminister Molotow sowie nach vielen Gesprächen österreichischer Politiker – wie Außenminister Karl Gruber – mit der sowjetischen Führung konnte ein Ergebnis für die Bedingungen zur Unabhängigkeit Österreichs erreicht werden: Die „*immerwährende*" Neutralität. Bundeskanzler Julius Raab hatte den Sowjets für Österreich die Neutralität ähnlich der Schweiz vorgeschlagen. Dies wurde von der UdSSR-Führung akzeptiert. Vizekanzler Adolf Schärf zögerte anfangs, den Begriff „Neutralität" zu akzeptieren und sprach lediglich von Bündnisfreiheit. Nach dem zwischen Österreich und der UdSSR beschlossenen Moskauer Memorandum vom 15.4.1955 solle sich Österreich verpflichten, „*immerwährend eine Neutralität der Art zu üben, wie sie von der Schweiz gehandhabt wird.*"

Die „*immerwährende Neutralität*" wurde jedoch nicht im Staatsvertrag von Belvedere (15.5.1955) verankert, weil dies den Anschein gehabt hätte, dass die Neutralität aufoktrojiert gewesen worden wäre. Diese Tatsache wäre auch völkerrechtswidrig gewesen, Neutralität kann gemäß Völkerrecht nur freiwillig erklärt werden. Die Erklärung der „*immerwährenden*" Neutralität erfolgte deshalb in einem Neutralitätsgesetz[469]:

Artikel I

„*(1) Zum Zwecke der dauernden Behauptung seiner Unabhängigkeit nach außen und zum Zwecke der Unverletzlichkeit seines Gebietes erklärt Österreich aus freien Stücken seine immerwährende Neutralität. Österreich wird diese mit allen ihm zu Gebote stehenden Mitteln aufrechterhalten und verteidigen.*[470]

(2) Österreich wird zur Sicherung dieser Zwecke in aller Zukunft keinen militärischen Bündnissen beitreten und die Errichtung militärischer Stützpunkte fremder Staaten auf seinem Gebiete nicht zulassen."

Laut Staatsvertrag war der Termin für den Abzug der Besatzungstruppen 90 Tage nach Inkrafttreten des Staatsvertrags festgelegt, aber nicht später als 31.12.1955, danach sollte ein Beschluss des österreichischen Nationalrats über ein Neutralitätsgesetz erfolgen. Am 26.10.1955 hat der Nationalrat das Neutralitätsgesetz beschlossen, am ersten Tag nach Ablauf der Räumungsfrist

---

469 Bundesverfassungsgesetz vom 26. Oktober 1955, BGBl. Nr. 211, über die Neutralität Österreichs.

470 Zur Aufrechterhaltung und Verteidigung der „*immerwährenden Neutralität*" hat sich Österreich durch Art. 9a B-VG zur „*umfassenden Landesverteidigung*" bekannt.

von 90 Tagen. Die Hinterlegung der letzten Ratifikationsurkunde durch Frankreich in Moskau erfolgte am 27.7.1955. Die Unterzeichnung des Staatsvertrages brachte das Ende der Alliierten Kommission sowie den Abzug fremder Truppen. Das Ergebnis von 1955 war also das Ergebnis eines zehnjährigen Bemühens nach Eigenständigkeit.

Am 6.12.1955 erfolgte die Anerkennung der *„immerwährenden Neutralität“* durch die Alliierten, bereits acht Tage später entschied der **UNO-Sicherheitsrat**, gemäß einem Aufnahmeansuchen aus dem Jahr 1947 Österreich in die **Vereinten Nationen** aufzunehmen. Im Februar 1956 wurde Österreich UNO-Mitglied.

Die Neutralität Österreichs verstand sich ausschließlich militärisch, weder ideologisch noch wirtschaftlich. Noch Ende der fünfziger Jahre strebten christlich-soziale und auch manche sozialdemokratische Politiker die Aufnahme Österreichs in die 1951 bzw. 1957 gegründeten **Europäischen Gemeinschaften** an, die Sowjetunion lehnte derartige Vorschläge ab. Während damals die Sowjetunion und die Parteiführung der SPÖ unter Bruno Pittermann eine Aufnahme in die Europäischen Gemeinschaften vehement ablehnte (die UdSSR sah eine Unvereinbarkeit mit der Neutralität, Österreich in den Verbund der damals sechs Staaten der Europäischen Gemeinschaften – sie waren auch NATO-Mitglieder – auszunehmen, Bruno Pittermann bezeichnete die EG als *„kapitalistischen Bürgerblock“*), setzten sich u.a. ÖVP-Politiker wie Josef Klaus (Bundeskanzler) und Fritz Bock (Handelsminister) für einen EG-Beitritt des EFTA-Landes Österreich ein. Die EG beabsichtigte Ende der sechziger Jahre, gemeinsame Zolltarife einzuführen. Um auch Zollerleichterungen vor allem gegenüber die wichtigsten Wirtschaftspartner Österreichs – Deutschland und Italien – durchzusetzen, erfolgte 1972 der Abschluss von Freihandelsabkommen zwischen den Ländern der Europäischen Freihandeslzone (***European Free Trade Association*** **- EFTA**) und den Staaten der Europäischen Gemeinschaften.

Während dieser Zeit wurde der Begriff *„aktive Neutralitätspolitik“* von Bruno Kreisky geschaffen, die Neutralitätspolitik soll sich vor allem auf ein friedliches Engagement innerhalb von internationalen Organisationen wie UNO oder Institutionen wie KSZE stützen. Die *„aktive Neutralitätspolitik“* hatte jedoch weniger mit Neutralität als mit einer aktiven Außenpolitik zu tun. Ferner entschied sich Österreich, an Wirtschaftsembargos (wie gegen Rhodesien 1966/68) oder am Waffenembargo gegen Südafrika 1979 teilzunehmen. Österreich verhielt sich nicht neutral, was den Palästina-Konflikt betrifft. Diese „Neutralitätspolitik“ schützte Österreich nicht vor Terroranschlägen, wie jener auf die **OPEC** am 21.12.1975 oder den Mord an den Wiener Stadtrat Heinz Nittel am 1.5.1981 oder Überfälle auf jüdische bzw. israelische Einrichtungen (Gepäckschalter der *El Al* am 27.12.1985). Während der Jugoslawien-Krise Anfang der neunziger Jahre plädierte vor allem Österreichs Außenminister Alois Mock für die rasche

Anerkennung von Slowenien und Kroatien, Österreich ergriff also Partei während der Sezessionskriege am Balkan. Die Anerkennung von Slowenien, Kroatien und Bosnien-Herzegowina durch Österreich bedeutete die Verletzung der Abstinenz- und Paritätspflicht eines dauernd neutralen Staates.

Österreich ist als „immerwährned neutrales" Land Mitglied der **Vereinten Nationen**. Die österreichische Doktrin versuchte die Vereinbarkeit der Neutralität mit der Mitgliedschaft bei den Vereinten Nationen wie folgt zu begründen: Die UNO-Charta sieht keine automatischen Sanktionen vor, sondern der UNO-Sicherheitsrat hat in jedem einzelnen Fall zu entscheiden, ob ein Anlassfall für Zwangsmaßnahmen nach Art. 39 UNO-Charta vorliegt. Art. 25 in Verbindung mit Art. 2 Abs. 5 der UNO-Charta verpflichtet alle Mitgliedstaaten, den Anordnungen des Sicherheitsrats Folge zu leisten – vor allem in der gemeinsamen Vorgehensweise gegenüber Rechts- bzw. Friedensbrechern. Dieser kann aber gemäß Art. 48 UNO-Charta einzelne Mitgliedstaaten – wie eben neutrale – zu Zwangsmaßnahmen nicht heranziehen.[471] Diese Rechtsansicht wurde jedoch mit dem Überfall irakischer Truppen auf Kuwait 1990/91 obsolet. Die UNO-Charta ging bei dieser völkerrechtswidrigen Aktion der Neutralität vor. Mitte März 1991 wurden daher rund 3.000 genehmigte Überflüge der Golf-Alliierten über Österreich gezählt.[472] Die UNO-Charta ist als solche jedoch mit der Neutralität unvereinbar, weil die UNO kraft ihrer Charta gemäß Art. 43 auch militärische Maßnahmen beschließen, wenn dies der Sicherheitsrat beschließt. Die Mitgliedstaaten sind aufgrund der kollektiven Beistandspflicht nach Art. 51 und nach Art. 2 Abs. 5 der UNO-Charta hier zu solidarem Handeln gemäß den Beschlüssen des Sicherheitsrates aufgerufen. Militärischer Beistand ist hier seitens der kleineren Länder nicht erforderlich, diese Staaten sind jedoch zumindest verpflichtet, im Sinne dieses Beistandes ihre Land- und Luftwege für Truppentransporte zu öffnen.

1995 wurde Österreich gemeinsam mit den *„neutralen"* und *„bündnisfreien"* UNO-Mitgliedern Finnland und Schweden Mitglied der **Europäischen Union**, die bereits eine Gemeinsamen Außen- und Sicherheitspolitik konzipierte. Der Beitritt dieser „neutralen" Staaten in die Europäische Union rief keinen Widerstand seitens der russischen Führung unter Boris Jelzin hervor. Im Dezember 1994 hatte der Nationalrat kurz vor dem EU-Beitritt die Neutralität noch einmal präzisiert und in den Kernpunkten aufrechterhalten, der Beschluss wurde mit Zweidrittelmehrheit gefasst. Durch die europäische Integration und die wirt-

---

471 Neuhold/Hummer/Schreuer (Hg.), Österreichisches Handbuch des Völkerrechts, 2. Auflage, 1991, Textteil, 488.

472 Gerhard Bitzan, Überflüge: Luftraum über Österreich ein Durchhaus?, Die Presse, 8.1.2003, 5.

schaftliche Globalisierung ist jedoch die staatliche Souveränität nur mehr sehr eingeschränkt gegeben.

Nach österreichischer Interpretation gilt die Neutralität ausschließlich im Falle eines Krieges ohne Mandat der Vereinten Nationen, d.h. in einem derartigen Kriegsfall wären das Neutralitätsgesetz und das Kriegsmaterialgesetz gültig. Ein Kriegsfall war demnach der Angriff der NATO ohne UNO-Mandat gegen die Bundesrepublik Jugoslawien im Frühjahr 1999, der zum Ziel hatte, die *„ethnischen Säuberungen“* und Massenvertreibungen im **Kosovo** einzudämmen. Mit Verweis auf das fehlende Mandat der UNO lehnte die SPÖ/ÖVP-Regierung unter Bundeskanzler Viktor Klima und Außenminister Wolfgang Schüssel eine Öffnung des Luftraumes ab, was für starke Verstimmung bei den NATO- und EU-Ländern sorgte: Klima und Schüssel begrüßten zuvor in Brüssel die Durchführung militärischer Maßnahmen gegen Jugoslawien.[473] Im April 1999 wurde das Überflugverbot etwas gelockert und Genehmigungen für Militärmaschinen mit humanitären Gütern an Bord erteilt. Während des amerikanisch-britischen Krieges gegen die irakische Führung unter **Saddam Hussein** im Frühjahr 2003 riefen Bundeskanzler Wolfgang Schüssel und Außenministerin Benita Ferrero-Waldner den **Neutralitätsfall** aus. Ferrero-Waldner betonte, die österreichische Bundesregierung stehe in der von Frankreich thematisierten Frage der Völkerrechtswidrigkeit der amerikanisch-britischen Invasion in den Irak *„in der Mitte“*[474].

1997 wurden in den EU-Vertrag erstmals mit den **„Petersberg-Aufgaben“** auch die Möglichkeit von Kampfeinsätzen aufgenommen, die „Petersberg-Aufgaben“ wurden in Österreich mit Artikel 23f in das Bundesverfassungsgesetz übertragen. Im Jahr 2000 hatte die ÖVP/FPÖ-Koalition unter Bundeskanzler Wolfgang Schüssel erstmals angeregt, eine **Beistandspflicht** in den EU-Vertrag zu verankern, wenige Wochen zuvor wurde ein mögliches Regierungsprogramm mit dem Ziel einer EU-Beistandspflicht zwischen der ÖVP und der SPÖ vereinbart. Eine militärische EU-Beistandspflicht ist, so der Wiener Verfassungsrechtler Theo Öhlinger, mit der Neutralität unvereinbar, einem *„solchen Pakt anzugehören und sich zugleich neutral zu nennen, gilt ... als völkerrechtlich undenkbar.“*[475] Derselben Meinung war zu diesem Zeitpunkt die SPÖ, während Bundeskanzler Schüssel und Außenministerin Ferrero-Waldner von der ÖVP eine Vereinbarkeit zwischen der Neutralität und einer Beistandspflicht, eine „Modifi-

473 Alexander Purger, *Mr. Bean macht Sicherheitspolitik,* in: Salzburger Nachrichten, 4.12.2003, 1.

474 ORF Online, Österreich steht in der Diskussion über den Irak-Krieg „in der Mitte“, http://www.orf.at/030324-60860/60861txt_story.html .

475 Benedikt Kommenda, „International gesehen nicht neutral“, Die Presse, 4.12.2003, 3.

kation" der österreichischen Neutralität, sahen.[476] Die ÖVP/FPÖ-Regierung hatte bereits zuvor, am 13.12.2001, die neue **Sicherheits- und Verteidigungsdoktrin** als Ministerratsbeschluss verabschiedet, Österreich wird darin aufgrund seiner Verpflichtungen aus der EU-Mitgliedschaft als **allianzfreier** – und nicht mehr als dauernd neutraler Staat - bezeichnet. Teile der SPÖ und der Grünen konnten sich 2001 auch eine Aufhebung des Neutralitätsgesetzes vorstellen, wenn zwischen 2010 und 2015 eine gemeinsame europäische Armee gebildet wird.

Österreich hat seine Neutralität stets *„dynamisch"* interpretiert, d.h. den jeweiligen innen- und außenpolitischen Verhältnissen angepasst. Eine Änderung bzw. Aufhebung der verfassungsmäßig verankerten Neutralität kann nur über eine Zweidrittelmehrheit im Nationalrat erfolgen. Dazu kann gemäß Art. 44 Abs. 3 des Bundesverfassungsgesetzes (B-VG) bei einer Teiländerung der Bundesverfassung eine sogenannte fakultative Volksabstimmung durchgeführt werden, wenn dies von einem Drittel der Nationalratsmitglieder verlangt wird.

Das Wesen der Neutralität und die UNO-Mitgliedschaft

Der niederländische Rechtsgelehrte Hugo Grotius definierte im 17. Jahrhundert neutrale Staaten als diejenigen, die sich außerhalb des Krieges befinden (*qui extra bellum sunt*). So wurde unterschieden zwischen der Kriegspartei und dem Neutralen. Zwischen zwei Kriegsparteien ist der Neutrale der *neuter tertius*. Als *„keiner von beiden"* darf sich der Neutrale weder aktiv noch passiv an Kriegshandlungen bzw. an Handlungen, die den Neutralen in einen Konflikt hineinziehen, beteiligen. Nach der alten Schweizer Rechtssprache sitzen Neutrale stille, während andere streiten.

Das **Konzept der Neutralität** liegt ursprünglich im Krieg, in der Idee der Nichtangriffspakte, indem sich der betroffene Staat verpflichtet, Konfliktparteien keine Hilfeleistungen zu stellen. Die Schweiz ist seit dem 15. Jahrhundert *de facto* neutral, Schweizer Soldaten genossen jedoch in anderen Armeen aufgrund ihrer Ausbildung und ihrer Kampfeskraft einen hohen Stellenwert. Für Napoleon war die Neutralität der Schweiz *„leer und ohne Sinn"* und gründete somit die Helvetische Republik. Erst 1815 – während des Wiener Kongresses – wurde die Neutralität der Schweiz als permanent von den Großmächten anerkannt und garantiert.

Während des Dreißigjährigen Krieges (1618-48) erklärte sich unter Erzbischof Paris Graf Lodron das Erzbistum Salzburg neutral, um nicht in die Auseinandersetzungen während des Dreißigjährigen Krieges hineingezogen zu werden.

476 Schüssel: Für Neutralität kein Problem, Die Presse, 3.12.2003, 8; und Ferrero für militärischen Beistandspakt, Die Presse, 1.12.2003, 1.

Salzburg musste jedoch hohe Tributzahlungen an Wien und München leisten und weiters 1.000 Musketiere für Kämpfe in Graubünden bereitstellen.

Im Jahr 1793 erfolgte erstmals die Kodifikation von Neutralitätsregeln durch US-Präsident George Washington. Die USA kämpften jedoch 1898 gegen Spanien und unterstützten die Kubaner in ihrem Kampf gegen die spanische Kolonialmacht, als Preis für deren Sieg wurden die Philippinen und Puerto Rico Teil der USA. Kuba musste zudem noch den USA Flottenstützpunkte einräumen. 1897 erfolgte die Annexion der Hawaii-Inseln. Während des Ersten und des Zweiten Weltkrieges erklärten sich die USA zunächst als neutral, bevor es die beiden Weltkriege für die Westalliierten entschied.

Das moderne **Neutralitätsrecht** wurde Anfang des 20. Jahrhunderts mit dem **V. Haager Abkommen** betreffend *die Rechte und Pflichten der neutralen Mächte und Personen im Fall eines Landkrieges* und mit dem **XIII. Haager Abkommen** *betreffend Rechte und Pflichten der Neutralen im Falle eines Seekrieges* – beide vom 18.10.1907 - entwickelt.

Demnach verpflichtet sich ein Neutraler

- zu Art. 9 Abs. 1 des V. Haager Abkommens: Einhaltung des Grundsatzes der Unparteilichkeit. Das Haager Abkommen geht davon aus, dass bei Kriegsausbruch nur zwei Arten von Staaten existieren: Neutrale und Kriegsparteien;
- zur Unterlassung militärischer Unterstützung von Kriegsparteien, wie Gewährung von Truppen, Kriegsmaterial sowie Kredite für Waffenproduktion;
- zur Verhinderung militärischer Handlungen auf seinem Staatsgebiet;
- zum Verbot, Militär- und Verteidigungsbündnissen beizutreten;
- zur Verhinderung der Stationierung fremder Truppen auf seinem Territorium;
- zur Fähigkeit, sich selbst verteidigen zu können. Sein Staatsgebiet samt Luftraum darf nicht zum Kriegsschauplatz gemacht werden. Der Schweizer Rechtsgelehrte Rudolf Bindschedler meinte 1976: Für den neutralen Staat ist ein Mehreres zu tun, um das Vertrauen und die Überzeugung der Mächte in die Aufrechterhaltung der Neutralität möglichst zu bekräftigen. Dies gilt insbesondere für die Anstrengungen auf dem Gebiet der Verteidigung. Neutralität nach dem Völkerrecht wird nur anerkannt, wenn der Neutrale bereit und in der Lage ist, sie auch zu verteidigen. Dies gilt besonders für die Lufthoheit über sein Staatsgebiet. Ansonsten würden bewaffnete Jets, über die der betroffene Staat keine Befehlsgewalt hat, über diesem Land patrouillieren. Heute ist es möglich, vom Luftraum her quer durch Europa jedes beliebige Land zu bedrohen.
- Die Kriegsparteien haben die Pflicht, neutrales Territorium zu achten.

Seit 1945 hat sich das System zur Regelung der internationalen Beziehungen wesentlich geändert. Getreu dem Motto „*Nie wieder Krieg*" wurde in San Francisco 1945 die **Vereinten Nationen** (UNO – *United Nations Organization*) gegründet. Die Vereinten Nationen waren ursprünglich ein Militärbündnis von Staaten, das sich gegen Adolf Hitler und seine Verbündeten richtete. Nach Ende des Zweiten Weltkrieges sollte mit der UNO ein universelles System **kollektiver Sicherheit** – mit Beistand der internationalen Staatengemeinschaft gegen Rechts- bzw. Friedensbrechern - aufgebaut werden. Art. 2 Abs. 4 der UNO-Charta beinhaltet ein universell geltendes **Gewaltverbot**, demnach ist es ausschließlich nach Beschluss des UNO-Sicherheitsrates möglich, zur Aufrechterhaltung des Friedens gegenüber Rechts- bzw. Friedensbrecher Gegenmaßnahmen – politisch, wirtschaftlich und auch militärisch – einzuleiten. Jedes Mitglied der Vereinten Nationen ist deshalb gemäß Art. 2 Abs. 5 der UNO-Charta verpflichtet, bei Verstößen gegen das UNO-Friedensrecht **Beistand mit der internationalen Staatengemeinschaft** auszuüben, **um Rechtsbrecher zu sanktionieren**. Mit der UNO-Satzung steht das Verbot der Unparteilichkeit gegenüber Rechtsbrechern dem Gebot zur Unparteilichkeit des Neutralen bzw. „*immerwährend Neutralen*" im Kriege bzw. in allen künftigen Kriegen gemäß den Haager Abkommen von 1907 entgegen. Nach dem Ost-West-Konflikt hat Art. 2 Abs. 5 der UNO-Charta nach 1989 – u.a. mit der Befreiung Kuwaits von den irakischen Besatzungstruppen 1990/91 - wesentlich an Bedeutung gewonnen und gilt universell[477] – verbunden mit Artikel 51 der UNO-Satzung, dem eigentlichen Beistandsartikel der UNO, aus dem sich auch die NATO und die WEU ableitet: Demnach sind alle Staaten der UNO zur kollektiven Verteidigung eines Mitgliedes verpflichtet, ein Angriff gegen einen Mitgliedstaat der UNO ist ein Angriff gegen alle. Besonders nach den Terrorattacken gegen die USA am 11.9.2001 stützt sich der „*Kampf gegen den Terrorismus*" auf dieses Prinzip.

Kraft der UNO-Satzung ist jegliche Form der Neutralität gegenüber Friedensbrechern ausgeschlossen und somit – weil die UNO-Satzung universell gilt – völkerrechtswidrig. Die alleinige Befugnis zur Anordnung militärischer Maßnahmen liegt beim UNO-Sicherheitsrat.

---

477 Der amerikanische Präsident George Bush sen. verkündete am 11.9.1990 vor dem Hintergrund der durch den Überfall des Irak auf Kuwait ausgelösten Krise die „*Neue Weltordnung*". Das Kapitel VII der Satzung der Vereinten Nationen sollte endlich aktiviert werden. Vgl. Hanspeter Neuhold, Strukturelle Veränderungen im internationalen System und das Völker- und Europarecht: der rechtliche Niederschlag des Ost-West-Konflikts, in: Waldemar Hummer (Hg.), Paradigmenwechsel im Völkerrecht zur Jahrtausendwende, 2002, 5-41, 14.

Neutralität wurde in der Staatenpraxis oft verschiedenartig interpretiert und hängt von den jeweiligen politischen und auch geopolitischen Verhältnissen ab. Die Neutralität an sich wird vom betroffenen Staat im **Kriegsfall** selbst gewählt, muss deshalb vor den Kriegsparteien glaubwürdig praktiziert und verteidigt werden. Was den **rechtlichen Stellenwert der Neutralität** betrifft, wird zwischen der

- **temporären**, d.h. der nur im Kriegsfall eintretenden und mit dem Ende des Krieges beendeten Neutralität und
- **permanenten** (dauernden, „*immerwährenden*") Neutralität unterschieden. Im Falle der permanenten Neutralität ist der betroffene Staat verpflichtet, alles zu unternehmen, damit dieser in einem künftigen Konflikt nicht selbst Kriegspartei wird bzw. aufgrund seines Verhaltens in Friedenszeiten selbst in einen späteren Krieg hineingezogen wird.

In beiden Fällen gilt: Die Neutralität ist glaubwürdig auszuüben, ansonsten stellt der Neutrale ein **Sicherheitsrisiko** für andere Staaten – auch für Kriegsparteien – dar.

Im Laufe der Geschichte hat sich der Sinn und Stellenwert der Neutralität mehrmals geändert: Der Status als Neutraler lag vor allem nicht nur im Interesse des jeweiligen neutralen Staates, sondern auch im Interesse der Großmächte, die aufgrund der geopolitischen Situation den Neutralitätsstatus des betroffenen Landes für guthießen. So sagte Napoleon vor dem Einmarsch seiner Truppen: „*Vor mir ist mir Eure Neutralität leer und ohne Sinn*" und hob die Neutralität der Schweiz auf. Die Neutralität Belgiens – von Großbritannien garantiert – wurde während der beiden Weltkriege gleich zweimal durch deutsche Truppen verletzt. Das faschistische Spanien und Portugal erklärten sich während des Zweiten Weltkriegs als neutrale Länder und wurden somit in die Kriegshandlungen nicht hineingezogen.

Am Beginn der Regelung der internationalen Beziehungen – nach der Gründung des **Völkerbundes** – meinte der belgische Staatsrechtler Baron Albéric Rolin im Bericht an die belgische Akademie der Wissenschaften (1924) zum Thema „*La crise da la neutralité*", dass Neutralität nur dann gerechtfertigt sei, wenn die dritten Staaten nicht beurteilen können, auf welcher Seite das gute Recht sei. Sonst sei die **Neutralität** ein **Ausdruck des Egoismus und der Feigheit**. 1948 – also zu Beginn des Kalten Krieges und der Furcht vor einem sowjetischen Übergriff auf Westeuropa – betonte der französische Schriftsteller François Mauriac: Ein Europa, dass die Neutralität hochhält, wird dem Appetit des Menschenfressers (Anmerkung: Stalin) ausgeliefert sein. Selbst die sowjetische Führung interpretierte den Begriff der Neutralität für ihre Vorstellungen während der Periode der *„friedlichen Koexistenz"*: Nikolai Poljanow, Auslandskorrespondenz der Iswestija, behauptete 1966: Ein neutraler Staat kann nicht dem Bösen und dem Guten gleichgültig gegenüberstehen, er muss bestimmt auf der Seite des Guten stehen. Da die Sowjetunion nach dieser Diktion allein für den Weltfrieden eintrat, resultierten als ***„gute Kräfte"*** ausschließlich die Sowjetunion und die sie unterstützenden Staaten. Unter ***„friedlicher Koexistenz"*** war die Durchsetzung des Sozialismus bzw. Kommunismus mit friedlichen Mitteln - also ohne militärische Maßnahmen - gemeint, der sowjetische Staats- und Parteichef Nikita Chruschtschow definierte am 10.10.1959 den Begriff *„friedliche Koexistenz"* als Klassenkampf: *„Koexistenz ist der Ausdruck des Kampfes zweier gesellschaftlicher Systeme"*.[478]

Während des Kalten Krieges bezogen sich die **NATO** und die **Warschauer Vertragsorganisation** auf Artikel 51 der UNO-Satzung (**kollektive Verteidigung**) und verstanden sich somit ausschließlich als defensive Bündnisse zur Sicherung ihres jeweiligen politischen und wirtschaftlichen Einflusses. Bei einer möglichen militärischen Auseinandersetzung wären auch neutrale Staaten wie die Schweiz oder Österreich miteinbezogen gewesen. Die Neutralität war im Fall Österreich ausschließlich auf die Bipolarität zwischen West und Ost begründet. Was die **Unvereinbarkeit der klassischen Neutralität mit der Charta der Vereinten Nationen** betrifft, betont **Art. 103** den **Anwendungsvorrang der UNO-Charta gegenüber allen sonstigen nationalen und internationalen Abkommen**. Die UNO-Satzung wäre somit Primärrecht, die international anerkannte österreichische Neutralität, die sich auf die Blockkonfrontation bezog, Sekundärrecht, also nachgeordnet. Der Art. 103 der UNO-Satzung hat somit Ähnlichkeit mit dem Anwendungsvorrang des Europäischen Gemeinschaftsrechts.

Die Alliierten haben im Staatsvertrag von Belvedere 1955 bestätigt, dass sie die **Aufnahme Österreichs in die UNO** unterstützen würden. So waren die Ständigen Sicherheitsratsmitglieder von der Vereinbarkeit der Neutralität mit der UNO-Satzung nach Auffassung vieler österreichischer Völkerrechtler - wie v.a. Alfred Verdross - überzeugt. Sie legten demnach die UNO-Satzung in einer Weise aus, die vom Sinn und der Tragweite abweicht, die von ihren Autoren verliehen wurde, meinte der Schweizer Bundesrat Max Petitpierre 1959. Ein Teil der Völkerrechtslehre vertrat auch die Ansicht, dass die Aufnahme Österreichs in der UNO unter stillschweigender Anerkennung des immerwährenden Neutralitätsstatus erfolgt sei und somit Österreich nicht zur Teilnahme an neutralitätswidrigen Sanktionen verpflichtet werden kann. 1979 machte der österreichische

478 Vgl. zu diesem Kapitel: Gunther Hauser, Österreich – dauernd neutral?, Wien 2002, und die darin angeführte Literatur.

Völkerrechtler Karl Zemanek auf die Unvereinbarkeit der Neutralität mit Art. 51 UNO-Satzung (**kollektive Verteidigung**) aufmerksam. Das System kollektiver Sicherheit beruht auf einem wertenden Kriegsbegriff, der zwischen Friedensstörer und Opfer unterscheidet, d.h. auf solidarischer Vorstellung, dass alle übrigen Mitglieder des Systems den Friedensstörer zur Verantwortung ziehen werden. Neutralität und kollektive Sicherheit schließen sich deshalb einander grundsätzlich aus.[479]

Die permanente Neutralität geht von der Gleichheit der Kriegsgegner aus und sieht im Wesentlichen individualistisch ihr Ziel in der Erhaltung der neutralen Existenz. Durch das Gewaltverbot der UNO wurde dem **Kriegsvölkerrecht** und dem **Neutralitätsrecht** die Grundlage entzogen. Alle Mitgliedstaaten der UNO sind zudem an die Beschlüsse des **Sicherheitsrat**es gebunden und damit zur Mitwirkung an Maßnahmen im Sinne der Art. 39, 41 und 43 der UNO-Satzung (d.h. politische, wirtschaftliche und militärische Sanktionen) verpflichtet. Das moderne Völkerrecht ist geprägt vom **Grundsatz der Intervention und Parteilichkeit** zugunsten des universell geltenden Gewaltverbots. So vollzog sich die Wandlung des Völkerrechts von einem System der Konfliktregelung zu einem die Sicherheit und den Weltfrieden schützenden System.

Die Existenz neutraler Staaten im internationalen System zeigt jedoch, dass dieses System noch nicht ausgereift ist. Jeder dauernd neutrale Staat davon aus, dass das **Funktionieren der internationalen Staatengemeinschaft** und des damit verbundenen kollektiven Sicherheitssystems nicht gegeben ist – wie z.B. während des Kalten Krieges, als Staatengruppen das System kollektiver Sicherheit für jeweils ihren Bereich beanspruchten. Ferner beweisen Fälle der „***präventiven Verteidigung***" oder der Fall der „***präemptiven Verteidigung***" wie die amerikanisch-britische Militärintervention gegen Saddam Hussein im Frühjahr 2003 sowie viele weitere Beispiele von „*Präventivmaßnahmen*" davor, dass dieses System letztlich von den jeweiligen politischen Interessen seiner Mitgliedstaaten abhängig ist.

Der Beitrag Österreichs bei internationalen Einsätzen

Das österreichische Bundesheer beteiligt sich seit der UNO-Mission im **Kongo** 1960[480] an internationalen Einsätzen. Durch den Einsatz im Kongo sollte seitens

479 Ebd.

480 Im Herbst 1960 wurde ein Sanitätskontingent zur Kongo-Operation (ONUC) entsandt. Da weder für diesen noch für den zweiten Einsatz ab April 1964 auf Zypern (UNFICYP) die Voraussetzungen im innerstaatlichen Recht vorhanden waren, schlug die österreichische Bundesregierung eine umfassende verfassungsrechtliche Regelung vor. Am 30.6.1965 beschloss der Nationalrat das „*Bundesverfassungsge-*

Österreichs innerhalb der UNO mehr Aufmerksamkeit auch dem Südtirol-Problem gewidmet werden.[481] Weitere Einsätze des österreichischen Bundesheeres fanden von 1972 bis 2001 auf **Zypern** und seit 1967 am **Golan** (Israel-Syrien) statt. Insgesamt kamen bisher über 50.000 Bundesheer-Soldaten in über 45 Friedensoperationen zum Einsatz, 2002 wurden über 70 Soldaten des Bundesheeres für Sicherungsaufgaben der Internationalen Schutztruppe für **Afghanistan** (ISAF) nach Kabul entsandt. Österreichische Truppenkontingente waren bis 2001 auch unter NATO-Kommando im Auftrag der UNO in **Bosnien-Herzegowina** (IFOR/SFOR) und befinden sich seit 1999 ebenfalls unter denselben Bedingungen im **Kosovo** (KFOR). Zwischen 31.3. und 15.12.2003 nahmen zehn bzw. 15 Soldaten des Bundesheeres am ersten Friedenssicherungseinsatz der Europäischen Union in **Mazedonien** teil.

Österreich wurde am 10.2.1995 in die NATO-**Partnerschaft für den Frieden** (PfP) aufgenommen. Seither hat sich das Bundesheer mit weit über 5.000 Teilnehmern an über 70 PfP-Übungen beteiligt. Zwischen 1997 und Anfang

---

setz über die Entsendung österreichischer Einheiten zur Hilfeleistung in das Ausland auf Ersuchen internationaler Organisationen". Darin wird die Bundesregierung „*ermächtigt, im Einvernehmen mit dem Hauptausschuss des Nationalrates und unter Bedachtnahme auf die immerwährende Neutralität Österreichs ... dem Ersuchen einer internationalen Organisation um Hilfeleistung durch Entsendung einer Einheit in das Ausland zu entsprechen ..., die aufgrund freiwilliger Meldungen gebildet werden kann*". Die von Österreich gestellten Kontingente unterstehen als UNO-Truppen der Befehlsgewalt der Vereinten Nationen, so der damalige Außenminister Alois Mock. Vgl. Günther Unser, Die UNO, 1992, 255. Die Entsendung von Kampftruppen kam damals aus rechtlichen Gründen nicht in Frage, weil im Bundesministerium für Landesverteidigung die Ansicht vorherrschte, das Bundesheer wäre kraft Verfassung ausschließlich zum Schutz der österreichischen Grenzen bestimmt. Selbst die zum Sanitätseinsatz abgestellten Soldaten wurden vom Dienst beurlaubt und mit einem privatrechtlichen Vertrag angestellt. Aus: Peter Hazdra, Österreichs Beteiligung an Internationalen Einsätzen. Rahmenbedingungen – politische Hintergründe. Trends und Perspektiven, Bundesministerium für Landesverteidigung, Büro für Sicherheitspolitik, Interne Information zur Sicherheitspolitik Nr. 15, Jänner 2003, 1.

481 Politischer Hintergrund für diese Beteiligung waren die österreichischen Bestrebungen zur Internationalisierung der Südtirol-Frage. Die Besserstellung der Tiroler Volksgruppe in Südtirol, wie sie im *Gruber-De Gasperi*-Abkommen von 1946 festgelegt war, ist von der italienischen Seite bewusst verzögert worden, bilaterale Gespräche blieben ohne konkretes Ergebnis. Aus diesem Grund war Österreich bestrebt, bei der XV. Generalversammlung der Vereinten Nationen im Herbst 1960 einen Resolutionsentwurf über die „*österreichische*" Bevölkerung in Südtirol einbringen. Die Entsendung einer österreichischen Einheit in den Kongo sollte dafür „*gute Stimmung*" schaffen, was schließlich gelang. Aus: Peter Hazdra, Österreichs Beteiligung an Internationalen Einsätzen. Rahmenbedingungen – politische Hintergründe. Trends und Perspektiven, Jänner 2003, 1.

2003 haben über 120.000 ausländische Soldaten in mehr als 42.000 Transporten Österreich überquert, 91.000 Überflüge von ausländischen Militärflugzeugen fanden in diesem Zeitraum über Österreich statt.

Schlussfolgerungen

In Österreich ist die **Einstellung zur Neutralität** von einem mehrmaligen Wandel gekennzeichent: Von einem zunächst eher ungeliebten Preis, der für den Staatsvertrag und die Unabhängigkeit zu bezahlen war, zu einem von breitem Konsens getragenen Merkmal österreichischer Identität bis schließlich zu einem Begriff, der als Restgröße eher trennt als verbindet. In den Begriff „*Neutralität*" wurden im Laufe der Zeit verschiedene **Interpretationen** reklamiert, die mit dem ursprünglichen Konzept der „*klassischen Neutralität*" nichts mehr zu tun haben. Während des Kalten Krieges war die „***immerwährende Neutralität***" – „*dynamisch interpretiert*" - besonderes Qualitätsmerkmal der österreichischen Politik. Neutralität hat jedoch ihren Zweck zu erfüllen, sie ist nicht Selbstzweck.

Die Neutralität wurde in den sechziger und siebziger Jahren zu einem Bestandteil des österreichischen **Selbstwertgefühls**. Dass der österreichische Nationalfeiertag – der 26. Oktober - an dem Tag der Erklärung der Neutralität erinnert, ist Ausdruck dieses Zusammenhanges. Der Neutralität war der Preis für die 1955 wiedererlangte Souveränität, sie war auch Merkmal, anders zu sein wie die anderen.[482] Die Neutralität ist in Österreich Merkmal der Unabhängigkeit, Eigenständigkeit sowie Stabilität und des Selbstbewusstseins geworden, alles das, was zwischen 1918 und 1945 – also während der Ersten Republik -, nicht vorhanden war.

Der **Wunsch der Großmächte**, am Fall Österreichs die Möglichkeit einer Deeskalation des Ost-West-Konflikts zu versuchen, stellte Rahmenbedingungen für die Neutralität Österreichs her. Diese war die Formel des kleinsten gemeinsamen Nenners der Interessen der Sowjetunion, der Westmächte und Österreichs und somit der Preis, den Österreich – durch das **Moskauer Memorandum** – für den Abschluss des Staatsvertrages zahlen musste. Die Neutralität war von Beginn an Instrument, und kein Ziel. Sie diente der Maximierung der österreichischen Unabhängigkeit. Bereits 1956 während der Niederschlagung des Volksaufstandes in Ungarn durch Truppen des **Warschauer Pakt**es existierten Überlegungen seitens kommunistischer Politiker in der DDR, der Tschechoslowakei und Ungarn, Österreich zu besetzen. Dies wurde jedoch vom sowjetischen Staats- und Parteichef Nikita Chruschtschow abgelehnt. 1965 simulierte der

482 So der Politikwissenschafter Anton Pelinka in: Gunther Hauser, Österreich – dauernd neutral?, Vorwort.

Warschauer Pakt sogar den **Atomkrieg** in Österreich: Die östliche Verteidigungsgemeinschaft ging davon aus, dass Österreich im Konfliktfall als Teil des Westens agieren würde. Der Osten war darauf vorbereitet, die Neutralität zu ignorieren, in der Annahme, dass dies die NATO auch tun würde. Atomwaffen waren auf Wien, München und Verona gerichtet.

Die österreichische Neutralität wurde jedoch aufgrund der ***„aktiven Neutralitätspolitik*** von Bundeskanzler Bruno Kreisky bald Mythos, in den neunziger Jahren jedoch zunehmend Gegenstand des parteipolitischen Populismus. Die politische Diskussion betraf lediglich die nach der Aufnahme in die **Europäische Union** verbliebene ***„Restneutralität“***, die sich ausschließlich auf die **militärische Neutralität** bezog. Österreich ist – sowohl als UNO-Mitglied als auch als Mitglied der Europäischen Union – von einer Neutralität nach den Haager Abkommen von 1907 weit entfernt. Die Neutralität wäre also nur dann wirksam, wenn das *„internationale System nicht fuktioniert“*, d.h. wenn Kriege ohne Mandat des UNO-Sicherheitsrats ausgetragen werden. In diesem Zusammenhang hätte die Neutralität selbst nicht *„immerwährenden“*, sondern bloß temporären Chartakter.

Die Neutralität bietet jedoch – was die Geschichte beweist - keinen Schutz, sie ist ausschließlich vom **Interesse der Kriegsparteien** abhängig. Neutralität ist deshalb nicht als *Friedenscredo* zu verstehen.

In der Globalisierung der Sicherheitspolitik - im Zeitalter neuer Bedrohungen - hat die **österreichische Sicherheitspolitik** folgende Aufgaben:

- Sicherstellung des bestmöglichen Schutzes für Österreich und seiner Bevölkerung;
- Gewährleistung der Mitbestimmung und Mitgestaltung Österreichs im Rahmen der europäischen Sicherheitsarchitektur;
- wirksame Stabilisierung des Umfeldes;
- Vermeidung des Übergreifens von Konflikten aus den Nachbarregionen der EU auf die Staaten der EU;
- Sicherstellung der Mitentscheidung Österreichs beim europäischen Krisenmanagement;
- effiziente Realisierung der Verteidigung Österreichs – zu Lande und zu Luft;
- Entwicklung der EU zu einer wirksamen und ungeteilten Sicherheitsgemeinschaft;
- Stärkung der EU im transatlantischen Verbund. Teilnahme Österreichs an der europäischen Luft- und Raumfahrtindustrie – Technologie und Forschung.

Der Stellenwert der Neutralität – Schweiz, Schweden, Finnland, Irland

Die Schweiz

In der Praxis verstand sich die Schweiz seit dem 15. Jahrhundert als neutraler Staat. Erstmals wurde die Schweizer Neutralität 1815 verankert sowie von den europäischen Mächten anerkannt und garantiert. Die **dauernde Neutralität** der Schweiz ist jedoch nicht in der Verfassung verankert. Die Schweiz trat dem Völkerbund bei, beteiligte sich dort auch an Wirtschaftssanktionen und trat 1938 aufgrund der plötzlich erkannten Unvereinbarkeit zwischen Völkerbund und Neutralität aus dem Völkerbund aus. Während des Zweiten Weltkrieges wurde die Schweizer Neutralität öfters verletzt: Durch Kampfflugzeuge und Bomber der deutschen Luftwaffe auf dem Weg nach Frankreich, weiters wurden irrtümlich die Städte Schaffhausen und Basel mehrmals von amerikanischen und britischen Luftverbänden bombardiert. Die Schweiz gewährte dem Deutschen Reich auch Kredite für Rüstungskäufe und lieferte Waffen an die *Wehrmacht*. Nach dem Zweiten Weltkrieg sprach sich vor allem die USA vehement gegen eine Mitgliedschaft der Schweiz in der damals neu gegründeten UNO aus. 1948 beteiligt sich die Schweiz am *Marshall*-Aufbauprogramm der USA und wird OEEC-Mitglied, ein Jahr später Europaratsmitglied sowie 1960 Mitglied der Europäischen Freihandelszone EFTA. Die Schweizer Demokratie ist von ihrem Wesen her westlich geprägt, so verstand sich die Schweiz zur **westlichen Wertegemeinschaft** zugehörig: Der Schweizer Politikwissenschafter Mauro Mantovani brachte 1995 publik, dass sich die Schweiz im Kriegsfall zwischen Ost und West der NATO angeschlossen hätte. In einem geheimen Memorandum vom 10.2.1956 des damaligen stellvertretenden NATO-Oberbefehlshabers, Feldmarschall Bernard L. Montgomery, an den britischen Außenminister Anthony Eden wird festgehalten, dass es Verbindungen zwischen der NATO und dem Schweizer Verteidigungsminister Paul Chadet gab. Letzterer betonte in einer Unterredung mit Montgomery, dass im Kriegsfall die Schweiz der *Westlichen Allianz* beitreten würde.

Ende 1995 hat die Schweizer Bundesregierung entschieden, Land- und Lufttransporte von NATO-Gerät nach **Bosnien-Herzegowina** zuzulassen. 1996 wird die Schweiz Mitglied der NATO-**Partnerschaft für den Frieden**. Ende Mai 2000 erfolgte der Transport von französischen Panzern auf die Wichlenalp im Schweizer Kanton Glarus zu Schiessübungen.

Im sicherheitspolitischen Bericht der Schweiz von 1999 wird der Beitritt der Eidgenossenschaft zur UNO und EU als strategische Ziele des Bundesrates festgehalten, ein NATO-Beitritt wird ausgeschlossen. Demnach kann die Schweiz ihre Sicherheit nicht mehr im Alleingang garantieren, sondern ist dafür *„auf die*

Zusammenarbeit mit anderen" angewiesen. Derzeit lautet das Leitmotiv der schweizerischen Sicherheitspolitik „***Sicherheit durch Kooperation***". Die Schweiz beteiligte sich zwischen Juli 1998 und Ende 2000 erstmals an Embargo-Maßnahmen, die von der EU gegenüber der Bundesregierung Jugoslawien verhängt worden sind. Im Juni 1999 wurde eine Freiwilligeneinheit (unbewaffnet) von 160 Mann (SWISSCOY) aufgestellt und im September 1999 in den Kosovo verlegt. Am 10.9.2002 wird die Schweiz **UNO-Mitglied**, während der letzten Jahrzehnte trat die Eidgenossenschaft insgesamt 28 Unterorganisationen der UNO bei und bildet somit einen der größten Zahler der UNO. Seit 1990 entsandte die Schweizer Regierung UNO-Militärbeobachter („***Blaumützen***") in den Nahen Osten, in das ehemalige Jugoslawien, nach Georgien und nach Tadschikistan. Die Schweiz beteiligte sich auch an Wirtschaftssanktionen gegen den Irak, Libyen und Jugoslawien sowie am Luftembargo gegen Libyen in den neunziger Jahren – ohne Neutralitätsvorbehalt.

Lautete die Devise 1955 für Österreich gemäß dem **Moskauer Memorandum** eine Neutralität zu üben in der Art, wie sie von der Schweiz gehandhabt wird, empfiehlt der sicherheitspolitische Bericht des Schweizer Bundesrates von 1999, dass sich die Schweiz künftig nach der **Neutralitätspolitik Österreichs** orientieren soll.

Schweden

Die schwedische Art der Neutralität verstand sich vielmehr als **Allianzfreiheit**: Allianzfrei im Frieden, neutral im Krieg. Während des Zweiten Weltkriegs durchzogen deutsche Truppen öfters Schweden auf dem Weg nach Norwegen und Finnland. Bereits während des finnisch-russischen Krieges von 1939 unterstützte Schweden seinen östlichen Nachbarn mit Waffen, fünf Bombern, zwölf Kampfflugzeugen, acht Aufklärungsflugzeugen und einem Freiwilligenkorps in der Stärke von 8.000 Mann.

1946 erfolgte die Aufnahme Schwedens in die UNO mit dem Recht auf Rückkehr zur strikten Neutralität im Falle der Handlungsunfähigkeit der Vereinten Nationen. Schwedens **Neutralität** war weder völkerrechtlich noch innerstaatlich verankert, sondern beruhte auf **parlamentarischer Willenserklärung**. Schweden musste vor allem eine Außenpolitik praktizieren, die für die UdSSR glaubhaft war.

Seit 1960 befinden sich schwedische Truppen im Ausland. 1968 kam mit Dänemark, Finnland und Norwegen die Gründung der *Nordic-Stand-by-Force* zustande - einer Truppe von 4.000 Mann, sie ist prinzipiell für die Durchführung von Militäroperationen – auch friedensschaffenden Maßnahmen[483] bzw. Kampfeinsätzen - gemäß Kapitel VII der UNO-Charta bestimmt. Heute ist die ***NORDCAPS*** (*Nordic Coordinated Arrangement for Military Peace Support*) für derartige Aufgaben zuständig.

Im Oktober 2000 stellte der schwedische Premierminister Göran Persson fest: Bei Wegfall des Kalten Krieges und der Supermächte, die sich bekämpfen, ist die Neutralität kein relevantes Konzept. Verteidigungsminister Björn von Sydow erklärte ebenfalls im November 2000: Schweden ist und bleibt bündnisfrei. Doch die Neutralität sei ein Relikt des Kalten Krieges und nicht mehr relevant. Offiziell hat Schweden mit einer Übereinkunft zwischen der Regierung (Sozialdemokraten) und drei Oppositionsparteien (Konservative, Zentrumspartei, Christdemokraten) am 11.2.2002 seine Doktrin der Neutralität aufgegeben. Eine Bedrohung des Friedens und der Sicherheit könne künftig und am besten „*in Gemeinschaft und im Zusammenwirken mit anderen Ländern*" abgewehrt werden: Man könne nicht neutral sein, wenn einer der EU-Partner angegriffen würde.[484]

Finnland

Die finnische Art der Neutralität resultiert aus der politischen Abhängigkeit von der Sowjetunion nach dem Zweiten Weltkrieg. Vom politischen System westlich orientiert war Finnland darauf gebunden, eine **Politik des Vertrauens** zum östlichen Nachbarn durchzuführen. 1947 lehnte die finnische Regierung auf Druck der Sowjets die Teilnahme am ***Marshallplan*** ab, nahm aber US-Anleihen in Höhe von 120 Mio. US-Dollar auf. Am 6.4.1948 erfolgte die Unterzeichnung eines Vertrags über Freundschaft, Zusammenarbeit und gegenseitigen Beistand mit der UdSSR. Demnach war Finnland nicht neutral, dessen **Politik** war jedoch **auf Neutralität ausgerichtet**. In Art. 4 des Vertrags verpflichtet sich Finnland gegenüber der UdSSR am **Verbot der Teilnahme an gegenseitig gerichtete Allianzen**. Erstmals zählte Nikita Chruschtschow am XX. Parteitag der KPdSU 1956 Finnland zu den neutralen Staaten gemäß der Doktrin der „***friedlichen Koexistenz***", nachdem ein Staat als „*gut*" bezeichnet wurde, wenn er „*friedenspoli-*

483 Die Bedeutung „*friedensschaffender Maßnahmen*" hängt von der Interpretation der betroffenen Organisation ab – vgl. EU-Krisenbewältigungseinsätze nach „Petersberg", „*peace support operations*" nach NATO-Partnerschaft für den Frieden und den „*crisis response operations*" nach dem Strategischen Konzept der NATO aus 1999. Aufgrund der terminologischen Verwirrung wäre eine einheitliche Definition notwendig.

484 Vgl. dazu das Kapitel über Schweden in: Gunther Hauser, Österreich – dauernd neutral?, 2002.

tische Initiativen" zeige und die UdSSR und ihre Satellitenstaaten nicht bedrohe. Michail Gorbatschow bezeichnete bei einem Besuch in Helsinki Ende der achtziger Jahre den finnischen Status ebenfalls als „*neutral*". Nach der Auflösung der UdSSR schloss Finnland im Januar 1992 einen Vertrag über die Grundlagen der Beziehungen mit Russland ab. Dieser Vertrag enthält keine der Klauseln des Vertrags von 1948.

Seit 1956 nimmt Finnland an friedenserhaltenden Operationen im Rahmen der **UNO** teil. 1969 wurde Finnland Mitglied der **OECD**, 1994 erfolgte die Aufnahme Schwedens und Finnlands in die NATO-**Partnerschaft für den Frieden**. Heute wird die finnische Außen- und Sicherheitspolitik als bündnisfrei interpretiert. In der zweiten Hälfte des Jahres 2003 wurde in Finnland eine Debatte über einen Beitritt des Landes eingeleitet. Als erste führende Regierungspolitikerin hatte sich Mitte November 2003 die sozialdemokratische Vorsitzende des außenpolitischen Ausschusses im Reichstag, Liisa Jaakonsaari, für einen Beitritt Finnlands zur NATO ausgesprochen: Es sei „*jetzt Zeit, eine langwährende eheähnliche Lebensgemeinschaft zu registrieren*"[485] und verwies darauf, dass die finnische Armee in Fragen der Rüstung, Ausbildung und Strategie seit langem in die NATO eingebunden ist.[486]

Irland

Die irische Neutralität war ausschließlich militärisch motiviert und richtete sich nach der Unabhängigkeit Irlands 1921 gegen eine zu starke militärische Abhängigkeit zu Großbritannien. Irlands Präsident Eamon de Valera hatte während des Zweiten Weltkrieges als neutrales Land „*traditionell gute*" Beziehungen zum Deutschen Reich, dies zeigte sich 1945, als de Valera sich in das Kondolenzbuch zum Tode von Adolf Hitler eintrug. Nach dem Zweiten Weltkrieg lehnte die irische Politik einen Beitritt zur **NATO** ab, weil dies nach Ansicht der irischen Regierung ansonsten eine Anerkennung der Teilung Irlands bedeutet hätte. So trat Irland als erstes „*neutrales*" Land 1973 gemeinsam mit Großbritannien und Dänemark den **Europäischen Gemeinschaften** bei, einer Gemeinschaft, die zuvor aus sechs NATO-Ländern bestand. Irland betonte stets gegenüber den Europäischen Gemeinschaften und später der EU seine **militärische Neutralität**, die jedoch mit der Unterzeichnung des EU-Vertrags in der Fassung des **Vertrags** von **Maastricht** am 7.2.1992 und der damit verbundenen Einführung einer Gemeinsamen Außen- und Sicherheitspolitik (**GASP**) sowie der daraus folgenden Euro-

485 Robert von Lucius, Finnland in die NATO?, Frankfurter Allgemeine Zeitung, 21.11.2003, 7.

486 Ebd.

päischen Sicherheits- und Verteidigungspolitik (**ESVP**) mit der Verankerung der „**Petersberg-Aufgaben**" in den Vertrag von Amsterdam am 2.10.1997 – abgesehen von der irischen UNO-Mitgliedschaft - obsolet wurde.

Der irische Premierminister Berthie Ahern hat im Auftrag seiner Regierung am 21.6.2002 eine Deklaration im Zusammenhang mit dem Vertrag von Nizza vorgelegt, in der die militärische Neutralität des Landes seitens der EU-15 bestätigt wird. Ziel dieser Deklaration – sie hat auch in den Schlussfolgerungen des **Europäischen Rates von Sevilla** in den Anlagen III und IV Eingang gefunden – ist es, die irische Bevölkerung für den Vertrag von Nizza, über den am 19.10.2002 zum zweiten Mal abgestimmt wurde, positiv zu stimmen und die Befürchtungen der Iren gegenüber der Bildung einer EU-Armee zu zerstreuen. Irland legt in dieser Deklaration fest, dass die GASP die *„traditionelle Politik der militärischen Neutralität"* nicht berührt. Abgeleitet wurde dieser Passus vom EU-Vertrag, in dem bereits 1992 in der Fassung des Vertrags von Maastricht die sogenannte ***„irische Klausel"*** in Artikel J7 (heute: Artikel 17 des **Vertrags von Nizza**) verankert wurde: Darin berührt die Politik der Union nicht den *„besonderen Charakter der Sicherheits- und Verteidigungspolitik bestimmter Mitgliedstaaten"*. In Übereinstimmung mit seiner militärischen Neutralität ist Irland nicht an gegenseitige Verteidigungsabkommen gebunden, noch ist es Teil von Plänen, eine europäische Armee zu entwickeln. Irland erklärt sich jedoch weiterhin bereit, an EU-Krisenbewältigungseinsätzen gemäß den **Petersberg-Aufgaben** – unter dem Vorhandensein eines UNO-Mandats sowie unter Zustimmung der irischen Regierung und des Parlaments (*Dáil Éireann*) – mitzuwirken und erinnert daran, dass es prinzipiell wie jedes andere Mitgliedsland der EU der GASP verpflichtet ist.

Intervention in Staaten

Im Jahr 1945 wurde das grundsätzliche **Interventionsverbot** in die inneren Angelegenheiten eines Staates in Art. 2 Abs. 7 UNO-Charta festgeschrieben: *„Aus dieser Charta kann eine Befugnis der Vereinten Nationen zum Eingreifen in Angelegenheiten, die ihrem Wesen nach zur inneren Zuständigkeit eines Staates gehören, oder eine Verpflichtung der Mitglieder, solche Angelegenheiten einer Regelung auf Grund dieser Charta zu unterwerfen, nicht abgeleitet werden; die Anwendung von Zwangsmaßnahmen nach Kapitel VII wird durch diesen Grundsatz nicht berührt."*

Das Verbot der Einmischung in die inneren Angelegenheiten eines Staates (Interventionsverbot) wurde besonders von den lateinamerikanischen Staaten in ihrer Auseinandersetzung mit den USA propagiert. Dieses Interventionsverbot wurde nach dem Einschwenken von US-Präsident Franklin D. Roosevelt auf die „***Politik der guten Nachbarschaft***“ in einigen Verträgen – so 1936 in einem eigenen Protokoll auf der Konferenz der Amerikanischen Staaten von Buenos Aires – verankert. Besonders relevant für spätere universelle Normierungsversuche waren Art. 15 und 16 der **OAS**-Charta von Bogotá von 1948. Insgesamt betonte die im Zuge der **Entkolonialisierung** nach 1945 unabhängig gewordenen Staaten der Dritten Welt das Interventionsverbot, so in Art. 8 des Gründungsvertrags der **Arabischen Liga** 1945 und in den „***Pansh Sheel***“, den fünf „***Grundsätzen der friedlichen Koexistenz***“ 1954. Beim „*Pansh Sheel*“ handelte es sich um ein in Peking am 29.4.1954 geschlossenen Abkommen zwischen den damaligen Ministerpräsidenten der Volksrepublik China und Indiens – Chou-En-Lai und Pandit Nehru – über den Handel und den Verkehr zwischen der Tibet-Region Chinas und Indien. Die fünf Grundsätze sind:

- Gegenseitiger Respekt der territorialen Integrität und Souveränität;
- gegenseitige Nicht-Aggression;
- gegenseitige Nichteinmischung in die internen Angelegenheiten;
- Gleichheit in den internationalen Beziehungen und friedliche Koexistenz.[487]

In die Richtung eines absoluten Verbots militärischen Eingreifens weist auf Initiatve der **Sowjetunion** die von der Generalversammlung der Vereinten Nationen angenommene Deklaration 2131 (XX) von 1965 über die Unzulässigkeit der Intervention in die inneren Angelegenheiten von Staaten. Diese Deklaration wurde ohne Gegenstimme bei Stimmenthaltung Großbritanniens angenommen. So legt der § 2 fest: „*Also, no State shall organize, assist, foment, finance, incite or tolerate subversive, terrorist or armed activities directed towards the violent overthrow of the régime of another State or interfere in civil strife of another state.*“ Der Wiener Völkerrechtler Hanspeter Neuhold hebt in diesem Zusammenhang hervor, dass diese Formulierung doppeldeutig sei: Während die erste Hälfte die klassische Definition der Zulässigkeit der Unterstützung nur der etablierten Regierung wiedergibt, könnte der zweite Halbsatz auf ein generelles Verbot des Eingreifens in innere Konflikte hindeuten.[488] Die Resolution 2131 (XX) baut zum Teil wörtlich auf dem umfassenden Interventionsverbot der OAS-Charta auf.

Im Jahr 1981 ist auf Initiative der **Blockfreien** mit Guyana an der Spitze die Deklaration über die Unzulässigkeit der Intervention und Einmischung in die inneren Angelegenheiten der Staaten durch die Generalversammlung der Vereinten Nationen im Annex zur Resolution 36/103 mit 120 Ja-Stimmen, 22 Nein-

487 Neuhold/Hummer/Schreuer (Hg.), Österreichisches Handbuch des Völkerrechts, Materialienteil, 2. Auflage, Wien 1991, 330.

488 Aus: David Rezac, 2002, 26f.

Stimmen (einschließlich Österreichs) und sechs Enthaltungen angenommen worden.

Im UNO-Sanktionregime sind Interventionen – politisch, wirtschaftlich und militärisch - nur mit Zustimmung des Sicherheitsrates möglich mit dem Ziel, *„auf den normverletzenden Staat so einzuwirken, um eine Änderung der sicherheitsbedrohenden Politik zu erreichen.“*[489] Dieser kollektive Sanktionsmechanismus soll vor allem präventiv wirken.[490] Grundsätzlich sollen Konflikte durch Internationale Organisationen, über internationale Gerichtsbarkeit und Schiedsverfahren und mit Instrumentarien **friedlicher Streitbeilegung**, also gewaltfrei gelöst werden. Diese Maßnahmen sollen dazu beitragen, dass militärische Operationen soweit wie möglich vermieden werden können. Das ist nicht immer möglich, wie dies ca. 30-40 Bürgerkriege pro Jahr zeigen, die es weltweit gibt.

Militärischen Maßnahmen kann auch eine konfliktverhütende Rolle zukommen, vor allem im Bereich der **humanitären Aktion** und des Wiederaufbaus sowie bei **vertrauensbildenden Maßnahmen**. Verbindungen zwischen militärischen und zivilen Operationen sind in vielen Bereichen, wie in ***peacekeeping*** und anderen Formen des Krisenmanagements, notwendig geworden. Internationale Regime für das ***peace building*** verfolgen das Ziel, Bedrohungen zu minimieren, Vertrauen zu schaffen bzw. zu fördern und Rahmenbedingungen für Dialog und Zusammenarbeit zu schaffen. Beispiele dazu sind die Verträge für internationale **Rüstungskontrolle** und **Abrüstung** oder internationale **Streitschlichtung**smechanismen genauso wie multilaterale Foren des Dialogs und der Zusammenarbeit.

Typologien der Intervention

Konfliktprävention/-lösung: Alle Mittel zur Lösung und zur Verhinderung des Ausbruchs/der Eskalation von Konflikten/ von Gewalt, die jedoch Gewaltanwendung ausschließen: So legt Art. 33 der Charta der Vereinten Nationen wie folgt fest:

„1. Die Parteien an irgendeinem Streitfall, dessen Fortdauer geeignet ist, die Aufrechterhaltung des Weltfriedens und der internationalen Sicherheit zu gefährden, sollen dessen Lösung zu finden versuchen vor allem durch Verhandlungen, Untersuchungen, Vermittlung, Vergleich, Schiedsspruch, gerichtliche Regelung, Anrufung regionaler Organe oder Abkommen oder durch andere friedliche Mittel eigener Wahl.

---

489 Albrecht Horn, Multilaterale ökonomische Sanktionsregime der Vereinten Nationen, 2003, 29.

490 Ebd.

2. Der Sicherheitsrat fordert, wenn es nötig erscheint, die Parteien auf, ihren Streitfall durch solche Mittel zu lösen."

Peacemaking: Diplomatische und andere nichtmilitärische Maßnahmen – wie Vermittlung - zur Beendigung eines Konflikts, der bereits ausgebrochen ist.[491]

Peacebuilding soll Bedingungen schaffen, die die Anwendung von Gewalt unnötig machen bzw. verhindern. Solche Maßnahmen können sowohl zur Verhinderung eines gewaltsamen Konfliktes als auch nach dessen Beendigung gesetzt werden. Es kann die Schaffung oder Stärkung von wirtschaftlichen und demokratischen Institutionen, die Durchführung von Wahlen, die Förderung von Menschenrechten, die Entschärfung und die Beseitigung von Minen beinhalten. *Extended Peacekeeping* und *peacebuilding* überlappen einander in vieler Hinsicht.[492]

Klassisches Peacekeeping - wie die Stationierung leichtbewaffneter Einheiten oder von unabhängigen Beobachtern in einer Truppentrennungs- oder Konfliktzone - soll den Ausbruch von Spannungen verhindern. *Peacekeeping* ist zwar nicht ausdrücklich in der Satzung der Vereinten Nationen vorgesehen, erfolgt aber grundsätzlich auf der Basis von Kapitel VI, da keine Zwangsmaßnahmen vorgesehen sind. Die Zustimmung der Konfliktparteien (*consent*) ist Voraussetzung für erfolgreiches ***peacekeeping***.

Preventive Deployment beinhaltet die Stationierung von Truppen zur Verhinderung eines Konfliktausbruchs (wie bei UNPREDEP – der *United Nations Preventive Deployment Force* - zwischen 1995 und 1999 in Mazedonien).

Extended Peacekeeping schliesst auch neue Verantwortlichkeiten der *Peacekeeper* wie das Einsammeln von Waffen (wie die *Operation Essential Harvest* in Mazedonien im Spätsommer 2001), die Rückführung von Flüchtlingen, Wahlbeobachtung, die Ausbildung von Polizei, temporäre administrative Aufgaben sowie die Errichtung einer Pufferzone mit ein. So unterstütze die Regierung Frankreichs – als ehemalige Kolonialmacht und verbleibende Schutzmacht Westafrikas - im Dezember 2002 Präsident Laurent Gbagbo, der in den vergangenen Jahren die ethnischen und religiösen Spannungen an der **Elfenbeinküste** durch eine Ausgrenzungspolitik gegenüber den Nordprovinzen aktiv gefördert hatte. Die Demarkationslinie zwischen Nord und Süd wurde von französischen Truppen gehalten. Im Süden befanden sich die Regierungstruppen von Gbagbo,

---

491 Aus: Report of the Panel on United Nations Peace Operations („*Brahimi-Report*"), A/55/305-S/2000/809, Kapitel "Doctrine, strategy and decision-making for peace operations", Punkt 11.

492 Report of the Panel on United Nations Peace Operations („*Brahimi-Report*"), A/55/305-S/2000/809, Kapitel "The need for change", Punkt 6f, und Kapitel "Doctrine, strategy and decision-making for peace operations", Punkt 13.

im Norden die Rebellen der *„Patriotischen Bewegung der Elfenbeinküste“* (MPCI). Die Gefahr eines Bürgerkrieges sollte durch die Präsenz französischer Soldaten und Fremdenlegionäre eingedämmt werden. Mit der Zeit sollte die bisher propagierte Neutralität der französischen Truppen *einer „aktiveren Rolle bei der Stabilisierung des Waffenstillstandes“* folgen.[493] Das heißt, dass die Nord-Rebellen auch mit französischer Waffengewalt an dem geplanten Vorstoss in den Süden gehindert werden sollten.

Peace enforcement: Die Anwendung militärischer Gewalt zur Friedensdurchsetzung und zur Vermeidung der Ausbreitung von regionaler Instabilität durch Konflikte. Die Basis dafür bildet ein klares Mandat - in der Regel nach Kapitel VII der Charta der Vereinten Nationen. Unparteilichkeit (*impartiality*) muss bei der Implementierung des Mandates gewahrt bleiben

Peace implementation: Die Umsetzung eines Friedensübereinkommens bezweckt *peacebuilding* nach einem Konflikt. *Peace implementation* umfasst auch militärische Maßnahmen der Sicherheitsassistenz - im Hinblick auf Entmilitarisierung, Militärreform, **Rüstungskontrolle** und regionale Stabilität. Typische Beispiele dafür sind die Umsetzung des Dayton-Friedensabkommens ab 1995 in Bosnien-Herzegowina (IFOR/SFOR) oder KFOR im Kosovo ab 1999.

Krieg beschreibt einen Zustand, bei dem der **Einsatz von Waffengewalt** zwischen zwei oder mehreren Konfliktparteien **parteilich** erfolgt. Der Übergang zwischen *peace enforcement* und Krieg kann aber fließend sein, wie das Beispiel der Zweiten Golfkrieges Anfang der neunziger Jahre zeigte.[494] Die Kampfhandlungen müssen eine gewisse Zeitdauer und alle Parteien eine gewisse zentral gelenkte Organisation aufweisen. Zumindest auf einer Seite müssen offizielle Truppen eingesetzt sein. Auch muß es eine entsprechende Anzahl von Toten geben (ca. 1.000 Kampftote[495]), dass von Krieg gesprochen werden kann. Es liegt kein Mandat einer Internationalen Organisation vor.

Die **Vereinten Nationen** führen **Friedensoperationen** in drei folgenden Aktivitäten durch: Konfliktprävention und ***peacemaking***; ***peacekeeping***; ***peacebuil-***

---

493 Reinhold Smonig, Elfenbeinküste: „Wenn es jetzt losgeht, sind wir alle tot“, Die Presse, 14.12.2002, 10.

494 Die Anti-Irak-Koalition zur Befreiung Kuwaits war durch den UN-Sicherheitsrat mandatiert - auf Zwangsmaßnahmen (Kapitel VII) mittels kollektiver Verteidigung (Artikel 51 der UN-Charta). Das militärische Eingreifen der USA und der NATO in Jugoslawien im März 1999 sowie die amerikanisch-britische Militärintervention in den Irak im März/April 2003 erfolgten dagegen ohne Mandat des Sicherheitsrates. Es handelte sich in beiden Fällen um Krieg.

495 Die Anzahl hat die quantitative Kriegsursachenforschung des *Correlates of War Project* (COW) eingeführt. Kritiker weisen darauf hin, dass diese Festlegung ziemlich willkürlich ist.

ding. Zu diesem Zweck wurde Mitte der neunziger Jahre die UNSAS[496] ins Leben gerufen. UNSAS ist eine Dateibank bestehend aus einer eingespeicherten Personenanzahl von Streitkräften, der Polizei und zivilen Experten, die von den jeweiligen nationalen Regierungen der UNO genannt wurden und theoretisch in der Lage wären, innerhalb von sieben, 15, 30, 60 oder 90 Tagen für Friedensoperationen der Vereinten Nationen verlegefähig zu sein. Diese Datenbank beinhaltet 147.900 Personen aus 87 UNO-Mitgliedstaaten, davon 85.000 aus Streitkräften, 56.700 aus militärischen Unterstützungselementen, 1.600 Militärbeobachter, 2.150 Polizisten und anderen zivilen Experten.[497]

Das Eingreifen für eigene Staatsangehörige

Seit Inkrafttreten der Charta der Vereinten Nationen ist es vermehrt zu „***Rettungsaktionen***" gekommen. Viele Staaten haben unter der Geltung des Gewaltverbots beständig den Anspruch aufrechterhalten, Gewalt zum Schutz eigener Staatsbürger im Ausland anwenden zu können, wenn

- die ausländische Regierung nicht willens oder in der Lage ist, den völkerrechtlich gebotenen Mindestschutz für fremde Staatsangehörige zu gewährleisten;
- das Leben einer großen Zahl eigener Staatsangehöriger unmittelbar schwer gefährdet ist;
- alle anderen friedlichen Rettungsmaßnahmen keinen Erfolg versprechen oder fehlgeschlagen sind;
- die Aktion in der Art und Dauer auf das zur Rettung der Staatsangehörigen unbedingt Notwendige beschränkt ist und keine unverhältnismäßigen Gefahren für andere völkerrechtlich geschützten Rechtsgüter entstehen.[498]

Internationales Aufsehen erregten z.B. die israelische ***Befreiungsaktion*** von Passagieren, die sich ursprünglich auf dem Flug von Athen nach Paris befanden, auf dem Flughafen von **Entebbe** im Jahr 1976, die Befreiungsaktion für die Insassen einer von Terroristen auf dem Flug von Palma de Mallorca nach Frankfurt gekaperten *Boeing 737* („*Landshut*") der *Lufthansa* in **Mogadischu** 1977 sowie den gescheiterten Versuch der USA im Jahr 1980, amerikanische Geiseln in **Teheran** zu befreien. Im Fall Mogadischu lag eine Einwilligung der somalischen Regierung zur Intervention vor.

---

496 *United Nations Stand-by Arrangement System.*

497 Report of the Panel on United Nations Peace Operations („*Brahimi-Report*"), A/55/305-S/2000/809, Kapitel "United Nations capacities to deploy operations rapidly and effectively", Punkt 102.

498 David Rezac, 2002, 56.

Als militärisches Eingreifen in einen gleichzeitig bestehenden innerstaatlichen bewaffneten Konflikt gelten die belgischen Schutzmaßnahmen im **Kongo** 1960 sowie in der jüngeren Vergangenheit die amerikanischen Evakuierungsaktionen in **Liberia** 1990 und 2003 sowie die von den USA, Italien und der Bundesrepublik Deutschland durchgeführten Evakuierungsmaßnahmen durch militärische Einsatzkommandos in **Albanien** im März 1997. Ebenso begründete die US-Regierung die Invasion amerikanischer Streitkräfte in der **Dominikanischen Republik** 1965, auf der Karibikinsel **Grenada** im Oktober 1983 sowie das Einschreiten in **Panama** 1989 mit der Notwendigkeit, eigene Staatsbürger zu schützen.[499] In all diesen Fällen behauptete die USA, dass sie von den betroffenen Regierungen zu Hilfe geholt worden seien. Im Fall der **Dominikanischen Republik** verhinderte nur ein US-Veto eine Verurteilung der Invasion durch den UNO-Sicherheitsrat. Die UNO-Generalversammlung beschloss mit 108 gegen 9 Stimmen eine Resolution, die ihr *„tiefes Bedauern"* angesichts der Invasion zum Ausdruck brachte und den sofortigen Rückzug der amerikanischen Streitkräfte verlangte. Unter den 27 Staaten, die sich in der Generalversammlung der Stimme enthielten, fanden sich zwei enge Verbündete der USA: die Bundesrepublik Deutschland und Kanada. Die amerikanische politische Führung befürchtete eine erhebliche Verstärkung der sowjetischen Präsenz in der karibischen Region (***Johnson*-Doktrin**[500], *„One Cuba is enough"*) durch eine starke Anlehnung z.B. der revolutionären Militärregierung Grenadas an Kuba.

Um die **Ausdehnung des kommunistischen Einflusses** einzudämmen, gaben die USA während des Krieges in **Vietnam** an, die südvietnamesische Regierung in Ausübung des Rechts auf **kollektive Selbstverteidigung** zu unterstützen. Die amerikanische Regierung hatte es jedoch bis 31.1.1966 unterlassen, den UNO-Sicherheitsrat anzurufen; seit Februar 1965 hatten bereits US-Streitkräfte ständig Luftangriffe gegen Ziele in Nordvietnam unternommen.[501]

Nach dem Sturz des Diktators Anastasio Somoza 1979 in **Nicaragua** wurden innerhalb der revolutionären sandinistischen Regierung marxistische Strömungen sichtbar. Die nicaraguanische Regierung verstärkte die Beziehungen zu Kuba und zur Sowjetunion. Ab 1981 erfolgte der bewaffnete Widerstand gegen die sandinistische Regierung in Managua, der von den USA durch die militärische Unterstützung der *Contras* organisiert wurde. Die *Contras* operierten vom benachbarten Honduras aus gegen Ziele in Nicaragua. Zur gleichen Zeit begann die verdeckte Hilfe der nicaraguanischen Regierung an die linksgerichtete Guerilla in **El Salvador**. Als Rechtfertigung für ihr Eingreifen in Nicaragua machten die

499 Ebd., 57.
500 Benannt nach dem amerikanischen Präsidenten Lyndon Johnson (1963-1969).
501 David Rezac, 2002, 38.

USA die kollektive Verteidigung zugunsten El Salvadors geltend und bezogen sich in diesem Zusammenhang auf die Charta der Vereinten Nationen sowie auf den Rio-Pakt von 1947[502]. Ziel der Intervention sei die Verteidigung vitaler Sicherheitsinteressen der USA sowie von *„Frieden und Sicherheit in der Region"* gewesen. Die USA beriefen sich zudem auf eine Erklärung der Regierung von El Salvador, wonach das Land einem bewaffneten Angriff Nicaraguas ausgesetzt gewesen sei und, in Ausübung seines Rechts auf kollektive Selbstverteidigung, ein Hilfsersuchen an die amerikanische Führung gerichtet habe.

Ähnlich verhielt sich die **Sowjetunion**, als Truppen des **Warschauer Pakt**es 1956 in **Ungarn** und 1968 in der **Tschechoslowakei** einmarschierten: Im Falle Ungarns und der Tschechoslowakei wurden die von Moskau behaupteten Hilfsersuchen *ex post* abgegeben, d.h. von moskautreuen Kräften lediglich nachgereicht (im Falle Ungarns) bzw. von der sowjetischen Nachrichtenagentur TASS zwei Tage nach dem Einmarsch veröffentlicht (im Falle der Tschechoslowakei). Als die Rote Armee 1979 in **Afghanistan** einmarschierte, lag seitens der amtierenden Regierung ebenso nach sowjetischer Diktion ein Hilfsersuchen um militärische Intervention vor. In Wirklichkeit bedeutete ein Ausscheiden aus dem Lager des *„real existierenden Sozialismus"* ein Überwechseln in das *„imperialistische Lager"*, das gemäß der ***Breschnjew*-Doktrin**[503] die Einheit des sozialistischen Systems gefährdete und zugleich eine Friedensgefährdung für die gesamte sozialistische Gemeinschaft darstellte.

Unabhängig davon kennt die Staatenpraxis seit 1945 eine Reihe von Beispielen, bei denen dritte Staaten auf der Seite etablierter Regierungen in innere Konflikte eingegriffen haben. Dies galt für die USA, die Sowjetunion und schließlich auch für Frankreich, das vor allem auf Hilfsersuchen etablierter Regierungen hin in seinen ehemaligen afrikanischen Kolonien militärisch intervenierte. Ein derartiger Fall hat sich im Oktober 1995 auf dem Inselstaat der **Ko-**

---

502 Der Rio-Pakt (*Tratado Interamericano de Assistencia Reciproca*) ist ein interamerikanischer Beistandsvertrag und enthält bilaterale Militärabkommen zwischen den USA und den meisten amerikanischen Staaten sowie Wirtschaftsverträge. In Art. 1 des Vertrages ist das **Gewaltverbot** verankert. Art. 6 bezieht sich auf **Aggressionen**, die keinen bewaffneten Angriff darstellen, gegen die aber vorgegangen werden kann. Dies geht über Art. 51 hinaus, der nur vom bewaffneten Angriff spricht. Die Grundsätze des kommunistischen Systems wurden wiederholt auf interamerikanischen Konferenzen als unvereinbar mit den Grundsätzen des interamerikanischen Systems erklärt, so etwa in der Deklaration von Punta del Este aus dem Jahr 1962.

503 Diese Doktrin ist benannt nach dem ehemaligen sowjetischen Staats- und Parteichef Leonid Breschnjew und stand im Zeichen des *„sozialistischen Internationalismus"*. Das Kennzeichen der sowjetischen Völkerrechtsdoktrin war die *„brüderliche Hilfe und Freundschaft"*, wenn *„imperialistische Aggressoren"* die Unabhängigkeit der „sozialistischen Staaten" bedrohen.

moren ereignet, als französische Truppen dem Putsch eines von komorischen Rebellen unterstützten Söldnerführers einn rasches Ende bereiteten. Paris konnte sich dabei auf einen Hilfsappell des Ministerpräsidenten der Komoren stützen, der sich wiederum auf ein bestehendes bilaterales Verteidigungsabkommen aus dem Jahr 1978 berufen hatte.[504]

Humanitäre Intervention

Der Begriff „**Intervention**" ist definiert durch den **Eingriff in „innere" Sphären**. Dieser Eingriff kann sich äußern in der Störung der Grundstoffversorgung eines Landes, in der Beeinträchtigung seiner wirtschaftlichen Entwicklung (Bsp. Wechselkursbeeinflussung) oder in der medialen Durchdringung. Bei einer **Militärintervention** verletzt/verletzen ein Staat/mehrere Staaten unter Verwendung von Waffengewalt die Souveränität und die territoriale Integrität eines anderen Staates. Bei der **humanitären Intervention** ist das Militärische als solche nie das Ziel, sondern lediglich das Mittel[505] zur Beendigung von schwersten Menschenrechtsverletzungen, die eine Region destabilisieren können. Im Gegensatz dazu sind reine militärische Interventionen Willensbeeinflussungen mit militärischen Mitteln. Die Konzeption der humanitären militärischen Intervention basiert auf der Theorie des „***gerechten Krieges***".

Die Verletzung vonn fundamentalen Rechten könne dazu führen, dass sich die Betroffenen, wie es in der Allgemeinen Erklärung der Menschenrechte heißt, „*zum Aufstand gegen Tyrannei und Unterdrückung*" gezwungen sehen. Derartige Maßnahmen führen jedoch zu einer Gefährdung des Friedens für eine ganze Region. Im Rahmen der Vereinten Nationen ist bereits sehr früh anerkannt worden, dass Angelegenheiten, welche die Besorgnis anderer Staaten zu erwecken geeignet seien, aufhören, innere Angelegenheit im Sinne des Art. 2 Ziff. 7 der UNO-Charta zu sein.[506]

Vielfach wurde Zweifel an der Rechtmäßigkeit der NATO-Intervention im **Kosovo** vom März 1999 geäußert, da sie ohne explizites Mandat des UN-Sicherheitsrates erfolgte. Nach Art. 12 und 24 der Charta der Vereinten Nationen hat der UNO-**Sicherheitsrat** die Hauptverantwortung für die Wahrung des Weltfriedens und der internationalen Sicherheit.

---

504 David Rezac, 2002, 24.

505 Christian M. Stadler, Über Wesen und Wert der Humanitären militärischen Intervention – eine Einleitung, in: Gustav E. Gustenau (Hg.), „Humanitäre militärische Intervention zwischen Legalität und Legitimität", Tagungsband des Instituts für Internationale Friedenssicherung, Wien, Nomos Verlagsgesellschaft, Baden-Baden 2000, 7-23, 8.

506 Ebd.

Was unterscheidet eine derartige Intervention von der Lehre vom gerechten Krieg (***bellum iustum***) als der „gerechte Grund“ (*causa iusta*) und die „richtige Absicht“ (*intentio recta*) von der *auctoritas principis*, die von dem jeweiligen Fürsten und Staat als dem „legitimen Herrscher“ festgestellt wurde?[507] Das Konzept des „*gerechten Krieges*“ an sich datiert zu Augustinus zurück (354-430) und besagt, dass Krieg nur als Reaktion auf erlittenes Unrecht gerechtfertigt ist, wobei der Gewaltanwender nicht mit dem Opfer identisch sein muss.

Gemäß der Entwicklung, die nach 1648 einsetzte, gab die Lehre des ***ius ad bellum*** den Staaten nur das Recht zu Selbstverteidigung oder Sanktionen für erlittenes Unrecht. Im 20. Jahrhundert ächtete der ***Briand-Kellog-Pakt*** von 1928 den „*Krieg als Mittel der Lösung internationaler Streitfälle*“. Die Charta der Vereinten Nationen verbietet schließlich die „*Androhung oder Anwendung von Gewalt*“ in den internationalen Beziehungen (Art. 2 Abs. 4). Staaten dürfen nur mehr Gewalt zum Zwecke der individuellen und kollektiven Selbstverteidigung (Art. 51) anwenden. Das Monopol auf die legitime Anwendung militärischer Zwangsgewalt liegt nunmehr beim **Sicherheitsrat** der Vereinten Nationen.

Kapitel VII UN-Charta „**kollektive Sicherheit**“ gilt ausschließlich bei der **Bedrohung des Friedens**, bei **Friedensbruch** und bei **Angriffshandlungen**.

Maßnahmen, die von UNO-Mitgliedern in Ausübung des Art. 51 ergriffen worden sind, sind unverzüglich dem **Sicherheitsrat** zu melden, damit dieser die erforderlichen Schritte zur Aufrechterhaltung und Wiederherstellung des Weltfriedens setzen kann. Art. 51 darf also nur solange ausgeübt werden, bis der Sicherheitsrat die zur Wahrung des Weltfriedens und der internationalen Sicherheit erforderlichen Maßnahmen getroffen hat. Das Selbstverteidigungsrecht besitzt deshalb einen subsidiären Charakter.[508] Infolge der – v.a. während des Kalten Krieges häufigen Beschlussunfähigkeit des Sicherheitsrats ist die Ausübung des Rechts auf **Selbstverteidigung** zum Normalfall geworden, die damit verbundene Melde- und Einstellungspflicht war hingegen weitgehend bedeutungslos geblieben.

In der völkerrechtlichen Praxis existiert eine zunehmende Spannung zwischen **Menschenrechten** und **Gewaltverbot**. Beide haben ***ius cogens*-Status**.

507 Paulus Engelhardt, Die Lehre vom „gerechten Krieg" in der vorreformatorischen und katholischen Tradition: Herkunft - Wandlungen - Krise, in: Reiner Steinweg (Hg.), der gerechte Krieg: Christentum, Islam, Marxismus, Frankfurt/Main, 1980, 72-124.

508 David Rezac, Militärische Intervention als Problem des Völkerrechts. Eine Untersuchung bewaffneten Eingreifens in innerstaatliche Konflikte anhand des Kosovo-Krieges, 38.

Die Zulässigkeit einer humanitären Intervention könnte gerechtfertigt werden, wenn eine Gewaltanwendung zur Verteidigung und Durchsetzung grundlegender humanitärer Werte folgende Voraussetzungen gegeben wären:

- Verletzung von fundamentalen Werten,
- Eignung der Maßnahme,
- Methoden der **friedlichen Streitbeilegung** sind erschöpft,
- Maßnahme von „legitimen“ Organen beschlossen,
- Maßnahme durch Mehrheit der UN-Mitglieder gebilligt,
- Sicherheitsrat durch Veto eines Ständigen Mitglieds blockiert.

Das Problem liegt aber darin, das es keinen diesbezüglichen Vertrag gibt sowie kein Völkergewohnheitsrecht.

Die **Petersberg-Missionen** (Kampfeinsätze bei der Krisenbewältigung einschließlich Maßnahmen zur Herbeiführung des Friedens) können die Linie des Konsenses überschreiten. Solche Einsätze fallen jedoch nicht unter die Kategorie Krieg. Die daran Beteiligten haben sich strikt und unparteiisch an die Umsetzung eines Mandates der UNO oder der OSZE zu halten. Eine Durchführung einer Petersberg-Operation im Bereich von Kapitel VII der Satzung der UNO (Zwangsmaßnahmen - ***peace enforcement***) ohne Mandat des Sicherheitsrates würde, abgesehen von der völkerrechtlichen Problematik, die Legitimität einer solchen EU-Operation in Frage stellen.

Enforcement-Aktionen nach Kapitel VII der UN-Satzung sollten nur dann in Betracht gezogen werden, wenn alle anderen Möglichkeiten erschöpft sind. *Peace enforcement* ist nicht bloß eine Steigerungsstufe von ***peacekeeping***. Ein gegenüber *peacekeeping* qualitativ anderes Mandat ist notwendig und in den allermeisten Fällen sind es auch andere Truppen. In Bosnien konnte man von UNPROFOR nicht verlangen, wozu *Joint Endeavour* und IFOR/SFOR notwendig waren. In Somalia wechselte man mehrmals zwischen *peacekeeping*, *peace enforcement* und *peacebuilding* (*Restore Hope*, UNISOM I, II). Dazwischen gab es Aktionen von US-Truppen, die den Rebellenführer Aidid jagten. Derartige Prozesse haben sich äußerst negativ auf den Ablauf von Operationen und die Reputation der UNO ausgewirkt.

Peacekeeping, **humanitäre Aktionen**, **Katastrophenhilfe**, aber auch ***peace enforcement*** können als Krisenmanagement bezeichnet werden. In der NATO werden die militärischen Missionen, *peacekeeping* und *peace enforcement*, als ***Peace Support Operations (PSO)*** oder ***Crisis Response Operations*** bezeichnet.

Entscheidend ist jedoch nicht die bloß formale Beschlußfassung für eine Operation unter Kapitel VI oder VII. Zu prüfen sind jeweils das Bestehen eines (strategisch-operativen) Konsenses mit den Streitparteien, der Operationsplan und vor allem die ***Rules of Engagement*** (ROE). Letztere regeln das Verhalten der eingesetzten Soldaten gegenüber den Konfliktparteien und sonstigen Gruppen, insbesondere den Waffengebrauch. Sie verdeutlichen auch die Konfliktlösungsmethodik einer Operation.

Die humanitäre Intervention aus völkerrechtlicher Sicht

Ein Recht zur humanitären Intervention lässt sich nach geltendem Völkerrecht nicht nachweisen. Bereits im 19. Jahrhundert fand eine „*humanitäre Intervention*" Frankreichs im zum Osmanischen Reich gehörenden Syrien statt, um die christliche Minorität zu schützen. Sogenannte „*humanitäre Interventionen*" erfolgten auch in der zweiten Hälfte des 20. Jahrhunderts, sie wurden z.T. als „*humanitäre Interventionen*" von den jeweils Durchführenden interpretiert, u.a.:

- 1956 und 1968 seitens des Warschauer Pakts in Ungarn bzw. in der Tschechoslowakei zur Niederschlagung der demokratischen Reformbewegungen bzw. des von Alexander Dubcek in der Tschechoslowakei vertretenen „*Sozialismus mit menschlichem Antlitz*",
- 1960 seitens Belgiens im Kongo zur Eindämmung der dortigen Krise,
- 1965 seitens der USA in der Dominikanischen Republik nach dem dort erfolgten Militärputsch,
- 1971 seitens Indiens in Ost-Pakistan (Bangladesch) zur Beendigung der politischen Unruhen,
- 1975 seitens Indonesiens in Osttimor zur Niederschlagung der dortigen Unabhängigkeitsbewegung FRETELIN,
- 1975 seitens Südafrikas in Angola, das sich nach der Entlassung in die Unabhängigkeit durch Portugal lange Zeit in einem blutigen Bürgerkrieg befand – es bekämpften sich dort v.a. die kommunistische MPLA, die prowestliche UNITA und der FNLA,
- 1979 seitens Vietnams in Kambodscha – zuvor hatte Ministerpräsident Pol Pot und die Führung der Roten Khmer, unter denen Millionen Menschen ermordet wurden, das Land verlassen,
- 1979 seitens Tansanias in Uganda – dort wurde Jussuf Lule nach dem Sturz des umstrittenen Diktators Idi Amin Dada[509] neuer Staatschef,
- 1979 seitens Frankreichs in der Zentralafrikanischen Republik – dort wurde nach 14 Jahren „Kaiser" Bokassa I. gestürzt, Nachfolger wurde David Dacko, der die Republik ausrief,
- 1979 seitens der Sowjetunion in Afghanistan, zur Durchsetzung eines prosowjetischen Regimes,

509 Die Anzahl der unter der Herrschaft von Idi Amin Dada (1971-1979) ermordeten Menschen wurde nach Quellen des britischen Senders BBC auf ca. 400.000 geschätzt.

- 1983 seitens der USA gemeinsam mit sechs Mitgliedern der Organisation Ostkaribischer Staaten (OECS) in Grenada, zur Eindämmung des zunehmenden militärischen Einflusses von Kuba nach dem erfolgten Militärputsch, bei dem Ministerpräsident Maurice Bishop erschossen wurde,
- 1989 seitens der USA in Panama, um Manuel Antonio Noriega – Oberbefehlshaber der Nationalgarde – und die unter seinem Einfluss befindliche Regierung zu entmachten[510],
- 1990 seitens der Organisation Westafrikanischer Staaten (ECOWAS)[511] in Liberia, zur Beendigung der politischen Unruhen; ECOWAS erhielt aber erst 1992 dafür ein Mandat des UNO-Sicherheitsrats.
- 1997 seitens der ECOWAS in Sierra Leone, zur Eindämmung der Konflikte,
- 2003 seitens der ECOWAS/ECOMIL[512] in Liberia zur Beendigung der Kämpfe zwischen dem Regime Charles Taylor/Moses Blah und den Rebellen.

In der UNO-Charta existiert in Art. 2 Abs. 7 das Einmischungsverbot in innere Angelegenheiten eines Staates. Alle Mitgliedstaaten der Vereinten Nationen sind jedoch verpflichtet, durch Art. 56 UNO-Charta *„gemeinsam und einzeln in Zusammenarbeit mit der Organisation zu handeln, um die in Artikel 55* (Anm.: der UNO-Charta) *angeführten Ziele zu erreichen.*“ **Menschenrechte** sind jedoch heute nicht innere Angelegenheit eines Staates, sondern haben universellen Charakter und sind universell zu betrachten (Art. 55 UNO-Satzung). Demnach sind die Vereinten Nationen zur universellen *„Achtung und Wahrung der Menschenrechte*“ und Grundfreiheiten verpflichtet, es fehlt dazu aber ein institutionelles Verfahren, um sie dazu zu zwingen. Es beginnt sich langsam ein **Recht auf humanitäre Intervention** zu entwickeln – unter Voraussetzung von fundamentalen und besonders schwerwiegenden Verstößen von Menschenrechten. Der interna-

510 Noriega verkündete zuvor, dass sich Panama im Krieg mit den USA befinde. Nach der Ermordung eines unbewaffneten US-Elitesoldaten, der in ziviler Kleidung unterwegs war, erfolgte im Dezember 1989 die Invasion von US-Truppen. Noriega wurde inhaftiert und nach Miami gebracht. Die Beziehungen zwischen den USA und Panama sind seit der Entstehung dieses mittelamerikanischen Landes untrennbar mit den militärstrategischen Interessen der USA in Panama verbunden – vor allem, was die freie Durchfahrt durch den Panama-Kanal betrifft.

511 ECOWAS - *Economic Community of West African States* – definiert sich als Wirtschaftsgemeinschaft mit dem Ziel, die Integration auf allen Gebieten der Wirtschaft – so u.a. in den Bereichen Industrie, Transport, Telekommunikation, Landwirtschaft und Rohstoffen - zu fördern. ECOWAS wurde 1975 gegründet und umfasste 2003 folgende 15 Mitgliedstaaten: Benin, Burkina Faso, Elfenbeinküste, Gambia, Ghana, Guinea, Guinea Bissau, Kap Verde, Liberia, Mali, Niger, Nigeria, Senegal, Sierra Leone und Togo.

512 So nennen sich nun die Streitkräfte der ECOWAS.

tionalen Staatengemeinschaft soll das Recht gegeben werden, auch militärische Mittel einzusetzen, um schwere und systematische Menschenrechtsverletzungen zu beenden. Der damalige Generalsekretär der Vereinten Nationen – Boutros Boutros Ghali – erklärte am 31.1.1992 während eines Gipfeltreffens des Sicherheitsrates: „*Civil wars are no longer civil, and the damage they inflict will not let the world remain indifferent.*“[513] Demnach hat die UNO einige Male Zwangsmaßnahmen gegen schwere Menschenrechtsverletzungen angeordnet, wie 1992 gegen **Bosnien-Herzegowina**[514] („*Operation Deliberate Force*“)[515], **Liberia** und

513 David Rezac, 2002, 159.

514 Bereits in seiner ersten Resolution zum Krieg im ehemaligen Jugoslawien griff der UNO-Sicherheitsrat auf Kapitel VII der UNO-Charta zurück, um ein allgemeines und vollständiges Waffenembargo über das gesamte Gebiet der damals völkerrechtlich noch bestehenden Sozialistischen Föderativen Republik Jugoslawien zu verhängen. Seit dieser Resolution 713 vom 25.9.1991 befasste sich der Sicherheitsrat bis zum 15.1.1996 in nicht weniger als 92 Resolutionen mit den kriegerischen Auseinandersetzungen und ihren Folgen im ehemaligen Jugoslawien. Resolution des UNO-Sicherheitsrats Res. 770 vom 13.8.1992 stellte fest: „*The situation in Bosnia and Herzegovina constitutes a threat to international peace and security and that the provision of humanitarian assistance in Bosnia and Herzegovina is an integral element in the Council's effort to restore international peace and security in the area.*“ Der Sicherheitsrat traf damit die für die Anwendung von Kapitel VII der UNO-Charta notwendige Feststellung des Vorliegens einer **Friedensbedrohung**. Mit Resolution 776 vom 14.9.1992 wurde UNPROFOR mit der Sicherung der humanitären Hilfslieferungen für Bosnien-Herzegowina beauftragt. Resolution 816 vom 31.3.1993 ermächtigt die Staaten zur Überwachung und schließlich dazu, zu dessen Durchsetzung „*all necessary measures*“ zu ergreifen. Das Flugverbot wurde in der Praxis von der NATO überwacht, u.a. durch den Einsatz von zwei AWACS-Flugzeugen („*Operation Deny Flight*“). Wie der UNO-Generalsekretär dem Sicherheitsrat mitteilte, betrug die Zahl der Luftraumverletzungen mit 18.1.1994 bereits 1.222. Zum bewaffeten Eingreifen kam es nur im Ausnahmefall: So schossen am 28.2.1994 zwei amerikanische F-16 vier serbische Kampfflugzeuge über Zentralbosnien ab. Es handelte sich dabei um den ersten Kampfeinsatz der NATO seit ihrer Gründung am 4.4.1949. Im Frühjahr 1995 wurden hunderte UNO-Soldaten und –Militärbeobachter in Bosnien als Geisel genommen, um damit weitere NATO-Angriffe zu verhindern, davon wurden einige als „menschliche Schutzschilder“ bei strategisch wichtigen Anlagen vorübergehend angekettet. Mit der Resolution 998 vom 16.6.1995 wurde der Schutz der UNPROFOR durch eine von der NATO gestellte schnelle Eingreiftruppe durchgesetzt. 1995 erfolgten bereits die „***ethischen Säuberungen***“, dies war ein Fehlschlag der „*safe area*“-Politik der UNO. Das Mandat der UNPROFOR, die ursprünglich für Kroatien geschaffen wurde, ist durch den Sicherheitsrat in Resolution 836 vom 4.6.1993 ermächtigt worden, die durch Resolution 824 vom 6.5.1993 geschaffenen Schutzzonen in Bosnien-Herzegowina („***safe areas***“) – Sarajevo, Tuzla, Zepa, Gorazde, Bihac und Srebrenica – von bewaffneten Angriffen und anderen feindseligen Aktionen zu schützen. Vgl. dazu David Rezac, 2002, 83ff.

Somalia („*Operation Restore Hope*") oder im Nordirak („*Operation Provide Comfort*")[516]. Während des Einmarsches türkischer Truppen im Juli/August 1974 auf **Zypern** – aus türkischer Sicht einen „*humanitäre Intervention*" - berief sich Ankara auf den Vertrag von Zürich von 1960, in dem die Rechte der türkischstämmigen Bevölkerung Zyperns festgelegt wurden.[517] Zuvor erfolgten seitens einiger griechischer Bevökerungsteile Vertreibungen und Aktivitäten gegen die türkischen Zyprioten.

Es existiert in der Staatengemeinschaft kein Konsens darüber, wann und unter welchen Umständen der Sicherheitsrat sich in innerstaatliche Konflikte einmischen soll. Nur gelegentlich behandelt der UNO-Sicherheitsrat massive Menschenrechtsverletzungen als Bedrohung des Weltfriedens.

Das **Europäische Parlament** hatte bereits am 20.4.1994 - gemäß des ***Bertens*-Berichts** vom 8.4.1994, der auf eine sozialdemokratische Initiative aufgrund des militärischen Eingreifens der USA in Panama erarbeitet wurde -, die Frage eines **humanitären Interventionsrecht**s geprüft und auch anerkannt. Zu diesem Zweck stellte das Europäische Parlament Kriterien auf, die im Falle einer humanitären Interventionn erfüllt werden müssen:

- Der UNO-Sicherheitsrat wird seinem Gewaltmonopol – aus welchen Gründen auch immer – nicht gerecht;

---

515 Am 25.7.1995 stimmte der **Nordatlantische Rat** Plänen für massive Luftangriffe gegen jugoslawische Stellungen in **Bosnien-Herzegowina** zu, sollten diese gegen die Schutzzone in Gorazde vorrücken. Die Angriffe begannen am 30.8.1995 in den frühen Morgenstunden. Ziel der „***Operation Deliberate Force***" waren jugoslawische Kommandozentralen, Radaranlagen, Munitionslager, Fernmeldeeinrichtungen, Luftabwehrstellungen und Kasernen. Am 1.9. wurden die Angriffe vorerst ausgesetzt, am 5.9. wieder aufgenommen, weil die bosnischen Serben ein Ultimatum hatten verstreichen lassen: UNO und NATO hatten darin aufgefordert, ihre schweren Waffen aus der 20-Kilometer-Sperrzone rund um Sarajevo abzuziehen. Diese NATO-Angriffe stießen auf Zustimmung im Westen, auch seitens der österreichischen Bundesregierung unter Bundeskanzler Franz Vranitzky und Außenminister Wolfgang Schüssel. Einwände kamen damals vom russischen Präsidenten Boris Jelzin. Am 14.9.1995 stellte die NATO ihre Luftangriffe wieder ein, nachdem die bosnischen Serben mit dem Abzug der schweren Waffen begonnen hatte. Erst die massiven NATO-Luftschläge zwang die jugoslawische Führung, den Weg zu einer Friedenslösung anzunehmen – mit den am 1.11.1995 in **Dayton** (USA) beginnenden Friedensgesprächen unter der Beteiligung der Präsidenten Bosnien-Herzegowinas, Kroatiens und Jugoslawiens. Vgl. David Rezac, 2002, 86ff.

516 Die „***Operation Provide Comfort***" im Nordirak vom April 1992 hatte zwar eindeutig humanitäre Ziele, lässt sich jedoch entgegen allen Behauptungen der alliierten Mächte nicht durch ein eindeutiges Mandat des UNO-Sicherheitsrats rechtfertigen.

517 Zypern wurde 1960 selbständige Republik.

- der betreffende Territorialstaat ist zur Verhinderung der Menschenrechtsverletzungen oder zur Abwendung einer humanitären Katastrophe entweder nicht bereit oder nicht in der Lage;
- alle anderen Lösungsversuche, soweit sie möglich oder vernünftig sind, sind ausgeschöpft und erfolglos geblieben;
- eine begrenzte militärische Operation unter Wahrung des Grundsatzes der Verhältnismäßigkeit der Mittel wird durchgeführt;
- diese Operation darf von den Vereinten Nationen nicht verurteilt werden.[518]

Ziel ist es, ohne mandatierende Resolution des UNO-Sicherheitsrats bewaffnete Streitkräfte zur Verhinderung schwerster und systematischer Völkerrechtsverletzungen oder zur Abwendung einer unmittelbar bevorstehenden humanitären Katastrophe einzusetzen. Dieser vom Europäischen Parlament aufgestellte Kriterienkatalog ist notwendig, um die Gefahr des Mißbrauchs auszuschließen, die von der Zulassung der humanitären Intervention als völkerrechtlich akzeptierte Ausnahme vom Gewaltverbot der Vereinten Nationen nach Art. 2 Abs. 4 der UNO-Charta droht.

Das Regierungskabinett Wolfgang Schüssel I kam zu dem Resultat, dass die „(...) *Unterstützung von Friedensoperationen anderer internationaler Organisationen, die ohne Beschluss des UNO-Sicherheitsrats, aber entsprechend den Grundsätzen der Charta der Vereinten Nationen zur Anwendung einer humanitären Katastrophe oder zur Unterbindung schwerer und systematischer Menshenrechtsverletzungen durchgeführt werden, ermöglicht*" wird.[519]

Die **NATO-Militäraktion gegen die Bundesrepublik Jugoslawien** 1999 stützte sich auf dieses Recht der humanitären Intervention. Die NATO hatte sich dieses Recht zur humanitären Intervention durch die ***„Operation Allied Force***" zu eigen gemacht. Im **Strategischen Konzept** der Nordatlantischen Allianz, das vom Nordatlantikrat von den Staats- und Regierungschefs am 24.4.1999 in Washington angenommen wurde, behält sich die NATO in jenen Fällen, die nicht unter die Verteidigung des Bündnisses nach Art. 5 des NATO-Gründungsvertrages von 1949 fallen, das Recht vor, militärisch tätig zu werden. Dies kann mit oder auch ohne Auftrag des UNO-Sicherheitsrats erfolgen. Der **Europäische Rat** sprach am Tag der Aufnahme der Luftangriffe am 24.3.1999 in einer Erklärung der Staats- und Regierungschefs der EU zum Konflikt im Kosovo von einer nötigen *„militärischen Intervention*", um die humanitäre Katastrophe im Kosovo

518 Report RR/250/250385 vom 8.4.1994 und David Rezac, Militärische Intervention als Problem des Völkerrechts, 2002, 159f.

519 Bundeskanzleramt (Hg.), Zukunft im Herzen Europas, Österreich neu regieren. Das Regierungsprogramm (2000), 113.

zu beenden.[520] Ein Beschluss des UNO-Sicherheitsrates, der Zwangsmaßnahmen ausdrücklich anordnet, lag zwar nicht vor, den Russland und China waren nicht bereit, einem solchen Beschluss zuzustimmen. Der UNO-Sicherheitsrat hat sich aber in den Resolutionen 1160 (1998), 1199 (1998) und 1203 (1998), die sich ausdrücklich auf Kapitel VII der UNO-Satzung beziehen, mit der ernsten Menschenrechtslage im Kosovo beschäftigt. In den Resolutionen 1199 und 1203 hat der Sicherheitsrat festgestellt, dass er *„über die ernste humanitäre Situation im Kosovo und eine drohende humanitäre Katastrophe äußerst alarmiert und besorgt ist“*.[521] Die Resolution 1203 qualifiziert darüber hinaus *„die ungelöste Situation im Kosovo als eine Bedrohung des Friedens und der Sicherheit der Region“*. Jugoslawien stimmte der Überwachung der Einhaltung der Forderungen des Sicherheitsrates in der Resolution 1199 zu. Der Sicherheitsrat hat damit eindeutig zum Ausdruck gebracht, dass der Tatbestand für ein Handeln gemäß Kapitel VII vorliegt. UNO-Generalsekretär Kofi Annan hat auch die Rechtmäßigkeit der Militäraktion anerkannt, so auch in Resolution 1244 vom 10.6.1999, die diese Militäraktion nicht verurteilte (*ex post facto legislation*). Die *„Operation Allied Force“* war bis zur Annahme der Resolution 1244 durch den Sicherheitsrat der Vereinten Nationen rechtswidrig. Gemäß Resolution 1244 stellt die Situation in der Region eine Bedrohung des Weltfriedens und der internationalen Sicherheit dar. Der UNO-Sicherheitsrat begrüßte die durch die massiven Luftschläge der NATO bewirkte schließliche Annahme der Lösung, auf die sich die G8 – die Staats- und Regierungschefs der sieben Industriestaaten und Russlands - am 6.5.1999 auf dem Petersberg bei Bonn geeinigt hatten, durch die Bundesrepublik Jugoslawien. Zu den rechtlichen Aspekten der NATO-Operation äußerte sich der Sicherheitsrat nicht. Die Luftkriegsoperation der NATO mit ihren 37.000 Einsätzen kann als *„bewaffneter Konflikt internationalen Charakters“* betrachtet werden.[522] Der Sicherheitsrat selbst hat in der Folge am 25.3.1999 die von Russland eingebrachte Resolution, welche die NATO-Militäraktion als schwere Verletzung der UNO-Satzung, v.a. des Art. 2 Abs. 4, qualifiziert und die sofortige Einstellung der Anwendung von Gewalt fordert, mit 12:3 Stimmen abgelehnt. Die große Mehrheit des Sicherheitsrates hat daher diese Militäraktion befürwortet.

---

520 Pressemitteilung des Presse- und Informationsamtes der Bundesregierung (Bundesrepublik Deutschland), Berlin, 24.3.1999.

521 Zu den Resolutionen siehe auch: Erich P. Hochleitner, Kosovo: Die NATO-Militäraktion, in: „Unsere Sicherheit Europa“, Newsletter des Österreichischen Instituts für Europäische Sicherheitspolitik (ÖIES), Nr. 1/99, S. 3f.

522 Christian M. Stadler, Über Wesen und Wert der Humanitären militärischen Intervention – eine Einleitung, in: Gustav E. Gustenau (Hg.), „Humanitäre militärische Intervention zwischen Legalität und Legitimität“, 2000, 7-23, 8.

Das Völkerrecht verbietet zwar gemäß Artikel 2 Absatz 4 der UNO-Satzung den Staaten, „*in ihren internationalen Beziehungen jede gegen die territoriale Unversehrtheit oder die politische Unabhängigkeit eines Staates gerichtete ... Androhung und Anwendung von Gewalt*", hat aber – nach Meinung des österreichischen Völkerrechtlers Heribert Franz Köck - immer die Intervention aus humanitären Gründen anerkannt.[523] Regionale Institutionen und Organisationen bedürfen jedoch nach Art. 53 Abs. 1 der UNO-Satzung – jedenfalls für militärische Zwangsmaßnahmen – ausdrücklich der Ermächtigung durch den Sicherheitsrat, andere Internationale Organisationen, *Ad-hoc*-Koalitionen oder einzelne Staaten wohl erst recht. Gemäß Art. 39 der UNO-Satzung entscheidet der Sicherheitsrat, nicht die Mitgliedstaaten, ob eine Bedrohung des Friedens oder Aggression vorliegt und entscheidet, welche Maßnahmen in Übereinstimmung mit Art. 41 und 42 einzuleiten sind, internationalen Frieden und Sicherheit wiederherzustellen.[524]

Das allgemeine Völkerrecht hat sich seit dem Inkrafttreten der UNO-Satzung wesentlich weiterentwickelt. Es kennt zwingende Regeln (***ius cogens***), wozu auch ein Genozidverbot, Verbrechen gegen die Menschlichkeit oder schwere Verletzungen des humanitären Völkerrechts zählen. Zwingendes Völkerrecht wirkt ***erga omnes***, d.h. alle Glieder der Staatengemeinschaft sind verletzt, wenn zwingendes Völkerrecht nicht beachtet wird. Demnach ist es nicht akzeptabel, dass ein staatliches Terrorregime ungeahnt Genozid, Verbrechen gegen die Menschlichkeit und gravierende Verletzungen des humanitären Völkerrechts[525] begehen könne, wenn etwa ein befreundeter Veto-Staat den UNO-Sicherheitsrat am Eingreifen hindere.

---

523 Heribert Franz Köck, Verlangt die UN-Satzung wirklich tatenloses Zusehen?, in: Die Presse, 30.3.1999, 2.

524 Nachdem Rhodesien (das heutige Zimbabwe) 1965 einseitig die Unabhängigkeit von Großbritannien erklärt hatte, wurde die Herrschaft der weißen Minderheit in diesem Land – somit ein interner Vorgang – in vielen Resolutionen des UNO-Sicherheitsrats als eine Bedrohung des internationalen Friedens bewertet. Eine entsprechende Klassifizierung erfuhr die Aparteitspolitik Südafrikas ab Mitte der siebziger Jahre. Vgl. dazu Günther Unser, Die UNO, 1992, 73.

525 Vgl. dazu die Konvention über die Verhütung und Bestrafung des Völkermordes von 1948, die UNO-Menschenrechtspakte von 1966 – Übereinkommen gegen Folter und andere grausame, unmenschliche oder erniedrigende Behandlung oder Strafe, die Europäische Menschenrechtskonvention von 1950 mit Zusatzprotokollen sowie die Genfer Abkommen 1949 und die 2 Zusatzprotokolle dazu aus 1977.

Es handelte sich bei den Vorgängen wie im **Kosovo** um ein „***international crime***", das gegen alle Staaten gerichtet ist.[526] Der Wiener Völkerrechtler Hanspeter Neuhold definierte den Begriff „*humanitäre Aktion*" als „*nondefensive military action in order to protect civilian people from atrocities/mass violation of human rights against their own goverment.*"[527] Frankreichs Präsident Jacques Chirac warnte während des 22. Frankreich-Afrika-Gipfels in Paris vor den Vertretern von 52 afrikanischen Staaten, darunter den wegen schweren Menschenrechtsverletzungen kritisierten Präsidenten von Zimbabwe, Robert Mugabe: „*Die Zeit der Straflosigkeit ist vorbei*".[528] Wer sich als Staatschef der Gewalt bediene, müsse damit rechnen, vom Internationalen Strafgerichtshof zur Rechenschaft gezogen zu werden. Im Hinblick auf einen Krieg im Irak 2003 meinte Frankreichs Verteidigungsministerin Michèle Alliot-Marie: "*Krieg ist nur gerechtfertigt, wenn es darum geht, ein noch größeres Übel abzuwenden.*"[529]

Der **Kosovo**-Konflikt konnte schließlich mit einem UNO-Mandat beendet und auch bewältigt werden. Die Militäraktion der NATO gegen die Bundesrepublik Jugoslawien kann daher als ein Mittel betrachtet werden, dem Völkerrecht angesichts der Paralysierung des UNO-Sicherheitsrates zum Durchbruch zu verhelfen. Der Sicherheitsrat hat zwar offiziell aufgrund seiner Lähmung durch Russland und China keine Genehmigung zur Durchführung der Militäraktion gegen Jugoslawien erteilt, aufgrund dieser Paralysierung hat die NATO sogenannte „*substitute actions*" getätigt („Ersatzvornahme"). Die humanitäre Aktion ist somit als letztes Mittel durchzuführen. Die NATO hat sich stets an die entsprechenden Resolutionen des UNO-Sicherheitsrates gehalten und handelt auch jetzt im Kosovo unter der Autorität der Vereinten Nationen. Die NATO-Truppen bilden den Kern der internationalen Militärpräsenz, deren Aufgabe es ist, die UNO-Sicherheitsrats-Resolutionen in Jugoslawien umsetzen zu helfen.

---

526 Daniel Thürer, Die Nato-Einsätze in Kosovo und das Völkerrecht. Spannungsfeld zwischen Gewaltverbot und Menschenrechten, in: Neue Zürcher Zeitung, 3.4.1999, 5.

527 So Hanspeter Neuhold am 24.4.2001 während eines Vortrages zum Thema „*Humanitarian Intervention*" am Institut für Völkerrecht und internationale Beziehungen an der Universität Wien, Veranstaltungsreihe „*Legal and Political Aspects of Intenational Security*".

528 Chirac eröffnet Afrika-Gipfel in Paris, Neue Zürcher Zeitung, NZZ Online, 20.2.2003.

529 Reinhold Smonig, „Es steht fünfzehn zu drei für Frankreich", Die Presse, 22.2. 2003, 8.

Präventionskriegführung und Völkerrecht

Die Kritik an der neuen **US-Sicherheitsstrategie** richtet sich vor allem gegen die **Präventionskriegführung**, die völkerrechtlich äußerst problematisch ist. Selbst wenn die USA dabei verantwortungsbewusst vorgingen, so können auch andere Mächte den Präventionskrieg beanspruchen, z.B. Indien wegen der Infiltration Kaschmirs mit (von Pakistan unterstützten) Aufständischen gegen Pakistan. Völkerrechtlich und historisch sind derartige Bedenken begründet. In der Praxis gilt anderes: Stärkere schlagen los, wenn es ihnen nützlich erscheint, wie z.B. der Irak gegen den Iran und später gegen Kuwait. Zu meinen, dass aggressive Regime zu einer friedlicheren Politik kämen, würde die US-Strategie auf den Präventionsschlag verzichten, ist naiv. Eher kann es umgekehrt sein, dass die US-Strategie den einen oder anderen Diktator von einer Aggression abhält.[530] Aus diesem Grund hatte die amerikanische Führung unter George W. Bush im September 2002 die Nationale Sicherheitsdoktrin verabschiedet – sie steht im Zeichen der ***„pre-emptive defense"***. Demnach könnten bereits Regime, die die US-Administration als künftig gefährlich einstuft, seitens der USA gestürzt werden. Eine derartige Handlungsweise steht jedoch im Widerspruch zu den heutigen Normen des Völkerrechts.

Internationaler Terrorismus

Terrorismus und Völkerrecht

Terroristische Bedrohungen waren stets vorhanden und traten ausgehend von den anti-kolonialen Kriegen der sechziger Jahre im Umweg über die lateinamerikanische ***„Stadtguerilla"*** ab den späten sechziger Jahren und frühen siebziger Jahren vermehrt in den Vordergrund. Nach der Niederlage der arabischen Staaten im ***Sechs-Tage-Krieg*** von **1967**[531] trugen arabische Gruppen zunehmend ihren bewaffneten Kampf mit terroristischen Mitteln über den Nahen Osten hinaus nach Europa, wobei sie öfters mit **Flugzeugentführungen** auf ihre Forderungen Aufmerksamkeit erzeugten. In Europa bildeten sich terroristische Gruppierungen mit verschiedenen politischen Zielsetzungen. Linksextreme Terroristen vor al-

530 Erich Reiter, Die nationale Sicherheitsstrategie der USA vom September 2002, in: Der Soldat, Nr. 20, 23.10.2002,12.

531 Israel besetzte nach der Niederlage der arabischen Staaten die Halbinsel Sinai, den Gaza-Streifen, Jordanien westlich des Jordans und Alt-Jerusalem (5.-10.6.1967). Algerien, Irak, Kuwait und Saudi-Arabien verhängen Ölboykotte gegen alle Israel unterstützenden Staaten (6.6.1967).

lem in Westdeutschland, Belgien, Frankreich und Italien versuchten, das **Konzept der *„Stadtguerilla“*** aufzugreifen und über diesen Weg eine Veränderung der gesellschaftlichen Verhältnisse zu erreichen. Nationalistisch-separatistische Gruppen in Nordirland und im Baskenland griffen fast zeitgleich vermehrt zu terroristischen Mitteln. Neben linksextremen Terror entwickelte auch die extreme Rechte eine gewaltbereite Szene mit zunehmend terroristischen Methoden.[532]

Der **Terrorismus** bezweckt vor allem eine psychologische Schwächung des Gegners, wobei sich die Angriffe nicht primär gegen militärische Ziele richten, sondern oftmals **gegen Zivilpersonen**. Aufgrund der Mittel, welche aus der Gewaltkriminalität entlehnt sind, wurde der Terorismus deshalb als die *„parakriminelle“* Seite der subkonventionellen Bedrohung beurteilt.[533] Im Gegensatz dazu stellt die **Guerilla** jene Form des irregulären Krieges dar, in der die Gewaltanwendung **primär zu militärischen Schwächung** dient mit dem Ziel, eine militärische Niederlage des Gegners herbeizuführen. Guerilla bildet daher die *„paramilitärische“* Seite der subkonventionellen Bedrohung. Der ***„verdeckte Kampf“*** stellt dagegen eine Form der militärischen Auseinandersetzung dar, die als solche nicht erkannt werden sollte. Er richtet sich im Kontext **gegen personelle und materielle Kapazitäten** eines potenziellen Gegners, der damit bereits **vor Beginn einer militärischen Auseinandersetzung geschwächt** werden soll. Die Aktionen stellen inhaltlich Kriegshandlungen dar, die jedoch außerhalb einer aktuellen militärischen Auseinandersetzung gesetzt und daher verschleiert werden, um nicht als solche erkannt werden zu können. **Subversion** ist die gewaltfreie **Vorstufe des *„verdeckten Kampfes“***, etwa die **vorbereitende Aufklärung**, die Logistik für spätere Aktionen oder die **psychologische Aufbereitung des Umfeldes.**[534]

Was anfangs oft mit *„Befreiung“* sowie *„Kampf gegen Ungerechtigkeit und Unterdrückung“* gerechtfertigt wird, wird nach kurzer Zeit selbst zur Unfreiheit und Unterdrückung für die *„Befreiten“*. Staatsterrorismus wie in **Nordkorea** oder im **Irak** unter **Saddam Hussein**[535] war Teil des Alltags. Im zwischenstaatlichen Bereich bezweckt der Staatsterrorismus, den Gegner einzuschüchtern.

In der Literatur wird derzeit zwischen mehreren **Typen des Terrorismus** unterschieden: Politischer, nationalistischer, ethnischer, religiöser, krimineller, ökologisch determinierter, wirtschaftlich motivierter, anarchistischer Terror so-

---

532 Heinz Vetschera, Die neue Qualität des Terrorismus, in: Gustav E. Gustenau (Hg.), Zur Theorie des Terrorismus, Studien und Berichte zur Sicherheitspolitik, Schriftenreihe der Landesverteidigungsakademie, 4/2002, 19-43, 19.

533 Ebd., 20.

534 Ebd.

535 Saddam Hussein wurde am 13.12.2003 von amerikanischen Soldaten nahe seiner Heimatstadt Tikrit festgenommen.

wie Handlungen geistig abnormaler Personen, die als Terroristen einzustufen sind, Terror um des Terrors Willen, Nachahmungstäter. In der Praxis sind die Übergänge fließend oder es verfolgen innerhalb einer terroristischen Organisation oder Kleingruppen verschiedene Personen nicht immer idente Ziele, agieren aber aus logistischen Gründen gemeinsam. Dies ist der Grund, warum sich terroristische Organisationen immer wieder aufspalten und oft auch gegenseitig bekämpfen.[536]

Eine häufige Form des Terrorismus ist der **Geiselterror**: Am 5.9.1972 überfielen während der XX. Olympischen Sommerspiele in **München** acht Mitglieder der Terrorgruppe „*Schwarzer September*" das Quartier der israelischen Athleten, töteten zwei und nahmen neun als Geiseln. Eine Aktion zur Befreiung der Geiseln schlug fehl, alle Geiseln starben. Fünf Terroristen wurden ebenfalls erschossen, drei festgenommen. Im Oktober 1972 wurde daraufhin ein Flugzeug der *Lufthansa* nach **Beirut** entführt, dort forderten die Luftpiraten die Freilassung der drei Inhaftierten. Die westdeutsche Regierung beugte sich dieser Forderung.

Der Geiselterror kann international sein: Z.B. von Palästinensern in den USA geplant, vom Iran aus finanziert und in Deutschland mit russischen Waffen ausgeführt, um israelische Bürger zu treffen. So ereignete sich 1976 – von Palästinensern geplant, mit Hilfe deutscher „RAF"[537]-Terroristen und gegen Israel gerichtet - die Entführung eines französischen Flugzeugs nach Uganda. Die palästinensische Terrorgruppe „*Demokratische Volksfront für die Befreiung Palästinas*" entführte mit der „RAF" einen *Airbus A300* der *Air France* mit 254 Passagieren an Bord - dieser befand sich auf einem Flug von Athen nach Paris - nach **Entebbe**. Auf dem Flughafen von Entebbe wurden alle Passagiere bis auf jene mit israelischer Nationalität freigelassen. Eine israelische Kommandoeinheit verlegte mit drei *Lockheed C-130 Hercules* nach Uganda, landete in Entebbe, befreite alle Geiseln, tötete alle Terroristen, zerstörte ugandische Militärflugzeuge am Boden und entkam über Nairobi nach Israel. Dabei starben der Kommandant der israelischen Einheit und drei Geiseln.

Der Terror der sechziger und siebziger Jahre war überwiegend politisch links ausgerichtet, der Terror der achtziger und neunziger Jahre sowie der Gegenwart dagegen ist vermehrt religiös und antiwestlich motiviert.[538] Bei einem Attentat auf die Synagoge in Djerba/Tunesien am 11.4.2002 wurden 21 Menschen getö-

---

536 Friedrich Korkisch, Terrorismus: Weniger Sicherheit – Die Suche nach der New World Order II, in: Gustav E. Gustenau (Hg.), Zur Theorie des Terrorismus, Studien und Berichte zur Sicherheitspolitik, Schriftenreihe der Landesverteidigungsakademie, 4/2002, 45-134, 62.

537 RAF: Rote Armee Fraktion.

538 Friedrich Korkisch, 2002, 45-134, 61.

tet, davon 14 deutsche Touristen. Am 12.10.2002 kamen bei Anschlägen auf Nachtclubs auf Bali/Indonesien 202 Menschen ums Leben, vor allem Australier. Fünf nahezu gleichzeitige Anschläge gegen westliche und jüdische Einrichtungen fanden am 16.5.2003 in Casablanca statt, unter den 45 Getöteten befanden sich auch 12 Selbstmordattentäter. Vier Tage zuvor wurden in Riad/Saudi-Arabien Serienanschläge auf Wohngebiete verübt: 35 Menschen, darunter neun Amerikaner, kamen dabei ums Leben, 194 Menschen wurden verletzt. In Istanbul starben am 16.11.2003 bei Bombenanschlägen auf zwei Synagogen 23 Menschen, 300 werden verletzt. Sechs Tage später starben in Istanbul 27 Menschen und an die 450 wurden verletzt, als Bombenanschläge gegen britische Einrichtungen durchgeführt wurden. Dabei kam auch der britische Generalskonsul Roger Short ums Leben. Terrorgruppen wie die *Al Quaida* sind nach dem Vorbild der amerikanischen Fast-Food-Kette McDonald's aufgebaut: Im Rahmen eines Franchise-Systems operieren Terrorgruppen für die größere „Terror-Holding". Terrorgruppen werden auch wieder aufgelöst, neue Gruppen formieren sich.

Terrorismus richtet sich heute verstärkt gegen die USA, so die Anschläge auf das ***World Trade Center*** 1993, auf die beiden amerikanischen Botschaften in **Dar es Salaam** und **Nairobi** (7.8.1998) und auf die ***U.S.S. Cole*** im Jemen (12.10.2000). Eine neue Dimension hatte der Terrorismus am **11.9.2001** erreicht, als erstmals Verkehrsflugzeuge mit Passagieren als Marschflugkörper u.a. gegen das ***World Trade Center*** verwendet wurden: Bei den Anschlägen allein auf diese Zwillingstürme kamen insgesamt an die 3.000 Personen aus 78 Ländern ums Leben.[539]

Seit dem 11.9.2001 hat der Terrorismus eine „neue Qualität":

- Die Schwere und Art der Gewalthandlungen, die von Kriegshandlungen kaum zu unterscheiden sind – Angriffe aus der Luft mit mehreren tausenden Opfern und Sachschaden in Milliardenhöhe;
- die Organisation und Planung/Logistik der Anschläge nicht nur in der Maximierung des Schadens, sondern auch im Ablauf – zeitgleiche Angriffe auf mehrere Ziele in einem komplexen Organisationsablauf;
- Notwendigkeit militärischer Gegenmaßnahmen – zunächst Versuch der Luftverteidigung gegen diese Art von Angriffen durch den Einsatz von Luftstreitkräften, danach Eskalation zum mit militärischen Mitteln geführten Kampf gegen die Angreifer;

539 Rensselaer Lee and Raphael Perl, Terrorism, the Future, and U.S. Foreign Policy, Issue Brief for Congress, Updated January 8, 2003, Congressional Research Service, The Library of Congress, http://www.usembassy.at/en/download/pdf/terrorism.pdf .

- Die Qualifikation als *„bewaffneter Angriff“* im Sinne des Art. 51 der UNO-Charta durch die angegriffene Seite sowie die Bestätigung dieser Qualifikation in der Ausrufung des Art. 5 des NATO-Gründungsvertrags und in der Bestätigung durch die Entscheidung der NATO-Mitgliedstaaten und des Sicherheitsrats der Vereinten Nationen.[540]

Für die USA war der 11.9.2001 mit dem 7.12.1941 – also mit dem Angriff japanischer Kampfflugzeuge auf *Pearl Harbour* - vergleichbar, nur dass keine Kriegserklärung übergeben wurde.[541] Ziel der Terroristen war es am 11.9.2001, dem „Feind“ einen möglichst großen Schaden zuzufügen, um in der Folge das gesamte politische System der Gegenseite zum Einsturz zu bringen.[542] Dieser neue Terror besitzt somit den Charakter eines bewaffneten Konflikts. Deshalb ist die **Terrorabwehr ist** seit dem 11.9.2001 auch ***„militärische Angelegenheit“***, der bewaffnete Angriff erfolgt von nicht-staatlichen Akteuren, jedoch nicht von regulären Streitkräften. Mit dem völkerrechtlichen Zustand des Krieges haben die terroristischen Angriffe auf die USA jedoch nichts zu tun. Der „alte Terrorismus“, wie er etwa von nationalistisch-separatistischen Terrororganisationen praktiziert wurde, bleibt weiterhin aktiv.

Die Idee, Flugzeuge als Waffe gegen zivile Ziele zu nehmen, war am 11.9. 2001 nicht neu: Bereits 1986 planten Terroristen, eine Maschine der amerikanischen Fluggesellschaft *Pan Am* in Karatschi zu entführen und danach im Zentrum von Tel Aviv abstürzen zu lassen. 1994 beabsichtigten Terroristen, ein Flugzeug der *Air France* in Algier zu entführen und in Paris abstürzen zu lassen. Ein Jahr später deckten philippinische Behörden einen Plan auf, in dem Terroristen beabsichtigten, elf amerikanische Jumbo-Jets in Asien durch Sprengstoffpakete innerhalb eines Tages über dem Pazifik zum Absturz zu bringen. So sorgte auch der Diebstahl einer 46 Meter langen und 90 Tonnen schweren *Boeing 727* Ende Mai 2003 für Aufregung: Das Flugzeug war zuvor 14 Monate am Flughafen von Luanda/Angola abgestellt, als es plötzlich von Unbekannten zum Rollen gebracht wurde und darauf abhob. Die *Boeing* tankte zuvor 53.000 Liter Kerosin. Mit dem Bedenken, dieses Flugzeug könnte als Marschflugkörper für Terroranschläge mißbraucht werden, leiteten die CIA (*Central Intelligence Agency*), das *State Department* (US-Außenministerium) und einige Länder eine Afrika-weite Suche ein – zunächst jedoch ohne Erfolg.[543]

---

540 Heinz Vetschera, 2002, 19-43, 22.

541 Friedrich Korkisch, Terrorismus: Weniger Sicherheit – Die Suche nach der New World Order II, 2002, 45-134, 109.

542 Heinz Vetschera, Die militärische Dimension im „Neuen Terrorismus“, in: ÖMZ 2/2002, 141-152, 145.

543 Aus: The bizarre disappearance of a Boeing 727, in: Washington Post, 19.6.2003.

Der Sicherheitsrat der Vereinten Nationen hat allein seit 1998 zahlreiche Resolutionen gegen den Terrorismus verabschiedet: Resolution 1189 (1998), 1267 (1999), 1333 (2000), 1363 (2001), 1373 (2001), 1378 (2001) und 1386 (2001). Aufbauend auf die UN-Resolution 1368 (2001) vom 12.9.2001 hat der Sicherheitsrat zur Überwachung der Implementierung der Resolution 1373 (2001) vom 28.9.2001 einen Ratsausschuss geschaffen. Wesentliche Ziele der Resolution sind: Gemeinsamer Kampf gegen die Finanzierung und Finanzquellen sowie der ökonomischen Ressourcen des Terrorismus. Schätzungen von Experten zufolge verfügte die Al Quaida über ein Gesamtvermögen von USD 5 Mrd., daraus gelang es dieser weltweit agierenden Terrorgruppe, ein jährliches Budget von bis zu USD 50 Mio. zu erwirtschaften. Die GIA in Algerien verfügen über ein Jahresbudget zwischen USD 5 Mio. und USD 20 Mio.; etwa 50-60% dieser Gelder werden durch Aktivitäten erwirtschaftet, die der organisierten Kriminalität zuzuordnen sind, so auch der Produktion und dem Vertrieb von Drogen. 1999 wurden 75% der weltweiten Menge an Rohopium in Afghanistan hergestellt.[544] Ende der neunziger Jahre betrug der Gesamtumsatz von Geschäften aufgrund krimineller Aktivitäten weltweit USD 900 Mrd., das entspricht dem Bruttosozialprodukt der Volksrepublik China.[545]

Weiters soll die Staatengemeinschaft verhindern, dass sich Terrorismus auf ihren Territorien entwickelt bzw. ausbreitet. Terroristen sollen sofort ausfindig gemacht werden, Staaten sollen Vorbeugungsmaßnahmen gegenüber Terroristen treffen, auch mit effektivem Grenzschutz und umfassender und vertiefter internationaler Zusammenarbeit. Drogenhandel, Menschenhandel, Schlepperwesen und der Zigarettenschmuggel bilden u.a. die finanzielle Basis für das organisierte Verbrechen und in weiterer Folge für den Terrorismus.

Ein wirksames Vorgehen verlangt auch eine vertiefte Zusammenarbeit zwischen den polizeilichen und militärischen Stellen. In Europa wird in diesem Zusammenhang von der Notwendigkeit gesprochen, Polizeieinheiten besser auszurüsten, ebenso ist vermehrt von einer „Verpolizeilichung der Armeen“ zu hören. Was das Bundesheer in Österreich betrifft, befinden sich seit September 1990 österreichische Soldaten gemeinsam mit Gendarmen im Grenzeinsatz zu den östlichen Nachbarstaaten Slowakei und Ungarn, um Flüchtlinge und Schlepper

---

544 Aus: Alfred Schätz, Der transnationale Terrorismus nach dem 11. September. Sicherheitspolitische und nachrichtendienstliche Konsequenzen, in: ÖMZ 3/2002, 279-288, 282.

545 Aus: Thérèse Delpech, Die Liebe zum Tod. Über den Umgang mit dem Terrorismus, in: Internationale Politik 11/2001, 53-60, 58.

beim illegalen Grenzübertritt abzufangen. Das Bundesheer leistet also einen sicherheitspolizeilichen Assistenzeinsatz.

Zur Koordination der nationalen Grenzschutzeinheiten hatte der Gipfel der EU-Staats- und Regierungschefs am 17.10.2003 in Brüssel die Gründung einer EU-Grenzschutzagentur beschlossen; sie soll „*die operative Zusammenarbeit beim Grenzschutz verbessern.*“[546] Die „*Europäische Agentur für die operative Zusammenarbeit an den gemeinsamen Grenzen*“ soll am 1.1.2005 „*ihre Tätigkeit aufnehmen*“.[547]

Die EU im Kampf gegen den Terrorismus

Der EU-Vertrag von Amsterdam (unterzeichnet am 2.10.1997) verlangt in Artikel 29 „*... die Verhütung und Bekämpfung der – organisierten und nichtorganisierten – Kriminalität, insbesondere des Terrorismus, ... im Wege einer engeren Zusammenarbeit der Polizei-, Zoll- und anderer zuständiger Behörden in den Mitgliedstaaten, sowohl unmittelbar als auch unter Einschaltung des Europäischen Polizeiamts (Europol).*“ Damit hat die EU die Terrorismusbekämpfung in die 3. Säule des Vertragswerkes – Zusammenarbeit im Bereich Justiz und Inneres – aufgenommen, allerdings nicht als Komponente des Gemeinschaftsrechts, sondern auf der zwischenstaatlichen Regierungsebene. ***Europol*** ist seit 1.7.1999 als Europäisches Polizeiamt mit Sitz in Den Haag tätig. Falls in zwei oder mehr EU-Mitgliedstaaten Anhaltspunkte für eine kriminelle Organisationsstruktur vorliegen und deshalb ein gemeinsames Vorgehen erforderlich ist, wird *Europol* u.a. für folgende Delikte zuständig: Tötung, Menschen- und Organhandel, Rassismus, Betrugs- und Eigentumsdelikte (wie Korruption, Computerkriminalität und Dokumentenfälschung), Waffen- und Munitionshandel und Umweltkriminalität. In jedem EU-Staat ist eine nationale *Europol*-Stelle eingerichtet. Verbindungsbeamte aus jedem EU-Land unterstützen den Informationsaustausch zwischen *Europol* und den nationalen Stellen.[548]

Auf der Grundlage der Resolution 1368 (2001) des Sicherheitsrates war ein US-Gegenschlag gegen die **Taliban** gerechtfertigt. Die EU-Mitgliedstaaten sind - so wurde auf der außerordentlichen Tagung des Europäischen Rates am

546 Schlussfolgerungen des Europäischen Rates, Brüssel, 16. und 17.10.2003.
547 Schlussfolgerungen des Europäischen Rates, Brüssel, 12.12.2003, Punkt 17.
548 Für das Jahr 2003 wurden für *Europol* 55,5 Mio. Euro bereitgestellt. Für die Verbindungsbeamten kommt der Mitgliedstaat selbst auf. Eine unabhängige gemeinsame Kontrollinstanz prüft, ob die Speicherung, Verarbeitung und Nutzung von Daten rechtmäßig erfolgt - ebenso die Zulässigkeit von Datenübermittlung. *Europol* ist verpflichtet, der Kontrollinstanz Einsicht in alle Unterlagen zu gewähren. Aus: EU-Polizeiamt: Grenzenlose Verbrecherjagd, Die Presse, 31.12.2003, 8.

21.9.2001 beschlossen - bereit, sich an derartigen Aktionen zu beteiligen. Diese Aktionen müssen gezielt sein und können sich auch gegen Staaten richten, die Terroristen gegebenenfalls helfen, sie unterstützen oder ihnen Unterschlupf gewähren. Ferner ruft die EU zu einer möglichst umfassenden globalen **Koalition gegen den Terrorismus unter der Ägide der Vereinten Nationen** auf. Neben der EU und den USA muss diese Koalition zumindest auch die beitrittswiligen Länder, Russland, „*unsere arabischen und moslemischen Partner sowie alle anderen Länder umfassen, die bereit sind, unsere gemeinsamen Werte zu verteidigen*".[549] Im Sinne seiner Schlussfolgerungen von **Tampere** erklärt sich der Europäische Rat damit einverstanden, dass ein **europäischer Haftbefehl** eingeführt und eine gemeinsame Definition des Begriffs Terrorismus angenommen wird. Dieser Haftbefehl soll das derzeitige System der Auslieferung zwischen den Mitgliedstaaten ersetzen. Als Folge des 11.9.2001 erfolgten seitens der EU u.a. folgende Beschlüsse:

- Schaffung einer Anti-Terror-Ermittlungsgruppe bei *Europol* mit Verbindungsbeamten der Nationen,
- Verbesserung der Zusammenarbeit zwischen *Europol* und der *Task Force* der europäischen Polizeichefs,
- Intensivierung des Datenaustausches zwischen den nationalen Polizeichefs,
- Einführung des europäischen Haftbefehls,
- Gemeinsamer Aktionsplan für den Kampf gegen den Terrorismus (Doc 7 686/02),
- Installierung eines Überwachungs- und Informationszentrums – seit 29.10. 2001, und die
- Erstellung einer umfassenden Bedrohungsanalyse im Rahmen der Europäischen Kommission – beschlossen in Gent, 19.10.2001.

Aus Anlass der terroristischen Anschläge in Saudi-Arabien und Marokko Mitte Mai 2003[550] haben sich die Innenminister von fünf EU-Staaten – Deutschland, Frankreich, Großbritannien, Italien und Spanien - am 18.5.2003 in Jerez de la Frontera auf eine **engere Zusammenarbeit bei der Terrorismusbekämpfung** geeinigt. Diese Kooperation beinhaltet u.a. regelmäßige Konsultationen alle drei Monate. Eine fünfköpfige Expertengruppe soll die Treffen koordinieren. Die Minister vereinbarten auch eine engere Zusammenarbeit in Fragen der Einwanderung.

---

549 Aus: Punkt 1 der Schlussfolgerungen und des Aktionsplans der außerordentlichen Tagung des Europäischen Rates am 21.9.2001.

550 Am 12.5.2003 durchbrachen Attentäter mit Autos, vollbepackt mit Sprengstoff, Absperrungen vor einem von westlichen Ausländern bewohnten Viertel in Riad, bei drei Explosionen fanden 34 Menschen den Tod. Vier Tage später verursachten Selbstmordattentäter in Casablanca fünf Explosionen, über 40 Menschen starben.

Definitionsstreit bei der UNO-Generalversammlung: Was ist Terrorismus?[551]

Die 191 Mitgliedstaaten der UNO sind noch immer weit entfernt von einem gemeinsamen Terrorismus-Begriff. Wegen der Differenzen in der Definitionsfrage wird es vorläufig nicht zur Vereinbarung einer völkerrechtlich verbindlichen Anti-Terrorismus-Konvention kommen, obwohl der Entwurf bereits großteils ausgehandelt ist. Das Innenministerium der Bundesrepublik Deutschland definiert den Begriff „Terrorismus" wie folgt: *„Terrorismus ist der nachhaltig geführte Kampf für politische Ziele, die mit Hilfe von Anschlägen auf Leib, Leben und Eigentum anderer Menschen durchgesetzt werden sollen, insbesondere durch schwere Straftaten, wie sie in § 129a Abs. 1 des Strafgesetzbuches genannt sind* (Anmerkung: wie Mord, Totschlag, erpresserischer Menschenraub, Branstiftung, Herbeiführung einer Explosion durch Sprengstoff) *oder durch andere Gewalttaten, die der Verbreitung solcher Straftaten dienen.*"[552] *„Terrorismus verstößt gegen die Grundwerte menschlichen Zusammenlebens und gegen die Regeln staatlicher und internationaler Ordnung*".[553]

Keine Chance auf Realisierung hatte zunächst der seit dem 11.9.2001 mehrmals unterbreitete Vorschlag, das bisher auf Kriegsverbrechen, Völkermord und Verbrechen gegen die Menschlichkeit eingeschränkte Statut des **Internationalen Strafgerichtshofes** (IStGH) um das Delikt „Terrorismus" zu erweitern. Der Definitonsstreit dreht sich um zwei Fragen: Sollen nur Akte einzelner Personen sowie von Gruppen und Organisationen als „Terrorismus" eingestuft werden oder auch Handlungen von Staaten, vertreten durch ihre Regierungen? Und wie lassen sich verbrecherische Anschläge von „Terroristen" unterscheiden von „legitimer Gewaltanwendung" durch „Freiheitskämpfer"? Die überwältigende Mehrheit der UNO-Mitgliedstaaten will die Terrorismus-Definition auf Einzelpersonen und Gruppen beschränken. Nur eine kleine Gruppe von Ländern, die sich selber als Opfer von Staatsterrorismus sehen, plädiert offen für die umfassendere Definition (Kuba, Irak unter Saddam Hussein und das mit Beobachterstatus bei der UNO vertretene Palästina). Im Zuge des von der US-Regierung betriebenen Aufbaus einer neuen *„internationalen Allianz gegen den Terrorismus*" erhielten etwa Russland, China und Indonesien von Washington grünes Licht, „Freiheitskämpfer", Sezessionisten oder islamistische Oppositionsgruppen unterschiedslos als „Terroristen" zu bekämpfen.

---

551 Andreas Zumach, Definitionsstreit bei der UN-Generalversammlung: Was ist eigentlich Terrorismus?, Die Presse, 6.10.2001, 5.

552 BMI, Verfassungsschutzbericht 1998, Bonn 1999, 82.

553 Auswärtiges Amt, 25 Jahre Mitgliedschaft Deutschlands in den Vereinten Nationen, 1. Auflage, Bonn, Juni 1998, 118.

Indien unterbreitete der UNO-Generalversammlung den Vorschlag, konkrete Handlungen wie Flugzeugentführungen oder Bombenanschläge aufzulisten, statt sich um eine abstrakte Terrorismus-Definition zu bemühen. Die Vorarbeiten für einen derartigen Einsatz hat die UNO bereits in den letzten 40 Jahren geleistet. Seit 1963 vereinbarten die UNO-Generalversammlung sowie die Internationalen Organisationen für die Zivilluftfahrt (**ICAO**), den Seeverkehr (**IMO**) und die Atomenergie (**IAEO**) insgesamt zwölf Konventionen gegen spezifische Formen nichtstaatlicher Gewaltakte. In all diesen Konventionen werden die Begriffe „Terrorismus“ und „terroristische Akte“ oder „Terrororganisationen“ verwendet - jeweils ohne Definition.

Die Dimension der Terroranschläge in den USA wird durch die bisherigen Konventionen nicht erfasst. Denn sie beruhen alle auf der Annahme, dass die jeweiligen terroristischen Taten wegen öffentlich erklärter Ziele wie politischer Forderungen oder Freipressung inhaftierter Gesinnungsgenossen verübt werden und dass die unmittelbaren Täter zur Verantwortung gezogen werden können. Beides war bei den Anschlägen in den USA nicht der Fall.

Das amerikanische Präsidialamt hatte im Dezember 2002 eine Liste von 25 Topterroristen gebilligt, die „*ohne Rücksprache*“ mit dem Weißen Haus von CIA-Agenten getötet werden dürfen. In mehreren europäischen Ländern wird darauf hingewiesen, dass dies dem innerstaatlichen Recht widerspreche. Aus dem österreichischen Justizministerium wurde verlautet, dass die Liquidierung von Terroristen als Mord verfolgt werde. Zugleich könnte eine staatlich genehmigte Todesliste als Anstiftung zum Mord gewertet werden. Rein rechtlich wäre damit sogar ein internationaler Haftbefehl gegen US-Präsident George W. Bush möglich.[554] Ob jedoch Österreich gegen die befreundeten USA vorginge, seht in Zweifel. Auf Druck Teherans wurden in Wien bereits Täter mit iranischen Diplomatenpässen freigelassen, die im Juli 1989 den Vorsitzenden der oppositionellen iranischen Kurden, Abdul Rahman Ghassemlou, gemeinsam mit zwei Mitstreitern ermordet hatten.

Im Jemen hatte die CIA diese neue Politik bereits angewendet: Mit einer ferngesteuerten Rakete wurden ein *Al Quaida*-Kommandant und seine Begleiter in einem Auto getötet.

Am 20.9.2001 erklärte Präsident George W. Bush die Errichtung der ***Office of Homeland Security***. Er erließ den *Executive Order 13.228* mit dem Organisationsplan am 8.10.2001. Zu den Aufgaben des 170.000 Mitarbeiter umfassenden Ministeriums zählt die Koordination der amerikanischen Sicherheit, soweit diese nicht militärischer Natur ist. Das *Office* koordiniert die nationalen Behörden mit den Bundesstaaten und lokalen Stellen, die Zusammenarbeit zwischen CIA und

554 Haftbefehl für Bush?, Die Presse, 17.12.2002, 5.

FBI im Bereich Terrorismusabwehr, den Küstenschutz und den Objektschutz. Die eingerichteten Abteilungen sind der *Deputy for Homeland Security*, das *Executive Secretary* (mit dem Koordinationszentrum) und der *Deputy Director* (mit den Budget-, Planungs-, Schutz- und nachrichtendienstlichen Stellen.[555]

Während des Krieges gegen die **Taliban** und die *Al Quaida* 2002/2003 befanden sich 7.000 amerikanische Soldaten in Afghanistan. US-Soldaten wurden weiters in den **Jemen**, auf die **Philippinen** und nach **Georgien** verlegt, um militärische Einheiten in der Bekämpfung des Terrorismus auszubilden. Ende November/Anfang Dezember 2002 sind im Rahmen eines *„aggressive international law enforcement effort“* in mehr als 100 Ländern 3.000 Terroristen und Helfer verhaftet worden, an die 121 Mio. US-Dollar auf ca. 600 Bankkonten weltweit wurden an terroristischen Vermögen sichergestellt und eingefroren, allein 36 Mio. US-Dollar in den USA.[556] Allein der persönliche Reichtum des Drahtziehers der Terrorattacken gegen die USA am 11.9.2001 - **Osama Bin Laden** - wird auf 280-300 Mio. US-Dollar geschätzt. **Libyen** hatte bereits angekündigt, den Terrorismus nicht mehr zu unterstützen und die Familien der 270 Opfer des Bombenanschlags auf eine *Boeing 747* der amerikanischen Fluglinie *Pan Am* (Flug PA 103) am 21.12.1988 10.000 Meter über dem schottischen Ort **Lockerbie** finanziell zu entschädigen.[557] Der **Sudan** hatte 2002 Mitglieder der *Al Quai-*

---

555 Friedrich Korkisch, Terrorismus: Weniger Sicherheit – Die Suche nach der New World Order II, 2002, 45-134, 100.

556 Rensselaer Lee and Raphael Perl, Terrorism, the Future, and U.S. Foreign Policy, Issue Brief for Congress, Updated January 8, 2003, Congressional Research Service.

557 Am 15.8.2003 – knapp 15 Jahre nach dem Anschlag von Lockerbie – hatte der libysche Staat nach langen Verhandlungen mit Vertretern Großbritanniens und der USA offiziell die Verantwortung für das Attentat übernommen und so über ein Schweizer Treuhandkonto den Angehörigen der dabei getöteten 258 Insassen (Passagiere und Besatzungsmitglieder) und 12 Einwohner von Lockerbie $ 2,7 Mrd. an Entschädigung bereitgestellt. Um die Auslieferung von zwei libyschen Agenten zu erzwingen, verhängte die UNO am 31.3.1992 Sanktionen gegen Libyen, die 1993 noch verschärft wurden. Am 31.1.2001 folgte die Verurteilung von Abdel Basset Ali Megrahi zu lebenslanger Haft durch ein schottisches Sondergericht in Den Haag. Der zweite angeklagte Libyer wurde freigesprochen. Die von Libyen bereitgestellten $ 2,7 Mrd. sollten wie folgt ausbezahlt werden: $ 4 Mio. je Opferfamilie im Fall der Aufhebung der UNO-Sanktionen gegen Libyen, danach die gleiche Summe im Fall der Beendigung der US-Wirtschaftssanktionen, abschließend $ 2 Mio. je Familie im Fall der Streichung Libyens von der US-Liste der den Terrorismus unterstützenden Staaten. Frankreichs Regierung drohte daraufhin, die mit dieser Einigung verbundene Aufhebung der UNO-Sanktionen zu blockieren und forderte gemeinsam mit der französischen Plattform *„SOS-Attentats“* zusätzliche Entschädigungszahlungen für die am 19.9.1989 durch eine Bombenexplosion getöteten 170 Insassen – sie befanden sich in einer *DC-10* der französischen *UTA* auf dem

da festgenommen und Trainingslager dieser Terrorgruppe auf seinem Territorium ausgehoben. Sowohl Libyen als auch der Sudan kündigten an, mit den amerikanischen Behörden in der Terrorbekämpfung verstärkt zusammenzuarbeiten. Zwei Monate nach den Teroranschlägen vom 11.9.2001 unterzeichnete **Nordkorea** zwei internationale Konventionen gegen den Terrorismus – wenngleich mit Vorbehalten: Die Konvention gegen die Finanzierung des Terrorismus aus 1999 sowie die Konvention gegen Geiselnahme aus 1979.[558] Als Staat der ***„Achse des Bösen"*** wurde seitens der USA auch der Iran bezeichnet.

Das US-Außenministerium (*State Department*) führte im Oktober 2002 insgesamt 35 Gruppierungen an, die als *Foreign Terrorist Organizations* (FTOs) gelten.

Die russische Administration unter **Vladimir Putin** betrachtete Anfang 2003 den Iran – im Gegensatz zur USA - als Mitglied im *„Kampf gegen den Terrorismus"*, obwohl der Iran zu diesem Zeitpunkt die Terrororganisationen *Hizbollah* und *Hamas* mit Waffen und Gerät unterstützte. Moskau hielt auch den Irak unter Saddam Hussein für einen wichtigen Partner in der arabischen Welt, der Irak wurde somit als ein *„strategischer Verbündeter"* eingestuft. Die US-Führung stufte das Regime von Saddam Hussein als ein terroristisches Regime, der Sturz dieses Regimes bedeutet *„ein Sieg im Krieg gegen den Terrorismus, der am 11. September 2001 begann und sich weiter fortsetzt."*[559] Allein 300 russische Erdöl-

---

Flug 772 von Brazzaville/Kongo über Ndschamena/Tschad nach Paris. Das Flugzeug explodierte in ca. 10.500 Meter über der Ténéré-Wüste/Niger. Libyen zahlte bereits 1999 dafür an Frankreich $ 33 Mio., die Entschädigung sollte jedoch an jene der Lockerbie-Katastrophe angepasst werden. Libysche Diplomaten und Vertreter amerikanischer Opferfamilien bezeichneten diese Forderung Frankreichs jedoch als *„Erpressung"*, Libyen schloss deshalb zunächst die Zahlung zusätzlicher Gelder an die Hinterbliebenen des *UTA*-Absturzes aus. Am 9.1.2004 kam diesbezüglich folgende Einigung zustande: Libyen zahlt $ 1 Mio. für jedes der 170 Bombenopfer. Der UNO-Sicherheitsrat hatte bereits am 12.9.2003 die Aufhebung der Sanktionen gegen Libyen beschlossen – mit Stimmenthaltungen Frankreichs und der USA. Quellen: Yann Laurent, La Libye prête à payer pour effacer Lockerbie et les sanctions, Le Monde, 16.8.2003; Lockerbie: la Libye reconnaît sa responsabilité, Le Monde und AFP, 16.8.2003; La Libye exclut de céder aux demandes de Paris, Le Monde/AFP/Reuters, 17.8.2003.

558 Rensselaer Lee and Raphael Perl, Terrorism, the Future, and U.S. Foreign Policy, Issue Brief for Congress, Updated January 8, 2003, Congressional Research Service.

559 So George W. Bush in seiner Rede am 1.5.2003 auf dem Flugzeugträger *„Abraham Lincoln"*, bei der der amerikanische Präsident das Ende der großen Kampfoperationen im Irak verkündete. Aus: President Bush Announces Combat Operations in Iraq Have Ended, The White House, Office of the Press Secretary, Washington, 1 May 2003.

und Erdgasgesellschaften waren 2002 im Irak aktiv, sie kontrollierten 70 Mrd. Barrel Öl und rund 40% der Rechte am Export nach dem UNO-Programm *„Öl für Lebensmittel“*.[560] Der Sicherheitsrat der Vereinten Nationen beschloss am 28.3.2003 – während des amerikanisch-britischen Krieges gegen das Regime Saddam Hussein - einstimmig die Annahme der Resolution 1472 (2003), mittels derer auf interimistischer Basis *„eine technische und zeitliche Adaptierung“* des Programms *„Öl für Nahrungsmittel“* (*„Oil for Food“*) erreicht werden soll. Das Programm beinhaltet die Lieferung von Lebensmitteln, Medikamenten und medizinische Ausrüstung, Geräte zur Herstellung hygienischer Mindeststandards (wie z.B. im Sanitärbereich), elektronische Ausrüstung sowie in einigen Fällen auch das Zurverfügungstellen von Lastkraftfahrzeugen und Dieselgeneratoren. Das *Office for Iraq Programme* hatte daraufhin am 2.4.2003 mit den Lieferanten Verträge für den Transport dieser Hilfsmittel abschließen. Insgesamt sollten dafür 2,2 Mrd. US-Dollar für die nächsten sechs Monate bereitgestellt werden, allein 1,3 Mrd. US-Dollar sind für eine *„massive Nahrungsmittelhilfsoperation“* bestimmt. § 7 der Resolution 1472 (2003) erlaubte es, innerhalb von 45 Tagen Ansuchen für Notfallslieferungen im humanitären Bereich zu genehmigen. Antragsteller sind ausschließlich in diesem Zusammenhang Agenturen und Programme der Vereinten Nationen sowie internationale und Nicht-Regierungsorganisationen (NGOs), die nicht im *„Oil for Food“*-Programm mitwirken.

Das Programm *„Öl für Nahrungsmittel“* – also die Möglichkeit, Öl zu verkaufen, um Lebensmittel und Medikamente ankaufen zu können - hatte seinen Ursprung in der im August 1990 vom UNO-Sicherheitsrat verabschiedeten Resolution 661 (1990), mit dem die internationale Staatengemeinschaft umfassende Sanktionen gegen den Irak aufgrund des Überfalls auf Kuwait beschlossen hatten. 1991 besuchte eine Kommission der Vereinten Nationen den Irak, sie warnte vor einer humanitären Katastrophe aufgrund fehlender Nahrungsmittel und Medikamente. Die UNO schlug aus diesem Grund Maßnahmen vor, die es dem Irak ermöglichen sollte, soviel Öl zu verkaufen, um die Bedürfnisse der Bevölkerung an Lebensmitteln und Medikamenten abdecken zu können. Am 14.4.1995 beschloss der UNO-Sicherheitsrat berufend auf Kapitel VII der Charta der Vereinten Nationen die Resolution 986 (1995), in der das *„Oil for Food“*-Programm genehmigt wurde. Die Implementierung des Programms begann erst im Dezember 1996, nachdem ein *Memorandum of Understanding* zwischen der UNO und der irakischen Regierung am 20.5.1996 unterzeichnet wurde. Das erste irakische Öl im Rahmen dieses Programms gelangte im Dezember 1996 zum Export, die

560 Elke Windisch, USA versichern: Moskaus Interessen im Irak nicht gefährdet, Die Presse, 10.1.2003, 5.

ersten Hilfslieferungen per Schiff erreichten den Irak erst im März 1997. Insgesamt waren neun UNO-Agenturen und –Organisationen in das „*Oil for Food*"-Programm involviert: u.a. FAO *(Food and Agriculture Organization of the United Nations)*, UNESCO *(United Nations Educational, Scientific and Cultural Organization)*, WHO (*World Health Organization*), ITU (*International Telecommunication Union*), UNICEF (*United Nations International Children's, Emergency Fund*), WFP (*World Food Programme*). Koordiniert wurde dieses Programm vom Büro des Humanitären Koordinators im Irak (*Office of the Humanitarian Coordinator in Iraq)*.

Mit der Resolution 1483 vom 22.5.2003 wurden schließlich die wirtschaftlichen und finanziellen Sanktionen gegen den Irak vom UNO-Sicherheitsrat mit 14:0 Stimmen aufgehoben.[561] Das „*Oil for Food*"-Programm ist noch für weitere sechs Monate fortgesetzt worden.

NATO und Terrorismusbekämpfung

Der **UNO**-Sicherheitsrat hatte in seiner Sitzung am 9.10.2001 die Luftangriffe der USA und Großbritanniens gegen die **Taliban** und die Al Quaida einstimmig gebilligt. An diesem Tag wurde von der UN-Vollversammlung Syrien als neues Mitglied in den Sicherheitsrat gewählt. Bei der auf Antrag der USA und Großbritanniens einberufenen Sitzung des Rates rechtfertigten die beiden Staaten die Luftangriffe auf Afghanistan als „*legitime Wahrnehmung des Selbstverteidigungsrechtes nach Artikel 51 der UNO-Charta*".[562] Keines der anderen 13 Ratsmitglieder äußerte Bedenken oder Widersprüche gegen diese Interpretation des Völkerrechts.

Erstmals rief die **NATO** am 2.10.2001 gemäß Art. 5 des NATO-Gründungsvertrags den Bündnisfall aufgrund der Terrorattacken gegen die USA aus. Alle 27 NATO-Partnerländer verurteilten am 12.9.2001 diese Anschläge und boten den USA ihre Unterstützung an. Der NATO-Rat entschied am 5.10.2001, folgende acht Maßnahmen im Kampf gegen den Terror umzusetzen:

- Engere Kooperation der Nachrichtendienste sowohl auf bilateraler Ebene als auch in den entsprechenden NATO-Gremien;
- Unterstützung von Verbündeten und anderer Staaten, die im Zuge ihres Kampfes gegen den internationalen Terrorismus verstärkt Ziel von Anschlägen sein könnten;

561 Die syrische Delegation nahm an der Sitzung nicht teil, befürwortete tags darauf den Entschluss der anderen 14 Sicherheitsratsmitglieder.

562 Aus: UNO billigt Luftangriffe, warnt vor „Blindgängern", trauert um Mitarbeiter, in: Die Presse, 10.10.2001, S. 5.

- erhöhter Schutz von US-Einrichtungen;
- Nutzung von Tank-Einrichtungen der Verbündeten durch die USA, die zur Unterstützung von Operationen gegen Terroristen benötigt werden;
- Freigabe des Luftraums zum Überflug für Maschinen der USA und anderer Verbündeten, sofern dies für Operationen gegen den Terrorismus nötig ist;
- Genehmigung des Zuganges zu Häfen und Militärplätzen innerhalb der NATO-Staaten.
- Die NATO erklärt sich am 26.10.2001 bereit, Kriegsschiffe – Elemente aus der *Standing Naval Force* - in das östliche Mittelmeer zu verlegen, um dort den Schiffsverkehr zu überwachen, Schiffe zu eskortieren und zu kontrollieren („*Active Endeavour*"). Diese Operation erstreckt sich bereits bis zur Straße von Gibraltar und wird in Zusammenarbeit mit der IMO (*International Maritime Organization*) durchgeführt.
- Bereitstellung des AWACS (Operation „*Eagle Assist*"), von Mitte Oktober 2001 bis Mitte Mai 2002. 830 Crewmitglieder aus 13 NATO-Staaten flogen über 360 Einsätze.[563]

Zudem beschlossen in der Anti-Terror-Strategie vom 18.12.2001 die NATO-Verteidigungsminister, künftig ein breiteres Einsatzspektrum einschließlich asymmetrischer Kriegführung zu bewältigen. Demnach erfordert die Bewältigung der neuen Bedrohungen mehr rasch verlegbare, weit über das NATO-Gebiet hinaus einsetzbare Truppenteile.

Insgesamt waren Streitkräfte aus 14 NATO-Ländern direkt in die von den USA angeführten Operation „***Enduring Freedom***" involviert. Diese Operation richtete sich ausschließlich gegen terroristische Ziele in Afghanistan. Truppen aus NATO-Ländern beteiligten sich auch an der 4.500 Soldaten umfassenden *International Security Assistance Force* (**ISAF**), einer UNO-mandatierten Schutztruppe in und um Kabul. Am 16.4.2003 hatte der Nordatlantische Rat entschieden, die NATO-Unterstützung für die ISAF zu verstärken – durch die Übernahme der Führung und Koordinierung von ISAF. Die NATO-Mitgliedstaaten stellten zu diesem Zeitpunkt bereits 95 Prozent der ISAF-Truppenkontingente.[564] Am 11.8.2003 übernahm die NATO die ISAF-Operation (ISAF 4), zuvor stand ISAF unter deutsch-niederländischem Kommando. Die ISAF hatte bis zu diesem Zeitpunkt erreicht, Sicherheitsstrukturen in Kabul zu errichten – mit der Ausbildung von Polizeikräften und der Unterstützung bei der Schaffung einer neuen afghanischen Armee. Ziel der ISAF ist es, für ganz Af-

563 NATO, September 11 – One year on, NATO's contribution to the fight against terrorism, Updated: 13 Sept. 2002.

564 Same name, same banner, same mission as NATO enhances ISAF role, www.nato.int/docu/update/2003/04-april/e0416a.htm .

ghanistan einen Prozess der Abrüstung, Demobilisierung und der Reintegration (*Disarmament, Demobilisation and Reintegration* – „*DDR process*"[565]) zu realisieren. Der ISAF-Einsatz ist die erste NATO-Operation außerhalb Europas und der erste Schritt zur Globalisierung der Nordatlantischen Allianz. Die Mission selbst erfolgt unter der Leitung des Alliierten Kommandos Operationen (*Allied Command Operations* – ACO), die Durchführung unter dem Kommando des regionalen Hauptquartiers Nordeuropa (AFNORTH). Das UNO-Mandat für die ISAF wurde am 13.10.2003 über die Hauptstadt Kabul hinaus auf ganz Afghanistan – für weitere zwölf Monate – ausgeweitet. Mit dieser einstimmigen Entscheidung ermöglichte der UNO-Sicherheitsrat den Einsatz der deutschen Bundeswehr in der nordafghanischen Stadt Kundus.[566]

Als Polen am 3.9.2003 das Kommando über die *Multinational Division (MND) Central South* im Irak übernahm, erhielt es – im Kampf gegen Terroristen und im Bemühen, der politischen und wirtschaftlichen Stabilität im Irak nach dem Krieg zum Druchbruch zu verhelfen – Unterstützung seitens der NATO[567] u.a. in den Bereichen Logistik, Satellitenkommunikation und nachrichtendienstliche Koordination. Nach der Beendigung der größeren Kampfhandlungen im Irak – deren offizielles Ende wurde am 1.5.2003 durch US-Präsident George W. Bush verkündet – fanden zahlreiche Bombenanschläge auf Ölpipelines und Wasserleitungen statt sowie im August 2003 u.a. auf das UNO-Hauptquartier in Bagdad, bei dem zahlreiche Zivilisten und auch der Leiter der UNO-Mission, der Diplomat Sergio Vieira de Mello, ums Leben kamen. Bei gezielten Attenaten waren im Irak insgesamt mehr amerikanische Soldaten getötet worden als im Krieg gegen Saddam Hussein zuvor.

Organismen als Terrorwaffen

Was die organische Herstellung von Biowaffen betrifft, werden drei unterschiedliche Klassen von **Organismen** unterschieden:

565 Statement of Lt. General Gliemeroth during initial press conference, 20 August 2003, http://www.afnorth.nato.int/ISAF/media/media_firstpresscon.htm .

566 Mitte Oktober 2003 waren im Rahmen der ISAF 5.500 Soldaten unter NATO-Kommando stationiert, davon 1.800 aus Deutschland.

567 Bereits am 2.6.2003 hat der Nordatlantische Rat das Ersuchen Polens um Hilfe für diese Operation begrüßt. An dem von Polen geleiteten Einsatz nahmen ab September 2003 Soldaten aus folgenden Staaten teil: Bulgarien, Dänemark, Kasachstan, Lettland, Litauen, Niederlande, Norwegen, Rumänien, Slowakei, Spanien, Ukraine, Ungarn und USA.

- **Bakterien**: Einzellige, vermehrungsfähige Mikroorganisamen, Auslöser von infektiösen Krankheiten. Andere vermehrungsfähige (Mikro)Organismen sind Protozoen, Rikettsien und Pilze.
- **Viren**: Organismen, die sich nicht selbst vermehren können, sondern dazu andere Zellen infizieren (und zerstören) müssen. Streng genommen sind Viren keine Organismen, sondern nur Träger genetischer Informationen. So hat der **Pocken**virus im Laufe der Geschichte mehr Menschen getötet als jede andere Seuche. Dier Kontaminierung erfolgt über Atemwege, kann aber auch über Hautkontakte erfolgen. Die Inkubationszeit beträgt 7-14 Tage.
- **Toxine**: Substanzen, die durch Organisamen hergestellt werden, also biogenen Ursprungs sind und daher zu den Bio-Kampfstoffen gezählt werden. In ihrer Wirkung sind sie mit chemischen Kampfstoffen vergleichbar, weshalb sie manchmal auch zu diesen gezählt werden.[568]

Was die Herstellung von biologischen Waffen betrifft, sind diese einfach herzustellen. Für **Milzbrand** und die Herstellung derartiger Bakterien genügen Laboranten-Kentnisse. Sie gelten als *„Atombomben des kleinen Mannes"*. Nach Angaben des US-Kongresses ist Anthrax so gefährlich wie eine Wasserstoffbombe. 100 Kilogramm der Anthrax-Sporen über Washington verbreitet, könnten zu drei Millionen Toten führen[569]. Mit dem Anthrax-Bakterium könnten Rinder, Schafe und Schweine infiziert sein. Die Zeit von der Ansteckung bis zum Krankheitsausbruch ist kurz: Ein bis drei Tage. Atmet der Mensch den Erreger ein, entsteht Lungenmilzbrand. Der Milzbrand kann mit Antibiotika erfolgreich bekämpft werden, vorausgesetzt der Arzt erkennt die Krankheit richtig. Anthrax steht an erster Stelle aller Studien und Szenarien über mögliche Biowaffen-Bedrohungen; es ist Bestandteil aller militärischen Programme. Die **Pest** als Lungen- und Beulenpest wäre als Kampfstoff ebenso möglich, sie besitzt ebenfalls eine hohe Letalität.

Eine Auswertung von Studien seit Anfang der siebziger Jahre kommt zum Ergebnis, dass maximal 8-12 Biokampfstoffe das Potenzial für terroristische Einsätze zugeschrieben werden kann. So ist davon auszugehen, dass Terroristen eher Bakterien als Viren wählen, weil die Vermehrung von Viren schwierig ist und diese außerhalb der Wirtszellen nur begrenzt überleben bzw. infektiös bleiben. Auch aus Gründen der Stabilität bzw. Überlebensfähigkeit wird sporenbildenden Bakterien vor nicht-sporenbildenden der Vorrang gegeben.[570]

---

568 Wolfgang Schallenberger, Biokampfstoffe und Terrorismus, in: Gustav E. Gustenau (Hg.), Zur Theorie des Terrorismus, Studien und Berichte zur Sicherheitspolitik, Schriftenreihe der Landesverteidigungsakademie, 4/2002, 149-180, 151f.

569 Aus: Biowaffen: Atombombe des „kleinen Mannes", in: Die Presse, 10.10.2001, 9.

570 Wolfgang Schallenberger, 2002, 149-180, 152.

Rüstungskontrollpolitik

Die internationale Rüstungskontrollpolitik hat zum Ziel, basierend auf sicherheitspolitischen Konzepten und Aktivitäten militärische Rüstung und Truppenzahlen mittels Absprachen und Verträgen zu kontrollieren, zu begrenzen, abzubauen und schließlich abzuschaffen. Rüstungskontrolle kann auch eine kontrollierte Aufrüstung beinhalten, um Instabilität durch Wettrüsten und Krieg zu vermeiden.[571]

Bestrebungen, Kriege und deren Greuel zu verhindern, gab es im Laufe der Geschichte – zumindest gedanklich – immer. Im Jahr 1139 verbot das zweite Laterankonzil, die Armbrust gegen Christen einzusetzen, nicht jedoch gegen Heiden. Leonardo da Vinci, einer der größten Waffenkonstrukteure seiner Zeit, nannte den Krieg *„bestialischen Wahnsinn“*.[572] Versuche zur Begrenzung nationaler Waffenarsenale wurden durch die Schaffung von Massenarmeen und die weitere Steigerung des Vernichtungspotenzials im Nordamerikanischen Unabhängigkeitskrieg oder in den Napoleonischen Kriegen gegenstandslos. Aufgrund der Massenproduktion ab dem 19. Jahrhundert und verschiedener Innovationen im Waffensektor (Artillerie, Hinterlader, Maschinengewehre) wurden große nationale Ressourcen in die Kriegführung einbezogen. Mit der ersten Haager Abrüstungskonferenz 1899 unternahmen 26 Staaten auf Initiative von Zar Nikolaus II. von Russland erstmals den ernsthaften Versuch der Rüstungskontrolle. Neben der Festlegung der Haager Landkriegsordnung und der Errichtung eines Gerichtshofs für die Beilegung internationaler Streitigkeiten und Konflikte wurde auch der Einsatz bestimmter Waffen verboten – wie u.a. die Bombardierung aus Ballons und das Verbot von Dum-Dum-Geschossen. Die zweite Haager Konferenz (1907) und eine vorgesehene dritte (1915) konnten den Ersten Weltkrieg (1914-1918) nicht verhindern.[573]

Nach 1918 wurden Deutschland im Vertrag von Versailles Rüstungsbeschränkungen auferlegt, die faktisch einer Entwaffnung gleichkamen. Die Großmächte einigten sich in diversen Flottenabkommen auf Beschränkungen ihrer Schlachtschiffarsenale. 1925 erfolgte in der Genfer Konvention das Verbot des Giftgaseinsatzes im Krieg. Im *Briand-Kellog*-Pakt verzichteten 63 Staaten auf Krieg als Instrument der Politik, aber ohne nachhaltige Wirkung. 1932 wurde auf der Genfer Weltabrüstungskonferenz der *Hoover*-Plan[574] vorgestellt, der die schrittweise Abschaffung offensiver Waffen vorsah. Zudem plädierte der dama-

571 Microsoft Encarta Enzyklopädie 2003.
572 Ebd.
573 Ebd.
574 Benannt nach dem 31. Präsidenten der USA, Herbert C. Hoover (1929-1933).

lige britische Außenminister John Simon für ein Verbot von Luftangriffen, die Abschaffung chemischer Waffen und die Abrüstung von U-Booten. Der Völkerbund versuchte vergeblich, die Produktion von Waffen und Munition zu limitieren und die gegenseitigen Kontrollmöglichkeiten durch Informationsaustausch zu verbessern. Art. 8 der **Völkerbundsatzung** enthielt zwar umfassende, aber nur programmatische Abrüstungsbestimmungen. Art. 11 Abs. 1 und 26 der **UNO-Charta** beinhalten dagegen Empfehlungen und Pläne der Generalversammlung und des Sicherheitsrates zur Abrüstung, die Mitglieder sind demnach jedoch nicht verpflichtet. Fernziel ist Abrüstung in der „***Friendly Relations Declaration***".[575]

Der Zweite Weltkrieg bewirkte eine erneute Steigerung des Vernichtungspotenzials moderner Waffen. Atomwaffen fanden 1945 ihren ersten Einsatz gegen die japanischen Städte Hiroshima und Nagasaki – insgesamt kamen dadurch und an deren Spätfolgen mehr als 200.000 Menschen ums Leben. Die Voraussetzungen dazu hatten Wissenschafter aus aller Welt im sogenannten *Manhattan*-Projekt der USA geschaffen.[576] Nach 1945 hatte die amerikanische Regierung versucht, ein mit der Sowjetunion paktiertes Verbot von **Nuklearwaffen** (*Baruch*-Plan) auf dem Weg der Vereinten Nationen zu erreichen. Dieser Plan – benannt nach Bernard Baruch – wurde am 14.6.1946 vorgestellt und forderte die Einstellung der Produktion von Atombomben und die internationale Kontrolle der Nukleartechnologie. Weiters plädierte Baruch auch für die Schaffung einer Weltregierung. Im Zeichen des sich entwickelnden Ost-West-Gegensatzes wurden diese Ideen von der UdSSR abgelehnt. 1949 erfolgte die Zündung der ersten sowjetischen Atombombe.

Die internationalen Beziehungen wurden während des Kalten Krieges vor allem von der Strategie der Abschreckung – dem „*Gleichgewicht des Schrekkens*" – und dem atomaren Rüstungswettlauf zwischen den Supermächten UdSSR und USA bestimmt. Erste wirksame Rüstungskontrollmaßnahmen wurden erst nach der Kubakrise von 1962, die die Welt an den Rand eines Nuklearkrieges brachte, wirksam.

Nach fünfzehnstündigen Verhandlungen Ende 1961 befürworteten alle Länder der Welt – basierend auf einen gemeinsamen Vorschlag der USA und Sowjetunion -, dass die einzige Alternative zu einem Dritten Weltkrieg – also eines Nuklearkrieges – das Erreichen einer generellen und kompletten Abrüstung sei. Folgende Prinzipien wurden u.a. von der Generalversammlung der Vereinten

575 Aus: Hanspeter Neuhold, Die Grundregeln der zwischenstaatlichen Beziehungen, in: Neuhold/Hummer/Schreuer (Hg.), Österreichisches Handbuch des Völkerrechts, 3. Auflage, 1997, 319-356, 322.

576 Aus: Microsoft Encarta Enzyklopädie 2003.

Nationen am 13.12.1962 – also nach der Entschärfung der Kuba-Krise[577] - angenommen:

"1. The goal of negotiations is to achieve agreement on a programme which will ensure
that disarmament is general and complete and war is not longer an instrument for settling international disputes, and
that such disarmament is accompanied by the establishment of reliable procedures for the peaceful settlement of disputes and effective arrangements for the maintenance of peace in accordance with the principles of the Charter of the United Nations.

2. The programme for general and complete disarmament shall ensure that States will have at their disposal only such non-nuclear armaments forces, facilities and establishments as are agreed to be necessary to maintain internal order and protect the proposal security of citizens; and that States shall support and provide agreed manpower for a United Nations peace force."

Das Konzept der Rüstungskontrolle fand bereits im Antarktisvertrag von 1959 – in der Demilitarisierung der Antarktis – Anwendung, vier Jahre danach folgte das Verbot von Atomwaffenversuchen in der Atmosphäre, im Weltraum und unter Wasser. Gemäß diesem Moskauer **Kernwaffenteststoppvertrag** vom 5.8.**1963** sind Nuklearwaffenversuche jedoch nicht unter der Erde untersagt. Im Jahr 1963 hatten die USA, die UdSSR und Großbritannien ihre (umweltverseuchenden) Versuchsreihen zur Erprobung immer stärkerer Nuklearsprengsätze bereits abgeschlossen.[578] Diese Mächte verlegten sich daher auf die „*Miniaturisierung*" von Sprengköpfen mit großer Treffgenauigkeit, dafür genügten unterir-

577 Mitte Juli 1962: 85 Schiffe befanden sich auf der Fahrt nach **Kuba**, beladen mit enormem Militärpotenzial. Die „***Operation Anadyr***" transportierte 42.000 sowjetische Soldaten, Panzer, schweres Gerät, Luftabwehr und Raketen jeder Art – sowie hunderte von Atomsprengköpfen. General Issa Plijew – der sowjetische Kommandeur vor Ort – besaß die Ermächtigung, im Falle eines Angriffes amerikanischer Truppen ohne Rücksprache mit der sowjetischen Regierung in Moskau die „*kleinen Nuklearsprengköpfe*" zu zünden. Mit den amerikanischen Gegenschlägen wäre Kuba im atomaren Feuer verdampft. Der Dritte Weltkrieg – der letzte Krieg – hätte damit begonnen. Der kubanische Staatschef Fidel Castro wäre damit einverstanden gewesen. Am 22.10.1962 hatte die UdSSR auf Kuba ein Dutzend Abschussrampen mittlerer Reichweite errichtet. Kubanische Soldaten schossen ein amerikanisches U-2-Überwachungsflugzeug ab, Washingtons Streitkräfte standen für eine Invasion bereit. Am 28.10.1962 ließ der sowjetische Staatschef Nikita Chruschtschow die Raketen wieder abziehen, US-Präsident John F. Kennedy garantierte (mündlich) die militärische Enthaltsamkeit gegenüber Kuba und ließ in den Monaten danach die eigenen Mittelstreckenraketen in der Türkei abbauen.

578 Hanspeter Neuhold, Die Grundregeln der zwischenstaatlichen Beziehungen, in: Neuhold/Hummer/Schreuer (Hg.), 1997, 319-356, 323.

dische Tests.[579] Viele Staaten hatten **1996** – auch die fünf deklarierten Kernwaffenmächte (sie sind gleichzeitig die Ständigen Mitglieder des Sicherheitsrates) – einen **Vertrag über das vollständige Verbot von Kernwaffenversuchen** unterzeichnet. Zu seinem Inkrafttreten ist u.a. auch die Ratifikation durch Indien erforderlich. Diese lehnt Indien jedoch mit der Begründung ab, die fünf Kernwaffenstaaten hätten sich nicht ihrerseits zur nuklearen Abrüstung verpflichtet.[580]

Im **Nonproliferationsvertrag (Atomwaffensperrvertrag)**[581] vom 1.7.**1968** verpflichtet sich in Art. II *„Jeder Nichtatomwaffenstaat, der Vertragspartei ist,* (...), *eine Übertragung von Atomwaffen oder anderen nuklearen Sprengvorrichtungen oder der Kontrolle über derartige Waffen oder Sprengvorrichtungen weder direkt noch indirekt von einem wie immer gearteten Übergeber anzunehmen, keine Atomwaffen oder anderen nuklearen Sprengvorrichtungen herzustellen oder auf andere Weise zu erlangen, keine Unterstützung für die Herstellung von Atomwaffen oder anderen nuklearen Sprengvorrichtungen anzustreben oder anzunehmen.*“[582] Die USA, die UdSSR (heute Russland), Frankreich, Großbritannien und China bleiben nach diesem Vertrag Nuklearmächte. Die Vertragsparteien unterwarfen sich damit der Kontrolle durch die 1957 geschaffene Internationale Atomenergieorganisation (**IAEO**) in Wien. Der Atomwaffensperrvertrag trat am 5.3.**1970** in Kraft. Bis Anfang 2003 sind 188 Staaten diesem Vertrag beigetreten. Frankreich und China traten dem Vertrag erst 1992 bei. Die Laufzeit des Atomwaffensperrvertrags betrug zunächst 25 Jahre. Alle fünf Jahre wird der Vertrag bei Konferenzen auf seine Wirksamkeit geprüft. Am 11.5.1995 erfolgte dessen unbegrenzte Verlängerung, dem Vertrag selbst waren zu diesem Zeitpunkt 170 Staaten beigetreten – darunter die ehemaligen Atommächte Südafrika, Belarus, Kasachstan und die Ukraine. Atomare Schwellenländer wie Israel, Indien und Pakistan bleiben dem Vertrag mit dem Argument fern, dass dieser sie einseitig diskriminiere.[583] Die fünf offiziellen Atommächte USA, Russland, Großbritannien, Frankreich und China sagten anlässlich der Konferenz zur Überprüfung des Vertrags über die Nichtverbreitung von Nuklearwaffen in New

579 Ebd.
580 Ebd.
581 *Treaty on the Non-Proliferation of Nuclear Weapons – Non-Proliferation Treaty* (NPT).
582 Text aus: Neuhold/Hummer/Schreuer (Hg.), Materialienteil, 1997, 340.
583 Aus: Microsoft Encarta Enzyklopädie 2003.

York am 1.5.2000 eine völlige Beseitigung ihrer Atomwaffenarsenale zu[584] – allerdings ohne Terminangabe.

Nordkorea hatte den **Atomwaffensperrvertrag** 1985 unterzeichnet, ließ jedoch erst seit 1992 Inspektionen zu. Nach diesem Vertrag dürfen Staaten, die keine Kernwaffen besitzen, kein nukleares *Know-how* oder derartige Waffen selbst erwerben. Staaten, die Kernwaffen besitzen, dürfen ihr einschlägiges Wissen oder Kernwaffen, spaltbares Material und Kernwaffentechnik nicht an Dritte weitergeben. Die Abschaffung aller Nuklearwaffen soll angestrebt werden. Staaten ohne Atomwaffen verpflichten sich, solche nicht zu entwickeln oder zu beschaffen, ihre zivile Atomindustrie der Kontrolle durch die IAEA zu unterwerfen und zu diesem Zweck sogenannte ***Safeguards*-Abkommen** mit der **IAEA** abzuschließen. Der Nichtverbreitungsvertrag enthält eine Klausel, wonach dieser durchaus gekündigt werden kann, wenn ein Staat entscheidet, *„dass durch außergewöhnliche, mit dem Inhalt dieses Vertrags zusammenhängende Ereignisse eine Gefährdung der höchsten Interessen des Landes eingetreten ist.“*[585] Nach dieser Klausel muss die Kündigung dem UNO-Sicherheitsrat mitgeteilt werden und weiters eine Sechs-Monat-Frist eingehalten werden. Im Jahr 1993 gab die Staatsführung in **Nordkorea** bekannt, dass sie von dieser Kündigungsmöglichkeit Gebrauch machen wolle. Dadurch kam ein Tausch zustande: Nordkorea verblieb innerhalb des Nichtverbreitungsvertrages, die USA erleichterten die friedliche Nutzung der Kernenergie durch Nordkorea finanziell und technisch.[586] Zudem verpflichtete sich Washington, Heizöl nach Nordkorea zu exportieren und die Errichtung zweier Leichtwasserreaktoren zu ermöglichen. Die nordkoreanische Regierung kündigte Anfang 2003 das 1994 eingeleitete Abkommen zum Verzicht auf ein Atomwaffenprogramm[587] und erklärte, dass sie sich nicht

584 “5. *We reiterate our unequivocal commitment to the ultimate goals of a complete disarmament under strict and effective international control*”, zitiert bei: Hanspeter Neuhold, 2002, 29.

585 Atomwaffensperrvertrag, Die Presse, 11.1.2003, 5.

586 Bruno Simma, Gestaltwandel im Völkerrecht und in der Organisation der Vereinten Nationen, 2002, 45-63, 51.

587 Die nordkoreanische Regierung gestand im Oktober 2002 ein, das Atomprogramm dennoch fortgesetzt zu haben. Die USA stellten daraufhin ihre vertraglich zugesagten Heizöllieferungen an Nordkorea ein. Nordkorea trat als Reaktion am 10.1.2003 u.a. aus dem Atomwaffensperrvertrag aus: *„Der Rückzug aus dem Nonproliferation Treaty (NPT) ist eine legitime Maßnahme zur Selbstverteidigung gegen die Schritte der USA, Nordkorea zu unterdrücken, und das unzumutbare Verhalten der Atombehörde IAEA, die den USA folgt*“, berichtete die staatliche nordkoreanische Nachrichtenagentur KCNA. Angela Köhler, Nein zu Atomvertrag: Nordkorea will die USA ärgern, Die Presse, 11.1.2003, 5.

mehr an den Waffenstillstand von Panmunjom vom 27.7.1953[588] gebunden fühle, der die Kämpfe des dreijährigen **Korea**-Kriegs beendete.[589] Nordkorea wies die Inspektoren der IAEA aus, setzte einen Atomreaktor wieder in Betrieb und trat am 10.1.2003 aus dem Atomwaffensperrvertrag aus. Eine Verhängung einer Seeblockade durch die USA im Rahmen von UNO-Sanktionen würde die nordkoreanische Regierung als ein Akt „*kriegführender Staaten*" betrachten. In diesem Zusammenhang drohte die nordkoreanische Führung sogar mit einem „*Präventivschlag*" gegen Südkorea, „*Präventivangriffe sind nicht das alleinige Recht der USA*".[590] Auf die Anrufung des UNO-Sicherheitsrats durch die IAEA hat Nordkorea am 13.2.2003 mit der Androhung terroristischer „*Vergeltung gegen die USA in allen Teilen der Welt*" gedroht. So erklärte ein hochrangiger Beamter des nordkoreanischen Außenministeriums: „*Im Fall, dass es Maßnahmen zur Selbstverteidigung gibt, kann ein Angriff auf jedes militärische Kommando der Vereinigten Staaten in der Welt stattfindet. Wo immer sie sich befinden, wir können sie treffen.*"[591] Überraschend hat die politische Führung in Nordkorea am 5.1.2004 ihren Verzicht auf die Entwicklung und den Test von Nuklearwaffen angekündigt. Auch stellte Nordkorea in Aussicht, seine zivilen Atomprogramme einzufrieren. Die kommunistische Führung des Landes hatte zuvor von den USA einen Nichtangriffspakt als Voraussetzung für die Aufgabe seines Atomprogramms verlangt. Das Regime in Pjöngjang forderte Anfang 2004 von der US-Regierung vor allem die Aufhebung der Sanktionen gegen Nordkorea und dessen Streichung von jenen Länder, die den Terrorismus unterstützen.

---

588 Dieser Waffenstillstand wurde von den Garantiemächten USA (im Rahmen einer UNO-Streitmacht), Nordkorea und China unterzeichnet, es regelt den Verlauf der 240 Kilometer langen Grenze zwischen Nordkorea und Südkorea, der Demarkationslinie am 38. Breitengrad. Einen Friedensvertrag gibt es bis heute nicht. Die USA hatte im Februar 2003 an die 37.000 Soldaten in Südkorea stationiert. Im Mai 2003 besaß Norkorea (22,3 Millionen Einwohner) mit 1,082 Millionen Soldaten die drittgrößte Streitmacht der Welt. 2001 machte der Wehrhaushalt angeblich 5,12 Mrd. US-Dollar aus, fast ein Drittel des Bruttoinlandsprodukt. Norkorea verfügt über Massenvernichtungswaffen und Trägerraketen. Die größte Gefahr geht von der Taepo-Dong-2-Rakete aus, die Reichweite beträgt 6.000 Kilometer. Sie kann einen Sprengkopf mit 750 Kilo atomaren, biologischen oder chemischen Kampfstoffen befördern. Die amerikanische Regierung ging davon aus, dass Nordkorea 5.000 Tonnen des Nervengases Sarin gelagert hat. Angela Köhler, Nordkorea warnt USA vor Nuklearkrise, Die Presse, 28.12.2002, 4.

589 Angela Köhler, Pjöngjang erinnert an Koreakrieg und droht mit Ende der Waffenruhe, Die Presse, 19.2.2003, 4.

590 Nordkorea droht mit totalem Krieg, Die Presse, 7.2.2003, 1.

591 Angela Köhler, Nordkoreas Regime droht erstmals mit Terror. CIA: Atomraketen könnten US-Küste treffen, Die Presse, 14.2.2003, 5.

Aufgrund des internationalen Drucks gegen die Regierung in Teheran seitens der USA nach dem Sturz Saddam Husseins unterzeichnete schließlich der Iran am 18.12.2003 in Wien das **Zusatzprotokoll zum Atomwaffensperrvertrag**, das den Inspektoren der IAEA erlaubt, verdächtige Atomanlagen eines Unterzeichnerlandes unangemeldet und eingehend zu überprüfen. Damit sollte eine Verbreitung von Atomwaffen effektiv verhindert werden.[592] Libyens Staatschef, Oberst Muammar Gaddafi, forderte kurz nach der Unterzeichnung des Zusatzprotokolls durch den Iran – in einem Interview mit dem amerikanischen Fernsehsender CNN – den Iran, Syrien und Nordkorea auf, dem Beispiel Libyens zu folgen und auf Massenvernichtungswaffen zu verzichten sowie internationale Inspekteure zur Kontrolle ins Land zu lassen. Dadurch würde auch der Druck auf Israel steigen, seine eigenen Programme für Massenvernichtungswaffen offenzulegen, so Gaddafi. Libyen hatte mittlerweile auch die zwölf Konventionen zur Bekämpfung des Terrorismus unterzeichnet, die in der UNO-Sicherheitsratsresolution 1273 aufgelistet sind. Zudem hatte Libyen sich nach neunmonatigen Geheimverhandlungen mit den USA, Großbritannien und mit den Vereinten Nationen am 19.12.2003 geeinigt, die Reichweite seiner Raketen auf 300 Kilometer zu begrenzen und auch aktiv mitzuhelfen, den internationalen Terrorismus zu bekämpfen. Libyen hatte im Zuge dieser Verhandlungen den USA und Großbritannien umfassende nachrichtendienstliche Informationen über Terrornetze der *Al Quaida* und anderer Organsiationen zukommen lassen.[593] Die USA kündigten daraufhin an, ihre Beziehungen zu Tripolis überdenken zu wollen. Das *State Department* gab bekannt, das Reiseverbot von Amerikanern nach Libyen zu überprüfen und eine mögliche Streichung Libyens von der „Terrorliste" in Betracht zu ziehen.

---

592 Im August 2003 hatte die IAEA im Iran Spuren von waffenfähigem Uran gefunden. Die US-Regierung erhob daraufhin den Verdacht, dass der Iran über ein geheimes Atomwaffenprogramm verfüge. Am 12.9.2003 verabschiedete die IAEA eine Resolution, in der die Regierung in Teheran aufgefordert wurde, bis Ende Oktober 2003 den Nachweis für die friedliche Nutzung seiner Atomanlagen zu erbringen. Der Iran sollte dazu alle Dokumente offenlegen, die Anreicherung von Uran einstellen und das Zusatzprotokoll zum Atomwaffensperrvertrag unterzeichnen. Der Iran weigerte sich zunächst, diesen Forderungen nachzukommen mit der Begründung, unangemeldete Inspektionen würden die nationale Sicherheit gefährden. Nachdem die IAEA sowie die Außenminister Deutschlands, Frankreichs und Großbritanniens - Joschka Fischer, Dominique de Villepin und Jack Straw - mit dem Iran monatelang verhandelten, erklärte sich Teheran am 21.10.2003 bereit, das Zusatzprotokoll zu unterzeichnen.

593 Aus: Gaddafi verzichtet auf alle Massenvernichtungswaffen, FAZ.net, 20.12.2003, und: Gaddafi soll Westen über Al Quaida informiert haben, FAZ.net, 21.12.2003.

Im Jahr 1967 vereinbarten die Regierungen der USA und der UdSSR, Verhandlungen über eine Begrenzung offensiver und defensiver strategischer Rüstung aufzunehmen. Die beiden Supermächte konnten sich jedoch nur über Maßnahmen der Rüstungskontrolle, die eine gewisse Eindämmung des Wettrüstens beinhalteten, einigen. Washington und Moskau verzichteten auf Rüstungsanstrengungen in Bereichen, die technisch außer Reichweite oder strategisch nicht besonders interessant waren.[594] Folglich konzentrierte sich das Wettrüsten auf gefährlichere, da qualitativ neue und damit noch destabilisierende Bereiche. Nach Unterbrechung der Präliminarien des **SALT**-Prozesses (*Strategic Arms Limitation Talks/Treaties*) durch den Einmarsch von Streitkräften des **Warschauer Pakt**es in die Tschechoslowakei im August 1968 und aufgrund des amerikanischen Präsidentenwahlkampfes begannen die SALT-Verhandlungen im Oktober 1969. Durch die Unterzeichnung des Interimsabkommens im Rahmen von SALT I am 26.5.1972 erfolgte das „*Einfrieren*" des quantitativen Besitzstandes an Abschussvorrichtungen für land- und seegestützte strategische Offensivwaffen und moderne Unterseeboote. SALT I verbot jedoch nicht die Modernisierung der dadurch erfassten Waffensysteme. Die nuklearen Großmächte waren bestrebt, immer treffgenauere Mehrfachsprengköpfe zu entwickeln.[595] Im Juni 1973 hatten sich die USA und die UdSSR auf erste Richtlinien für die Weiterführung von Verhandlungen für ein Abkommen SALT II geeinigt. In dieses Rüstungssteuerungsabkommen hätten ballistische Raketen und schwere Bomber einbezogen und gemeinsame Obergrenzen festgelegt werden sollen. Für jede Seite waren 2.400 Träger strategischer Offensivwaffen vorgesehen, wobei maximal 1.320 dieser Träger mit Mehrfachsprengköpfen ausgerüstet sein durften.[596] SALT II wurde zwar 1979 unterzeichnet, aber wegen der Verschlechterung der Ost-West-Beziehungen nicht mehr ratifiziert. Ungelöst blieben dabei die Frage der *Cruise Missiles* und die Einbeziehung der damals neuen sowjetischen Mittelstreckenbomber *Tupolew Tu-22M Backfire* in den SALT-Rahmen. Die UdSSR verzichtete auf die neuen Interkontinentalraketen *SS-16*, deren beide ersten Raketenstufen die ballistische Mittelstreckenrakete *SS-20* bildeten. Die Stationierung der *SS-20* war später einer der wesentlichen Ansatzpunkte für die Mittelstrecken-Nachrüstung der NATO in Europa. Dies führte schließlich zum **INF-Abkommen** (*Intermediate-Range Nuclear Forces*) vom Dezember **1987**, in dem der Grundstein für die Abschaffung aller landgestützten Mittelstreckenraketen mit einer Reichweite zwischen 500 und 5.500 Kilometer gelegt wurde. Die

594 Hanspeter Neuhold, 2002, 19.

595 Ebd.

596 Rudolf Hecht, Von SALT zu START, Österreichische Militärische Zeitschrift, Heft 6/1991, 471-476, 473.

Gipfelgespräche zwischen US-Präsident Ronald Reagan und dem damals neuen sowjetischen Staatschef Michail Gorbatschow in Reykjavik Ende 1986 hatten schon diesen Erfolg angekündigt. 1992 wurde mit dem Abzug dieser Raketen begonnen. Das SALT II-Abkommen wurde von den USA nicht ratifiziert, Washington und Moskau einigten sich, die vertraglich festgelegten Obergrenzen für die strategischen Offensivwaffen bis zum Abschluss eines START-Abkommens einzuhalten.[597] Durch ein numerisches Gleichgewicht an Trägern nuklearer Waffen sollte die Erstschlagsfähigkeit verhindert und ein strategisches Gleichgewicht erreicht werden.

Durch den im Rahmen von SALT I **1972** abgeschlossenen **ABM**[598]-(Verbots)-**Vertrag** beendeten die USA und die UdSSR – angesichts technischer Schwierigkeiten und besonders hoher Kosten – in einem Sektor das qualitative Wettrüsten.[599] Der ABM-Vertrag hinderte die USA und UdSSR an der Errichtung einer landesweiten Verteidigung zur Abwehr ballistischer Raketen und sollte das System der gegenseitigen Abschreckung festigen. Denn durch einen Vorsprung bei ABM (*anti-ballistic-missile* = Raketenabwehr-)Systemen hätte die betreffende Supermacht eine **Erstschlagsfähigkeit** (*first-strike-capability*), die Fähigkeit zu einem aussichtsreichen Angriff, gewonnen. Sie hätte nämlich das durch den Erstschlag nicht zerstörte Vergeltungspotenzial des Gegners bei dessen Gegenschlag mit ABM-Systemen unschädlich machen können. Dieser Vertrag wurde jedoch durch die ***Strategic Defense Initiative*** (SDI) der USA, ein Programm weltraumgestützter Raketenabwehrsysteme, ab **1983** in Frage gestellt. Dieses Projekt von US-Präsident Ronald Reagan wurde jedoch wegen technischer, finanzieller und politischer Probleme nicht verwirklicht.

Das amerikanisch-russische Vertragswerk aus 1972 steht der Aufstellung eines landesweit wirksamen strategischen Raketenabwehrsystems im Wege. Eine neue globale Sicherheitsarchitektur soll errichtet werden, bei der laut US-Meinung Konsultationen zu Offensiv- und Defensivwaffen miteinander verknüpft werden. Moskau will einen völkerrechtlich verbindlichen Vertrag mit Kontrollmechanismen. Die USA will sich dagegen nicht festlegen. „*Wir brauchen ein Abkommen nicht zwingend, wir sind eher an etwas interessiert, das wie Konsultationen aussieht*“, sagte US-Sicherheitsberaterin Condoleeza Rice.[600] Art. XV des ABM-Vertrags berechtigt beim Eintritt außerordentlicher Ereignisse, welche die höchsten Interessen der Vertragsparteien gefährden, zur Kündigung und da-

597 Ebd., 474.

598 *Anti-Ballistic Missiles.*

599 Hanspeter Neuhold, Die Grundregeln der zwischenstaatlichen Beziehungen, in: Neuhold/Hummer/Schreuer (Hg.), 1997, 319-356, 323.

600 Elke Windisch, Rüstung: Rice will Kreml „aggressiver bearbeiten“, Die Presse, 26.7.2001, 4.

mit zur rechtskonformen Vertragsbeendigung aufgrund einer grundlegenden Änderung der Umstände, wie sie in Art. 62 der Wiener Vertragsrechtskonvention aus 1969 vorgesehen ist.

Es wurde deutlich, dass die Gleichung „ABM = strategische Sicherheit“ den Entwicklungen der letzten Jahre nicht mehr im nötigen Umfang gerecht wurde. Der stabilisierende Effekt des bilateralen russisch-amerikanischen ***Overkill***, der mit dem Akronym MAD (***Mutually Assured Destruction***, gegenseitig gesicherte Zerstörung) dem ABM-Vertrag einen tieferen Sinn gab, wird von immer mehr atomaren Akteuren unterlaufen. Zudem hat die Berechenbarkeit der nuklearen Abschreckung im selben Maße abgenommen, wie die Wirkung von Atomwaffen durch neue hochpräzise konventionelle Waffen relativiert wird. An die Stelle der MAD sollte nach amerikanischen Vorstellungen die ***Mutually Assured Protection*** – MAP treten. MAP soll die verstärkte Reduzierung des weltweiten Nuklearwaffenarsenals, der offensiven strategischen Streitkräfte und den Aufbau eines umfassenden nationalen Raketenabwehrsystems (***National Missile Defense*** – *NMD*) beinhalten. US-Präsident George W. Bush hatte in der Nacht auf 18.12.2002 den offiziellen Startschuss für den Aufbau eines NMD mit land- und seegestützten Abfangraketen gegeben.[601] Russland schlug im Februar 2001 vor, ein gemeinsames Raketenabwehrsystem mit den USA aufzubauen. Der amerikanische Botschafter in Moskau, Alexander Vershbow, bot ebenfalls an, Russland in die NMD miteinzubeziehen. Demnach könnten russische Boden-Luft-Raketen vom Typ *S-300* und *S-400* zu Abwehrraketen im Rahmen der NMD weiterentwickelt werden. Moskau reagierte „*mit großem Interesse*“ und präsentierte am 9.1.2003 den Amerikanern den Vorschlag, ein neues Raketenabwehrabkommen zu schließen.[602]

In folgenden Verträgen ist das Verbot zur Schaffung nuklearer Zonen vorgesehen: Im Antarktis-Vertrag **1959, im** Weltraumvertrag **1967, im** Vertrag von Tlateloco **(Mexico City) 1967 über die Errichtung einer kernwaffenfreien Zone in Lateinamerika, im Vertrag über das** Verbot der Anbringung von Kernwaffen und anderen Massenvernichtungswaffen auf dem Meeresboden und im Meeresuntergrund **1971, im** Vertrag von Rarotonga **(Cook Islands) 1985 über eine nuklearfreie Zone im Südpazifik, in der** Gemeinsamen Erklärung Nord- und Südkoreas **über die Denuklearisierung der koreanischen Halbinsel 1992, im** Vertrag von Bangkok **1995 über eine kernwaffenfreie Zone in Süd-**

601 Bush gibt grünes Licht für Aufbau der Raketenabwehr, Die Presse, 19.12.2002, 5.
602 Elke Windisch, USA versichern: Moskaus Interessen im Irak nicht gefährdet, Die Presse, 10.1.2003, 5.

ostasien und im 1996 in Kairo unterzeichneten Vertrag von Pelindaba **(Südafrika) über eine kernwaffenfreie Zone in Afrika.**[603]

Zur Schaffung des für Rüstungskontrolle und Abrüstung nötigen Vertrauens sah die **KSZE**-Schlussakte erste vertrauensbildende Maßnahmen (VBM) vor, v.a. die Vorankündigung größerer militärischer Manöver und den Austausch von Manöverbeobachtern.[604] Auf der KSZE-Konferenz über Vertrauens- und Sicherheitsbildende Maßnahmen (VSBM) und Abrüstung in Europa (KVAE) in Stockholm (1983-1986) wurden jene Maßnahmen ausgebaut und durch neue ergänzt, z.B. durch das (von den Mitgliedern des **Warschauer Pakt**es zuvor abgelehnte) Recht auf Inspektionen vor Ort und Stelle bei Zweifeln an der Einhaltung vereinbarter VSBM. Das Wiener Dokument 1990 sowie weitere Dokumente brachten Verbesserungen bestehender sowie neuer VSBM, u.a. den Austausch militärischer Informationen über Streitkräfte, Hauptwaffensysteme und Militärbudgets, Risikoverminderung durch Zusammenarbeit bei ungewöhnlichen militärischen Aktivitäten und gefährlichen militärischen Zwischenfällen sowie Überprüfungsbesuche bei den Streitkräften der anderen Teilnehmerstaaten. Der ***„Open Skies Treaty***“ **1992** öffnet den Parteien (darunter Mitgliedstaaten der NATO und der ehemaligen Warschauer Vertragsorganisation) das Gebiet der übrigen Vertragsparteien für Beobachtungsflüge.[605]

Der Durchbruch zur echten Abrüstung, d.h. dem Abbau militärisch bedeutsamer Mengen militärisch bedeutsamer Waffen und militärisch relevanter Zahlen von Streitkräften erfolgte ab 1985. Im Januar 1985 einigten sich die USA und die UdSSR auf den Beginn der ***Nuclear and Space Arms Talks*** (NST) mit den drei Untergruppen **START**, **INF** und ***Defense and Space***. Die Gespräche begannen am 12.3.1985 in Genf. Die *„neue Entspannung*“ führte **1987** zu einem Schritt echter Abrüstung, dem Washingtoner Vertrag zwischen den USA und der UdSSR über die vollständige Beseitigung einer durchaus modernen Waffenkategorie, der landgestützten Mittel- und Kurzstreckenraketen und Marschflugkörper mit einer Reichweite von 500 bis 5500 km – dem **INF** (*Intermediate-Range Nuclear Forces*)-**Vertrag**. Die Sowjetunion stimmte sogar Inspektionen vor Ort zu (*on-site-inspections*), die seitens Moskaus zuvor als *„legalisierte Spionage*“ abgelehnt wurden. Diese umfassenden Inspektionen vor Ort sollten die Einhaltung des Vertrages sicherstellen. Der INF-Vertrag trat am 1.6.1988 in Kraft.

---

603 Vgl. Hanspeter Neuhold, Die Grundregeln der zwischenstaatlichen Beziehungen, in: Neuhold/Hummer/Schreuer (Hg.), 1997, 319-356, 323f.

604 Ebd., 324.

605 Ebd.

Am 31.7.**1991** unterzeichneten die Präsidenten George Bush (USA) und Michail Gorbatschow (UdSSR) in Moskau den **START** *(Strategic Arms Reduction Talks)* **I-Vertrag** über

- die Verringerung der Zahl der strategischen Raketen (mit einer Reichweite von mehr als 5500 km);
- Verringerung der Bombenflugzeuge auf je 1600;
- Verringerung der nuklearen Sprengköpfe nach den Zählregeln des Vertrags auf je 6000. Diese Schwelle für Sprengköpfe wurde durch den **START II-Vertrag 1993** spätestens bis 2003 auf 3000-3500 gesenkt. Die atomaren Sprengköpfe sollten gemäß **START III** von 6000 auf 1500 erfolgen.[606]

Der START I-Vertrag – er trat 1994 in Kraft - sollte 15 Jahre in Kraft bleiben, mit einer Verlängerung um weitere fünf Jahre, wenn keine der Unterzeichnerstaaten Einspruch erhebt. Washington und Moskau sind dadurch zur beträchtlichen Verringerung ihrer Kernwaffenarsenale verpflichtet. Die qualitativen Beschränkungen wurden im START I verschärft, v.a. sind durch diesen Vertrag die besonders destabilisierenden landgestützten Interkontinentalraketen mit Mehrfachsprengköpfen verboten. Dennoch behalten die beiden Nuklearmächte ihre ***„overkill capabilities“***, d.h. die Fähigkeit, nicht nur die andere Partei, sondern die gesamte Menschheit mehrfach zu vernichten. Die Umsetzung des START I-Vertrages, der eine etwa 30prozentige Reduzierung der strategischen Streitkräfte der USA und der ehemaligen Sowjetunion vorsah, und das Inkrafttreten des START II-Vertrags waren entscheidende Elemente der nuklearen Rüstungskontrolle. Ziel des START II-Vertrags war es, landgestützte Interkontinentale Ballistische Flugkörper (ICBM) mit Mehrfachsprengköpfen zu beseitigen und den gegenwärtigen Bestand an strategischen Nuklearwaffen um zwei Drittel zu reduzieren. Die Genehmigung des START II erfolgte von russischer Seite erst unter Präsident Putin im April 2000 von beiden Kammern des russischen Parlaments. Der Abschluss eines START III-Vertrags wurde damals von beiden Parteien in Aussicht gestellt. Im August 1999 fand die erste START III-Runde statt. Als die **USA** am 13.6.2001 ihren **Austritt aus dem ABM-Vertrag** von 1972 zwecks des Aufbaus eines nationalen Raketenabwehrsystems erklärten – der Austritt wurde mit 13.6.2002 wirksam – trat Russland einen Tag später aus dem Anfang 1993 unterzeichneten START II-Vertrag aus und entledigte sich damit u.a. des dort verankerten Verbots von Mehrfachsprengköpfen auf Interkontinentalraketen. Am 24.5.2002 unterzeichneten die Präsidenten George W. Bush und Vladimir Putin stattdessen in Moskau den **Vertrag zur Reduzierung**

606 Elke Windisch, Rüstung: Rice will Kreml „aggressiver bearbeiten“, in: Die Presse, 26.7.2001, S. 4.

strategischer offensiver Waffen (SORT).[607] Dieser Vertrag gesteht beiden Ländern bis 31.12.2012 je 1.700 bis 2.200 Atomsprengköpfe – und damit ca. zwei Drittel des Arsenals von 2002 - zu. Demnach hat jede Vertragspartei das Recht, Struktur und Zusammensetzung ihrer Offensivwaffen selbst zu bestimmen.[608] Nach SORT ist jedoch keine Vernichtung demontierter Sprengköpfe vorgesehen, sie können für eine spätere Reaktivierung eingelagert werden.[609] Mit dem Austausch der Ratifikationsurkunden am 1.6.2003 in St. Petersburg setzten die Präsidenten Bush und Putin den SORT in Kraft.

Dadurch hat Moskau eine gemeinsame Abrüstung auf ein Niveau erreicht, das es sich selbst leisten kann. Die USA hätten von sich aus keine Probleme gehabt, den vom mit Ende 2001 für erfüllt erklärten START I-Vertrag von 1991 gesetzten Rahmen von 6.000 Sprengköpfen voll auszuschöpfen, für Russland war dies wirtschaftlich nicht tragbar. Mit diesem Schritt hatte sich Russland mit der Forderung nach Aufrechterhaltung eines „*atomaren Gleichgewichts*“ mit den USA durchgesetzt.[610] Beim Gipfeltreffen der G8 im kanadischen Kananaskis Ende Juni 2002 wurde Moskau – ohne jede politische Bedingungen – die Zahlung von 20 Mrd. US-Dollar für die Abrüstung von Massenvernichtungswaffen innerhalb von zehn Jahren zugesagt.

Der **Abzug der land- und seegestützten taktischen Nuklearwaffen** (TNW) der USA aus Europa war **im Juli 1992 abgeschlossen**. Frankreich und Großbritannien verringerten ebenfalls ihre Kernwaffenarsenale. Eine weitere wichtige Maßnahme ist die Rückverlegung der ehemals sowjetischen TNW-Systeme auf das Territorium Russlands zur endgültigen Demontage. Dies fand im Mai 1992 seinen Abschluss.

Das **Protokoll von Lissabon** vom Mai **1992** zwischen den USA und den vier Nachfolgestaaten der UdSSR, auf deren Territorien Nuklearwaffen stationiert waren – Belarus, Kasachstan, Russland, Ukraine – verpflichtete diese vier Staaten zur Durchführung des START I-Vertrags. Allein nach dem Zerfall der UdSSR befanden sich nicht weniger als 176 Interkontinentalraketen der Typen *SS-19* und *SS-24* auf ukrainischem Boden. Bei der Entstehung der Ukraine basaß

---

607 *Treaty between the United States and the Russian Federation on Strategic Offensive Reductions* (SORT).

608 Martin Malek, Russland – eine Großmacht? Bestandsaufnahme und Zukunftsperspektiven, Schriftenreihe der Landesverteidigungsakademie Wien, 4/2003, 22.

609 Ebd., 22f.

610 Martin Malek, Aktuelle Aspekte der Außenpolitik Russlands, Strategische Analysen, Oktober 2002, Landesverteidigungsakademie Wien.

der neue Staat an die 2.000 Nuklearwaffen – mehr Nuklearsprengköpfe als China, Frankreich oder Großbritannien.[611]

In den neunziger Jahren folgten weitere Meilensteine, als der Vertrag über ein umfassendes **Verbot von Nuklearversuchen** (CTBT)[612] im September **1996** zur Unterzeichnung aufgelegt wurde und das **Chemiewaffen-Übereinkommen** Ende April **1997** in Kraft trat. Der CTBT verbietet **Atomwaffentests und –explosionen** in der Atmosphäre, im Weltraum und **unter der Erde**. Dieser Vertrag enthält ein umfassendes Verbot von Nuklearwaffenversuchen, das auch die vom Kernwaffenstopp 1963 nicht erfassten Versuche unter der Erde miteinschließt. Überwacht werden sollte dies von der in Wien ansässigen Behörde CTBTO. Der CTBT sollte erst durch dessen Ratifikation von 44 Staaten mit nuklearen Anlagen in Kraft treten. Bis Mitte Januar 2004 wurde der CTBT bei 170 Mitgliedstaaten von 109 Staaten ratifiziert.[613] Russland hat dem Vertrag im April 2000 bereits zugestimmt. US-Präsident Clinton versuchte während seiner Besuche in Indien und Pakistan im März 2000 – beide Staaten waren 1998 deklarierte Atommächte – dazu zu bewegen, den CTBT zu unterzeichnen und somit auf weitere Nuklearrüstung zu verzichten. Der US-Senat hatte jedoch zuvor - im Oktober 1999 - die Ratifizierung des CTBT mit dem Argument abgelehnt, dass zur Gewährleistung der Sicherheit der USA die weiterhin zulässigen Computersimulationen nicht ausreichten, sondern auch in Zukunft Tests erforderlich seien. Ferner genügten demnach die vorgesehenen Überwachungsverfahren nicht, um eine Weiterverbreitung von Nuklearwaffen tatsächlich zu verhindern.[614] Der CTBT wurde auch noch nicht von China, Indien, Israel, Nordkorea und Pakistan ratifiziert. Frankreich und Großbritannien ratifizierten den CTBT 1998. Mit Russland hatten im April 2000 27 Parlamente dem Vertrag zugestimmt.

Die im Dezember **1997** vereinbarte **Konvention von Ottawa** – unterzeichnet in Oslo - verbietet den Gebrauch, die Produktion, Lagerung und den Transfer von Antipersonenminen[615]. Jedes der Unterzeichnerländer verpflichtet sich, alle **Antipersonenminen** innerhalb von vier Jahren nach dem Eintritt in die Konvention zu zerstören sowie Minen in verminten Gebieten innerhalb von zehn Jahren unschädlich zu machen. Falls ein Land nicht imstande ist, während dieses Zeitraumes all seine Antipersonenminen zu zerstören, kann es um Ausweitung des

611 Ashton B. Carter, William J. Perry, Preventive Defense. A New Security Strategy for America, Brookings Institutions Press, Washington D.C., 1999, 3.

612 *Comprehensive Test Ban Treaty.*

613 Libyen ratifizierte den CTBT als 109. Staat am 14.1.2004.

614 Hanspeter Neuhold, 2002, 29.

615 *Convention on the Prohibition of the Use, Stockpiling, Production and Transfer of Anti-Personnel Mines and on Their Destruction*, Oslo, 18 September 1997, UN Doc CD/1478.

benötigten Zeitraumes ansuchen. Die Ottawa-Konvention ruft zur Zusammenarbeit zwischen den Unterzeichnerstaaten in der Zerstörung von Antipersonenminen auf. Nicht später als 180 Tage nach der Gültigkeit der Konvention für ein Unterzeichnerland ist der Staat verpflichtet, an den Generalsekretär der Vereinten Nationen einen Bericht u.a. über die Lokalitäten aller verminten Gebiete sowie die Typen und die Anzahl aller aktiven und zerstörten Minenbestände („*transparente Maßnahmen*“) zu übermitteln. Nach dem Erstbericht wird jedes Unterzeichnerland aufgerufen, jährlich diesen Bericht zu aktualisieren. Die Möglichkeit zur Durchführung von **Inspektionen** („*fact-finding missions*“) wird durch ein Mandat auf Beschluss der Mehrheit der teilnehmenden Länder eingeräumt, wobei zuvor der betroffene Staat eine Einladung dazu aussprechen solle. Diese Mission sollte aber nicht länger als 14 Tage insgesamt und an einem Ort nicht länger als sieben Tage dauern. Das Übereinkommen trat am 1.3.1999 nach 40 Ratifikationen – und somit schneller als irgendein anderer multilateraler Abrüstungsvertrag - in Kraft. Bis November 2002 ist diese Konvention von 130 Staaten ratifiziert worden – u.a. von den von Minen stark betroffenen Staaten Afghanistan, Angola, Bosnien-Herzegowina, Kambodscha, Mozambik und Nicaragua. Bis November 2002 haben 41 Länder die Produktion von Minen beendet. Die USA gehören neben Russland und China zu den wichtigsten Herstellern von Minen. Diese Konvention ist der Beweis der stärkeren Mitwirkung der sogenannten „*civil society*“ (NGOs).

Der Pariser **Vertrag über konventionelle Streitkräfte in Europa**[616] vom 19.11.1990 (VKSE) - ihm sind acht Protokolle beigefügt - setzte gemeinsame kollektive Höchstgrenzen zwischen den damaligen 16 Mitgliedern der NATO und den sechs Staaten der Warschauer Vertragsorganisation fest. Diese betreffen die folgenden fünf für Offensivzwecke relevante Waffenkategorien: Kampfpanzer (je 20.000), gepanzerte Kampffahrzeuge (je 30.000), Artilleriewaffen (je 20.000), Kampfflugzeuge (je 6.800) und Angriffshubschrauber (je 2.000). Gemäß der „*Hinlänglichkeitsregel*“ darf keine Vertragspartei mehr als ungefähr ein Drittel der für beide Seiten zulässigen Gesamtzahl in einer Kategorie besitzen. Die darüber liegendenden Arsenale müssen demnach vernichtet oder unbrauchbar gemacht werden. Zu diesem Zweck wurde ein detailliertes Verifikationssystem ins Leben gerufen, das v.a. mit Inspektionen vor Ort die Einhaltung des Vertragswerkes gewährleisten soll. Dieser Vertrag wurde durch die politisch verbindliche (V)KSE 1 A-Vereinbarung von Helsinki 1992 über Höchstzahlen für die Personalstärke der konventionellen Landstreitkräfte der betreffenden Staaten ergänzt. 1999 erfolgte die Anpassung des VKSE an die neueren militärischen Verhältnisse in Europa – im Hinblick auf die zahlenmäßigen Grenzen für

---

616 CFE – *Conventional Armed Forces in Europe.*

die einzelnen Staaten und nicht mehr – wie zuvor – für Staatengruppen. Das VKSE wurde auch für Teilnehmerstaaten der OSZE, die keinem der beiden Bündnisse angehör(t)en, geöffnet. Mit diesen Schritten wurde das Ziel erreicht, erfolgreiche konventionelle Überraschungsangriffe und große Offensivoperationen in Europa unmöglich zu machen.

Die **NATO** hat im Jahr 1986 für Fragen der konventionellen Rüstungskontrolle die *High Level Task Force (HLTF) on Conventional Arms* - ein internes Koordinierungsorgan auf der Ebene der Politischen Direktoren der Außenministerien bzw. Verteidigungsministerien - errichtet. Für alle Fragen im Zusammenhang mit der Rüstungskontrolle erarbeitete die NATO im Mai 1989 eine Gesamtkonzeption für Rüstungskotrolle und Abrüstung. Die Konzeption bildete den Rahmen für die Politik des Bündnisses auf dem Gesamtfeld der Rüstungskontrolle. Ferner wurden innerhalb der NATO und der NATO-Partnerschaft für den Frieden u.a. Programme zur Vernichtung von Antipersonenminen und Kleinwaffen beschlossen und verwirklicht, so z.B. in Albanien, in Moldawien und in der Ukraine.[617]

---

617 NATO-Mitgliedstaaten und Partnerländer hatten insgesamt beinahe 3 Millionen Dollar für die Zerstörung von 200 Millionen Landminen in Staaten der Partnerschaft für den Frieden (PfP) vorgesehen. Aus diesem Grund ist im September 2000 die Gründung des *NATO Partnership for Peace Trust Fund* erfolgt. Jedes dieser Projekte wurde von einem NATO-Mitglied und einem Partnerstaat geleitet, beide Länder waren für deren Umsetzung und Finanzierung verantwortlich. Am 30.9.2002 begann z.B. durch diesen Fonds die Zerstörung des ersten Teils von 12.000 Landminen sowie die Eliminierung von 700 Tonnen Munition und Raketentreibstoff in Moldawien. Dieses Projekt war bis Ende 2002 anberaumt und unterstützte die Republik Moldawien, seine Verpflichtungen in Bezug auf den Antiminenvertrag von Ottawa aus dem Jahr 1997 bereits zwei Jahre vor seinem Inkrafttreten zu erfüllen. Die Kosten beliefen sich insgesamt auf 1,1 Mio. US-Dollar. Es erfolgte auch die Ausbildung von Spezialisten der moldawischen Armee in Techniken zur fachgerechten Minenzerstörung. Das Projekt war eines von vier, das vom *NATO Partnership for Peace Trust Fund* im Jahr 2000 initiiert wurde. Für die Umsetzung dieses Projektes war die *NATO Maintenance and Supply Agency* (NAMSA) verantwortlich, finanziert wurde das Vorhaben von den Niederlanden (*NATO lead nation*), Deutschland, Großbritannien, Luxemburg, Kanada, Polen, Ungarn und den USA. Unter der *NATO lead nation* Kanada wurde auch die Vernichtung von insgesamt 1,6 Millionen Landminen innerhalb von 15 Monaten in Albanien durchgeführt. Belgien, Großbritannien, Kanada, Luxemburg, die Niederlande, Norwegen, Österreich, die Schweiz und Ungarn stellten dafür Finanzmittel in der Höhe von 0,8 Mio. US-Dollar zur Verfügung. Ein ähnliches Projekt mit dem gleichen Kostenrahmen gelangte auch in der Ukraine zu Durchführung, an dem sich neben Kanada als *NATO lead nation* auch die Niederlande, Polen und Ungarn engagierten. Ende November/Anfang Dezember 2002 begann in der Ukraine seitens der NATO ein Projekt, das die Zerstörung von insgesamt 133.000 Tonnen Munition und 1,5 Mil-

Was das Verbot von biologischen und chemischen Waffen betrifft, sind das Übereinkommen über das **Verbot von bakteriologischen (biologischen) Waffen und von Toxinwaffen 1972** und der Vertrag über das umfassende **Verbot von Chemiewaffen 1993** von großer Bedeutung. Die 1972 in der UNO-Abrüstungskonferenz vereinbarte **B-Waffenkonvention** trat 1975 in Kraft und wurde bis Mitte 2001 bereits von 143 Staaten ratifiziert. Sie verankert die Entwicklung, Produktion und Lagerung von biologischen Waffen. Der Einsatz derartiger Waffen wurde bereits im **Genfer Giftgasprotokoll** von **1925** verboten. Verhandlungen über Verifikationsmaßnahmen begannen 1995, nachdem Beweise vorlagen, dass der Irak – ein Unterzeicherstaat des Protokolls – in den achtziger Jahren B-Waffen entwickelt hatte.[618] Als letztes europäisches Land hat im April 2000 die Bundesrepublik Jugoslawien den Beitritt zur **Konvention für das Verbot chemischer Waffen** erklärt. 134 Länder lehnten zu diesem Zeitpunkt mittels dieser Konvention die Produktion, Lagerung und die Anwendung von C-Waffen ab. Weltweit lagerten Mitte 2003 rund 70.000 Tonnen deklarierter Chemiewaffenbestände, großteils Altlasten des Kalten Krieges.[619]

Das Verbot der Aneignung von Spezialwaffen wurde Österreich seitens der damaligen Besatzungsmächte Frankreich, Großbritannien, der Sowjetunion und der USA in Art. 13 des **Staatsvertrags von 1955** auferlegt. Darunter fielen u.a. Atomwaffen, Massenvernichtungswaffen, selbstgetriebene oder gelengte Geschosse, Torpedos, Seeminen, Unterseeboote, Motor-Torpedoboote, Geschütze mit einer Reichweite von mehr als 30 km. 1990 erklärte Österreich diese Bestimmung für obsolet: „*Hingegen erachtet sich Österreich weiterhin als völkerrechtlich verpflichtet, keine atomaren, biologischen oder chemischen Waffen herzustellen, zu besitzen oder zu Versuchen zu verwenden.*“[620]

Im Juli 2001 haben die USA vor der UNO-Abrüstungskonferenz in Genf den in über sechsjährigen Verhandlungen erarbeiteten Entwurf zum Kontrollmechanismus für das **Verbot biologischer Waffen** abgelehnt. Der Entwurf gefährde

---

lionen kleine und leichte Waffen zum Ziel hatte. Der *Partnership for Peace Trust Fund* führte bereits zum zweiten Mal ein derartiges Projekt durch, im ersteren wurden – beginnend in Donetsk am 10.7.2002 – 400.000 Antipersonenminen zerstört. Dieses Projekt war eine griechisch-ukrainische Initiative, Finanzmittel wurden von Deutschland, Griechenland und der Türkei zur Verfügung gestellt (Quelle: NATO).

618 Andreas Zumach, US-Veto gegen Kontrolle des Verbots von B-Waffen, Die Presse, 26.7.2001, 4.

619 Confoederatio Helvetica, Kurzinformation über den Beitrag der Schweiz zur Chemiewaffenabrüstung, Bern, 25.6.2003, www.admin.ch .

620 Mitteilung der österreichischen Bundesregierung betreffend einige Bestimmungen des Staatsvertrages vom 15.5.1955 von Wien an die vier Signatarmächte des Staatsvertrages samt Erläuterung, Wien, 6.11.1990. Quelle: Österreichische außenpolitische Dokumentation, Dezember 1990, 28.

„*die nationale Sicherheit der USA*" sowie die „*berechtigten kommerziellen Interessen*" amerikanischer Biotechnologie-Unternehmen, erklärte US-Chefunterhändler Donald Mahley.[621] Alle anderen 55 Mitgliedstaaten der UNO-Abrüstungskonferenz hatten dem vom ungarischen Vorsitzenden Tibot Tóth vorgelegten Entwurf für die Kontrolle von B-Waffen zugestimmt. Russland, China, Iran und Pakistan haben ihre Bedenken diesbezüglich aufgegeben. Die Einwände der USA richten sich nach wie vor gegen die jährliche Berichtspflicht jedes Landes über – potenziell militärisch nutzbare – biologische Forschungsprogramme sowie gegen die Kontrolle von Labors und Fabriken durch ausländische Inspektoren. Die USA unterhalten, so Mahley, Forschungsprogramme zur Entwicklung von Impfstoffen gegen B-Waffen, deren strengste Geheimhaltung nicht gefährdet werden sollte. Zudem befürchtet Washington „Industriespionage" bei zivilen Biotech-Unternehmen.

Trotz vielfältiger Abkommen und der darin enthaltenen Ge- und Verbote hat jedoch die Gefahr der Verbreitung von atomaren, biologischen und chemischen Waffen weiterhin zugenommen.

621 Andreas Zumach, US-Veto gegen Kontrolle des Verbots von B-Waffen, in: Die Presse, 26.7.2001, 4.

Teil II: Humanitäres Völkerrecht/Kriegsvölkerrecht

Einführung und Begriffsdefinitionen

Staaten oder andere Mitglieder der internationalen Gemeinschaft befinden sich grundsätzlich entweder im Zustand des **Friedens** oder im Zustand eines bewaffneten **Konfliktes** bzw. **Krieges**. Der Zustand des Friedens wird durch die Bestimmungen des **Friedensvölkerrechts** geregelt. Darunter sind jene Rechtsnormen, welche die **friedlichen Beziehungen zwischen Staaten** (und/oder anderen Mitgliedern der internationalen Gemeinschaft) regeln, zu verstehen. Auch das **Neutralitätsrecht** ist Friedensvölkerrecht, es steht aber mit dem **Kriegsvölkerrecht** insofern im Zusammenhang, als die Neutralität ein mit dem Bestehen des Zustandes eines bewaffneten Konfliktes (Krieges) als ihre Voraussetzung untrennbar verbundener Begriff ist.

Die Begriffe **humanitäres Völkerrecht**, Recht der (in) bewaffneten Konflikte(n) und Kriegsrecht bzw. Kriegsvölkerrecht können als gleichbedeutend betrachtet werden. Internationale Organisationen, Universitäten und Staaten bevorzugen den Begriffskomplex humanitäres Völkerrecht (oder humanitäres Recht), während bei den Streitkräften die drei anderen Begriffe gebräuchlicher sind. Die Definition des humanitären Völkerrechts umfasst diejenigen Regeln zum Schutz der Rechte von Menschen, die in internationalen – und in geringerem Ausmaß auch in internen – bewaffneten Konflikten gelten.[1]

Das **Kriegsvölkerrecht** bildet einen wesentlichen Teil des Völkerrechts und regelt das in **bewaffneten Konflikten** geltende Völkerrecht. Es regelt, **WER gegen WEN WIE WO militärische Gewalt anwenden darf**, bezieht sich ausschließlich auf Zeiten bewaffneter Konflikte und beinhaltet Bestimmungen sowohl zum Schutz von Personen, die nicht oder nicht mehr an den Feindseligkeiten teilnehmen, als auch Restriktionen der Kriegsmethoden und –mittel. Es gibt damit einen „Verhaltenskodex“ für bewaffnete Konflikte. Das Kriegsvölkerrecht verpflichtet aber nicht nur die Parteien eines bewaffneten Konfliktes, sondern auch die einzelnen Personen, die diesen Parteien angehören. Es schränkt das Recht der Konfliktparteien ein, bei der Kriegführung Methoden oder Mittel ihrer

1 Vgl. „Humanitäts-, Kriegs- und Neutralitätsrecht sowie Kulturgüterschutz. Ein Leitfaden durch das Völkerrecht für die Truppe“, 1. Auflage, Truppendienst-Taschenbuch, Wien, im März 1991.

Wahl einzusetzen. Diese Regelungen dienen dem **Schutz von Personen und Objekten**, die von einem Konflikt in Mitleidenschaft gezogen werden oder werden können. Der Zweck des humanitären Völkerrechts besteht in der **Begrenzung des Leidens**, das durch Kriege verursacht wird, indem es die Opfer schützt und ihnen beisteht, soweit dies möglich ist. Daher bezieht es sich auf die Realitäten eines Konfliktes, ohne die Gründe oder die Rechtmäßigkeit der Anwendung von Gewalt zu berücksichtigen. So ist das ***ius in bello*** (Recht innerhalb des Krieges) unabhängig vom ***ius ad bellum*** (Recht zur Anwendung von Gewalt) und vom ***ius contra bellum*** (Recht über die Prävention von Krieg) zu verstehen.[2]

Das ***ius ad bellum*** wurde im III. Haager Übereinkommen von 1907 formalisiert: Die Vertragsparteien durften die Feindseligkeiten erst nach **Abgabe einer Kriegserklärung oder eines Ultimatums** beginnen. Das II. Haager Übereinkommen von 1907 sollte einen Verzicht auf Waffengewalt bei der Eintreibung von Vertragsschulden garantieren. 1913/14 schlossen die USA bilaterale sogenannte ***Bryan*-Verträge**[3], sie beinhalteten ein **Verbot von Kriegserklärung** oder Feindseligkeiten **bis zur Vorlage des Berichts der Vergleichskommission**. Bis zum Ende des Ersten Weltkriegs galt der Einsatz von Streitkräften prinzipiell nicht als illegaler Akt, sondern eher als akzeptables Mittel zur Beilegung von Differenzen. Der Einsatz von Streitkräften sollte nach 1918 im Rahmen der Bestrebungen zur Kriegsächtung unterbunden werden, so in der Satzung des Völkerbundes 1919 und im **Vertrag von Paris von 1928** (***Briand-Kellogg*-Pakt**[4] zur **Ächtung des Krieges**, Verzicht auf den Krieg als Werkzeug staatlicher Politik). Die Satzung des **Völkerbund**es enthielt lediglich eine prozedurale Beschränkung des *ius ad bellum*, eine „Wartezeit" von drei Monaten für Kriegsaktionen war einzuhalten.

Seit dem Inkrafttreten der **UNO-Charta** 1945 besteht grundsätzlich ein **Verbot der Androhung oder Anwendung von Gewalt** (Art. 2 Abs. 4): *„Alle Mitglieder unterlassen in ihren internationalen Beziehungen jede (...) Androhung oder Anwendung von Gewalt.*" Die UNO-Charta erkennt Gewaltanwendung nur noch als rechtmäßig an

- zur Durchsetzung von Beschlüssen des UNO-Sicherheitsrats gegen einen **Bruch des Friedens oder eine Bedrohung der internationalen Sicherheit** (Art. 42), mit dem Ziel der **Wiederherstellung des Friedens**;

2 Ebd.
3 Benannt nach US-Außenminister William J. Bryan (1913-15).
4 Dieser Anti-Kriegspakt wurde von 54 Staaten unterzeichnet. Benannt wurde der Pakt nach den Außenministern Aristide Briand (Frankreich) und Frank B. Kellogg (USA).

- zur **individuellen** (durch Einzelstaat) oder **kollektiven** (Staatenbündnis) **Selbstverteidigung gegen** einen **bewaffneten Angriff** („***Aggression***"), geregelt in Art. 51;

Die UNO kann nach **Kapitel VI** der UNO-Charta **friedenserhaltende Maßnahmen** in Form von Missionen zur Beobachtung oder zur Wahrung des Friedens beschließen.

Aus den Rahmenbedingungen des Rechts der Völker auf **Selbstbestimmung** erwächst eine weitere Instanz: Gemäß der im Jahr 1965 von der UNO-Generalversammlung angenommenen Resolution 2105 (XX) „*ist die Rechtmäßigkeit von Bemühungen zur Erzwingung des Rechts auf Selbstbestimmung und Unabhängigkeit der Völker unter kolonialer Herrschaft anerkannt.*“

Das **humanitäre Völkerrecht** ist in zwei Situationen anwendbar, d.h. es bietet zwei Schutzsysteme:

a) **Internationale bewaffnete Konflikte** - zu den international bewaffneten Konflikten zählen auch **Befreiungskriege** gemäß Artikel 1 von Zusatzprotokoll I. In solchen Lagen gelten die **Genfer Abkommen** von 1949 und das **Zusatzprotokoll I** von 1977. Das humanitäre Völkerrecht wendet sich grundsätzlich an Konfliktparteien und schützt jede Person oder jede Kategorie von Personen, die nicht oder nicht mehr unmittelbar am Konflikt teilnehmen, d.h.:
   - **Verwundete** oder **Kranke** der Streitkräfte zu Lande und ihr Sanitätspersonal;
   - Verwundete, Kranke oder **Schiffbrüchige** der Seestreitkräfte und ihr Sanitätspersonal;
   - **Kriegsgefangene**;
   - **Zivilbevölkerung**, z.B. ausländische Zivilisten im Gebiet einer Konfliktpartei, einschließlich der **Flüchtlinge**, Zivilisten in besetzten Gebieten, gefangengenommene und internierte Zivilisten, **Sanitätspersonal** und **Seelsorgepersonal** oder Mitglieder von **Zivilschutzorganisationen**.

b) **Nicht internationale bewaffnete Konflikte**: In diesem Fall sind der den **vier Genfer Abkommen von 1949** gemeinsame **Artikel 3 und** das **Zusatzprotokoll II von 1977** anwendbar. Zu beachten ist aber, dass die Bedingungen für die Anwendung des Protokolls II strenger sind, als die in Artikel 3 vorgesehenen. In solchen Situationen gilt das humanitäre Völkerrecht für die am Konflikt beteiligten Streitkräfte, wobei es gleichgültig ist, ob es sich um reguläre oder nicht reguläre Armeen handelt, und es gewährt allen Personen oder Personengruppen Schutz, die nicht oder nicht mehr unmittelbar am Gefecht teilnehmen. Dazu gehören z.B.
   - **verwundete** oder **kranke Kombattanten**;
   - Personen, die ihre Freiheit infolge des Konfliktes beraubt sind;

- **Zivilbevölkerung;**
- **Sanitäts- und Seelsorgepersonal.**

Der den vier Genfer Abkommen gemeinsame Artikel 3 wird als eine Art *„Miniaturabkommen"* angesehen. Die in Artikel 3 enthaltenen Bestimmungen gelten als Gewohnheitsrecht, insofern sie Minimalnormen vertreten, welche Kriegführende niemals verletzen sollten.

Die **Rechtsquellen des humanitären Völkerrechts** bilden

- die Verträge der **Haager Friedenskonferenzen** von 1899 und 1907,
- die **vier Genfer Konventionen** von 1949 und **zwei Zusatzprotokolle** von 1977 sowie
- das **Völkergewohnheitsrecht.**

Bei der Anwendung des humanitären Völkerrechts geht es nicht um die Anprangerung schuldiger Parteien, weil dies zwangsläufig Kontroversen auslösen und die Implementierung dieses Rechts lähmen würde, zumal jeder Gegner behaupten würde, Opfer einer Aggression zu sein. Im Sinn der Definition von ***„Aggression"*** (Resolution der Generalversammlung vom 14.12.1974, 3314 (XXIX)) gilt jener **Staat als Angreifer, der** die **erste militärische Handlung gegen den Gegner („bewaffneter Angriff")** gesetzt hat. Diese Definition gilt jedoch nur als eine **Empfehlung** und ist daher nicht bindend. Die Charta der Vereinten Nationen verwendet den Begriff des *„Angriffs"* weiter in den Artikeln 1 Abs. 1, 39, 51 und 53, ohne aber diesen Terminus zu präzisieren. Der Sicherheitsrat der UNO kann aber aus den konkreten Umständen zum Ergebnis kommen, daß der angegriffene Staat den militärischen Angriff provoziert hat und somit als Angreifer anzusehen ist.

Das **Nicaragua-Urteil** des **Internationalen Gerichtshofes** (IGH) vom 27.6.**1986** hat Beispiele für den bewaffneten Angriff gegeben und somit den Begriff *„bewaffneter Angriff"* konkretisiert. Demnach umfasst der **„bewaffnete Angriff"** nicht nur grenzüberschreitende Handlungen regulärer Streitkräfte, sondern auch die Beteiligung eines Staates an der Gewaltanwendung nicht staatlicher militärischer Verbände, wie sie in Art. 3 (g) der Aggressionsdefinition umschrieben wird. Im Nicaragua-Urteil hat der IGH auch bestätigt, dass bloße Grenzzwischenfälle nicht als bewaffnete Angriffe behandelt werden. Ein bewaffneter Angriff schließt Gewalt in größerem Umfang mit ein.[5]

In diesem Zusammenhang ist auf das Problem ***„Präventivkrieg"*** hinzuweisen. Eine „Provokation" kann auch dann vorliegen, wenn ein Staat erkennt, dass

---

5 David Rezac, Militärische Intervention als Problem des Völkerrechts. Eine Untersuchung bewaffneten Eingreifens in innerstaatliche Konflikte anhand des Kosovo-Krieges, Studien und Berichte zur Sicherheitspolitik 1/2002, Schriftenreihe der Landesverteidigungsakademie Wien, 35.

der Nachbarstaat gegen ihn Angriffsvorbereitungen trifft und er diesem durch eine eigene Aktion zuvorkommt („***Präventivschlag***"). Um aber der UNO-Satzung gerecht zu werden, müssen die Voraussetzungen für den „*gerechtfertigten Präventivschlag*" präzise überprüft werden, weil sonst jeder Staat dieses Recht in Anspruch nehmen könnte. Der UN-Sicherheitsrat beurteilt das jeweilige Verhalten.

Das Völkerrecht enthält also das eigentliche Humanitäts- und Kriegsrecht („***ius in bello***"), das erst eingreift, wenn ein **bewaffneter Konflikt** (Krieg) ausgebrochen ist. Es regelt, wie der Krieg geführt werden darf und welche humanitären Gebote einzuhalten sind (Kriegsrecht im subjektiven Sinn: „***ius ad bellum***"; Kriegsrecht im objektiven Sinn: „***ius in bello***"). Das Völkerrecht und somit auch das Kriegsvölkerrecht ist eine Rechtsmaterie, die sich ständig weiterentwickelt. Diese Dynamik ist einerseits durch die Arbeit der Wissenschaft, andererseits auch durch die Realität im Zusammenleben der Staaten bedingt. Insbesondere im Humanitäts- und Kriegsrecht hat die „Realität des Schlachtfeldes" das „Sollen der Rechtsvorschriften" verändert.[6] Kriegsvölkerrecht hat aber nie Kriege verhindern können, obwohl zum Beispiel die Satzung der Vereinten Nationen sogar ein endgültiges **Gewaltverbot** der zwischenstaatlichen Gewaltanwendung anordnet. Es ist auch nicht Aufgabe des Kriegsvölkerrechts, Kriege zu verhindern, es regelt vielmehr die Umstände, unter denen militärische Gewalt - wenn diese unvermeidlich ist - eingesetzt werden darf und wie man sich in bewaffneten Konflikten zu verhalten hat. Das Völkerrecht spricht nicht mehr von „Krieg", sondern von „internationalen bewaffneten Konflikten". Das humanitäre Völkerrecht gilt nicht in Lagen, wo Gewalttätigkeiten nicht das Ausmaß eines bewaffneten Konflikts haben. In Fällen dieses Typs greifen die Bestimmungen des **Menschenrechts**kodex und entsprechende Maßnahmen anrufungsgeeigneter innerstaatlicher Gesetzgebung.

In den Jahren nach dem Zweiten Weltkrieg ist es sehr schnell zu Verhandlungen gekommen, die dazu beitragen sollten, den **Schutz der Opfer des Krieges** und den **Schutz des Kulturguts** zu verstärken und zu erweitern. Diese Bestrebungen fanden in den **vier Genfer Abkommen** vom **12.8.1949** ihren Niederschlag, die

- die Verbesserung des Loses der Verwundeten und Kranken der Streitkräfte im Felde,
- die Verbesserung des Loses der Verwundeten, Kranken und Schiffbrüchigen der Streitkräfte zur See,

6 So Klemens Fischer im Vorwort des Buches „Humanitäts-, Kriegs- und Neutralitätsrecht sowie Kulturgüterschutz. Ein Leitfaden durch das Völkerrecht für die Truppe", 1. Auflage, Truppendienst-Taschenbuch, Wien, im März 1991.

- die Behandlung der Kriegsgefangenen und
- den Schutz von Zivilpersonen in Kriegszeiten (Genfer Recht) zum Inhalt haben.

Die **Genfer Abkommen** sind für alle Streitkräfte der Welt - mit ganz geringen Ausnahmen - **verbindliches Recht** und sind somit **universal gültig**. Die **Konvention zum Schutz von Kulturgut in bewaffneten Konflikten** vom 14.3.**1954** beschränkt sich auf den Schutz des bedeutsamen Kulturguts.

Das **Kampfführungsrecht** (Haager Recht) verblieb im Wesentlichen auf dem Stand der Abkommen der Zweiten Haager Friedenskonferenz von 1907. Die Haager Landkriegsordnung behielt weiterhin entscheidende Bedeutung.

Zwischen 1945 - also seit der Gründung der UNO - und 1985 gab es über 100 größere bewaffnete Konflikte internationalen Charakters. Dies war ein Anschlag auf das Gewaltanwendungsverbot und das Friedenssicherungssystem der UNO, aber auch auf die im Rahmen des NATO-Bündnisses geltende Strategie der Abschreckung.

Den unermüdlichen Initiativen des **Internationalen Komitees des Roten Kreuzes (IKRK)** ist es zu verdanken, dass dennoch das Recht der Opfer bewaffneter Konflikte weiterentwickelt und den heutigen politischen, technischen und militärischen Gegebenheiten angepaßt werden konnte. Nach Vorlagen des IKRK wurden auf Sachverständigenkonferenzen Entwürfe erarbeitet, die dann auf der Diplomatischen Konferenz zur Neubestätigung und Fortentwicklung des in bewaffneten Konflikten anwendbaren Völkerrechts (CDDH) von 1974 bis 1977 behandelt und in der Form von **zwei Zusatzprotokollen** verabschiedet wurden. In diesen Protokollen ist erstmals das **Genfer Recht** (humanitäres Völkerrecht im engeren Sinne)[7] als auch das **Haager Recht** (Kampfführungsrecht)[8] **verbunden** und gemeinsam weiterentwickelt und kodifiziert worden. Durch die Befolgung spezieller, in Art. 96 Abs. 3 des Protokolls I festgelegter Verfahren können auch nationale **Befreiungsbewegungen**, auf die Art. 1 Abs. 4 des Zusatzprotokolls I zutrifft, sich zur Erfüllung der Abkommen und Zusatzprotokolle verpflichten. Eine seit mehr als 100 Jahren als unveränderbar angesehene klassische Systematik des Kriegsvölkerrechts wurde mit den Zusatzprotokollen aufgegeben. Das Genfer und das Haager Recht sind grundsätzlich jedoch nicht klar voneinander zu unterscheiden, denn einige Bestimmungen der Haager Abkommen wirken zum Schutz von Konfliktopfern, während einige Bestimmungen der

---

7 Das Genfer Recht dient dem Schutz jener Angehörigen von Streitkräften, die außer Gefecht gesetzt wurden, sowie dem Schutz von Personen, die nicht an den Feindseligkeiten beteiligt sind, insbesondere Zivilisten.

8 Das Haager Recht legt die Rechte und Pflichten der kriegführenden Parteien bei der Durchführung militärischer Operationen fest und schränkt die Anwendung von Mitteln zur Schädigung des Gegners ein.

Genfer Abkommen bewirken, dass der Handlungsspielraum der Kriegsparteien während der Feindseligkeiten begrenzt wird.

Die Staaten tragen die **rechtliche Verpflichtung zur Verbreitung der Kenntnis der Abkommen und ihrer Zusatzprotokolle**:

„Die Hohen Vertragsparteien verpflichten sich, in Friedenszeiten den Wortlaut des vorliegenden Abkommens in ihren Ländern im weitestmöglichen Ausmaß zu verbreiten und insbesondere sein Studium in die militärischen und, wenn möglich, zivilen Ausbildungsprogramme aufzunehmen, so dass die Gesamtheit der Bevölkerung, insbesondere die bewaffneten Streitkräfte, das Sanitätspersonal und die Feldgeistlichen seine Grundsätze kennenlernen kann." (Art. 47, 48, 127 und 144 der Genfer Abkommen I, II, III, IV).

„Die Hohen Vertragsparteien verpflichten sich, in Friedenszeiten wie in Zeiten eines bewaffneten Konflikts die Abkommen und dieses Protokoll in ihren Ländern so weit wie möglich zu verbreiten, insbesondere ihr Studium in die militärischen Ausbildungsprogramme aufzunehmen und die Zivilbevölkerung zu ihrem Studium anzuregen, so daß diese Übereinkünfte den Streitkräften und der Zivilbevölkerung bekannt werden." (Art. 83, Protokoll I)

„Dieses Protokoll wird so weit wie möglich verbreitet" (Art. 19, Protokoll II)

Gemäß den Statuten der Internationalen Rotkreuz- und Rothalbmondbewegung hat das **IKRK** namentlich den Auftrag,

„(...) *für das Verständnis und die Verbreitung des in bewaffneten Konflikten anwendbaren humanitären Völkerrechts zu sorgen und dessen allfällige Weiterentwicklung vorzubereiten*" (Art. 5 Absatz 2g)

Das IKRK „(...)[unterhält enge Beziehungen mit den nationalen Gesellschaften] *Es arbeitet in Bereichen gemeinsamen Interesses einvernehmlich mit ihnen zusammen, so etwa bei der Vorbereitung auf Aktivitäten im Falle eines bewaffneten Konflikts, bei der Einhaltung, der Weiterentwicklung und der Ratifikation der Genfer Abkommen, bei der Verbreitung der Grundsätze der Bewegung und des humanitären Völkerrechts*" (Art. 5 Absatz 4a)

Entwicklungen im Rahmen der **UNO**: Die Konferenz von 1978-1980 über das Verbot oder die Beschränkung des Einsatzes bestimmter konventioneller Waffen, die unnötige Verletzungen verursachen oder unterschiedslos wirken können (Waffenkonferenz), war die unmittelbare Fortsetzung der CDDH. Ihre Ergebnisse, das **Waffenübereinkommen** vom 10.10.**1980** nebst drei Protokollen **über nicht entdeckbare Splitter, über Minen und Ladungen** sowie über **Brandwaffen** müssen daher im Zusammenhang mit dem I. Zusatzprotokoll vom 10.6.1977 gesehen werden. Dieses Waffenübereinkommen stellt den Höhepunkt und vorläufigen Abschluss einer Entwicklung dar, die mit der **St. Petersburger Erklärung** von **1868** über das **Verbot gewisser Wurfgeschosse in Kriegszeiten** begann und sich über die **Erklärung** von **1899 betreffend das Verbot von Ge-**

schossen, die sich leicht im menschlichen Körper ausdehnen oder platt drücken (*Dum-Dum-Geschosse*) und das **Genfer Protokoll von 1925 über das Verbot der Verwendung von erstickenden, giftigen oder ähnlichen Gasen sowie von bakteriologischen Mitteln im Kriege** fortsetzte. An dieses Genfer Protokoll von 1925 wurde mit dem Übereinkommen über das **Verbot der Entwicklung, Herstellung und Lagerung bakteriologischer (biologischer) Waffen** vom 10.4.**1972** angeknüpft. Im Zusammenhang des Verbots bestimmter Waffen oder Kampfmittel gehört auch das Übereinkommen über das **Verbot der militärischen oder einer sonstigen feindseligen Nutzung umweltverändernder Techniken** vom 18.5.**1977**, dem auf absehbare Zeit keine entscheidende sicherheitspolitische oder militärische Bedeutung zukommen dürfte.

Die neue **Seerechtskonvention** der UNO, die am 10.10.**1982** in Montego Bay/Jamaica verabschiedet wurde, regelt zwar das **Seefriedensrecht**, hat aber auch erhebliche Auswirkungen auf die **Führung von Seekriegsoperationen**. Insoweit besteht ein Zusammenhang mit den **vier Seerechtsübereinkommen** von **1958** und den **fünf seekriegsrechtlichen Abkommen** der **Haager Friedenskonferenz** von **1907**. Das **I. Zusatzprotokoll** vom 10.6.**1977** betrifft neben dem **Landkrieg** und dem **Luftkrieg**, dessen Normordnung im wesentlichen in den **Haager Luftkriegsregeln** von **1923** zusammengefasst sind, auch den **Seekrieg**, v.a. hinsichtlich der Beschießung von Zielen an Land, des **Blockaderechts**, **Konterbanderechts** und **Seebeuterechts**. Der Krieg von See aus wurde in einem Teilbereich unmittelbar auch durch den Vertrag über das **Verbot der Anbringung von Kernwaffen und anderen Massenvernichtungswaffen auf dem Meeresboden und im Meeresuntergrund** vom 11.2.**1971** geregelt, der allerdings in erster Linie unter abrüstungsrechtlichen Gesichtspunkten bedeutsam ist.

Heute wird des öfteren von „***neuen***" **Konflikten** gesprochen. Dieser Ausdruck umfasst zwei Konflikttypen: „**Anarchische**" Konflikttypen und auf die **Durchsetzung von Gruppenidentität** abzielende Konflikte.

„Anarchische" Konflikte, deren Auftauchen mit dem Ende des Kalten Krieges zusammenhängt, sind häufig gekennzeichnet durch einen teilweisen oder sogar vollständigen **Zusammenbruch staatlicher Strukturen**. In derartigen Situationen benutzen bewaffnete Gruppen das politische Vakuum, um zu versuchen, die Macht an sich zu reißen. Dieser Konflikttyp ist allerdings auch und zu allererst gekennzeichnet durch eine Schwächung oder ein Zerbrechen der Befehlskette innerhalb dieser bewaffneten Gruppen.

In Konflikten mit dem Ziel, **Gruppenidentität durchzusetzen**, strebt man den Ausschluss des Gegners durch jene Praktiken an, die als „***ethnische Säuberung***" bekannt sind. Dazu gehört die **gewaltsame Umsiedlung** oder **Ausrottung von Volksgruppen**. Aufgrund der Auswirkungen einer Spirale aus **Propaganda, Hass und Gewalt** entfaltet dieser Konflikttyp eine dynamische Triebkraft, die das **Gruppengefühl auf Kosten der bestehenden nationalen Identität** stärken und jegliche Koexistenz mit anderen Gruppen unmöglich machen soll.

Das **humanitäre Völkerrecht gilt** auch **für** diese **„anarchischen" und „identitätsbezogenen" Konflikte**, in denen insbesondere die Zivilbevölkerung Gewalttätigkeiten ausgesetzt ist. Der gemeinsame **Artikel 3** fordert von allen bewaffneten Gruppen – Rebellen, Aufständische etc. – **Achtung vor denen, die ihre Waffen niedergelegt haben oder** die – wie z.B. die Zivilisten – **nicht an Feindseligkeiten teilnehmen**. In der Folge besteht für das Völkerrecht kein rechtsfreier Raum, auch wenn es ein Vakuum in einem Staat gibt, dessen Strukturen geschwächt oder nicht mehr vorhanden sind. Im Gegenteil: In genau solchen Situationen kommt das humanitäre Völkerrecht voll zur Geltung. Die Anwendung des humanitären Völkerrechts auf derartige Konflikttypen ist jedoch schwierig. Der Disziplinmangel gewisser Kriegführender, die Bewaffnung der Zivilbevölkerung in Folge eines Überangebots von Waffen und die damit einhergehende, zunehmende **Verwischung des Unterschieds zwischen Kombattanten und Nichtkombattanten** – all dies verursacht häufig Konfrontationen von extremer Brutalität, wobei für Gesetzesbestimmungen wenig Raum bleibt. Personen, die an Kampfhandlungen teilnehmen, ohne aber Kombattanten zu sein (*„Freischärler"*), werden zwar nicht Kriegsgefangene, wenn sie in Feindeshand fallen, sondern genießen einen Mindeststandard gemäß Art. 75 des I. Zusatzprotokolls (ZP). Demnach haben die geschützten Personen unter allen Umständen Anspruch auf **Achtung ihrer Person, ihrer Ehre, ihrer Familienrechte, ihrer religiösen Überzeugungen und Gepflogenheiten, ihrer Gewohnheiten und Gebräuche**. Sie werden jederzeit **mit Menschlichkeit behandelt** und insbesondere **vor Gewalttätigkeit oder Einschüchterung, vor Beleidigungen und der öffentlichen Neugier geschützt**. Dieser Mindeststandard gilt auch für **Söldner**[9], d.h. für Ausländer, die nicht Angehörige der Streitkräfte sind, sondern sich **aus Gewinnsucht an den Feindseligkeiten** beteiligen, sowie für **Spione**, d.h. für Personen, die gemäß Art. 46 des I. ZP unter **Vorspiegelung falscher Tatsachen** oder bewusst heimlich Informationen von militärischem Wert in einem von der gegnerischen Partei kontrollierten Gebiet beschaffen oder zu beschaffen versuchen.

Gegen Spione und Freischärler besteht ein Strafanspruch *„nur bei Ergreifung auf frischer Tat, nicht jedoch nach erfolgreich abgeschlossener Tat (Art. 44 Abs. 5, Art. 46 Abs. 3 I. ZP). Es handelt sich dabei um „riskante" Handlungen, die*

9 Im Jahr 1989 nahm die Generalversammlung der Vereinten Nationen ein Internationales Übereinkommen gegen Rekrutierung, Einsatz, Bezahlung und Ausbildung von Söldnern an.

zwar nicht verboten, aber auch nicht geschützt sind; sie stellen keinen Unrechtstatbestand im engeren Sinne dar."[10]

Das **III. Genfer Abkommen** legt in Art. 4 den Status des **Kombattanten** fest – und daher bei Gefangennahme das **Recht auf Behandlung als Kriegsgefangener**. Der Kombattant

- untersteht einem verantwortlichen Kommandanten,
- ist auch über größere Entfernungen durch bestimmte Abzeichen als Soldat erkennbar,
- trägt seine Waffen offen,
- kämpft unter den geltenden Bestimmungen oder nach den im Krieg üblichen Verhaltensweisen.

Das I. Zusatzprotokoll über den Kombattantenstatus von „***Freiheitskämpfern***" war die Folge von Forderungen der „*Palästinensischen Befreiungsorganisation*" (PLO – *Palestinian Liberation Organization*) und verschiedenen Widerstandsorganisationen, ist jedoch auf Kämpfer gegen „*Unterdrückerregime*" und „*Rassismus*" eingeschränkt. Die USA und andere Staaten sind diesem rechtlich und politisch höchst umstrittenen Protokoll nie beigetreten.

Das **IV. Genfer Abkommen** regelt den Status von **Zivilisten**. Ein Zivilist, der sich bewaffnet und auf Soldaten schießt, kann sofort erschossen werden. Ihm steht auch kein Anwalt zu.[11]

Im Falle eines bewaffneten Konfliktes, der **keinen internationalen Charakter** hat und auf dem Gebiet einer der Hohen Vertragsparteien entsteht, ist jede der am Konflikt beteiligten Parteien gehalten, mindestens die folgenden Bestimmungen anzuwenden:

- Personen, die nicht unmittelbar an den Feindseligkeiten teilnehmen, einschließlich der Mitglieder der Streitkräfte, welche die Waffen gestreckt haben, und der Personen, die durch Krankheit, Verwundung, Gefangennahme oder irgendeine andere Ursache außer Kampf gesetzt sind, werden unter allen Umständen mit Menschlichkeit behandelt; ohne jede auf Rasse, Farbe, Religion oder Glauben, Geschlecht, Geburt oder Vermögen oder auf irgendeinem anderen ähnlichen Unterscheidungsmerkmal beruhenden Benachteiligung. Zu diesem Zweck sind und bleiben in Bezug auf die oben erwähnten Personen jederzeit und überall **verboten**:

---

10 Karl Zemanek, Das Kriegs- und Humanitätsrecht, in: Neuhold/Hummer/Schreuer (Hg.), Österreichisches Handbuch des Völkerrechts, Textteil, 3. Auflage, Verlag Manz, Wien 1997, 472-489, 480.

11 Friedrich Korkisch, Terrorismus: Weniger Sicherheit – Die Suche nach der New World Order II, in: Gustav E. Gustenau (Hg.), Zur Theorie des Terrorismus, Studien und Berichte zur Sicherheitspolitik, Schriftenreihe der Landesverteidigungsakademie Wien 4/2002, 45-134, 110.

a) **Angriffe auf das Leben und die Person, namentlich Tötung jeder Art, Verstümmelung, grausame Behandlung und Folterung;**
b) das Festnehmen von **Geiseln;**
c) **Beeinträchtigung der persönlichen Würde, namentlich erniedrigende und entwürdigende Behandlung;**
d) **Verurteilung und Hinrichtungen ohne vorhergehendes Urteil eines ordentlich bestellten Gerichts**, das die von den zivilisierten Völkern als unerläßlich anerkannten Rechtsgarantien bietet.

Verwundete und Kranke werden geborgen und gepflegt.

Die Ursprünge des humanitären Völkerrechts

Vorerst existierten zur Regelung bewaffneter Konflikte ungeschriebene Bestimmungen auf der Grundlage von **Sitten** und Gebräuchen. Danach traten allmählich bilaterale, jedoch in unterschiedlich detaillierter Form aufgesetzte Verträge (Kartelle) in Kraft. Manchmal unterzeichneten die Kriegsparteien sie erst nach dem Ende der Gefechte. Außerdem gab es vom Staat erlassene Anweisungen an seine Truppen. Die Anwendbarkeit der Gesetze, die früher bewaffnete Konflikte regelten, war also sowohl zeitlich wie auch räumlich beschränkt, insofern die Bestimmungen sich lediglich auf eine Schlacht oder einen bestimmten Konflikt bezogen. Außerdem änderte sie sich je nach Epoche, Raum, Sitte und Kultur.

Henry Dunant formulierte die Idee des humanitären Völkerrechts in der 1862 veröffentlichten Schrift „*Eine Erinnerung an Solferino*". Aufgerüttelt durch eigene Kriegserfahrung bot General Guillaume-Henri Dufour unverzüglich seine aktive Unterstützung an, insbesondere indem er den Vorsitz der Diplomatischen Konferenz von 1864 übernahm. Dunant:

„Zu besonderen Gelegenheiten, wie zum Beispiel ... wenn die Herren der Kriegskunst aus verschiedenen Nationen sich treffen, wäre es da nicht wünschenswert, daß sie diese Art von Zusammenkunft nutzten, um einige internationale, vertragsmäßig sanktionierte Prinzipien zu formulieren, die, sobald sie vereinbart und ratifiziert wären, den Gesellschaften zur Versorgung Verwundeter in den verschiedenen Ländern Europas als Grundlage dienten?"[12]

Dufour an Dunant: „*Authentische Beispiele, wie Sie sie mitteilen, zwingen uns zu erkennen, welches Übermaß an Leid und Tränen die Glorie des Schlachtfeldes hervorbringt.*"[13]

---

12 Aus: www.drk.de/voelkerrecht/hv/hv_03.html .
13 Ebd.

So berief die Schweizer Regierung auf Vorschlag der fünf Gründungsmitglieder des **IKRK** die Diplomatische Konferenz von 1864 ein: Die 16 Teilnehmerstaaten nahmen die **Genfer Konvention** zur Verbesserung des Loses der Verwundeten bei den im Felde stehenden Heeren an. Die Genfer Konvention von **1864** legte das **Fundament für das heutige humanitäre Völkerrecht**, insofern sie folgende Hauptmerkmale hatte:

- Anerkannte, schriftlich niedergelegte Regeln von allgemeiner Reichweite zum Schutz der Opfer von Konflikten,
- Multilateralität – offen für alle Staaten,
- die Verpflichtung, Verwundete und kranke Angehörige der Streitkräfte ohne Benachteiligung zu pflegen,
- die Schonung und Kennzeichnung von Sanitätspersonal, Transportmitteln und Sanitätsausrüstung durch ein Schutzzeichen (Rotes Kreuz auf weißem Grund).

Nicht richtig wäre die Behauptung, dass erst mit der **Gründung des Roten Kreuzes 1863** oder mit der Annahme der ersten Genfer Konvention von 1864 das humanitäre Völkerrecht – wie wir es heute kennen – entstand. Ebenso wie es keine wie auch immer geartete Gesellschaft ohne eigene Regeln gab, es existierte kein Krieg ohne mehr oder weniger ausgeprägte Regeln zur Erklärung der Aufnahme oder der Beendigung von Feindseligkeiten und zur Art der Kriegführung: „*Grundsätzlich zeigen die Kriegspraktiken früherer Völker bereits die verschiedenen Typen heutiger internationaler Kriegsordnungen: Regeln, nach denen Gegnertypen eingeteilt werden, Regeln für Bedingungen, Verfahren und Autorität bezüglich Kriegsbeginn und –beendigung, Regeln, die Beschränkungen hinsichtlich der Personen, des Zeitpunktes und Ortes, sowie der Methoden der Durchführung beschreiben und sogar Regeln, die Krieg völlig ächten*" (Qincy Wright).[14]

Die ersten Kriegsregeln wurden in Hochkulturen verkündet, die mehrere Jahrtausende vor Christi Geburt blühten: „*Ich erlasse diese Gesetze, um den Starken daran zu hindern, den Schwachen zu unterdrücken*" (Hammurabi, König von Babylonien)[15].

Einige Texte wie das Mahabharata, die Bibel und der Koran enthalten Bestimmungen, die eine Achtung des Gegners fordern; z.B. enthält das Viqayet – ein Text, der Ende des 13. Jahrhunderts in der Blütezeit der arabischen Herrschaft in Spanien verfasst wurde – ein umfassende Kriegsordnung. Derartige fragmentarisch erhaltenen und weit verstreuten Kriegsordnungen und Gebräuche zum Schutz Verwundeter und der sie versorgenden Menschen wurden durch die

14 Ebd.
15 Ebd.

Genfer Konvention von 1864 in Form eines multilateralen Vertrags kodifiziert und verstärkt.

Seitdem Kriege geführt werden bis zur Aufstellung des heutigen humanitären Völkerrechts wurden über 500 uns erhaltene Kartelle, Verhaltenskodizes und andere Texte zur Regelung von Feindseligkeiten verfasst. Dazu gehört der *Lieber Code*, der im April 1863 in Kraft trat und insofern relevant ist, als dieser der erste Versuch war, bestehende Kriegsordnungen und Gebräuche zu kodifizieren. Im Unterschied zur ersten, ein Jahr später angenommenen Genfer Konvention hatte der *Lieber Code* jedoch nicht den Status eines Vertrags, da er ausschließlich für die im amerikanischen Bürgerkrieg kämpfenden Soldaten bestimmt war.

Seit 1864 entfaltete sich das heutige humanitäre Völkerrecht etappenweise – allzu oft erst nach den Ereignissen, die seiner dringend bedurft hätten, um einem ständig zunehmenden Bedarf an humanitärer Hilfe zu entsprechen, der aus Waffenentwicklungen und neuen Konflikttypen resultierte. Dies sind die Hauptverträge in der zeitlichen Abfolge ihrer Annahme:

1864 Genfer Konvention zur Verbesserung des Loses der Verwundeten bei den im Felde stehenden Heeren,

1865 St. Petersburger Erklärung (Verbot des Einsatzes gewisser Wurfgeschosse in Kriegszeiten),

1899 Haager Abkommen, namentlich das Abkommen betreffend die Gesetze und Gebräuche des Landkrieges, und Anpassung der Grundsätze der Genfer Konvention von 1864 an den Seekrieg,

1906 Revision und Erweiterung der Genfer Konvention von 1864,

1907 Revision der Haager Abkommen von 1899 und Annahme neuer weiterer Abkommen,

1925 Genfer Protokoll über das Verbot der Verwendung von erstickenden, giftigen oder ähnlichen Gasen sowie von bakteriologischen Mitteln im Kriege,

1929 Zwei Genfer Abkommen: Revision und Weiterentwicklung des Genfer Abkommens von 1906, Genfer Abkommen über die Behandlung von Kriegsgefangenen (neu),

1949 Vier Genfer Abkommen:

I. Verbesserung des Loses der Verwundeten und Kranken der Streitkräfte im Felde

II. Verbesserung des Loses der Verwundeten und Kranken und Schiffbrüchigen der Streitkräfte zur See

III. Behandlung der Kriegsgefangenen

IV. Schutz von Zivilpersonen in Kriegszeiten (neu)

1954 Haager Konvention zum Schutz von Kulturgut bei bewaffneten Konflikten,

1972 Übereinkommen über das Verbot der Entwicklung, Herstellung und Lagerung bakteriologischer (biologischer) Waffen und von Toxinwaffen sowie über die Vernichtung solcher Waffen,

1977 Zwei Zusatzprotokolle zu den vier Genfer Abkommen von 1949, die den Schutz der Opfer internationaler (Protokoll I) und nicht internationaler (Protokoll II) bewaffneter Konflikte verstärken,

1980 Übereinkommen über das Verbot oder die Beschränkung des Einsatzes bestimmter konventioneller Waffen, die übermäßiges Leiden verursachen oder unterschiedslos wirken können. Dieses Übereinkommen umfasst:
Protokoll (I) über nichtentdeckbare Splitter
Protokoll (II) über das Verbot oder die Beschränkung des Einsatzes von Minen, Sprengfallen und anderen Vorrichtungen
Protokoll (III) über das Verbot oder die Beschränkung des Einsatzes von Brandwaffen

1993 Übereinkommen über das Verbot der Entwicklung, Herstellung, Lagerung und des Einsatzes chemischer Waffen und über die Vernichtung solcher Waffen,

1994 Protokoll über blindmachende Laserwaffen (Protokoll IV (neu) zum Übereinkommen von 1980)

1996 Revidiertes Protokoll über das Verbot und die Beschränkung des Einsatzes von Minen, Sprengfallen und anderen Vorrichtungen (Protokoll II (revidiert) des Übereinkommens von 1980)

1997 Übereinkommen über das Verbot des Einsatzes, der Lagerung, der Herstellung und der Weitergabe von Antipersonenminen und über deren Vernichtung (Vertrag von Ottawa)

1998 Statut für einen ständigen Internationalen Strafgerichtshof (Statut von Rom)

Diese Auflistung verdeutlicht, dass einige bewaffnete Konflikte mehr oder weniger direkt auf die Entwicklung des humanitären Völkerrechts einwirkten. Der **Erste Weltkrieg** (1914-1918) belegt die Anwendung von Kriegsmethoden, die zwar nur zum Teil neu waren, die jedoch in einem beispiellosen Umfang eingesetzt wurden. Dazu gehörten **Giftgase**, die ersten **Luftangriffe** und die **Gefangennahme von Hunderttausenden von Kriegsgefangenen**. Die Abkommen von 1925 und 1929 waren eine Reaktion auf diese Entwicklungen.

Im **Zweiten Weltkrieg** (1939-1945) war die Zahl der Toten unter der Zivilbevölkerung und den Streitkräften gleich hoch, während das Verhältnis im Vergleich zur Anzahl der im Ersten Weltkrieg zu Tode gekommenen 1:10 betrug. 1949 reagierte die internationale Gemeinschaft auf derart tragische Zahlen und besonders auf die schrecklichen Auswirkungen des Krieges auf Zivilisten, indem man die damals geltenden Abkommen überarbeitete und ein neues Instrument einführte: Das IV. Genfer Abkommen zum Schutze von Zivilpersonen.

Mit den **Zusatzprotokollen von 1977** reagierte man auf die **humanitären Folgen der Befreiungskriege**, welche die Abkommen von 1949 nur teilweise erfassten.

1874 wurde in Brüssel – auf Initiative des Zaren Alexander II. von Russland – eine Diplomatische Konferenz einberufen, die den Entwurf einer Deklaration über die Rechte und Gebräuche des Krieges annahm. Dieser Text wurde jedoch nicht ratifiziert, weil es einigen der teilnehmenden Regierungen widerstrebte, an einem Vertrag gebunden zu sein. Dennoch ist der Brüsseler Entwurf eine wichtige Etappe im Zuge der Kodifizierung des Kriegsvölkerrechts. 1934 tagte in Tokio die XV. Internationale Konferenz des Roten Kreuzes und billigte den vom **IKRK** abgefassten Konventionsentwurf über die Rechtsstellung und den **Schutz von Zivilpersonen** feindlicher Nationalität, die sich im Gebiet eines Kriegführenden oder eines von ihm besetzten Gebietes befinden. Wegen der Weigerung von Regierungen, eine Diplomatische Konferenz zur Entscheidung über eine Annahme einzuberufen, folgten auch diesem Text keine Taten. So blieb der Tokioter Entwurf während des Zweiten Weltkrieges ohne Einfluss.

Die Genfer Abkommen von 1949 waren ein deutlicher Fortschritt in der Entwicklung des humanitären Völkerrechts. Allerdings hatten neue, in ehemalige Kolonien entstandene Staaten Bedenken, sich an ein Regelwerk zu binden, an dessen Vorbereitung sie nicht beteiligt waren. Zudem waren vertragliche Bestimmungen über die Führung von Feindseligkeiten seit den Haager Abkommen von 1907 nicht weiterentwickelt worden. Da eine Revision der Genfer Abkommen Gefahren für die 1949 auf den Weg gebrachten Erweiterungen zu bergen schien, beschloss man nun, durch die Annahme von Zusatzprotokollen zu den Genfer Abkommen den Schutz der Opfer von bewaffneten Konflikten zu stärken.

Das **IKRK** bereitet Textentwürfe zur Vorlage auf Diplomatischen Konferenzen vor: Auf der Grundlage der 1956 vorbereiteten Entwürfe und später der Resolutionen, die auf zwei internationalen Konferenzen des Roten Kreuzes in den 1960ern sowie der im Jahre 1968 in Teheran abgehaltenen Internationalen Menschenrechtskonferenz untersuchte das IKRK die Erfolgsaussichten einer Ergänzung von 1949. 1969 unterbreitete das IKRK seine Vorschläge der XXI. Internationalen Konferenz des Roten Kreuzes in Istanbul. Die Teilnehmer, einschließlich der an den Genfer Abkommen beteiligten Staaten, stimmten für eine entsprechende Vollmacht, und die Juristen des IKRK machten sich an die Vorbereitungsarbeiten. Zwischen 1971 und 1974 veranstaltete das IKRK mit Regierungen und der Rotkreuz- und Rothalbmondbewegung mehrere Konsultationen, worüber der UNO regelmäßig Bericht erstattet wurde. Im Jahre 1973 beriet die

XXII. Internationale Konferenz des Roten Kreuzes in Teheran den Textentwurf und gewährte der Arbeit ihre volle Unterstützung. Im Februar 1974 berief die **Schweizer Regierung** in ihrer Eigenschaft als **Depositär der Genfer Abkommen** von 1949 eine Diplomatische Konferenz ein. Gegenstand war die Bestätigung und Erweiterung des in bewaffneten Konflikten anwendbaren humanitären Völkerrechts. Es gab vier Sitzungen in Genf, deren letzte im Juni 1977 stattfand. Auf der Schlußsitzung nahmen die 102 durch ihre Bevollmächtigten anwesenden Staaten die 102 Artikel von Protokoll I und die 28 Artikel von Protokoll II an.

Das Internationale Strafrecht und der Internationale Strafgerichtshof[16]

Die Forderung nach Errichtung eines Internationalen Strafgerichtshofes geht auf das 19. Jahrhundert zurück. 1872 hatte der Schweizer Gustave Moynier unter dem Eindruck der im preußisch-französischen Krieg von 1870/71 begangenen Grausamkeiten den ersten förmlichen Vorschlag zur Errichtung eines Internationalen Strafgerichtshofes unterbreitet. Auf der Haager Friedenskonferenz 1899 wurde erstmals versucht, ein permanentes Schiedsgericht zur Schlichtung zwischenstaatlicher Konflikte zu schaffen. Die Initiative scheiterte am Widerstand des Deutschen Reiches.

Für die Beantwortung der Frage, wann eine Situation schwerwiegender Menschenrechtsverletzungen vorliegt, die ein Widerstandsrecht einer ethnischen Gruppe begründet, sowie eine Hilfeleistung durch Dritte im Wege der humanitären Intervention rechtfertigen könnte, sind weiters die Unrechtstatbestände für Handlungen einzelner Personen des internationalen Strafrechts von Bedeutung. Ein erster Ansatz findet sich im Londoner Abkommen der vier Siegermächte des Zweiten Weltkriegs vom **8.8.1945**. Das Abkommen enthielt die **Satzung des Internationalen Militärtribunals**, des späteren **Nürnberger Gerichtshofes**. Die klassischen „*Nürnberger Straftatbestände*" sind: **Verbrechen gegen den Frieden, Kriegsverbrechen, Verbrechen gegen die Menschlichkeit**. Erste internationale Tribunale zur Verfolgung von Personen, denen Kriegsverbrechen und Völkermord angelastet wurden, waren jene von **Nürnberg** und **Tokio**. Gerichte, die erst nach einem Krieg für Verbrechen in diesem Krieg *ad hoc* geschaffen werden – noch dazu von Siegermächten, deren Zuständigkeit von der Zuständigkeit dieser Gerichte ausgenommen sind, geben den verurteilten Verbrechern und ihren politischen Sympathisanten die Möglichkeit, von einer „*Siegerjustiz*" zu sprechen.

---

16 Vgl. dazu auch: Internationaler Strafgerichtshof, http://www.auswaertiges-amt.de/www/de/aussenpolitik/vn/istgh/hintergrund_html .

Das Statut des Internationalen Tribunals zur Aburteilung von Kriegsverbrechen auf dem Gebiet des ehemaligen **Jugoslawien** knüpft an das Statut des Internationalen Militärgerichtshofes von Nürnberg an. Art. 5 des Statuts zählt konkrete Handlungen auf, die sich unter den Tatbestand des Verbrechens gegen die Menschlichkeit subsumieren lassen: **Mord, Ausrottung, Versklavung, Vertreibung, Freiheitsentzug, Folter, Vergewaltigung, Verfolgung aus politischen, rassischen oder religiösen Gründen** und andere unmenschliche Handlungen.

Nur ein permanenter Internationaler Strafgerichtshof, dessen Zuständigkeiten von vornherein festgelegt ist und sich nur auf künftige Straftaten erstreckt, ist in der Lage, Standards zu erfüllen, die für die Strafgerichtsbarkeit in Rechtsstaaten selbstverständlich sind. Ein solcher Strafgerichtshof gerät daher weniger leicht in den Verdacht der Politjustiz. Rechtsgrundlagen des Internationalen Strafrechts bilden die Resolutionen des UNO-Sicherheitsrates.

Die Konvention zur Verhütung und Bestrafung von Genozid

Im Jahre 1948 adoptierten die Vereinten Nationen die Konvention über die Verhütung und Bestrafung des Völkermordes[17]. Im Artikel I stimmen die Staatsparteien darin überein, dass **Genozid** ein **Verbrechen des Völkerrechts** ist. Die Parteien sind demnach bestrebt, **Genozid** zu **verhindern** und zu **bestrafen**. Artikel II definiert den **Begriff „*Genozid*"** als jeden der folgenden Akte, begangen mit der **Absicht – im Ganzen oder teilweise – eine nationale, ethnische, rassische oder religiöse Gruppe zu zerstören**, wie vor allem

(a) das Töten von Mitgliedern einer Gruppe (lit a); die Verursachung ernsthafter körperlicher oder seelischer Schäden an Mitgliedern der Gruppe (lit b);
(b) das kalkulierte Herbeiführen von Lebensbedingungen der Gruppe mit der Absicht, seine physische Zerstörung ganz oder teilweise heraufzubeschwören sowie (lit c);
(c) das Auferlegen von Maßnahmen mit der Absicht, Geburten innerhalb der Gruppe zu verhüten.

In Artikel IV ist geregelt, dass jede Person, die Völkermord begangen hat, zu bestrafen ist – von der regierenden Person über den öffentlichen Beamten bis zur Einzelperson. Artikel IX regelt die Zuständigkeit des Internationalen Gerichtshofs (IGH) in diesen Angelegenheiten.

---

17 *Convention on the Prevention and Punishment of the Crime of Genocide*, Resolution der UNO-Generalversammlung 260 A (III) vom 9.12.1948, in Kraft getreten am 12.1.1951.

Jugoslawien wurde 1948 Mitglied der Völkermordkonvention ohne Rückbehalt bezüglich der Jurisdiktion des IGH. Im Dezember 1992 setzte die Regierung des gerade unabhängig gewordenen Bosnien-Herzegowinas die UNO in Kenntnis, dass es sich an den Inhalt der Genozid-Konvention gebunden fühlt. Die Präsidenten von Serbien und Montenegro erklärten im Juni 1992 in einem formellen Schreiben die Akzeptanz von IGH-Entscheidungen für den Fall, dass Dispute mit Sezessions-Republiken des früheren Jugoslawien entstehen.[18]

Der Fall, der 1993 von Bosnien-Herzegowina aufgerollt wurde, klagt den Genozid an und fordert Schadenersatz von der Bundesrepublik Jugoslawien.

Eine Resolution, die jedoch wirkungslos blieb, verdient in diesem Zusammenhang dennoch Beachtung: In der Resolution 918 vom 17.5.1994 hat der UNO-Sicherheitsrat erstmals in einer Resolution den Tatbestand des Völkermordes mit einbezogen, indem er diesen zwar nicht beim Namen nannte, aber die Definition der Völkermordkonvention von 1948 verwendete: „*Recalling in this context* (...) *the killing of members of an ethnic group with the intention of destroying such a group, in whole or in part, constitutes a crime punishable under international law* (...).“ Nicht zuletzt aus diesem Umstand wird ersichtlich, dass der Sicherheitsrat wie zuvor in Somalia 1992 sein Eingreifen mit der humanitären Notlage begründet hat.

Die Ad-hoc-Tribunale von Jugoslawien und Ruanda

Die 1948 beschlossene **Völkermordkonvention** sah in Artikel VI ein **internationales Strafgericht** vor, wozu es aber nicht kam. 1948 beauftragte die UNO-Generalversammlung die Völkerrechtskommission mit einem derartigen Vorhaben. Diese stellte bei ihrer ersten Sitzung 1949 fest, dass die Errichtung eines Internationalen Strafgerichtshofes sowohl wünschenswert als auch möglich sei. Weitere Bemühungen im Rahmen der UNO blieben jedoch bald in den Spannungen und Rivalitäten des Kalten Krieges stecken. Erst 1990 erneuerte die Generalversammlung den Auftrag an die Völkerrechtskommission, das Strafgerichtsvorhaben zu prüfen. Dies war teilweise eine Folge eines Vorschlages von Trinidad und Tobago aus 1989, effektive Wege zur Bekämpfung des internationalen Drogenhandels und anderer internationaler Verbrechen zu finden. Nach dem Ende des Ost-West-Konfliktes wuchs auf internationaler Ebene die Bereitschaft, sich am Verhandlungstisch auf einvernehmliche Lösungen zu verständi-

18 Markus Glawischnig, Susanne Lind-Braucher, Der Internationale Gerichtshof über den Völkermord Bosnien-Herzegowina vs. Jugoslawien (Serbien und Montenegro), Überblick über die interaktive Internetseite, Studie, Wien 2000.

gen. So wurde die Forderung nach Errichtung eines Internationalen Strafgerichtshofes auf der **Wiener Menschenrechtskonferenz 1993** bekräftigt.

Vor Beschluss der Gründung des Internationalen Strafgerichtshofes sind in der ersten Hälfte der neunziger Jahre erstmals zwei *Ad-hoc*-Tribunale für das ehemalige **Jugoslawien** (ab 1.1.1991) und **Ruanda** (1.-31.12.1994) eingerichtet worden. Die massiven Verstöße gegen das humanitäre Völkerrecht im ehemaligen Jugoslawien und die Massaker in Ruanda zwischen Hutus und Tutsis, bei dem über eine Million Menschen getötet wurden, bewogen den UNO-Sicherheitsrat, als Zwangsmaßnahme nach Kapitel VII der UNO-Charta die beiden *Ad-hoc*-Strafgerichtshöfe für das ehemalige Jugoslawien (Resolution 827/1993) und für Ruanda (Resolution 955/1994) einzurichten. In Ruanda ging durch Resolution 929 vom 22.6.1994 die rechtliche Grundlage für die ***„Opération Turquoise"*** und die Ermächtigung aller Mitgliedstaaten, eine militärische Operation gemäß Kapitel VII der UNO-Charta in Ruanda auszuführen, voraus. Diese Operation diene, so der Sicherheitsrat, dem Schutz bedrohter Zivilisten.

Dem Aufbau und dem Verfahren nach sind in den beiden *Ad-hoc*-Tribunalen unabhängige Richter und Ankläger bestellt, es existiert die Möglichkeit der Berufung vor einer zweiten Kammer – d.h. für beide Gerichte die gleiche Kammer. Die persönliche Anwesenheit des Angeklagten vor den Tribunalen ist erforderlich, das Strafmaß sieht **keine Todesstrafe** vor. Der Strafvollzug gilt in jenen Staaten, die sich hierzu bereit erklären. Die Gegenstände des Verstoßes richten sich gegen **Völkermord, Verbrechen gegen die Menschlichkeit** und gegen **Kriegsverbrechen**. Das ***„Handeln auf Befehl"*** und die **Berufung auf** den **Notstand** werden **nicht als Entschuldigungsgründe** angesehen, führen jedoch höchstens zur Strafmilderung. **Immunität** an sich bildet **keinen Strafausschließungsgrund**.

Diese beiden Gerichte trugen dazu bei, dem Vorhaben eines ständigen Internationalen Strafgerichtshofes weiteren Auftrieb zu geben. Der UNO-Sicherheitsrat hat beschlossen, ein ähnliches Tribunal auch für in Sierra Leone geschehene Verbrechen einzurichten (Resolution 1315/2000 vom 14.8.2000).

Der Internationale Strafgerichtshof - IStGH

1994 legte die Völkerrechtskommission ihren ersten Entwurf für ein **Statut eines Internationalen Strafgerichtshofs** (*International Criminal Court – ICC*) vor. Auf der Ebene von Regierungsexperten wurde das Vorhaben in sehr schwierigen Verhandlungen von 1995 bis 1998 (insgesamt 19 Verhandlungswochen) weiter beschleunigt und zugleich erreicht, dass die Strafgerichtshofidee in den Vereinten Nationen immer mehr Anerkennung fand. Am 15.12.1997 beschloss die Generalversammlung mit ihrer Resolution 52/160, die Diplomatische Bevollmächtigtenkonferenz zur Errichtung eines Internationalen Strafgerichtshofs vom 15.6. bis zum 17.7.1998 in Rom abzuhalten. Die Konferenz erhielt den Auftrag, den Entwurf für ein Gerichtshofsstatut auszuhandeln und zu verabschieden.

Die Diplomatische Konferenz der Bevollmächtigten der Vereinten Nationen über die Errichtung eines Internationalen Strafgerichtshof beschloß schließlich am 17.7.1998 das **Römische Statut des Internationalen Strafgerichtshofs** (IStGH). Die Verhandlungen in Rom waren von erheblichen Meinungsverschiedenheiten hinsichtlich der konkreten Ausgestaltung des zu errichtenden IStGH geprägt. Diese betrafen vor allem die Frage der Zuständigkeit und Reichweite des künftigen Gerichtshofs, insbesondere im Verhältnis zur nationalen Strafgerichtsbarkeit und zum UNO-Sicherheitsrat, sowie die nähere Ausgestaltung der Pflichten zur Zusammenarbeit mit dem Gerichtshof. Bei dieser Lage entwickelten sich die Beratungen zunehmend zu einem Ringen zwischen gerichtshofrestriktiven, primär auf ihre Souveränität bedachten Staaten und der Gruppe von etwa 60 sogenannten „*gleichgesinnten Staaten*“, die einen gerichtshoffreundlichen Ansatz verfolgten. Die **USA** verlangten, die reguläre Gerichtsbarkeit des künftigen Gerichtshofs ausschließlich auf solche Fälle zu begrenzen, in denen eine Zustimmung des jeweiligen Heimatstaates des mutmaßlichen Täters zur Ausübung der Gerichtsbarkeit vorliegen würde. Das Zustimmungserfordernis sollte für Vertragsparteien und für Nicht-Vertragsparteien gelten. **Indien** schlug vor, dem UNO-Sicherheitsrat die im Entwurf vorgesehene Möglichkeit zu entziehen, kritische Ländersituationen dem Gerichtshof zur Untersuchung zu unterbreiten oder den Gerichtshof um die Verschiebung von Ermittlungen um ein Jahr ersuchen zu können. Ferner sollte der Einsatz von Nuklear- und Massenvernichtungswaffen in die Liste der Kriegsverbrechen aufgenommen werden. Beide Vorschläge wurden prozedural dadurch erledigt, dass die Konferenz beschloss, sich nicht mit ihnen zu befassen. Die Abstimmung über die Satzung des IStGH ergab: 120 Ja-Stimmen, 21 Enthaltungen, sieben Ablehnungen, unter letzteren China, Indien, Indonesien, Irak, Iran, Israel, Marokko, Japan, Jemen, Katar, Libyen, Russland, Saudi-Arabien, die Ukraine und die USA.

Am 31.12.2000 setzte US-Präsident Bill Clinton – in den letzten Minuten seiner Amtszeit – seine Unterschrift unter das Statut. Die **USA** hatten das Statut mitverhandelt und das Projekt IStGH mitinitiiert. Mit der Note vom 6.5.2002 ließ die Administration unter George W. Bush ausrichten, dass sie sich durch diese Unterschrift nicht gebunden fühlt und die USA am IStGH nicht teilnehmen werden: „*Wir haben dieselben Ziele bei der Verfolgung von Kriegsverbrechen, aber nicht dieselben Methoden*“, meinte die amerikanische Diplomatin Marisa

Lino.[19] Die Skepsis der USA beruht darauf, dass sie durch den IStGH ihre Souveränitätsinteressen nicht mehr ausreichend gewahrt oder überhaupt gefährdet sehen.[20] Die Europäische Union besitze eine unabhängige Justiz, in den USA dagegen stehe die Anklage stärker unter Kontrolle der Regierung. Die amerikanische Regierung würde „*ihre Verbrecher*" selbst verfolgen. Sowohl Republikaner als auch Demokraten wehrten sich in den USA gegen die Unterwerfung von US-Bürgern unter anderen als US-Gerichten. Begründet werden diese Vorbehalte mit der Befürchtung der mangelnden Fairness der Verfahren gegenüber US-Bürgern, ein Defizit der „*checks and ballances*" (unabhängige Machtkontrolle) bei den „*prosecutors*" (der Strafverfolgungsbehörde) und US-feindliche politische Parteilichkeit.

Die USA streben jedoch eine Zusammenarbeit mit anderen Staaten an „*to avoid complications in our military operations and cooperation, through such mechanisms as multilateral and bilateral agreements that will protect U.S. nationals from the ICC.*"[21] Weltweit 13 Staaten – darunter auch Nepal, Osttimor und Rumänien[22] - haben bis Oktober 2002 mit Washington vereinbart, keine US-Bürger an den IStGH auszuliefern. Gemäß Art. 98 des Römischen Status ist dies möglich.[23] Mit der EU würden die USA darüber nicht verhandeln, vielmehr mit einzelnen EU-Staaten. Der Kongress fasste sogar einen Beschluss, der die „*gewaltsame Befreiung*" von amerikanischen Angeklagten vor dem IStGH vorsehen würde („*The Hague Invasion Act*"). Die amerikanische Regierung hatte sich im UNO-Sicherheitsrat die Immunität von US-Streitkräften für ein Jahr vor Verfolgung durch den IStGH ausbedungen.[24] **Israel** hat, wie die USA, am 31.12.2000

19 USA kontra Weltgericht, Die Presse, 16.10.2002, 4.

20 Franz Matscher, „Weltpolizist" scheut Strafgerichtshof, Salzburger Nachrichten, 19.10.2002, 13.

21 ICC = International Criminal Court. The National Security Strategy of the United States of America, September 2002, Chapter IX "Transform America's National Security Institutions to Meet the Challenges and Opportunities of the Twenty-First Century", 31.

22 Wieland Schneider, Weißer Ritter auf lahmem Pferd. Strafgerichtshof stößt an Grenzen, Die Presse, 11.3.2003, 5.

23 Im Sommer 2002 hatten die USA gedroht, sich aus den friedenserhaltenden Operationen der UNO zurückzuziehen, sofern der Streit um den IStGH nicht beigelegt würde. Daraufhin schlugen einige EU-Staaten vor, die USA solle ein Verfahren unter Art. 98 IStGH-Statut nutzen, ähnlich den bilateralen „Vereinbarungen über die Rechtsstellung der Streitkräfte" – Stationierungsabkommen, die die USA weltweit abgeschlossen haben. Aus: Michael Haltzel, Schein und Heiligkeit, Die Presse, Spectrum, 3.1.2004, IV.

24 Wieland Schneider, Weißer Ritter auf lahmem Pferd. Strafgerichtshof stößt an Grenzen, Die Presse, 11.3.2003, 5.

unterschrieben und dieser Unterschrift eine umfangreiche Erklärung beigefügt, aber – wohl nach Abstimmung mit den USA – nicht ratifiziert.

Mit Vertragsbeitritt unterwirft sich ein Staat automatisch der IStGH-Gerichtsbarkeit (*automatic ICC jurisdiction*), jedoch haben die IStGH-skeptischen Staaten USA und **Frankreich** gefordert, dass jeder Vertragsstaat die Zuständigkeit des IStGH bei allen Verbrechen – ausgenommen Genozid – in einer gesonderten Erklärung anerkennen muss. Die Idee einer gesonderten Erklärung hat – weil die französische Regierung davon ihre Zustimmung abhängig machte – in einer Übergangsvorschrift (Artikel 114 des IStGH-Statuts) überlebt. Demnach kann ein Vertragsstaat - wie Frankreich vereinbarte - die Zuständigkeit des Gerichts im Fall von Kriegsverbrechen für (zunächst) sieben Jahre ausschließen (*opt-out*). Es ist vorgesehen, diese Vorschrift auf einer nach sieben Jahren stattfindenden *Review*-Konferenz nochmals zu überprüfen.[25]

Das **Römische Statut** lag vom 17.7. bis 17.10.1998 in Rom und vom 18.10 1998 bis zum 31.12.2000 in New York zur Zeichnung auf. Seit dem 1.1.2001 ist ein Beitritt mittels Hinterlegung einer Ratifikationsurkunde beim Generalsekretär der Vereinten Nationen möglich. Der IStGH selbst ist am 11.3.2003 in Den Haag inauguriert worden. Der unter UNO-Ägide geschaffene IStGH besitzt eine universelle Zuständigkeit für künftige internationale Verbrechen und sollte daher eine starke Abschreckungswirkung ausüben. Seine Jurisdiktion ist komplementär, d.h. sie kommt erst dann zum Tragen, wenn der primär zuständige Staat nicht willens oder in der Lage ist, eine Straftat selbst zu untersuchen und zu verfolgen. Das Tribunal des IStGH setzt sich u.a. aus 18 internationalen Richtern und einem Chefankläger[26] zusammen. Nach dem Statut des IStGH ist die Rechtsprechung des Gerichtshofs auf schwerste Verbrechen, welche die internationale Gemeinschaft als Ganzes betreffen, eingeschränkt. Es kennt vier in den Artikeln 5 bis 8 näher ausgeführte Straftatbestände:

- **Völkermord**[27],

---

25 Kai Ambos, Der neue Internationale Strafgerichtshof. Die schwierige Balance zwischen effizienter Strafverfolgung und Realpolitik, in: E+Z – Entwicklung und Zusammenarbeit Nr. 9, September 1998, 224-225, hrsg. von der Deutschen Stiftung für internationale Entwicklung (DSE), Frankfurt/Main.

26 Am 22.4.2003 ist der Argentinier Luis Moreno Ocampo zum ersten Chefankläger des IStGH gewählt worden. Den Amtseid leistete der ehemalige Gastprofessor der rechtswissenschaftlichen Fakultät der Harvard Universität am 16.6.2003 in Den Haag.

27 Artikel 6 IStGH-Statut: Unter Völkermord/Genozid werden folgende Handlungen verstanden, die darauf abzielen, zur Gänze oder in Teilen eine nationale, ethnische, rassische oder religiöse Gruppe zu zerstören:
a) Das Töten von Mitgliedern einer Gruppe;
b) Verursachung von schweren körperlichen oder mentalen Schäden an Mitgliedern der Gruppe;

- **Verbrechen gegen die Menschlichkeit**[28],
- **Kriegsverbrechen**[29] und
- **Aggression.**

Das Statut ist nur auf Taten anwendbar, die nach dessen Inkrafttreten begangen werden (***nullum crimen sine lege***). Tritt ein Staat später bei, so gilt es für Angehörige dieses Staates erst ab dem Datum des Beitritts.

Der deutsche Politikwissenschafter Wilfried von Bredow sieht den IStGH als eine *„globale Zivilisierungsagentur"*, dessen Aufgabe es ist, *„mittels der Ahndung von besonders dramatischen Verstößen gegen als zentral angesehene Menschenrechte diese weltweit zu verbreiten und zu befestigen."*[30] Dabei handelt es sich *„um ein Teilprojekt im Prozess der Universalisierung westlicher Werte und Politikvorstellungen."*[31] Demnach wird der IStGH auch als *„Homogenisierungsagentur"* verstanden werden, deren Hauptadressat der nichtwestliche Teil der Welt ist. In einigen dieser Staaten ist es schwierig, die politische Ordnung aufrechtzuerhalten – kennzeichnend dafür ist ein hohes Maß an innerer Gewalt. Dieses Konzept der individuellen Sicherheit mit Rechtsnormen, die auf Indivi-

---

c) Schaffung von Lebensbedingungen, an denen die Gruppe physisch zur Gänze oder in Teilen vernichtet wird;
d) Einführung von Maßnahmen, die beabsichtigen, innerhalb der Gruppe Geburten zu verhindern;
e) zwangsweises Deportieren von Kindern einer Gruppe zu einer anderen Gruppe.

28 Artikel 7 IStGH-Statut: Unter *„Verbrechen gegen die Menschlichkeit"* (*„crime against humanity"*) werden folgende mutwillige Angriffe gegen die Zivilbevölkerung verstanden: U.a. Mord; Verweigerung der Bevölkerung oder der Gruppe von Zugang zu Nahrung und Medizin; Versklavung; Deportation der Bevölkerung; Internierung und andere schwere Einschränkungen der körperlichen Freiheit, die das Völkerrecht verletzen; Folterung; Vergewaltigung, Zwangsprostitution, Zwangssterilisierung, etc.; Verfolgung aus politischen, rassischen, nationalen, ethnischen, kulturellen, religiösen Gründen; Verschwindenlassen von Personen; Apartheid.

29 Artikel 8 IStGH-Statut: Unter *„Kriegsverbrechen"* werden sämtliche Verstöße gegen die Genfer Konventionen vom 12.8.1949 verstanden: U.a. beabsichtigtes Töten; Folterung oder unmenschliche Behandlung, einschließlich biologischer Experimente, beabsichtigtes Verursachen größeren Leidens etc.; Zerstörung und Aneignung von Eigentum, das nicht für militärische Zwecke benötigt wird; Mißachtung des Kriegsgefangenenstatus; Geiselnahme; beabsichtigtes Attackieren von Zivilisten und zivilen Objekten; Durchführen von Bombardements auf Zivilisten und zivile Objekte, die keine militärischen Ziele darstellen.

30 Wilfried von Bredow, Zivilisierungsagentur Strafgerichtshof. Wenn die Staatenwelt schwächer wird, wer schützt dann die Menschen?, Frankfurter Allgemeine Zeitung, 12.3.2003, 6.

31 Ebd.

duen durchgreifen, sollen einen Schutzschleier für potenzielle Opfer solcher Gewalt bilden.[32]

Laut Artikel 27 IStGH-Statut wird **auf Ämter oder Immunitäten von Tatverdächtigen keine Rücksicht** genommen. Vor dem IStGH macht es keinen Unterschied, ob jemand einfacher Soldat, Privatperson, Regierungsmitglied oder Staatspräsident ist oder war. **Befehlshaber haften grundsätzlich für die Taten ihrer Untergebenen**, Befehlsnotstand wird nur unter bestimmten Umständen als Schuldausschließungsgrund akzeptiert. Aburteilungen sind nur in Anwesenheit des Angeklagten möglich. **Todesstrafe ist nicht vorgesehen. Verfahren gegen Personen unter 18 Jahren werden** nach Art. 26 des IStGH-Statuts **nicht durchgeführt**. Der UNO-Sicherheitsrat kann gemäß Art. 16 des Statuts Ermittlungen/Verfahren für zwölf Monate blockieren.

Das Mandat des IStGH besitzt subsidiären Charakter: Das Verhältnis zur nationalen Gerichtsbarkeit beruht auf der Zulässigkeit von Verfahren vor dem IStGH, wenn die relevanten Staaten unwillig (Art. 17 Abs. 2) oder unfähig (Art. 17 Abs. 3) zur Durchführung eines Strafverfahrens bzw. zur Verfolgung von Verbrechen sind. Sollte also während eines Feldzuges der Verdacht auftreten, dass Soldaten Kriegsverbrechen begangen hätten, wäre es aus Sicht des IStGH zunächst Aufgabe der Justiz der diesem Staat angehörenden Soldaten, den Anschuldigungen nachzugehen. Im Fall des Irak 2003 hätten der Tatbestand britischer Bombardements, bei denen auch Zivilisten getötet worden wären, für eine Anklage wegen Kriegsverbrechen nicht ausgereicht. Dafür hätte der Nachweis erbracht werden müssen, dass das Töten von Zivilpersonen nicht ein „*Unfall*", sondern die primäre Absicht der Luftschläge gewesen wäre.

Tätig werden kann der IStGH nur unter bestimmten Bedingungen, die so gestaltet sind, dass **willkürliche oder politisch motivierte Anklagen** ausgeschlossen bleiben sollen. Dafür gibt es aber keine Garantie.[33] Diese Garantie könnte es nur dann geben, wenn die internationale Politik auf einem Sockel ganz und gar unbestrittener Werte aufruhte, die universelle Geltungskraft besitzen. In diesem Fall würde der IStGH nicht mehr gebraucht, denn kein Staat würde zögern, Personen, die seiner Gerichtsbarkeit unterworfen sind und sich eines der oben angeführten Verbrechens schuldig gemacht haben, unnachsichtig zu verfolgen.

Im Interesse der internationalen Sicherheit ist der **Sicherheitsrat** der Vereinten Nationen außerdem **befugt**, das **Verfahren vor dem IStGH auszusetzen**.

32 Ebd.

33 Vgl. dazu: Wilfried von Bredow, Zivilisierungsagentur Strafgerichtshof. Wenn die Staatenwelt schwächer wird, wer schützt dann die Menschen?, Frankfurter Allgemeine Zeitung, 12.3.2003, 6.

Das Statut trat gemäß Art. 126 in Kraft, sobald es von mindestens 60 Signatarstaaten ratifiziert (also von der gesetzgebenden Körperschaft des Staates genehmigt) wurde. Nach Stand vom 15.4.2003 gab es 139 Signatarstaaten, von denen alle 15 Mitgliedstaaten der Europäischen Union[34] die Ratifikationsurkunde hinterlegt haben (nicht dabei waren u.a. China, Israel, Japan, Russland, die Tschechische Republik, die Türkei, die USA und die meisten islamischen Länder). Damit wurde die für das Inkrafttreten erforderliche Zahl von 60 Ratifikationen erreicht, das Römische Statut ist somit am 1.7.2002 in Kraft getreten. Der Sitz des IStGH ist Den Haag. Bis Mitte April 2003 ist der IStGH-Vertrag von 89 Ländern ratifiziert worden.

Der IStGH sieht nicht vor, die nationale Strafgerichtsbarkeit der Staaten zu ersetzen. Diese Einrichtung versteht sich auch nicht als letztinstanzliches Rechtsmittelgericht, welches Verfahren der nationalen Strafgerichtsbarkeit überprüfen könnte. Der IStGH soll vielmehr die innerstaatliche Gerichtsbarkeit ergänzen, deren Vorrang im Statut mehrfach verankert ist. Die relevantesten Grundsätze für die Tätigkeit des IStGH sind nach dem Statut:

- **Strafverfolgend** kann der IStGH nur dann tätig werden, **wenn Staaten nicht willens oder nicht in der Lage sind**, eine bestimmte schwere Straftat ernsthaft zu verfolgen (Grundsatz der Komplementarität, Art. 17).
- Ein **Staat**, der Vertragspartei des Statuts wird, **erkennt damit die Gerichtsbarkeit des IStGH für die im Statut angeführten Verbrechen an** (*automatische Jurisdiktion*); der Gerichtshof kann seine Gerichtsbarkeit ausüben, wenn entweder der Staat, in dessen Hoheitsgebiet sich das Verbrechen ereignet hat, oder der Staat, dessen Staatsangehörigkeit der mutmaßliche Täter besitzt, die Gerichtsbarkeit des Gerichtshofes anerkannt hat.
- Der IStGH wird entweder auf Grund einer **Staatenbeschwerde**, einer **Initiative des UNO-Sicherheitsrats** oder einer **eigenen Initiative** des Anklägers tätig.

Das in 13 Teile und 128 Artikel unterteilte Statut definiert die einzelnen Verbrechen, regelt die Zuständigkeit, die Errichtung, den Aufbau und die Finanzierung des Gerichtshofs sowie die allgemeinen Strafrechtsprinzipien, die Strafen,

---

34 Die EU-Mitgliedstaaten haben in ihrer gemeinsamen Erklärung vom 16.2.1999 ihren Willen bekundet, das Statut sobald wie möglich zu ratifizieren. In einem am 11.6.2001 beschlossenen und am 20.6.2002 erneuerten Gemeinsamen Standpunkt hat die EU erneut ihre volle Unterstützung für den Internationalen Strafgerichtshof bekräftigt. Die mit der EU assoziierten mittel- und osteuropäischen Länder, die assoziierten Länder Malta und Zypern und die EFTA-Länder, die Mitglieder des Europäischen Wirtschaftsraumes sind, haben am 29.1.2002 und erneut am 25.6.2002 erklärt, dass sie die Ziele dieses Gemeinsamen Standpunktes teilen und sicherstellen wollen, dass ihre nationale Politik mit diesem Gemeinsamen Standpunkt kompatibel ist.

das Strafverfahren, die Strafvollstreckung und die strafrechtliche Zusammenarbeit. Besonders werden rechtsstaatliche Grundsätze beachtet (Bestimmungsgrundsatz, *ne bis in idem*,[35] Rückwirkungsverbot, Rechte der beschuldigten Person). Die Verhängung der Todesstrafe ist untersagt. Es wird jedoch die Möglichkeit eröffnet, eine **lebenslange Freiheitsstrafe nach 25 Jahren** zu **überprüfen** und **gegebenenfalls** zu **verkürzen**.

Das IStGH-Statut ist ein umfassender völkerrechtlicher Vertrag, in dem es gelungen ist, das Völkerstrafrecht unter Berücksichtigung der unterschiedlichen Strafrechtssysteme der Mitgliedstaaten der UNO mit ihren jeweiligen Traditionen in einem einheitlichen Kodifikationswerk zusammenzuführen und fortzuentwickeln. Das Statut bekräftigt den **Grundsatz individueller strafrechtlicher Verantwortlichkeit** als Leitprinzip einer auf Frieden und Gerechtigkeit basierenden Weltordnung, in der schwerste Völkerrechtsverletzungen, die sich als Angriff gegen die internationale Gemeinschaft als Ganzes darstellen, auch individuell geahndet werden können. Eine völkerrechtliche Errungenschaft besteht darin, dass Individuen, die Pflichten gegenüber der internationalen Gemeinschaft als Ganzes verletzt haben, sich gegebenenfalls vor einer unabhängigen internationalen richterlichen Institution verantworten müssen. Der IStGH ist damit Ausdruck einer im Namen der Staatengemeinschaft ausgeübten Justiz.

Die Inhalte des IStGH-Statuts

Das Statut des Internationalen Gerichthofes bekräftigt und konsolidiert in vielen Bereichen das geltende Völkerrecht. In institutioneller Hinsicht wird der IStGH neben den bereits in Den Haag ansässigen **Internationalen Gerichtshof** treten, der **für** die **Entscheidung zwischenstaatlicher Streitigkeiten zuständig** ist. Der **IStGH** ist nicht Teil der Vereinten Nationen, sondern eine **selbständige Völkerrechtsperson**.

Die **Straftatbestände** betreffend Völkermord, Verbrechen gegen die Menschlichkeit und Kriegsverbrechen bilden eine neuartige Kodifikation, die als *„besonderer Teil des materiellen Völkerstrafrechts"* bezeichnet werden kann. Diese von der Staatengemeinschaft geschaffene Kodifikation baut auf bereits vorhandenen Völkerrechtsinstrumenten und Quellen auf:

- Artikel 6, **Völkermord**, entspricht der Konvention über die Verhütung und Bestrafung des Völkermordes von 1948.

35 „Nicht zweimal in (auf, gegen) dasselbe". Dieser Grundsatz besagt, dass ein bestimmter Sachverhalt, über den in einer Verfahrensart einmal eine rechtliche Entscheidung ergangen ist, nicht neuerlich – in dieser Verfahrensart – judiziert werden kann. Aus: Benke/Meissel/Luggauer, Juristenlatein, Juridica Verlag, Wien 1997, 259.

- Artikel 7, **Verbrechen gegen die Menschlichkeit**: Grundlage der Verhandlungen war zunächst das Statut des Internationalen Militärgerichtshofes in Nürnberg. Weitere bedeutende Orientierungspunkte lieferten die Statute der beiden *Ad-hoc*-Strafgerichtshöfe für das ehemalige Jugoslawien und für Ruanda.
- Artikel 8, **Kriegsverbrechen**: Die insgesamt 50 einzelnen Straftatbestände entstammen weitestgehend bekannten Instrumenten des humanitären Völkerrechts: Die vier Genfer Rot-Kreuz-Abkommen von 1949, die Zusatzprotokolle I und II zu den Genfer Abkommen über den Schutz der Opfer bewaffneter Konflikte von 1977; das IV. Haager Abkommen vom 18.10.1907 betreffend die Gesetze und Gebräuche des Landkrieges, dem die Ordnung betreffend die Gesetze und Gebräuche des Landkrieges („Haager Landkriegsordnung") als Anlage beigefügt ist; die Erklärungen vom 29.7.1899 betreffend das Verbot der Anwendung von Geschossen mit erstickenden oder giftigen Gasen und das Verbot von Geschossen, die sich leicht im menschlichen Körper ausdehnen und plattdrücken; das Protokoll vom 17.6.1925 über das Verbot der Anwendung von erstickenden, giftigen oder ähnlichen Gasen sowie von bakteriologischen Mitteln im Krieg.

Erstmals werden in Artikel 8 des Statuts in weitem Umfang auch **Verletzungen des humanitären Völkerrechts in nicht-internationalen bewaffneten Konflikten als Kriegsverbrechen** erfasst.

In Teil 3 des Statuts wird unter der Überschrift *„Allgemeine Grundsätze des Strafrechts"* erstmals in einem völkerrechtlichen Vertrag eine Gesamtregelung geschaffen, die als ***„Allgemeiner Teil des Völkerstrafrechts"*** bezeichnet werden kann. Fast alle zentralen Fragen der allgemeinen Strafrechtsdogmatik werden dadurch berührt – z.B. Beteiligung mehrerer Personen an einer Tat, Strafbarkeit des Unterlassens und Verjährung. Teil 3 lässt auch den **Begriff der Völkerstraftat** erkennen, der sich aus den drei folgenden Grundbausteinen zusammensetzt: Verwirklichung der objektiven und speziellen Merkmale eines Völkerstrafrechtsbestands, Vorliegen der allgemeinen Anforderungen an die subjektive Tatseite und Nichtvorliegen eines Grundes für den Ausschluss der strafrechtlichen Verantwortlichkeit.

Teil 4 des Statuts enthält **Gerichtsverfassungsrecht**. Dort werden die Organe des IStGH angeführt, die Stellung und Wahl der Richter sowie die Einrichtung der Kammern festgelegt und Fragen der Struktur und des Personals von Anklagebehörde und Kanzlei geregelt. Der IStGH setzt sich wie folgt zusammen: Präsidium, Berufungsabteilung, Hauptverfahrensabteilung, Vorverfahrensabteilung, Anklagebehörde, Kanzlei.

Teil 7 regelt die dem Gerichtshof zur Verfügung stehenden Strafen, der Strafzumessung und der Konkurrenz von Verbrechen.

Die Teile 5, 6 und 8 des Statuts bilden zusammen die **Grundzüge** einer **völkerrechtlichen Strafprozessordnung**. Nachdem der Text der Statute der beiden *Ad-hoc*-Strafgerichtshöfe von Jugoslawien und Ruanda noch in sehr starkem Maße anglo-amerikanisches Strafprozessrechtsdenken widerspiegelt, unternimmt das Statut den anspruchsvollen und in weitem Umfang neuartigen Versuch einer Synthese der unterschiedlichen Rechtsfamilien. Beispielsweise ist der Strafprozess vor dem Gerichtshof nicht als reiner Parteiprozess angelegt, sondern eröffnet die Möglichkeit richterlicher Aufklärung über die von den Parteien vorgebrachten Tatsachen bzw. beigebrachten Beweismittel hinaus. Die Rechte der beschuldigten Person werden in enger Anlehnung an einschlägige Instrumente des internationalen Menschenrechtsschutzes formuliert. Darüber hinaus verfolgen die verfahrensrechtlichen Regelungen an vielen Stellen das Ziel, den Belangen – des Zeugen- und Opferschutzes in weitestmöglichem Umfang Rechnung zu tragen. Gegen ein erstinstanzliches Urteil ist das **Rechtsmittel der Berufung** zur Rechtsmittelkammer gegeben. Unter engen Voraussetzungen ist auch eine Wiederaufnahme des Verfahrens möglich.

In Teil 9 wird die **Zusammenarbeit von Staaten und dem IStGH** geregelt. Das dortige Regime weicht deutlich von den im zwischenstaatlichen Bereich üblichen Lösungen ab. So werden die Gründe, die Überstellung einer verdächtigen Person an den Gerichtshof abzulehnen, auf das Engste begrenzt; insbesondere sind auch die eigenen Staatsangehörigen des ersuchten Staates von der Überstellungspflicht erfasst. Auch sonstige Rechtshilfemaßnahmen haben die Vertragsstaaten auf Ersuchen des Gerichtshofes grundsätzlich durchzuführen, sofern nicht wesentliche Rechtsgrundsätze der eigenen Rechtsordnung entgegenstehen.

Die Vollstreckung von durch den Gerichtshof verhängten Freiheitsstrafen durch die Vertragsstaaten ist demgegenüber nach den Regelungen in Teil 10 stärker an die konkrete staatliche Zustimmung ausgerichtet: Nicht nur bedarf es einer gesonderten staatlichen Zustimmung zur Aufnahme in eine beim Gerichtshof geführten Liste vollstreckungsbereiter Staaten, sondern zusätzlich muss der jeweilige Listenstaat der Vollstreckungsübernahme zustimmen, wenn er vom Gerichtshof zur Vollstreckung im Einzelfall bestimmt wird. Hilfsweise obliegt die **Vollstreckung von Freiheitsstrafen** den **Niederlanden als Gaststaat.**

In den Teilen 11 bis 13 des Statuts werden Fragen der Versammlung der Vertragsstaaten des Statuts und der Finanzierung des IStGH geregelt sowie die Schlussbestimmungen des Statuts aufgeführt.

Maßnahmen zur Umsetzung des humanitären Völkerrechts

In Situationen bewaffneter Konflikte gibt es drei Maßnahmetypen: **Präventionsmaßnahmen**, basierend auf der Verpflichtung der Vertragsstaaten, die Bestimmungen zu erfüllen. Dies beinhaltet:

- Verbreitung der Kenntnis des humanitären Völkerrechts,
- Ausbildung von qualifiziertem Personal zur Erleichterung der Umsetzung des humanitären Völkerrechts und die Ernennung von Rechtsberatern bei den Streitkräften,
- Innerstaatliche Ausführungsgesetzgebung zur Sicherung der Befolgung des humanitären Völkerrechts und
- Übersetzung der Texte der Abkommen.

Kontrollmaßnahmen, die es während der Dauer eines Konfliktes erlauben, die Befolgung der Bestimmungen des humanitären Völkerrechts zu überwachen, und zwar durch

- die Schutzmächte oder ihre Vertreter und
- das IKRK.

Repressive (strafrechtliche und disziplinarische) Maßnahmen basieren auf der Pflicht der Konfliktparteien, jegliche Verstöße zu verhüten und zu unterbinden. Repressionsmechanismen beinhalten namentlich

- die Verpflichtung nationaler Gerichte zur Ahndung schwerer, als Kriegsverbrechen geltender Verstöße,
- die disziplinarische und strafrechtliche Verantwortung der Vorgesetzten sowie die Pflicht der Militärbefehlshaber, Verstöße zu unterbinden und Strafverfahren einzuleiten sowie die
- gegenseitige Unterstützung der Staaten in Angelegenheiten der Verbrechensbekämpfung.

Abgesehen von dem Umstand, dass die strafrechtlichen Maßnahmen Bestandteil jeder konsistenten Rechtsordnung sind, wirken sie auch als Abschreckung und Warnung. Es gibt weitere Umsetzungsmittel, die als Präventions-, Kontroll- und Repressionsmaßnahmen gleichzeitig wirken können. Sie ergeben sich primär aus der Verpflichtung der Staaten, für die Beachtung des humanitären Völkerrechts zu sorgen. Dazu gehören:

- Ermittlungsverfahren,
- die internationale Ermittlungskommission,
- Prüfungsverfahren zur Anwendung und Interpretation gesetzlicher Bestimmungen und die
- Zusammenarbeit mit den Vereinten Nationen.

Auch das Bemühen auf diplomatischem Wege sowie der Druck der Medien und der öffentlichen Meinung tragen zur Sicherung der Anwendung des humanitären Völkerrechts bei. **Vorschriften zur Durchsetzung des humanitären Völkerrechts**:

- *„Die Hohen Vertragsparteien bemühen sich bereits in Friedenszeiten (...) Fachpersonal auszubilden, um die Anwendung der Abkommen und dieses Protokolls (...) zu erleichtern.“* (Art. 6, Prot. I)
- *„Die Hohen Vertragsparteien werden jederzeit und die am Konflikt beteiligten Parteien werden in Zeiten eines bewaffneten Konflikts dafür Sorge tragen, dass Rechtsberater bei Bedarf verfügbar sind, um die militärischen Führer der zuständigen Befehlsebenen hinsichtlich der Anwendung der Abkommen und dieses Protokolls sowie der geeigneten Unterweisung zu beraten, die den Streitkräften auf diesem Gebiet zu erteilen sind.“* (Art. 82, Prot. I)
- *„Die Hohen Vertragsparteien stellen sich gegenseitig durch Vermittlung des Schweizerischen Bundesrates und während der Feindseligkeiten durch Vermittlung der Schutzmächte die amtlichen Übersetzungen des vorliegenden Abkommens sowie die Gesetze und Verordnungen zu, die sie gegebenenfalls zur Gewährleistung seiner Anwendung erlassen.“* (allen vier Genfer Abkommen gemeinsam: Art. 48/49/128/145)
- *„Die Hohen Vertragsparteien verpflichten sich, das vorliegende Abkommen unter allen Umständen einzuhalten und seine Einhaltung durchzusetzen.“* (Gemeinsamer Artikel 1 der Genfer Abkommen)
- *„Die Hohen Vertragsparteien, deren Rechtsvorschriften zur Zeit nicht ausreichend sein sollten, treffen die erforderlichen Maßnahmen, um jeden Mißbrauch der (...) Schutzzeichen jederzeit zu verhindern und zu ahnden.“* (Art. 45, II. Genfer Abkommen)
- *„Die Hohen Vertragsparteien verpflichten sich, alle notwendigen gesetzgeberischen Maßnahmen zur Festsetzung von angemessenen Strafbestimmungen für solche Personen zu treffen, die irgend eine der (...) schweren Verletzungen des vorliegenden Abkommens begehen oder zu einer solchen Verletzung den Befehl erteilen. Jede Vertragspartei ist zur Ermittlung der Personen verpflichtet, die der Begehung oder der Erteilung eines Befehls einer dieser schweren Verletzungen beschuldigt sind; sie stellt sie ungeachtet ihrer Staatsangehörigkeit vor ihre eigenen Gerichte (...)“* (Art. 49/50/129/146 – alle vier Genfer Abkommen gemeinsam)
- *„Das vorliegende Abkommen wird unter der Mitwirkung und Aufsicht der Schutzmächte angewendet, die mit der Wahrnehmung der Interessen der am Konflikt beteiligten Parteien betraut sind. Zu diesem Zwecke können die Schutzmächte außer ihren diplomatischen oder konsularischen Vertretern Delegierte unter ihren eigenen Staatsangehörigen oder unter Staatsangehörigen anderer neutraler Mächte ernennen (...)“* (Art. 8 des I., II., III. Genfer Abkommens und Art. 9 des IV. GA)

- „*Die Hohen Vertragsparteien können jederzeit vereinbaren, die durch das vorliegende Abkommen den Schutzmächten übertragenen Aufgaben einer Organisation anzuvertrauen, die alle Garantien für Unparteilichkeit und Wirksamkeit bietet.* (...) *Kann der Schutz auf diese Weise nicht gewährleistet werden, so ersucht der Gewahrsamsstaat entweder eine humanitäre Organisation wie das Internationale Komitee vom Roten Kreuz, die durch das vorliegende Abkommen den Schutzmächten zufallenden humanitären Aufgaben zu übernehmen,* (...)" (Art. 10 des I., II., III. Genfer Abkommens sowie Art. 11 des IV. GA)
- „*Die Bestimmungen des vorliegenden Abkommens bilden kein Hindernis für die humanitäre Tätigkeit, die das Internationale Komitee vom Roten Kreuz oder irgendeine andere unparteiische humanitäre Organisation mit Genehmigung der betreffenden am Konflikt beteiligten Personen ausübt, um die Verwundeten und Kranken sowie die Mitglieder des Sanitäts- und Seelsorgepersonals zu schützen und ihnen Hilfe zu bringen.*" (Art. 9 des I., II., III. Genfer Abkommens sowie Art. 10 des IV. GA)
- „*Die Hohen Vertragsparteien gewähren einander die weitestgehende Hilfe im Zusammenhang mit Verfahren, die in Bezug auf schwere Verletzungen der Abkommen und dieses Protokolls eingeleitet werden. (...) sofern die Umstände dies erlauben, arbeiten die Hohen Vertragsparteien auf dem Gebiet der Auslieferung zusammen.*" (Art. 88, Prot. I)
- „*Der Verwahrer dieses Protokolls beruft eine Tagung der Hohen Vertragsparteien zur Erörterung allgemeiner die Anwendung der Abkommen und des Protokolls betreffenden Fragen ein, wenn eine oder mehrere Hohe Vertragsparteien darum ersuchen und die Mehrheit dieser Parteien damit einverstanden ist.*" (Art. 7, Prot. I)
- „*Bei erheblichen Verstößen gegen die Abkommen oder dieses Protokoll verpflichten sich die Hohen Vertragsparteien, sowohl gemeinsam als auch einzeln in Zusammenarbeit mit den Vereinten Nationen und im Einklang mit der Charta der Vereinten Nationen tätig zu werden.*" (Art. 89, Prot. I)
- „*Es wird eine internationale Ermittlungskommission* (...) *gebildet; sie besteht aus fünfzehn Mitgliedern von hohem sittlichen Ansehen und anerkannter Unparteilichkeit.* (...) *Die Kommission ist zuständig, i) alle Tatsachen zu untersuchen, von denen behauptet wird, dass sie eine schwere Verletzung im Sinne der Abkommen und dieses Protokolls oder einen anderen erheblichen Verstoß gegen die Abkommen oder das Protokoll darstellen.*" (Art. 90, Prot. I)

Die strafrechtliche Verfolgung von Kriegsverbrechern

Sobald Staaten Vertragspartei der **Genfer Abkommen** sind, sind sie verpflichtet, die erforderlichen gesetzgeberischen Maßnahmen zur Bestrafung jener Personen zu ergreifen, die schwere Verstöße gegen die Abkommen begangen haben. Ferner müssen sie Personen, die verdächtigt werden, schwere Verstöße gegen die Abkommen befangen zu haben, selber strafrechtlich verfolgen oder sie zur Verurteilung an einen anderen Staat ausliefern. Täter, die schwere Verstöße begangen haben, also **Kriegsverbrecher**, sind jederzeit und überall strafrechtlich zu verfolgen, und Staaten müssen in eigener Verantwortung dafür sorgen, dass dies auch geschieht.

Das Strafrecht eines Staates gilt ausschließlich für Verbrechen, die auf seinem Territorium oder von seinen Angehörigen begangen wurden. Das humanitäre Völkerrecht reicht weiter, insofern es von den Staaten verlangt, jede Person zu verfolgen und zu bestrafen, die einen schweren Verstoß begangen hat – und zwar ohne Rücksicht auf ihre Nationalität oder den Ort, wo das Verbrechen begangen wurde. Das Prinzip universaler Rechtsprechung ist die wesentliche Voraussetzung dafür, dass schwere Verstöße wirksam unterbunden werden können.

Solche strafrechtlichen Verfolgungen können entweder durch die nationalen Gerichtshöfe der verschiedenen Staaten oder durch eine internationale Instanz erfolgen. Dies ist der Kontext, in dem der Sicherheitsrat der Vereinten Nationen in den Jahren 1993 und 1994 die Internationalen Kriegstribunale für das ehemalige Jugoslawien und Ruanda einsetzte. Es ging jeweils um die Verurteilung jener, die angeklagt waren, Kriegsverbrechen während der Konflikte in den genannten Ländern begangen zu haben. 1998 erfolgte die Annahme des Statuts über den Internationalen Gerichtshof: Dieser soll signifikant zur Verhütung von Kriegsverbrechen beitragen, da Gesetzesbrecher nun keine Straffreiheit mehr genießen können.

Kriegsverbrechen sind schwere Verstöße gegen das humanitäre Völkerrecht, die **während eines internationalen oder internen bewaffneten Konflikt begangen** werden. Obwohl bis vor kurzem nicht einmal die genauen Rahmenbedingungen dieser Verbrechen geklärt waren, haben die jüngsten Entwicklungen bei der strafrechtlichen Unterbindung von Kriegsverbrechen einen erheblichen Fortschritt erbracht, z.B. durch die Errichtung von Tribunalen für das ehemalige Jugoslawien und für Ruanda sowie durch die 1998 in Rom erfolgte Annahme des Statuts über die Errichtung des Internationalen Strafgerichtshofs.

Als **Kriegsverbrechen** gelten Handlungen, die **gegen jedwede Person gerichtet** sind, **die nicht oder nicht mehr aktiv an den Feindseligkeiten teilnimmt** (eingeschlossen sind Zivilisten und kranke, verwundete und gefangengenommene Kombattanten). Es geht um Handlungen wie z.B. vorsätzliches Töten,

Folter und unmenschliche Behandlung, Geiselnahme, Vergewaltigung und andere Formen sexueller Gewalt, unrechtmäßige Umsiedlung und Vertreibung der Zivilbevölkerung, Einsatz von Kindern zur Teilnahme an Feindseligkeiten, Einsatz verbotener Waffen oder Kriegsmethoden (chemische, bakteriologische oder Brandwaffen), mißbräuchliche Verwendung der kennzeichnenden Wahrzeichen des Roten Kreuzes oder Roten Halbmondes oder anderer Schutzzeichen sowie die Plünderung von öffentlichem oder privatem Eigentum.

Das humanitäre Völkerrecht und die Menschenrechte

Humanitäres Völkerrecht und Menschenrechte ergänzen sich gegenseitig. Beide streben den Schutz des Einzelnen an, allerdings unter unterschiedlichen Umständen und in unterschiedlicher Weise. Das humanitäre Völkerrecht gilt in Situationen bewaffneter Konflikte, während die Menschenrechte – oder zumindest einige davon – jederzeit, in Kriegs- und Friedenszeiten gleichermaßen, dem Einzelnen Schutz gewähren sollen. Das humanitäre Völkerrecht ist anwendbar, wenn Angehörige militärischer Einheiten unter dem Kommando oder mit Einwilligung der Vereinten Nationen Waffengewalt gegen organisierte Streitkräfte einsetzen oder einsetzen könnten. Das Abkommen über **friedenserhaltende Operationen**, das die Vereinten Nationen mit jedem Mitgliedstaat abschließen, der den Streitkräften der UNO zur Verfügung stellt, schließt ein, dass *„die Prinzipien und der Geist“* des humanitären Völkerrechts von den Streitkräften geachtet werden müssen. Staaten, die für solche Maßnahmen Truppen bereitstellen, müssen dafür sorgen, dass das militärische Personal ihrer Kontingente mit den entsprechenden Verträgen vertraut ist. Innerstaatliche Gesetzgebung sowie Anweisungen zur Erfüllung der Verträge sind auch anwendbar. Mit Blick auf die UNO-*„**Blauhelme**“* bleibt zu betonen, dass ihre nationale Rechtssprechung von ihnen verlangt, alle Instrumente des humanitären Völkerrechts zu achten, durch die ihr Herkunftsstaat gebunden ist. Wenn sie **Gesetzesverstöße** begehen, riskieren sie eine **Strafverfolgung durch die nationalen Gerichte ihres Landes**.

Während der Zweck des humanitären Völkerrechts darin besteht, Opfer zu schützen, indem es sich bemüht, das durch Kriege bewirkte Ausmaß an Leiden zu begrenzen, streben die **Menschenrechte** nach dem **Schutz des Einzelnen** und nach Förderung seiner Entwicklung. Im humanitären Völkerrecht geht es primär um die Behandlung von Personen, die einer gegnerischen Partei in die Hände fielen, sowie um Art und Weise, in der Feindseligkeiten ausgetragen werden. Insofern die Menschenrechte die Macht eines Staates über den Einzelnen einschränken, geht es im Wesentlichen um **Vorbeugung und Verhinderung von Willkür**. Eine Regelung der Art und Weise, in der militärische Operationen durchgeführt werden, ist nicht Anliegen der Menschenrechte. Der Zweck der unter **Kapitel VI** der Charta der Vereinten Nationen genannten Maßnahmen zur Wahrung des Friedens ist es, für die **Beachtung von Waffenruhe und Demarkationslinien** zu sorgen und **Truppenabzugsvereinbarungen** abzuschließen. In den letzten Jahren wurde der Maßnahmenkatalog insofern erweitert, als er nun auch weitere Aufgaben umfasst, z.B. die Überwachung von Wahlen, Hilfsgütertransporte und die Unterstützung nationaler Versöhnungsprozesse. Die Befugnis zum Einsatz von Waffengewalt gilt ausschließlich im Verteidigungsfall und mit Zustimmung der Parteien vor Ort. Die unter Kapitel VII der UNO-Charta angeführten Maßnahmen zur Wiederherstellung des Friedens werden von den Truppen der Vereinten Nationen oder von Staaten, Staatengruppen oder regionalen Organisationen, entweder auf Gesuch des betroffenen Staates oder im Auftrag des Sicherheitsrates ergriffen. Ausgerüstet mit einem **Gefechtsauftrag**, sind die entsprechenden Streitkräfte in Ausführung ihres Auftrags befugt, **Zwangsmaßnahmen** zu ergreifen. Hierbei ist die Zustimmung der Parteien nicht zwingend erforderlich. In den vergangenen Jahren verlor der Unterschied zwischen Kapitel VI- und Kapitel VII-Maßnahmetypen zunehmend an Eindeutigkeit.

Um seine Einhaltung sicherzustellen, sieht das humanitäre Völkerrecht Mechanismen zur laufenden Kontrolle seiner Durchsetzung vor. Im Hinblick auf die Prävention von Verstößen wird die Zusammenarbeit der Konfliktparteien mit einem neutralen Vermittler besonders betont. Folglich geht es dem **IKRK** in der Rolle desjenigen, der für die Einhaltung des humanitären Völkerrechts zu sorgen hat, vorrangig um systematische Überzeugungsarbeit.

Die Überwachungsmechanismen der Menschenrechte sind extrem breit gefächert. In vielen Fällen werden geeignete Einrichtungen benötigt, um festzustellen, ob ein Staat die Menschenrechte beachtet oder gegen sie verstoßen hat. So kann z.B. der Europäische Gerichtshof für Menschenrechte (EuGHfMR) in Strassburg nach Abschluss eines von einer Einzelperson angestoßenen Verfahrens erklären, dass die **Europäische Menschenrechtskonvention** (EMRK) von einer nationalen Behörde verletzt wurde. Diese ist dann dazu verpflichtet, die erforderlichen Maßnahmen einzuleiten, um sicherzustellen, dass die interne Situation den Forderungen der Konvention entspricht. Die Mechanismen zur Durchsetzung von Menschenrechten sollen erlittenen Schaden ausgleichen.

Das Instrumentarium der **Allgemeinen Erklärung der Menschenrechte** enthält Klauseln, in denen **Staaten ermächtigt** werden, **angesichts** einer erheblichen **öffentlichen Gefahr** die ansonsten **geschützten Rechte** zu **suspendieren**, mit Ausnahme bestimmter fundamentaler Rechte, die in jedem Vertrag vorgesehen sind und die unter allen Umständen zu achten und damit unverzichtbar sind ohne Rücksicht auf den sie enthaltenen Vertrag. Dazu gehören insbesondere das **Recht auf Leben, das Verbot der Folter und unmenschliche Strafen und Be-**

handlung, Sklaverei und Knechtschaft sowie das Rechtsstaatsprinzip und das Rückwirkungsverbot von Gesetzen. Diese **fundamentalen Rechte**, die jeder Staat unter allen Umständen – also auch bei Konflikten und Unruhen – zu achten hat, sind als „*harter Kern*" der Menschenrechte bekannt. Weil das humanitäre Völkerrecht gerade in denjenigen Ausnahmesituationen anwendbar ist, die durch bewaffnete Konflikte entstehen, fällt der „*harte Kern*" tendenziell zusammen mit den fundamentalen und rechtlichen Garantien, die das humanitäre Völkerrecht gewährt, z.B. das Verbot von Folter und summarischen Hinrichtungen (Art. 75 von Prot I und Art. 6 von Prot. II).

Die wesentlichen Bestimmungen des Kriegsvölkerrechts

Außer Gefecht gesetzte Personen oder Personen, die nicht mehr an den Feindseligkeiten teilnehmen, haben Anspruch auf Achtung ihres Lebens und ihrer körperlichen und psychischen Unversehrtheit. Diese Personen sind unter allen Umständen zu schützen und mit Menschlichkeit zu behandeln, ohne jegliche ihnen zum Nachteil gereichende Unterscheidung.

Es ist verboten, einen Gegner, der sich ergibt oder nicht mehr in der Lage ist, an der Kampfhandlung teilzunehmen, zu töten oder zu verletzen. **Verwundete** und **Kranke** sind von derjenigen Konfliktpartei, welche sie in ihrer Gewalt hat, zu bergen und zu pflegen. Sanitätspersonal und –einrichtungen, Transportmittel und Sanitätsmaterial sind zu schonen. Als zu resprektierendem Schutzzeichen dieser Personen und Sachen gelten das **Rote Kreuz** oder der **Rote Halbmond** auf weißem Grund.

Gefangengenommene, d.h. in der Gewalt einer gegnerischen Partei befindliche Kämpfer und Zivilisten, haben Anspruch auf Achtung ihres Lebens, ihrer Würde, ihrer Personenrechte und ihrer politischen und religiösen und anderweitigen Überzeugungen. Diese Personen sind vor jeglichen Gewalthandlungen oder Repressalien zu beschützen. Sie haben Anspruch auf Nachrichtenaustausch mit ihren Familien und auf Hilfeleistungen. In einem internationalen bewaffneten Konflikt beinhaltet das Recht auf Unterstützung insbesondere

- den freien Durchlass von Sendungen bestimmter Güter, die für das Überleben der Zivilbevölkerung erforderlich sind (Art. 23 des IV. Genfer Abkommens, der für den Fall von Blockaden abgefasst wurde)
- die Pflicht der Besatzungsmacht, die Grundversorgung der Bevölkerung auf besetztem Territorium zu gewährleisten (Art. 55 des IV. Abkommens); falls die eigenen Vorräte unzureichend sind, muss die Besatzungsmacht einer Unterstützung von außen zustimmen (Art. 59 des IV. Abkommens)

Protokoll I (Art. 69 und 70) verstärkt das in 1949 angenommene Regelwerk. So muss ein Staat im Kriegszustand z.B. akzeptieren, dass auf seinem Territorium zugunsten der Bevölkerung nicht-diskriminierende, unparteiliche humanitäre Hilfsaktionen gemäß der Übereinkunft der betreffenden Parteien durchgeführt werden. Falls diese Bedingungen erfüllt sind, begeht ein Staat einen Verstoß, wenn er solche, weder als Einmischung in den bewaffneten Konflikt noch als Akte der Feindseligkeit geltenden Hilfsaktionen ablehnt.

Für nicht internationale Konflikte legt Protokoll II (Art. 18) fest: Falls die Zivilbevölkerung extremen Mangel leidet, weil lebensnotwendige Güter fehlen, sind Hilfsaktionen, die ausschließlich humanitärer und unparteiischer Art und in der Durchführung ohne mißgünstige Unterscheidung sind, durchzuführen, was jedoch der Zustimmung der Kriegsparteien unterliegt. Mittlerweile ist allgemein anerkannt, dass solche rein humanitären Hilfsoperationen staatlicherseits autorisiert werden müssen. Das **IKRK** hat in jedem Fall ein **Initiativrecht**, das ihm ermöglicht, seine Dienste, insbesondere im Sinne einer Hilfe für Konfliktopfer, den Konfliktparteien anzubieten. Sein Hilfsangebot stellt also, unabhängig davon ob es nur **Hilfslieferungen** oder auch weitere Aktivitäten umfasst, keine Einmischung in die inneren Angelegenheiten eines Staates dar, da es **im humanitären Völkerrecht vorgeschrieben** ist.

Infolge bewaffneter Konflikte werden Kriegsgefangene und internierte Zivilisten getrennt von ihren Angehörigen. Familien werden zerrissen und Menschen verschwinden. Zum Schutze dieser Opfer enthalten die Genfer Abkommen und das Protokoll I mehrere Bestimmungen. Sie gelten im Ereignisfall eines internationalen bewaffneten Konfliktes und bevollmächtigten das **IKRK**, folgende Aufgaben zu übernehmen:

1. **Weiterleitung von Familiennachrichten und ähnlichen Informationen.** Dies umfasst:
   - Empfang und Registrierung von Kriegsgefangenenkarten und Zivilinterniertenkarten; Übersendung der Duplikate dieser Karten an die Familien der Gefangenen;
   - Austausch von Post zwischen ihrer Freiheit beraubten Personen und ihren Familien;
   - Austausch von Familienkorrespondenz (Rotkreuzbotschaften), wenn die normalen Postwege unterbrochen sind;
   - Entgegennahme und Weiterleitung von Todesurkunden.

Im weitesten Sinne übernimmt der **Zentrale Suchdienst** (ZSD) **des IKRK** die **Rolle eines Vermittlers zwischen** den **Konfliktparteien**, genaugenommen zwischen deren Nationalen Auskunftsbüros, zwecks Weitergabe von Auskünften über Personen, die das humanitäre Recht schützt.

2. **Nachforschungen nach dem Verbleib der als vermisst gemeldeten Personen** (Art. 33, Protokoll I)
3. **Familienzusammenführung** (Art. 74, Protokoll I): Diese Tätigkeit hat das IKRK erstmals während des Deutsch-Französischen Krieges von 1870 übernommen. In der Rolle eines Vermittlers begann seine Zentralstelle in Basel, Verwundetenlisten zwischen den kriegführenden Ländern weiterzuleiten, um den Kontakt zwischen den Kriegsgefangenen Ländern wiederherzustellen.

Das III. Genfer Abkommen bestimmt in Art. 122, dass bei Ausbruch von Feindseligkeiten jede neutrale oder Kriegsmacht, auf deren Territorium Menschen gegnerischer Nationalität sind, ein offizielles **Auskunftsbüro über alle dort anwesenden Kriegsgefangenen** einzurichten hat. Jede Kriegsmacht muss ihr eigenes Auskunftsbüro über alle von ihren Streitkräften gefangen genommenen Personen informieren und ihm alle verfügbaren Einzelheiten zur Identität dieser Gefangenen zur Verfügung stellen, damit deren nächste Angehörigen schnellstmöglich benachrichtigt werden können. Falls ein solches Auskunftsbüro nicht vorhanden ist, was in Konfliktfällen oft vorkommt, übernimmt das IKRK die Informationsbeschaffung über Personen, die durch die Genfer Abkommen geschützt sind.

„Eine Zentrale Auskunftsstelle für Kriegsgefangene wird in einem neutralen Land geschaffen. Das Internationale Komitee vom Roten Kreuz wird den in Frage kommenden Mächten, sofern es ihm notwendig erscheint, die Organisation dieser Zentralstelle vorschlagen. Die Zentralstelle wird beauftragt, alle Auskünfte betreffend Kriegsgefangene, die sie auf amtlichen oder privatem Wege beschaffen kann, zu sammeln; sie leitet sie so schnell wie möglich an das Herkunftsland der Kriegsgefangenen oder an die Macht, von der sie abhängen, weiter. (...)“ (Art. 123, III. Genfer Abkommen).

„Jede am Konflikt beteiligte Partei erleichtert die Nachforschungen, die vom Kriege zerstreuten Familien anstellen, um wieder Verbindung miteinander aufzunehmen und sich, wenn möglich, wieder zu vereinigen (...) (Art. 26, IV. Genfer Abkommen).

Jedes Individuum soll Garantien seiner Grundrechte genießen, und niemand darf für eine nicht selbst begangene Handlung zur Verantwortung gezogen werden. Niemand darf **physischer** oder **mentaler Folter** oder **grausamer** oder **entwürdigender körperlicher Bestrafung** oder ähnlicher Behandlung unterzogen werden.

Weder die Konfliktparteien noch die Angehörigen ihrer Streitkräfte haben uneingeschränkte Freiheit bei der Wahl der zur Kriegführung eingesetzten Methode und Mittel. So ist der Einsatz jeglicher **Waffen und Kampfmethoden verboten, wenn dadurch voraussichtlich unnötige Verluste und übermäßiges Leiden bewirkt** werden.

Zum Zwecke der **Schonung der Zivilbevölkerung und ziviler Objekte** sollen die Konfliktparteien jederzeit zwischen Zivilbevölkerung und Kombattanten unterscheiden. **Weder die Zivilbevölkerung als Ganzes noch einzelne Zivilisten dürfen angegriffen werden. Angriffe** dürfen **ausschließlich auf militärische Ziele** gerichtet sein. Weiters ist es auch verboten, das Rotkreuzzeichen, das Rothalbmondzeichen bzw. den Roten Löwen mit roter Sonne mißbräuchlich zu verwenden. Es gibt drei **Mißbrauchstypen**:

- **Nachahmung** bedeutet die Verwendung eines Zeichens, das wegen seiner Form und/oder Farbe zur **Verwechslung** mit dem Wahrzeichen Anlass geben kann.
- **Widerrechtliche Inbesitznahme** meint die Verwendung des Wahrzeichens durch Körperschaften oder Personen, die **nicht dazu befugt** sind (Wirtschaftsunternehmen, Apotheker, Ärzte, nichtstaatliche Organisationen und Einzelpersonen usw.). Wenn nun Personen, die gewöhnlich Anspruch auf die Verwendung des Wahrzeichens haben, es jedoch nicht in Übereinstimmung mit den Bestimmungen der Genfer Abkommen und ihrer Zusatzprotokolle verwenden, handelt es sich ebenfalls um widerrechtliche Inbesitznahme.
- **Schwerer Missbrauch (Heimtücke)** liegt vor, wenn das Wahrzeichen in Konfliktzeiten verwendet wird, **um Kombattanten und militärische Ausrüstung zu schützen**. Dieser schwere Missbrauch (Heimtücke) des Wahrzeichens kann als schwerer Verstoß gegen das humanitäre Völkerrecht gelten – anders ausgedrückt, als **Kriegsverbrechen**.

Der Missbrauch des Wahrzeichens als Schutzsystem in Kriegszeiten gefährdet das vom humanitären Völkerrecht errichtete Schutzsystem. Der Mißbrauch des Wahrzeichens als Kennzeichen untergräbt sein Ansehen in der Öffentlichkeit und mindert infolgedessen seine Schutzwirkung in Kriegszeiten. Jeder Vertragsstaat der Genfer Abkommen ist verpflichtet, Strafmaßnahmen einzuführen, um dem Mißbrauch des Wahrzeichens sowohl in Kriegs- als auch in Friedenszeiten vorzubeugen und ihn zu ahnden.

In Zeiten **bewaffneter Konflikte** ist die Verwendung des Wahrzeichens als Schutzinstrument ausschließlich erlaubt für:

- Sanitätsdienste der Streitkräfte,
- Nationale Rotkreuz und Rothalbmondgesellschaften, die von ihrer Regierung ordnungsgemäß anerkannt und ermächtigt wurden, die Sanitätsdienste der Streitkräfte zu unterstützen. Diese nationalen Gesellschaften dürfen das Wahrzeichen zu Schutzzwecken lediglich für den Teil ihres Personals und ihrer Ausrüstung verwenden, der in Kriegszeiten die offiziellen Sanitätsdienste unterstützt, insofern dieses Personal und Material ausschließlich für die gleichen Aufgaben wie die letzteren eingesetzt werden und den militärischen Gesetzen und Vorschriften unterliegen.

- Zivile Krankenhäuser und andere Sanitätseinheiten, die als solche von ihrer Regierung anerkannt sind und von ihr ermächtigt sind, das Wahrzeichen zu Schutzzwecken zu verwenden (Erste-Hilfe-Posten, Ambulanzen etc.).
- Andere freiwillige Hilfsgesellschaften unter den gleichen Bedingungen wie die nationalen Gesellschaften: Sie müssen Anerkennung und Auftrag einer Regierung vorweisen und dürfen das Wahrzeichen lediglich für Personal und Material einsetzen, die ausschließlich Sanitätsdiensten zugewiesen sind und den militärischen Vorschriften und Gesetzen unterliegen.

Das humanitäre Völkerrecht erläutert, dass jede Vertragspartei der Genfer Abkommen verpflichtet ist, Maßnahmen zur Vorbeugung und Bestrafung des Missbrauchs des Wahrzeichens in Kriegs- und Friedenszeiten zu ergreifen und namentlich ein Gesetz über den Schutz des Wahrzeichens zu erlassen.

Letztlich bewirkt das zugrundeliegende Prinzip der **Proportionalität** die Abwägung zweier gegenläufiger Interessen. Wenn die Rechte oder Verbote nicht eindeutig sind, wird die eine Seite des Interessenskonflikts von der militärischen Notwendigkeit, die andere vom Anspruch auf Menschlichkeit diktiert.

Militärische Notwendigkeit

Im Krieg ist nur **diejenige Gewaltanwendung erlaubt**, die **zur ehest möglichen Niederwerfung des Gegners erforderlich** ist. Kriegshandlungen sind nur dann zulässig, wenn sie militärisch notwendig und nicht dem Völkerrecht verboten sind. Der Begriff der **militärischen Notwendigkeit** (Kriegsnotwendigkeit) **rechtfertigt** also **keine kriegsvölkerrechtlich verbotenen Maßnahmen.** Ausnahmen bestehen nur dort, wo die einschlägigen Vorschriften des Humanitäts- und Kriegsrechts dies ausdrücklich vorsehen (z.B. ZP I, 62). Art. 62 I. ZP gestattet Zivilschutzorganisationen und ihrem Personal zwar das Wahrnehmen von Zivilschutzaufgaben, schränkt dies aber im Fall zwingender militärischer Notwendigkeit ein. Grundsätzlich kann aber eine **Verletzung des Völkerrechts nicht unter Berufung auf militärische Notwendigkeit** gerechtfertigt werden. Das Vorliegen „militärischer Notwendigkeit" ist also im Einzelfall zu prüfen. Als Ausnahmeregeln, die auf die militärische Notwendigkeit Rücksicht nehmen, sind folgende anzusehen:

- Zerstörung oder Wegnahme feindlichen zivilen Eigentums ist zulässig, wo dies durch die Erfordernisse des Krieges dringend erforderlich ist (Haager Landkriegsordnung - LKO, 23g)
- Wenn es die militärischen Erfordernisse gestatten, läßt die am Konflikt beteiligte Partei, die gezwungen ist, dem Gegner ihrer **Verwundeten** oder **Kranken** zu überlassen, einen Teil ihres Sanitätspersonals zurück, um zu ihrer Pflege beizutragen (Genfer Abkommen - GA I, 12).

- Wenn die militärische Notwendigkeit es erfordert, können am Konflikt beteiligte Parteien davon Abstand nehmen, die nötigen Maßnahmen zu treffen, um den feindlichen Streitkräften die **Schutzzeichen**, welche Sanitätseinrichtungen und Sanitätseinheiten kennzeichnen, deutlich sichtbar zu machen (GA I, 42).
- Wenn es die militärische Notwendigkeit erfordert, können die am Konflikt beteiligten Parteien davon Abstand nehmen, **Zivilkrankenhäuser** mit aus der Luft erkennbaren Zeichen als solche deutlich sichtbar zu machen (GA IV, 18).
- Wenn die militärischen Erfordernisse es nicht gestatten, können die am Konflikt beteiligten Parteien davon Abstand nehmen, eine aus der Luft erkennbare **Kennzeichnung von Kriegsgefangenenlagern** vorzunehmen (GA III, 23)
- Wenn zwingende militärische Gründe dies erfordern, kann die Besatzungsmacht geschützte Personen in einer besonders den Kriegsgefahren ausgesetzten Gegend zurückhalten (GA IV, 49); dies darf aber **keineswegs** den Charakter einer **Geiselnahme** haben.
- Wenn es die militärischen Erwägungen nicht gestatten, werden Internierungslager nicht als solche aus der Luft erkennbar gekennzeichnet (GA IV, 83).
- Besuche der Vertreter oder Delegierten der Schutzmächte dürfen nur aus zwingenden Gründen und nur ausnahmsweise und vorübergehend untersagt werden (GA IV, 143).
- Die Zerstörung von für die Zivilbevölkerung lebensnotwendigen Objekten auf eigenem Territorium (Hoheitsgebiet) ist nur gestattet, wenn eine zwingende militärische Notwendigkeit dies erfordert (ZP I, 54). Die **Methode der *„verbrannten Erde“*** ist also **nur ausnahmsweise** und unter festgelegten Auflagen (ZP I, 54/5) **gestattet**.
- Zivilschutzorganisationen und ihr Personal sind, außer im Fall zwingender militärischer Notwendigkeit, berechtigt, ihre **Zivilschutzaufgaben** wahrzunehmen (ZP I, 62).
- Nur im Fall zwingender Notwendigkeit darf die Tätigkeit des an Hilfsaktionen beteiligten Personals begrenzt werden oder seine Bewegungsfreiheit eingeschränkt werden (ZP I, 71).

Wie aus den Bestimmungen des Kriegsvölkerrechts zu erkennen ist, wird aber auch zwischen „militärischer Notwendigkeit“ und „zwingender“ oder ähnlicher („dringender“, „unerlässlicher“, „unausweichlicher“) „militärischer Notwendigkeit“ unterschieden. Diese „zwingende“ oder ähnliche „militärische Notwendigkeit“ rechtfertigt nur Maßnahmen, die für die Erfüllung des Auftrages unerläßlich sind.

Notwehr

Im strafrechtlichen Sinn ist die Notwehr die Abwehr mit Mitteln, die notwendig sind, um einen gegenwärtigen oder unmittelbar drohenden rechtswidrigen Angriff auf Leben, Gesundheit, körperliche Integrität, Freiheit oder Vermögen von sich oder einem anderen (Nothilfe) abzuwehren (§ 3 Strafgesetzbuch).

Dieses Notwehrrecht gib es auch im Völkerrecht und somit auch im Kriegsvölkerrecht. Als „**kriegsvölkerrechtliche Notwehr**" ist daher die gewaltsame Abwehr eines gegenwärtigen oder unmittelbar bevorstehenden völkerrechtswidrigen Angriffes (etwa auf geschützte Personen) zu bezeichnen. Der Angegriffene darf sich aller kriegs(völker)rechtlich erlaubten - und sogar darüber hinausgehenden - Mittel bedienen, sofern ihm kein Nachteil droht und die Verteidigung angemessen ist. So wäre auch zur Notwehr die Verwendung von Jagdmunition („*Dum-Dum-Geschoss*") zulässig, wenn keine anderen Mittel mehr zur Verfügung stehen. Die Handlung ist jedoch nicht gerechtfertigt, wenn es offensichtlich ist, dass dem Angegriffenen bloß ein geringer Nachteil droht und die Verteidigung, insbesondere wegen der Schwere der zur Abwehr nötigen Beeinträchtigung des Angreifers, unangemessen ist.

Kommandanten-Verantwortlichkeit

Jeder einzelne ist verantwortlich, die Ziele des Völkerrechts zu verwirklichen und seine Bestimmungen einzuhalten. Kommandanten haben durch ihr eigenes Beispiel in diesem Sinne zu wirken. Die militärischen Kommandanten sind verpflichtet (ZP I, 87)

- sicherzustellen, dass die ihrem Befehl unterstellten Angehörigen der Streitkräfte die völkerrechtlichen Verpflichtungen kennen,
- zu verhindern, dass die ihrem Befehl unterstellten Angehörigen der Streitkräfte und die übrigen Personen in ihrem Befehlsbereich Verletzungen der völkerrechtlichen Vorschriften begehen,
- im Fall derartiger Verletzungen die betreffenden Personen bei den zuständigen Behörden anzuzeigen und
- bei Kenntnisnahme von Völkerrechtsverletzungen durch Personen, die ihnen unterstellt sind, die erforderlichen Maßnahmen zur Verhinderung derartiger Verletzungen anzuordnen und gegebenenfalls ein Disziplinar- oder Strafverfahren gegen den oder die Täter einzuleiten.

Bei der Befehlsgebung sind die militärischen Kommandanten an die völkerrechtlichen Vorschriften gebunden. Insbesondere bei der **Beurteilung der Lage** hat der militärische Kommandant bereits auf diesbezügliche Einhaltung zu achten. Jeder Kommandant ist für seine Entscheidungen selbst verantwortlich. Er hat diese in Übereinstimmung mit dem Völkerrecht zu treffen (ZP I, 86, 87).

Im Völkerrecht ist der Einsatz von **Rechtsberatern in Streitkräften** verpflichtend festgelegt. Art. 82 des I. ZP legt fest: „*Die Hohen Vertragsparteien werden jederzeit und die am Konflikt beteiligten Parteien werden in Zeiten eines bewaffneten Konflikts dafür Sorge tragen, dass Rechtsberater bei Bedarf verfügbar sind, um die militärischen Kommandanten der zuständigen Befehlsebene hinsichtlich der Anwendung der Abkommen und dieses Protokolls sowie der geeigneten Unterweisungen zu beraten, die den Streitkräften auf diesem Gebiet zu erteilen sind.*"

Beurteilung der völkerrechtlichen Lage[36]:

1. **Wer ist zuständig und wer muß handeln?**
   - Eigener Verantwortungsbereich oder anderer,
   - Entscheidungsebene,
   - gegebenenfalls Abgabe an das zuständige Kommando,
   - zugleich Beteiligung möglicher betroffener Kommanden.
2. **Welche Rechtsgrundlagen sind anzuwenden?**
   - Völkerrecht,
   - Innerstaatliches Recht,
   - Dienstvorschriften.
3. **Wer ist beizuziehen?**
   - Berater (z.B. „Rechtskundiger Offizier", G1 / S1)[37],
   - Entscheidungsträger (vorgesetztes Kommando).
4. **Welche Interessen sind abzuwägen?**

- Militärischer Vorteil,
- Schutz der Verwundeten und Kranken,
- Schutz der Kriegsgefangenen,
- Schutz der Zivilbevölkerung,
- Schutz der natürlichen Umwelt,
- Sonderschutz.

---

36 Aus: Klemens Fischer, Humanitäts-, Kriegs- und Neutralitätsrecht sowie Kulturgüterschutz. Ein Leitfaden durch das Völkerrecht für die Truppe, Truppendienst Taschenbuch, 1. Auflage, Verlag Herold, Wien 1991, 129f.

37 Das Österreichische Bundesheer verfügt seit 1977 über „Rechtskundige Offiziere". Österreich übernahm mit der Ratifikation des I. ZP zu den Genfer Abkommen von 1949 über den Schutz der Opfer internationaler bewaffneter Konflikte 1977, BGBl. Nr. 527/1982, die Verpflichtung, Rechtsberater in ihren Streitkräften einzurichten. Vgl. Thomas Desch/Hans-Georg Windhaber, Die Ausbildung der Rechtsberater im Österreichischen Bundesheer, in: Truppendienst 2/2003, 121-124, 121.

5. **Welche Entscheidungen sind zu treffen?**
- Informationen der eigenen Truppe,
- Warnung der Zivilbevölkerung,
- Evakuierung der Zivilbevölkerung,
- Evakuierung von Kriegsgefangenen,
- Maßnahmen zum Schutz der eigenen Truppe,
- Bergung von Verwundeten,
- Maßnahmen zum Schutz von Verwundeten und Kranken,
- Versorgung,
- Transport,
- zivil-militärische Zusammenarbeit,
- Ahndung von Mißbräuchen und Übertretungen,
- Kontakt mit Gegenseite.

Jeder Kommandant ist verpflichtet, besondere Anweisungen für jene Truppen oder Einheiten zu geben, die den Kampf auf sich allein gestellt oder ihn in großer Entfernung von ihrer Basis führen werden. Dies trifft insbesondere für jene Truppen oder Einheiten zu, die für die Führung des **Jagdkampf**es vorgesehen sind (ZP I, 48, 86, 87).

Rechtswidrige Befehle

Jeder Soldat muss wissen, dass es ausdrücklich verboten ist, Befehle zu befolgen, deren Befolgung gegen strafgesetzliche Vorschriften verstoßen. Eine Nichtbefolgung von Befehlen bleibt unter anderem straflos (§ 17 MilStG, Ziff 1,2,5,6), wenn der Befehl
- die Menschenwürde verletzt,
- von einer unzuständigen Person oder Stelle ausgegangen ist,
- in keiner Beziehung zum militärischen Dienst steht oder
- die Begehung einer gerichtlich strafbaren Handlung anordnet.

Handeln auf Befehl wird als Entschuldigungsgrund nicht anerkannt (§ 3, Abs. 1 MilStG).

Kriegsgebiet

Das Kriegsgebiet umfasst das **Staatsgebiet** (Landgebiete, Flüsse, Binnenseen, Raum unter der Erd- und Wasseroberfläche und die Hoheitsgewässer, Binnengewässer, Küstengewässer) der Konfliktparteien, die **Hohe See** sowie den **Luftraum** über diesen Gebieten. Nur im Kriegsgebiet sind Kriegshandlungen der Konfliktparteien erlaubt.

Binnengewässer: Häfen, Reeden, von nur einem Staat umschlossene Buchten sowie Flussmündungen.

Küstengewässer: An die Küste anschließende Meeresstreifen, der maximal 12 Seemeilen betragen darf.

Hohe See: Jene Teile des Meeres, die weder Binnen- oder Küstengewässer oder Ausschließliche Wirtschaftszone (= eine Zone, die maximal 200 Seemeilen breit, gemessen vom Küstengewässer aus, ist) eines Staates bilden.

Entmilitarisierte Zonen und **neutralisierte Zonen** sind, obwohl sie zum Staatsgebiet der Konfliktparteien gehören, vom Kriegsgebiet ausgenommen.

Unverteidigte Orte sind Teil des Kriegsgebietes.

Beendigung von Kriegshandlungen

Bewaffnete Konflikte können enden (bzw. unterbrochen werden) durch

- **Waffenstillstand**: Unterbrechung umfassender Kampfhandlungen kraft eines wechselseitigen Übereinkommens der Konfliktparteien. Der Waffenstillstand wird durch die Absicht gekennzeichnet, Vorbereitungen für eine Beendigung des bewaffneten Konfliktes zu ermöglichen. Er **zielt** also **auf** eine **endgültige Einstellung der Kampfhandlungen**. Der Waffenstillstand kann ein allgemeiner oder nur örtlich begrenzter sein, wobei ersterer alle Kampfhandlungen der am Abkommen beteiligten Konfliktparteien unterbricht (LKO, 37). Konfliktparteien können die Kampfhandlungen nach Abschluss eines Waffenstillstandes nur dann wieder aufnehmen, wenn ein Bruch des Waffenstillstandes zur Ausübung des Selbstverteidigungsrechtes zwingt.
- **Feuereinstellung**: Die meist von örtlichen Kommandanten ausgehandelte, vorübergehende Unterbrechung der Kampfhandlungen für einen räumlich begrenzten Bereich. Sie dient vor allem dem **Suchen und Bergen** von Verwundeten, der Erste-Hilfe-Leistung für diese und der Evakuierung von Zivilpersonen (GA I, 15; GA II, 18; GA IV, 17). Die Regeln über den Waffenstillstand gelten entsprechend.
- **Kapitulation**: Eine einseitige oder mit der gegnerischen Konfliktpartei vereinbarte endgültige Einstellung der Kriegshandlungen, wobei sich alle Angehörigen der kapitulierenden Streitkräfte ergeben. Alle Angehörigen der kapitulierenden Streitkräfte werden somit automatisch zu Kriegsgefangenen und sind demgemäß als solche zu behandeln. Eine Kapitulation kann in Form einer **Gesamtkapitulation** (alle Streitkräfte) oder **Teilkapitulation** (nur bestimmte Teile der Streitkräfte) erfolgen. Das eigenmächtige Zerstören der eigenen Waffen nach Inkrafttreten der Vereinbarung ist unzulässig.
- **Friedensschluss**: Beendigung des Krieges. Mit dem Friedensschluss hört auch die Anwendung des Humanitäts- und Kriegsrechts zwischen den Kon-

fliktparteien (ausgenommen einige humanitäre Bestimmungen wie z.B. die Heimschaffung von Kriegsgefangenen usw.) auf. Diese Bestimmungen enden auch mit der **allgemeinen Beendigung der Kriegshandlungen und** mit der Beendigung **der Besetzung von Gebieten**. Friedensschluss erfolgt durch einen **Friedensvertrag** oder durch eine **Aufnahme der friedlichen Beziehungen**. Der Friedensschluss stellt somit einen zwei- oder mehrseitigen Vertrag dar.

Parlamentäre, Streitkräfte, Repressalien, Kriegsgefangene

Parlamentäre sind Personen, die von einer Konfliktpartei bevollmächtigt sind, mit dem Gegner zu verhandeln. Der militärische Kommandant, zu dem ein Parlamentär entsandt wird, ist nicht verpflichtet, diesen unter allen Umständen zu empfangen (LKO, 33). Parlamentäre und ihre Begleiter (Bsp. Fahrer, Dolmetscher) haben Anspruch auf Unverletzlichkeit (LKO, 32). Sie machen sich mit einer **weißen Flagge** kenntlich. Parlamentäre oder deren Begleiter dürfen nicht gefangengenommen oder festgehalten werden. Der Grundsatz der Unverletzlichkeit gilt bis zur sicheren Rückkehr in seinen eigenen Bereich.

Streitkräfte liegen vor, wenn sie

- zu einer Konfliktpartei gehören,
- (straff und militärisch) organisiert sind,
- über ein internes und durchschlagskräftiges, also wirksames Disziplinarsystem verfügen und
- unter einer für das Verhalten der Untergebenen verantwortlichen Führung stehen.

Die angehörigen einer Streitkraft sind grundsätzlich als solche durch **Uniformierung** zu kennzeichnen, um so von der Zivilbevölkerung unterscheidbar zu sein. Sie haben einen Ausweis zu führen, der den **Namen, Vornamen, Dienstgrad**, die **Matrikelnummer** (oder gleichwertige Angabe) und das **Geburtsdatum** festhält (GA III, 17).

Repressalien: Deren Anwendung ist im Kriegsvölkerrecht verboten. Eine Repressalie ist der - als Folge eines völkerrechtlichen Unrechts - vom Völkerrecht erlaubte Eingriff eines Staates in einzelne, ansonsten geschützte Rechtsgüter des anderen Staates, dem das Unrecht zuzurechnen ist. In diesem Zusammenhang erlangte der Begriff „*countermeasures*“ (**Gegenmaßnahmen**) Bedeutung. Dieser Terminus hat seinen Ursprung in der nuklear-strategischen Diskussion der sechziger Jahre des 20. Jahrhunderts, als die ***Doktrin der massiven Vergeltung*** auf einen gegnerischen Atomschlag vorherrschte.

Kriegsgefangene sind **Kombattanten sowie Personen, die einem Heer folgen, ohne ihm unmittelbar anzugehören** – wie zivile Besatzungsmitglieder von Militärflugzeugen und Mitglieder von Arbeitseinheiten und Diensten, die mit der Betreuung von Militärpersonen betraut sind. Die **Kriegsgefangenschaft** stellt einen **rechtlichen Schutz** dar, **keine Strafe**. Sie ist ein Mittel, die Angehörigen der gegnerischen Streitkräfte an den Fortsetzungen des Kampfes zu hindern. **Kriegsgefangene sind** deshalb keine Straf-, sondern **Sicherungsgefangene**. Allfällige Zweifel am Anspruch als Kriegsgefangene sind durch ein Gericht zu klären. Personen, die an Feindseligkeiten teilgenommen haben und keinen Anspruch auf den Status eines Kriegsgefangenen haben, genießen dennoch einen Mindestschutz (Art. 44 Abs. 4 I. ZP, Art. 45 Abs. 3 I. ZP verweist auf GA IV und Art. 75 I. ZP. Dieser Schutz ist auf GA III eingeschränkt). In einem gerichtlichen Verfahren können sie die Überprüfung ihres Kriegsgefangenenstatus verlangen (Art. 45 Abs. 2 I. ZP). Kommt ihnen dieser Status nicht zu, so bleibt ihnen auch im Falle der gerichtlichen Verurteilung der Mindeststandard nach Art. 75 I. ZP.

An **Disziplinarstrafen** dürfen verhängt werden (GA III, 89):

- Geldstrafen,
- Entzug von Vergünstigungen, die über die nach den Abkommen vorgesehene Behandlung hinausgehen,
- Arbeitsdienst von täglich höchstens zwei Stunden (nur für Unteroffiziere und Mannschaften),
- Arrest.

Verboten sind (GA III, 87-90)

- Strafen, die länger als 30 Tage dauern,
- Strafen, die unmenschlich, grausam oder gesundheitsschädlich sind;
- Kollektivstrafen;
- Körperstrafen;
- Dunkelhaft;
- Degradierung;
- Verbot des Tragens der Dienstgradabzeichen;
- Überweisung in eine Strafanstalt (Kerker, Zuchthaus, Gefängnis).

Kriegsgefangene erhalten unmittelbar durch die Behörden der Gewahrsamsmacht ein angemessenes Arbeitsentgelt (GA III, 54, 62). Verfahren gegen einen Kriegsgefangenen sind der Schutzmacht bis spätestens drei Wochen vor der Verfahrenseröffnung bekanntzugeben (Notifikation).

Zehn Verhaltensregeln[38]

1. Nur wer sich völkerrechtsgemäß verhält, wird völkerrechtsgemäß behandelt.
2. Nur der gegnerische Kombattant und militärische Ziele dürfen angegriffen werden.
3. Angriffe gegen die Zivilbevölkerung, zivile Objekte, Sanitäts- und Seelsorgepersonal, Neutrale und Kriegsgefangene, Verwundete und Kranke und sich ergebende Gegner sowie gegen kampfunfähige Gegner sind verboten.
4. Verwundete und Kranke sind zu bergen, gleich ob es Gegner sind oder nicht.
5. Zerstörungen, die nicht gerechtfertigt sind, sind verboten.
6. Kriegsgefangene sind menschlich zu behandeln. Folterung ist verboten.
7. Geiselnahme ist ebenso verboten wie Rachehandlungen.
8. Plünderungen sind verboten.
9. Personen und Einrichtungen sowie Güter, die mit dem Zeichen des Roten Kreuzes, des Roten Halbmondes oder des Roten Löwen mit Roter Sonne, der weißen Fahne des Parlamentärs oder Zeichen des Kulturgüter- und/oder Zivilschutzes gekennzeichnet sind, stehen unter Schutz.
10. Jeder Verstoß gegen diese Gebote und Verbote ist untersagt, begangene Verstöße sind dem Vorgesetzten zu melden.

Einfache Merksätze für jeden Soldaten im Kampf:[39]

- **Verhalten im Kampf**:
  1) Bekämpfe nur Kombattanten.
  2) Greife nur militärische Ziele an.
  3) Schone zivile Personen und Güter.
  4) Beschränke Zerstörungen auf das, was Dein Auftrag verlangt.
- **Wenn der Gegner sich ergibt**:
  1) Schone ihn.
  2) Entwaffne ihn.
  3) Behandle ihn menschlich und schütze ihn.
  4) Übergib ihn Deinem Vorgesetzten.
- **Verwundete gegnerische Kombattanten**:
  1) Achte sie.
  2) Behandle diejenigen, die sich in Deiner Gewalt befinden, menschlich.

---

38 Aus: Klemens Fischer, Humanitäts-, Kriegs- und Neutralitätsrecht sowie Kulturgüterschutz, Ein Leitfaden durch das Völkerrecht für die Truppe, Truppendienst Taschenbuch, 1. Auflage, Verlag Herold, Wien 1991.

39 Aus : ebd.

3) Schütze sie vor Mißhandlungen; Racheakte und Geiselnahme sind verboten.
4) Achte ihr Gut; tu ihm keinen Schaden an und stiehl es nicht.[40]

40 Frederic de Mulinen: Law of war Training, in: « Revue de droit pénal militaire et de droit de la guerre », Annex II, XXIII, 1984. Zitiert in: Klemens Fischer, Humanitäts-, Kriegs- und Neutralitätsrecht sowie Kulturgüterschutz, Ein Leitfaden durch das Völkerrecht für die Truppe, Truppendienst Taschenbuch, 1. Auflage, Verlag Herold, Wien 1991, S. 131f.

Anhang

Rechtstexte zum Kriegsvölkerrecht[41]

Die Abkommen von 1899

Die Initiative hiezu ging vom russischen Zaren Nikolaus II. aus, der eine internationale Konferenz mit dem Ziele der **Rüstungsbegrenzung** und der Schaffung einer Einrichtung zur **friedlichen Beilegung von Streitigkeiten** anregte. Diese Konferenz tagte schließlich auf Einladung der niederländischen Regierung vom 18.5. bis zum 27.7.1899 in Haag.

Die Schlussakte der Konferenz nennt als Ergebnis drei Abkommen und drei Erklärungen:

- Im I. Haager Abkommen zur friedlichen Beilegung internationaler Streitigkeiten von 1899 werden zuerst die **Guten Dienste** und die **Vermittlung** sowie die Einrichtung von Untersuchungskommissionen behandelt, danach die **Schiedsgerichtsbarkeit**. In diesem Zusammenhang wird ein **Ständiger Schiedshof** in Den Haag eingerichtet, an dem außer einem Sekretariat und einer Schiedsrichterliste nichts ständig ist und der auch **keine obligatorische Zuständigkeit** besitzt, weil sich dafür keine allgemeine Zustimmung finden ließ.
- Das II. Haager Abkommen von 1899 behandelte die **Gesetze und Gebräuche des Landkrieges,**
- Das III. Haager Abkommen dehnte die Grundsätze der Genfer Rot Kreuz-Konvention von 1864 auf den **Seekrieg** aus.

Die drei Erklärungen zeigen die damaligen Bemühungen um ein Verbot neuer Kampfmittel; sie richten sich gegen das Werfen von Geschossen und Sprengstoffen aus Luftschiffen, gegen den Gaskrieg und gegen *Dum-Dum-Geschossen.*

Hingegen gelang es der Konferenz nicht, irgendeinen Fortschritt auf dem Gebiet der Rüstungsbeschränkung zu erreichen. Die Konferenz verabschiedete zwar eine Resolution, nach welcher *„eine Beschränkung der Militärlasten, die gegenwärtig die Welt bedrücken, in hohem Grad wünschenswert für das*

41 Texte und Anmerkungen aus: Joachim Hinz, Elmar Rauch, Kriegsvölkerrecht. Textsammlung mit Erläuterungen, Übersichten und Stichwortverzeichnis, 3. Auflage, Carl Heymanns Verlag KG, Köln-Berlin-Bonn-München 1984, 1537.

Wachstum des materiellen und moralischen Wohlbefindens der Menschheit [wäre]“; konkrete Vorschläge, etwa für ein Verbot der U-Boot-Waffe, wurden abgelehnt.

Abrüstung hätte mit obligatorischer Schiedsgerichtsbarkeit Hand in Hand gehen müssen; fehlt es an einem funktionierenden System zu friedlichen Streitbeilegung, so können die Staaten den Krieg als *ultima ratio* nicht ausschließen und daher auf die notwendige Rüstung nicht verzichten.

Die Abkommen von 1907

Die zweite Haager Friedenskonferenz, die über Anregung der USA und Initiative Russlands neuerlich, und zwar vom 15.6. bis 18.10.1907, in Den Haag tagte, verstand sich als Fortsetzung der Ersten, ohne aber auf dem Gebiet der Abrüstung oder der friedlichen Streitbeilegung einen Fortschritt zu bringen. Ihre Bedeutung lag vielmehr auf dem Gebiet der **Kodifizierung** des **Kriegs- und Neutralitätsrechte**s. Der russisch-japanische Krieg von 1904/05 hatte nämlich erneut die Notwendigkeit gezeigt, für die Kriegseröffnung, aber auch für weite Teile des ***ius in bello***, besonders des Seekriegsrechts, genauere Regelungen zu treffen.

Die Ergebnisse der zweiten Haager Friedenskonferenz von 1907 bestanden aus der Verabschiedung von 13 Abkommen und können wie folgt zusammengefasst werden:

- Die drei obgenannten Haager Abkommen von 1899 wurden 1907 durch das I. (zur friedlichen Beilegung internationaler Streitigkeiten), das IV. (betreffend die Gesetze und Gebräuche des Landkriegsrechtes) und das X. (betreffend die Anwendung der Grundsätze des Genfer Abkommens auf den Seekrieg) erneuert.
- Das neue II. Haager Abkommen (Verbot zur gewaltsamen Eintreibung von Staatsschulden) wurde durch den ***Venezuela-Fall* 1902** veranlasst.[42]

Ende 1902 hatte der argentinische Außenminister Luis M. Drago in einer Note an die USA die Auffassung vertreten, dass die Anwendung von Gewaltmaßnahmen gegen einen Staat bei der Eintreibung von Staatsschulden in einem solchen Fall völkerrechtswidrig sei (***Drago*-Doktrin**). Auf der zweiten Friedenskonferenz wurde vor allem vom US-Delegierten General Horace Porter der Plan

42 Im *Venezuela-Fall* 1902 machten es die von Großbritannien, dem Deutschen Reich und Italien gegen Venezuela ergriffenen Zwangsmaßnahmen zum Schutze ihrer Staatsbürger als Gläubiger des genannten Staates wünschenswert, ein Abkommen darüber zu schließen, wann die Eintreibung von ausländischen Vertragsschulden durch den Heimatstaat in Ausübung des diplomatischen Schutzrechtes erlaubt sei, und wie sich der Schuldnerstaat von dieser Gewalt schützen könne.

entwickelt, dass an die Stelle der gewaltsamen Schuldeneintreibung eine schiedsgerichtliche Beilegung treten sollte, sodass Gewalt nur gegen jenen Staaten angewendet werden dürfte, die ein entsprechendes Schiedsgerichtsverfahren ablehnen oder den bereits ergangenen Schiedsspruch nicht vollziehen. Das diese Regelung enthaltende II. Haager Abkommen von 1907 betreffend die Beschränkung der Anwendung von Gewalt bei der Eintreibung von Vertragsschulden wird deshalb auch *Drago-Porter-Konvention* genannt.

Auf das (See-)Kriegsrecht bezogen sich das II. (betr. den Beginn der Feindseligkeiten), VI. (betr. die Behandlung der feindlichen Kauffahrteischiffe beim Ausbruch der Feindseligkeiten), VII. (betr. die Umwandlung von Kauffahrteischiffen in Kriegsschiffe [Hilfskreuzer]), VIII. (betr. die Legung von unterseeischen selbsttätigen Kontaktminen), IX. (betr. die Beschießung durch Seestreitkräfte in Kriegszeiten) und XI. (betr. gewisse Beschränkungen in der Ausübung des Beuterechts im Seekrieg) Abkommen.

Von besonderer Bedeutung sind das V. Abkommen betr. die Rechte und Pflichten der **neutralen Mächte und Personen im Falle eines Landkrieges (Landneutralität)** und das XIII. Abkommen betr. die Rechte und Pflichten der Neutralen im Falle eines Seekrieges (**Seeneutralität**), weil die dort niedergelegten Normen zusammen mit der Praxis der Schweiz in beiden Weltkriegen auch heute noch die wichtigsten Quellen des Neutralitätsrechtes darstellen.

Auf dem Gebiet des **Prisenrechts**, also jener Normen, die bestimmen, wann ein Kriegführender ein feindliches oder neutrales Handelsschiff wegen der Beförderung von Konterbande als „*gute*“ Prise einziehen darf, versuchte das XII. Haager Abkommen von 1907 eine entscheidende Neuerung einzuführen. Während es nämlich an sich jedem Staat freisteht, (im Rahmen des Völkerrechts) Prisenregeln zu erlassen, und seine Gerichte darüber befinden, ob eine Prise „*gut*“, d.h. rechtmäßig eingebracht ist, sah jenes Abkommen die Errichtung eines Internationalen Prisenhofes vor, der als ein internationales Gericht letzte Instanz über allen nationalen Prisenhöfen sein sollte. Die Staaten waren aber nicht bereit, auch nur in diesem internationalen Teilbereich eine echte internationale Gerichtsbarkeit auf sich zu nehmen; das Abkommen blieb daher unratifiziert.

Abkommen über den Beginn der Feindseligkeiten (18.10.1907)

Artikel 1 (**Kriegserklärung**): „Die Vertragsmächte erkennen an, dass die Feindseligkeiten unter ihnen nicht beginnen dürfen ohne eine vorausgehende Benachrichtigung, die entweder die Form einer mit Gründen versehenen Kriegserklärung oder die eines Ultimatums mit bedingter Kriegserklärung haben muss.“

Artikel 2 (**Anzeige an Neutrale**): „Der Kriegszustand ist den neutralen Mächten unverzüglich anzuzeigen und wird für die erst nach Eingang einer Anzeige wirksam, die auch auf telegraphischem Wege erfolgen kann. Jedoch können sich die neutralen Mächte auf das Ausbleiben der Anzeige nicht berufen, wenn unzweifelhaft feststeht, dass sie den Kriegszustand tatsächlich gekannt haben.“

Abkommen betreffend die Gesetze und Gebräuche des Landkrieges (18.10. 1907)

Bereits vor der Annahme und Erweiterung der Genfer Konvention von 1864 zeigten außer Hugo Grotius noch andere Juristen und Philosophen Interesse an der Regelung von Konflikten. Im 18. Jahrhundert leistete Jean-Jacques Rousseau einen wichtigen Beitrag durch die Formulierung folgender Grundsätze zur Kriegsentwicklung zwischen Staaten: „*Krieg ist in keinerlei Hinsicht eine Beziehung von Mensch zu Mensch, sondern eine Beziehung zwischen Staaten, wobei Individuen nur zufällig Feinde sind: nicht als Menschen, nicht einmal als Bürger, sondern als Soldaten* (...). *Da das Kriegsziel in der Zerstörung des gegnerischen Staates besteht, ist es gerechtfertigt, dessen Verteidiger zu töten, solange sie Waffen tragen. Aber sobald sie diese niederlegen und sich ergeben, hören sie auf, Feinde oder Handlanger des Feindes zu sein und werden wieder ausschließlich Mensch, und das ist nicht mehr gerechtfertigt, ihnen das Leben zu rauben.*“[43]

1899 verfasste Fjodor Fjodorowitsch von Martens folgenden Grundsatz für Fälle, die vom humanitären Recht nicht erfasst sind: „*Solange, bis ein vollständigeres Kriegsgesetzbuch festgestellt werden kann, halten es die Hohen Vertragsschließenden Teile für zweckmäßig, festzusetzen, dass in den Fällen, die in den Bestimmungen der von ihnen angenommenen Ordnung nicht einbegriffen sind, die Bevölkerung und die Kriegführenden unter dem Schutze und der Herrschaft der Grundsätze des Völkerrechts bleiben, wie sie sich ergeben aus den unter gesitteten Völkern feststehenden Gebräuchen, aus den Gesetzen der Menschlichkeit und aus den Forderungen des öffentlichen Gewissens.*" (**Martens´sche Klausel**, Martens war russischer Delegierter bei den Haager Konferenzen). Dieses Prinzip wurde in der Präambel verankert. Die Martens´sche Klausel war bereits als Teil des Gewohnheitsrechts anerkannt, als sie in Art. I Abs. 2 des Zusatzprotokolls I von 1977 neu bestätigt wurde. *Anmerkung: Diese Klausel gilt stets auch heute, wenn eine Kriegshandlung nicht ausdrücklich durch internationale Abkommen oder durch Gewohnheitsrecht verboten ist. Demnach darf die Bevölkerung nicht der Willkür der Kriegführenden in den vom geschriebenen Recht nicht erfassten Fälle ausgesetzt werden.*

---

43 Aus: www.drk.de/voelkerrecht/hv/hv_02.html .

Artikel 1 (Verpflichtung): „Die Vertragsmächte werden ihren Landheeren Verhaltungsmaßregeln geben, welche der dem vorliegenden Abkommen beigefügten Ordnung der Gesetze und Gebräuche des Landkriegs entsprechen."

Artikel 2 (Allbeteilungsklausel): „Die Bestimmungen der im Artikel 1 angeführten Ordnung sowie des vorliegenden Abkommens finden nur zwischen den Vertragsmächten Anwendung und nur dann, wenn die Kriegführenden sämtlich Vertragsparteien sind."

Artikel 3 (Verantwortlichkeit der Vertragsparteien): „Die Kriegspartei, welche die Bestimmungen der bezeichneten Ordnung verletzen sollte, ist gegebenen Falles zum Schadenersatz verpflichtet. Sie ist für alle Handlungen verantwortlich, die von den zu ihrer bewaffneten Macht gehörenden Personen begangen werden."

Anlage zum Abkommen Ordnung der Gesetze und Gebräuche des Landkrieges - (Haager Landkriegsordnung, 18.10.1907)

Erster Abschnitt Kriegführende

Erstes Kapitel Begriff der Kriegführenden

Artikel 1 [Heer, Milizen, Freiwilligen-Korps]
Die Gesetze, die Rechte und die Pflichten des Krieges gelten nicht nur für das Heer, sondern auch für die Milizen und Freiwilligen-Korps, wenn sie folgende Bedingungen in sich vereinigen:

1. dass jemand an ihrer Spitze steht, der für seine Untergebenen verantwortlich ist,
2. dass sie ein bestimmtes aus der Ferne erkennbares Abzeichen tragen,
3. dass sie die Waffen offen führen und
4. dass sie bei ihren Unternehmungen die Gesetze und Gebräuche des Krieges beobachten.

In den Ländern, in denen Milizen oder Freiwilligen-Korps das Heer oder einen Bestandteil des Heeres bilden, sind diese unter der Bezeichnung „Heer" einbegriffen.

Artikel 2 [« **Levée en masse** »]

Die Bevölkerung eines nicht besetzten Gebiets, die beim Herannahen des Feindes aus eigenem Antrieb zu den Waffen greift, um die eindringenden Truppen zu bekämpfen, ohne Zeit gehabt zu haben, sich nach Artikel 1 zu organisieren, wird als kriegführend betrachtet, wenn sie die Waffen offen führt und die Gesetze und Gebräuche des Krieges beobachtet.

Artikel 3 [**Kombattanten - Nichtkombattanten**]

Die bewaffnete Macht der Kriegsparteien kann sich zusammensetzen aus Kombattanten und Nichtkombattanten. Im Falle der Gefangennahme durch den Feind haben die einen wie die anderen Anspruch auf Behandlung als Kriegsgefangene.

Zweites Kapitel Kriegsgefangene (überholt durch das III. Genfer Abkommen)

Artikel 14 [Auskunftsstelle, Personalblatt]

Beim Ausbruch der Feindseligkeiten wird in jedem der kriegführenden Staaten und eintretenden Falles in den neutralen Staaten, die Angehörige eines der Kriegführenden in ihr Gebiet aufgenommen haben, eine Auskunftsstelle über die Kriegsgefangenen errichtet. Diese ist berufen, alle die Kriegsgefangenen betreffenden Anfragen zu beantworten, und erhält von den zuständigen Dienststellen alle Angaben über die Unterbringung und deren Wechsel, über Freilassung gegen Ehrenwort, über Austausch, über Entweichungen, über Aufnahme in die Hospitäler und über Sterbefälle sowie sonstige Auskünfte, die nötig sind, um über jeden Kriegsgefangenen ein Personalblatt anzulegen und auf dem laufenden zu erhalten. Die Auskunftsstelle verzeichnet auf diesem Personalblatte die Matrikelnummer, den Vor- und Zunahmen, das Alter, den Heimatort, den Dienstgrad, den Truppenteil, die Verwundungen, den tag und Ort der Gefangennahme, der Unterbringung, der Verwundungen und des Todes sowie alle besonderen Bemerkungen. Das Personalblatt wird nach dem Friedensschlusse der Regierung des anderen Kriegführenden übermittelt.

Die Auskunftsstelle sammelt ferner alle zum persönlichen Gebrauche dienenden Gegenstände, Wertsachen, Briefe usw., die auf den Schlachtfeldern gefunden oder von den gegen Ehrenwort entlassenen, ausgetauschten, entwichenen oder in Hospitälern oder Feldlazaretten gestorbenen Kriegsgefangenen hinterlassen werden, und stellt sie den Berechtigten zu.

Drittes Kapitel Kranke und Verwundete

Artikel 21 [Genfer Abkommen]

Die Pflichten der Kriegführenden in Ansehung der Behandlung von Kranken und Verwundeten bestimmen sich nach dem Genfer Abkommen.

Zweiter Abschnitt

Erstes Kapitel
Mittel zur Schädigung des Feindes, Belagerungen und Beschießungen

Artikel 22 [Beschränkung]

Die Kriegführenden haben kein unbeschränktes Recht in der Wahl der Mittel zur Schädigung des Feindes.

Artikel 23 [Verbote]

Abgesehen von den durch Sonderverträge aufgestellten Verboten, ist namentlich untersagt:

a) Die Verwendung von Gift oder vergifteten Waffen,
b) Die meuchlerische Tötung oder Verwundung von Angehörigen des feindlichen Volkes oder Heeres.
c) Die Tötung oder Verwundung eines die Waffen streckenden oder wehrlosen Feindes, der sich auf Gnade oder Ungnade ergeben hat.
d) Die Erklärung, dass es kein Pardon geben wird.
e) Der Gebrauch von Waffen, Geschossen oder Stoffen, die geeignet sind, unnötig Leiden zu verursachen.
f) Der Missbrauch der Parlamentärflagge, der Nationalflagge oder der militärischen Abzeichen oder der Uniform des Feindes sowie der besonderen Abzeichen des Genfer Abkommens.
g) Die Zerstörung oder Wegnahme feindlichen Eigentums außer in den Fällen, wo diese Zerstörung oder Wegnahme durch die Erfordernisse des Krieges dringend erheischt wird, ...

Den Kriegführenden ist ebenfalls untersagt, Angehörige der Gegenpartei zur Teilnahme an den Kriegsunternehmungen gegen ihr Land zu zwingen; dies gilt auch für den Fall, daß sie vor Ausbruch des Krieges angeworben waren.

Artikel 25 [Unverteidigte Städte]

Es ist untersagt, unverteidigte Städte, Dörfer, Wohnstätten oder Gebäude, mit welchen Mitteln es auch sei, anzugreifen oder zu beschießen.

Artikel 27 [Schonung der Kirchen, Kulturgut]

Bei Belagerungen und Beschießungen sollen alle erforderlichen Vorkehrungen getroffen werden, um die dem Gottesdienste, der Kunst, der Wissenschaft und der Wohltätigkeit gewidmeten Gebäude, die geschichtlichen Denkmäler, die Hospitäler und Sammelplätze für Kranke und Verwundete soviel wie möglich zu schonen, vorausgesetzt, dass sie nicht gleichzeitig zu einem militärischen Zwekke Verwendung finden.

Pflicht der Belagerten ist es, die Gebäude oder Sammelplätze mit deutlichen besonderen Zeichen zu versehen und diese dem Belagerer vorher bekanntzugeben.

Artikel 28 [Plünderung]

Es ist untersagt, Städte oder Ansiedlungen, selbst wenn sie im Sturme genommen sind, der Plünderung preiszugeben.

Drittes Kapitel Parlamentäre

Artikel 32 [Begriff, Unverletzlichkeit]

Als **Parlamentär** gilt, wer von einem der Kriegführenden bevollmächtigt ist, mit dem anderen in Unterhandlungen zu treten, und sich mit der weißen Fahne zeigt. Er hat Anspruch auf Unverletzlichkeit, ebenso der ihn begleitende Trompeter, Hornist oder Trommler, Fahnenträger und Dolmetscher.

Fünftes Kapitel Waffenstillstand

Artikel 36 [Wirkung, Dauer]

Der Waffenstillstand unterbricht die Kriegsunternehmungen kraft eines wechselseitigen Übereinkommens der Kriegsparteien. Ist eine bestimmte Dauer nicht vereinbart worden, so können die Kriegsparteien jederzeit die Feindseligkeiten wieder aufnehmen, doch nur unter der Voraussetzung, dass der Feind, gemäß den Bedingungen des Waffenstillstandes, rechtzeitig benachrichtigt wird.

Artikel 37 [Geltungsbereich]

Der Waffenstillstand kann ein allgemeiner oder ein örtlich begrenzter sein. Der erstere unterbricht die Kriegsunternehmungen der kriegführenden Staaten allenthalben, der letztere nur für bestimmte Teile der kriegführenden Heere und innerhalb eines bestimmten Bereiches.

Artikel 40 [Folgen der Verletzung]

Jede schwere Verletzung des Waffenstillstandes durch eine der Parteien gibt der anderen das Recht, ihn zu kündigen und in dringenden Fällen sogar die Feindseligkeiten unverzüglich wieder aufzunehmen.

Dritter Abschnitt Militärische Gewalt auf besetztem feindlichen Gebiete

Artikel 42 [Besetztes Gebiet]

Ein Gebiet gilt als besetzt, wenn es sich tatsächlich in der Gewalt des feindlichen Heeres befindet. Die Besetzung erstreckt sich nur auf die Gebiete, wo diese Gewalt hergestellt ist und ausgeübt werden kann.

Artikel 44 [Auskunftserteilung]

Einem Kriegführenden ist es untersagt, die Bevölkerung eines besetzten Gebiets zu zwingen, Auskünfte über das Heer des anderen Kriegführenden oder über dessen Verteidigungsmittel zu geben.

Artikel 45 [Treueid]

Es ist untersagt, die Bevölkerung eines besetzten Gebiets zu zwingen, der feindlichen Macht den Treueid zu leisten.

Artikel 50 [Sammelstrafen]

Keine Strafe in Geld oder anderer Art darf über eine ganze Bevölkerung wegen der Handlungen einzelner verhängt werden, für welche die Bevölkerung nicht als mitverantwortlich angesehen werden kann.

Artikel 53 [Beschlagnahme beweglichen Staatseigentums]

Das ein Gebiet besetzende Heer kann nur mit Beschlag belegen: das bare Geld und die Wertbestände des Staates sowie die dem Staate zustehenden eintreibbaren Forderungen, die Waffenniederlagen, Beförderungsmittel, Vorratshäuser und Lebensmittelvorräte sowie überhaupt alles bewegliche Eigentum des Staates, das geeignet ist, den Kriegsunternehmungen zu dienen. (Einschränkung durch 1. ZP)

[Beschlagnahme von Privateigentum]

Alle Mittel, die zu Lande, zu Wasser und in der Luft zur Weitergabe von Nachrichten und zur Beförderung von Personen oder Sachen dienen, mit Ausnahme der durch das Seerecht geregelten Fälle, sowie die Waffenniederlagen und überhaupt jede Art von Kriegsvorräten können, selbst wenn sie Privatpersonen gehören, mit Beschlag belegt werden.

Artikel 56 [Kulturgut]

....

Jede Beschlagnahme, jede absichtliche Zerstörung oder Beschädigung von derartigen Anlagen, von geschichtlichen Denkmälern oder von Werken der Kunst und Wissenschaft ist untersagt und soll geahndet werden.

Haager Konvention zum Schutz von Kulturgut bei bewaffneten Konflikten (14.5.1954)

Anmerkung: Diese Konvention formuliert nicht nur das Verbot, geschichtliche Denkmäler sowie künstlerische und wissenschaftliche Werke im Fall eines bewaffneten Konfliktes zu beschlagnahmen, zu beschädigen oder absichtlich zu zerstören, sondern mit ihrem Abschluss besteht vor allem ein internationaler Grundkonsens, das kulturelle Erbe der Völker unter internationalen Schutz zu stellen. In der Kulturgüterschutzproblematik fließen privat- und völkerrechtliche, kunsthistorische, kulturpolitische und/oder wirtschaftliche Aspekte zusammen. In dieser Hinsicht ist die Pariser UNESCO-Konvention zum Schutz des Weltkultur- und Naturerbes von 1972 eine legitime und globale Weiterführung der Haager Konvention von 1954. Zur Sicherung des Kulturgüterschutzes werden Kulturgüterobjekte nach der UNESCO-Konvention schon im Frieden mit einem besonderen Kennzeichen, einem spitzen Schild in Ultramarinblau und Weiß, versehen (Art. 16 UNESCO-Konvention).

Präambel ... in der Überzeugung, dass jede Schädigung von Kulturgut, gleichgültig welchem Volke es gehört, eine Schädigung des kulturellen Erbes der ganzen Menschheit bedeutet, weil jedes Volk seinen Beitrag zur Kultur der Welt leistet; ...

... geleitet von den Grundsätzen für den Schutz des Kulturguts bei bewaffneten Konflikten, die in den Haager Abkommen von 1899 und 1907 und im Washingtoner Vertrag vom 15. April 1935 niedergelegt wurden.

Kapitel I Allgemeine Schutzbestimmungen

Artikel 1 Begriffsbestimmungen des Kulturguts

Kulturgut im Sinne dieser Konvention sind, ohne Rücksicht auf Herkunft oder Eigentumsverhältnisse:

a) bewegliches oder unbewegliches Gut, das für das kulturelle Erbe aller Völker von großer Bedeutung ist, wie z.B. Bau-, Kunst- oder geschichtliche Denkmale religiöser oder weltlicher Art, archäologische Stätten, Gebäudegruppen, die als Ganzes von historischem oder künstlerischem Interesse sind, Kunstwerke, Manuskripte, Bücher und andere Gegenstände von künstlerischem, historischem oder archäologischem Interesse sowie wissenschaftliche Sammlungen und bedeutende Sammlungen von Büchern, Archivalien oder Reproduktionen des oben bezeichneten Kulturguts;
b) Baulichkeiten, die in der Hauptsache und tatsächlich der Erhaltung oder Ausstellung des unter a) beweglichen Guts dienen, wie z.B. Museen, größere Bibliotheken, Archive sowie Bergungsorte, in denen im Falle bewaffneter Konflikte das unter a) bezeichnete bewegliche Kulturgut in Sicherheit gebracht werden soll;
c) Orte, die in beträchtlichem Umfange Kulturgut im Sinne der Unterabsätze a) und b) aufweisen und als „Denkmalsorte" bezeichnet sind.

Artikel 4 Respektierung des Kulturguts

1. Die Hohen Vertragsparteien verpflichten sich, das auf ihrem eigenen Gebiet oder auf dem Gebiet anderer Hoher Vertragsparteien befindliche Kulturgut (Anmerkung: bereits im Frieden) zu respektieren, indem sie es unterlassen, dieses Gut und seine unmittelbare Umgebung sowie die zu seinem Schutz bestimmten Einrichtungen für Zwecke zu benutzen, die es im Falle bewaffneter

Konflikte der Vernichtung oder Beschädigung aussetzen könnten, und indem sie von allen gegen dieses Gut gerichteten feindseligen Handlungen Abstand nehmen.

2. Die im Absatz 1 dieses Artikels erwähnten Verpflichtungen sind nur in denjenigen Fällen nicht bindend, in denen die militärische Notwendigkeit dies zwingend erfordert. (*Anmerkung: Notwendig ist nicht sinnvoll, „sinnvoll" allein genügt nicht; notwendig = wenn praktisch keine Alternative vorhanden ist*).

Artikel 6 Kennzeichnung des Kulturguts

Kulturgut kann nach den Bestimmungen des Artikels 16 mit einem Kennzeichen versehen werden, das seine Feststellung erleichtert. (Anmerkung: Der Schutz hängt nicht am Kennzeichen).

Artikel 7 Militärische Maßnahmen

2. Die Hohen Vertragsparteien verpflichten sich, bereits in Friedenszeiten Dienststellen oder Fachpersonal bei ihren Streitkräften vorzusehen oder bereitzustellen, deren Aufgabe darin besteht, über die Respektierung des Kulturguts zu wachen und mit den für seine Sicherung verantwortlichen zivilen Behörden zusammenzuarbeiten.

Kapitel II Sonderschutz

Anmerkung: Im Gegensatz zum Sonderschutz wird der Normalschutz unterschieden. Objekte, die unter Normalschutz stehen, werden vom Bundesdenkmalamt erfasst und mit dem internationalen Schutzzeichen gekennzeichnet (im Gegensatz zum Sonderschutz wird es nur einfach angebracht). Bei Vorliegen einer zwingenden militärischen Notwendigkeit (diese ist zu begründen) kann die Respektierungspflicht für die Dauer dieser Notwendigkeit aufgehoben werden. Die Notwendigkeit der Aufhebung des Schutzes beurteilt der jeweilige militärische Kommandant.

Artikel 8 Gewährung eines Sonderschutzes

1. Eine begrenzte Anzahl von Bergungsorten zur Sicherung beweglichen Kulturguts bei bewaffneten Konflikten, von Denkmalsorten und anderen unbeweglichen Kulturgütern von sehr hoher Bedeutung kann unter Sonderschutz gestellt werden, vorausgesetzt,
   a) dass diese sich in ausreichender Entfernung von einem großen Industriezentrum oder einem wichtigen militärischen Ziel, das einen gefährdeten Punkt darstellt, befinden, wie zum Beispiel ein Flugplatz, ein Rundfunksender, ein für die Landesverteidigung arbeitender Betrieb, ein verhältnismäßig bedeutender Hafen oder Bahnhof oder ein Hauptverkehrsweg,
   b) dass sie nicht zu militärischen Zwecken benutzt werden.

(Anmerkung: In Österreich dient nur das alte Salzbergwerk in Bad Aussee diesem „Sonderschutz").

6. Die Verleihung des Sonderschutzes erfolgt durch Eintragung in das „Internationale Register für Kulturgut unter Sonderschutz". ... (*Anmerkung: bei der UNESCO*).

Artikel 9 Unverletzlichkeit des Kulturguts unter Sonderschutz

Die Hohen Vertragsparteien verpflichten sich, die Unverletzlichkeit des unter Sonderschutz stehenden Kulturguts zu gewährleisten, ...

Artikel 10 Kennzeichnung und Überwachung

Während eines bewaffneten Konflikts ist das unter Sonderschutz stehende Kulturgut mit dem in Artikel 16 beschriebenen Kennzeichen zu versehen und einer internationalen Überwachung gemäß den Ausführungsbestimmungen zu dieser Konvention zugänglich zu machen.

Artikel 11 Aufhebung der Unverletzlichkeit

1. Begeht eine der Hohen Vertragsparteien bezüglich eines unter Sonderschutz stehenden Kulturgutes eine Verletzung der in Artikel 9 festgelegten Verpflichtungen, so ist die gegnerische Partei, solange die Verletzung fortbesteht, von ihrer Verpflichtung zur Gewährleistung der Unverletzlichkeit dieses Kulturguts befreit. Jedoch hat die gegnerische Partei, soweit möglich, zunächst dazu aufzufordern, die Verletzung innerhalb einer angemessenen Frist einzustellen.
2. Abgesehen von dem in Absatz 1 dieses Artikels vorgesehenen Falle darf die Unverletzlichkeit von unter Sonderschutz stehendem Kulturgut nur in Ausnahmefällen unausweichlicher militärischer Notwendigkeit, und nur solange diese Notwendigkeit fortbesteht, aufgehoben werden. Das Vorliegen einer solchen Notwendigkeit kann nur durch den Kommandeur einer militärischen Einheit festgestellt werden, die der Größe nach einer Division oder einer höheren Einheit entspricht. Sofern die Umstände es erlauben, ist die Entscheidung, die Unverletzlichkeit aufzuheben, eine angemessene Zeit vorher der gegnerischen Partei zu notifizieren.
3. Die Partei, die die Unverletzlichkeit aufhebt, hat dies, sobald wie möglich, dem in den Ausführungsbestimmungen zu dieser Konvention vorgesehenen Generalkommissar für Kulturgut unter Angabe der Gründe schriftlich mitzuteilen.

Vertrag über das Verbot der Anbringung von Kernwaffen und anderen Massenvernichtungswaffen auf dem Meeresboden und Meeresuntergrund (11.2. 1971)

Anmerkung: 1967 lenkte Malta vor der Generalversammlung der Vereinten Nationen die Aufmerksamkeit der Weltöffentlichkeit auf die Gefahren einer nationalen Aneignung und militärischen Nutzung des Tiefseebodens. Malta drängte auf den möglichst baldigen Abschluss eines Abkommens, wobei es den Ausschluss einer militärischen Nutzung durch Beschränkungen der Tätigkeiten auf dem Tiefseeboden zu verankern galt.

Artikel I [Geltungsbereich]

(1) Die Vertragsstaaten verpflichten sich, jenseits der äußeren Grenze einer Zone des Meeresbodens, wie sie in Artikel II definiert ist, weder Kernwaffen noch sonstige Arten von Massenvernichtungswaffen noch Bauten, Abschussrampen oder sonstige eigens für die Lagerung, Erprobung oder Verwendung derartiger Waffen vorgesehene Einrichtungen auf dem Meeresboden und im Meeresgrund einzubauen oder anzubringen.

(2) Die Verpflichtungen aus Absatz 1 gelten auch für die dort genannte Zone des Meeresbodens, innerhalb dieser Zone jedoch nicht für den Küstenstaat und den Meeresgrund unter seinen Hoheitsgewässern.

(3) ....

Artikel II [Zwölfmeilenzone]

Für die Zwecke dieses Vertrags deckt sich die äußere Grenze der in Artikel I genannten Zone des Meeresbodens mit der Zwölfmeilen-Außengrenze der in Teil II des am 29. April 1958 in Genf unterzeichneten Übereinkommens über das Küstenmeer und die Anschlußzone genannten Zone, und sie wird nach Maßgabe des Teils 1 Abschnitt II jenes Übereinkommens sowie im Einklang mit dem Völkerrecht gemessen.

....

Anmerkung: Der Meeresbodenvertrag nimmt hier das Ergebnis der 3. UNO-Seerechtskonferenz gleichsam vorweg. Die Seerechtskonvention vom 10.12.1982 gibt in Artikel 3 jedem Küstenstaat das Recht, seine Hoheitsgewässer bis auf 12 sm auszudehnen. Die Frage der Breite des Küstenmeeres gehörte zu den umstrittensten Problemen des Seevölkerrechts. Die 1. UNO-Seerechtskonvention 1958 konnte sich nicht auf die einheitliche Breite einigen. Die ausschließlich diesem Fragenkomplex gewidmete 2. UNO-Seerechtskonferenz im Jahre 1960 - auf der 3, 6 und 12 sm zur Diskussion standen - verlief ebenfalls erfolglos.

St. Petersburger Erklärung von 1868, um den Gebrauch von gewissen Wurfgeschossen in Kriegszeiten zu verbieten

(Nichtamtliche deutsche Übersetzung). Unterzeichnet zu St. Petersburg am 11. Dezember 1868 (Königlich Preußischer Staatsanzeiger vom 3. Dezember 1868, Nr. 286, S. 4786).

Anmerkung: Während Rousseau und Martens Grundsätze der Menschlichkeit aufstellten, formulierten die Autoren der St. Petersburger Erklärung sowohl explizit als auch implizit die Grundsätze zur Unterscheidung zwischen militärischer Notwendigkeit und Prävention unnötigen Leidens wie folgt:

... in der Erwägung, dass die Fortschritte der Zivilisation die größtmögliche Verminderung der Leiden des Krieges zur Folge haben müssen;

dass das einzige rechtmäßige Ziel, welches sich ein Staat in Kriegszeiten stellen kann, die Schwächung der Streitkräfte des Feindes ist;

dass es zu diesem Zwecke hinreichend ist, dem Gegner eine so große Zahl von Leuten als möglich außer Gefecht zu setzen;

dass der Gebrauch von Mitteln, welche unnötigerweise die Wunden der außer Gefecht gesetzten Leute vergrößern oder ihnen unvermeidlich den Tod bringen, diesem Zwecke nicht entspricht;

dass außerdem der Gebrauch solcher Mittel den Gesetzen der Menschlichkeit zuwider wäre,

verpflichten sich die kontrahierenden Parteien gegenseitig, im Falle eines Krieges untereinander, dem Gebrauch von Geschossen aller Art von weniger als 400 Gramm, welche explodierende Kraft besitzen oder mit Spreng- oder Zündstoffen gefüllt sind, sowohl für die Landtruppen als auch für die Flotte zu entsagen.

....

Die gegenwärtige Verpflichtung ... hört gleichfalls auf, verbindlich zu sein, sobald an einem zwischen den kontrahierenden oder der gegenwärtigen Verpflichtung beigetretenen Parteien ausgebrochenen Kriege eine Partei teilnimmt, welche nicht kontrahiert hat oder der gegenwärtigen Verpflichtung nicht beigetreten ist.

....

Anmerkung: Die St. Petersburger Erklärung von 1868 ist der Beginn einer Entwicklung, die mit dem Übereinkommen vom 10.10.1980 über das Verbot oder die Beschränkung des Einsatzes bestimmter konventioneller Waffen, die übermäßige Leiden verursachen oder unterschiedslos wirken können nebst drei Protokollen über nicht entdeckbare Splitter, über Minen und Ladungen und über Brandwaffen, einen vorläufigen Abschluss gefunden hat.

Erstmals in der Neuzeit wurde in der Erklärung von 1868 der Einsatz eines konkreten Kampfmittels kriegsvölkerrechtlich untersagt. Es handelte sich schon damals um die Anwendung des erst 40 Jahre später in der Haager Landkriegsordnung niedergelegten Prinzips, dass Waffen, die übermäßige Verletzungen oder unnötige Leiden verursachen können, nicht eingesetzt werden dürfen (s. Art. 23 e der Haager LKO und Art. 35 Abs. 2 des I. ZP vom 10.6.1977).

Art. 18 der Haager Luftkriegsregeln von 1923 stellt ausdrücklich klar, dass der Gebrauch von zündenden oder explodierenden Spurgeschossen durch oder gegen ein Luftfahrzeug nicht verboten ist. Auch das Brandwaffenprotokoll vom 10.10.1980 geht offensichtlich bei der Definition in Art. 1 davon aus, dass die Gewichtsbegrenzung der St. Petersburger Erklärung (400 Gramm) keinerlei Rolle mehr spielt. Es liegt hier einer der ganz wenigen Fälle vor, in denen man von einer Gewohnheitsrechtsbildung contra legem sprechen könnte.

Die Zusatzprotokolle von 1977 leisteten eine Wiederbestätigung sowie eine Erweiterung und Ausarbeitung dieser Grundsätze, insbesondere des Grundsatzes der Unterscheidung. So „... unterscheiden die am Konflikt beteiligten Parteien jederzeit zwischen der Zivilbevölkerung und Kombattanten sowie zwischen zivilen Objekten und militärischen Zielen; sie dürfen daher ihre Kriegshandlungen nur gegen militärische Ziele richten." (Art. 48, Protokoll I; vgl. auch Art. 13 Protokoll II).

Erklärung, betreffend das Verbot von Geschossen, die sich leicht im menschlichen Körper ausdehnen oder platt drücken (29. Juli 1899)

... Diese Erklärung ... hört mit dem Augenblick auf verbindlich zu sein, wo in einem Kriege zwischen Vertragsmächten eine Nichtvertragsmacht sich einer der Kriegsparteien anschließt. ...

Anmerkung: Das Verbot der Dum-Dum-Geschosse beruht ebenso wie die St. Petersburger Erklärung von 1868 auf dem später in Art. 23 e der Haager LKO niedergelegten und in Art. 35 Abs. 2 des I. ZP bestätigten Grundsatz, dass Kampfmittel, die übermäßige Verletzungen oder unnötige Leiden zu verursachen geeignet sind, nicht eingesetzt werden dürfen. Die Problematik und damit auch die Erklärung über die Dum-Dum-Geschosse von 1899 ist heute wieder besonders akut. Und zwar wegen der Entwicklung von Handfeuerwaffen mit kleinkalibrigen Hochgeschwindigkeitsgeschossen. Wegen des Taumeleffekts dieser Geschosse und des dadurch im menschlichen Körper verursachten Wundkanals wird die Auffassung vertreten, dass derartige Waffen zumindest in analoger Anwendung der Erklärung über die Dum-Dum-Geschosse verboten sind.

Die militärischen, medizinischen und völkerrechtlichen Probleme der kleinkalibrigen Hochgeschwindigkeitsgeschosse sind auf den Expertenkonferenzen

1973 in Genf, 1974 in Luzern und 1976 in Lugano, auf der Diplomatischen Konferenz zur Neubestätigung und Weiterentwicklung des Humanitären Völkerrechts 1974 bis 1977 und auf der Waffenkonferenz der Vereinten Nationen von 1978 bis 1980 intensiv beraten worden, ohne aber dass sich die teilnehmenden Staaten auf einen Vertrag einigen konnten. Wegen der Einzelheiten wird auf die Anmerkung 2) zum Waffenübereinkommen vom 10.10.1980 Bezug genommen. Die UNO-Waffenkonferenz konnte sich lediglich auf eine Resolution über kleinkalibrige Hochgeschwindigkeitsgeschosse einigen, in der weitere wissenschaftliche Forschungen gefordert und alle Regierungen zu äußerster Zurückhaltung bei der Entwicklung von Systemen mit kleinkalibrigen Hochgeschwindigkeitsgeschossen aufgefordert werden.

Übereinkommen über das Verbot der Entwicklung, Herstellung und Lagerung bakteriologischer biologischer Waffen und von Toxinwaffen sowie über die Vernichtung solcher Waffen (10. April 1972)

Anmerkung: Die Bundesrepublik Deutschland hat bereits 1954 im Protokoll zur Änderung und Ergänzung des Brüsseler Vertrages (BGBl 1955 II 266) auf die Herstellung von Kernwaffen sowie von biologischen und chemischen Waffen verzichtet. Das Bio-Toxinwaffen-Übereinkommen ist der erste multilaterale Vertrag nach dem Zweiten Weltkrieg, durch den Entwicklung, Herstellung, Lagerung und Erwerb einer Waffenart verboten werden. Darüber hinaus wird hier erstmals über die endgültige Beseitigung einer bestimmten Art von Waffen entschieden. Das Übereinkommen stellt das erste Ergebnis einer jahrelangen Diskussion in den Vereinten Nationen und im Genfer Abrüstungsausschuss über ein umfassendes Verbot der B- und C-Waffen dar. Es umfasst nur B-Waffen und die Toxinwaffen, während die Frage eines Verbots der C-Waffen einer gesonderten Regelung vorbehalten bleibt.

***Biologische Kampfmittel** sind Kleinstlebewesen (Mikroorganismen), die Krankheiten oder den Tod bei Menschen, Tieren oder Pflanzen verursachen oder Material zerstören und deren Wirkung darauf beruht, dass sie sich im Körper von Lebewesen, im Gewebe der Pflanzen oder anderen Materialien vermehren (Bsp. Bakterien, Viren, Pilze, Rickettsien).*

***Chemische Kampfmittel** sind gasförmige, flüssige oder feste chemische Giftstoffe, die Menschen, Tiere oder Pflanzen unmittelbar schädigen oder töten sollen. Da sich die von lebenden Organismen produzierten Toxine als giftige Stoffwechselprodukte nicht weitervermehren, sind sie chemische Kampfmittel.*

Das Einsatzverbot von B-Waffen ist dagegen im Genfer Protokoll über das Verbot der Verwendung von erstickenden, giftigen oder ähnlichen Gasen sowie von bakteriologischen Mitteln im Krieg vom 17.6.1925 enthalten. Es wurde vom

Deutschen Reich 1929 vorbehaltlos ratifiziert und ist weiterhin verbindlich (RGBl. 1929 II 173).

Genfer Protokoll über das Verbot der Verwendung von erstickenden, giftigen oder ähnlichen Gasen sowie von bakteriologischen Mitteln im Kriege (17. Juni 1925)

Anmerkung: Das Abkommen nimmt insbesondere auf die „Erklärung, betreffend das Verbot der Verwendung von Geschossen mit erstickenden oder giftigen Gasen, vom 29. Juli 1899" Bezug, ergänzt diese und tritt für die Vertragsparteien an deren Stelle.

Das Genfer Protokoll leidet an zwei Mängeln:

1. *Es ist nicht zweifelsfrei klar, ob es auch Tränengas und andere nichttödliche Gase (wie Polizeigase) sowie Pflanzengifte (Herbizide) und ähnliche Stoffe einschließt. Die Vertragsstaaten gehen insoweit von unterschiedlichen Interpretationen aus. Laut Auffassung der USA fallen die genannten Stoffe nicht unter dieses Protokoll.*
2. *Dieses Protokoll ist durch zahlreiche Vorbehalte so ausgehöhlt, so dass man es lediglich als Ersteinsatzverbot ansehen könnte.*

Die beiden genannten Mängel sind auch für die Frage bedeutsam, ob und inwieweit das Protokoll bereits als Gewohnheitsrecht angesehen werden könnte.

Übereinkommen über das Verbot der militärischen oder einer sonstigen feindseligen Nutzung umweltverändernder Techniken (18. Mai 1977) - ENMOD-Konvention[44]

Artikel I [Verbot umweltverändernder Techniken]

(1) Jeder Vertragsstaat verpflichtet sich, umweltverändernde Techniken, die weiträumige, lange andauernde oder schwerwiegende Auswirkungen haben, nicht zu militärischen Zwecken oder in sonstiger feindseliger Absicht als Mittel zur Zerstörung, Schädigung oder Verletzung eines anderen Vertragsstaates zu nutzen.

(2) ...

Anmerkung: Das Übereinkommen ist ein Versuch, vorbeugend die Einführung einer neuen Dimension der Kriegführung zu verhindern. Es betrifft den Einsatz geophysikalischer Maßnahmen zur Schädigung oder Vernichtung des Gegners. Gegenstand des Verbots sind absichtlich ausgelöste Naturereignisse

44 *Convention on the Prohibition of Military or Any Other Hostile Use of Environmental Modification Techniques.*

größeren Ausmaßes als Mittel militärischen Zwangs gegen andere Staaten. Das Übereinkommen ist als Beitrag zur Sicherung unseres biologischen und ökologischen Systems gegen die Gefahren eines Missbrauchs gedacht. Seine Präambel nimmt daher auf die Erklärung der Stockholmer Konferenz der UNO vom 16.6.1972 über die Umwelt des Menschen Bezug. Durch den weiträumigen Einsatz von Entlaubungsmitteln durch die USA im Vietnamkrieg war die Weltöffentlichkeit auf die Möglichkeiten eines Einsatzes umweltverändernder Techniken aufmerksam geworden. Auch hätten die USA versucht, das Wetter in Indochina zu manipulieren, um dadurch eine Überflutung der Landverbindungen von Nordvietnam nach Süden zu erreichen.

Die vom Genfer Abrüstungsausschuss der UNO-Generalversammlung übermittelte Interpretationsabsprache lautet wie folgt:

„Der Ausschuss geht davon aus, dass für die Zwecke dieses Übereinkommens die Begriffe „weiträumig", „lange andauernd" und „schwerwiegend" wie folgt auszulegen sind:

a) „weitläufig": Ein Gebiet von mehreren hundert Quadratkilometern umfassend;

b) „lange andauernd": Monate oder ungefähr eine Jahreszeit anhaltend;

c) „schwerwiegend": Eine ernste oder bedeutende Störung oder Schädigung des menschlichen Lebens, der natürlichen und wirtschaftlichen Hilfsquellen oder sonstiger Güter mit sich bringend.

Das I. ZP vom 10.6.1977 befasst sich mit Schäden an der Umwelt, mit welchen Waffen und Kampfmitteln auch immer sie herbeigeführt werden. Das Übereinkommen hingegen regelt die Manipulation der Umwelt als Waffe gegen den Feind.

Übereinkommen über das Verbot oder die Beschränkung des Einsatzes bestimmter konventioneller Waffen, die übermäßige Leiden verursachen oder unterschiedslos wirken können (10. Oktober 1980)

- **Protokoll über nichtentdeckbare Splitter (Protokoll I)**:

  Es ist verboten, eine Waffe zu verwenden, deren Hauptwirkung darin besteht, durch Splitter zu verletzen, die im menschlichen Körper durch Röntgenstrahlen nicht entdeckt werden können.

- **Protokoll über das Verbot oder die Beschränkung des Einsatzes von Minen, Sprengfallen und anderen Vorrichtungen (Protokoll II)**

  Artikel 1 Sachlicher Anwendungsbereich

  Dieses Protokoll bezieht sich auf den Einsatz zu Land der hierin definierten Minen, Sprengfallen und anderen Vorrichtungen, einschließlich der zum Sperren von Stränden, Gewässer- oder Flußübergängen gelegten Minen; es findet jedoch keine Anwendung auf den Einsatz von Minen gegen Schiffe auf See oder auf Binnenwasserstraßen.

Artikel 2 Begriffsbestimmungen

Im Sinne dieses Protokolls

1. bedeutet „Mine" ein unter, auf oder nahe dem Erdboden oder einer anderen Oberfläche angebrachtes Kampfmittel, das dazu bestimmt ist, durch die Gegenwart, Nähe oder Berührung einer Person oder eines Fahrzeugs zur Detonation oder Explosion gebracht zu werden; bedeutet „fernverlegte Mine" jede so definierte Mine, die durch Artilleriegeschütz, Rakete, Granatwerfer oder ein ähnliches Mittel verlegt oder aus einem Luftfahrzeug abgeworfen wird;
2. bedeutet „Sprengfalle" (*booby-trap*) eine Vorrichtung oder einen Stoff, der dafür bestimmt, gebaut oder eingerichtet ist, zu töten oder zu verletzen, und der unerwartet in Tätigkeit tritt, wenn eine Person einen scheinbar harmlosen Gegenstand aus seiner Lage bringt oder sich ihm nähert oder eine scheinbar ungefährliche Handlung vornimmt;
3. bedeutet „andere Vorrichtungen" handverlegte Kampfmittel und Vorrichtungen, die dazu bestimmt sind, zu töten, zu verletzen oder Sachschaden zu verursachen, und die durch Fernbedienung oder nach einer bestimmten Zeitspanne selbsttätig ausgelöst werden;
4. bedeutet „militärisches Ziel" ... ein Objekt, das aufgrund seiner Beschaffenheit, seines Standorts, seiner Zweckbestimmung oder seiner Verwendung wirksam zu militärischen Handlungen beiträgt ...
5. bedeutet „zivile Objekte" alle Objekte, die keine militärischen Ziele im Sinne der Nummer 4 sind; ...

Artikel 6 Verbot des Einsatzes bestimmter Sprengfallen

(1) Unbeschadet der Regeln des in bewaffneten Konflikten anwendbaren Völkerrechts über Verrat und Heimtücke ist es unter allen Umständen verboten,

a) Sprengfallen in Form eines scheinbar harmlosen beweglichen Gegenstandes einzusetzen, der eigens dafür bestimmt und gebaut ist, Sprengstoff zu enthalten und zu detonieren, wenn er aus seiner Lage gebracht wird oder sich ihm jemand nähert, oder

b) Sprengfallen einzusetzen, die auf irgendeine Weise befestigt sind an oder verbunden sind mit

- international anerkannten Schutz verleihenden Kennzeichen, Abzeichen oder Signalen;
- Kranken, Verwundeten oder Toten;
- ...
- Kinderspielzeug oder anderen beweglichen Gegenständen oder Erzeugnissen, die eigens für die Ernährung, Gesundheit, Hygiene, Bekleidung oder Erziehung von Kindern bestimmt sind;

- Nahrungsmitteln oder Getränken;
- ...
- geschichtlichen Denkmälern, Kunstwerken oder Kultstätten, die zum kulturellen oder geistigen Erbe der Völker gehören;
- ...

(2) Es ist unter allen Umständen verboten, Sprengfallen einzusetzen, die dazu bestimmt sind, überflüssige Verletzungen oder unnötige Leiden zu verursachen.

Anmerkung: Dieses Protokoll wurde 1996 überarbeitet, ein zusätzliches Protokoll über Laserwaffen wurde 1995 eingeführt.

- **Protokoll über das Verbot oder die Beschränkung des Einsatzes von Brandwaffen (Protokoll III)**

  Artikel 1 Begriffsbestimmungen

  Im Sinne des Protokolls

1. bedeutet „Brandwaffe" Waffen oder Kampfmittel, die in erster Linie dazu bestimmt sind, durch die Wirkung von Flammen, Hitze oder einer Kombination derselben, hervorgerufen durch eine chemische Reaktion eines auf das Ziel verbrachten Stoffes, Objekte in Brand zu setzen oder Personen Brandwunden zuzufügen.
   a) Brandwaffen können beispielsweise die Form von Flammenwerfern, Fugassen, Geschossen, Raketen, Granaten, Minen, Bomben und sonstigen Behältern von Brandstoffen haben.
   b) Zu den Brandwaffen gehören nicht

      Kampfmittel, die als Nebenwirkung Brandwirkungen haben können, wie Leuchtkörper, Leuchtspursätze, Rauch- und Signalisierungssysteme;

      Kampfmittel, die dazu bestimmt sind, Durchschlag-, Spreng- oder Splitterwirkungen mit einer zusätzlichen Brandwirkung zu verbinden, wie panzerbrechende Geschosse, Splittergeschosse, Sprengbomben und ähnliche Kampfmittel mit kombinierter Wirkung, bei denen die Brandwirkung nicht eigens dazu bestimmt ist, Personen Brandverletzungen zuzufügen, sondern gegen militärische Ziele wie Panzerfahrzeuge, Luftfahrzeuge und Einrichtungen oder Anlagen verwendet zu werden. ...

   Artikel 2 Schutz von Zivilpersonen und zivilen Objekten

...

(2) Es ist unter allen Umständen verboten, ein innerhalb einer Konzentration von Zivilpersonen gelegenes militärisches Ziel zum Ziel eines Angriffs mit Brandwaffen aus der Luft zu machen. ...

(4) Es ist verboten, Wälder oder andere Arten pflanzlicher Bodenbedeckungen zum Ziel eines Angriffs mit Brandwaffen zu machen, es sei denn, dass diese Gegebenheiten der Natur dazu verwendet werden, Kombattanten oder andere

militärische Ziele zu decken, zu verbergen oder zu tarnen, oder dass sie selbst militärische Ziele sind.

Haager Regeln des Luftkrieges

Anmerkung: Die Haager Luftkriegsregeln sind nicht Gegenstand eines völkerrechtlichen Abkommens, sondern das Ergebnis der Arbeit einer Juristenkommission, die sich vom Dezember 1922 bis Februar 1923 in Den Haag bemühte, die damals vorhandenen Rechtsnormen über den Luftkrieg zu ermitteln und schriftlich niederzulegen. Die erste vertragliche Regelung des Luftkriegs war die anlässlich der Ersten Haager Friedenskonferenz 1899 vereinbarte Erklärung über das Verbot des Abwerfens von Projektilen und Sprengstoffen von Ballons, deren Gültigkeitsdauer auf fünf Jahre beschränkt war. Diese Erklärung wurde durch eine nahezu identische Vereinbarung auf der Zweiten Haager Friedenskonferenz von 1907 ersetzt, die aber von den meisten der damals wichtigen Staaten einschließlich des Deutschen Reiches nicht ratifiziert wurde.

Aufgrund des Ersten Weltkriegs wurde eine umfassende Kodifizierung des Luftkriegsrechts auch von der Washingtoner Abrüstungskonferenz von 1922 für erforderlich erachtet. Die Staaten konnten sich aber nicht auf einen Abkommenstext einigen und beauftragten deshalb eine Juristenkommission - in der die USA, Großbritannien, Frankreich, Italien, Japan und die Niederlande vertreten waren - alle einschlägigen Fragen zu prüfen. Diese Kommission legte im Februar 1923 die hier abgedruckten Regeln des Luftkriegs vor. Die USA schlugen vor, sie zum Gegenstand eines internationalen Übereinkommens zu machen, hatten damit aber keinen Erfolg. In der wissenschaftlichen Literatur wurden diese Regeln jedoch mehr und mehr als schriftliche Niederlegung von Völkergewohnheitsrecht angesehen, zumal sie im Wesentlichen den Gewohnheitsrechtsregeln und allgemeinen Rechtsgrundsätzen entsprechen, die den Abkommen über den Landkrieg und über den Seekrieg zugrunde liegen.

Die Genfer Abrüstungskonferenz von 1932 bis 1934 erörterte erneut Probleme des Luftkriegsrechts. Es kam jedoch auch hier nicht zum Abschluss eines Übereinkommens, man konnte sich lediglich auf eine Resolution über Luftbombardierungen einigen. Am 30.9.1938 verabschiedete die Generalversammlung des Völkerbundes einstimmig zum Luftkriegsrecht, was die drei Grundprinzipien beinhaltete:

1. *Ein unmittelbarer Angriff gegen die Zivilbevölkerung ist rechtswidrig,*
2. *Ziele für Bombardierungen aus der Luft müssen legitime und identifizierbare militärische Ziele sein,*

3. *Beim Angriff militärischer Ziele muss mit erforderlicher Sorgfalt darauf geachtet werden, dass eine Bombardierung der Zivilbevölkerung in der Umgebung der militärischen Ziele unterbleibt.*

Die Flächenbombardierungen und Terrorangriffe gegen die Zivilbevölkerung im Zweiten Weltkrieg veranlassten das IKRK, in seinen Entwürfen für eine Überarbeitung des Kriegsrechts den Angriffen aus der Luft besondere Aufmerksamkeit zu schenken. Das I. ZP vom 10.6.1977, das auf diesen Vorarbeiten beruht, enthält daher eine maßgebliche Weiterentwicklung auch des Luftkriegsrechts. Siehe auch Art. 49 Abs. 3, 51, 56 und 57 des I. ZP und die Bestimmungen des Abschnitts I des Teils IV. Äußerst wichtig sind auch die neuen Regeln über den völkerrechtlichen Schutz von Sanitätsluftfahrzeugen in Art. 24 bis 31 des I. ZP. Schließlich betreffen auch das Brandwaffenprotokoll und das Splitterprotokoll des UNO-Waffenübereinkommens vom 10.10.1980 das Luftkriegsrecht unmittelbar. Die Haager Luftkriegsregeln von 1923 ergeben zusammen mit dem I. ZP von 1977 und dem UNO-Waffenübereinkommen von 1980 die für die Luftkriegführung anwendbare Normordnung.

Artikel 20 [Schutz der Besatzungsmitglieder in Luftnot]

Falls ein Luftfahrzeug manövrierunfähig geschossen ist, dürfen die Besatzungsmitglieder, die mit Fallschirmen zu entkommen suchen, während des Niedergleitens nicht angegriffen werden. (Vgl. dazu Art. 42 I. ZP)

Artikel 22 [Terrorbombardierung]

Das Luftbombardement zur Terrorisierung der Zivilbevölkerung und Zerstörung oder Beschädigung von Privateigentum nichtmilitärischen Charakters oder zur Verletzung von Nichtkombattanten, ist verboten.

Artikel 24 [Luftbombardierung militärischer Ziele]

1. Das Luftbombardement ist nur dann berechtigt, wenn es gegen ein militärisches Ziel gerichtet ist, d.h. ein Ziel, dessen gänzliche oder teilweise Zerstörung für den kriegführenden einen klaren militärischen Vorteil darstellen würde;
2. Ein solches Bombardement ist nur dann rechtmäßig, wenn es ausschließlich gegen folgende Ziele gerichtet ist: militärische Streitkräfte, militärische Anlagen, Gebäude oder Magazine, Fabriken, die wichtige und wohlbekannte Werke zur Herstellung von Waffen, Munition oder gekennzeichneten militärischen Bedarfsgegenständen sind, Verkehrs- oder Transportlinien, die für militärische Zwecke benutzt werden.
3. Die Bombardierung von Städten, Dörfern, Wohnhäusern und Gebäuden, die sich nicht in unmittelbarer Nähe der Landstreitkräfte befinden, ist verboten. Falls die im Absatz 2 aufgeführten Ziele so gelegen sind, daß sie nicht bombardiert werden können, ohne daß dadurch eine unterschiedslose Bombardie-

rung der Zivilbevölkerung eintritt, müssen die Luftfahrzeuge von der Bombardierung abstehen.

4. In der unmittelbaren Umgebung der Landstreitkräfte ist die Bombardierung der Städte, Dörfer, Ansiedlungen und Gebäude berechtigt, vorausgesetzt, dass eine begründete Vermutung besteht, dass die militärischen Ansammlungen dort belangreich genug sind, um das Bombardement im Hinblick auf die der Zivilbevölkerung daraus erwachsende Gefahr zu rechtfertigen.
5. Der kriegführende Staat ist zum geldlichen Ersatz der Schäden verpflichtet, die Personen oder Sachen durch Verletzung der Bestimmungen des vorstehenden Artikels durch irgendeinen seiner Vertreter oder irgendeine seiner Streitkräfte zugefügt sind.

Artikel 25 [Geschützte Gegenstände]

Bei Luftbombardements müssen durch den Befehlshaber alle nötigen Maßnahmen ergriffen werden, um soweit als möglich die religiösen, künstlerischen, wissenschaftlichen und wohltätigen Zwecken dienenden Gebäuden, geschichtlichen Denkmäler, Lazarettschiffe, Lazarette und andere Sammelstellen der Kranken und Verwundeten zu schonen, vorausgesetzt, dass diese Gebäude, Gegenstände und Plätze nicht gleichzeitig militärischen Zwecken dienen. ...Die Zeichen, von denen ... Gebrauch gemacht wird, sind bei den durch die Genfer Konvention geschützten Gebäude das rote Kreuz auf weißem Grund und bei den anderen geschützten Gebäuden ein großes rechteckiges Feld, das durch eine Diagonale in zwei Dreiecke ein weißes und ein schwarzes, geteilt wird. ...

Artikel 40 [Unverletzlichkeit neutralen Hoheitsgebietes]

Es ist einem militärischen Luftfahrzeug eines Kriegführenden verboten, in das Hoheitsgebiet eines neutralen Staates einzudringen.

Artikel 41 [Luftfahrzeuge an Bord von Kriegsschiffen]

Die Luftfahrzeuge an Bord eines Kriegsschiffes einschließlich der Flugzeugträger sollen als Teil dieses Schiffes betrachtet werden.

Artikel 42 [Pflicht zur Verteidigung der Neutralität]

Eine neutrale Regierung ist verpflichtet, alle ihr zur Verfügung stehenden Mittel zu verwenden um den Einflug kriegführender, militärischer Luftfahrzeuge in ihr Hoheitsgebiet zu verhindern und, wenn sie darin eingeflogen sind, sie zur Landung oder Wasserung zu zwingen.

Eine neutrale Regierung ist verpflichtet, alle ihr zur Verfügung stehenden Mittel zu verwenden, um jedes kriegführende militärische Luftfahrzeug, das sich nach einer durch irgendeine Ursache hervorgerufenen Landung oder Wasserung in ihrem Hoheitsgebiet befindet, ebenso wie die Besatzung und etwaige Fahrgäste zu internieren.

Artikel 45 [Ausfuhr oder Durchfuhr von Kriegsmaterial]

Vorbehaltlich der Bestimmungen des Art. 46 ist eine neutrale Macht nicht verpflichtet, die Ausfuhr oder Durchfuhr von Luftfahrzeugen, Einzelteilen oder Material und Munition für Luftfahrzeuge für Rechnung eines Kriegführenden zu verhindern.

...

Abkommen, betreffend die Rechte und Pflichten der neutralen Mächte und Personen im Falle eines Landkrieges (18. Oktober 1907)

Erstes Kapitel Rechte und Pflichten der neutralen Mächte

Artikel 1 [Unverletzlichkeit des Gebietes]

Das Gebiet der neutralen Mächte ist unverletzlich.

Artikel 2 [Durchzug von Truppen]

Es ist den Kriegführenden untersagt, Truppen oder Munitions- oder Verpflegungskolonnen durch das Gebiet einer neutralen Macht hindurchzuführen.

Artikel 3 [Einrichtung von Nachrichtenanlagen]

Es ist den Kriegführenden gleichermaßen untersagt:

a) auf dem Gebiet einer neutralen Macht eine funktelegraphische Station einzurichten oder sonst irgend eine Anlage, die bestimmt ist, einen Verkehr mit den Kriegführenden Land- oder Seestreitkräften zu vermitteln;
b) irgendeine Einrichtung dieser Art zu benutzen, die von ihren vor dem Kriege auf dem Gebiete der neutralen Macht zu einem ausschließlich militärischen Zwecke hergestellt und nicht für den öffentlichen Nachrichtendienst freigegeben worden ist.

Artikel 4 [Truppenaufstellung und - werbung]

Auf dem Gebiet einer neutralen Macht dürfen zugunsten der Kriegführenden weder Korps von Kombattanten gebildet oder Werbestellen eröffnet werden.

Artikel 5 [Hinderungspflicht]

Eine neutrale Macht darf auf ihrem Gebiet keine der in den Artikeln 2 bis 4 bezeichneten Handlungen dulden. ...

Artikel 6 [Grenzübertritt einzelner]

Eine neutrale Macht ist nicht dafür verantwortlich, dass Leute einzeln die Grenze überschreiten, um in den Dienst eines Kriegführenden zu treten.

Artikel 7 [Ausfuhr von Kriegsmaterial]

Eine neutrale Macht ist nicht verpflichtet, die für Rechnung des einen oder des anderen Kriegführenden erfolgende Ausfuhr oder Durchfuhr von Waffen, Munition und überhaupt von allem, was für ein Heer oder eine Flotte nützlich sein kann, zu verhindern.

Artikel 8 [Benutzung von Nachrichtenanlagen]

Eine neutrale Macht ist nicht verpflichtet, für Kriegführende die Benutzung von Telegraphen- oder Fernsprechleitungen sowie von Anlagen für drahtlose Telegraphie, gleichviel ob solche ihr selbst oder ob sie Gesellschaften oder Privatpersonen gehören, zu untersagen oder zu beschränken.

Artikel 9 [Gleichbehandlung der Kriegführenden]

Alle Beschränkungen oder Verbote, die von einer neutralen Macht in Ansehung der in den Artikel 7, 8 erwähnten Gegenstände angeordnet werden, sind von ihr auf die Kriegführenden gleichmäßig anzuwenden. ...

Artikel 10 [Gewaltanwendung durch Neutrale]

Die Tatsache, dass eine neutrale Macht eine Verletzung ihrer Neutralität selbst mit Gewalt zurückweist, kann nicht als eine feindliche Handlung angesehen werden.

Zweites Kapitel Bei Neutralen untergebrachte Angehörige einer Kriegsmacht und in Pflege befindliche Verwundete

Artikel 11 [Unterbringung]

Die neutrale Macht, auf deren Gebiet Truppen der kriegführenden Heere übertreten, muss sie möglichst weit vom Kriegsschauplatz unterbringen.

Sie kann sie in Lagern verwahren und sie auch in Festungen oder in anderen zu diesem Zweck geeigneten Orten einschließen.

Es hängt von ihrer Entscheidung ab, ob Offiziere, die sich auf Ehrenwort verpflichten, das neutrale Gebiet nicht ohne Erlaubnis zu verlassen, freigelassen werden können.

Anmerkung: Der Neutrale entscheidet, ob er die Übergetretenen aufnehmen und internieren will - er kann auch zurückweisen.

Artikel 12 [Unterhalt, Kosten]

In Ermangelung einer besonderen Vereinbarung hat die neutrale Macht den bei ihr untergebrachten Personen Nahrung, Kleidung und die durch die Menschlichkeit gebotenen Hilfsmittel zu gewähren.

Die durch die Unterbringung verursachten Kosten sind nach dem Friedensschluss zu ersetzen.

Artikel 13 [Entwichene Kriegsgefangene]

Die neutrale Macht, die entwichene Kriegsgefangene bei sich aufnimmt, wird diese in Freiheit lassen. Wenn sie ihnen gestattet, auf ihrem Gebiet zu verweilen, so kann sie ihnen den Aufenthaltsort anweisen.

Die gleiche Bestimmung findet Anwendung auf die Kriegsgefangenen, die von den Truppen bei ihrer Flucht auf das Gebiet der neutralen Macht mitgeführt werden.

Artikel 14 [Durchzug von Verwundeten]

Eine neutrale Macht kann den Durchzug von Verwundeten oder Kranken der kriegführenden Heere durch ihr Gebiet gestatten, doch nur unter dem Vorbehalte, dass die zur Beförderung benutzten Züge weder Kriegspersonal noch Kriegsmaterial mit sich führen. Die neutrale Macht ist in einem solchen Falle verpflichtet, die erforderlichen Sicherheits- und Aufsichtsmaßregeln zu treffen.

[Unterbringung von Verwundeten]

Die der Gegenpartei angehörenden Verwundeten oder Kranken, die unter solchen Umständen von einem der Kriegführenden auf neutrales Gebiet gebracht werden, sind von der neutralen Macht derart zu bewachen, dass sie an den Kriegsunternehmungen nicht wieder teilnehmen können. Diese Macht hat die gleichen Verpflichtungen in Ansehung der ihr anvertrauten Verwundeten oder Kranken des anderen Heeres.

Artikel 15 [Genfer Abkommen]

Das Genfer Abkommen gilt auch für die im neutralen Gebiet untergebrachten Kranken und Verwundeten.

Drittes Kapitel Neutrale Personen

Artikel 16 [Begriff]

Als Neutrale sind anzusehen die Angehörigen eines an dem Kriege nicht beteiligten Staates.

...

Fünftes Kapitel Schlussbestimmungen

Artikel 20 [Allbeteiligungsklausel]

Die Bestimmungen dieses Abkommens finden nur zwischen Vertragsmächten Anwendung und nur dann, wenn die Kriegführenden sämtlich Vertragsparteien sind.

Abkommen, betreffend die Rechte und Pflichten der Neutralen im Falle eines Seekrieges (18. Oktober 1907)

Anmerkung: Zum Konzept der Neutralität siehe I. ZP vom 10.6.1977. Die von der 3. UNO-Seerechtskonferenz in neunjährigen Verhandlungen ausgearbeitete neue Seerechtskonvention, die am 10.12.1982 in Montego Bay/Jamaica verabschiedet wurde, hat wichtige Auswirkungen auf die Neutralität im Seekrieg. Erstmals werden die sogenannten Archipelgewässer von ozeanischen Archipelstaaten völkerrechtlich anerkannt. Ihr Rechtsstatus ist dem des Küstenmeeres vergleichbar (s. Art. 46 bis 57 der Seerechtskonvention). Das Küstenmeer und die Archipelgewässer sind Hoheitsgewässer eines neutralen Staates. Schwieriger ist die Frage nach der neutralitätsrechtlichen Bewertung der Ausschließlichen Wirtschaftszone zu beantworten, die sich bis zu 200 sm von der Basislinie des Küstenstaates erstreckt. Diese ausschließliche Wirtschaftszone liegt völkerrechtlich zwischen Küstenmeer und Hoher See. Sie besitzt einen Rechtsstatus „sui generis".

Genfer Abkommen vom 12. August 1949 zur Verbesserung des Loses der Verwundeten und Kranken der Streitkräfte im Felde

Artikel 2 [Sachlicher Anwendungsbereich]

Außer den Bestimmungen, die bereits in Friedenszeiten durchzuführen sind, findet das vorliegende Abkommen Anwendung in allen Fällen eines erklärten Krieges oder eines anderen bewaffneten Konflikts, der zwischen zwei oder mehreren der Hohen Vertragsparteien entsteht, auch wenn der Kriegszustand von einer dieser Parteien nicht anerkannt wird.

Das Abkommen findet auch in allen Fällen vollständiger oder teilweiser Besetzung des Gebietes einer Hohen Vertragspartei Anwendung, selbst wenn diese Besetzung auf keinen bewaffneten Widerstand stößt.

Ist eine am Konflikt beteiligte Macht nicht Vertragspartei des vorliegenden Abkommens, so bleiben die Vertragsparteien in ihren gegenseitigen Beziehungen gleichwohl durch das Abkommen gebunden. Sie sind ferner durch das Abkommen auch gegenüber dieser Macht gebunden, wenn diese dessen Bestimmungen annimmt und anwendet.

(siehe auch: Art. 1 Abs. 3 I. ZP)

Art. 3 [Nicht-internationale Konflikte]

Im Falle eines bewaffneten Konflikts, der keinen internationalen Charakter hat und auf dem Gebiet einer der Hohen Vertragsparteien entsteht, ist jede der am Konflikt beteiligten Parteien gehalten, mindestens die folgenden Bestimmungen anzuwenden:

1. Personen, die nicht unmittelbar an den Feindseligkeiten teilnehmen, einschließlich der Mitglieder der Streitkräfte, welche die Waffen gestreckt haben und der Personen, die durch Krankheit, Verwundung, Gefangennahme oder irgendeine andere Ursache außer Kampf gesetzt sind, werden unter allen Umständen mit Menschlichkeit behandelt, ohne jede auf Rasse, Farbe, Religion oder Glauben, Geschlecht, Geburt oder Vermögen oder auf irgendeinen anderen ähnlichen Unterscheidungsmerkmal beruhenden Benachteiligung.
   Zu diesem Zwecke sind und bleiben in Bezug auf die oben erwähnten Personen jederzeit und überall verboten

a) Angriffe auf das Leben und die Person, namentlich Tötung jeder Art, Verstümmelung, grausame Behandlung und Folterung;
b) Das Festnehmen von Geiseln;
c) Beeinträchtigung der persönlichen Würde, namentlich erniedrigende und entwürdigende Behandlung;
d) Verurteilungen und Hinrichtungen ohne vorhergehendes Urteil eines ordentlich bestellten Gerichtes, das die von den zivilisierten Völkern als unerläßlich anerkannten Rechtsgarantien bietet.

2. Die Verwundeten und Kranken werden geborgen und gepflegt.

Eine unparteiische humanitäre Organisation, wie das Internationale Komitee vom Roten Kreuz, kann dem am Konflikt beteiligten Parteien ihre Dienste anbieten.

Die am Konflikt beteiligten Parteien werden sich andererseits bemühen, durch Sondervereinbarungen auch die anderen Bestimmungen des vorliegenden Abkommens ganz oder teilweise in Kraft zu setzen.

Die Anwendung der vorstehenden Bestimmungen hat auf die Rechtsstellung der am Konflikt beteiligten Parteien keinen Einfluss.

(siehe Art. 1 Abs. 1 II. ZP).

....

Artikel 12 [Schutz, Behandlung und Pflege]

Die Mitglieder der Streitkräfte und die sonstigen im folgenden Artikel bezeichneten Personen, die verwundet oder krank sind, werden unter allen Umständen geschont und geschützt.

Sie werden durch die am Konflikt beteiligte Partei, in deren Händen sie sich befinden, mit Menschlichkeit behandelt und gepflegt, ...

Artikel 14 [Anwendung des Kriegsgefangenenrechts]

Vorbehaltlich der Bestimmungen von Artikel 12 werden Verwundete und Kranke eines Kriegführenden, wenn sie in Feindesland geraten, Kriegsgefangene, und die völkerrechtlichen Regeln über Kriegsgefangene finden auf sie Anwendung.

Artikel 19 [Schutz, Anlage der Einrichtungen]

Ortsfeste Einrichtungen und bewegliche Einheiten des Sanitätsdienstes dürfen unter keinen Umständen angegriffen werden, sondern werden von den am Konflikt beteiligten Parteien jederzeit geschont und geschützt. Fallen sie der Gegenpartei in die Hände, so können sie ihre Tätigkeit fortsetzen, solange die gefangennehmende Macht nicht selbst die für die in diesen Einrichtungen und Einheiten befindlichen Verwundeten und Kranken notwendige Pflege sicherstellt.

...

Artikel 21 [Verwirkung des Schutzes]

Der den ortsfesten Sanitätseinrichtungen und beweglichen Sanitätseinheiten des Sanitätsdienstes gebührende Schutz darf nur aufhören, wenn diese außerhalb ihrer humanitären Aufgaben zu Handlungen verwendet werden, die den Feind schädigen. Jedoch hört der Schutz erst auf, nachdem eine Warnung, die in allen geeigneten Fällen eine angemessene Frist setzt, unbeachtet geblieben ist.

Artikel 22 [Keine Verwirkung des Schutzes]

Nicht als geeignet, um eine Sanitätseinheit oder -einrichtung des durch Artikel 19 zugesicherten Schutzes zu berauben, gelten

1. die Tatsache, dass das Personal der Einheit oder Einrichtung bewaffnet ist und von den Waffen zu seiner eigenen Verteidigung oder zur Verteidigung seiner Verwundeten und Kranken Gebrauch macht;
2. die Tatsache, dass in Ermangelung bewaffneter Krankenpfleger die Einheit oder Einrichtung von einer militärischen Abteilung oder von Wachtposten oder von einem Geleittrupp geschützt wird;
3. die Tatsache, dass in der Einheit oder Einrichtung Handwaffen und Munition vorgefunden werden, die den Verwundeten oder Kranken abgenommen, aber der zuständigen Dienststelle noch nicht abgeliefert worden sind.
4. ....

Artikel 23 [Sanitätszone und -orte]

Schon in Friedenszeiten können die Hohen Vertragsparteien und, nach Eröffnung der Feindseligkeiten, die am Konflikt beteiligten Parteien auf ihrem eigenen und, wenn nötig, auf besetztem Gebiet Sanitätszonen und -orte errichten, ...

Vom Ausbruch eines Konfliktes an und während seiner Dauer können die beteiligten Parteien unter sich Vereinbarungen zur Anerkennung der von ihnen etwa errichteten Sanitätszonen und -orte treffen. ...

Kapitel IV Das Personal

(siehe dazu Artikel 11 bis 17 I. ZP, Art. 8c I. ZP)

Artikel 24 [Schutz des Personals] (Dieses Personal erhält die in Art. 64 abgedruckte Ausweiskarte).

Das ausschließlich zum Aufsuchen, zur Bergung, Beförderung oder Behandlung von Verwundeten und Kranken oder zur Verhütung von Krankheiten verwendete Sanitätspersonal sowie das ausschließlich zur Verwaltung von Sanitätseinheiten und -einrichtungen verwendete Personal sowie die den Streitkräften zugeteilten Feldgeistlichen werden unter allen Umständen geschont und geschützt.

Artikel 25 [Schutz des Hilfspersonals]

Militärpersonen, die besonders ausgebildet sind, um gegebenenfalls als Hilfskrankenpfleger oder Hilfskrankenträger zum Aufsuchen, zur Bergung, Beförderung oder Behandlung von Verwundeten und Kranken verwendet zu werden, werden gleichfalls geschont und geschützt, wenn sie im Zeitpunkt ihrer Berührung mit dem Feind oder ihre Gefangennahme die genannten Verrichtungen ausüben.

Artikel 26 [Personal der Hilfsgesellschaften]

Dem in Artikel 24 erwähnten Personal wird das Personal der von ihrer Regierung in gehöriger Form anerkannten und ermächtigten nationalen Gesellschaften des Roten Kreuzes und anderer freiwilliger Hilfsgesellschaften, das zu denselben Verrichtungen wie das im genannten Artikel erwähnte Personal verwendet wird, gleichgestellt, vorausgesetzt, daß das Personal dieser Gesellschaften den militärischen Gesetzen und Verordnungen untersteht.

Jede Hohe Vertragspartei notifiziert der anderen, ..., die Namen der Gesellschaften, die sie ermächtigt hat, unter ihrer Verantwortung im ständigen Sanitätsdienst ihrer Streitkräfte mitzuwirken.

Artikel 28 [Zurückhalten des Personals]

Fällt das in Artikel 24 und 26 bezeichnete Personal der Gegenpartei in die Hände, so darf es nur zurückgehalten werden, soweit der gesundheitliche Zustand, die geistigen Bedürfnisse und die Zahl der Kriegsgefangenen dies erfordern.

Die so zurückgehaltenen Personen gelten nicht als Kriegsgefangene. Sie genießen jedoch zumindest die Vorteile sämtlicher Bestimmungen des Genfer Abkommens vom 12. August 1949 über die Behandlung der Kriegsgefangenen. Sie setzen ... ihre ärztliche und seelsorgerische Tätigkeit zugunsten der Kriegsgefangenen, vorzugsweise der ihren eigenen Streitkräften angehörenden, fort. ...

c) Obwohl das zurückgehaltene Personal der Disziplin des Aufenthaltslagers unterstellt ist, kann es zu keiner mit seiner ärztlichen oder seelsorgerischen Tätigkeit nicht im Zusammenhang stehenden Arbeit gezwungen werden.

...

Artikel 29 [Stellung des Hilfspersonals bei Gefangennahme]

Fallen die in Artikel 25 bezeichneten Personen in Feindeshand, so gelten sie als Kriegsgefangene, werden aber, soweit ein Bedürfnis danach besteht, für den Sanitätsdienst verwendet.

Artikel 32 [Rückkehr des Personals neutraler Hilfsgesellschaften]

Fallen die im Artikel 27 bezeichneten Personen der Gegenpartei in die Hände, so dürfen sie nicht zurückgehalten werden.

...

Kapitel V Gebäude und Material

Artikel 33 [Weiterverwendung]

Das Material der beweglichen Sanitätseinheiten der Streitkräfte, die der Gegenpartei in die Hände fallen, wird weiterhin zugunsten der Verwundeten und Kranken verwendet. *Anmerkung: Dies gilt nicht für Kraftfahrzeuge = Beute!*

[Verbot der Zweckentfremdung]

Die Gebäude, das Material und die Vorratslager der ortsfesten Sanitätseinrichtungen der Streitkräfte bleiben dem Kriegsrecht unterworfen, dürfen aber ihrer Bestimmung nicht entzogen werden, solange sie für Verwundete und Kranke erforderlich sind. Die Befehlshaber der Streitkräfte im Felde können sie jedoch im Falle dringender militärischer Erfordernisse unter der Voraussetzung benützen, dass sie vorher die für das Wohl der dort gepflegten Kranken und Verwundeten notwendigen Maßnahmen treffen.

[Verbot der Zerstörung]

Das in diesem Artikel erwähnte Material und die Vorratslager dürfen nicht absichtlich zerstört werden.

Kapitel VI Sanitätstransporte

Artikel 35 [Schutz, Beschränkung des Beuterechts]

Transporte von Verwundeten und Kranken oder von Sanitätsmaterial werden in gleicher Weise wie die beweglichen Sanitätseinheiten geschont und geschützt.

Fallen solche Transporte oder Fahrzeuge der Gegenpartei in die Hände, so unterliegen sie den Kriegsgesetzen, vorausgesetzt, dass die am Konflikt beteiligte Partei, die sie erbeutet, sich in allen Fällen der mitgeführten Verwundeten und Kranken annimmt.

...

Artikel 36 [Sanitätsluftfahrzeuge]

Sanitätsluftfahrzeuge, d.h. ausschließlich für die Wegschaffung von Verwundeten und Kranken und für die Beförderung von Sanitätspersonal und -material verwendete Luftfahrzeuge, werden von den Kriegführenden nicht angegriffen, sondern geschont, solange sie in Höhen, zu Stunden und auf Strecken fliegen, die von allen beteiligten Kriegführenden ausdrücklich vereinbart worden sind.

Sie tragen neben den Landesfarben deutlich sichtbar das in Artikel 38 vorgesehene Schutzzeichen auf den unteren, oberen und seitlichen Flächen. Sie werden mit allen sonstigen zwischen den Kriegführenden bei Beginn oder im Verlauf der Feindseligkeiten durch Vereinbarung festgelegten Kennzeichen oder Erkennungsmitteln ausgestattet.

In Ermangelung gegenteiliger Vereinbarungen ist das Überfliegen feindlichen oder vom Feinde besetzten Gebietes untersagt.

Die Sanitätsluftfahrzeuge leisten jedem Befehl zum Landen Folge. Im Falle einer so befohlenen Landung kann das Luftfahrzeug mit seinen Insassen nach einer etwaigen Untersuchung den Flug fortsetzen.

Im Falle einer unbeabsichtigten Landung auf feindlichem oder vom Feinde besetztem Gebiet werden die Verwundeten und Kranken sowie die Besatzung des Luftfahrzeuges Kriegsgefangene. ...

Artikel 37 [Überfliegen neutralen Gebietes]

Sanitätsluftfahrzeuge der am Konflikt beteiligten Parteien können unter Vorbehalt von Absatz 2 das Gebiet neutraler Mächte überfliegen und dort eine Not- oder Zwischenlandung oder -wasserung vornehmen. Sie notifizieren vorher den neutralen Mächten das Überfliegen ihrer Gebietes und leisten jedem Befehl zum Landen oder Wassern Folge. Bei ihrem Flug sind sie vor Angriffen nur geschützt, solange sie in Höhen, zu Stunden und auf Strecken fliegen, die zwischen den betreffenden am Konflikt beteiligten Parteien und neutralen Mächten ausdrücklich vereinbart sind.

[Beschränkung des Überfliegens]

Die neutralen Mächte können jedoch für das Überfliegen ihres Gebietes durch Sanitätsluftfahrzeuge oder für deren Landung auf ihrem Gebiete Bedingungen oder Beschränkungen festsetzen. Diese finden auf alle am Konflikt beteiligten Parteien in gleicher Weise Anwendung.

[Übergabe von Verwundeten]

Die mit Zustimmung der lokalen Behörde von einem Sanitätsluftfahrzeug auf neutralem Gebiet abgesetzten Verwundeten und Kranken müssen von dem neutralen Staat in Ermangelung einer gegenteiligen Abmachung zwischen ihm und den am Konflikt beteiligten Parteien, wenn es das Völkerrecht erfordert, so bewacht werden, dass sie nicht mehr an Kriegshandlungen teilnehmen können. Die Krankenhaus- und Internierungskosten gehen zu Lasten derjenigen Macht, von der die Verwundeten und Kranken abhängen.

Kapitel VII Das Schutzzeichen

Zu Ehren der Schweiz wird das durch Umkehrung der eidgenössischen Farben gebildete Wappenzeichen des roten Kreuzes auf weißem Grunde als Wahr- und Schutzzeichen des Sanitätsdienstes der Streitkräfte beibehalten.

Jedoch sind für die Länder, die an Stelle des roten Kreuzes den roten Halbmond oder den roten Löwen mit roter Sonne auf weißem Grund bereits als Schutzzeichen verwenden, diese Wahrzeichen im Sinne des vorliegenden Abkommens ebenfalls zugelassen.

Artikel 39 [Anwendung]

Unter der Aufsicht der zuständigen Militärbehörde wird dieses Wahrzeichen auf Fahnen, Armbinden und dem gesamten im Sanitätsdienst verwendeten Material geführt.

Artikel 40 [Kennzeichnung des Personals]

Das in Artikel 24 sowie in den Artikeln 26 und 27 bezeichnete Personal trägt eine am linken Arm befestigte, feuchtigkeitsbeständige und dem Schutzzeichen versehene Binde, die von der Militärbehörde geliefert und abgestempelt wird.

Dieses Personal trägt außer der in Artikel 16 erwähnten Erkennungsmarke eine besondere, mit dem Schutzzeichen versehene Ausweiskarte bei sich (Anmerkung: nach Artikel 64). Diese Karte ist feuchtigkeitsbeständig und hat Taschenformat. Sie ist in der Landessprache abgefasst und enthält mindestens den Namen und die Vornamen, Geburtsdatum, Dienstgrad und Matrikelnummer des Inhabers. Sie bescheinigt, in welcher Eigenschaft er Anspruch auf den Schutz des vorliegenden Abkommens hat. Die Karte ist mit einem Lichtbild des Inhabers und außerdem mit seiner Unterschrift oder seinen Fingerabdrücken oder mit beidem versehen. Sie trägt den Trockenstempel der Militärbehörde.

... Jede Ausweiskarte wird, wenn möglich, in mindestens zwei Exemplaren ausgefertigt, wovon eines vom Heimatstaat aufbewahrt wird. ...

Anmerkung: Gemäß Artikel 18 I. ZP ist die Kennzeichnung des Personals Grundsatz, aber keine Pflicht.

Artikel 41 [Kennzeichnung des Hilfspersonals]

Das in Artikel 25 bezeichnete Personal trägt, jedoch nur während der Ausübung sanitätsdienstlicher Verrichtungen, eine weiße Armbinde mit einem verkleinerten Schutzzeichen in der Mitte; sie wird von der Militärbehörde geliefert und abgestempelt.

Die militärischen Ausweise, die dieses Personal bei sich führt, enthalten alle Angaben über die sanitätsdienstliche Ausbildung des Inhabers, über den vorübergehenden Charakter seiner Tätigkeit und über sein Recht zum tragen der Armbinde.

Anmerkung: Grundsatz - aber keine Kennzeichnungspflicht (Verwechslungsgefahr) gemäß I. ZP (Artikel 18).

...

Entwurf einer Vereinbarung über Sanitätszonen und -orte (Anhang zum Genfer Abkommen)

Anmerkung: Dieser Entwurf hat den Charakter eines Vorschlages (vgl. IV Genfer Abkommen, Art. 14 Abs. 2).

Artikel 2 [Verbotene Tätigkeit]

Die Personen, die sich, in welcher Eigenschaft es auch sei, in einer Sanitätszone befinden, dürfen weder innerhalb noch außerhalb dieser Zone eine Tätigkeit ausüben, die mit den Kampfhandlungen oder der Herstellung von Kriegsmaterial in unmittelbarem Zusammenhang steht.

Artikel 4 [Voraussetzungen]

Die Sanitätszonen müssen folgende Voraussetzungen erfüllen:

a) Sie dürfen nur einen geringen Teil des Gebietes umfassen, das der Macht untersteht, die sie errichtet hat;
b) Sie müssen im Verhältnis zu ihrer Aufnahmefähigkeit dünn bevölkert sein;
c) Sie müssen frei von jedem militärischen Ziel und jeder wichtigen Industrieanlage oder Verwaltungseinrichtung sein und weit davon entfernt liegen;
d) Sie dürfen nicht in Gebieten liegen, die aller Wahrscheinlichkeit nach für die Kriegführung von Bedeutung sein können.

Artikel 5 [Verbot militärischer Verwendung]

Die Sanitätszonen unterliegen folgenden Bestimmungen:

a) Die dort befindlichen Verbindungswege und Beförderungsmittel dürfen nicht zur Beförderung von Militärpersonal oder - material, auch nicht zur einfachen Durchfahrt, benutzt werden;
b) Sie dürfen unter keinen Umständen militärisch verteidigt werden.

Artikel 7 [Liste der Sanitätszonen]

Bereits in Friedenszeiten oder bei Ausbruch der Feindseligkeiten lässt jede Macht allen Hohen Vertragsparteien eine Liste der Sanitätszonen auf ihrem Hoheitsgebiet zugehen. Sie benachrichtigt sie auch über jede im Verlauf des Konfliktes neu errichtete Zone.

[Errichtung]

Sobald die Gegenpartei die vorgenannte Notifizierung erhalten hat, gilt die Zone als ordnungsgemäß errichtet.

[Verweigerung der Anerkennung]

Glaubt jedoch die Gegenpartei, dass eine der Bedingungen dieser Vereinbarung offensichtlich nicht erfüllt ist, so kann sie die Anerkennung der Zone verweigern, indem sie der Partei, der diese Zone untersteht, ihre Ablehnung umgehend mitteilt, oder ihre Anerkennung von der Einsetzung der in Art. 8 vorgesehenen Überwachung abhängig macht.

Artikel 12 [Militärische Besetzung]

Bei Besetzung eines Gebietes werden die dort befindlichen Sanitätszonen weiterhin als solche geschont und benützt.

Die Besatzungsmacht kann jedoch ihre Zweckbestimmung ändern, nachdem sie für das Schicksal der dort aufgenommenen Personen gesorgt hat.

Genfer Abkommen vom 12. August 1949 zur Verbesserung des Loses der Verwundeten, Kranken und Schiffbrüchigen der Streitkräfte zur See

Artikel 2 [Sachlicher Anwendungsbereich]

Außer den Bestimmungen, die bereits in Friedenszeiten durchzuführen sind, findet das vorliegende Abkommen Anwendung in allen Fällen eines erklärten Krieges oder eines bewaffneten Konflikts, der zwischen zwei oder mehreren der Hohen Vertragsparteien entsteht, auch wenn der Kriegszustand von einer dieser Parteien nicht anerkannt wird.

Das Abkommen findet auch in allen Fällen vollständiger oder teilweiser Besetzung des Gebietes einer Hohen Vertragspartei Anwendung, selbst wenn diese Besetzung auf keinen bewaffneten Widerstand stößt.

Ist eine der am Konflikt beteiligten Mächte nicht Vertragspartei des vorliegenden Abkommens, so bleiben die Vertragsparteien in ihren gegenseitigen Beziehungen gleichwohl durch das Abkommen gebunden. Sie sind ferner durch das Abkommen auch gegenüber dieser Macht gebunden, wenn diese dessen Bestimmungen annimmt und anwendet.

(siehe: Art. 1 Abs. 3 I. ZP, das sich auf bewaffnete Konflikte internationalen Charakters bezieht)

Artikel 3 [Nicht-internationale Konflikte]

(siehe Art. 1 Abs. 1 II. ZP, das sich auf bewaffnete Konflikte nicht-internationalen Charakters bezieht.)

Im Falle eines bewaffneten Konflikts, der keinen internationalen Charakter hat und auf dem Gebiet einer der Hohen Vertragsparteien entsteht, ist jede der am Konflikt beteiligten Personen gehalten, mindestens die folgenden Bestimmungen anzuwenden:

1. Personen, die nicht unmittelbar an den Feindseligkeiten teilnehmen, einschließlich der Mitglieder der Streitkräfte, welche die Waffen gestreckt haben, und der Personen, die durch Krankheit, Verwundung, Gefangennahme oder irgendwie andere Ursache außer Kampf gesetzt sind, werden unter allen Umständen mit Menschlichkeit behandelt, ...

Zu diesem Zwecke sind und bleiben in Bezug auf die oben erwähnten Personen jederzeit und überall verboten:

a) Angriffe auf das Leben und die Person, namentlich Tötung jeder Art, Verstümmelung, grausame Behandlung und Folterung;
b) Das Festnehmen von Geiseln;
c) Beeinträchtigung der persönlichen Würde, namentlich erniedrigende und entwürdigende Behandlung;

d) Verurteilungen und Hinrichtungen ohne vorhergehendes Urteil eines ordentlich bestellten Gerichtes, das die von den zivilisierten Völkern als unerläßlich anerkannten Rechtsgarantien bietet.

2. Die Verwundeten, Kranken und Schiffbrüchigen werden geborgen und gepflegt.

   Eine unparteiische humanitäre Organisation, wie das Internationale Komitee vom Roten Kreuz, kann den am Konflikt beteiligten Parteien ihre Dienste anbieten.

   Die am Konflikt beteiligten Parteien werden sich andererseits bemühen, durch Sondervereinbarungen auch die anderen Bestimmungen des vorliegenden Abkommens ganz oder teilweise in Kraft zu setzen.

   Die Anwendung der vorstehenden Bestimmungen hat auf die Rechtsstellung der am Konflikt beteiligten Parteien keinen Einfluss.

   Artikel 14 [Auslieferung]

Jedes Kriegsschiff einer kriegführenden Partei kann die Auslieferung der Verwundeten, Kranken oder Schiffbrüchigen verlangen, die sich an Bord von militärischen Lazarettschiffen, von Lazarettschiffen der Hilfsgesellschaften oder privater Personen sowie von Handelsschiffen, Jachten und anderen Wasserfahrzeugen gleich welcher Nationalität befinden, sofern der Gesundheitszustand der Verwundeten und Kranken dies gestattet und das Kriegsschiff über die für eine hinreichende Pflege nötigen Einrichtungen verfügt.

Artikel 22 [Schutz der militärischen Lazarettschiffe, Bekanntgabe]

Die militärische Lazarettschiffe, d.h. die Schiffe, die von den Mächten einzig und allein dazu erbaut und eingerichtet worden sind, um Verwundeten, Kranken und Schiffbrüchigen Hilfe zu bringen, sie zu pflegen und zu befördern, dürfen unter keinen Umständen angegriffen oder aufgebracht werden, sondern werden jederzeit geschont und geschützt, sofern ihre Namen und ihre Merkmale zehn Tage vor ihrem Einsatz den am Konflikt beteiligten Parteien mitgeteilt wurden.

Zu den besonderen Merkmalen, die der Notifikation enthalten sein müssen, gehören die Anzahl der Bruttoregistertonnen, die Länge vom Heck zum Bug sowie die Anzahl der Masten und Schornsteine.

Artikel 31 [Kontroll- und Durchsuchungsrecht]

Die am Konflikt beteiligten Parteien haben auf den in den Artikeln 22, 24, 25 und 27 bezeichneten Schiffen und Booten (Anmerkung: militärische Lazarettschiffe, Lazarettschiffe von Hilfsgesellschaften, Lazarettschiffe von Hilfsgesellschaften neutraler Staaten, Küstenrettungsboote) das Kontroll- und Durchsuchungsrecht. Sie können die Hilfe dieser Schiffe und Boote ablehnen, ihnen befehlen, sich zu entfernen, ihnen einen bestimmten Kurs vorschreiben, die Verwendung ihrer Funk- und aller anderen Nachrichtengeräte regeln und sie bei

Vorliegen besonders schwerwiegender Umstände sogar für eine Höchstdauer von 7 Tagen, vom Zeitpunkt des Anhaltens an gerechnet, zurückhalten.

Sie können vorübergehend einen Kommissar an Bord geben, dessen ausschließliche Aufgabe darin besteht, die Ausführung der gemäß den Bestimmungen des vorstehenden Absatzes erteilten Befehle sicherzustellen.

Die am Konflikt beteiligten Parteien tragen soweit wie möglich ihre den Lazarettschiffen erteilten Befehle in einer für den Kapitän des Lazarettschiffes verständlichen Sprache in deren Logbuch ein.

Die am Konflikt beteiligten Parteien können einseitig oder auf Grund einer Sondervereinbarung neutrale Beobachter an Bord ihrer Lazarettschiffe geben, die die genaue Einhaltung der Bestimmungen dieses Abkommens nachzuprüfen haben.

Genfer Abkommen vom 12. August 1949 über die Behandlung der Kriegsgefangenen

(Das Abkommen ersetzt für die Beziehungen zwischen den Vertragsparteien das „Abkommen über die Behandlung der Kriegsgefangenen vom 27. Juli 1929“ , in den Beziehungen zwischen den Mitgliedstaaten das „Abkommen, betreffend die Gesetze und Gebräuche des Landkrieges vom 29. Juli 1899“ oder „vom 18. Oktober 1907.“ Es ergänzt das Zweite Kapitel der diesen Abkommen anliegenden „Ordnung der Gesetze und Gebräuche des Landkrieges" (v.a. Artikel 135 des Abkommens).

Artikel 4 [Persönlicher Anwendungsbereich]

A. **Kriegsgefangene** im Sinne des vorliegenden Abkommens sind die in Feindeshand gefallenen Personen, die einer nachstehenden Kategorien angehören:
   1. Mitglieder von Streitkräften einer am Konflikt beteiligten Partei sowie Mitglieder von Milizen und Freiwilligenkorps, die in diese Streitkräfte eingegliedert sind;
   2. Mitglieder anderer Milizen und Freiwilligenkorps, einschließlich solcher von organisierten Widerstandsbewegungen, die zu einer am Konflikt beteiligten Partei angehören ...
   3. Mitglieder regulärer Streitkräfte, die sich zu einer von der Gewahrsamsmacht nicht anerkannten Regierung oder Autorität bekennen;
   4. Personen, die den Streitkräften folgen, ohne in sie eingegliedert zu sein, wie zivile Besatzungsmitglieder von Militärflugzeugen, Kriegsberichterstatter, Heereslieferanten, Mitglieder von Arbeitseinheiten oder von Diensten, die für die Betreuung der Militärpersonen verantwortlich sind, sofern dieselben von den Streitkräften, die sie begleiten, zu ihrer Tätigkeit

ermächtigt sind, wobei diese ihnen zu diesem Zweck eine dem beigefügten Muster entsprechende Ausweiskarte auszuhändigen haben;

5. Die Besatzungen der Handelsschiffe, einschließlich der Kapitäne, Lotsen und Schiffsjungen sowie Besatzungen der Zivilluftfahrzeuge der am Konflikt beteiligten Parteien, die keine günstigere Behandlung auf Grund anderer Bestimmungen des internationalen Rechts genießen.
6. Die Bevölkerung eines unbesetzten Gebietes, die beim Herannahen des Feindes aus eigenem Antrieb zu den Waffen greift, um die eindringenden Truppen zu bekämpfen, ohne zur Bildung regulärer Streitkräfte Zeit gehabt zu haben, sofern sie die Waffen offen trägt und die Gesetze und Gebräuche des Krieges einhält.

...

Teil II Allgemeiner Schutz der Kriegsgefangenen

Artikel 12 [Verantwortlichkeit, Übergabe von Kriegsgefangenen]

Die Kriegsgefangenen unterstehen der Gewalt der feindlichen Macht, nicht jedoch der Gewalt der Personen und Truppenteile, die sie gefangengenommen haben. Der Gewahrsamsstaat ist, unabhängig von etwa bestehenden persönlichen Verantwortlichkeiten, für die Behandlung der Kriegsgefangenen verantwortlich.

Die Kriegsgefangenen dürfen vom Gewahrsamsstaat nur einer Macht übergeben werden, die Vertragspartei des vorliegenden Abkommens ist, und dies nur, wenn er sich vergewissert hat, dass die fragliche Macht willens und in der Lage ist, das Abkommen anzuwenden. ...

Sollte diese Macht indessen die Bestimmungen des Abkommens nicht in allen wichtigen Punkten einhalten, so ergreift die Macht, die die Kriegsgefangenen übergeben hat, auf Notifizierung der Schutzmacht hin wirksame Maßnahmen, um Abhilfe zu schaffen, oder ersucht um Rückgabe der Kriegsgefangenen. Einem solchen Ersuchen muss stattgegeben werden.

Artikel 13 [Menschliche Behandlung]

Die Kriegsgefangenen müssen jederzeit mit Menschlichkeit behandelt werden. Jede rechtswidrige Handlung oder Unterlassung seitens des Gewahrsamsstaates, die den Tod oder eine schwere Gefährdung der Gesundheit eines in seinen Händen befindlichen Kriegsgefangenen zur Folge hat, ist untersagt und gilt als schwere Gefährdung des vorliegenden Abkommens. Insbesondere dürfen an den Kriegsgefangenen keine Verstümmelungen oder medizinische oder wissenschaftliche Versuche irgendwelcher Art vorgenommen werden, die nicht durch ärztliche Behandlung des betreffenden Kriegsgefangenen gerechtfertigt sind und nicht in seinem Interesse liegen.

[Schutz vor Gewalttätigkeiten]

Die Kriegsgefangenen werden ferner jederzeit geschützt, insbesondere auch vor Gewalttätigkeit oder Einschüchterung, Beleidigungen und öffentlicher Neugier.

[Verbot von Vergeltungsmaßnahmen]

Vergeltungsmaßnahmen gegen Kriegsgefangene sind untersagt.

Artikel 14 [Achtung der Ehre]

Die Kriegsgefangenen haben unter allen Umständen Anspruch auf Achtung ihrer Person und ihrer Ehre.

[Frauen]

Frauen werden mit aller ihrem Geschlecht gebührenden Rücksicht behandelt und erfahren auf jeden Fall eine ebenso günstige Behandlung wie die Männer.

...

Artikel 15 [Unterhalt, ärztliche Behandlung]

Der Gewahrsamsstaat ist verpflichtet, unentgeltlich für den Unterhalt der Kriegsgefangenen aufzukommen und ihnen unentgeltlich die ärztliche Behandlung angedeihen zu lassen, die ihr Gesundheitszustand erfordert.

Teil III Gefangenschaft

Abschnitt I Beginn der Gefangenschaft

Artikel 17 [Befragung, Ausweiskarte]

Jeder Kriegsgefangene ist auf Befragen nur verpflichtet, seinen Namen, seine Vornamen, seinen Dienstgrad, sein Geburtsdatum und seine Matrikelnummer zu nennen oder, wenn diese fehlt, eine andere gleichwertige Angabe zu machen.

Handelt er wissentlich gegen diese Vorschrift, so setzt er sich einer Beschränkung der Vergünstigungen aus, die den Kriegsgefangenen seines Dienstgrades oder seiner Stellung zustehen.

Jede der am Konflikt beteiligten Parteien ist verpflichtet, allen Personen, die unter ihrer Hoheit stehen und in Kriegsgefangenschaft geraten können, eine Ausweiskarte auszuhändigen, auf der Name, Vornamen und Dienstgrad, Matrikelnummer oder eine gleichwertige Angabe und das Geburtsdatum verzeichnet sind. Diese Karte kann außerdem mit der Unterschrift oder den Fingerabdrücken oder mit beiden sowie mit allen sonstigen den am Konflikt beteiligten Parteien für die Mitglieder ihrer Streitkräfte wünschenswert erscheinenden Angaben versehen sein. Soweit möglich misst diese Karte 6,5 x 10 cm und wird in zwei Exemplaren ausgestellt. Der Kriegsgefangene hat diese Ausweiskarte auf jedes Verlangen hin vorzuweisen; sie darf ihm jedoch keinesfalls abgenommen werden.

Zur Erlangung irgendwelcher Auskünfte dürfen die Kriegsgefangenen weder körperlichen noch seelischen Folterungen ausgesetzt, noch darf irgendein anderer Zwang auf sie ausgeübt werden. Die Kriegsgefangenen, die eine Auskunft verweigern, dürfen weder bedroht noch beleidigt noch Unannehmlichkeiten oder Nachteilen irgendwelcher Art ausgesetzt werden.

...

Artikel 18 [Zu belassende Gegenstände]

Alle persönlichen Sachen und Gebrauchsgegenstände - außer Waffen, Pferden, militärischer Ausrüstung und Schriftstücken militärischen Inhalts - verbleiben, ebenso wie die Stahlhelme, die Gasmasken und alle anderen zum persönlichen Schutz dienenden Gegenstände, im Besitz der Kriegsgefangenen. Sämtliche Sachen und Gegenstände, die zu ihrer Bekleidung und Verpflegung dienen, verbleiben ebenfalls in ihrem Besitz, auch wenn sie zu ihrer vorschriftsmäßigen militärischen Ausrüstung gehören.

Die Kriegsgefangenen müssen stets im Besitz eines Ausweispapiers ein. Der Gewahrsamsstaat stellt denen, die keinen Ausweis besitzen, einen solchen aus.

Dienstgrad- und Nationalitätsabzeichen, Ehrenzeichen sowie Gegenstände, die hauptsächlich persönlichen oder gefühlsmäßigen Wert haben, dürfen den Kriegsgefangenen nicht abgenommen werden.

Geldbeträge, die die Kriegsgefangenen bei sich tragen, dürfen ihnen nur auf Befehl eines Offiziers abgenommen werden, und dies erst nach Eintragung der Summe und der Bezeichnung des Besitzers in ein besonderes Register sowie nach Aushändigung einer ins einzelne gehenden Empfangsbestätigung auf der Name, Dienstgrad und Einheit des Ausstellers lesbar aufgeführt sind. Die Beträge in der Währung des Gewahrsamsstaates sowie diejenigen, die auf Verlangen des Kriegsgefangenen in diese Währung umgewechselt werden, werden gemäß Artikel 64 dem Konto des Kriegsgefangenen gutgeschrieben.

Wertgegenstände dürfen den Kriegsgefangenen durch den Gewahrsamsstaat nur aus Gründen der Sicherheit abgenommen werden. In diesem Falle wird das gleiche Verfahren angewendet wie bei der Abnahme der Geldbeträge.

Diese Wertgegenstände sowie die abgenommenen Geldbeträge in jeder anderen Währung als derjenigen des Gewahrsamsstaates, deren Umwechslung vom Besitzer nicht verlangt wird, werden vom Gewahrsamsstaat aufbewahrt und dem Kriegsgefangenen bei Beendigung der Gefangenschaft in ihrer ursprünglichen Form zurückerstattet.

Artikel 19 [Wegschaffung]

Die Kriegsgefangenen werden nach ihrer Gefangennahme möglichst bald in Lager geschafft, die von der Kampfzone soweit entfernt sind, dass sie sich außer Gefahr befinden.

In einer Gefahrenzone dürfen nur solche Gefangene vorübergehend zurückbehalten werden, die infolge ihrer Verwundungen oder Krankheiten bei der Wegschaffung in ein Lager größeren Gefahren ausgesetzt wären als beim Verbleiben an Ort und Stelle.

Die Kriegsgefangenen werden bis zu ihrer Wegschaffung aus der Kampfzone nicht unnötig Gefahren ausgesetzt.

Artikel 22 [Art der Lager]

Die Kriegsgefangenen werden nur in Einrichtungen interniert, die auf festem Lande liegen und jede mögliche Gewähr für Hygiene und gesundheitliche Zuträglichkeit bieten; abgesehen von besonderen Fällen, in denen dies ihr eigenes Interesse rechtfertigt, werden Kriegsgefangene nicht in Strafanstalten interniert.

[Ungesunde Gegenden]

Kriegsgefangene, die in ungesunden Gegenden oder in Gebieten, deren Klima für sie schädlich ist, interniert sind, werden sobald wie möglich in ein günstigeres Klima geschafft.

[Berücksichtigung der Nationalität]

Der Gewahrsamsstaat fasst die Kriegsgefangenen in den Lagern oder in Teilen derselben unter Berücksichtigung ihrer Nationalität, ihrer Sprache und ihrer Gebräuche zusammen, unter dem Vorbehalt, dass diese Gefangenen nicht von den Kriegsgefangenen der Streitkräfte getrennt werden, in denen sie im Augenblick ihrer Gefangennahme dienten, es sei denn, sie wären damit einverstanden.

Artikel 23 [Aufenthalt in der Kampfzone]

Kein Kriegsgefangener darf jemals in ein Gebiet gebracht oder dort zurückgehalten werden, wo er dem Feuer der Kampfzone ausgesetzt wäre; er darf auch nicht dazu verwendet werden, um durch seine Anwesenheit die Kampfhandlungen von gewissen Punkten oder Gebieten fernzuhalten.

[Luftschutz]

Den Kriegsgefangenen werden in gleichem Maße wie der ortsansässigen Zivilbevölkerung Schutzräume gegen Fliegerangriffe und andere Kriegsgefahren zur Verfügung gestellt; ...

[Unterrichtung über Lager]

Die Gewahrsamsstaaten lassen einander durch Vermittlung der Schutzmächte alle zweckdienlichen Angaben über die geographische Lage der Kriegsgefangenen zugehen.

[Kennzeichnung]

Soweit die militärischen Erwägungen es erlauben, werden die Kriegsgefangenenlager tagsüber mit den Buchstaben PG oder PW gekennzeichnet, dass sie aus der Luft deutlich erkennbar sind; es ist den betreffenden Mächten jedoch unbenommen, sich über ein anderes Mittel zur Kennzeichnung zu einigen. Einzig die Kriegsgefangenenlager dürfen auf diese Weise gekennzeichnet werden.

Kapitel II Unterkunft, Verpflegung und Bekleidung der Kriegsgefangenen

Artikel 25 [Unterkunft]

Die Unterkunftsbedingungen der Kriegsgefangenen müssen ebenso günstig sein wie diejenigen der in der gleichen Gegend untergebrachten Truppen des Gewahrsamsstaates. Diese Bedingungen haben den Sitten und Gebräuchen der Gefangenen Rechnung zu tragen und dürfen ihrer Gesundheit keinesfalls abträglich sein.

....

In Kürze zusammengefasst: Mindestluftraum muss vorhanden sein genauso wie Bettzeug und Decken. Schutz vor Feuchtigkeit in den Räumlichkeiten, genügend Beheizung und Beleuchtung müssen gewährleistet sein.

... Gegen Feuersgefahr sind alle Vorkehrungen zu treffen.

.. In allen Lagern, in denen gleichzeitig weibliche und männliche Gefangene untergebracht sind, muss für getrennte Schlafräume gesorgt sein.

Anmerkung: Den Kriegsgefangenen kommt keine Gleichberechtigung mit eigenen Soldaten zuteil.

Artikel 26 [Verpflegung]

Die tägliche Verpflegungs-Grundration muss in Bezug auf Menge, Güte und Abwechslung ausreichend sein, um einen guten Gesundheitszustand der Gefangenen zu gewährleisten und Gewichtsverluste und Mangelerscheinungen zu verhindern. Den Ernährungsgewohnheiten der Gefangenen wird ebenfalls Rechnung getragen.

Der Gewahrsamsstaat liefert den arbeitenden Kriegsgefangenen die zur Verrichtung der Arbeit, zu der sie verwendet werden, notwendige Zusatzverpflegung.

Trinkwasser wird den Kriegsgefangenen in genügender Menge geliefert. Tabakgenuss ist gestattet.

Die Kriegsgefangenen werden so häufig wie möglich bei der Zubereitung der Mahlzeiten herangezogen; sie können zu diesem Zweck in den Küchen beschäftigt werden. Außerdem erhalten sie die Hilfsmittel zur Zubereitung der Zusatzverpflegung, über die sie verfügen.

Als Essräume und Messen sind geeignete Räumlichkeiten zur Verfügung zu stellen.

Alle kollektiven Disziplinarmaßregeln hinsichtlich der Ernährung sind verboten.

Kapitel III Gesundheitspflege und ärztliche Betreuung

Artikel 29 [Gesundheitspflege]

Der Gewahrsamsstaat ist verpflichtet, alle nötigen Hygienemaßnahmen zu treffen, um die Sauberkeit und gesundheitliche Zuträglichkeit der Lager zu gewährleisten und Massenerkrankungen vorzubeugen.

Den Kriegsgefangenen stehen Tag und Nacht sanitäre Einrichtungen zur Verfügung, die den Erfordernissen der Hygiene entsprechen und dauernd saubergehalten werden. ...

Unbeschadet der Bade- und Duschanlagen, die in den Lagern einzurichten sind, werden den Kriegsgefangenen für ihre tägliche Körperpflege und die Reinigung ihrer Wäsche genügend Wasser und Seife geliefert; die hierfür notwendigen Einrichtungen und Hilfsmittel sowie die notwendige Zeit werden ihnen gewährt.

Artikel 31 [Regelmäßige Untersuchungen]

Mindestens einmal monatlich werden die Kriegsgefangenen ärztlich untersucht. Diese Untersuchung umfasst die Kontrolle und Aufzeichnung des Gewichtes jedes Kriegsgefangenen. Ihr Zweck ist insbesondere, den allgemeinen Gesundheits-, Ernährungs- und Sauberkeitszustand zu überwachen sowie ansteckende Krankheiten, namentlich Tuberkulose, Malaria und Geschlechtskrankheiten, festzustellen. Dazu gelangen die wirksamsten zur Verfügung stehenden Methoden zur Anwendung, zum Beispiel die periodische Reihenröntgenaufnahme auf Mikrofilm zur frühzeitigen Entdeckung von Tuberkulosefällen.

Kapitel IV Zur Betreuung der Kriegsgefangenen zurückgehaltenes Sanitäts- und Seelsorgepersonal

Artikel 33 [Rechtsstellung und Behandlung]

Die vom Gewahrsamsstaat zum Zwecke der Betreuung der Kriegsgefangenen zurückgehaltenen Mitglieder des Sanitäts- und Seelsorgepersonals gelten nicht als Kriegsgefangene. Sie genießen jedoch zumindest alle in dem vorliegenden Abkommen vorgesehenen Vergünstigungen und den Schutz desselben sowie alle nötigen Erleichterungen, um den Kriegsgefangenen ärztliche Pflege und geistlichen Beistand geben zu können.

... Für die Ausübung ihrer ärztlichen oder seelsorgerischen Tätigkeit stehen ihnen ferner folgende Erleichterungen zu:

a) Sie sind berechtigt, die Kriegsgefangenen, die sich in Arbeitsgruppen oder in außerhalb des Lagers liegenden Lazaretten befinden, regelmäßig zu besuchen. Die Gewahrsamsmacht stellt ihnen zu diesem Zweck die nötigen Beförderungsmittel zur Verfügung.

b) In jedem Lager ist der dienstälteste Militärarzt des höchsten Dienstgrades den militärischen Behörden des Lagers für die gesamte Tätigkeit des zurückgehaltenen Sanitätspersonals verantwortlich. Zu diesem Zweck verständigen sich die am Konflikt beteiligten Parteien schon bei Beginn der Feindseligkeiten über die vergleichbaren Dienstgrade ihres Sanitätspersonals, einschließlich desjenigen, der in Artikel 26 des Genfer Abkommens vom 12. August 1949 zur Verbesserung des Loses der Verwundeten und Kranken der Streitkräfte im Felde bezeichneten Gesellschaften. Für alle ihre Aufgaben betreffend Fragen haben dieser Arzt sowie die Feldgeistlichen unmittelbaren Zutritt zu den zuständigen Lagerbehörden. Diese gewähren ihnen alle Erleichterungen, die für den mit diesen Fragen zusammenhängenden Schriftwechsel erforderlich sind.

c) Obwohl das zurückgehaltene Personal der Disziplin des Aufenthaltslagers unterstellt ist, kann es zu keiner mit seiner ärztlichen oder seelsorgerischen Tätigkeit nicht im Zusammenhang stehenden Arbeit gezwungen werden.

Im Verlauf der Feindseligkeiten verständigen sich die am Konflikt beteiligten Parteien über eine etwaige Ablösung des zurückgehaltenen Personals und legen die Art ihrer Durchführung fest.

...

Artikel 38 [Unterhaltung, Erziehung, Sport]

... Den Kriegsgefangenen muß die Möglichkeit zu körperlichen Übungen, einschließlich Sport und Spiele, und zum Aufenthalt im Freien geboten werden. Zu diesem Zwecke sind in allen Lagern genügend offene Plätze zur Verfügung zu stellen.

Abschnitt III Arbeit der Kriegsgefangenen

Artikel 49

[Allgemeines]

Der Gewahrsamsstaat kann die gesunden Kriegsgefangenen unter Berücksichtigung ihres Alters, ihres Geschlechts, ihres Dienstgrades sowie ihrer körperlichen Fähigkeiten zu Arbeiten heranziehen, besonders um sie in gutem körperlichen und moralischen Gesundheitszustand zu erhalten.

[Unteroffiziere]

Die Kriegsgefangenen Unteroffiziere dürfen nur zu Aufsichtsdiensten herangezogen werden. Diejenigen, die nicht dazu benötigt werden, können um eine andere ihnen zusagende Arbeit nachsuchen, die ihnen nach Möglichkeit zu verschaffen ist.

[Offiziere]

Falls Offiziere oder ihnen Gleichgestellte um eine ihnen zusagende Arbeit nachsuchen, ist sie ihnen nach Möglichkeit zu verschaffen. Auf keinen Fall dürfen sie jedoch zur Arbeit gezwungen werden.

Artikel 50 [Erlaubte Arbeiten]

Außer den Arbeiten, die mit der Verwaltung, der Einrichtung und der Instandhaltung ihres Lagers in Zusammenhang stehen, dürfen die Kriegsgefangenen nur zu Arbeiten angehalten werden, die unter eine der nachfolgend angeführten Kategorien fallen:

a) Landwirtschaft;
b) Industrien, die sich mit dem Abbau oder der Erzeugung von Rohstoffen oder der Herstellung von Gütern befassen, mit Ausnahme der metallurgischen, der chemischen oder der Maschinenbauindustrie; öffentliche Arbeiten und Bauarbeiten, sofern sie nicht militärischen Charakter oder eine militärische Bestimmung haben;
c) Transport- und Lager-Arbeiten ohne militärischen Charakter oder militärische Bestimmung;
d) Kommerzielle, künstlerische oder handwerkliche Betätigung;
e) Häusliche Dienste;
f) Öffentliche Dienste ohne militärischen Charakter oder militärische Bestimmung.

Im Falle einer Verletzung dieser vorgenannten Bestimmungen steht den Kriegsgefangenen gemäß Artikel 78 das Recht zu, Beschwerde zu führen.

Artikel 51 [Arbeitsbedingungen]

... Der Gewahrsamsstaat, der die Arbeit der Kriegsgefangenen in Anspruch nimmt, wacht darüber, daß in den Gebieten, wo diese Gefangenen arbeiten, die Landesgesetze über den Arbeitsschutz und insbesondere die Vorschriften über die Sicherheit der Arbeiter eingehalten werden. ...

Auf keinen Fall werden die Arbeitsbedingungen durch Disziplinarmaßnahmen verschärft.

Artikel 52 [Gefährliche oder erniedrigende Arbeiten]

Kein Kriegsgefangener wird für ungesunde oder gefährliche Arbeiten verwendet, es sei denn, er melde sich freiwillig.

Kein Kriegsgefangener wird zu Arbeiten herangezogen, die für ein Mitglied der Streitkräfte des Gewahrsamsstaates als erniedrigend angesehen würden.

Das Entfernen von Minen oder anderen ähnlichen Vorrichtungen gilt als gefährliche Arbeit.

Abschnitt V Beziehungen der Kriegsgefangenen zur Außenwelt

Artikel 70 [Gefangenschaftskarte]

Jedem Kriegsgefangenen wird unmittelbar nach seiner Gefangennahme, spätestens aber eine Woche nach seiner Ankunft in einem Lager, Gelegenheit gegeben, unmittelbar an seine Familie und an die in Artikel 123 vorgesehene Zentralstelle für Kriegsgefangene je eine Karte zu senden, die möglichst dem diesem Abkommen beigefügten Muster entspricht und die Empfänger von seiner Gefangenschaft, seiner Anschrift und seinem Gesundheitszustand in Kenntnis setzt; dies gilt auch, wenn es sich um ein Durchgangslager handelt, sowie in allen Fällen von Krankheit oder Verlegung in ein Lazarett oder ein anderes Lager. Die Beförderung dieser Karten erfolgt so schnell wie möglich und darf in keiner Weise verzögert werden.

Artikel 71 [Schriftwechsel]

Die Kriegsgefangenen sind ermächtigt, Briefe und Postkarten abzuschicken und zu empfangen. Erachtet der Gewahrsamsstaat für notwendig, die Zahl der von jedem Kriegsgefangenen abgesandten Briefe und Postkarten zu beschränken, so darf die zugelassene monatliche Anzahl nicht geringer sein als zwei Briefe und vier Postkarten (ohne Anrechnung der in Artikel 70 vorgesehenen Karten), ...

Artikel 76 [Zensur]

Die Zensur des an die Kriegsgefangenen gerichteten und von ihnen abgeschickten Schriftwechsels wird so schnell wie möglich vorgenommen. Sie darf nur von den Absende- und den Empfangsstaaten durchgeführt werden, und zwar von jedem nur einmal.

[Kontrolle]

Die Durchsicht der für die Kriegsgefangenen bestimmten Sendungen darf nicht unter Bedingungen erfolgen, welche die darin enthaltenen Lebensmittel dem Verderb aussetzen, und wird, außer wenn es sich um Schriftstücke oder Drucksachen handelt, in Gegenwart des Empfängers oder eines von ihm ordnungsgemäß beauftragten Kameraden vorgenommen. Die Aushändigung der Einzel- oder Sammelsendungen an die Kriegsgefangenen darf nicht unter dem Vorwand von Zensurschwierigkeiten verzögert werden.

[Schriftwechselverbot]

Ein von einer am Konflikt beteiligten Partei aus militärischen oder politischen Gründen erlassenes Schriftwechselverbot darf nur vorübergehender Art sein und wird so kurz wie möglich befristet.

Artikel 77 [Erstellung und Weiterleitung von Urkunden]

... In allen Fällen erleichtern die Gewahrsamsmächte den Kriegsgefangenen die Erstellung dieser Dokumente; sie gestatten ihnen insbesondere den Verkehr mit einem Rechtsanwalt und veranlassen das Nötige, um die Echtheit ihrer Unterschrift beglaubigen zu lassen.

Abschnitt VI Beziehungen der Kriegsgefangenen zu den Behörden

Kapitel I Beschwerden der Kriegsgefangenen über die Gefangenschaftsbedingungen

Artikel 78 [Anliegen und Beschwerden]

Die Kriegsgefangenen haben das Recht, den militärischen Behörden, in deren Gewalt sie sich befinden, ihre Anliegen betreffend die Gefangenschaftsbedingungen, denen sie unterstellt sind, vorzubringen.

Sie haben ferner das unbeschränkte Recht, sich entweder durch Vermittlung des Vertrauensmannes oder, wenn sie es für notwendig erachten, unmittelbar an die Vertreter der Schutzmächte zu wenden, um ihnen die Punkte zur Kenntnis zu bringen, über welche sie Beschwerden hinsichtlich der Gefangenschaftsbedingungen vorzubringen haben.

Diese Anliegen und Beschwerden unterliegen keiner Beschränkung und werden nicht auf die in Artikel 71 genannte Zahl von Postsendungen angerechnet. Sie werden beschleunigt weitergeleitet. Selbst wenn sie sich als unbegründet erweisen, dürfen sie nicht Anlass zu irgendeiner Bestrafung geben.

Die Vertrauensleute können den Vertretern der Schutzmächte regelmäßig Berichte über die Lage in den Lagern und über die Bedürfnisse der Kriegsgefangenen zustellen.

Kapitel II Vertreter der Kriegsgefangenen

Artikel 79 [Wahl der Vertrauensleute]

In allen Orten, in denen sich Kriegsgefangene befinden, mit Ausnahme derjenigen, wo Offiziere sind, wählen die Gefangenen alle sechs Monate und gleicherweise bei Vakanzen in freier und geheimer Wahl Vertrauensleute, die mit ihrer Vertretung bei den militärischen Behörden, den Schutzmächten, dem Internationalen Komitee vom Roten Kreuz und jeder sonstigen Hilfsorganisation für Kriegsgefangene beauftragt sind. Diese Vertrauensleute sind wiederwählbar.

In den Lagern der Offiziere und der ihnen Gleichgestellten oder in den gemischten Lagern wird der älteste kriegsgefangene Offizier des höchsten Dienstgrades als Vertrauensmann anerkannt. In den Offizierslagern wird er durch einen oder mehrere von den Offizieren gewählte Berater unterstützt; in den gemischten Lagern werden diese Gehilfen den Kriegsgefangenen, die nicht Offiziere sind, entnommen und von diesen gewählt.

Den Arbeitslagern für Kriegsgefangene werden kriegsgefangene Offiziere der gleichen Nationalität zugeteilt, um die den Kriegsgefangenen obliegenden Verwaltungsaufgaben der Lager zu übernehmen. Im übrigen können diese Offiziere ... zu Vertrauensleuten gewählt werden. In diesem Falle werden die Gehilfen des Vertrauensmannes den Kriegsgefangenen, die nicht Offiziere sind, entnommen.

Jeder Vertrauensmann muss, bevor er seine Funktionen ausüben kann, vom Gewahrsamsstaat genehmigt werden. .....

Auf jeden Fall muss der Vertrauensmann die gleiche Nationalität besitzen, die gleiche Sprache sprechen und dieselben Gebräuche pflegen wie die Kriegsgefangenen, die er vertritt. ...

Artikel 80 [Aufgaben der Vertrauensleute]

... Die Vertrauensleute können nicht lediglich auf Grund ihres Amtes für die von den Kriegsgefangenen begangenen strafbaren Handlungen verantwortlich gemacht werden.

Artikel 81 [Vorrechte der Vertrauensleute]

Die Vertrauensleute werden zu keiner anderen Arbeit gezwungen, wenn dies die Erfüllung ihrer Aufgaben erschweren könnte. ...

Kapitel III Straf- und Disziplinarmaßnahmen

Artikel 84 [Gerichte]

Ein Kriegsgefangener darf nur vor ein Militärgericht gestellt werden, außer wenn die Rechtsvorschriften des Gewahrsamsstaates ausdrücklich die Zivilgerichte zur Aburteilung eines Mitglieds der Streitkräfte des Gewahrsamsstaates für die gleiche strafbare Handlung wie die von dem Kriegsgefangenen begangene als zuständig erklären.

...

Artikel 85 [Vor der Gefangennahme begangene Straftaten]

Die Kriegsgefangenen, die auf Grund der Rechtsvorschriften des Gewahrsamsstaates für Handlungen, die sie vor ihrer Gefangennahme begangen haben, verfolgt werden, bleiben, auch wenn sie verurteilt werden, im Genuss der im vorliegenden Abkommen vorgesehenen Vergünstigungen.

Artikel 86 ["ne bis in idem"]

Ein Kriegsgefangener darf nicht mehr als einmal für dieselbe Handlung oder auf Grund derselben Anklage bestraft werden.

Artikel 87 [Verbot von Sammelstrafen]

...

Sämtliche Kollektivstrafen für Handlungen einzelner, sämtliche Körperstrafen, jede Einkerkerung in Räumen ohne Tageslicht und ganz allgemein jede Art von Folter und Grausamkeit sind untersagt.

[Kein Dienstgradverbot]

Im Übrigen darf der Gewahrsamsstaat keinen Kriegsgefangenen seines Dienstgrades entheben oder am Tragen seiner Dienstgradabzeichen hindern.

Artikel 89 [Arten der Strafen]

Die auf Kriegsgefangene anwendbaren Disziplinarstrafen sind die folgenden:

1. Buße bis zu 50 v.H. des Soldvorschusses und des Arbeitsentgelts, wie sie in Artikel 60 und 62 vorgesehen sind, und zwar nur während einer Zeitspanne von höchstens dreißig Tagen;
2. Entzug von Vorteilen, welche über die im vorliegenden Abkommen vorgesehene Behandlung hinausgehend gewährt wurden;
3. Arbeitsdienst von höchstens zwei Stunden täglich;
4. Arrest.

Die unter Ziffer 3 vorgesehene Strafe darf jedoch nicht auf Offiziere angewendet werden.

Keinesfalls dürfen Disziplinarstrafen unmenschlich, grausam oder für die Gesundheit der Kriegsgefangenen gefährlich sein.

Artikel 90 [Dauer der Strafen]

Die Dauer einer einzigen Strafe darf dreißig Tage nicht überschreiten. In Disziplinarfällen wird die vor der Verhandlung oder der Verhängung der Strafe in Untersuchungshaft verbrachte Zeit von der verhängten Strafe abgezogen.

...

Zwischen dem Disziplinarentscheid und seinem Vollzug darf nicht mehr als ein Monat verstreichen.

Wird über einen Kriegsgefangenen eine weitere Disziplinarstrafe verhängt, so muss zwischen dem Vollzug jeder der Strafen ein Zeitraum von mindestens drei Tagen liegen, sobald eine von ihnen neun Tage überschreitet.

Artikel 91 [Gelungene Flucht]

Die Flucht eines Kriegsgefangenen gilt als gelungen,

1. wenn er die Streitkräfte der Macht, von der er abhängt, oder einer verbündeten Macht erreicht hat;
2. wenn er das in der Gewalt des Gewahrsamsstaates oder einer mit diesem verbündeten Macht befindliche Gebiet verlassen hat.

...

Kriegsgefangene, denen im Sinne dieses Artikels die Flucht gelungen ist, die aber neuerdings in Gefangenschaft geraten, dürfen wegen ihrer früheren Flucht nicht bestraft werden.

Artikel 92 [Fluchtversuch]

Ein Kriegsgefangener, der einen Fluchtversuch unternimmt und wieder ergriffen wird, bevor seine Flucht im Sinne von Artikel 91 gelungen ist, darf für diese Handlung, selbst im Wiederholungsfalle, lediglich disziplinarisch bestraft werden.

...

Ungeachtet von Artikel 88 Absatz 4 (Anmerkung: Kriegsgefangene, die eine Disziplinar- oder Gerichtsstrafe verbüßt haben, werden nicht anders behandelt als die übrigen Kriegsgefangenen.) können wegen eines misslungenen Fluchtversuches bestrafte Kriegsgefangene einer besonderen Aufsicht unterstellt werden, jedoch nur unter der Bedingung, dass diese Überwachung ihren Gesundheitszustand nicht beeinträchtigt, in einem Kriegsgefangenenlager durchgeführt wird und keinen Entzug irgendwelcher ihnen durch das vorliegende Abkommen verbürgter Rechte umfasst.

Artikel 93 [Straftaten bei Fluchten]

...

Kriegsgefangene, die sich einzig und allein in der Absicht, ihre Flucht zu erleichtern, einer strafbaren Handlung schuldig machen, ohne dabei gegen Personen Gewalt anzuwenden, wie etwa einer strafbaren Handlung gegen das öffentliche Eigentum, des Diebstahls ohne Bereicherungsabsicht, der Herstellung und Verwendung falscher Papiere, des Tragens von Zivilkleidern, dürfen, entsprechend dem in Artikel 83 aufgestellten Grundsatz, nur disziplinarisch bestraft werden.

Kriegsgefangene, die an einer Flucht oder an einem Fluchtversuch mitgewirkt haben, dürfen deswegen nur disziplinarisch bestraft werden.

Artikel 99 [“nulla poena sine lege"]

Kein Kriegsgefangener darf wegen einer Handlung gerichtlich verfolgt oder verurteilt werden, die zur Zeit ihrer Begehung nicht ausdrücklich durch in Kraft befindliche Gesetze des Gewahrsamsstaates oder geltendes Völkerrecht verboten war.

[Verbot der Zwangsausübung]

Auf einen Kriegsgefangenen darf keinerlei körperlicher oder seelischer Zwang ausgeübt werden, um ihn dazu zu bringen, sich der Handlung, deren er angeklagt ist, schuldig zu bekennen.

[Verteidigung]

Kein Kriegsgefangener darf verurteilt werden, ohne die Möglichkeit zu seiner Verteidigung und den Beistand eines geeigneten Verteidigers gehabt zu haben.

Artikel 100 [Todesstrafe]

Den Kriegsgefangenen und den Schutzmächten ist so früh wie möglich mitzuteilen, für welche strafbaren Handlungen die Rechtsvorschriften des Gewahrsamsstaates die Todesstrafe vorsehen.

Nachträglich kann ohne Einwilligung der Macht, von der die Gefangenen abhängen, die Todesstrafe auf keine weitere strafbare Handlung mehr erstreckt werden. ...

Artikel 101 [Frist zur Vollstreckung der Todesstrafe]

Wird gegen einen Kriegsgefangenen die Todesstrafe ausgesprochen, so wird das Urteil nicht vollstreckt vor Ablauf einer Frist von mindestens sechs Monaten, von dem Zeitpunkt an gerechnet, in dem die Schutzmacht unter der angegebenen Anschrift die in Artikel 107 vorgesehene ausführliche Mitteilung erhalten hat.

Artikel 103 [Untersuchungshaft]

... Die Untersuchungshaft darf auf keinen Fall länger als drei Monate dauern.

Artikel 104 [Mitteilung gerichtlicher Verfahren]

In allen Fällen, in denen sich der Gewahrsamsstaat für die Einleitung einer gerichtlichen Verfolgung entschieden hat, hat er dies der Schutzmacht so schnell wie möglich, mindestens jedoch drei Wochen vor Verhandlungsbeginn, bekanntzugeben. Diese Frist von drei Wochen läuft erst von dem Augenblick an, in dem die Schutzmacht unter der von ihr dem Gewahrsamsstaat vorher bekanntgegebenen Anschrift die Mitteilung erhalten hat ...

Artikel 106 [Rechtsmittel]

Jeder Kriegsgefangene hat das Recht, unter den gleichen Bedingungen, die auch für die Mitglieder der Streitkräfte des Gewahrsamsstaates gelten, gegen das gegen ihn ergangene Urteil Berufung oder Revision einzulegen. ...

Artikel 114 [Arbeitsunfälle]

Kriegsgefangene, die einen Unfall erlitten haben, kommen, außer wenn es sich um Selbstverstümmelung handelt, in den Genuss der Bestimmungen des vorliegenden Abkommens in Bezug auf ihre Heimschaffung oder etwaige Hospitalisierung in einem neutralen Lande.

Artikel 117 [Verwendung nach Heimschaffung]

Ein Heimgeschaffter darf im aktiven Militärdienst nicht mehr verwendet werden.

Artikel 122 [Nationales Auskunftsbüro]

Bei Ausbruch eines Konflikts und in allen Fällen einer Besetzung richtet jede der am Konflikt beteiligten Parteien ein amtliches Auskunftsbüro für die in ihrer Hand befindlichen Kriegsgefangenen ein; das gleiche gilt für die neutralen oder nicht-kriegführenden Mächte hinsichtlich derjenigen Personen, die einer der in Artikel 4 aufgeführten Kategorien angehören und die sie in ihr Gebiet aufgenommen haben. ...

... Das Auskunftsbüro leitet diese Auskünfte durch Vermittlung der Schutzmächte einerseits und der in Artikel 123 vorgesehenen Zentralstellen andererseits unverzüglich auf schnellstem Wege an die betreffenden Mächte weiter. ...

Artikel 123 [Zentralauskunftsstellen]

Eine Zentralauskunftsstelle für Kriegsgefangene wird in einem neutralen Land geschaffen. Das Internationale Komitee vom Roten Kreuz wird den in Frage kommenden Mächten, sofern es ihm notwendig erscheint, die Organisation dieser Zentralstelle vorschlagen. ...

Teil VI Durchführung des Abkommens

Abschnitt I Allgemeine Bestimmungen

Artikel 126 [Kontrollen]

Die Vertreter oder Delegierten der Schutzmächte sind ermächtigt, sich an alle Orte zu begeben, wo sich Kriegsgefangene aufhalten, namentlich an alle Internierungs-, Gefangenhaltungs- und Arbeitsorte; sie haben zu allen von Kriegsgefangenen benutzten Räumlichkeiten Zutritt. Sie sind ebenfalls ermächtigt, sich an die Anfahrts-, Durchfahrts- und Ankunftsorte von verlegten Kriegsgefangenen zu begeben. Sie können sich als Zeugen mit den Gefangenen und besonders mit ihrem Vertrauensmann unterhalten, wenn nötig durch Vermittlung eines Dolmetschers.

Den Vertretern und Delegierten der Schutzmächte wird in der Wahl der Orte, die sie besuchen wünschen, jede Freiheit gelassen. Dauer und Zahl dieser Besuche werden nicht eingeschränkt. Diese Besuche dürfen nur aus zwingenden militärischen Gründen und nur ausnahmsweise und vorübergehend untersagt werden.

Der Gewahrsamsstaat und die Macht, von der die Kriegsgefangenen abhängen, können gegebenenfalls übereinkommen, Mitbürger dieser Kriegsgefangenen zur Teilnahme an solchen Besuchen zuzulassen.

Die Delegierten des Internationalen Komitees vom Roten Kreuz genießen die gleichen Vorrechte. Die Ernennung dieser Delegierten bedarf der Genehmigung der Macht, in deren Hand sich die zu besuchenden Kriegsgefangenen befinden.

Diesem Abkommen sind drei Anhänge beigelegt:

Anhang I Muster-Vereinbarung über die direkte Heimschaffung von verwundeten und kranken Kriegsgefangenen und die Hospitalisierung in einem neutralen Land

Anhang II Regelung über die gemischten ärztlichen Ausschüsse

Anhang III Regelung über Sammel-Hilfssendungen für Kriegsgefangene.

Genfer Abkommen vom 12. August 1949 zum Schutze von Zivilpersonen in Kriegszeiten

Anmerkung: In den Beziehungen zwischen den Mitgliedstaaten der „Abkommen, betreffend die Gesetze und Gebräuche des Landkrieges vom 29. Juli 1899" oder „vom 18. Oktober 1907" ergänzt es den Zweiten und Dritten Abschnitt der diesen Abkommen anliegenden „Ordnung der Gesetze und Gebräuche des Landkrieges" (so in Artikel 154 des Abkommens). Das vorliegende Abkommen wurde ergänzt durch die beiden Zusatzprotokolle vom 10.6.1977.

Artikel 4

[Persönlicher Anwendungsbereich]

Durch das Abkommen werden die Personen geschützt, die sich im Falle eines Konflikts oder einer Besetzung zu irgendeinem Zeitpunkt und gleichgültig auf welche Weise im Machtbereich einer am Konflikt beteiligten Partei oder einer Besatzungsmacht befinden, deren Angehörige sie nicht sind.

[Nicht geschützte Personen]

Die Angehörigen eines Staates, der durch das Abkommen nicht gebunden ist, werden durch das Abkommen nicht geschützt. Die Angehörigen eines neutralen Staates, die sich auf dem Gebiete eines kriegführenden Staates befinden, und die Angehörigen eines mitkriegführenden Staates werden nicht als geschützte Personen betrachtet, solange der Staat, dem sie angehören, eine normale diplomatische Vertretung bei dem Staate unterhält, in dessen Machtbereich sie sich befinden.

[Subsidiäre Geltung]

Personen, die durch das Genfer Abkommen vom 12. August 1949 zur Verbesserung des Loses der Verwundeten und Kranken der Streitkräfte im Felde oder durch das Genfer Abkommen vom 12. August 1949 zur Verbesserung des Loses der Verwundeten, Kranken und Schiffbrüchigen der Streitkräfte zur See oder durch das Genfer Abkommen vom 12. August 1949 über die Behandlung der Kriegsgefangenen geschützt sind, gelten nicht als geschützte Personen im Sinne des vorliegenden Abkommens.

Artikel 5 [Entzug des Schutzes]

Hat eine am Konflikt beteiligte Partei wichtige Gründe anzunehmen, dass eine auf ihrem Gebiet befindliche und durch das vorliegende Abkommen geschützte Einzelperson unter dem begründeten Verdacht steht, eine der Sicherheit des Staates abträgliche Tätigkeit zu betreiben, oder ist festgestellt, dass sie sich tatsächlich einer derartigen Tätigkeit widmet, so kann sich die betreffende Person nicht auf durch das vorliegende Abkommen eingeräumte Rechte und Vorrechte berufen, die, würden sie zugunsten dieser Person angewendet, der Sicherheit des Staates abträglich wären.

Wird in einem besetzten Gebiet eine durch das Abkommen geschützte Person als **Spion** oder Saboteur oder unter dem begründeten Verdacht festgenommen, eine der Sicherheit der Besatzungsmacht abträgliche Tätigkeit zu betreiben, so kann eine solche Person in Fällen, in denen dies aus militärischen Sicherheitsgründen unbedingt erforderlich ist, der Rechte auf Benutzung der im vorliegenden Abkommen vorgesehenen Mitteilungswege für verlustig erklärt werden.

...

Artikel 13 [Allgemeiner Schutz]

Die Bestimmungen dieses Teiles beziehen sich auf die Gesamtheit der Bevölkerung von Ländern, die in einen Konflikt verwickelt sind, ..., und zielen darauf ab, die durch den Krieg verursachten Leiden zu mildern.

Artikel 14 [Sanitäts- und Sicherheitszonen]

Schon in Friedenszeiten können die Hohen Vertragsparteien und nach Eröffnung der Feindseligkeiten die am Konflikt beteiligten Parteien, auf ihrem eigenen und, wenn nötig, auf besetztem Gebiet Sanitäts- und Sicherheitszonen und -orte errichten, die so eingerichtet sind, dass sie Verwundeten und Kranken, Gebrechlichen und betagten Personen, Kindern unter 15 Jahren, schwangeren Frauen und Müttern von Kindern unter 7 Jahren Schutz vor den Folgen des Krieges bieten.

Vom Ausbruch eines Konflikts an und während seiner Dauer können die beteiligten Parteien unter sich Vereinbarungen zur Anerkennung der von ihnen etwa errichteten Sanitäts- und Sicherheitszonen und -orte treffen ...

Die Schutzmächte und das Internationale Komitee vom Roten Kreuz werden eingeladen, ihre guten Dienste zu leihen, um die Errichtung und Anerkennung dieser Sanitäts- und Sicherheitszonen und -orte zu erleichtern.

[Neutrale Zonen] (siehe auch Artikel 60 I. ZP)

Jede an einem Konflikt beteiligte Partei kann entweder unmittelbar oder durch Vermittlung eines neutralen Staates oder einer humanitären Organisation der gegnerischen Partei vorschlagen, in den Kampfgebieten neutralisierte Zonen zu errichten, die dazu bestimmt sind, den folgenden Personen ohne jegliche Unterscheidung Schutz vor den Gefahren des Krieges zu gewähren:

a) Den verwundeten und kranken Kombattanten und Nichtkombattanten;
b) Den Zivilpersonen, die nicht an den Feindseligkeiten teilnehmen und sich während ihres Aufenthalts in diesen Zonen keiner Arbeit militärischer Art widmen.

Sobald sich die am Konflikt beteiligten Parteien über die geographische Lage, Verwaltung, Versorgung und Kontrolle der in Aussicht genommenen neutralisierten Zone verständigt haben, wird eine schriftliche und von den Vertretern der am Konflikt beteiligten Parteien unterzeichnete Vereinbarung getroffen. Diese setzt den Anfang und die Dauer der Neutralisierung der Zone fest.

Artikel 17 [Evakuierung]

Die am Konflikt beteiligten Parteien werden sich bemühen, örtlich begrenzte Übereinkünfte zur Evakuierung der Verwundeten, Kranken, Gebrechlichen, Greise, Kinder und Wöchnerinnen aus einer belagerten oder eingeschlossenen Zone und zum Durchlass der Geistlichen aller Bekenntnisse sowie des Sanitätspersonals und -materials zu treffen, die sich auf dem Wege nach dieser Zone befinden.

Artikel 18 [Schutz der Zivilkrankenhäuser]

Zivilkrankenhäuser, die zur Pflege von Verwundeten, Kranken, Gebrechlichen und Wöchnerinnen eingerichtet sind, dürfen unter keinen Umständen das Ziel von Angriffen sein; sie werden von den am Konflikt beteiligten Parteien jederzeit geschont und geschützt.

Die an einem Konflikt beteiligten Staaten stellen allen Zivilkrankenhäusern eine Urkunde aus, die ihre Eigenschaft als Zivilkrankenhaus bezeugt und feststellt, dass die von ihnen benutzten Gebäude nicht zu Zwecken gebraucht werden, welche sie im Sinne von Artikel 19 des Schutzes berauben könnten.

Die Zivilkrankenhäuser müssen, sofern sie vom Staate dazu ermächtigt sind, Mittels des Schutzzeichens, wie es Artikel 38 des Genfer Abkommens vom 12. August 1949 zur Verbesserung des Loses der Verwundeten und Kranken der Streitkräfte im Felde vorsieht, gekennzeichnet sein.

...

Artikel 19 [Verwirkung des Schutzes]

Der den Zivilkrankenhäusern gebührende Schutz darf ihnen nur dann entzogen werden, wenn sie außerhalb ihrer humanitären Bestimmung dazu verwendet werden, den Feind schädigende Handlungen zu begehen. Jedoch darf ihnen der Schutz erst entzogen werden, nachdem eine Warnung, die in allen Fällen, soweit angängig, eine angemessene Frist setzen muss, unbeachtet geblieben ist.

Die Pflege von verwundeten oder kranken Militärpersonen oder die Aufbewahrung von Handwaffen und von Munition, die diesen Personen abgenommen und der zuständigen Dienststelle noch nicht übergeben wurden, darf nicht als eine dem Feind schädigende Handlung betrachtet werden.

Artikel 21 [Transporte] (siehe Art. 21 bis 31 I. ZP)

Fahrzeugkolonnen oder Lazarettzüge zu Lande oder besonders ausgerüstete Schiffe zur See mit verwundeten und kranken Zivilpersonen, Gebrechlichen und Wöchnerinnen werden auf gleiche Weise geschont und geschützt wie die in Artikel 18 erwähnten Krankenhäuser. ... (*Anmerkung: Kennzeichnungspflicht durch Schutzzeichen!*).

Artikel 23 [Materialsendungen]

Jede Vertragspartei gewährt allen Sendungen von Arzneimitteln und Sanitätsmaterial sowie allen für den Gottesdienst notwendigen Gegenständen, die ausschließlich für die Zivilbevölkerung einer anderen Vertragspartei, selbst einer feindlichen, bestimmt sind, freien Durchlass. Auch allen Sendungen von unentbehrlichen Lebensmitteln, von Kleidung und von Stärkungsmitteln, die Kindern unter 15 Jahren, schwangeren Frauen und Wöchnerinnen vorbehalten sind, wird freier Durchlass gewährt.

Eine Vertragspartei ist nur dann verpflichtet, die im vorstehenden Absatz erwähnten Sendungen ungehindert durchzulassen, wenn sie die Gewissheit besitzt, keinen triftigen Grund zur Befürchtung haben zu müssen,

a) die Sendungen könnten ihrer Bestimmung entfremdet werden, oder
b) die Kontrolle könnte nicht wirksam sein, oder
c) der Feind könnte daraus einen offensichtlichen Vorteil für seine militärischen Anstrengungen und seine Wirtschaft ziehen, ...

Die Macht, die den Durchlass der in Absatz 1 dieses Artikels erwähnten Sendungen genehmigt, kann ihre Genehmigung von der Bedingung abhängig machen, dass die Verteilung an die Nutznießer an Ort und Stelle von den Schutzmächten überwacht werde.

...

Artikel 25 [Familienschriftwechsel]

... Wenn die am Konflikt beteiligten Parteien es für nötig erachten, diesen Familienschriftwechsel einzuschränken, können sie höchstens die Anwendung von einheitlichen Formblättern vorschreiben, die 25 frei gewählte Wörter enthalten, und den Gebrauch dieser Formblätter auf eine einmalige Sendung je Monat begrenzen.

Artikel 27

[Allgemeiner Schutz] (siehe Art. 75 I. ZP und Art. 4 II. ZP)

Die geschützten Personen haben unter allen Umständen Anspruch auf Achtung ihrer Person, ihrer Ehre, ihrer Familienrechte, ihrer religiösen Überzeugungen und Gepflogenheiten, ihrer Gewohnheiten und Gebräuche. Sie werden jederzeit mit Menschlichkeit behandelt und insbesondere vor Gewalttätigkeit oder Einschüchterung, vor Beleidigungen und der öffentlichen Neugier geschützt.

[Frauen] (siehe Art. 76 I. ZP)

Die Frauen werden besonders vor jedem Angriff auf ihre Ehre und namentlich vor Vergewaltigung, Nötigung zur gewerbsmäßigen Unzucht und jeder unzüchtigen Handlung geschützt.

...

[Sicherheitsmaßnahmen]

Jedoch können die am Konflikt beteiligten Parteien in Bezug auf die geschützten Personen diejenigen Kontroll- und Sicherheitsmaßnahmen ergreifen, die sich infolge des Krieges als notwendig erweisen.

(Anmerkung: wie Errichtung von Sperrzonen, Meldepflicht, Ausgangssperre etc.)

Artikel 28 [Gefahrenzonen]

Die Anwesenheit einer geschützten Person darf nicht dazu benutzt werden, Kampfhandlungen von gewissen Punkten oder Gebieten fernzuhalten.

Artikel 31 [Verbot von Zwangsanwendung]

Auf die geschützten Personen darf keinerlei körperlicher oder seelischer Zwang ausgeübt werden, namentlich nicht, um von ihnen oder dritten Personen Auskünfte zu erlangen.

Artikel 32 [Verbot von körperlichen Strafen und Grausamkeiten] (siehe Art. 75 I. ZP und Art. 4 II. ZP).

Den Hohen Vertragsparteien ist jede Maßnahme, die körperliche Leiden oder den Tod der in ihrem Machtbereich befindlichen geschützten Personen zur Folge haben könnte, ausdrücklich untersagt. Dieses Verbot betrifft nicht nur Tötung, Folterung, körperliche Strafen, Verstümmelungen und medizinische oder wissenschaftliche, nicht durch ärztliche Behandlung einer geschützten Person gerechtfertigte biologische Versuche, sondern auch alle anderen Grausamkeiten, gleichgültig, ob sie durch zivile Bedienstete oder Militärpersonen begangen werden.

Artikel 33

[Verbot von Sammelstrafen] (siehe Art. 73 I. ZP)

Keine geschützte Person darf wegen einer Tat bestraft werden, die sie nicht persönlich begangen hat. Kollektivstrafen sowie jede Maßnahme zur Einschüchterung oder Terrorisierung sind untersagt.

[Verbot der Plünderung]

Plünderungen sind untersagt.

[Verbot von Vergeltungsmaßnahmen]

Vergeltungsmaßnahmen gegen geschützte Personen und ihr Eigentum sind untersagt.

Artikel 34 [Verbot von Geiselnahme]

Das Festnehmen von **Geiseln** ist untersagt.

Artikel 40 [Arbeit]

Geschützte Personen dürfen nur im gleichen Ausmaß wie die Angehörigen der am Konflikt beteiligten Partei, auf deren Gebiet sie sich befinden, zur Arbeit gezwungen werden.

Sind die geschützten Personen feindlicher Nationalität, so dürfen sie nur zu Arbeiten gezwungen werden, die normalerweise zur Sicherstellung der Ernährung, der Unterbringung, der Bekleidung, der Beförderung und der Gesundheit von Menschen nötig sind und die nicht in unmittelbarem Zusammenhang mit der Durchführung der Kampfhandlungen stehen. ...

Artikel 41 [Zwangsaufenthalt, Internierung]

Erachtet die Macht, in deren Machtbereich die geschützten Personen sich befinden, die im vorliegenden Abkommen erwähnten Kontrollmaßnahmen als ungenügend, so bilden Zuweisung eines Zwangsaufenthaltes oder Internierung gemäß den Bestimmungen der Artikel 42 und 43 die strengsten Kontrollmaßnahmen, die sie ergreifen darf.

Bei der Anwendung von Artikel 39 Absatz 2 auf Personen, die zur Aufgabe ihres gewöhnlichen Aufenthaltsortes aufgrund eines Entscheides gezwungen sind, der sie zu einem Zwangsaufenthalt in einem anderen Orte nötigt, hält sich der Gewahrsamsstaat so peinlich wie möglich an die Bestimmungen für die Behandlung von Internierten (Teil III Abschnitt IV des vorliegenden Abkommens).

Artikel 42

[Gründe der Internierung]

Die Internierung oder die Zuweisung eines Zwangsaufenthalts darf bei geschützten Personen nur angeordnet werden, wenn es die Sicherheit der Macht, in deren Machtbereich sie sich befinden, unbedingt erfordert.

...

Artikel 43

[Überprüfung]

Jede geschützte Person, die interniert oder der ein Zwangsaufenthalt zugewiesen worden ist, hat ein Anrecht darauf, dass ein Gericht oder ein zuständiger, zu diesem Zwecke vom Gewahrsamsstaat geschaffener Verwaltungsausschuss innerhalb kürzester Frist die betreffende Entscheidung überprüft. Wird die Internierung oder die Zuweisung eines Zwangsaufenthalts aufrechterhalten, so prüft das Gericht oder der Verwaltungsausschuss in regelmäßigen Zeitabständen, zumindest zweimal jährlich, den Fall dieser Person im Hinblick auf eine Änderung des ersten Entscheids zu ihren Gunsten, falls es die Umstände erlauben..

...

Artikel 44 [Flüchtlinge] (siehe Artikel 73 I. ZP)

Bei der Anwendung der durch das vorliegende Abkommen vorgesehenen Kontrollmaßnahmen behandelt der Gewahrsamsstaat die **Flüchtlinge**, die in Wirklichkeit den Schutz keiner Regierung genießen, nicht lediglich aufgrund ihrer rechtlichen Zugehörigkeit zu einem feindlichen Staat als feindliche Ausländer.

Artikel 49 [Verschleppung, Umsiedlung] (siehe Art. 78 I. ZP)

Einzel- oder Massenzwangsverschickungen sowie Verschleppungen von geschützten Personen aus besetztem Gebiet nach dem Gebiet der Besatzungsmacht oder dem irgendeines anderen besetzten oder unbesetzten Staates, sind ohne Rücksicht auf deren Beweggrund untersagt.

Jedoch kann die Besatzungsmacht eine vollständige oder teilweise Räumung einer bestimmten besetzten Gegend durchführen, wenn die Sicherheit der Bevölkerung oder zwingende militärische Gründe es erfordern. ...

Artikel 51 [Arbeitszwang]

Die Besatzungsmacht kann geschützte Personen nicht zwingen, in ihren Streitkräften oder Hilfskräften zu dienen. Jeder Druck und jede Propaganda, die auf freiwilligen Eintritt in diese abzielt, ist untersagt.

Sie kann geschützte Personen nur dann zur Arbeit zwingen, wenn sie über 18 Jahre alt sind und es sich lediglich um Arbeiten handelt, die zur Befriedigung der Bedürfnisse der Besatzungsarmee oder für die öffentlichen Dienste, die Ernährung, Unterbringung, Bekleidung, das Verkehrs- oder Gesundheitswesen der Bevölkerung des besetzten Landes notwendig sind. Geschützte Personen dürfen nicht zu irgendwelcher Arbeit gezwungen werden, die sie verpflichten würde, an Kampfhandlungen teilzunehmen. Die Besatzungsmacht kann geschützte Personen nicht zwingen, Einrichtungen, in denen sie Zwangsarbeit verrichten, unter Anwendung von Gewalt zu sichern. ...

Artikel 52 [Schutz der Arbeiter]

Kein zivilrechtlicher Vertrag, keine Vereinbarung und keine Vorschrift können das Recht irgendeines freiwilligen oder unfreiwilligen Arbeiters beeinträchtigen, sich, wo immer er sich befindet, an die Vertreter der Schutzmacht zu wenden, um deren Einschreiten zu verlangen.

Alle Maßnahmen, die darauf abzielen, Arbeitslosigkeit zu schaffen oder die Arbeitsmöglichkeiten der Arbeiter eines besetzten Gebietes zu beschränken, um sie auf diese Weise zur Arbeit für die Besatzungsmacht zu gewinnen, sind untersagt.

Artikel 53 [Verbotene Zerstörungen]

Es ist der Besatzungsmacht untersagt, bewegliches oder unbewegliches Vermögen zu zerstören, das individuell oder kollektiv Privatpersonen oder dem Staat oder öffentlichen Körperschaften, sozialen oder genossenschaftlichen Organisationen gehört, außer in Fällen, in denen die Kampfhandlungen solche Zerstörungen unbedingt erforderlich machen.

Artikel 54 [Beamte]

Es ist der Besatzungsmacht untersagt, die Rechtsstellung der Beamten oder Gerichtspersonen des besetzten Gebietes zu ändern oder ihnen gegenüber Sanktionen oder irgendwelche Zwangsmaßnahmen zu treffen oder sie zu benachteiligen, weil sie sich aus Gewissensgründen enthalten, ihre Funktionen zu erfüllen.

Dieses Verbot verhindert nicht die Anwendung von Artikel 51 Absatz 2. Es berührt nicht das Recht der Besatzungsmacht, öffentliche Beamte ihrer Posten zu entheben.

Artikel 55 [Versorgung der Bevölkerung]

Die Besatzungsmacht hat die Pflicht, die Versorgung der Bevölkerung mit Lebens- und Arzneimitteln im Rahmen aller ihr zur Verfügung stehenden Mittel sicherzustellen; ...

Artikel 57 [Beschlagnahme von Zivilkrankenhäusern]

Die Besatzungsmacht darf Zivilkrankenhäuser nur vorübergehend und nur im Falle dringender Notwendigkeit beschlagnahmen, um verwundete und kranke Militärpersonen zu pflegen, und nur unter der Bedingung, dass in angemessener Frist geeignete Maßnahmen getroffen werden, um die Pflege und Behandlung der Patienten sicherzustellen und den Bedarf der Zivilbevölkerung zu befriedigen.

Das Material und die Vorräte der Zivilkrankenhäuser dürfen nicht beschlagnahmt werden, solange sie für den Bedarf der Zivilbevölkerung notwendig sind.

Artikel 64 [Strafgesetze]

Das Strafrecht des besetzten Gebietes bleibt in Kraft, soweit es nicht durch die Besatzungsmacht außer Kraft gesetzt oder suspendiert werden darf, wenn es eine Gefahr für die Sicherheit dieser Macht oder ein Hindernis bei der Anwendung des vorliegenden Abkommens darstellt. ...

Jedoch kann die Besatzungsmacht die Bevölkerung des besetzten Gebietes Bestimmungen unterwerfen, die ihr unerläßlich erscheinen zur Erfüllung der ihr durch das vorliegende Abkommen auferlegten Verpflichtungen, zur Aufrechterhaltung einer ordentlichen Verwaltung des Gebietes und zur Gewährleistung der Sicherheit sowohl der Besatzungsmacht wie auch der Mitglieder und des Eigentums der Besatzungsstreitkräfte oder -verwaltung sowie der von der Besatzungsmacht benutzten Anlagen und Verbindungslinien.

Artikel 65 [Veröffentlichung, Verbot der Rückwirkung]

Die durch die Besatzungsmacht erlassenen Strafbestimmungen erhalten erst dann Rechtskraft, wenn sie veröffentlicht und der Bevölkerung in ihrer Sprache zur Kenntnis gebracht worden sind. Sie können keine rückwirkende Kraft haben.

Artikel 66 [Zuständige Gerichte]

Im Falle eines Verstoßes gegen die gemäß Artikel 64 Absatz 2 erlassenen Strafbestimmungen kann die Besatzungsmacht die Angeklagten an ihre nicht politischen und ordentlich bestellten Militärgerichte überweisen, unter der Bedingung, dass diese im besetzten Land tagen. Die Berufungsgerichte tagen vorzugsweise im besetzten Land. ...

Artikel 68

[Strafen] (Anmerkung: nach ordentlicher Verfolgung)

Wenn eine geschützte Person eine strafbare Handlung begeht, die ausschließlich den Zweck verfolgt, der Besatzungsmacht Schaden zuzufügen, und wenn diese strafbare Handlung keinen Angriff auf das Leben oder die körperliche Unversehrtheit der Mitglieder der Besatzungsstreitkräfte oder -behörden darstellt, ..., so wird diese Person mit Internierung oder Gefängnis bestraft, vorausgesetzt, dass die Dauer dieser Internierung oder Gefängnisstrafe der Schwere der begangenen strafbaren Handlungen entspricht. Des weiteren sind Internierung oder Gefängnis für solche strafbaren Handlungen die einzigen freiheitsentziehenden Maßnahmen, die in Bezug auf geschützte Personen getroffen werden können. Die in Artikel 66 des vorliegenden Abkommens vorgesehenen Gerichte können ohne weiteres die Gefängnisstrafe in eine Internierung von gleicher Dauer umwandeln.

[Todesstrafe]

Die von der Besatzungsmacht gemäß Artikel 64 und 65 in Kraft gesetzten Strafbestimmungen können die Todesstrafe für geschützte Personen nur dann vorsehen, wenn diese Personen der Spionage, schwerer Sabotageakte an militärischen Einrichtungen der Besatzungsmacht oder vorsätzlicher strafbarer Handlungen schuldig befunden werden, die den Tod einer oder mehrerer Personen verursacht haben und wenn gemäß den bereits vor der Besetzung in Kraft befindlichen Rechtsvorschriften des besetzten Gebietes für solche Fällen die Todesstrafe vorgesehen war.

...

[Verbot der Todesstrafe gegen Jugendliche]

Keinesfalls darf die Todesstrafe gegen eine geschützte Person ausgesprochen werden, die bei der Begehung der strafbaren Handlung weniger als 18 Jahre alt war.

Artikel 69 [Anrechnung der Untersuchungshaft]

In allen Fällen wird einer angeklagten geschützten Person die Dauer der Untersuchungshaft von der Gefängnisstrafe abgezogen.

Artikel 71 [Gerichtsverfahren]

Die zuständigen Gerichte der Besatzungsmacht fällen kein Urteil ohne ein vorhergehendes ordentliches Verfahren. ... Die Schutzmacht wird von jedem durch die Besatzungsmacht gegen geschützte Personen eingeleiteten Verfahren in Kenntnis gesetzt, wenn die Anklage zu einem Todesurteil oder zur Verhängung einer Gefängnisstrafe von zwei oder mehr Jahren führen könnte; sie kann sich jederzeit über den Stand des Verfahrens informieren. Des weiteren hat die Schutzmacht das Recht, auf Verlangen alle Auskünfte über derartige und alle anderen durch die Besatzungsmacht gegen geschützte Personen eingeleiteten Verfahren zu erhalten.

Die Notifizierung an die Schutzmacht ... erfolgt unverzüglich und geht in jedem Falle der Schutzmacht drei Wochen vor dem Zeitpunkt der ersten Verhandlung zu. Die Verhandlung kann nicht stattfinden, wenn nicht bei ihrer Eröffnung der Beweis erbracht wird, daß die Bestimmungen dieses Artikels voll eingehalten wurden. Die Notifizierung hat insbesondere Auskunft über folgende Punkte zu geben:

a) Personalbeschreibung des Angeklagten;
b) Aufenthalts- und Gewahrsamsort;
c) Aufzählung des oder der Anklagepunkte (mit Erwähnung der Strafbestimmungen, auf die sie sich stützen)
d) Angabe des Gerichts, das den Fall behandeln wird;
e) Ort und Zeitpunkt der ersten Verhandlung.

Artikel 75 [Todesurteil]

In keinem Fall werden zum Tode Verurteilte des Rechtes beraubt, ein Gnadengesuch einzureichen.

Keine Todesstrafe wird vollstreckt, bevor nicht eine Frist von wenigstens sechs Monaten abgelaufen ist; diese Frist beginnt erst von dem Augenblick an zu laufen, in welchem die Schutzmacht die Mitteilung über das endgültige Urteil, das die Todesstrafe bestätigt, oder über den Entscheid, mit welchem das Gnadengesuch abgewiesen wird, erhält.

Dieser Aufschub von sechs Monaten kann in bestimmten Einzelfällen gekürzt werden, nämlich dann, wenn sich infolge einer schwierigen und kritischen Lage ergibt, dass die Sicherheit der Besatzungsmacht oder ihrer Streitkräfte einer organisierten Bedrohung ausgesetzt ist; der Schutzmacht wird jedoch eine derartige Kürzung der vorgesehenen Frist stets notifiziert; es ist ihr genügend Zeit zu lassen, um bei den zuständigen Besetzungsbehörden wegen dieser Todesstrafe vorstellig zu werden.

Artikel 78 [Zwangsaufenthalt, Internierung]

Erachtet die Besatzungsmacht es aus zwingenden Sicherheitsgründen als notwendig, Sicherheitsmaßnahmen in Bezug auf geschützte Personen zu ergreifen, so kann sie ihnen höchstens einen Zwangsaufenthalt auferlegen oder sie internieren.

Entscheide in Bezug auf solche Zwangsaufenthalte oder Internierungen werden in einem ordentlichen Verfahren getroffen, das durch die Besatzungsmacht entsprechend den Bestimmungen des vorliegenden Abkommens festzulegen ist.

...

Artikel 79 [Voraussetzung der Internierung]

Die am Konflikt beteiligten Parteien internieren geschützte Personen nur gemäß den Bestimmungen der Artikel 41, 42, 43, 68 und 78.

Artikel 82

...

[Zusammenlegung von Familien]

Während der ganzen Dauer ihrer Internierung werden die Mitglieder derselben Familie und namentlich die Eltern und ihre Kinder am gleichen Internierungsort vereinigt, mit Ausnahme jener Fälle, wo die Erfordernisse der Arbeit, Gesundheitsgründe oder die Anwendung der im Kapitel IX dieses Abschnittes vorgesehenen Bestimmungen eine vorübergehende Trennung notwendig machen. Die Internierten können verlangen, dass ihre in Freiheit gelassenen Kinder, die der elterlichen Überwachung ermangeln, mit ihnen interniert werden.

Wo immer möglich, werden die internierten Mitglieder derselben Familie in den gleichen Räumen zusammen und von den übrigen Internierten getrennt untergebracht; die notwendigen Erleichterungen zur Führung eines Familienlebens werden ihnen gewährt.

Kapitel II Internierungsorte

Artikel 83 [Lage, Kennzeichnung]

Der Gewahrsamsstaat darf die Internierungsorte nicht in Gegenden anlegen, die den Kriegsgefahren besonders ausgesetzt sind.

Der Gewahrsamsstaat macht durch Vermittlung der Schutzmächte den feindlichen Mächten alle zweckdienlichen Angaben über die geographische Lage der Internierungsorte.

Soweit die militärischen Erwägungen es erlauben, werden die Internierungslager so mit den Buchstaben I C gekennzeichnet, dass sie tagsüber aus der Luft deutlich erkennbar sind; es ist den betreffenden Mächten jedoch unbenommen, sich über ein anderes Mittel zur Kennzeichnung zu einigen. Keine andere Örtlichkeit darf auf die gleiche Weise wie ein Internierungslager gekennzeichnet werden.

Artikel 84 [Getrennte Unterbringung]

Internierte werden getrennt von Kriegsgefangenen und von aus irgendeinem anderen Grund der Freiheit beraubten Personen untergebracht und betreut.

Artikel 92 [Regelmäßige Untersuchungen]

Mindestens einmal monatlich werden die Internierten ärztlich untersucht. Diese Untersuchung dient der Kontrolle des allgemeinen Gesundheits-, Ernährungs- und Sauberkeitszustands sowie der Aufdeckung von ansteckenden Krankheiten, namentlich von Tuberkulose, Geschlechtskrankheiten und Malaria. Sie umfasst insbesondere auch die Kontrolle des Gewichts jedes Internierten und mindestens einmal jährlich eine Durchleuchtung.

Artikel 95 [Arbeit]

Der Gewahrsamsstaat kann Internierte nur auf ihren Wunsch als Arbeiter beschäftigen. Auf jeden Fall sind untersagt: die Verwendung, welche, einer nicht internierten geschützten Person auferlegt, eine Verletzung von Artikel 40 oder 51 des vorliegenden Abkommens bedeuten würde sowie die Verwendung zu allen Arbeiten erniedrigender oder entehrender Art.

Nach einer Arbeitszeit von 6 Wochen können die Internierten die Arbeit jederzeit einstellen, vorausgesetzt, dass sie dies acht Tage vorher ankündigen.

Diese Bestimmungen beschränken nicht das Recht des Gewahrsamsstaates, internierte Ärzte, Zahnärzte und andere im Gesundheitswesen Tätige zur Ausübung ihres Berufes zum Wohle ihrer Mitinternierten zu veranlassen, Internierte zu Verwaltungsarbeiten und zur Instandhaltung des Internierungsortes heranzuziehen, diese Personen mit Küchen- und anderen Hausarbeiten zu beauftragen und sie zu Arbeiten heranzuziehen, die dazu bestimmt sind, die Internierten vor Luftangriffen und anderen aus dem Kriege erwachsenden Gefahren zu schützen. Jedoch darf kein Internierter zur Ausführung von Arbeiten genötigt werden, zu denen ein Arzt der Verwaltung ihn als körperlich unfähig erklärt hat.

...

Artikel 99

[Lagerkommandant]

Jeder Internierungsort wird der Leitung eines verantwortlichen Offiziers oder Beamten unterstellt, der den ordentlichen Militärstreitkräften oder dem ordentlichen Verwaltungskörper des Gewahrsamsstaates entnommen wird. ...

Artikel 100 [Disziplin]

... Tätowierungen oder Anbringung von Erkennungsmerkmalen oder Kennzeichen auf dem Körper (Anmerkung: der Internierten) sind untersagt.

Insbesondere untersagt sind andauerndes Stehenlassen oder verlängerte Appelle, körperliche Strafübungen, militärischer Drill und militärische Übungen sowie Nahrungsbeschränkungen.

Artikel 102 [Internierungsausschuss, Wahl]

In jedem Internierungsort wählen die Internierten alle sechs Monate in freier und geheimer Wahl die Mitglieder eines Ausschusses, der mit ihrer Vertretung bei den Behörden des Gewahrsamsstaates, den Schutzmächten, dem Internationalen Komitee vom Roten Kreuz und bei jeder sonstigen Hilfsorganisation beauftragt ist. Die Mitglieder dieses Ausschusses sind wieder wählbar.

Die gewählten Internierten übernehmen ihre Funktionen, sobald ihre Wahl die Zustimmung der Gewahrsamsbehörden erhalten hat. Die Gründe für eine etwaige Weigerung oder Absetzung werden den in Betracht kommenden Schutzmächten mitgeteilt.

Artikel 119 [Disziplinarstrafen]

Die auf Internierte anwendbaren Disziplinarstrafen sind die folgenden:

1. Buße bis zu 50 v.H. der in Artikel 95 vorgesehenen Entlohnung, und zwar nur während einer Zeitspanne von höchstens dreißig Tagen;
2. Entzug von Vorteilen, welche über die im vorliegenden Abkommen vorgesehene Behandlung hinausgehend gewährt wurden;
3. Arbeitsdienst von höchstens zwei Stunden täglich, der im Interesse der Instandhaltung des Internierungsortes zu leisten ist;
4. Arrest

...

Als Anhang sind diesem Dokument beigeschlossen:

Anhang I Entwurf einer Vereinbarung über Sanitäts- und Sicherheitszonen und -orte

Anhang II Entwurf einer Regelung über Sammel-Hilfssendungen für Zivilinternierte

Anhang III

Internierungskarte

Brief

Mitteilungskarte

Zusatzprotokoll zu den Genfer Abkommen vom 12. August 1949 über den Schutz der Opfer Internationaler bewaffneter Konflikte (Protokoll I)

Anmerkung: Nach der bisher allgemein anerkannten Systematik des Kriegsvölkerrechts umfasst das sogenannte Genfer Recht (oder Rotkreuz-Recht) den Schutz der durch Verwundung, Krankheit, Seenot oder Gefangennahme außer Kampf gesetzten Kombattanten sowie der Personen, die nicht an den Feindseligkeiten teilnehmen, insbesondere der Zivilbevölkerung in besetzten Gebieten. Das sogenannte Haager Recht (oder Kampfführungsrecht) befasst sich demgegenüber mit der Führung der Kampfhandlungen. Es setzt die Rechte und Pflichten der Kriegführenden fest und begrenzt die Wahl der schädigenden Mittel. Das Haager Recht ist vor allem in den zwölf Haager Abkommen von 1907 niedergelegt, von denen das Abkommen betreffend die Gesetze und Gebräuche des Landkriegs mit der Haager Landkriegsordnung als Anhang das mit Abstand wichtigste ist. Jedoch umfasst das Haager Recht auch Abkommen, die nicht den Namen der niederländischen Hauptstadt tragen, wie z.B. die St. Petersburger Erklärung von 1868 betreffend das Verbot der Verwendung explodierender Geschosse unter 400 Gramm im Kriege oder das Genfer Protokoll vom 17.6.1925 über das Verbot der Verwendung von erstickenden, giftigen oder ähnlichen Gasen sowie von bakteriologischen Mitteln im Krieg. Umgekehrt wurden auch in Den Haag Abkommen geschlossen, die zum Genfer Recht gehören, wie beispielsweise das Abkommen betreffend die Anwendung der Grundsätze der Genfer Konvention vom 22.8.1864 auf den Seekrieg.

Wenn auch das Genfer Recht als das eigentliche humanitäre Kriegsvölkerrecht bezeichnet wird, so ist dennoch auch das Haager Recht humanitär motiviert. Denn die Verbote, gewisse Waffen oder Kampfmittel einzusetzen oder bestimmte Kampfmethoden anzuwenden, entspringen in erster Linie ebenfalls dem Bestreben, Auswirkungen des Krieges auf den Menschen zu mildern.

Der 5. Absatz der Präambel bestätigt eine insbesondere für die Auslegung der Kampfführungsbestimmungen des I. ZP wichtige Feststellung: Völkerrechtswidriger Angriffskrieg und Verteidigungskrieg werden in jeder Weise gleichbehandelt. Das ius in bello kennt keine Unterscheidung zwischen gerechten und ungerechten Kriegen. Damit steht das I. ZP fest in der Tradition des Kriegsvölkerrechts, das keine Unterscheidung zwischen Angreifer und Angegriffenen machen kann.

Artikel 1 Allgemeine Grundsätze und Anwendungsbereich

(1) ...

(2) in Fällen, die von diesem Protokoll oder anderen internationalen Übereinkünften nicht erfasst sind, verbleiben Zivilpersonen und Kombattanten unter dem Schutz und der Herrschaft der Grundsätze des Völkerrechts, wie sie sich aus feststehenden Gebräuchen, aus den Grundsätzen der Menschlichkeit und aus den Forderungen des öffentlichen Gewissens ergeben. *(Anmerkung: Es handelt sich um eine Wiederholung der nach einem russischen Diplomaten benannten Martens'schen Klausel, die sich in der Präambel des Haager Abkommen über die Gesetze und Gebräuche des Landkrieges vom 18.10.1907 findet.)*

(3) Dieses Protokoll ... findet in den Situationen Anwendung, die in dem diesen Abkommen gemeinsamen Artikel 2 bezeichnet sind. *(Anmerkung: Der gemeinsame Artikel 2 spricht von „Fällen eines erklärten Krieges oder eines anderen bewaffneten Konflikts". Die mit Gründen versehene Kriegserklärung oder das Ultimatum mit bedingter Kriegserklärung nach Artikel 1 des Abkommens über den Beginn der Feindseligkeiten vom 18.10.1907 stellt in der modernen Staatenpraxis die Ausnahme dar. Ohne formellen Kriegszustand gibt es auch keine Neutralität, sondern nur Nichtbeteiligung. Folgerichtig spricht das I. ZP daher stets von „neutralen oder anderen Staaten, die keine Konfliktparteien sind" (etwa Artikel 31 und 64).*

(4) Zu den in Absatz 3 genannten Situationen gehören auch bewaffnete Konflikte, in denen Völker gegen Kolonialherrschaft und fremde Besetzung *(Anmerkung: „nationale* ***Befreiungskriege****")* sowie gegen **rassistische Regimes** in Ausübung ihres Rechts auf **Selbstbestimmung** kämpfen, wie es in der Charta der Vereinten Nationen und in der Erklärung über Grundsätze des Völkerrechts betreffend freundschaftliche Beziehungen und Zusammenarbeit zwischen den Staaten im Einklang mit der Charta der Vereinten Nationen niedergelegt ist. *(Anmerkung: Nach der Bezeichnung der beiden Zusatzprotokolle würde man eine klare Unterscheidung zwischen bewaffneten Konflikten internationalen Charakters und nicht internationalen Charakters erwarten. Sie wird jedoch durch Artikel 1 Absatz 4 verwischt, der ebenso wie Artikel 44 Abs. 3 (Guerilla) und Artikel 47 (Söldner) einen bedauerlichen*

Einbruch der Ideologie in das Kriegsvölkerrecht darstellt. In Zukunft müssen drei Arten bewaffneter Konflikte nicht internationalen Charakters unterschieden werden:

- ***Interne bewaffnete Konflikte**: Ein Volk kämpft gegen Kolonialherrschaft, fremde Besatzung oder rassistische Regimes (objektive Merkmale), dieser Kampf wird in Ausübung des Rechts auf Selbstbestimmung nach der UNO-Charta (subjektives Merkmal) geführt. Kraft der Fiktion in Art. 1 Abs 4 gelten derartige Auseinandersetzungen als internationale Konflikte und fallen unter das I. ZP. Terroristengruppen können niemals über Art. 1 Abs. 4 zu einem Kriegsvölkerrechtssubjekt werden. Weder in objektiver noch in subjektiver Hinsicht erfüllen sie den Tatbestand dieser eng auszulegenden Ausnahmenorm. Bei diesen Terroristengruppen handelt es sich nicht um ein „Volk", das sich nur nach gemeinsamen ethnischen, sprachlichen, kulturellen, rassischen usw. Unterscheidungsmerkmalen von anderen Menschen abgrenzt, niemals aber nach politischen oder ideologischen Überzeugungen. Die Folgerungen aus Art. 1 Abs. 4 zieht Art. 96 Abs. 3 I. ZP für das Problem der Vertragsbeziehungen zwischen den Konfliktparteien.*
- ***Interne bewaffnete Konflikte** zwischen Streitkräften eines Staates und abtrünnigen Streitkräften oder anderen organisierten bewaffneten Gruppen, die unter einer verantwortlichen Führung stehen und eine Kontrolle über einen Teil des Staatsgebietes ausüben, die es ihnen ermöglicht, anhaltende, gemeinsame militärische Operationen durchzuführen und die für diese Konflikte geltenden völkerrechtlichen Bestimmungen einzuhalten. Für diese Konflikte gilt das II. ZP nach seinem Artikel 1 Absatz 1. Der springende Punkt dieser Definition ist das Erfordernis der Ausübung quasi staatlicher Gewalt der Dissidenten über einen bestimmten teil des Hoheitsgebietes.*
- *Fehlt es an dieser tatsächlichen Kontrolle oder sind die abtrünnigen Streitkräfte oder bewaffneten Gruppen nur zu vereinzelten oder unkoordinierten Aktionen in der Lage, gilt das II. ZP für sie nicht. Derartige Situationen innerer Unruhen und Spannungen wie Aufruhr, Tumult, Krawalle, isolierte und vereinzelte Gewaltakte und ähnliche Handlungen sind keine bewaffneten Konflikte i.S. des II. ZP, selbst wenn auf beiden Seiten Waffen eingesetzt werden (Art. 1 Abs. 2 II. ZP). Sie fallen unter den allen vier Genfer Übereinkommen vom 12.8.1949 gemeinsamen Art. 3, der keinerlei derartige tatbestandsmäßige Anforderungen enthält. Interessant ist in diesem Zusammenhang eine von Großbritannien bei der Unterzeichnung des I. ZP am 12.12.1977 abgegebene Interpretationserklärung, nach welcher der Begriff „**bewaffneter Konflikt**" einen bestimmten Intensitätsgrad militärischer Operationen beinhaltet, der gegeben sein muss, bevor die Abkommen von 1949 oder das I. ZP auf eine Situation angewandt werden können, und dass dieser*

Intensitätsgrad nicht geringer sein darf als derjenige, der für die Anwendung des II. ZP auf interne Konflikte nach dessen Art. 1 erforderlich ist.

Artikel 3 Beginn und Ende der Anwendung

c) ... endet die Anwendung der Abkommen und dieses Protokolls im Hoheitsgebiet der am Konflikt beteiligten Parteien mit der allgemeinen Beendigung der Kriegshandlungen und im Fall besetzter Gebiete mit der Beendigung der Besetzung; in beiden Fällen gilt dies jedoch nicht für Personen, deren endgültige Freilassung, deren Heimschaffung oder Niederlassung zu einem späteren Zeitpunkt erfolgt. Diese Personen genießen bis zu ihrer endgültigen Freilassung, ihrer Heimschaffung oder Niederlassung weiterhin den Schutz der einschlägigen Bestimmungen der Abkommen und dieses Protokolls.

Artikel 5 Benennung von Schutzmächten und von Ersatzschutzmächten

(1) Die an einem Konflikt beteiligten Parteien sind verpflichtet, vom Beginn des Konflikts an die Einhaltung der Abkommen und dieses Protokolls und deren Überwachung durch Anwendung des Schutzmächtesystems sicherzustellen. ... Die Schutzmächte haben die Aufgabe, die Interessen der am Konflikt beteiligten Parteien wahrzunehmen.

(2) ...

(3) Ist beim Eintritt einer Situation nach Artikel 1 keine Schutzmacht benannt oder anerkannt worden, so bietet das Internationale Komitee vom Roten Kreuz, unbeschadet des Rechts jeder anderen unparteiischen humanitären Organisation, das gleiche zu tun, den am Konflikt beteiligten Parteien seine guten Dienste mit dem Ziel an, unverzüglich eine Schutzmacht zu benennen, mit der die am Konflikt beteiligten Parteien einverstanden sind ...

(4) Zusammengefasst: Ist dennoch keine Schutzmacht vorhanden, so nehmen die Konfliktparteien ein Angebot des IKRK oder einer anderen alle Garantien für Unparteilichkeit und Wirksamkeit bietenden Organisation an, als Ersatzschutzmacht tätig werden. Zur Durchführung ihrer Aufgaben bedarf die Ersatzschutzmacht der Zustimmung der am Konflikt beteiligten Parteien; ...

Anmerkung: Die Institution der Schutzmacht ist aus den vier Genfer abkommen von 1949 bekannt (Art. 8-11, 23 I. Abkommen; Art. 8-11 II. Abkommen; Art. 8-11, 72, 78, 104, 107, 126 II. Abkommen; Art. 9-12, 30, 55, 59, 74, 131, 143 IV. Abkommen. Auch das Kulturgutschutzabkommen vom 14.5.1954 kennt die Schutzmacht (Art. 2 und 3 der Ausführungsbestimmungen). Das Problem nach bisher geltendem Recht lag darin, dass sich die Konfliktparteien - bis auf die beiden Ausnahmen der Suezkrise und des indisch-portugiesischen Streits um Goa - nie auf die Bestellung von Schutzmächten einigen konnten. Das Ziel, einen Automatismus einzuführen, der zur Bestellung des IKRK als subsidiäre Schutzmacht führte, wurde jedoch nicht erreicht. Der Kompromiss liegt darin, dass für die Bestellung einer Schutzmacht verpflichtende Verfahrensabschnitte und Ver-

fahrensvorschriften festgelegt werden, die einen gewissen moralischen Zwang zur Einigung ausüben und es der Partei, die Obstruktion betreibt, schwer macht, vor der internationalen Öffentlichkeit das Gesicht zu wahren.

Teil II Verwundete, Kranke und Schiffbrüchige

Abschnitt I Allgemeiner Schutz

Artikel 8 Terminologie

Im Sinne des Protokolls

a) bedeutet „**Verwundete**" und „**Kranke**" Militär- oder Zivilpersonen, die wegen Verwundung, Erkrankung oder anderer körperlicher oder geistiger Störungen oder Gebrechen medizinischer Hilfe oder Pflege bedürfen und die jede feindselige Handlung unterlassen. Als solche gelten auch Wöchnerinnen, Neugeborene und andere Personen, die sofortiger medizinischer Hilfe oder Pflege bedürfen, wie beispielsweise Gebrechliche und Schwangere, und die jede feindselige Handlung unterlassen;
b) bedeutet „**Schiffbrüchige**" Militär- oder Zivilpersonen, ...
c) bedeutet „**Sanitätspersonal**" Personen, die von einer am Konflikt beteiligten Partei ausschließlich den unter Buchstaben e genannten sanitätsdienstlichen Zwecken, der Verwaltung von Sanitätseinheiten oder dem Betrieb oder der Verwaltung von Sanitätstransportmitteln zugewiesen sind. Ihre Zuweisung kann ständig oder nichtständig sein. Der Begriff umfasst
- das militärische oder zivile Sanitätspersonal einer am Konflikt beteiligten Partei, darunter das im I. und II. Abkommen erwähnte sowie das den Zivilschutzorganisationen zugewiesene Sanitätspersonal;
- das Sanitätspersonal der nationalen Gesellschaften des Roten Kreuzes (Roten Halbmonds, Roten Löwen mit Roter Sonne) und anderen freiwilligen nationalen Hilfsgesellschaften, die von einer am Konflikt beteiligten Partei ordnungsgemäß anerkannt und ermächtigt sind;
- das Sanitätspersonal der in Artikel 9 Absatz 2 genannten Sanitätseinheiten oder Sanitätspersonal.

d) bedeutet „**Seelsorgepersonal**" Militär- oder Zivilpersonen, ...
e) bedeutet „**Sanitätseinheiten**" militärische oder zivile Einrichtungen und sonstige Einheiten, die zu sanitätsdienstlichen Zwecken gebildet worden sind, die zu sanitätsdienstlichen Zwecken gebildet worden sind, nämlich zum Aufsuchen, zur Bergung, Beförderung, Untersuchung oder Behandlung - einschließlich erster Hilfe - der Verwundeten, Kranken und Schiffbrüchigen sowie zur Verhütung von Krankheiten. Der Begriff umfasst unter anderem Lazarette und ähnliche Einheiten, Blutspendedienste, medizinische Vorsorge-

zentren und -institute, medizinische Depots sowie medizinische und pharmazeutische Vorratslager dieser Einheiten. Die Sanitätseinheiten können ortsfest oder beweglich, ständig oder nichtständig sein.

f) Bedeutet „**Sanitätstransport**" die Beförderung zu Land, Wasser oder in der Luft von Verwundeten, Kranken und Schiffbrüchigen, von Sanitäts- und Seelsorgepersonal sowie von Sanitätsmaterial, welche durch die Abkommen und dieses Protokoll geschützt sind;

g) Bedeutet „**Sanitätstransportmittel**" jedes militärische oder zivile, ständige oder nichtständige Transportmittel, das ausschließlich dem Sanitätstransport zugewiesen ist und einer zuständigen Dienststelle einer am Konflikt beteiligten Partei untersteht;

h) Bedeutet „**Sanitätsfahrzeug**" ein Sanitätstransportmittel zu Land;

i) Bedeutet „**Sanitätsschiffe und sonstige Sanitätswasserfahrzeuge**" Sanitätstransportmittel zu Wasser;

j) Bedeutet „**Sanitätsluftfahrzeug**" ein Sanitätstransportmittel in der Luft;

k) Gelten Sanitätspersonal, Sanitätseinheiten und Sanitätstransportmittel als „ständig", wenn sie auf bestimmte Zeit ausschließlich sanitätsdienstlichen Zwecken zugewiesen sind. Sie gelten als „nichtständig", wenn sie für begrenzte Zeit während der gesamten Dauer derselben ausschließlich zu sanitätsdienstlichen Zwecken eingesetzt werden. ...

l) Bedeutet „**Schutzzeichen**" das Schutzzeichen des Roten Kreuzes, des Roten Halbmonds oder des Roten Löwen mit Roter Sonne auf weißem Grund, das zum Schutz von Sanitätseinheiten und -transportmitteln oder von Sanitäts- oder seelsorgepersonal der Sanitätsmaterial verwendet wird;

m) Bedeutet „**Erkennungssignal**" jedes Mittel, das in Kapitel III des Anhangs I dieses Protokolls ausschließlich zur Kennzeichnung von Sanitätseinheiten oder -transportmitteln bestimmt ist.

Anmerkung: Dieser Teil enthält die wichtigsten humanitätsrechtlichen Fortschritte des I. ZP. Während sich die Abkommen von 1949 zur Verbesserung des Loses der Verwundeten und Kranken der Streitkräfte im Felde und zur See - wie schon ihr Name sagt - ausschließlich auf Militärpersonen beziehen, hebt das I. ZP den Unterschied zwischen Militärpersonen und Zivilpersonen auf. Der Mangel des IV. Abkommens von 1949 zum Schutz der Zivilbevölkerung, dessen Bestimmungen weit hinter den beiden genannten Abkommen zurückbleiben (Art. 16ff) wird damit beseitigt. Dieser Einheitlichkeitsgrundsatz bezieht sich nicht nur auf Verwundete, Kranke und Schiffbrüchige, sondern auch auf das Sanitäts- und Seelsorgepersonal sowie die Sanitätseinrichtungen und -transporte. Wichtig ist, dass das Sanitätspersonal, die Krankenhäuser, Transportfahrzeuge usw. der Zivilschutzorganisationen auch das Schutzzeichen des Roten Kreuzes führen und nicht das neue internationale Schutzzeichen des Zivilschutzes (s. Artikel 66 Absatz 9).

Artikel 9 Anwendungsbereich

...

(3) Die einschlägigen Bestimmungen ... finden auf ständige Sanitätseinheiten und -transportmittel (...) und ihr Personal Anwendung, die einer am Konflikt beteiligten Partei zu humanitären Zwecken
   a) von einem neutralen oder einem anderen nicht am Konflikt beteiligten Staat,
   b) von einer anerkannten und ermächtigten Hilfsgesellschaft eines solchen Staates,
   c) von einer unparteiischen internationalen humanitären Organisation zur Verfügung gestellt wurden.

Artikel 10 Schutz und Pflege

(1) Alle Verwundeten, Kranken und Schiffbrüchigen, gleichviel welcher Partei sie angehören, werden geschont und geschützt.

(2) Sie werden unter allen Umständen mit Menschlichkeit behandelt und erhalten so umfassend und so schnell wie möglich die für ihren Zustand erforderliche medizinische Pflege und Betreuung. Aus anderen als medizinischen Gründen darf kein Unterschied zwischen ihnen gemacht werden.

Artikel 13 Ende des Schutzes ziviler Sanitätseinrichtungen

(1) Der den zivilen Sanitätseinrichtungen gebührende Schutz darf nur dann enden, wenn diese außerhalb ihrer humanitären Bestimmung zu Handlungen verwendet werden, die den Feind schädigen. Jedoch endet der Schutz erst, nachdem eine Warnung, die möglichst eine angemessene Frist setzt, unbeachtet geblieben ist.

(2) Als Handlung, die den Feind schädigt, gilt nicht

a) die Tatsache, dass das Personal der Einheit zu seiner eigenen Verteidigung oder zur Verteidigung der ihm anvertrauten Verwundeten und Kranken mit leichten Handfeuerwaffen ausgerüstet ist;
b) die Tatsache, dass die Einheit von einer Wache, durch Posten oder von einem Geleittrupp geschützt wird;
c) die Tatsache, dass in der Einheit Handwaffen und Munition vorgefunden werden, die den Verwundeten und Kranken abgenommen, der zuständigen Dienststelle aber noch nicht abgeliefert worden sind;
d) die Tatsache, dass sich Mitglieder der Streitkräfte oder andere Kombattanten aus medizinischen Gründen bei der Einheit befinden.

Artikel 18 Kennzeichnung

(1) Jede am Konflikt beteiligte Partei ist bemüht sicherzustellen, dass das Sanitäts- und Seelsorgepersonal sowie die Sanitätseinheiten und -transportmittel als solche erkennbar sind.

(2) ...

(3) In besetzten Gebieten und in Gebieten, in denen tatsächlich oder voraussichtlich Kampfhandlungen stattfinden, sollen das zivile Sanitätspersonal und das zivile Seelsorgepersonal durch das Schutzzeichen und einen Ausweis, der ihren Status bescheinigt, erkennbar sein.

(4) Mit Zustimmung der zuständigen Dienststelle werden Sanitätseinheiten und -transportmittel mit dem Schutzzeichen gekennzeichnet. ...

Artikel 20 Verbot von Repressalien

Repressalien gegen die durch diesen Teil geschützten Personen und Objekte sind verboten.

Artikel 24 Schutz von Sanitätsluftfahrzeugen

Sanitätsluftfahrzeuge werden nach Maßgabe dieses Teiles geschont und geschützt.

Anmerkung: Nach bisherigem Recht genießen derartige Transporte nur dann einen völkerrechtlichen Schutz, wenn über Flugzeit, Flugstrecke und sonstige Einzelheiten vorher eine ausdrückliche Vereinbarung herbeigeführt worden ist (s. Art. 36, 37 des I. Abkommens von 1949; Art. 39, 40 des II Abkommens von 1949). Das wird nach dem I. ZP nur noch dann gefordert, wenn der Sanitätslufttransport, der auch Helikoptertransporte einschließt (Art. 8j), über Land- und Seegebiete führen soll, die vom Gegner kontrolliert werden. Über Land- und Seegebieten, die nicht vom Gegner kontrolliert werden, besteht völkerrechtlicher Schutz ohne jede Vereinbarung. Lediglich aus Sicherheitsgründen wird eine Benachrichtigung des Gegners empfohlen (Art.25).

Teil III Methoden und Mittel der Kriegführung Kombattanten- und Kriegsgefangenenstatus

Abschnitt I Methoden und Mittel der Kriegführung

Artikel 35 Grundregeln

(1) In einem bewaffneten Konflikt haben die am Konflikt beteiligten Parteien kein unbeschränktes Recht in der Wahl der Methoden und Mittel der Kriegführung. *(siehe den in der Sache identischen Art. 22 der Haager Landkriegsordnung von 1907)*

(2) Es ist verboten, Waffen, Geschosse und Material sowie Methoden der Kriegführung zu verwenden, die geeignet sind, überflüssige Verletzungen oder

unnötige Leiden zu verursachen. *(vgl. dazu das Übereinkommen über das Verbot oder die Beschränkungen des Einsatzes bestimmter konventioneller Waffen, die übermäßige Leiden verursachen oder unterschiedslos wirken können vom 10.4.1981 mit seinen Protokollen über nichtentdeckbare Splitter, über Minen, Sprengfallen und andere Vorrichtungen sowie über Brandwaffen)*

(3) Es ist verboten, Methoden oder Mittel der Kriegführung zu verwenden, die dazu bestimmt sind, oder von denen erwartet werden kann, daß sie ausgedehnte, langanhaltende und schwere Schäden der natürlichen Umwelt verursachen. *(vgl. auch Art. 55 I. ZP und das Übereinkommen über das Verbot der militärischen oder sonstigen feindseligen Nutzung umweltverändernder Techniken vom 18.5.1977. Das letztgenannte Übereinkommen spricht in seinem Artikel I von Techniken, die „weiträumige, lange andauernde oder schwerwiegende Auswirkungen" haben. Das I. ZP spricht dagegen im Art. 35 Abs. 3 und 55 von „ausgedehnten, langanhaltenden und schweren Schäden")*

Artikel 36 Neue Waffen

Jede Hohe Vertragspartei ist verpflichtet, bei der Prüfung, Entwicklung, Beschaffung oder Einführung neuer Waffen oder neuer Mittel oder Methoden der Kriegführung festzustellen, ob ihre Verwendung stets oder unter bestimmten Umständen durch dieses Protokoll oder durch eine andere auf die Hohe Vertragspartei anwendbare Regel des Völkerrechts verboten wäre.

Artikel 37 Verbot der **Heimtücke**

(1) Es ist verboten, einen Gegner unter Anwendung von Heimtücke zu töten, zu verwunden oder gefangenzunehmen. Als Heimtücke gelten Handlungen, durch die ein Gegner in der Absicht, sein Vertrauen zu mißbrauchen, verleitet wird, darauf zu vertrauen, dass er nach den Regeln des in bewaffneten Konflikten anwendbaren Völkerrechts Anspruch auf Schutz hat oder verpflichtet ist, Schutz zu gewähren. Folgende Handlungen sind Beispiele für Heimtücke:

a) Das Vortäuschen der Absicht, unter einer Parlamentärflagge zu verhandeln oder sich zu ergeben;
b) das Vortäuschen von Kampfunfähigkeit infolge Verwundung oder Krankheit;
c) das Vortäuschen eines zivilen oder Nichtkombattantenstatus *(Anmerkung: wie militärisches Seelsorgepersonal oder Sanitätspersonal)*;
d) das Vortäuschen eines geschützten Status durch Benutzung von Abzeichen, Emblemen oder Uniformen der Vereinten Nationen oder neutralen oder anderer nicht am Konflikt beteiligter Staaten.

(2) **Kriegslisten sind nicht verboten**. Kriegslisten sind Handlungen, die einen Gegner irreführen oder ihn zu unvorsichtigem Handeln veranlassen sollen,

die aber keine Regel des in bewaffneten Konflikten anwendbaren Völkerrechts verletzten und nicht heimtückisch sind, weil sie den Gegner nicht verleiten sollen, auf den sich aus diesem Recht ergebenden Schutz zu vertrauen. Folgende Handlungen sind Beispiele für Kriegslisten: Tarnung, Scheinstellungen, Scheinoperationen und irreführende Informationen.

Artikel 38 Anerkannte Kennzeichen

(1) Es ist verboten, das Schutzzeichen des Roten Kreuzes, ... zu missbrauchen. ...

Artikel 39 Nationalitätszeichen

(1) Es ist verboten, in einem bewaffneten Konflikt Flaggen oder militärische Kennzeichen, Abzeichen oder Uniformen neutraler oder anderer nicht am Konflikt beteiligter Staaten zu verwenden.

(2) Es ist verboten, Flaggen oder militärische Kennzeichen, Abzeichen oder Uniformen gegnerischer Parteien während eines Angriffs oder zu dem Zweck zu verwenden, Kriegshandlungen zu decken, zu erleichtern, zu schützen oder zu behindern.

(3) Dieser Artikel oder Artikel 37 Absatz 1 Buchstabe d berührt nicht die bestehenden allgemein anerkannten Regeln des Völkerrechts, die auf Spionage oder auf den Gebrauch von Flaggen in der Seekriegsführung anzuwenden sind.

Anmerkung: Im Seekrieg ist - anders als im Landkrieg und im Luftkrieg - der Gebrauch falscher Abzeichen und falscher Flaggen erlaubt. Diese Kriegslisten hatten sich in einer Zeit entwickelt, als Seeräuberei und Kaperei noch eine Rolle spielten. In der Literatur wurde angezweifelt, ob heute eine solche abweichende Regelung noch sinnvoll ist. Das I. ZP erhält sie aufrecht. Vor Eröffnung des Feuers musste die richtige Flagge gesetzt werden.

Artikel 40 **Pardon**

Es ist verboten, den Befehl zu erteilen, niemanden am Leben zu lassen, dies dem Gegner anzudrohen oder die Feindseligkeiten in diesem Sinne zu führen.

Artikel 41 Schutz eines außer Gefecht befindlichen Gegners (vgl. Art. 23c HLKO)

(1) Wer als außer Gefecht befindlich erkannt wird oder unter den gegebenen Umständen als solcher erkannt werden sollte, darf nicht angegriffen werden.

(2) Außer Gefecht befindlich ist,

a) wer sich in der Gewalt einer gegnerischen Partei befindet,
b) wer unmissverständlich seine Absicht bekundet, sich zu ergeben, oder
c) wer bewusstlos oder anderwertig durch Verwundung oder Krankheit kampfunfähig und daher nicht in der Lage ist, sich zu verteidigen,

sofern er in allen diesen Fällen jede feindselige Handlung unterlässt und nicht zu entkommen versucht.

...

Artikel 42 Insassen von Luftfahrzeugen

(1) Wer mit dem Fallschirm aus einem Luftfahrzeug abspringt, das sich in Not befindet, darf während des Absprungs nicht angegriffen werden.

(2) Wer mit dem Fallschirm aus einem Luftfahrzeug abgesprungen ist, das sich in Not befand, erhält, sobald er den Boden eines von einer gegnerischen Partei kontrollierten Gebiets berührt, Gelegenheit, sich zu ergeben, bevor er angegriffen wird, es sei denn, er begeht offensichtlich eine feindselige Handlung.

(3) Luftlandetruppen werden durch diesen Artikel nicht geschützt.

Abschnitt II Kombattanten- und Kriegsgefangenenstatus

Artikel 43 Streitkräfte

(1) Die Streitkräfte einer am Konflikt beteiligten Partei bestehen aus der Gesamtheit der organisierten bewaffneten Verbände, Gruppen und Einheiten, die einer Führung unterstehen, welche dieser Partei für das Verhalten ihrer Untergebenen verantwortlich ist; dies gilt auch dann, wenn diese Partei durch eine Regierung oder ein Organ vertreten ist, die von einer gegnerischen Partei nicht anerkannt werden. Diese Streitkräfte unterliegen einem internen Disziplinarsystem, das unter anderem die Einhaltung der Regeln des in bewaffneten Konflikten anwendbaren Völkerrechts gewährleistet.

(2) Die Angehörigen der Streitkräfte einer am Konflikt beteiligten Partei (mit Ausnahme des in Artikel 33 des II. Abkommens bezeichneten Sanitäts- und Seelsorgepersonals) sind Kombattanten, das heißt, sie sind berechtigt, unmittelbar an Feindseligkeiten teilzunehmen.

(3) Nimmt eine am Konflikt beteiligte Partei paramilitärische oder bewaffnete Vollzugsorgane in ihre Streitkräfte auf, so teilt sie dies den anderen am Konflikt beteiligten Parteien mit.

(Anmerkung: Für diese Bestimmung hat sich die deutsche Delegation der CDDH sehr eingesetzt. Sie ermöglicht es, paramilitärische oder bewaffnete Polizeieinheiten (z.B. den Bundesgrenzschutz) nach Notifizierung in die Streitkräfte i.S. des Artikel 43 zu integrieren.

Artikel 44 Kombattanten und Kriegsgefangene

(1) Ein Kombattant im Sinne des Artikel 43, der in die Gewalt einer gegnerischen Partei gerät, ist **Kriegsgefangener**.

(2) Obwohl alle Kombattanten verpflichtet sind, die Regeln des in bewaffneten Konflikten anwendbaren Völkerrechts einzuhalten, verwirkt ein Kombattant bei Verletzung dieser Regeln nicht das Recht, als Kombattant oder, wenn er

in die Gewalt einer gegnerischen Partei gerät, als Kriegsgefangener zu gelten, ausgenommen in den in den Absatz 3 und 4 bezeichneten Fällen.

(3) Um den Schutz der Zivilbevölkerung vor den Auswirkungen von Feindseligkeiten zu verstärken, sind die Kombattanten verpflichtet, sich von der Zivilbevölkerung zu unterscheiden, solange sie an einem Angriff oder an einer Kriegshandlung zur Vorbereitung eines Angriffs beteiligt sind. Da es jedoch in bewaffneten Konflikten Situationen gibt, in denen sich ein bewaffneter Kombattant wegen der Art der Feindseligkeiten nicht von der Zivilbevölkerung unterscheiden kann, behält er den Kombattantenstatus, vorausgesetzt, dass er in solchen Fällen

a) während jedes militärischen Einsatzes seine Waffen offen trägt und

b) während eines militärischen Aufmarsches vor Beginn eines Angriffs, an dem er teilnehmen soll, seine Waffen so lange offen trägt, wie er für den Gegner sichtbar ist.

Anmerkung: Nach dem I. ZP gelten die fünf klassischen Unterscheidungsmerkmale für Kombattanten: Auf Befehl und gehorsam aufgebaute Organisation mit einer verantwortlichen Führung, bleibendes, aus der Ferne erkennbares Kennzeichen, offenes Tragen der Waffen und Achtung der Gesetze und der Gebräuche des Krieges (siehe Artikel 1 LKO von 1907 sowie Art. 4 des III. Genfer Abkommen von 1949. Auch Guerilleros haben Kombattantenstatus, wenn sie diese Merkmale aufweisen.

(4) Ein Kombattant, der in die Gewalt einer gegnerischen Partei gerät und die in Absatz 3 Satz 2 genannten Voraussetzungen nicht erfüllt, verwirkt sein Recht, als Kriegsgefangener zu gelten; er genießt jedoch in jeder Hinsicht den Schutz, der dem den Kriegsgefangenen durch das II. Abkommen und dieses Protokoll gewährten Schutz entspricht.

(5) ...

(6) Dieser Artikel berührt nicht das Recht einer Person, nach Artikel 4 des III. Abkommens als Kriegsgefangener zu gelten.

...

Artikel 45 Schutz von Personen, die an Feindseligkeiten teilgenommen haben

(1) Es wird vermutet, daß derjenige, der an Feindseligkeiten teilnimmt und in die Gewalt einer gegnerischen Partei gerät, Kriegsgefangener und daher durch das II. Abkommen geschützt ist, wenn er den Kriegsgefangenenstatus beansprucht, wenn er Anspruch darauf zu haben scheint oder wenn die Partei, der er angehört, in einer Mitteilung an die Gewahrsamsmacht oder die Schutzmacht diesen Status für ihn beansprucht. ...

Artikel 46 **Spione**

(1) ... hat ein Angehöriger der Streitkräfte einer am Konflikt beteiligten Partei, der bei Ausübung von Spionage in die Gewalt einer gegnerischen Partei gerät, keinen Anspruch auf den Status eines Kriegsgefangenen und kann als Spion behandelt werden. (*Anmerkung: Spionage im Falle einer Gefangennahme bei Spionagetätigkeit, Offensichtlichkeit u.a. bei Vorspiegelung falscher Tatsachen oder heimlichen Tätigkeit).*

(2) Wenn sich ein Angehöriger der Streitkräfte einer am Konflikt beteiligten Partei in einem von einer gegnerischen Partei kontrollierten Gebiet Informationen beschafft oder zu beschaffen versucht, so gilt dies nicht als Spionage, wenn er dabei die Uniform seiner Streitkräfte trägt.

(3) ...

Artikel 47 **Söldner**

(1) Ein Söldner hat keinen Anspruch auf den Status eines Kombattanten oder eines Kriegsgefangenen.

(2) Als Söldner gilt,

a) wer im Inland oder Ausland zu dem besonderen Zweck angeworben ist, in einem bewaffneten Konflikt zu kämpfen,
b) wer tatsächlich unmittelbar an Feindseligkeiten teilnimmt,
c) wer an Feindseligkeiten vor allem aus Streben nach persönlichem Gewinn teilnimmt und wer von oder im Namen einer am Konflikt beteiligten Partei tatsächlich die Zusage einer materiellen Vergütung erhalten hat, die wesentlich höher ist als die den Kombattanten der Streitkräfte dieser Partei in vergleichbarem Rang und mit ähnlichen Aufgaben zugesagte oder gezahlte Vergütung,
d) wer weder Staatsangehöriger einer am Konflikt beteiligten Partei ist noch in einem von einer am Konflikt beteiligten Partei kontrollierten Gebiet ansässig ist,
e) wer nicht Angehöriger der Streitkräfte einer am Konflikt beteiligten Partei ist und
f) wer nicht von einem nicht am Konflikt beteiligten Staat in amtlichem Auftrag als Angehöriger seiner Streitkräfte entsandt worden ist.

*Anmerkung: Wird beim **Guerillero** der Kombattanten- und Kriegsgefangenenstatus unverantwortlich ausgedehnt, so wird er beim Söldner ungerechtfertigt eingeschränkt. Hier wird eine Gruppe von Kämpfern aus ideologischen Gründen bewusst diskriminiert.*

Teil IV Zivilbevölkerung

...

Artikel 48 Grundregel

Um Schonung und Schutz der Zivilbevölkerung zu gewährleisten, unterscheiden die am Konflikt beteiligten Parteien jederzeit zwischen der Zivilbevölkerung und Kombattanten sowie zwischen zivilen Objekten und militärischen Zielen; sie dürfen daher ihre Kriegshandlungen nur gegen militärische Ziele richten.

Anmerkung: Diese Grundregel gehört zu den fünf Tragpfeilern, auf denen die Kampfführungsbestimmungen des I. ZP ruhen: 1. Prinzip der Unterscheidung (Artikel 48). 2. Prinzip der Identifizierung (Artikel 57 Absatz 2a)i), 3. Zweifelsregeln (Artikel 50 Absatz 1 Satz 2, Artikel 52 Absatz 3), 4. Verhältnismäßigkeitsprinzip (Artikel 51 Absatz 5b, Artikel 57 Absatz 2 a iii und b), und 5. Vorsorgemaßnahmen (Art. 57 Absatz 1, Absatz 2 a ii und c, sowie Absatz 3). Ihr Kern ist sicher bereits geltendes Kriegsvölkergewohnheitsrecht, nicht jedoch die konkrete Ausgestaltung, die ihre Grundprinzipien im Abschnitt I des Teils IV des I. ZP gefunden haben.

Artikel 49 Bestimmungen des Begriffs „Angriffe" und Anwendungsbereich

(1) Der Begriff „Angriffe" bezeichnet sowohl eine offensive als auch eine defensive Gewaltanwendung gegen den Gegner. (*Anmerkung: Unter „Angriff" wird grundsätzlich der militärische Führungsbegriff verstanden, also die Verbindung „fire and movement". Im Gegensatz dazu fällt unter das I. ZP auch jede defensive Gewaltanwendung, etwa das Legen von Minen.*)

(2) Die Bestimmungen dieses Protokolls, die Angriffe betreffen, finden auf jeden Angriff Anwendung, gleichviel in welchem Gebiet er stattfindet, einschließlich des Hoheitsgebiets, einer am Konflikt beteiligten Partei, das der Kontrolle einer gegnerischen Partei unterliegt. *(Anmerkung: Das I. ZP kennt keinen Unterschied zwischen Operations- oder Kampfgebiet und Hinterland. Sie wurde im Verlauf der weiteren Arbeiten bewusst aufgegeben. Das klassische Kriegsrecht regelte grundsätzlich nur die Beziehungen zwischen den Konfliktparteien und der Zivilbevölkerung des Gegners. Das Verhältnis zwischen den Konfliktparteien und ihrer eigenen Zivilbevölkerung wurden ausschließlich durch das nationale Recht und die dem Friedensvölkerrecht angehörenden Menschenrechte geregelt. Die Schutznormen des I.ZP, auch soweit sie das Haager Recht betreffen, gelten für die gegnerische Zivilbevölkerung und die eigene Zivilbevölkerung ohne Unterschied.)*

...

Artikel 51 Schutz der Zivilbevölkerung

(1) Die Zivilbevölkerung und einzelne Zivilpersonen genießen allgemeinen Schutz vor den von Kriegshandlungen ausgehenden Gefahren. ...

(2) Weder die Zivilbevölkerung als solche noch einzelne Zivilpersonen dürfen das Ziel von Angriffen sein. Die Anwendung oder Androhung von Gewalt

mit dem hauptsächlichen Ziel, Schrecken unter der Zivilbevölkerung zu verbreiten, ist verboten.

(3) Zivilpersonen genießen den durch diesen Abschnitt gewährten Schutz, sofern und solange sie nicht unmittelbar an Feindseligkeiten teilnehmen.

(4) Unterschiedslose Angriffe sind verboten. Unterschiedslose Angriffe sind

a) Angriffe, die nicht gegen ein bestimmtes militärisches Ziel gerichtet werden,

b) Angriffe, bei denen Kampfmethoden oder -mittel angewendet werden, die nicht gegen ein bestimmtes militärisches Ziel gerichtet werden können, oder

c) Angriffe, bei denen Kampfmethoden und -mittel angewendet werden, deren Wirkungen nicht entsprechend den Vorschriften dieses Protokolls begrenzt werden können.

Und die daher in jedem dieser Fälle militärische Ziele und Zivilpersonen oder zivile Objekte unterschiedslos treffen können.

(5) Unter anderem sind folgende Angriffsarten als unterschiedslos anzusehen:

a) ein Angriff durch Bombardierung - gleichviel mit welchen Methoden oder Mitteln - bei dem mehrere deutlich voneinander getrennte militärische Einzelziele in einer Stadt, einem Dorf oder einem sonstigen Gebiet, in dem Zivilpersonen oder zivile Objekte ähnlich stark konzentriert sind, wie ein einziges militärisches Ziel behandelt werden, und

b) ein Angriff, bei dem damit zu rechnen ist, dass er auch Verluste an Menschenleben unter der Zivilbevölkerung, die Verwundung von Zivilpersonen, die Beschädigung ziviler Opfer oder mehrere derartige Folgen zusammen verursacht, die in keinem Verhältnis zum erwarteten konkreten und unmittelbaren militärischen Vorteil stehen. *(Anmerkung: Kollateralschäden, Begleitschäden)*.

(6) Angriffe gegen die Zivilbevölkerung oder gegen Zivilpersonen als Repressalie sind verboten. *(Anmerkung: Die vier Genfer Abkommen von 1949 enthalten zahlreiche Repressalienverbote (so Art. 46 I. Abkommen, Art. 47 II. Abkommen, Art. 13 Abs. 3 III. Abkommen und Art. 33 Abs. 4 IV. Abkommen), ohne aber eine Definition dieses Begriffes zu geben. Für das Haager Kampfführungsrecht gab es bisher praktisch keine Repressalienverbote).*

(7) Die Anwesenheit oder Bewegungen der Zivilbevölkerung oder einzelner Zivilpersonen dürfen nicht dazu benutzt werden, Kriegshandlungen von bestimmten Punkten oder Gebieten fernzuhalten, insbesondere durch Versuche, militärische Ziele vor Angriffen abzuschirmen oder Kriegshandlungen zu decken, zu begünstigen oder zu behindern. Die am Konflikt beteiligten Parteien dürfen Bewegungen der Zivilbevölkerung oder einzelner Zivilpersonen

nicht zu dem Zweck lenken, militärische Ziele vor Angriffen abzuschirmen oder Kriegshandlungen zu decken.

(8) ...

Kapitel III Zivile Objekte

Artikel 52 Allgemeiner Schutz ziviler Objekte

(1) Zivile Objekte dürfen weder angegriffen noch zum Gegenstand von Repressalien gemacht werden. ...

(2) Angriffe sind streng auf militärische Ziele zu beschränken. Soweit es sich um Objekte handelt, gelten als militärische Ziele nur solche Objekte, die auf Grund ihrer Beschaffenheit, ihres Standorts, ihrer Zweckbestimmung oder ihrer Verwendung wirksam zu militärischen Handlungen beitragen und deren gänzliche oder teilweise Zerstörung, deren Inbesitznahme oder Neutralisierung unter den in dem betreffenden Zeitpunkt gegebenen Umständen einen eindeutigen militärischen Vorteil darstellt.

(3) Im Zweifelsfall wird vermutet, dass ein in der Regel für zivile Zwecke bestimmtes Objekt, wie beispielsweise eine Kultstätte, ein Haus, eine sonstige Wohnstätte oder eine Schule, nicht dazu verwendet wird, wirksam zu militärischen Handlungen beizutragen.

Artikel 53 Schutz von Kulturgut und Kultstätten

Unbeschadet der Bestimmungen der Haager Konvention vom 14. Mai 1954 zum Schutz von Kulturgut bei bewaffneten Konflikten und anderer einschlägiger internationaler Übereinkünfte ist es verboten,

a) feindselige Handlungen gegen geschichtliche Denkmäler, Kunstwerke oder Kultstätten zu begehen, die zum kulturellen oder geistigen Erbe der Völker gehören.

b) Solche Objekte zur Unterstützung des militärischen Einsatzes zu verwenden oder

c) Solche Objekte zum Gegenstand von Repressalien zu machen.

Artikel 54 Schutz der für die **Zivilbevölkerung** lebensnotwendigen Objekte

(1) Das Aushungern von Zivilpersonen als Mittel der Kriegführung ist verboten.

(2) Es ist verboten, für die Zivilbevölkerung lebensnotwendige Objekte wie Nahrungsmittel, zur Erzeugung von Nahrungsmitteln genutzte landwirtschaftliche Gebiete, Ernte- und Viehbestände, Trinkwasserversorgungsanlagen und -vorräte sowie Bewässerungsanlagen anzugreifen, zu zerstören, zu entfernen oder unbrauchbar zu machen, ...

(3) Die in Absatz 2 vorgesehenen Verbote finden keine Anwendung, wenn die angeführten Objekte von einer gegnerischen Partei

a) ausschließlich zur Versorgung der Angehörigen ihrer Streitkräfte benutzt werden,
b) zwar nicht zur Versorgung, aber zur unmittelbaren Unterstützung einer militärischen Handlung benutzt werden; jedoch darf gegen diese Objekte keinesfalls so vorgegangen werden, dass eine unzureichende Versorgung der Zivilbevölkerung mit Lebensmitteln oder Wasser zu erwarten wäre, durch die sie einer Hungersnot ausgesetzt oder zum Weggang gezwungen würde.

(4) ...

(5) In Anbetracht der lebenswichtigen Erfordernisse jeder am Konflikt beteiligten Partei bei der Verteidigung ihres Hoheitsgebiets gegen eine Invasion sind einer am Konflikt beteiligten Partei in diesem Gebiet, soweit es ihrer Kontrolle unterliegt, Abweichungen von den Verboten des Artikel 2 gestattet, wenn eine zwingende militärische Notwendigkeit dies erfordert.

Artikel 55 Schutz der natürlichen Umwelt

(1) Bei der Kriegführung ist darauf zu achten, dass die natürliche Umwelt vor ausgedehnten, lang anhaltenden und schweren Schäden geschützt wird. ... *(siehe auch Art. 35 I. ZP, miteingeschlossen das Verbot der Anwendung von Methoden oder Mitteln der Kriegführung, die dazu bestimmt sind, dass sie derartige Schäden der natürlichen Umwelt verursachen und dadurch Gesundheit oder Überleben der Bevölkerung gefährden.)*

(2) Angriffe gegen die natürliche Umwelt als Repressalie sind verboten.

Artikel 56 Schutz von Anlagen und Einrichtungen, die gefährliche Kräfte enthalten.

Anmerkung: Es handelt sich hier um neues Recht, da Dämme, Deiche und Atomkraftwerke auch dann nicht angegriffen werden dürfen, wenn sie militärische Ziele i.S. des Art. 52 Abs. 2 sind.

(1) Anlagen oder Einrichtungen, die gefährliche Kräfte enthalten, nämlich **Staudämme, Deiche und Kernkraftwerke**, dürfen auch dann nicht angegriffen werden, wenn sie militärische Ziele darstellen, sofern ein solcher Angriff gefährliche Kräfte freisetzen und dadurch schwere Verluste unter der Zivilbevölkerung verursachen kann ...

(2) Der in Absatz 1 vorgesehene besondere Schutz vor Angriffen endet
nur dann, wenn sie zu unmittelbaren Unterstützung von Kriegshandlungen benutzt werden, und wenn ein solcher Angriff das einzig praktisch mögliche Mittel ist, um diese Unterstützung zu beenden.

...

Kapitel IV Vorsorgliche Maßnahmen

Artikel 57 **Vorsichtsmaßnahmen beim Angriff**

(1) Bei Kriegshandlungen ist stets darauf zu achten, dass die Zivilbevölkerung, Zivilpersonen und zivile Objekte verschont bleiben.

(2) Im Zusammenhang mit Angriffen sind folgende Vorsichtsmaßnahmen zu treffen:

a) Wer einen Angriff plant oder beschließt,

- hat alles praktisch Mögliche zu tun, um sicherzugehen, dass die Angriffsziele weder Zivilpersonen noch zivile Objekte sind ...
- hat bei der Wahl der Angriffsmittel und -methoden alle praktisch möglichen Vorsichtsmaßnahmen zu treffen, um Verluste unter der Zivilbevölkerung, die Verwundung von Zivilpersonen und die Beschädigung ziviler Objekte, die dadurch mit verursacht werden könnten, zu vermeiden und in jedem Fall auf ein Mindestmaß zu beschränken;

b) ein Angriff ist endgültig oder vorläufig einzustellen, wenn sich erweist, dass sein Ziel nicht militärischer Art ist, dass es unter besonderem Schutz steht oder dass damit zu rechnen ist, dass der Angriff auch Verluste unter der Zivilbevölkerung, die Verwundung von Zivilpersonen, die Beschädigung ziviler Objekte oder mehrere derartige Folgen zusammen verursacht, die in keinem Verhältnis zum erwarteten konkreten und unmittelbaren militärischen Vorteil stehen.

c) Angriffen, durch welche die Zivilbevölkerung in Mitleidenschaft gezogen werden kann, muss eine wirksame Warnung vorausgehen, es sei denn, die gegebenen Umstände erlaubten dies nicht.

Kapitel V Orte und Zonen unter besonderem Schutz

Artikel 59 **Unverteidigte Orte**

(1) Unverteidigte Orte dürfen .... von den am Konflikt beteiligten Parteien nicht angegriffen werden.

(2) Die zuständigen Behörden einer am Konflikt beteiligten Partei können jeden der gegnerischen Partei zur Besetzung offenstehenden bewohnten Ort ... zum unverteidigten Ort erklären. Ein solcher Ort muss folgende Voraussetzungen erfüllen:

a) Alle Kombattanten sowie die beweglichen Waffen und die bewegliche militärische Ausrüstung müssen verlegt worden sein,

b) Ortsfeste militärische Anlagen oder Einrichtungen dürfen nicht zu feindseligen Handlungen benutzt werden,

c) Behörden und Bevölkerung dürfen keine feindseligen Handlungen begehen und

d) Es darf nichts zur Unterstützung von Kriegshandlungen unternommen werden.

(3) ...

(4) ...

(5) Die am Konflikt beteiligten Parteien können die Schaffung unverteidigter Orte vereinbaren, selbst wenn diese Orte nicht die Voraussetzungen des Absatz 2 erfüllen. ...

(6) Zusammengefaßt: Kennzeichnung des Ortes nach Absprache mit der mit der gegnerischen Partei vereinbarten Zeichen notwendig!

(7) ...

Artikel 60 Entmilitarisierte Zonen

(1) Den am Konflikt beteiligten Parteien ist es verboten, ihre Kriegshandlungen auf Zonen auszudehnen, denen sie durch eine Vereinbarung den Status einer entmilitarisierten Zone zuerkannt haben, wenn diese Ausdehnung den Bestimmungen der betreffenden Vereinbarung zuwiderläuft. ...

Kapitel VI Zivilschutz

Artikel 61 Begriffsbestimmungen und Anwendungsbereich

Im Sinne des Protokolls

a) bedeutet „**Zivilschutz**" die Erfüllung aller oder einzelner der nachstehend genannten humanitären Aufgaben zum Schutz der Zivilbevölkerung vor den Gefahren und zur Überwindung der unmittelbaren Auswirkungen von Feindseligkeiten oder Katastrophen sowie zur Schaffung der für ihr Überleben notwendigen Voraussetzungen. Diese Aufgaben sind

- Warndienst;
- Evakuierung;
- Bereitstellung und Verwaltung von Schutzräumen;
- Durchführung von Verdunkelungsmaßnahmen;
- Bergung;
- Medizinische Versorgung einschließlich erster Hilfe und geistlichen Beistands;
- Brandbekämpfung;
- Aufspüren und Kennzeichnung von Gefahrenzonen etc.

...

Artikel 62 Allgemeiner Schutz

(1) Die zivilen Zivilschutzorganisationen und ihr Personal werden ... geschont und geschützt. Außer im Fall zwingender militärischer Notwendigkeit sind sie berechtigt, ihre Zivilschutzaufgaben wahrzunehmen.

(2) ...

Artikel 65 Ende des Schutzes

(1) Der Schutz, auf den zivile Zivilschutzorganisationen, ihr Personal, ihre Gebäude, ihre Schutzbauten und ihr Material Anspruch haben, darf nur dann enden, wenn sie außer ihren eigentlichen Aufgaben den Feind schädigende Handlungen begehen oder dazu verwendet werden. Jedoch endet der Schutz erst, nachdem eine Warnung, die möglichst eine angemessene Frist setzt, unbeachtet geblieben ist.

(2) Es gilt nicht als eine den Feind schädigende Handlung,

a) wenn Zivilschutzaufgaben unter der Weisung oder Aufsicht militärischer Dienststellen durchgeführt werden;

b) wenn ziviles Zivilschutzpersonal mit Militärpersonal bei der Wahrnehmung von Zivilschutzaufgaben zusammenarbeitet oder wenn einige Militärpersonen zivilen Zivilschutzorganisationen zugeteilt sind.

c) wenn die Wahrnehmung von Zivilschutzaufgaben auch militärischen Konfliktsopfern, insbesondere den außer Gefecht befindlichen, zugute kommt.

(3) Es gilt auch nicht als eine den Feind schädigende Handlung, wenn das zivile Zivilschutzpersonal leichte Handfeuerwaffen trägt, um die Ordnung aufrechtzuerhalten oder sich selbst zu verteidigen. ...

Artikel 66 Kennzeichnung

(4) Das internationale Schutzzeichen des Zivilschutzes besteht aus einem gleichseitigen blauen Dreieck auf orangefarbenen Grund, das zum Schutz von Zivilschutzorganisationen, ihres Personals, ihrer Gebäude und ihres Materials oder zum Schutz ziviler Schutzbauten verwendet wird.

Artikel 67 Den Zivilschutzorganisationen zugeteilte Angehörige der Streitkräfte und militärische Einheiten

Anmerkung: Stellt man auf den Status ab, sind und bleiben diese Angehörigen des Zivilschutzes Kombattanten. Legt man die Betonung auf ihre Funktion, so stehen sie den zivilen Angehörigen gleich. Der im I. ZP gefundene Kompromiss erfordert, dass die Kombattanten der Zivilschutzorganisation ständig zugeteilt sind und ausschließlich die in Art. 61 genau ausgeführten Aufgaben erfüllen. Jede „andere militärische Pflicht" dürfen sie nicht ausführen. Diese Formulierung in Abs. 1 b beweist, dass die Angehörigen der Streitkräfte in den Zivilschutzorganisationen militärische und nicht zivile Aufgaben erfüllen. Das Recht zum Führen von Waffen ist sehr eingeschränkt, besonders im Operations-

gebiet. Fallen sie in die Hände des Gegners, so schlägt der Kombattantenstatus durch und das militärische Zivilschutzpersonal gerät in Gefangenschaft. Das Material sowie Gebäude bleiben, wenn sie in den Einflussbereich des Gegners geraten, dem Kriegsrecht unterworfen. Im Gegensatz zu Sanitätsgebäuden und Sanitätsmaterial gibt es also keine Immunität. Jedoch dürfen Gebäude und Material nur im Falle zwingender militärischer Notwendigkeit zweckentfremdet werden.

Artikel 69 Wesentliche Bedürfnisse in besetzten Gebieten

(1) Über die in Artikel 55 des IV. Abkommens bezeichneten Verpflichtungen betreffend die Versorgung mit Lebens- und Arzneimitteln hinaus sorgt die Besatzungsmacht im Rahmen aller ihr zur Verfügung stehenden Mittel und ohne jede nachteilige Unterscheidung auch für die Bereitstellung von Kleidung, Material für die Übernachtung, Notunterkünften, andern für das Überleben der Zivilbevölkerung des besetzten Gebiets wesentlichen Versorgungsgütern und Kultgegenständen.

(2) Hilfsaktionen zugunsten der Zivilbevölkerung besetzter Gebiete werden ... unverzüglich durchgeführt.

Artikel 70 Hilfsaktionen

(1) Ist die Zivilbevölkerung eines der Kontrolle einer am Konflikt beteiligten Partei unterliegenden Gebiets, das kein besetztes Gebiet ist, nicht ausreichend mit den in Artikel 69 genannten Versorgungsgütern versehen, so sind ohne jede nachteilige Unterscheidung unparteiische humanitäre Hilfsaktionen durchzuführen, sofern die davon betroffenen Parteien zustimmen. ... Bei der Verteilung der Hilfssendungen werden zuerst Personen berücksichtigt ... wie beispielsweise Kinder, schwangere Frauen, Wöchnerinnen und stillende Mütter.

(2) Die am Konflikt beteiligten Parteien und jede Hohe Vertragspartei genehmigen und erleichtern den schnellen und ungehinderten Durchlass von Hilfssendungen, -ausrüstungen und -personal, die nach diesem Abschnitt bereitgestellt werden, auch wenn die Hilfe für die Zivilbevölkerung der gegnerischen Partei bestimmt ist.

(3) Zusammengefasst: Hilfssendungen etc können durchsucht werden, die Verteilung der Hilfsgüter kann unter Aufsicht einer Schutzmacht erfolgen.

...

Artikel 71 An Hilfsaktionen beteiligtes Personal

(2)... wird geschont und geschützt. *(Anmerkung: Nach bisherigem Kriegsvölkerrecht war ein solcher Schutz nicht vorhanden, soweit es sich nicht um Sanitätspersonal handelte).*

Artikel 73 **Flüchtlinge und Staatenlose**

Personen, die vor Beginn der Feindseligkeiten als Staatenlose und Flüchtlinge ... angesehen werden, sind unter allen Umständen und ohne jede nachteilige Unterscheidung geschützte Personen im Sinne der Teile I und II des IV. Abkommens.

Artikel 74 **Familienzusammenführung**

Die hohen Vertragsparteien und die am Konflikt beteiligten Parteien erleichtern in jeder möglichen Weise die Zusammenführung von Familien, die infolge bewaffneter Konflikte getrennt worden sind; sie fördern insbesondere ... die Tätigkeit humanitärer Organisationen, die sich dieser Aufgabe widmen.

Artikel 75 Grundlegende Garantien

(1) ... Personen (werden) ... unter allen Umständen mit Menschlichkeit behandelt und genießen zumindest ... Schutz, ohne jede nachteilige Unterscheidung auf Grund von Rasse, Hautfarbe, Geschlecht, Sprache, Religion oder Glauben, politischer oder sonstiger Anschauung, nationaler oder sozialer Herkunft, Vermögen, Geburt oder einer sonstigen Stellung oder anderer ähnlicher Unterscheidungsmerkmale. ...

(2) Folgende Handlungen sind und bleiben jederzeit und überall verboten, gleichviel ob sie durch zivile Bedienstete oder durch Militärpersonen begangen werden:

a) Angriffe auf das Leben, die Gesundheit oder das körperliche oder geistige Wohlbefinden von Personen, insbesondere

- vorsätzliche Tötung,
- Folter jeder Art, gleichviel ob körperlich oder seelisch,
- Körperliche Züchtigung und
- Verstümmelung;

b) Beeinträchtigung der persönlichen Würde, insbesondere entwürdigende und erniedrigende Behandlung, Nötigung zur Prostitution und unzüchtige Handlungen jeder Art,

c) Geiselnahme,

d) Kollektivstrafen und

e) Die Androhung einer dieser Handlungen.

...

Artikel 76 Schutz von Frauen

(1) Frauen werden besonders geschont; sie werden namentlich vor Vergewaltigung, Nötigung zur Prostitution und jeder anderen unzüchtigen Handlung geschützt.

(2) ..

(3) Die am Konflikt beteiligten Parteien bemühen sich soweit irgend möglich, zu vermeiden, dass gegen schwangere Frauen oder Mütter kleiner von ihnen ab-

hängiger Kinder für eine im Zusammenhang mit dem bewaffneten Konflikt begangene Straftat die Todesstrafe verhängt wird. Ein wegen einer solchen Strafe *(Anmerkung: aus Gründen im Zusammenhang mit dem bewaffneten Konflikt)* gegen diese Frauen verhängtes Todesurteil darf nicht vollstreckt werden.

Artikel 77 **Schutz von Kindern**

(1) Kinder werden besonders geschont; sie werden von jeder unzüchtigen Handlung geschützt. Die am Konflikt beteiligten Parteien lassen ihnen jede Pflege und Hilfe zuteil werden, deren sie wegen ihres Alters oder aus einem anderen Grund bedürfen.

(2) Die am Konflikt beteiligten Parteien treffen alle praktisch durchführbaren Maßnahmen, damit Kinder unter fünfzehn Jahren nicht unmittelbar an Feindseligkeiten teilnehmen; sie sehen insbesondere davon ab, sie in ihre Streitkräfte einzugliedern. ...

(3) ...

(4) ...

(5) Ein Todesurteil, das wegen einer im Zusammenhang mit dem bewaffneten Konflikt begangenen Straftat verhängt wurde, darf an Personen, die zum Zeitpunkt der Straftat noch nicht das achtzehnte Lebensjahr vollendet hatten, nicht vollstreckt werden.

Kapitel III Journalisten

Artikel 79 Maßnahmen zum Schutz von Journalisten

(1) Journalisten ... gelten als Zivilpersonen ...

(2) ... sind sie aber bei den Streitkräften als Kriegsberichterstatter akkreditiert, so bleibt der Anspruch auf den nach Artikel 4 Buchstabe A Absatz 4 des III. Abkommens vorgesehenen Status unberührt.

Artikel 82 Rechtsberater in den Streitkräften

Die Hohen Vertragsparteien werden jederzeit und die am Konflikt beteiligten Parteien in Zeiten eines bewaffneten Konflikts dafür Sorge tragen, dass Rechtsberater bei Bedarf verfügbar sind, um die militärischen Führer der zuständigen Befehlsebenen hinsichtlich der Anwendung der Abkommen und dieses Protokolls sowie der geeigneten Unterweisungen zu beraten, die den Streitkräften auf diesem Gebiet zu erteilen sind.

Artikel 83 Verbreitung

(1) Die Hohen Vertragsparteien verpflichten sich, in Friedenszeiten wie in Zeiten eines bewaffneten Konflikts die Abkommen und dieses Protokoll in ihren Ländern so weit wie möglich zu verbreiten, insbesondere ihr Studium in die militärischen Ausbildungsprogramme aufzunehmen und die Zivilbevölke-

rung zu ihrem Studium anzuregen, so dass diese Übereinkünfte den Streitkräften und der Zivilbevölkerung bekannt werden.

(2) Die militärischen oder zivilen Dienststellen, die in Zeiten eines bewaffneten Konflikts Verantwortlichkeiten bei der Anwendung der Abkommen und dieses Protokoll zu übernehmen haben, müssen mit ihrem Wortlaut voll und ganz vertraut sein.

Artikel 85 Ahndung von Verletzungen dieses Protokolls

...

(3) Als schwere Verletzungen dieses Protokolls gelten ...:

a) gegen die Zivilbevölkerung oder einzelne Zivilpersonen gerichtete Angriffe;

b) Führen eines unterschiedslos wirkenden, die Zivilbevölkerung oder zivile Objekte in Mitleidenschaft ziehenden Angriffs in Kenntnis davon, dass der Angriff Verluste an Menschenleben, die Verwundung von Zivilpersonen oder die Beschädigung ziviler Objekte zur Folge haben wird, ...

c) Führen eines Angriffs gegen gefährliche Kräfte enthaltende Anlagen oder Einrichtungen in Kenntnis davon, dass der Angriff Verluste an Menschenleben, die Verwundung von Zivilpersonen oder die Beschädigung ziviler Objekte zur Folge haben wird, ...

d) gegen unverteidigte Orte und entmilitarisierte Zonen gerichtete Angriffe;

e) gegen eine Person gerichtete Angriffe in Kenntnis davon, dass die Person außer Gefecht befindlich ist;

f) heimtückische gegen Artikel 37 verstoßende Benutzung des Schutzzeichens des Roten Kreuzes, des Roten Halbmonds oder des Roten Löwen mit Roter Sonne oder anderer durch die Abkommen oder dieses Protokoll anerkannter Schutzzeichen.

(4) ....

a) die von der Besatzungsmacht durchgeführte Überführung eines Teiles ihrer eigenen Zivilbevölkerung in das von ihr besetzte Gebiet oder die Verschleppung oder Überführung der Gesamtheit oder eines Teiles der Bevölkerung des besetzten Gebiets innerhalb desselben oder aus demselben unter Verletzung des Artikels 49 des IV. Abkommens;

b) Ungerechtfertigte Verzögerung bei der Heimschaffung von Kriegsgefangenen oder Zivilpersonen;

c) Praktiken der **Apartheid** und andere auf Rassendiskriminierung beruhende unmenschliche und erniedrigende Praktiken, die eine grobe Verletzung der persönlichen Würde einschließen.

d) Weitgehende Zerstörungen verursachende Angriffe, die gegen eindeutig erkannte geschichtliche Dankmäler, Kunstwerke oder Kultstätten gerichtet sind, welche zum kulturellen oder geistigen Erbe der Völker gehören und denen auf Grund einer besonderen Vereinbarung, zum Beispiel im Rahmen einer zuständigen internationalen Organisation, besonderer Schutz gewährt wurde, wenn keine Anzeichen dafür vorliegen, daß die gegnerische Partei Artikel 53 Buchstabe b verletzt hat und wenn die betreffenden geschichtlichen Denkmäler, Kunstwerke und Kultstätten nicht in unmittelbarer Nähe militärischer Ziele gelegen sind.

e) Maßnahmen, durch die einer durch die Abkommen geschützten oder in Absatz 2 genannten Person ihr Recht auf ein unparteiisches ordentliches Gerichtsverfahren entzogen wird.

(5) Unbeschadet der Anwendung der Abkommen und dieses Protokolls gelten schwere Verletzungen dieser Übereinkünfte als Kriegsverbrechen.

Anmerkung: Absatz 5 dieses Artikels führt erstmals in einem allgemeinen kriegsvölkerrechtlichen Abkommen den Begriff des Kriegsverbrechens ein. Auch der Missbrauch des Rotkreuz- bzw. des Rothalbmondzeichens („schwerer Mißbrauch" oder „Heimtücke" – etwa wenn das Wahrzeichen dafür verwendet wird, um Kombattanten oder militärische Ausrüstung zu schützen – kann als schwerer Verstoß gegen das humanitäre Völkerrecht gelten – anders ausgedrückt, als Kriegsverbrechen.

Artikel 86 Unterlassungen

(1) ...

(2) Wurde eine Verletzung der Abkommen oder dieses Protokolls von einem Untergebenen begangen, so enthebt dies seine Vorgesetzten nicht ihrer strafrechtlichen beziehungsweise disziplinarrechtlichen Verantwortlichkeit, wenn sie wussten oder ... darauf schließen konnten, dass der Untergebene eine solche Verletzung beging oder begehen würde, und wenn sie nicht alle in ihrer Macht stehende praktisch möglichen Maßnahmen getroffen haben, um die Verletzung zu verhindern oder zu ahnden.

Artikel 89 Zusammenarbeit

Bei erheblichen Verstößen gegen die Abkommen oder dieses Protokoll verpflichten sich die Hohen Vertragsparteien, sowohl gemeinsam als auch einzeln in Zusammenarbeit mit den Vereinten Nationen und im Einklang mit der Charta der Vereinten Nationen tätig zu werden.

Artikel 90 Internationale Ermittlungskommission

(1) a) Es wird eine internationale Ermittlungskommission (...) gebildet; sie besteht aus fünfzehn Mitgliedern von hohem sittlichem Ansehen und anerkannter Unparteilichkeit.

...

Zusatzprotokoll zu den Genfer Abkommen vom 12. August 1949 über den Schutz der Opfer nicht international bewaffneter Konflikte (Protokoll II)

Anmerkung: Dieses Protokoll erweitert und ergänzt den allen vier Genfer Abkommen vom 12.8.1949 gemeinsamen Art. 3. Die Beziehungen zwischen einem Staat und seinen Staatsangehörigen werden grundsätzlich von den Menschenrechtskonventionen und Menschenrechtspakten des Friedensvölkerrechts erfasst und geregelt.

Artikel 1 Sachlicher Anwendungsbereich

(1) Dieses Protokoll, ..., findet auf alle bewaffneten Konflikte Anwendung, die von Artikel 1 des Zusatzprotokolls ... (Protokoll I) nicht erfasst sind und die im Hoheitsgebiet einer Hohen Vertragspartei zwischen deren Streitkräften und abtrünnigen Streitkräften oder anderen organisierten bewaffneten Gruppen stattfinden, die unter einer verantwortlichen Führung eine solche Kontrolle über einen Teil des Hoheitsgebiets der Hohen Vertragspartei ausüben, dass sie anhaltende, koordinierte Kampfhandlungen durchführen und dieses Protokoll anzuwenden vermögen.

(2) Dieses Protokoll findet nicht auf Fälle innerer Unruhen und Spannungen wie Tumulte, vereinzelt auftretende Gewalttaten und andere ähnliche Handlungen Anwendung, die nicht als bewaffnete Konflikte gelten.

Artikel 3 **Nichteinmischung**

(1) Dieses Protokoll darf nicht zur Beeinträchtigung der Souveränität eines Staates oder der Verantwortung der Regierung herangezogen werden, mit allen rechtmäßigen Mitteln die öffentliche Ordnung im Staat aufrechtzuerhalten oder wiederherzustellen oder die nationale Einheit und territoriale Unversehrtheit des Staates zu verteidigen.

(2) Dieses Protokoll darf nicht zur Rechtfertigung einer wie immer begründeten unmittelbaren oder mittelbaren Einmischung in den bewaffneten Konflikt oder in die inneren oder äußeren Angelegenheiten der Hohen Vertragspartei herangezogen werden, in deren Hoheitsgebiet dieser Konflikt stattfindet.

Literaturverzeichnis

AMBOS Kai: Der neue Internationale Strafgerichtshof. Die schwierige Balance zwischen effizienter Strafverfolgung und Realpolitik, in: E+Z – Entwicklung und Zusammenarbeit Nr. 9, September 1998, 224-225, hrsg. von der Deutschen Stiftung für internationale Entwicklung (DSE), Frankfurt/Main.

AUSWÄRTIGES AMT der Bundesrepublik Deutschland: 25 Jahre Mitgliedschaft Deutschlands in den Vereinten Nationen, 1. Auflage, Bonn, Juni 1998.

BENKE/MEISSEL/LUGGAUER: Juristenlatein, Verlag Juridica, Wien 1997.

BLUMENWITZ Dieter: Fälle und Lösungen zum Völkerrecht, Verlag Richard Boorberg, Stuttgart, München, Hannover, Berlin, Weimar, Dresden 2001.

BLUMENWITZ Dieter: Rechtsgutachten über die Verbrechen an den Deutschen in Jugoslawien 1944-1948, Sonderausgabe juristische Studien, hrsg. Vom Vorstand der Donauschwäbischen Kulturstiftung – Stiftung des bürgerlichen Rechts -, München 2002.

BREDOW Wilfried von: Zivilisierungsagentur Strafgerichtshof. Wenn die Staatenwelt schwächer wird, wer schützt dann die Menschen? In: Frankfurter Allgemeine Zeitung, 12.3.2003, 6.

BREYER Karl: Moskaus Faust in Afrika, Verlag Seewald, Stuttgart 1979.

BUCHBENDER/BÜHL/KUJAT: Wörterbuch zur Sicherheitspolitik, 3. Auflage, Edition Herford, Bonn 1992.

CARTER Ashton B., PERRY William J.: Preventive Defense. A New Security Strategy for America, Brookings Institutions Press, Washington D.C., 1999.

CLAUSEWITZ Carl von, Vom Kriege, Rowohlt Taschenbuchverlag 1963.

DELPECH Thérèse: Die Liebe zum Tod. Über den Umgang mit dem Terrorismus, in: Internationale Politik 11/2001, 53-60.

DEMAJ Violeta: Die Entwicklungen in Kosova nach der Aufhebung der Autonomie im Jahre 1989 unter Berücksichtigung staatsrechtlicher, menschenrechtlicher und völkerrechtlicher Aspekte, Dissertation an der Rechtswissenschaftlichen Fakultät der Universität Wien, Dezember 1999.

DESCH Thomas/WINDHABER Hans-Georg: Die Ausbildung der Rechtsberater im Österreichischen Bundesheer, in: Truppendienst 2/2003, 121-124.

ENGELHARDT Paulus: Die Lehre vom „gerechten Krieg“ in der vorreformatorischen und katholischen Tradition: Herkunft-Wandlungen-Krise, in: Reiner Steinweg (Hg), Der gerechte Krieg: Christentum, Islam, Marxismus, Frankfurt/Main 1980, 72-124.

ERMACORA Felix /PAN Christoph: Grundrechte der europäischen Volksgruppen, in: Ethnos Band 42, Verlag Braumüller, Wien 1993.

FISCHER Klemens: Humanitäts-, Kriegs- und Neutralitätsrecht sowie Kulturgüterschutz. Ein Leitfaden durch das Völkerrecht für die Truppe, 1. Auflage, Truppendienst-Taschenbuch, Wien, im März 1991.

FISCHER Peter: Internationales Wirtschaftsrecht und Internationale Wirtschaftsorganisationen, in: NEUHOLD/HUMMER/SCHREUER (Hg.), Österreichisches Handbuch des Völkerrechts, 3. Auflage, Manz Verlag, Wien 1997, 418-444.

FISCHER Peter: Gestaltwandel im Internationalen Wirtschaftsrecht, in: HUMMER Waldemar (Hg.), Paradigmenwechsel im Völkerrecht zur Jahrtausendwende, Manz Verlag, Wien 2002, 209-233.

FISCHER Peter/KÖCK Heribert Franz: Allgemeines Völkerrecht, Das Recht der universellen Staatengemeinschaft. Ein Lehrbuch mit den wichtigsten Rechtstexten, 5. Auflage, Linde Verlag, Wien 2000.

FORSTENEICHNER Günter F.C.: Neue Formen der Bedrohung der internationalen Sicherheit, Terrorismus-Proliferation-Organisierte Kriminalität-Migration. Erscheinungsformen-Bewältigung-sicherheitspolitische Aspekte. IAP-Sonderheft, Osning Verlag, Bonn im Oktober 2001.

GALLIS Paul E.: NATO Enlargement, CRS Report for Congress, Updated Nov. 4, 2002.

GASTEYGER Curt: Die Entwicklung einer neuen europäischen Sicherheitsordnung. Überlegungen zu Konzepten und Institutionen europäischer Sicherheit, in: REITER Erich (Hg.), Österreich und die NATO. Die sicherheitspolitische Situation Österreichs nach der NATO-Erweiterung, Schriftenreihe Forschungen zur Sicherheitspolitik, Band 2, Verlag Styria, Graz-Wien-Köln 1998, 55-85.

GILLER Joachim: Nicht-militärisches Krisenmanagement in Europa als sicherheitspolitisches Profilierungsfeld bündnisfreier und neutraler Kleinstaaten, ÖZP 2001/4.

GLAWISCHNIG Markus, LIND-BRAUCHER Susanne: Der Internationale Gerichtshof über den Völkermord Bosnien-Herzegowina vs. Jugoslawien (Serbien-Montenegro), Überblick über die interaktive Internetseite, Studie, Wien 2000

HAFNER Gerhard: Räumliche Regime und Nutzungen über die und jenseits der Staatsgrenzen, in: NEUHOLD/HUMMER/SCHREUER (Hg.), Österreichisches Handbuch des Völkerrechts, 3. Auflage, Manz Verlag, Wien 1997, 358-405.

HALTZEL Michael: Schein und Heiligkeit, Die Presse, Spectrum, 3.1.2004, IV.

HAUSER Gunther: Die NATO – Der Grundpfeiler des euro-atlantischen Sicherheitsverbundes, in: HOCHLEITNER Erich P. (Hg.), Das europäische Sicherheitssystem zu Beginn des 21. Jahrhunderts, Verlag Böhlau Wien, 2000.

HAUSER Gunther: Österreich – dauernd neutral?, Studien zur politischen Wirklichkeit, Band 14, Verlag Braumüller, Wien 2002.

HAZDRA Peter: Österreichs Beteiligung an Internationalen Einsätzen. Rahmenbedingungen – politische Hintergründe. Trends und Perspektiven, Bundesministerium für Landesverteidigung, Büro für Sicherheitspolitik, Interne Informationen zur Sicherheitspolitik Nr. 15, Jänner 2003.

HECHT Rudolf: Von SALT zu START, Österreichische Militärische Zeitschrift, Heft 6/1991, 471-476.

HILPOLD Peter: Das Transparenzprinzip im internationalen Wirtschaftsrecht – unter besonderer Berücksichtigung des Beziehungsgeflechts zwischen EU und WTO, EuR 1999.

HINZ Joachim, RAUCH Elmar: Kriegsvölkerrecht. Textsammlung mit Erläuterungen, Übersichten und Stichwortverzeichnis, 3. Auflage, Carl Heymanns Verlag KG, Köln-Berlin-Bonn-München 1984.

HOCHLEITNER Erich P.: Kosovo: Die NATO-Militäraktion, in: „Unsere Sicherheit Europa“, Newsletter des Österreichischen Instituts für Europäische Sicherheitspolitik (ÖIES), Nr. 1/99.

HORN Albrecht: Multilaterale ökonomische Sanktionsregime der Vereinten Nationen. Konzepte, Probleme, Resultate, Verlag Peter Lang, Frankfurt/Main, Berlin, Bern, Bruxelles, New York, Oxford, Wien 2003.

HUMMER Waldemar: Der internationale Menschenrechtsschutz, in: NEUHOLD/HUMMER/SCHREUER (Hg.), Österreichisches Handbuch des Völkerrechts, 3. Auflage, Manz Verlag, Wien 1997, 243-290.

HUMMER Waldemar: Der internationale Minderheitenschutz, in: NEUHOLD/HUMMER/SCHREUER (Hg.) Österreichisches Handbuch des Völkerrechts, 3. Auflage, Manz Verlag, Wien 1997, 290-294.

HUMMER Waldemar: Der internationale Status und die völkerrechtliche Stellung Österreichs seit dem Ersten Weltkrieg, in: NEUHOLD/HUMMER/SCHREUER (Hg.), Österreichisches Handbuch des Völkerrechts, 3. Auflage, Manz Verlag, Wien 1997, 492-539.

HUMMER Waldemar: Paradigmenwechsel im Internationalen Organisationsrecht – Von der „Supranationalität“ zur „strukturellen Kongruenz und Homogenität“ der Verbandsgewalt, in: HUMMER Waldemar (Hg.), Paradigmenwechsel im Völkerrecht zur Jahrtausendwende, Manz Verlag, Wien 2002, 145-203.

JUREKOVIC Predrag: Die politische Dimension des Krieges im Kosovo und in der BR Jugoslawien: Konfliktentwicklung, politische Initiativen der Staatengemeinschaft, Auswirkungen auf das Umfeld, in: REITER Erich (Hg.), Der Krieg um das Kosovo, v. Hase & Koehler Verlag, Mainz 2000, 39-80.

KARL Wolfram: Sonstige Quellen des Völkerrechts, in: NEUHOLD/HUMMER/SCHREUER (Hg.), Österreichisches Handbuch des Völkerrechts, 3. Auflage, Manz Verlag, Wien 1997, 104-110.

KARL Wolfram: Aktuelle Entwicklungen im Internationalen Menschenrechtsschutz, in: HUMMER Waldemar (Hg.), Paradigmenwechsel im Völkerrecht zur Jahrtausendwende, Manz Verlag, Wien 2002, 275-321.

KIMMINICH Otto/HOBE Stephan: Einführung in das Völkerrecht, UTB, A. Francke Verlag, 7. Auflage, Tübingen und Basel 2000.

KÖCHLER Hans: Das Abstimmungsverfahren im Sicherheitsrat der Vereinten Nationen. Rechtsphilosophische Überlegungen zu einem normenlogischen Widerspruch und seine Folgen für die internationalen Beziehungen, Veröffentlichungen der Arbeitsgemeinschaft für Wissenschaft und Politik an der Universität Innsbruck VI, 1991.

KORKISCH Friedrich: Terrorismus: Weniger Sicherheit – Die Suche nach der New World Order II, in: GUSTENAU Gustav E. (Hg.), Zur Theorie des Terrorismus, Studien und Berichte zur Sicherheitspolitik, Schriftenreihe der Landesverteidigungsakademie 4/2002, 45-134.

LANDESVERTEIDIGUNGSAKADEMIE WIEN (Hg.): Sicherheitspolitik der Tschechischen Republik nach Kosovo, Grundausgangspunkte der Sicherheitspolitik der Tschechischen Republik, Studie 2002.

LEE Rensselaer, PERL Raphael: Terrorism, the Future, and U.S. Foreign Policy, Issue Brief for Congress, Updated January 8, 2003, Congressional Research Service, The Library of Congress.

LEPEL, Oskar Matthias Freiherr von: Die präventive Selbstverteidigung im Lichte des Völkerrechts, in: Forum-Verbreitung, Heft 2/2003, 77-81.

LUCIUS Robert von: Finnland in die NATO?, Frankfurter Allgemeine Zeitung, 21.11.2003, 7.

MALEK Martin: Aktuelle Aspekte der Außenpolitik Russlands, Strategische Analysen, Oktober 2002, Landesverteidigungsakademie Wien.

MALEK Martin: Russland - eine Großmacht? Bestandsaufnahme und Zukunftsperspektiven, Studien und Berichte zur Sicherheitspolitik, Schriftenreihe der Landesverteidigungsakademie Wien, 4/2003.

MIEHSLER Herbert, UIBOPUU Henn-Jüri: Die einseitigen Rechtsgeschäfte, in: NEUHOLD/HUMMER/SCHREUER (Hg.), Österreichisches Handbuch des Völkerrechts, 3. Auflage, Manz Verlag, Wien 1997, 97-103.

NAUMANN Klaus: Kosovo-Modell für die Zukunft?, in: REITER Erich (Hg.), Der Krieg um das Kosovo, v. Hase & Koehler Verlag, Mainz 2000, 23-38.

NEUHOLD Hanspeter: Abgrenzungen, Strukturmerkmale und Besonderheiten der Völkerrechtsordnung, in: NEUHOLD/HUMMER/SCHREUER (Hg.), Österreichisches Handbuch des Völkerrechts, 3. Auflage, Manz Verlag, Wien 1997, 3-13.

NEUHOLD Hanspeter: Die Grundregeln der zwischenstaatlichen Beziehungen, in: NEUHOLD/HUMMER/SCHREUER (Hg.), Österreichisches Handbuch des Völkerrechts, 3. Auflage, Manz Verlag, Wien 1997, 319-356.

NEUHOLD Hanspeter: Strukturelle Veränderungen im internationalen System und das Völker- und Europarecht: der rechtliche Niederschlag des Ost-West-Konflikts, in: HUMMER Waldemar (Hg.), Paradigmenwechsel im Völkerrecht zur Jahrtausendwende, Manz Verlag, Wien 2002, 5-41.

PINCUS Walter: Future of U.S. Nuclear Arsenal Debated, Washington Post, May 4, 2003, Page A06.

REITER Erich (Hg.): Österreich und die NATO, Die sicherheitspolitische Situation Österreichs nach der NATO-Erweiterung, Schriftenreihe Forschungen zur Sicherheitspolitik, Band 2, Verlag Styria, Graz-Wien-Köln 1998.

REITER Erich: Präventivkriegführung nach der neuen US-Sicherheitstrategie, Österreichische Militärische Zeitschrift, Heft 2/2003, 183-188.

REZAC David: Militärische Intervention als Problem des Völkerrechts. Eine Untersuchung bewaffneten Eingreifens in innerstaatliche Konflikte anhand des Kosovo-Krieges, Studien und Berichte zur Sicherheitspolitik 1/2002, Schriftenreihe der Landesverteidigungsakademie.

ROTTER Manfred: Die allgemeinen Rechtsgrundsätze, in: NEUHOLD/HUMMER/SCHREUER (Hg.), Österreichisches Handbuch des Völkerrechts, 3. Auflage, Manz Verlag, Wien 1997, 85-89.

SCHALLENBERGER Wolfgang: Biokampfstoffe und Terrorismus, in: GUSTENAU Gustav E. (Hg.), Zur Theorie des Terrorismus, Studien und Berichte zur Sicherheitspolitik, Schriftenreihe der Landesverteidigungsakademie 4/2002, 149-180.

SCHÄTZ Alfred: Der transnationale Terrorismus nach dem 11. September. Sicherheitspolitische und nachrichtendienstliche Konsequenzen, in: Österreichische Militärische Zeitschrift 3/2002, 279-288.

SCHNEIDER Heinrich: Zusammenfassung der Tagungsergebnisse, in: Österreichisches Institut für Europäische Sicherheitspolitik (ÖIES) (Hg.), ÖIES-Workshop „Die NATO-Erweiterung und die Sicherheit Mitteleuropas", Occasional Paper Nr. 1, Wien 1998, 34-45.

SCHNEIDER Heinrich: Die Entwicklung des Systems internationaler Friedenssicherung: Neue Ansätze und ihre Probleme, in: HOCHLEITNER Erich P. (Hg.), Das europäische Sicherheitssystem zu Beginn des 21. Jahrhunderts, Verlag Böhlau Wien, 2000.

SCHREUER Christoph: Die Internationalen Organisationen, in: NEUHOLD/HUMMER/SCHREUER (Hg.), Österreichisches Handbuch des Völkerrechts, 3. Auflage, Manz Verlag, Wien 1997, 165-212.

SCHREUER Christoph: Paradigmenwechsel im Internationalen Investitionsrecht, in: HUMMER Waldemar (Hg.), Paradigmenwechsel im Völkerrecht zur Jahrtausendwende, Manz Verlag, Wien 2002, 237-250.

SEIDL-HOHENVELDERN Ignaz: Die Staaten, in: NEUHOLD/HUMMER/SCHREUER (Hg.), Österreichisches Handbuch des Völkerrechts, 3. Auflage, Manz Verlag, Wien 1997, 134-164.

SEIDL-HOHENVELDERN Ignaz: Einzelmenschen, in: NEUHOLD/HUMMER/SCHREUER (Hg.), Österreichisches Handbuch des Völkerrechts, 3. Auflage, Manz Verlag, Wien 1997, 231-243.

SIMMA Bruno: Das Völkergewohnheitsrecht, in: NEUHOLD/HUMMER/SCHREUER (Hg.), Österreichisches Handbuch des Völkerrechts, 3. Auflage, Manz Verlag, Wien 1997, 39-50.

SIMMA Bruno: Gestaltwandel im Völkerrecht und in der Organisation der Vereinten Nationen, in: HUMMER Waldemar (Hg.), Paradigmenwechsel im Völkerrecht zur Jahrtausendwende, Manz Verlag, Wien 2002, 45-63.

SOB Brigitte: Nuklearstrategie der USA. Atomarer Angriff auf den Irak möglich, Zur Zeit Nr. 6/03, 11.

STADLER Christian M.: Über Wesen und Wert der Humanitären militärischen Intervention – eine Einleitung, in: GUSTENAU Gustav E. (Hg.), „Humanitäre militärische Intervention zwischen Legalität und Legitimität", Tagungsband des Instituts für Internationale Friedenssicherung, Wien, Nomos Verlagsgesellschaft, Baden-Baden 2000, 7-23.

STOCKFISCH Dieter: Bedrohung auf See: Terrorismus und Piraterie, in: Truppendienst 2/2003, 136-140.

UIBOPUU Henn-Jüri: Die Völkerrechtsauffassung der „sozialistischen" Staaten, in: NEUHOLD/HUMMER/SCHREUER (Hg.), Österreichisches Handbuch des Völkerrechts, 2. Auflage, Manz Verlag, Wien 1991, 21-28.

UNSER Günther: Die UNO. Aufgaben und Strukturen der Vereinten Nationen, 5. Auflage, Verlag Beck /dtv, München 1992.

VETSCHERA Heinz: Die sicherheitspolitische Rolle der Organisation für Sicherheit und Zusammenarbeit in Europa (OSZE), Ethica 2000.

VETSCHERA Heinz: Die militärische Dimension im „Neuen Terrorismus", in: Österreichische Militärische Zeitschrift 2/2002, 141-152.

VETSCHERA Heinz: Die neue Qualität des Terrorismus, in: GUSTENAU Gustav E. (Hg.), Zur Theorie des Terrorismus, Studien und Berichte zur Sicherheitspolitik, Schriftenreihe der Landesverteidigungsakademie 4/2002, 19-43.

WOSOLSOBE Wolfgang: Zum Stand der Europäischen Sicherheits- und Verteidigungspolitik, Truppendienst 5/2002, 461.
WOSOLSOBE Wolfgang: Das Eurokorps – ein Schritt nach Europa, Truppendienst 2/2003, 141.
ZEHETNER Franz: Das Internationale Umweltschutzrecht, in: NEUHOLD/HUMMER/SCHREUER (Hg.), Österreichisches Handbuch des Völkerrechts, 3. Auflage, Manz Verlag, Wien 1997, 406-415.
ZEMANEK Karl: Das Kriegs- und Humanitätsrecht, in: NEUHOLD/HUMMER/SCHREUER (Hg.), Österreichisches Handbuch des Völkerrechts, 3. Auflage, Verlag Manz, Wien 1997, 472-489.

Abkürzungsverzeichnis

Abs.:	Absatz
ACEUR:	*Allied Command Europe* – NATO-Hauptkommando Europa
ACLANT:	*Allied Command Atlantic* – NATO-Hauptkommando Atlantik
ARG:	Allgemeine Rechtsgrundsätze
ARRC:	*Allied Rapid Reaction* Corps
Art.:	Artikel
AStV:	Ausschuss der Ständigen Vertreter
AU:	Afrikanische Union
CJTF:	*Combined Joint Task Forces* – teilstreitkräfteübergreifende Kommandostruktur
CSFR:	Tschechoslowakische Föderative Republik
CSSR:	Tschechoslowakische Sozialistische Republik
BRD:	Bundesrepublik Deutschland
B-VG:	Bundesverfassungsgesetz
DDR:	Deutsche Demokratische Republik
EAPR:	Euro-Atlantischer Partnerschaftsrat
EEA:	Einheitliche Europäische Akte
EFTA:	*European Free Trade Association*
EG:	Europäische Gemeinschaft
EGKS:	Europäische Gemeinschaft für Kohle und Stahl
EPZ:	Europäische Politische Zusammenarbeit
ESVI:	Europäische Sicherheits- und Verteidigungsidentität
ESVP:	Europäische Sicherheits- und Verteidigungspolitik
EU:	Europäische Union
EUMC:	Militärausschuss der Europäischen Union
EUMS:	Militärstab der Europäischen Union
Euratom:	Europäischer Atomvertrag
EVG:	Europäische Verteidigungsgemeinschaft
EWG:	Europäische Wirtschaftsgemeinschaft
FPÖ:	Freiheitliche Partei Österreichs
GA:	Genfer Abkommen
GASP:	Gemeinsame Außen- und Sicherheitspolitik der Europäischen Union
GATT:	*General Agreement on Tariffs and Trade*

IBRD: *International Bank for Reconstruction and Development*
IWF: Internationaler Währungsfonds
KIOP: Kräfte für internationale Operationen
KSZE: Konferenz für Sicherheit und Zusammenarbeit in Europa
LKO: Haager Landkriegsordnung
MAD: *Mutually Assured Destruction*
MAP: *Mutually Assured Protection*
MAP: *Membership Action Plan* - Mitgliedschaftsaktionsplan
NATO: *North Atlantic Treaty Organization* – Nordatlantische Vertragsorganisation
NMD: *National Missile Defense*
OAS: Organisation Amerikanischer Staaten
OAU: *Organization of African Unity*
OSZE: Organisation für Sicherheit und Zusammenarbeit in Europa
ÖVP: Österreichische Volkspartei
PfP: *Partnership for Peace* – Partnerschaft für den Frieden
PSK: Politisches und Sicherheitspolitisches Komitee
SPÖ: Sozialdemokratische Partei Österreichs
u.a.: unter anderem
UdSSR: Union der Sozialistischen Sowjetrepubliken
UNO: *United Nations Organization* – Vereinte Nationen
UNPROFOR: *United Nations Protection Forces*
UNSAS: *United Nations Stand-by Arrangement System*
v.a.: vor allem
VGR: Völkergewohnheitsrecht
VOREIN: Vorbereitete Einheiten des Österreichischen Bundesheeres
VR: Völkerrecht
WEAG: *Western European Armaments Group* – Westeuropäische Rüstungsgruppe
WEU: Westeuropäische Union
WTO: *World Trade Organization* – Welthandelsorganisation
WDK: Wiener Diplomatenrechtskonvention
WKK: Wiener Konsularrechtskonvention
WVK: Wiener Vertragsrechtskonvention
ZBJI: Zusammenarbeit im Bereich Justiz und Inneres

FSC
www.fsc.org
MIX
Papier | Fördert gute Waldnutzung
FSC® C083411

Kolibri 360 GmbH
Ferdinand-Jühlke-Straße 7
99095 Erfurt, Deutschland
produktsicherheit@kolibri360.de

Druck:
CPI Druckdienstleistungen GmbH
im Auftrag der
Kolibri 360 GmbH
Ferdinand-Jühlke-Str. 7
99095 Erfurt